折线模糊神经网络与模糊系统逼近

王贵君 著

科学出版社
北 京

内 容 简 介

本书主要分两个方面进行阐述：一方面，基于折线模糊数的算术运算对一类新型的折线模糊神经网络进行建模和性能分析，并讨论该网络对连续函数或可积函数类的逼近性，进而研究单(多)输入单(多)输出折线模糊神经网络的连接权和阈值等调节参数的优化算法．另一方面，以多元分片线性函数为桥梁分别研究 Mamdani 模糊系统、T-S 模糊系统和分层混合模糊系统对一些可积函数类的逼近性能，并采用不同分层方法讨论混合模糊系统的逼近能力和模糊规则数的缩减问题．此外，第 1 章作为第 3 章和第 4 章的理论基础；第 2 章作为第 3 章、第 6 章至第 8 章的必要准备．

本书可作为高等学校数学系、计算机系、自动化系及相关专业本科生选修课教材或研究生专业教材，也可作为工程领域的参考书.

图书在版编目(CIP)数据

折线模糊神经网络与模糊系统逼近/王贵君著. —北京：科学出版社，2017.9
ISBN 978-7-03-051901-6

Ⅰ. ①折⋯　Ⅱ. ①王⋯　Ⅲ. ①模糊系统-函数逼近论-应用-经济统计　Ⅳ. ①F222.1

中国版本图书馆 CIP 数据核字(2017) 第 038290 号

责任编辑：王丽平／责任校对：王　瑞
责任印制：张　伟／封面设计：陈　敬

科学出版社 出版
北京东黄城根北街 16 号
邮政编码：100717
http://www.sciencep.com

北京京华虎彩印刷有限公司 印刷
科学出版社发行　各地新华书店经销

*

2017 年 9 月第 一 版　开本：720×1000　1/16
2018 年 5 月第三次印刷　印张：20 1/4
字数：400 000
定价：118.00 元
(如有印装质量问题，我社负责调换)

前　言

伴随着计算机科学、信息科学和生命科学等领域不断遇到的大量数学计算,一些实际问题中的研究对象也随之变得极其繁杂与高度非线性化,传统的数学方法与计算工具已不能适应复杂的系统科学与决策分析研究,尤其是模糊性与清晰性、复杂性与精确性之间的矛盾更是难以解释. 为此,美国控制论专家 Zadeh 教授于 1965 年首次提出模糊集概念,继而模糊集理论及应用迅速在全球范围得到广泛传播与发展. 尤其近年来,模糊理论同神经网络、知识工程、遗传算法、数据分析、智能系统和软计算技术等众多学科相互结合,形成了具有广阔应用前景的新领域. 这预示着模糊理论和模糊技术将对人类社会进步发挥巨大作用.

20 世纪 90 年代初,受人工神经网络研究的启发,Buckley 教授率先提出了模糊化神经网络对连续模糊函数的逼近问题,这为模糊神经网络及模糊系统的广泛应用开启了大门. 模糊神经网络是人工网络与模糊逻辑推理相结合的产物,也是人工智能领域中的一种新技能,它不仅具备逻辑推理和数值计算的功能,而且具有较强的非线性函数逼近能力,利用不精确的信息去实现平滑过渡,汇集各自优点并集学习、联想、识别、自适应及模糊信息处理于一体. 作为软计算的智能系统,模糊神经网络也是模糊逻辑、神经计算、模糊推理及其算法的集合体,并可通过模拟人脑的思维求解复杂的非线性系统问题.

模糊系统的核心思想是绕开建立精确数学模型而仿效人脑进行模糊信息处理. 从数学观点看,模糊系统就是输入和输出之间的映射关系,也是一种插值器. 其最显著特点是它可以同时处理数据信息与语言信息,其中,语言信息的处理通过一组 IF…THEN 规则来完成,而数据信息是对系统参数进行合理调节的外部条件. 实际上,模糊系统与其他系统的一个重要区别在于一般系统往往是通过微分方程或代数方程来描述,并有确定的数学模型;而模糊系统是借助于人工经验的语言规则来描述,并经过模糊推理来实现,因而它不仅限于经典数学方法讨论. 目前,以 Mamdani 和 Takagi-Sugeno(T-S) 为代表的模糊系统研究已经取得诸多成果,例如,模糊系统的逼近性、模糊系统的稳定性、自适应模糊控制和变论域自适应模糊控制等. 这些有益结果可为推动模糊理论和模糊技术的广泛应用奠定理论基础.

本书是作者近年来一些研究成果的总结,主要内容除第 5 章外大都是从作者和学生近年来发表的论文中所提炼,其中有些成果还处于待发表阶段. 全书以折线模糊数和分片线性函数为主线分别对折线模糊神经网络和模糊系统的逼近性进行论述,并通过诸多实例进行阐释.

本书内容安排如下: 第 1 章, 介绍折线模糊数的引入、有序表示、扩展运算和度量问题. 第 2 章, 主要介绍模糊值 Choquet 积分、K-拟加模糊值积分和广义 Sugeno 模糊积分的基本性质和收敛定理, 第 3 章, 讨论和分析单输入 (多输入) 单输出折线模糊神经网络的一些性能. 第 4 章, 针对一些折线模糊神经网络的连接权和阈值设计优化算法. 第 5 章, 介绍几类模糊系统的建模及其结构特征. 第 6 章, 侧重于对 Mamdani 模糊系统的逼近性研究. 第 7 章, 主要对非齐次线性 T-S 模糊系统的逼近性进行分析. 第 8 章, 通过对混合模糊系统的输入变量实施不同分层来探究该系统的逼近性能和规则数缩减.

由于篇幅所限, 本书尚有许多模糊神经网络和模糊系统分析内容或方法没有涉及, 有兴趣的读者可按每章所附参考文献查到具体文章. 本书第 4 章、第 6 章至第 8 章内容主要来源于研究生讨论班所形成. 感谢这期间已毕业和在读硕士生赵纬经、郝娜、于珊珊、段晨霞、李丹、何英、隋晓琳、杨永强、杨阳、宋巍巍、李玉、索春凤、张国英、董文强、段云、高建思和高彤等, 他们的很多建议和部分硕士学位论文更充实了本书内容. 特别是 2014 年春, 通化师范学院王宏志副教授、陶玉杰副教授来此做访问学者更增添了讨论班的学术活力和激情, 书中第 6 章和第 7 章部分内容就来源于这期间的成果. 正是他们的热情参与才有本书顺利出版.

饮水思源, 2008 年 3 月初, 我有幸在大连理工大学李洪兴教授领导的科研团队做访问学者. 这期间得到了李老师的悉心指导与鼓励, 学术上受益匪浅, 并拜读了已故青年学者刘普寅教授的博士学位论文, 尤其论文中新颖的学术思想深深地打动了我, 并从此带我走进了模糊神经网络和模糊系统的新研究领域. 此外, 还得到大连理工大学袁学海教授、汪德刚博士和孙凯彪博士的热情帮助, 以及大学同窗南基洙教授的关怀, 在此向他们表示深深的谢意.

2016 年 7 月和 8 月是一个炎热的盛夏, 我来到了我国最大的边境城市丹东, 开始了 40 余天潜心撰写书稿的历程. 这座城市有永垂史册的抗美援朝纪念馆和战火硝烟中留存的鸭绿江断桥, 有蜿蜒起伏的虎山长城和隔江相望的朝鲜边陲小镇, 有巍峨耸立的凤凰山和桃花盛开的河口美景, 有同窗挚友的热情帮助和丹东旖旎风光的陪伴. 这些美好记忆和秀丽景色强烈激发我在科学研究的海洋里勇往直前, 更给予我写作本书的坚定信心和动力.

在撰写过程中, 天津师范大学李晓萍教授曾提出许多宝贵建议, 并为全书内容做了精心校正; 辽东学院李艳红教授为全书做了几乎全部图片和部分文字修正; 大师兄张德利教授曾给予指点和鼓励. 此外, 在丹东写作期间大学同学钟绍功、张迎春曾为我生活方面提供了有益帮助, 在此一并向他们表示衷心感谢.

最后, 诚挚感谢国家自然科学基金委员会两次对作者给予资助 (2010, 1-2012, 12, No. 60974144 和 2014, 1-2017, 12, No. 61374009); 感谢天津师范大学科研处领导给予科研经费的合理调整; 感谢天津师范大学数学学院领导的关心和支持.

由于作者才疏学浅,水平有限,书中不妥之处在所难免. 因此, 作者恳切希望各位专家同仁与读者不吝赐教.

作 者

2016 年 12 月 12 日

目 录

第 1 章 折线模糊数 ··· 1
1.1 模糊数简介 ··· 1
1.2 折线模糊数及有序表示 ··· 5
1.3 折线模糊数扩展运算 ·· 11
1.4 折线模糊数度量空间 ·· 20
参考文献 ··· 32

第 2 章 几类特殊模糊积分 ··· 34
2.1 模糊值 Choquet 积分 ··· 34
2.1.1 基本定义 ··· 34
2.1.2 模糊值 Choquet 积分及其收敛性 ··································· 36
2.1.3 模糊值 Choquet 积分的自连续性 ··································· 40
2.2 K- 拟加模糊值积分 ··· 51
2.2.1 诱导算子与 K-拟加积分 ·· 52
2.2.2 K-拟加模糊值积分的自连续 ·· 57
2.3 广义 Sugeno 模糊积分 ·· 66
2.3.1 广义拟 Sugeno 模糊积分及其等价表示 ····························· 66
2.3.2 K-拟加 Sugeno 积分及其性质 ······································ 71
2.3.3 K-拟加 Sugeno 积分的收敛性 ······································ 76
参考文献 ··· 81

第 3 章 折线模糊神经网络及其性能分析 ·· 85
3.1 MISO 折线 FNN 模型及特性 ··· 85
3.2 SISO 折线 FNN 设计与实现 ·· 95
3.3 MISO 折线 FNN 的逼近性 ·· 105
3.3.1 折线模糊值函数与 H-积分模 ······································ 106
3.3.2 $(Z_n(L^1(\Omega, \widehat{\mu})), H)$ 空间的可分性 ······························· 108
3.3.3 折线 FNN 的逼近性 ··· 118
3.4 折线 FNN 的稳定性分析 ··· 122
3.4.1 训练模式对与学习算法 ·· 122
3.4.2 稳定性分析 ·· 124
参考文献 ·· 129

第 4 章 折线模糊神经网络优化算法 ············ 132
4.1 SISO 折线 FNN 共轭梯度算法 ············ 132
4.1.1 SISO 折线 FNN 表示 ············ 132
4.1.2 共轭梯度算法 ············ 134
4.1.3 模拟实例 ············ 135
4.2 SISO 折线 FNN 混合算法 ············ 138
4.2.1 GA-BP 混合算法 ············ 138
4.2.2 仿真实例 ············ 140
4.3 MISO 折线 FNN 优化算法 ············ 143
4.3.1 Hebb 算法 ············ 143
4.3.2 粒子算法 ············ 145
4.3.3 模拟实例 ············ 148
4.4 MIMO 折线 FNN 优化算法 ············ 153
4.4.1 前向三层 MIMO 折线 FNN ············ 153
4.4.2 隔离分层优化算法 ············ 154
4.4.3 模拟实例 ············ 159
参考文献 ············ 163

第 5 章 模糊系统建模及其结构特性 ············ 166
5.1 模糊系统与模糊规则 ············ 166
5.1.1 语言变量 ············ 166
5.1.2 模糊命题 ············ 168
5.1.3 IF-THEN 规则及其表示 ············ 169
5.2 模糊推理机与模糊化 ············ 173
5.2.1 模糊规则库 ············ 173
5.2.2 模糊推理 ············ 175
5.2.3 模糊推理机 ············ 177
5.2.4 模糊化与解模糊化 ············ 179
5.3 模糊系统分析与设计 ············ 185
5.3.1 基本概念 ············ 186
5.3.2 模糊系统结构表示 ············ 187
5.3.3 依中心平均解模糊化设计模糊系统 ············ 190
5.3.4 依最大值解模糊化设计模糊系统 ············ 192
5.3.5 依数据对设计模糊系统 ············ 194

参考文献 ············ 197

第 6 章 Mamdani 模糊系统的逼近分析 · 198
6.1 分片线性函数 (PLF) 构造 · 198
6.2 Mamdani 模糊系统逼近连续函数 · 206
6.2.1 PLF 逼近连续函数 · 206
6.2.2 Mamdani 模糊系统逼近 PLF · 211
6.3 Mamdani 模糊系统逼近可积函数 · 213
6.3.1 K_p-积分模 · 213
6.3.2 PLF 逼近 $\hat{\mu}_p$-可积函数 · 216
6.3.3 Mamdani 模糊系统的逼近性 · 219
6.4 Mamdani 模糊系统的降维分解 · 226
6.4.1 问题提出与分析 · 227
6.4.2 降维分解定理 · 230
参考文献 · 234

第 7 章 非齐次线性 T-S 模糊系统的逼近性 · 237
7.1 非齐次线性 T-S 模糊系统的最大模逼近 · 237
7.1.1 非齐次线性 T-S 模糊系统的构造 · 237
7.1.2 非齐次线性 T-S 模糊系统逼近连续函数 · 239
7.2 调节参数对 T-S 模糊系统的影响与优化 · 246
7.2.1 交互数对系统的潜在影响 · 246
7.2.2 三角形隶属函数的峰值点和分量半径优化 · · · · · · · · · · · · · · · · · · · 252
7.3 非齐次线性 T-S 模糊系统逼近可积函数 · 257
7.3.1 前件为三角形隶属函数的匹配定位算法 · 258
7.3.2 非齐次线性 T-S 系统对 p-可积函数的逼近 · · · · · · · · · · · · · · · · · · 259
参考文献 · 264

第 8 章 分层混合模糊系统及其逼近性能 · 267
8.1 叠加串联分层混合模糊系统及逼近性 · 267
8.1.1 叠加串联分层混合模糊系统及其表示 · 267
8.1.2 叠加串联分层混合模糊系统的逼近性 · 273
8.2 二叉树型分层混合模糊系统及逼近性 · 277
8.2.1 二叉树型分层及混合推理规则 · 277
8.2.2 混合模糊系统的分层表示及逼近性 · 280
8.2.3 推理规则数的缩减与分析 · 287
8.3 后件直联型分层混合模糊系统及逼近 · 289
8.3.1 后件直联型分层混合模糊系统 · 289
8.3.2 分层系统的逼近性 · 294

8.4 混合模糊系统的逼近性 ··· 298
　　8.4.1 混合模糊系统的简化表示 ··· 298
　　8.4.2 混合模糊系统的二阶逼近性 ····································· 300
参考文献 ··· 309

第1章 折线模糊数

一般模糊数不能简单地进行线性运算,只能依赖于颇为复杂的 Zadeh 扩展原理进行算术运算,这一直是困扰模糊数理论发展及其应用的一个关键问题. 实际上,即使最简单的三角模糊数或梯形模糊数运算起来也困难重重,究其原因主要是依赖于 Zadeh 扩展原理的四则运算不满足封闭性. 这固然提出一个重要课题: 如何近似地实现一般模糊数之间的非线性运算? 为此, 2002 年刘普寅教授首次提出 n-对称折线模糊数 (简称为折线模糊数) 概念, 该折线模糊数不仅保证了运算的封闭性, 而且具有优良的线性性和直观性. 下面, 首先介绍一般模糊数及其相关运算, 进而将重点引入和介绍折线模糊数的定义、扩展运算及其度量等问题.

1.1 模糊数简介

为简单起见, 本节不再重复引入模糊集的分解定理、扩展原理和运算问题, 而是重点阐述一类特殊模糊集合 "模糊数" 的一些相关结论和运算. 一些常规符号及表示直接采用.

设 $\mathbb{R}$ 表示全体实数, $\mathbb{R}^+$ 表示所有非负实数的全体, $\mathbb{N}$ 表示自然数集, $\mathbb{Z}$ 表示整数集, $\mathbb{Q}$ 表示有理数集, $\mathbb{R}^d$ 表示 d-维欧氏空间, $\|\cdot\|$ 表示 $\mathbb{R}^d$ 中的欧氏范数, 符号 $\vee$ 表示上确界算子 (与 sup 通用), $\wedge$ 表示下确界算子 (与 inf 通用), $\overline{Q}$ 表示 $\mathbb{R}^d$ 中普通集合 Q 的闭包.

若 $\forall P, Q \subset \mathbb{R}^d$, 设二元映射 $d_H : \mathbb{R}^d \times \mathbb{R}^d \to [0, +\infty)$, 界定

$$d_H(P, Q) = \left(\bigvee_{x \in P} \bigwedge_{y \in Q} \|x - y\| \right) \vee \left(\bigvee_{y \in Q} \bigwedge_{x \in P} \|x - y\| \right),$$

其中 $x = (x_1, x_2, \cdots, x_d)$, $y = (y_1, y_2, \cdots, y_d)$ 均为 d-元向量. 不难验证 d_H 构成一个距离, 称之为 Hausdorff 距离 (度量). 值得注意的是, Hausdorff 距离在定义模糊距离时起到关键作用! 尤其当 P, Q 取特殊集合时是更不容忽略的.

特别地, 令 $d = 1$, $P = [a, b]$, $Q = [c, d]$, 则 Hausdorff 距离退化为

$$d_H([a, b], [c, d]) = |a - c| \vee |b - d|.$$

此时, 对 $[a, b], [c, d] \subset \mathbb{R}$, 若定义一维欧氏距离 d_E 为

$$d_E([a, b], [c, d]) = \sqrt{(a - c)^2 + (b - d)^2}.$$

不难验证，这种特殊的 Hausdorff 距离 d_H 和欧氏距离 d_E 满足如下关系：

$$d_H([a,b],[c,d]) \leqslant d_E([a,b],[c,d]) \leqslant \sqrt{2}\, d_H([a,b],[c,d]).$$

根据上式，显然 Hausdorff 距离 d_H 和欧氏距离 d_E 是等价的。

用 $F(\mathbb{R})$ 表示 $\mathbb{R}$ 上全体模糊集构成的集合。$\forall A \in F(\mathbb{R})$，$\forall \alpha \in (0,1]$，若界定

$$A_\alpha = \{x \in \mathbb{R} \mid A(x) \geqslant \alpha\}, \quad A_{\overline{\alpha}} = \{x \in \mathbb{R} \mid A(x) > \alpha\},$$

则称 A_α 和 $A_{\overline{\alpha}}$ 分别为模糊集 A 在 $\mathbb{R}$ 上的 α-截集和强截集，特别称 $A_1 = \{x \in \mathbb{R} \mid A(x) = 1\} \triangleq \mathrm{Ker}A$ 为 A 的核，称 $A_0 = \overline{\{x \in \mathbb{R} \mid A(x) > 0\}} \triangleq \mathrm{Supp}A$ 为 A 的支撑集。

定义 1.1 设模糊集 $A \in F(\mathbb{R})$，若满足条件：

(1) A 是正规的，即存在 $x_0 \in \mathbb{R}$ 使 $A(x_0) = 1$；

(2) $\forall \alpha \in (0,1]$，A_α 是 $\mathbb{R}$ 上有界闭区间；

(3) A 的支撑集 $\mathrm{Supp}A = \overline{\{x \in \mathbb{R} \mid A(x) > 0\}}$ 是有界闭集，

则称 A 为有界模糊数，简称模糊数。

记 $F_0(\mathbb{R})$ 表示 $\mathbb{R}$ 上全体模糊数构成的集合，显然，模糊数是特殊的模糊集。此外，$\forall a \in \mathbb{R}$，若定义 $\bar{a}(x) = \begin{cases} 1, & x = a, \\ 0, & x \neq a. \end{cases}$ 故 $\forall \alpha \in (0,1], a_\alpha \triangleq \{a\} = [a,a]$，则实数 a 满足上述 (1)—(3)。因此，实数 a 可看成特殊的模糊数；反之，模糊数也可看成实数的推广。实际上，定义 1.1 中第 (3) 条正是补充 $\alpha = 0$ 时的截集情形。

此外，对经典集合而言，只有单点集和有界闭区间才构成模糊数。这是因其他类型集合难以满足模糊数定义 (2) 或 (3)。例如，$A = \{1,2,3\}$，$B = (1,2)$，则 $\forall \alpha \in (0,1]$，$A_\alpha = \{1,2,3\}$，$B_\alpha = (1,2)$ 均不构成闭区间，故 A 和 B 不是模糊数。

下面，在模糊数空间 $F_0(\mathbb{R})$ 上给出模糊距离 D 定义。$\forall A, B \in F_0(\mathbb{R})$，若界定

$$D(A,B) = \bigvee_{\alpha \in [0,1]} d_H(A_\alpha, B_\alpha),$$

不难验证二元映射 $D: F_0(\mathbb{R}) \times F_0(\mathbb{R}) \to [0, +\infty)$ 满足距离公理，也称 D 为模糊距离，且 $(F_0(\mathbb{R}), D)$ 构成一个完备度量 (距离) 空间。

依定义 1.1 可知 $\forall \alpha \in (0,1]$，若设 $A_\alpha = [a_\alpha^1, a_\alpha^2]$，$B_\alpha = [b_\alpha^1, b_\alpha^2]$，根据 Hausdorff 距离公式可表为

$$D(A,B) = \bigvee_{\alpha \in [0,1]} \left(|a_\alpha^1 - b_\alpha^1| \vee |a_\alpha^2 - b_\alpha^2| \right). \tag{1.1}$$

特别地，当 $B = \bar{0}$ 时 $(a=0)$，有 $\{0\}_\alpha = [0,0] = \{0\}$，若令 $D(A, \bar{0}) = \|A\|$ 表示模糊数 A 到零模糊数 $\bar{0}$ 的模糊距离，$\forall \alpha \in [0,1]$，$A_\alpha = [a_\alpha^1, a_\alpha^2]$，故有

1.1 模糊数简介

$$\|A\| = \bigvee_{\alpha \in [0,1]} \left(|a_\alpha^1| \vee |a_\alpha^2| \right).$$

此外, 若记 $F_0(\mathbb{R})^d = \underbrace{F_0(\mathbb{R}) \times F_0(\mathbb{R}) \times \cdots \times F_0(\mathbb{R})}_{d}$, 还可在 $F_0(\mathbb{R})^d$ 定义多元模糊数 (向量) 距离 H. $\forall (A_1, A_2, \cdots, A_d), (B_1, B_2, \cdots, B_d) \in F_0(\mathbb{R})^d$, 若界定

$$H\left((A_1, A_2, \cdots, A_d), (B_1, B_2, \cdots, B_d)\right) = \sum_{i=1}^{d} D(A_i, B_i),$$

类似方法可验证 $(F_0(\mathbb{R})^d, H)$ 也构成一个完备度量空间.

定义 1.2 设 $A \in F(\mathbb{R})$, 若 $\forall x, y \in \mathbb{R}, \alpha \in (0,1]$, 其隶属函数满足 $A(\alpha x + (1-\alpha)y) \geqslant A(x) \wedge A(y)$, 则称 A 为凸模糊集或模糊凸的.

命题 1.1 设模糊集 $A \in F(\mathbb{R})$, 则 A 是模糊凸的当且仅当 $\alpha \in [0,1]$, A_α 是 $\mathbb{R}$ 中凸集.

命题 1.2 设模糊数 $A \in F_0(\mathbb{R})$, 则当且仅当存在 $a, b \in \mathbb{R}$ 且 $a \leqslant b$, 使隶属函数 $A(x)$ 的左腰函数 $L(x)$ 在 $(-\infty, a)$ 上递增右连续, $A(x)$ 的右腰函数 $R(x)$ 在 $(b, +\infty)$ 上递减左连续, 且满足 $\lim_{x \to -\infty} L(x) = \lim_{x \to +\infty} R(x) = 0$.

为方便讨论起见, 本书所涉及的所有模糊数都视为有界模糊数, 且沿用 $F_0(\mathbb{R})$ 来表示 $\mathbb{R}$ 上全体有界模糊数构成的集合. 一般模糊数 A 的隶属函数 $A(x)$ 及其图像可如图 1.1 所示.

$$A(x) = \begin{cases} L(x), & x < a, \\ 1, & a \leqslant x \leqslant b, \\ R(x), & x > b, \\ 0, & 其他. \end{cases}$$

(a)

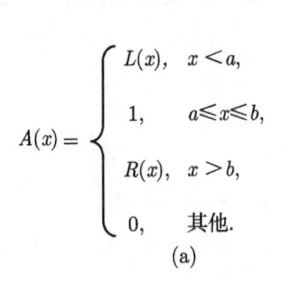

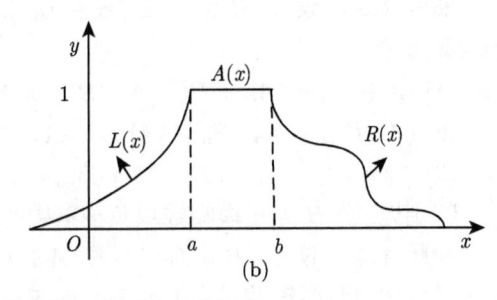

(b)

图 1.1 模糊数 A 的隶属函数及其对应图像

注 1.1 由命题 1.2 知模糊数所对应图像大致均为大写 "八" 字型, 当左腰 $L(x)$ 和右腰 $R(x)$ 至少有一个为非线性函数时, 则称 A 为伪梯形模糊数; 当 $L(x)$ 和 $R(x)$ 均为线性函数时, A 退化为梯形模糊数; 当 $\mathrm{Ker} A$ 为单点集 $(a = b)$ 时, A 退化为三角形模糊数.

设 $A, B \in F_0(\mathbb{R})$, 依据 Zadeh 扩展原理及分解定理不难获得模糊数的四则运算如下

$$A * B = \bigcup_{\alpha \in (0,1]} \alpha (A_\alpha * B_\alpha), \quad * \in \{+, -, \times, \div\}.$$

此时, A_α 和 B_α 均为闭区间 (或称之为区间数), 于是有界模糊数算术运算就转化为区间数 (闭区间) 的算术运算. 按照经典扩展原理和区间数算术运算有

$$[a,b] * [c,d] = \{z = x * y \mid x \in [a,b],\ y \in [c,d]\}.$$

特别地, 对于区间数的四则运算和取大、取小运算有以下公式:

$$[a,b] + [c,d] = [a+c,\ b+d],$$
$$[a,b] - [c,d] = [a-d,\ b-c],$$
$$[a,b] \times [c,d] = [ac \wedge ad \wedge bc \wedge bd,\ ac \vee ad \vee bc \vee bd],$$
$$[a,b] \wedge [c,d] = [a \wedge c,\ b \wedge d],$$
$$[a,b] \vee [c,d] = [a \vee c,\ b \vee d].$$

若 $[c,d]$ 为正区间数 $(c>0)$ 或负区间数 $(d<0)$, 则有

$$[a,b] \div [c,d] = \left[\frac{a}{c} \wedge \frac{a}{d} \wedge \frac{b}{c} \wedge \frac{b}{d},\ \frac{a}{c} \vee \frac{a}{d} \vee \frac{b}{c} \vee \frac{b}{d}\right].$$

定义 1.3 设 $A \in F_0(\mathbb{R})$, 若 $\mathrm{Supp}A \subset (0, +\infty)$ (即 $\forall x \in (-\infty, 0)$, $A(x) \equiv 0$), 则称 A 为正模糊数; 若 $\mathrm{Supp}A \subset (-\infty, 0)$ (即 $\forall x \in (0, +\infty)$, $A(x) \equiv 0$), 则称 A 为负模糊数.

命题 1.3 设 $A, B \in F_0(\mathbb{R})$, $\alpha \in (0,1]$, 则其对应加、减、乘法和取大 (小) 截集运算为

(1) $(A+B)_\alpha = A_\alpha + B_\alpha$, $(A-B)_\alpha = A_\alpha - B_\alpha$;

(2) $(A \cdot B)_\alpha = A_\alpha \cdot B_\alpha$, $(\lambda A)_\alpha = \lambda A_\alpha$, $\lambda \in (0, +\infty)$;

(3) $(A \wedge B)_\alpha = A_\alpha \wedge B_\alpha$, $(A \vee B)_\alpha = A_\alpha \vee B_\alpha$.

特别地, 当 B 为正模糊数或负模糊数时, 也有 $(A \div B)_\alpha = A_\alpha \div B_\alpha$.

命题 1.4 设 $A, B \in F_0(\mathbb{R})$, 则 $A \pm B$, $A \cdot B$, $A \wedge B$, $A \vee B \in F_0(\mathbb{R})$; 若 B 为正模糊数或负模糊数, 则 $A \div B \in F_0(\mathbb{R})$.

下面, 基于 Zadeh 扩展原理就算术运算给出一般模糊数的二元扩展运算.

定义 1.4 设 $A, B \in F_0(\mathbb{R})$, 定义扩张运算 $* : F_0(\mathbb{R}) \times F_0(\mathbb{R}) \to F_0(\mathbb{R})$ 为

$$(A * B)(z) = \bigvee_{z = x * y} (A(x) \wedge B(y)),$$

特别地, 若 $* \in \{+, -, \times, \div, \wedge, \vee\}$, 则有

$$(A \pm B)(z) = \bigvee_{z = x \pm y} (A(x) \wedge B(y)),$$
$$(A \cdot (\div) B)(z) = \bigvee_{z = x \cdot (\div) y} (A(x) \wedge B(y)),$$

1.1 模糊数简介

$$\|A\| = \bigvee_{\alpha \in [0,1]} \left(|a_\alpha^1| \vee |a_\alpha^2| \right).$$

此外, 若记 $F_0(\mathbb{R})^d = \underbrace{F_0(\mathbb{R}) \times F_0(\mathbb{R}) \times \cdots \times F_0(\mathbb{R})}_{d}$, 还可在 $F_0(\mathbb{R})^d$ 定义多元模糊数 (向量) 距离 H. $\forall (A_1, A_2, \cdots, A_d), (B_1, B_2, \cdots, B_d) \in F_0(\mathbb{R})^d$, 若界定

$$H\left((A_1, A_2, \cdots, A_d), (B_1, B_2, \cdots, B_d)\right) = \sum_{i=1}^{d} D(A_i, B_i),$$

类似方法可验证 $(F_0(\mathbb{R})^d, H)$ 也构成一个完备度量空间.

定义 1.2 设 $A \in F(\mathbb{R})$, 若 $\forall x, y \in \mathbb{R}$, $\alpha \in (0,1]$, 其隶属函数满足 $A(\alpha x + (1-\alpha)y) \geqslant A(x) \wedge A(y)$, 则称 A 为凸模糊集或模糊凸的.

命题 1.1 设模糊集 $A \in F(\mathbb{R})$, 则 A 是模糊凸的当且仅当 $\alpha \in [0,1]$, A_α 是 $\mathbb{R}$ 中凸集.

命题 1.2 设模糊数 $A \in F_0(\mathbb{R})$, 则当且仅当存在 $a, b \in \mathbb{R}$ 且 $a \leqslant b$, 使隶属函数 $A(x)$ 的左腰函数 $L(x)$ 在 $(-\infty, a)$ 上递增右连续, $A(x)$ 的右腰函数 $R(x)$ 在 $(b, +\infty)$ 上递减左连续, 且满足 $\lim\limits_{x \to -\infty} L(x) = \lim\limits_{x \to +\infty} R(x) = 0$.

为方便讨论起见, 本书所涉及的所有模糊数都视为有界模糊数, 且沿用 $F_0(\mathbb{R})$ 来表示 $\mathbb{R}$ 上全体有界模糊数构成的集合. 一般模糊数 A 的隶属函数 $A(x)$ 及其图像可如图 1.1 所示.

$$A(x) = \begin{cases} L(x), & x < a, \\ 1, & a \leqslant x \leqslant b, \\ R(x), & x > b, \\ 0, & \text{其他}. \end{cases}$$

(a)

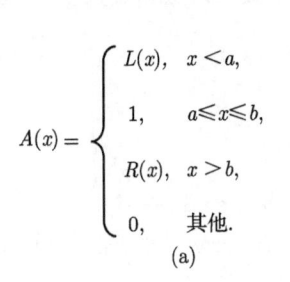

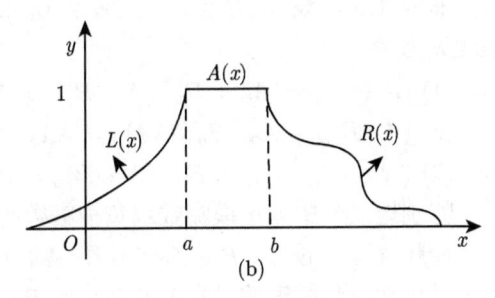

(b)

图 1.1 模糊数 A 的隶属函数及其对应图像

注 1.1 由命题 1.2 知模糊数所对应图像大致均为大写 "八" 字型, 当左腰 $L(x)$ 和右腰 $R(x)$ 至少有一个为非线性函数时, 则称 A 为伪梯形模糊数; 当 $L(x)$ 和 $R(x)$ 均为线性函数时, A 退化为梯形模糊数; 当 $\text{Ker}A$ 为单点集 $(a = b)$ 时, A 退化为三角形模糊数.

设 $A, B \in F_0(\mathbb{R})$, 依据 Zadeh 扩展原理及分解定理不难获得模糊数的四则运算如下

$$A * B = \bigcup_{\alpha \in (0,1]} \alpha (A_\alpha * B_\alpha), \quad * \in \{+, -, \times, \div\}.$$

此时, A_α 和 B_α 均为闭区间 (或称之为区间数), 于是有界模糊数算术运算就转化为区间数 (闭区间) 的算术运算. 按照经典扩展原理和区间数算术运算有

$$[a,b] * [c,d] = \{z = x*y \mid x \in [a,b], y \in [c,d]\}.$$

特别地, 对于区间数的四则运算和取大、取小运算有以下公式:

$$[a,b] + [c,d] = [a+c, b+d],$$
$$[a,b] - [c,d] = [a-d, b-c],$$
$$[a,b] \times [c,d] = [ac \wedge ad \wedge bc \wedge bd, ac \vee ad \vee bc \vee bd],$$
$$[a,b] \wedge [c,d] = [a \wedge c, b \wedge d],$$
$$[a,b] \vee [c,d] = [a \vee c, b \vee d].$$

若 $[c,d]$ 为正区间数 $(c>0)$ 或负区间数 $(d<0)$, 则有

$$[a,b] \div [c,d] = \left[\frac{a}{c} \wedge \frac{a}{d} \wedge \frac{b}{c} \wedge \frac{b}{d}, \frac{a}{c} \vee \frac{a}{d} \vee \frac{b}{c} \vee \frac{b}{d}\right].$$

定义 1.3 设 $A \in F_0(\mathbb{R})$, 若 $\mathrm{Supp}A \subset (0, +\infty)$ (即 $\forall x \in (-\infty, 0), A(x) \equiv 0$), 则称 A 为正模糊数; 若 $\mathrm{Supp}A \subset (-\infty, 0)$ (即 $\forall x \in (0, +\infty), A(x) \equiv 0$), 则称 A 为负模糊数.

命题 1.3 设 $A, B \in F_0(\mathbb{R}), \alpha \in (0,1]$, 则其对应加、减、乘法和取大 (小) 截集运算为

(1) $(A+B)_\alpha = A_\alpha + B_\alpha, (A-B)_\alpha = A_\alpha - B_\alpha$;

(2) $(A \cdot B)_\alpha = A_\alpha \cdot B_\alpha, (\lambda A)_\alpha = \lambda A_\alpha, \lambda \in (0, +\infty)$;

(3) $(A \wedge B)_\alpha = A_\alpha \wedge B_\alpha, (A \vee B)_\alpha = A_\alpha \vee B_\alpha.$

特别地, 当 B 为正模糊数或负模糊数时, 也有 $(A \div B)_\alpha = A_\alpha \div B_\alpha$.

命题 1.4 设 $A, B \in F_0(\mathbb{R})$, 则 $A \pm B, A \cdot B, A \wedge B, A \vee B \in F_0(\mathbb{R})$; 若 B 为正模糊数或负模糊数, 则 $A \div B \in F_0(\mathbb{R})$.

下面, 基于 Zadeh 扩展原理就算术运算给出一般模糊数的二元扩展运算.

定义 1.4 设 $A, B \in F_0(\mathbb{R})$, 定义扩张运算 $* : F_0(\mathbb{R}) \times F_0(\mathbb{R}) \to F_0(\mathbb{R})$ 为

$$(A*B)(z) = \bigvee_{z=x*y} (A(x) \wedge B(y)),$$

特别地, 若 $* \in \{+, -, \times, \div, \wedge, \vee\}$, 则有

$$(A \pm B)(z) = \bigvee_{z=x \pm y} (A(x) \wedge B(y)),$$
$$(A \cdot (\div) B)(z) = \bigvee_{z=x \cdot (\div) y} (A(x) \wedge B(y)),$$

$$(A \wedge (\vee) B)(z) = \bigvee_{z=x\wedge(\vee)y} (A(x) \wedge B(y)).$$

我们称上述公式分别为 $F_0(\mathbb{R})$ 上扩张加 (减) 法、扩张乘 (除) 法和扩张取大 (取小) 运算.

1.2 折线模糊数及有序表示

我们知道, 对于给定模糊数的隶属函数图像可以沿纵轴 $[0,1]$ 闭区间将它随机分解为若干个小分片, 进而在每个分片内截取小梯形. 故每个模糊数的隶属函数图像均可由若干个小分片梯形叠加来近似表示. 先来观察如下两个特殊的模糊数 $A, B \in F_0(\mathbb{R})$, 其隶属函数图像如图 1.2 和图 1.3 所示.

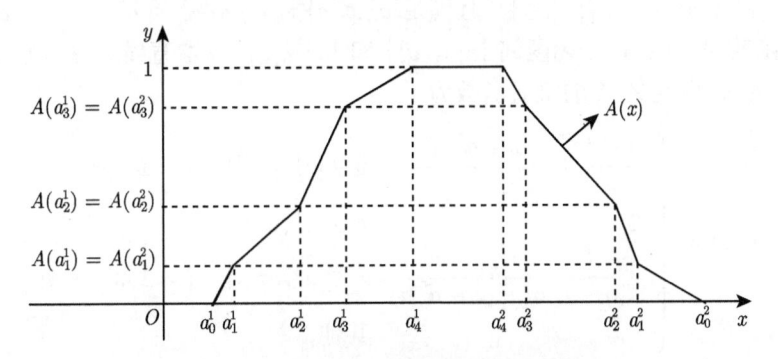

图 1.2 非等距对称型梯形模糊数的叠加

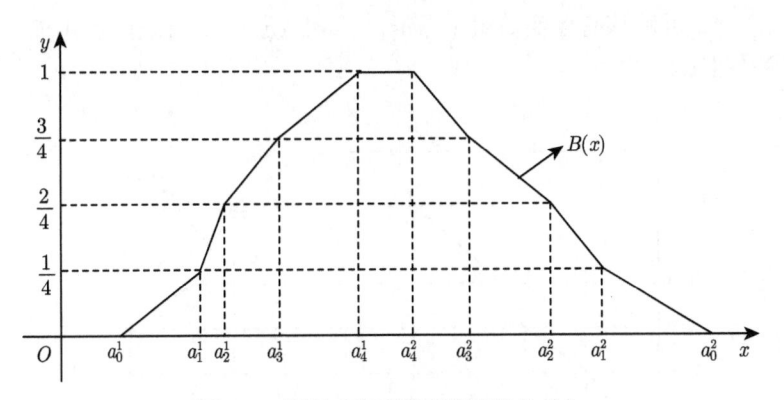

图 1.3 等距对称型梯形模糊数的叠加

显然, 这两个图形的共同特点是过图像上每个折点作水平直线, 都可将图形分割成若干个小梯形, 亦即, 该图形由有限个小梯形叠加而成. 实际上, 图 1.2 中隶属函数 $A(x)$ 两边折点虽然相等且在一水平直线上, 但 y-轴 $[0,1]$ 区间上水平线之间的宽度不等,称之为非等距梯形模糊数;图 1.3 中隶属函数 $B(x)$ 克服了图 1.2 的缺陷,不仅两边折点对称相等并在同一水平直线上,而且每个折点纵坐标恰好是 y-轴区间 $[0,1]$ 上四个等分点,亦即,$B(a_i^q) = i/4 (q = 1, 2; i = 0, 1, 2, 3, 4)$,且水平直线之间的宽度相等,称之为等距梯形模糊数.

然而,我们最感兴趣的是图 1.3,如果该图两边的折点同步逐渐增多,则小梯形的个数也随之增加,故足量多的小梯形叠加可趋近于某个特定模糊数;反之,每个模糊数也可用若干小梯形叠加来近似表示.

为了近似地实现一般模糊数之间的非线性运算和进一步建立折线模糊神经网络,本节结合文献 [11],[12] 重新给出改进后的折线模糊数定义如下.

定义 1.5 设模糊数 $A \in F_0(\mathbb{R})$,给定 $n \in \mathbb{N}$. 现将纵轴上闭区间 $[0,1]$ 等分成 n 个小区间,分点为 $x_i = i/n, i = 0, 1, 2, \cdots, n$. 若存在一组 $2n+2$ 个有序实数:$a_0^1, a_1^1, \cdots, a_n^1, a_n^2, \cdots, a_1^2, a_0^2 \in \mathbb{R}$,且满足 $a_0^1 \leqslant a_1^1 \leqslant \cdots \leqslant a_n^1 \leqslant a_n^2 \leqslant \cdots \leqslant a_1^2 \leqslant a_0^2$,使隶属函数 $A(x)$ 在每个闭区间 $[a_{i-1}^1, a_i^1]$ 和 $[a_i^2, a_{i-1}^2]$ 均取直线段,$i = 1, 2, \cdots, n$,亦即 $\forall x \in \mathbb{R}$,可定义 A 的隶属函数为

$$A(x) = \begin{cases} \dfrac{i-1}{n} + \dfrac{x - a_{i-1}^1}{n(a_i^1 - a_{i-1}^1)}, & x \in [a_{i-1}^1, a_i^1], \quad i = 1, 2, \cdots, n, \\ 1, & x \in [a_n^1, a_n^2], \\ \dfrac{i-1}{n} + \dfrac{a_{i-1}^2 - x}{n(a_{i-1}^2 - a_i^2)}, & x \in [a_i^2, a_{i-1}^2], \quad i = 1, 2, \cdots, n, \\ 0, & 其他, \end{cases}$$

则称 A 为 $\mathbb{R}$ 上一个 n-折线模糊数,简称折线模糊数,记为 $A = (a_0^1, a_1^1, \cdots, a_n^1, a_n^2, \cdots, a_1^2, a_0^2)$,并称该有序实数组 $(a_0^1, a_1^1, \cdots, a_n^1, a_n^2, \cdots, a_1^2, a_0^2)$ 为 A 的一个有序表示. 参看图 1.4.

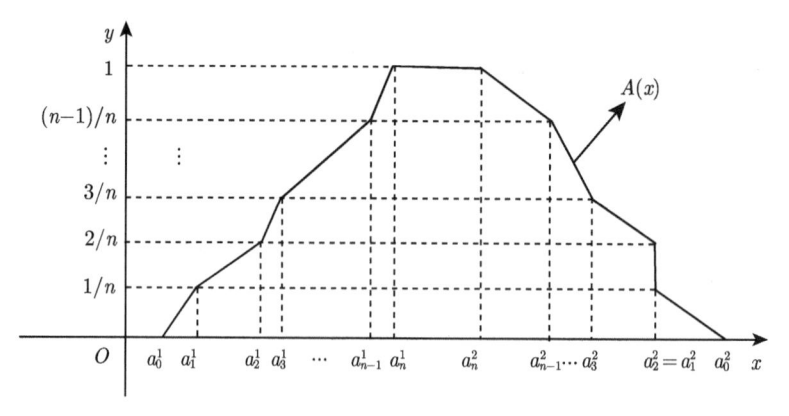

图 1.4 n-折线模糊数 A 的隶属函数图像

依据图 1.4, 明显支集 $\mathrm{Supp}A = [a_0^1, a_0^2]$, 核 $\mathrm{Ker}A = [a_n^1, a_n^2]$. 此外, 不难看出该折线模糊数与三角形模糊数或梯形模糊数有类似性质, 并且每个 n-折线模糊数 A 均由 $2n+2$ 个有序实数点 $a_0^1, a_1^1, \cdots, a_n^1, a_n^2, \cdots, a_1^2, a_0^2$ 来唯一确定.

记 $F_0^{tn}(\mathbb{R})$ 表示 $\mathbb{R}$ 上所有 n-折线模糊数构成的集合, 当然 $F_0^{tn}(\mathbb{R}) \subset F_0(\mathbb{R})$. 特别地, 当 $n=1$ 时, 1-折线模糊数退化为三角形或梯形模糊数; $n \geqslant 2$ 时, 相邻折点间连接直线可构成若干小梯形的叠加 (三角形视为特殊的梯形). 故折线模糊数是三角形或梯形模糊数的推广.

事实上, 引入折线模糊数的重要意义远不在于此, 更重要的是对每个普通模糊数都可依据不同 n 值截取一个 n-折线模糊数, 换言之, 一般模糊数可用 n-折线模糊数来近似表示, 参见图 1.5.

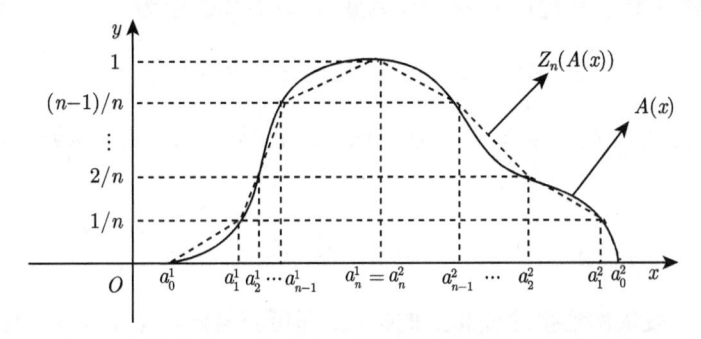

图 1.5　模糊数 A 与对应 n-折线模糊数的隶属函数图像

依图 1.5 不难看出, 一个模糊数的对应折线模糊数主要依赖于 n 值的选取, n 值越大所得分片和折点个数就越多, 当然其近似表示模糊数的能力就越强, 但其复杂程度也随之加大.

下面, 针对确定 n 值给出模糊数转化 n-折线模糊数的具体方法.

实际上, 给定 $n \in \mathbb{N}$ 和模糊数 A, 从理论上来讲求解对应的 n-折线模糊数就相当于对模糊数 A 实施一个变换 $Z_n : F_0(\mathbb{R}) \to F_0^{tn}(\mathbb{R})$, $A \to Z_n(A) \in F_0^{tn}(\mathbb{R})$.

现在, 问题关键是如何确定这 n-折线模糊数 $Z_n(A)$ 的 $2n+2$ 个有序实数, 以便给出有序表示. 事实上, 参见图 1.5, 对给定模糊数 $A \in F_0(\mathbb{R})$ 可通过描绘出其隶属函数图像, 再将纵轴上单位闭区间 $[0,1]$ 分成 n 等份, 插入 $n-1$ 个分点 $\lambda_i = i/n$, $i = 1, 2, \cdots, n-1$.

不妨假设 A 的左腰函数 $L(x)$ 和右腰函数 $R(x)$ 均为严格单调. 令 $A(x) \geqslant \lambda_1 = 1/n$, 则同时有 $L(x) \geqslant 1/n, R(x) \geqslant 1/n$. 显然, 该不等式在支集 $\mathrm{Supp}A$ 上必有唯一解, 分别记这两个不等式的解依次为 $x \geqslant a_1^1$ 和 $x \leqslant a_1^2$, 亦即, 其公共解 x 满足: $a_1^1 \leqslant x \leqslant a_1^2$.

同理, 若令 $A(x) \geqslant \lambda_2 = 2/n$, 同时对应两个不等式: $L(x) \geqslant 2/n$, $R(x) \geqslant 2/n$.

从中也可分别获得两个不等式的解依次为 $x \geqslant a_2^1$ 和 $x \leqslant a_2^2$, 进而其公共解 x 满足: $a_2^1 \leqslant x \leqslant a_2^2$.

依次令 $A(x) \geqslant \dfrac{i}{n}$, $i = 2, 3, \cdots, n-1$, 求解两个不等式: $L(x) \geqslant \dfrac{i}{n}$, $R(x) \geqslant \dfrac{i}{n}$. 类似方法可解出公共解 x: $a_i^1 \leqslant x \leqslant a_i^2$, 且满足

$$[a_n^1, a_n^2] \subset [a_{n-1}^1, a_{n-1}^2] \subset \cdots \subset [a_1^1, a_1^2] \subset [a_0^1, a_0^2].$$

按此方法进行 n 步骤后, 可获得 $2n+2$ 个正实数 $\{a_0^1, a_1^1, \cdots, a_n^1, a_n^2, \cdots, a_1^2, a_0^2\}$, 且满足排序:

$$a_0^1 \leqslant a_1^1 \leqslant \cdots \leqslant a_n^1 \leqslant a_n^2 \leqslant \cdots \leqslant a_1^2 \leqslant a_0^2.$$

至此, 模糊数 A 就被转化成了 n-折线模糊数, 其有序表示为

$$Z_n(A) = (a_0^1, a_1^1, \cdots, a_n^1, a_n^2, \cdots, a_1^2, a_0^2).$$

另一方面, 对给定 $n \in \mathbb{N}$, 按上述方法不难获得模糊数 A 的隶属函数曲线上所有折点坐标为

$$(a_0^1, 0), \left(a_1^1, \dfrac{1}{n}\right), \left(a_2^1, \dfrac{2}{n}\right), \cdots, (a_n^1, 1), (a_n^2, 1), \cdots, \left(a_2^2, \dfrac{2}{n}\right), \left(a_1^2, \dfrac{1}{n}\right), (a_0^2, 0).$$

若用直线段依次连接这些相邻的折点, 即可获得图 1.4 中 n-折线模糊数的图像. 显然, 对应的折线模糊数保持了原有模糊数的一些特性, 例如,

$$\operatorname{Ker}(Z_n(A)) = \operatorname{Ker} A = [a_n^1, a_n^2],$$
$$\operatorname{Supp}(Z_n(A)) = \operatorname{Supp} A = [a_0^1, a_0^2],$$
$$(Z_n(A))_{i/n} = A_{i/n} = [a_i^1, a_i^2], \quad i = 0, 1, 2, \cdots, n.$$

下面, 对给定 $n \in \mathbb{N}$ 和模糊数 A, 我们将通过实例来求解并转化 n-折线模糊数, 进而给出相应折线模糊数的有序表示.

例 1.1 设模糊数 A 的隶属函数为

$$A(x) = \begin{cases} \sqrt{2x} - 1, & \dfrac{1}{2} \leqslant x < 2, \\ 1, & 2 \leqslant x \leqslant 3, \\ 4 - \sqrt{\dfrac{7x}{3} + 2}, & 3 < x \leqslant 6, \\ 0, & \text{其他}, \end{cases}$$

试就 $n = 2, 3, 4$ 情况下分别求解对应的 n-折线模糊数的有序表示.

解 依据给定模糊数 A 不难获知 $\operatorname{Supp} A = \left[\dfrac{1}{2}, 6\right]$, $\operatorname{Ker} A = [2, 3]$.

1.2 折线模糊数及有序表示

令 $n=2$, 只有一个分点 $\lambda = \frac{1}{2}$. 当 $x \in [1/2, 2)$ 时, 令左函数 $A(x) = L(x) = \sqrt{2x} - 1 = \frac{1}{2}$, 则在 $[1/2, 2)$ 上解出唯一解 $x_1 = \frac{9}{8}$. 当 $x \in (3, 6]$ 时, 令右函数 $A(x) = R(x) = 4 - \sqrt{\frac{7x}{3} + 2} = \frac{1}{2}$, 也可在 $(3, 6]$ 上解出 $x_2 = \frac{123}{28}$. 故求得 A 的 2-折线模糊数的有序表示为

$$Z_2(A) = \left(\frac{1}{2}, \frac{9}{8}, 2, 3, \frac{123}{28}, 6\right).$$

令 $n=3$, 存在两个分点 $\lambda_1 = \frac{1}{3}$, $\lambda_2 = \frac{2}{3}$. 故当 $x \in [1/2, 2)$ 时, 令左函数 $L(x) = \sqrt{2x} - 1 = \frac{1}{3}, \frac{2}{3}$, 依次在 $[1/2, 2)$ 上解出 $x_1 = \frac{8}{9}, x_2 = \frac{25}{18}$, 且满足 $x_1 < x_2$. 当 $x \in (3, 6]$ 时, 依次令右函数

$$R(x) = 4 - \sqrt{\frac{7x}{3} + 2} = \frac{1}{3}, \frac{2}{3}.$$

可在 $(3, 6]$ 上解出 $x_3 = \frac{103}{21}$, $x_4 = \frac{82}{21}$, 且满足 $x_2 < x_3 < x_4$. 故可求得模糊数 A 的 3-折线模糊数的有序表示为

$$Z_3(A) = \left(\frac{1}{2}, \frac{8}{9}, \frac{25}{18}, 2, 3, \frac{82}{21}, \frac{103}{21}, 6\right).$$

令 $n=4$, 存在三个分点 $\lambda_1 = \frac{1}{4}$, $\lambda_2 = \frac{2}{4}$, $\lambda_3 = \frac{3}{4}$. 当 $x \in [1/2, 2)$ 时, 依次令左函数

$$L(x) = \sqrt{2x} - 1 = \frac{1}{4}, \frac{2}{4}, \frac{3}{4}.$$

可在 $x \in [1/2, 2)$ 上解出 $x_1 = \frac{25}{32}$, $x_2 = \frac{9}{8}$, $x_3 = \frac{49}{32}$, 且 $x_2 < x_3 < x_4$. 当 $x \in (3, 6]$ 时, 依次令右函数

$$R(x) = 4 - \sqrt{\frac{7x}{3} + 2} = \frac{1}{4}, \frac{2}{4}, \frac{3}{4}.$$

可在 $(3, 6]$ 上解出 $x_4 = \frac{411}{112}$, $x_5 = \frac{123}{28}$, $x_6 = \frac{579}{112}$, 且满足 $x_3 < x_4 < x_5 < x_6$. 故求得模糊数 A 的 4-折线模糊数的有序表示为

$$Z_4(A) = \left(\frac{1}{2}, \frac{25}{32}, \frac{9}{8}, \frac{49}{32}, 2, 3, \frac{411}{112}, \frac{123}{28}, \frac{579}{112}, 6\right).$$

再以 $n = 3$ 为例, 明显获知隶属函数 $A(x)$ 上折点坐标依次为

$$\left(\frac{1}{2}, 0\right), \left(\frac{8}{9}, \frac{1}{3}\right), \left(\frac{25}{18}, \frac{2}{3}\right), (2, 1), (3, 1), \left(\frac{82}{21}, \frac{2}{3}\right), \left(\frac{103}{21}, \frac{1}{3}\right), (6, 0).$$

按直线逐段连接相邻折点不难求出 A 的 3-折线模糊数的隶属函数如下

$$Z_3(A)(x) = \begin{cases} 6x/7 - 3/7, & 1/2 \leqslant x < 8/9, \\ 2x/3 - 7/27, & 8/9 \leqslant x < 25/18, \\ 6x/11 - 1/11, & 25/18 \leqslant x < 2, \\ 1, & 2 \leqslant x \leqslant 3, \\ -7x/19 + 40/19, & 3 < x \leqslant 82/21, \\ -x/3 + 124/63, & 82/21 < x \leqslant 103/21, \\ -7x/23 + 42/23, & 103/21 < x \leqslant 6. \end{cases}$$

它对应的函数图像如图 1.6 所示.

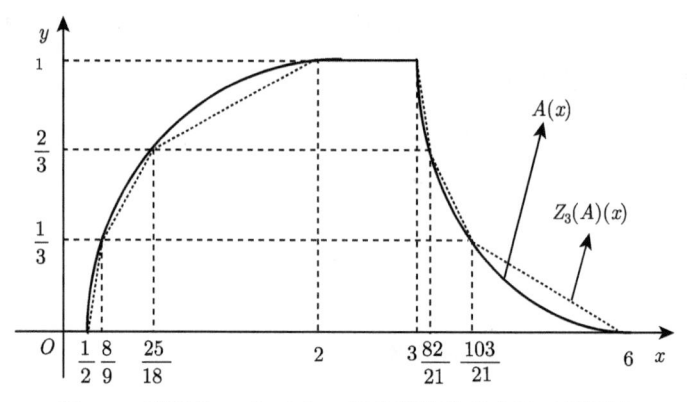

图 1.6 模糊数 A 和对应 3-折线模糊数的隶属函数图像

对给定模糊数来说, 所对应折线模糊数依赖于 n 的选取, n 值越大所得折线模糊数图像的折点越多, 其近似表示能力越强, 但复杂的程度也随之加大.

事实上, n-折线模糊数与其有序表示是一一对应的. 给定一个折线模糊数的解析表达式, 不仅 n 值可确定, 而且其有序表示也可确定. 反之, 若给定 $2n + 2$ 个有序实数 (有序表示), 也可唯一确定折线模糊数的解析表达式. 以下通过实例来说明有序表示如何确定折线模糊数.

例 1.2 给定一个有序表示 $A = (-4, -3, 0, 1, 2, 4, 5, 7)$, 试确定该折线模糊数的解析式.

解 显然, 依据定义 1.1 易知支集 $\text{Supp}A = [-4, 7]$, 核 $\text{Ker}A = [1, 2]$.

此外, 由于所给有序表示中含有 8 个有序实数, 故令 $2n + 2 = 8$, 解之 $n = 3$. 这意味着在 y-轴的闭区间 $[0,1]$ 上插入两个分点 $\lambda_1 = \dfrac{1}{3}$, $\lambda_2 = \dfrac{2}{3}$. 此时, 待求 3-折线模糊数的隶属函数与水平直线 $y = \dfrac{1}{3}$ 和 $y = \dfrac{2}{3}$ 的折点坐标为

$$(-4, 0), \left(-3, \frac{1}{3}\right), \left(0, \frac{2}{3}\right), (1, 1), (2, 1), \left(4, \frac{2}{3}\right), \left(5, \frac{1}{3}\right), (7, 0).$$

在平面坐标系内确定上述 8 个坐标点的位置, 然后用直线段依次连接相邻折点, 即可获得所求 3-折线模糊数 A 的隶属函数图像, 参看图 1.7.

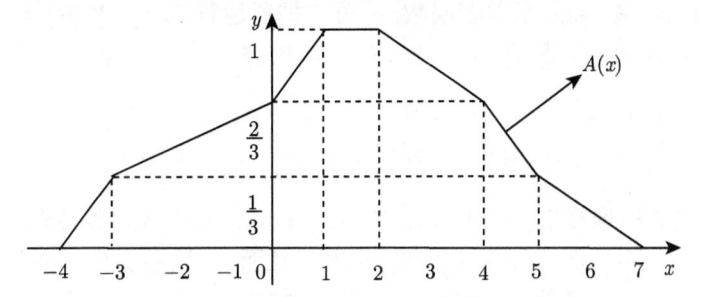

图 1.7 A 的有序表示对应的 3-折线模糊数的隶属函数图像

按两点式容易求得该 3-折线模糊数的隶属函数 $A(x)$ 的解析式如下

$$A(x) = \begin{cases} x/3 + 4/3, & -4 \leqslant x < -3, \\ x/9 + 2/3, & -3 \leqslant x < 0, \\ x/3 + 2/3, & 0 \leqslant x < 1, \\ 1, & 1 \leqslant x \leqslant 2, \\ -x/6 + 4/3, & 2 < x \leqslant 4, \\ -x/3 + 2, & 4 < x \leqslant 5, \\ -x/6 + 7/6, & 5 < x \leqslant 7. \end{cases}$$

1.3 折线模糊数扩展运算

接下来, 基于 1.2 节给出模糊数转化为 n-折线模糊数的方法, 我们自然要考虑在折线模糊数空间 $F_0^{tn}(\mathbb{R})$ 上定义相应算术运算.

定义 1.6 给定 $n \in \mathbb{N}$, 设 $A, B \in F_0^{tn}(\mathbb{R})$, 且 $A = (a_0^1, a_1^1, \cdots, a_n^1, a_n^2, \cdots, a_1^2, a_0^2)$, $B = (b_0^1, b_1^1, \cdots, b_n^1, b_n^2, \cdots, b_1^2, b_0^2)$. 定义加、减、乘和除法运算为

(1) $A + B = (a_0^1 + b_0^1, a_1^1 + b_1^1, \cdots, a_n^1 + b_n^1, a_n^2 + b_n^2, \cdots, a_1^2 + b_1^2, a_0^2 + b_0^2)$;

(2) $A - B = (a_0^1 - b_0^2, a_1^1 - b_1^2, \cdots, a_n^1 - b_n^2, a_n^2 - b_n^1, \cdots, a_1^2 - b_1^1, a_0^2 - b_0^1)$;

(3) $A \cdot B = (c_0^1, c_1^1, \cdots, c_n^1, c_n^2, \cdots, c_1^2, c_0^2)$, 其中 $c_i^1 = a_i^1 b_i^1 \wedge a_i^1 b_i^2 \wedge a_i^2 b_i^1 \wedge a_i^2 b_i^2$, $c_i^2 = a_i^1 b_i^1 \vee a_i^1 b_i^2 \vee a_i^2 b_i^1 \vee a_i^2 b_i^2$, $i = 0, 1, 2, \cdots, n$;

(4) $k \cdot A = \begin{cases} (ka_0^1, ka_1^1, \cdots, ka_n^1, ka_n^2, \cdots, ka_1^2, ka_0^2), & k \geqslant 0, \\ (ka_0^2, ka_1^2, \cdots, ka_n^2, ka_n^1, \cdots, ka_1^1, ka_0^1), & k < 0. \end{cases}$

此时, 若 $\operatorname{Supp} B \subset (0, +\infty)$ 或 $\operatorname{Supp} B \subset (-\infty, 0)$, 则可定义 $\dfrac{1}{B}$ 和 $A \div B$ 如下

(5) $\dfrac{1}{B} = \left(\dfrac{1}{b_0^2}, \dfrac{1}{b_1^2}, \cdots, \dfrac{1}{b_n^2}, \dfrac{1}{b_n^1}, \cdots, \dfrac{1}{b_1^1}, \dfrac{1}{b_0^1}\right)$;

(6) $A \div B = A \cdot \dfrac{1}{B}$.

另外, 若 $\sigma : \mathbb{R} \to \mathbb{R}$ 是单调函数, σ 可作扩展运算, $\sigma : F_0^{tn}(\mathbb{R}) \to F_0^{tn}(\mathbb{R})$, 使 $\forall A \in F_0^{tn}(\mathbb{R})$, 且 $A = (a_0^1, a_1^1, \cdots, a_n^1, a_n^2, \cdots, a_1^2, a_0^2)$, 则

$$\sigma(A) = \begin{cases} (\sigma(a_0^1), \sigma(a_1^1), \cdots, \sigma(a_n^1), \sigma(a_n^2), \cdots, \sigma(a_1^2), \sigma(a_0^2)), & \sigma \text{ 不减}, \\ (\sigma(a_0^2), \sigma(a_1^2), \cdots, \sigma(a_n^2), \sigma(a_n^1), \cdots, \sigma(a_1^1), \sigma(a_0^1)), & \sigma \text{ 不增}. \end{cases}$$

从上述定义不难看出, 若 $A, B \in F_0^{tn}(\mathbb{R})$, $k \in \mathbb{R}$, 其算术运算必满足封闭性, 亦即, $A + B$, $A - B$, $A \cdot B$, $k \cdot A \in F_0^{tn}(\mathbb{R})$, 但对除法而言, 需在满足 $\operatorname{Supp} B \subset (0, +\infty)$ 或 $\operatorname{Supp} B \subset (-\infty, 0)$ 条件下, 才有 $A \div B \in F_0^{tn}(\mathbb{R})$. 对单调实函数 σ 来说, 其扩展运算自然也封闭, 即, $\sigma(A) \in F_0^{tn}(\mathbb{R})$.

注 1.2 显然, 折线模糊数空间 $F_0^{tn}(\mathbb{R})$ 上重新定义的算术四则运算并不是依赖于传统的 Zadeh 扩展原理, 更可喜的是这样定义的四则运算均是封闭的, 且满足线性性. 这不仅克服了基于 Zadeh 扩展原理建立四则运算的缺陷 (不满足封闭性和线性性), 而且其运算过程简单直观, 这无疑是引进折线模糊数关键所在. 这个事实可从下面一个例子得到验证.

例 1.3 设 $A = (-3, -2.5, -1, -0.5, 1.5, 3, 3.5, 6)$, $B = (-2, -1.5, 1, 2, 3.5, 4, 6, 7) \in F_0^{t2}(\mathbb{R})$. 试按折线模糊数的扩展运算计算 $A + B$, $A - B$ 和 $A \cdot B$, 并适当给出几何解释.

解 依据定义 1.6 容易获知

$$A + B = (-5, -4, 0, 1.5, 5, 7, 9.5, 13),$$
$$A - B = (-10, -8.5, -5, -4, -0.5, 2, 5, 8),$$
$$A \cdot B = (-21, -15, -4, -1.75, 5.25, 12, 21, 42).$$

显然, 所给有序表示含有 8 个有序实数, 令 $2n + 2 = 8$, 则 $n = 3$. 故在 y-轴 $[0, 1]$ 上插入两个分点 $\lambda_1 = \dfrac{1}{3}$, $\lambda_2 = \dfrac{2}{3}$, 从而画出 3-折线模糊数 A 和 B 的图像如图 1.8 所示.

1.3 折线模糊数扩展运算

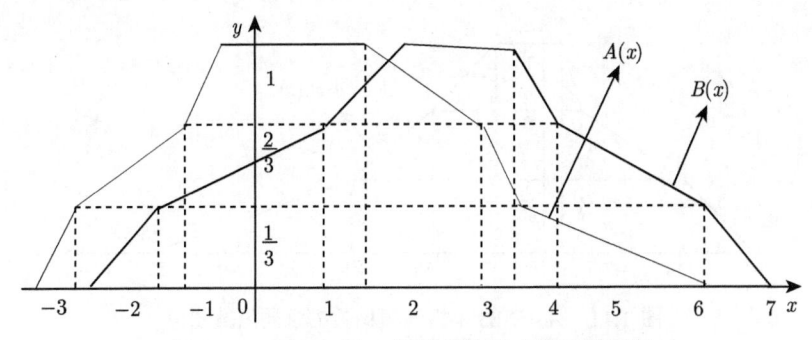

图 1.8 A 和 B 的 3-折线模糊数隶属函数图像

进而得出 $A+B$ 和 $A-B$ 的图像分别见图 1.9—图 1.11.

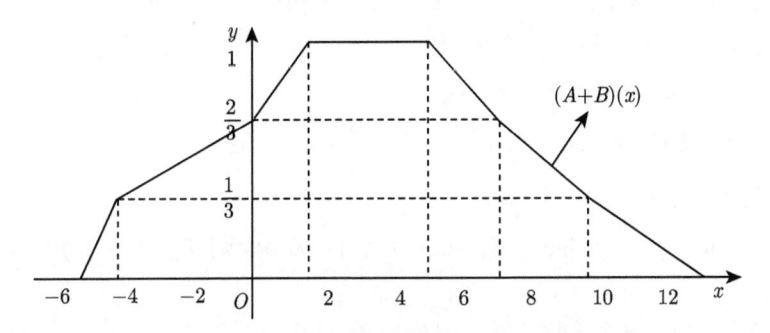

图 1.9 $A+B$ 的 3-折线模糊数的隶属函数图像

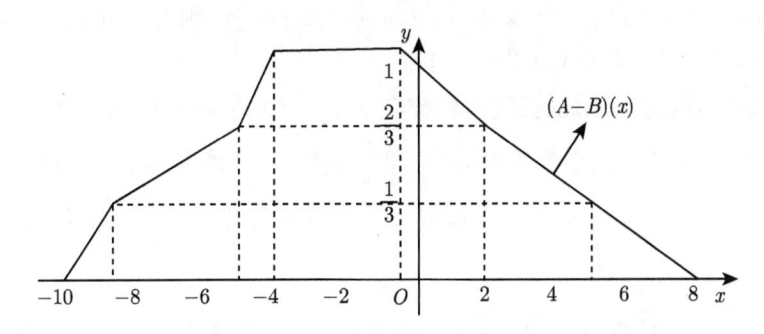

图 1.10 $A-B$ 的 3-折线模糊数的隶属函数图像

有了折线模糊空间 $F_0^{tn}(\mathbb{R})$ 上算术扩张运算, 自然可实现一般模糊数空间 $F_0(\mathbb{R})$ 上的近似算术运算. 当然, 运算前需将模糊数转化为 n-折线模糊数 (n 为给定), 具体转换方法参见例 1.1.

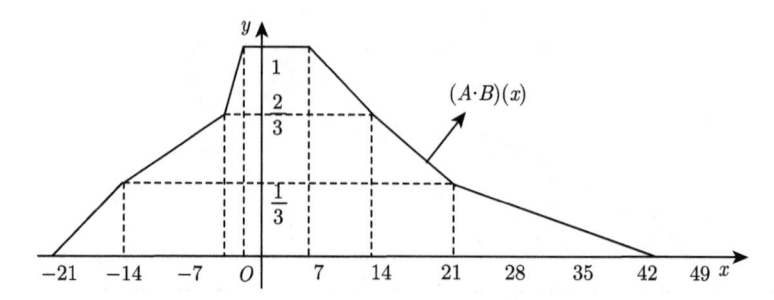

图 1.11 $A \cdot B$ 的 3-折线模糊数的隶属函数图像

命题 1.5 设 $A, B \in F_0(\mathbb{R})$,给定 $n \in \mathbb{N}$,折线算子 $Z_n: F_0(\mathbb{R}) \to F_0^{tn}(\mathbb{R})$,则 $F_0(\mathbb{R})$ 上算术运算可转化为 $F_0^{tn}(\mathbb{R})$ 上的扩张运算,具体表示为:

(1) $Z_n(A) = Z_n(B) \Leftrightarrow A_{i/n} = B_{i/n} \Leftrightarrow Z_n(A)_{i/n} = Z_n(B)_{i/n}, i = 0, 1, 2, \cdots, n$;

(2) $Z_n(A + B) = Z_n(A) + Z_n(B)$;

(3) $Z_n(A - B) = Z_n(A) - Z_n(B)$;

(4) $Z_n(A \cdot B) = Z_n(A) \cdot Z_n(B)$;

(5) $Z_n(k \cdot A) = k \cdot Z_n(A), k > 0$;

(6) 若 $\mathrm{Supp} B \subset (0, +\infty)$ 或 $\mathrm{Supp} B \subset (-\infty, 0)$,则 $Z_n(A \div B) = Z_n(A) \div Z_n(B)$;

(7) $Z_n(Z_n(A)) = Z_n(A)$.

证明 (1) 给定 $n \in \mathbb{N}$, 对模糊数 $A, B \in F_0(\mathbb{R})$ 实施折线模糊化后必有 $Z_n(A), Z_n(B) \in F_0^{tn}(\mathbb{R})$. 令 $\alpha = \dfrac{i}{n}, i = 0, 1, 2, \cdots, n$, 则有 $Z_n(A) = Z_n(B) \Leftrightarrow Z_n(A)_{i/n} = Z_n(B)_{i/n}, i = 0, 1, 2, \cdots, n$.

依 1.2 节模糊数和对应折线模糊数在 $\alpha = \dfrac{i}{n}$ 处截集性质 $(Z_n(A))_{i/n} = A_{i/n}$, 立即得 (1) 成立. (2) 由于整体模糊数空间 $F_0(\mathbb{R})$ 关于算术四则运算封闭, 故 $A + B, A - B, A \cdot B, k \cdot A \in F_0(\mathbb{R})$. 因此, 基于折线模糊数在 $\alpha = \dfrac{i}{n}$ 处截集性质和命题 1.3, 必有

$$(Z_n(A+B))_{i/n} = (A+B)_{i/n} = A_{i/n} + B_{i/n} = Z_n(A)_{i/n} + Z_n(B)_{i/n} = (Z_n(A) + Z_n(B))_{i/n}.$$

再由 (1) 的结论,立刻获得

$$Z_n(A + B) = Z_n(A) + Z_n(B).$$

同理方法, 也可证得 (3)—(5) 也成立.

1.3 折线模糊数扩展运算

至于 (6), 若限定 $\text{Supp}B \subset (0, +\infty)$ 或 $\text{Supp}B \subset (-\infty, 0)$, 则有 $A \div B \in F_0(\mathbb{R})$, 且 $\forall \alpha \in [0,1]$, 也满足 $(A \div B)_\alpha = A_\alpha \div B_\alpha$. 类似上面方法, 也可证得 $Z_n(A \div B) = Z_n(A) \div Z_n(B)$.

(7) 显然.

至此, 本节引进的 n-折线模糊数将三角形或梯形模糊数推广到一般情形, 而且可将一类有界模糊数近似地用折线模糊数来表示, 当然, 表示的烦琐程度取决于 n 值的大小. 实际上, 有了折线模糊数的扩展运算, 就可进一步在 $F_0^{tn}(\mathbb{R})$ 空间上进行模糊算术运算. 此外, 折线模糊数空间 $F_0^{tn}(\mathbb{R})$ 还构成一个线性锥, 即 $\forall \lambda \in \mathbb{R}$, $\forall A, B \in F_0^{tn}(\mathbb{R})$, 总满足

$$\lambda \cdot (A + B) = \lambda \cdot A + \lambda \cdot B, \quad \lambda \cdot (A - B) = \lambda \cdot A - \lambda \cdot B.$$

故折线模糊数空间 $F_0^{tn}(\mathbb{R})$ 在拓扑结构和代数意义下具有良好的运算性质, 进而可由此建立具有较强学习能力的模糊神经网络来处理模糊信息.

以下通过实例说明如何将模糊数近似地实现折线模糊化的扩展运算.

例 1.4 给定 $n \in \mathbb{N}$, 设模糊数 $A, B \in F_0(\mathbb{R})$, 且 A 和 B 的隶属函数分别为

$$A(x) = \begin{cases} \sqrt{x+1} - 1, & 0 \leqslant x < 3, \\ 1, & 3 \leqslant x \leqslant 4, \\ 3 - \sqrt{x}, & 4 < x \leqslant 9, \\ 0, & \text{其他}, \end{cases} \quad B(x) = \begin{cases} (x+2)^2/4, & -2 \leqslant x < 0, \\ 1, & 0 \leqslant x \leqslant 1, \\ 1 - (x-1)^2/9, & 1 < x \leqslant 4, \\ 0, & \text{其他}, \end{cases}$$

试就 $n = 2, 3, 4$ 计算 $Z_n(A + B)$, $Z_n(A - B)$ 和 $Z_n(A \cdot B)$ 的有序表示.

解 显然, $\text{Supp}A = [0, 9]$, $\text{Ker}A = [3, 4]$; $\text{Supp}B = [-2, 4]$, $\text{Ker}B = [0, 1]$, 其对应图像见图 1.12, 图 1.13.

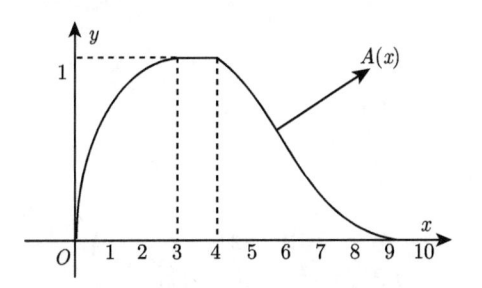

图 1.12 模糊数 A 的隶属函数图像 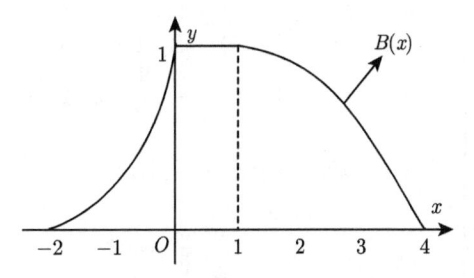 　　图 1.13 模糊数 B 的隶属函数图像

首先, 对模糊数 A 按照例 1.1 类似方法计算有序表示为

$$Z_2(A) = \left(0, \frac{5}{4}, 3, 4, \frac{25}{4}, 9\right);$$

$$Z_3(A) = \left(0, \frac{7}{9}, \frac{16}{9}, 3, 4, \frac{49}{9}, \frac{64}{9}, 9\right);$$

$$Z_4(A) = \left(0, \frac{9}{16}, \frac{5}{4}, \frac{33}{16}, 3, 4, \frac{81}{16}, \frac{25}{4}, \frac{121}{16}, 9\right).$$

同理, 对模糊数 B 计算其有序表示为

$$Z_2(B) = \left(-2, -2+\sqrt{2}, 0, 1, 1+\frac{3}{\sqrt{2}}, 4\right);$$

$$Z_3(B) = \left(-2, -2+\frac{2}{\sqrt{3}}, -2+\frac{2\sqrt{2}}{\sqrt{3}}, 0, 1, 1+\sqrt{3}, 1+\sqrt{6}, 4\right);$$

$$Z_4(B) = \left(-2, -1, -2+\sqrt{2}, -2+\sqrt{3}, 0, 1, \frac{5}{2}, 1+\frac{3}{\sqrt{2}}, 1+\frac{3\sqrt{3}}{2}, 4\right).$$

依据命题 1.5, 容易计算 $n = 2, 3, 4$ 时 A 和 B 加、减和乘法的有序表示为

$$\begin{cases} Z_2(A+B) = Z_2(A) + Z_2(B) = \left(-2, \sqrt{2}-\frac{3}{4}, 3, 5, \frac{29}{4}+\frac{3}{\sqrt{2}}, 13\right), \\ Z_3(A+B) = Z_3(A) + Z_3(B) \\ \qquad = \left(-2, \frac{2}{\sqrt{3}}-\frac{11}{9}, \frac{2\sqrt{2}}{\sqrt{3}}-\frac{2}{9}, 3, 5, \frac{58}{9}+\sqrt{3}, \frac{73}{9}+\sqrt{6}, 13\right), \\ Z_4(A+B) = Z_4(A) + Z_4(B) \\ \qquad = \left(-2, -\frac{7}{16}, \sqrt{2}-\frac{3}{4}, \sqrt{3}+\frac{1}{16}, 3, 5, \frac{121}{16}, \frac{29}{4}+\frac{3}{\sqrt{2}}, \frac{137}{16}+\frac{3\sqrt{3}}{2}, 13\right), \end{cases}$$

$$\begin{cases} Z_2(A-B) = Z_2(A) - Z_2(B) \\ \qquad = \left(-4, \frac{1}{4}-\frac{3}{\sqrt{2}}, 2, 4, \frac{33}{4}-\sqrt{2}, 13\right), \\ Z_3(A-B) = Z_3(A) - Z_3(B) \\ \qquad = \left(-4, -\frac{2}{9}-\sqrt{2}, \frac{7}{9}-\sqrt{3}, 2, 4, \frac{67}{9}-\frac{2\sqrt{2}}{\sqrt{3}}, \frac{82}{9}-\frac{2}{\sqrt{3}}, 11\right), \\ Z_4(A-B) = Z_4(A) - Z_4(B) \\ \qquad = \left(-4, \frac{7}{16}-\frac{3\sqrt{3}}{2}, \frac{1}{4}-\frac{3}{\sqrt{2}}, -\frac{7}{16}, 2, 4, \frac{113}{16}-\sqrt{3}, \frac{33}{4}-\sqrt{2}, \frac{137}{16}, 13\right), \end{cases}$$

1.3 折线模糊数扩展运算

$$\begin{cases} Z_2(A \cdot B) = Z_2(A) \cdot Z_2(B) \\ \quad = \left(-18, \dfrac{25}{4}(\sqrt{2}-2), 0, 4, \dfrac{25}{4}\left(1+\dfrac{3}{\sqrt{2}}\right), 36\right), \\ Z_3(A \cdot B) = Z_3(A) \cdot Z_3(B) \\ \quad = \left(-18, \dfrac{64}{9}\left(\dfrac{2}{\sqrt{3}}-2\right), \dfrac{49}{9}\left(\dfrac{2\sqrt{2}}{\sqrt{3}}-2\right),\right. \\ \qquad \left. 0, 4, \dfrac{49}{9}(1+\sqrt{3}), \dfrac{64}{9}(1+\sqrt{6}), 36\right), \\ Z_4(A \cdot B) = Z_4(A) \cdot Z_4(B) \\ \quad = \left(-18, -\dfrac{121}{16}, \dfrac{25}{4}(\sqrt{2}-2), \dfrac{81}{16}(\sqrt{3}-2), 0, 4, \dfrac{405}{32},\right. \\ \qquad \left. \dfrac{25}{4}\left(1+\dfrac{3}{\sqrt{2}}\right), \dfrac{121}{16}\left(1+\dfrac{3\sqrt{3}}{2}\right), 36\right). \end{cases}$$

由此获得基于模糊数 A 和 B 截取 n-折线模糊数 $Z_n(A)$ 和 $Z_n(B)(n=2,3,4)$ 的隶属函数图像如图 1.14—图 1.19 所示.

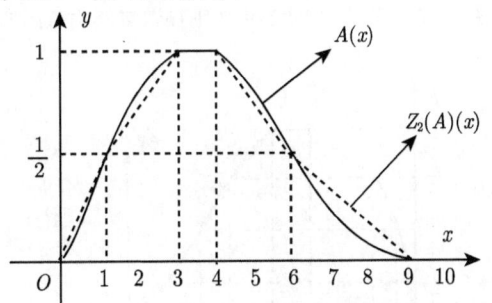

图 1.14 截取 A 的 2-折线模糊数隶属函数图像

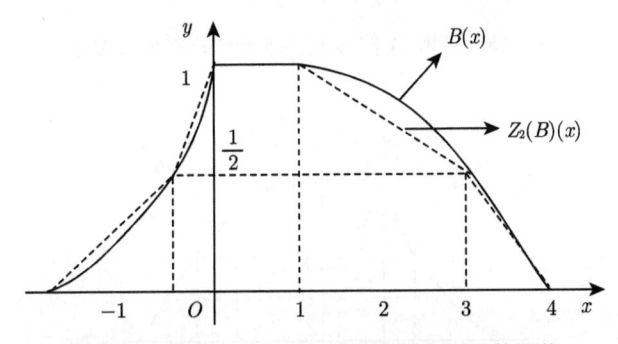

图 1.15 截取 B 的 2-折线模糊数隶属函数图像

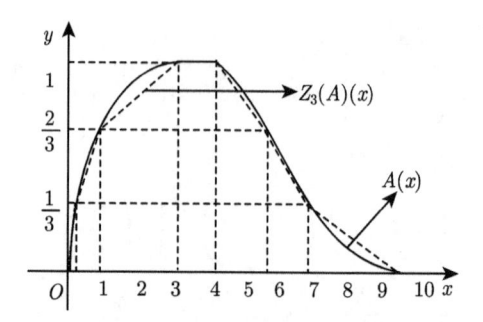

图 1.16 截取 A 的 3-折线模糊数隶属函数图像

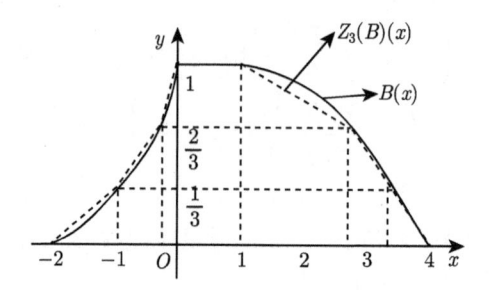

图 1.17 截取 B 的 3-折线模糊数隶属函数图像

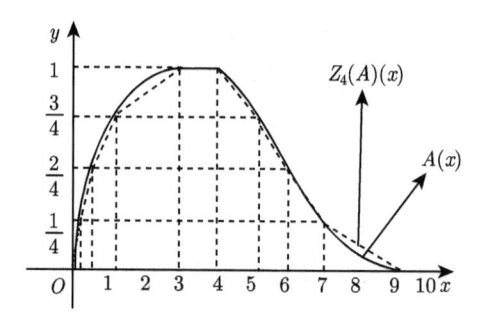

图 1.18 截取 A 的 4-折线模糊数隶属函数图像

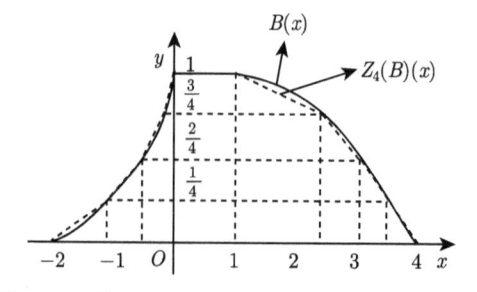

图 1.19 截取 B 的 4-折线模糊数隶属函数图像

1.3 折线模糊数扩展运算

下面，仅以 $n = 3$ 为例并依据有序表示绘出对应 3-折线模糊数 $Z_3(A+B)$，$Z_3(A-B)$ 和 $Z_3(A \cdot B)$ 的隶属函数图像如图 1.20—图 1.22 所示.

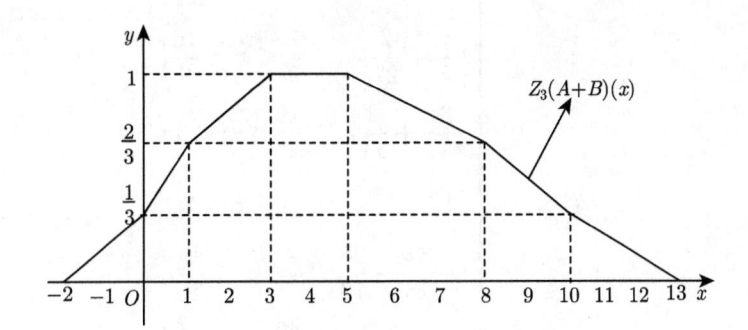

图 1.20 折线模糊数 $Z_3(A+B)$ 的隶属函数图像

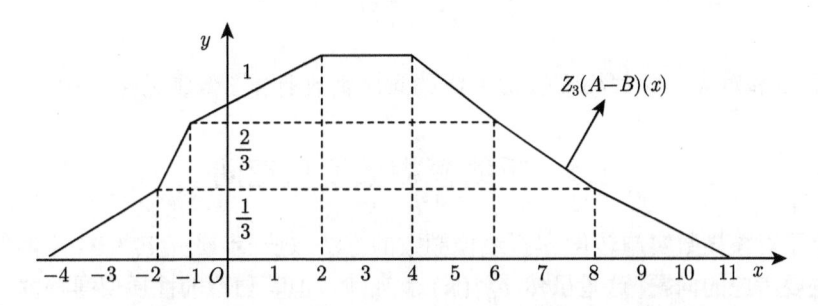

图 1.21 折线模糊数 $Z_3(A-B)$ 的隶属函数图像

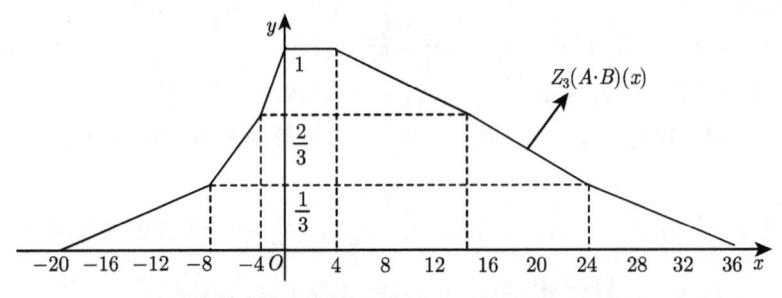

图 1.22 折线模糊数 $Z_3(A \cdot B)$ 的隶属函数图像

若仍以 $n = 3$ 为例，还可确定模糊数 A 的隶属函数曲线上折点坐标依次为

$$(0,0), \quad \left(\frac{7}{9}, \frac{1}{3}\right), \quad \left(\frac{16}{9}, \frac{2}{3}\right), \quad (3,1), \quad (4,1), \quad \left(\frac{49}{9}, \frac{2}{3}\right), \quad \left(\frac{64}{9}, \frac{1}{3}\right), \quad (9,0).$$

此外，也可基于两点式求出 3-折线模糊数 $Z_3(A)$ 的隶属函数解析式如下

$$Z_3(A)(x) = \begin{cases} \dfrac{3x}{7}, & 0 \leqslant x < \dfrac{7}{9}, \\ \dfrac{x}{3} + \dfrac{2}{27}, & \dfrac{7}{9} \leqslant x < \dfrac{16}{9}, \\ \dfrac{3x}{11} + \dfrac{2}{11}, & \dfrac{16}{9} \leqslant x < 3, \\ 1, & 3 \leqslant x \leqslant 4, \\ -\dfrac{3x}{13} + \dfrac{25}{13}, & 4 < x \leqslant \dfrac{49}{9}, \\ -\dfrac{x}{5} + \dfrac{79}{45}, & \dfrac{49}{9} < x \leqslant \dfrac{64}{9}, \\ -\dfrac{3x}{17} + \dfrac{27}{17}, & \dfrac{64}{9} < x \leqslant 9. \end{cases}$$

模糊数 A 和对应 3-折线模糊数 $Z_3(A)$ 的隶属函数混合图像参见图 1.16.

1.4 折线模糊数度量空间

有了对模糊数实施转化 n-折线模糊数的方法，进一步研究 $F_0^{tn}(\mathbb{R})$ 空间的度量是首先要考虑的问题. 这里虽然 $F_0^{tn}(\mathbb{R}) \subset F_0(\mathbb{R})$，但其独特的性质值得探究.

定理 1.1 给定 $n \in \mathbb{N}$，映射 $D : F_0^{tn}(\mathbb{R}) \times F_0^{tn}(\mathbb{R}) \to [0, +\infty)$，若 $\forall (A, B) \in F_0^{tn}(\mathbb{R}) \times F_0^{tn}(\mathbb{R})$，且 $A = (a_0^1, a_1^1, \cdots, a_n^1, a_n^2, \cdots, a_1^2, a_0^2)$，$B = (b_0^1, b_1^1, \cdots, b_n^1, b_n^2, \cdots, b_1^2, b_0^2)$，则有

(1) $D(A, B) = \bigvee\limits_{i=0}^{n} \left(|a_i^1 - b_i^1| \vee |a_i^2 - b_i^2| \right)$；

(2) 若 $A \subset B \Leftrightarrow b_i^1 \leqslant a_i^1 \leqslant a_i^2 \leqslant b_i^2, \ i = 0, 1, 2, \cdots, n$.

证明 (1) 首先，对 y-轴闭区间 $[0, 1]$ 实施等距分割，分点为 $x_i = \dfrac{i}{n}$，$i = 0, 1, 2, \cdots, n$.

任取 $\alpha \in (0, 1]$，设 $A_\alpha = [a_\alpha^1, a_\alpha^2]$，$B_\alpha = [b_\alpha^1, b_\alpha^2]$，依等距分割必存在 $i_0 \in \{1, 2, \cdots, n\}$ 使得 $\alpha \in \left[\dfrac{i_0 - 1}{n}, \dfrac{i_0}{n} \right]$. 此时，过 A 的左函数曲线上两点 $\left(a_{i_0-1}^1, \dfrac{i_0 - 1}{n} \right)$ 和 $\left(a_{i_0}^1, \dfrac{i_0}{n} \right)$ 的直线方程为

$$y - \dfrac{i_0 - 1}{n} = \dfrac{1}{n(a_{i_0}^1 - a_{i_0-1}^1)}(x - a_{i_0-1}^1).$$

1.4 折线模糊数度量空间

将动点 (a_α^1, α) 代入上述方程, 易得

$$a_\alpha^1 = a_{i_0-1}^1 + (n\alpha - (i_0-1))(a_{i_0}^1 - a_{i_0-1}^1). \tag{1.2}$$

同理, 基于 A 的右函数及 B 的左 (右) 函数也可获得 3 个等式如下

$$\begin{cases} a_\alpha^2 = a_{i_0-1}^2 + (n\alpha - (i_0-1))(a_{i_0-1}^2 - a_{i_0}^2), \\ b_\alpha^1 = b_{i_0-1}^1 + (n\alpha - (i_0-1))(b_{i_0}^1 - b_{i_0-1}^1), \\ b_\alpha^2 = b_{i_0-1}^2 + (n\alpha - (i_0-1))(b_{i_0-1}^2 - b_{i_0}^2). \end{cases} \tag{1.3}$$

因 $\alpha \in \left[\dfrac{i_0-1}{n}, \dfrac{i_0}{n}\right] \Leftrightarrow 0 \leqslant n\alpha - (i_0-1) \leqslant 1, 0 \leqslant i_0 - n\alpha \leqslant 1.$ 若令 $i_0 - n\alpha = \lambda$, 则有 $n\alpha - (i_0-1) = 1-\lambda$, 且 $\lambda \in [0,1]$. 故有

$$\left|a_\alpha^1 - b_\alpha^1\right| = \left|\lambda(a_{i_0}^1 - b_{i_0}^1) + (1-\lambda)(a_{i_0-1}^1 - b_{i_0-1}^1)\right|$$

$$\leqslant \left|a_{i_0}^1 - b_{i_0}^1\right| \vee \left|a_{i_0-1}^1 - b_{i_0-1}^1\right|.$$

同理可证

$$\left|a_\alpha^2 - b_\alpha^2\right| \leqslant \left|a_{i_0}^2 - b_{i_0}^2\right| \vee \left|a_{i_0-1}^2 - b_{i_0-1}^2\right|.$$

再由 Hausdorff 距离定义有

$$\left|a_\alpha^1 - b_\alpha^1\right| \vee \left|a_\alpha^2 - b_\alpha^2\right| \leqslant \left(\left|a_{i_0}^1 - b_{i_0}^1\right| \vee \left|a_{i_0}^2 - b_{i_0}^2\right|\right) \vee \left(\left|a_{i_0-1}^1 - b_{i_0-1}^1\right| \vee \left|a_{i_0-1}^2 - b_{i_0-1}^2\right|\right)$$

$$= d_H\left([a_{i_0}^1, a_{i_0}^2], [b_{i_0}^1, b_{i_0}^2]\right) \vee d_H\left([a_{i_0-1}^1, a_{i_0-1}^2], [b_{i_0-1}^1, b_{i_0-1}^2]\right)$$

$$\leqslant \bigvee_{i=0}^{n} d_H\left([a_i^1, a_i^2], [b_i^1, b_i^2]\right).$$

两边关于 $\forall \alpha \in (0,1]$ 取上确界, 右端与 α 无关, 更有

$$\bigvee_{\alpha \in [0,1]} \left(\left|a_\alpha^1 - b_\alpha^1\right| \vee \left|a_\alpha^2 - b_\alpha^2\right|\right) \leqslant \bigvee_{i=0}^{n} d_H\left([a_i^1, a_i^2], [b_i^1, b_i^2]\right).$$

从而

$$D(A,B) = \bigvee_{\alpha \in [0,1]} d_H(A_\alpha, B_\alpha) = \bigvee_{\alpha \in [0,1]} d_H\left([a_\alpha^1, a_\alpha^2], [b_\alpha^1, b_\alpha^2]\right)$$

$$= \bigvee_{\alpha \in [0,1]} \left(\left|a_\alpha^1 - b_\alpha^1\right| \vee \left|a_\alpha^2 - b_\alpha^2\right|\right)$$

$$\leqslant \bigvee_{i=0}^{n} d_H\left([a_i^1, a_i^2], [b_i^1, b_i^2]\right).$$

另一方面,由于 $\left\{0, \dfrac{1}{n}, \dfrac{2}{n}, \cdots, \dfrac{i}{n}, \cdots, \dfrac{n-1}{n}, 1\right\} \subset \{\alpha \mid \alpha \in [0,1]\}$,故有

$$\bigvee_{i=0}^{n} d_H([a_i^1, a_i^2], [b_i^1, b_i^2]) = \bigvee_{i=0}^{n} d_H(A_{i/n}, B_{i/n}) \leqslant \bigvee_{\alpha \in [0,1]} d_H(A_\alpha, B_\alpha).$$

再依据模糊距离式 (1.1) 立即获得

$$D(A, B) = \bigvee_{i=0}^{n} d_H([a_i^1, a_i^2], [b_i^1, b_i^2]) = \bigvee_{i=0}^{n} \left(|a_i^1 - b_i^1| \vee |a_i^2 - b_i^2|\right).$$

注 1.3 该结果说明 n-折线模糊数远比模糊数之间的距离更容易计算. 值得注意的是, 采用折线模糊数的距离来近似替代模糊数距离意义重大, 它不仅为计算提供了方便, 而且也为建立逼近思想奠定了基础.

特别地, 当 $B = \bar{0}$ 时, $\|A\| = D(A, \bar{0}) = |a_0^1| \vee |a_0^2|$, 此时, 若 $A \in F_0^{tn}(\mathbb{R}^+)$, 则 $\|A\| = a_0^2$; 若 $A \in F_0^{tn}(\mathbb{R}^-)$, 则 $\|A\| = -a_0^1$.

(2) $A \subset B \Rightarrow A_{i/n} \subset B_{i/n} \Rightarrow [a_i^1, a_i^2] \subset [b_i^1, b_i^2] \Rightarrow b_i^1 \leqslant a_i^1 \leqslant a_i^2 \leqslant b_i^2$, $i = 0, 1, 2, \cdots, n$.

反之, $\forall \alpha \in (0,1]$, 必存在 $i_0 \in \{1, 2, \cdots, n\}$ 使得 $\alpha \in \left[\dfrac{i_0-1}{n}, \dfrac{i_0}{n}\right] \Leftrightarrow i_0 - 1 \leqslant n\alpha \leqslant i_0$, 更满足 $i_0 - n\alpha \geqslant 0, n\alpha - i_0 + 1 \geqslant 0$. 依式 (1.2) 和 (1.3), 并由 $b_{i_0-1}^1 \leqslant a_{i_0-1}^1$ 和 $b_{i_0}^1 \leqslant a_{i_0}^1$ 立即获得

$$b_\alpha^1 - a_\alpha^1 = (b_{i_0-1}^1 - a_{i_0-1}^1)(i_0 - n\alpha) + (b_{i_0}^1 - a_{i_0}^1)(n\alpha - i_0 + 1) \leqslant 0.$$

故 $b_\alpha^1 \leqslant a_\alpha^1$. 同理也可获得 $a_\alpha^2 \leqslant b_\alpha^2$. 故 $A_\alpha = [a_\alpha^1, a_\alpha^2] \subset [b_\alpha^1, b_\alpha^2] = B_\alpha$, 从而 $A \subset B$.

定理 1.2 给定 $n \in \mathbb{N}$, 设 $A \in F_0^{tn}(\mathbb{R})$, 若在 $[0,1]$ 上定义区间值函数 $\varphi(\alpha) = A_\alpha = [a_\alpha^1, a_\alpha^2]$, 则 φ 在 $[0,1]$ 上依 Hausdorff 距离是一致连续, 亦即, $\forall \varepsilon > 0, \exists \delta > 0$, $\forall \alpha_1, \alpha_2 \in [0,1]$ 且 $|\alpha_1 - \alpha_2| < \delta$ 时, 总有 $d_H(\varphi(\alpha_1), \varphi(\alpha_2)) < \varepsilon$.

证明 设 $A = (a_0^1, a_1^1, \cdots, a_n^1, a_n^2, \cdots, a_1^2, a_0^2)$. 任取 $\varepsilon > 0, \forall \alpha_1, \alpha_2 \in [0,1]$, 且满足 $|\alpha_1 - \alpha_2| < \delta \left(\text{这里 } \delta \text{ 待定, 且暂限定 } \delta \leqslant \dfrac{1}{n}\right)$, 则存在某个 $i \in \{1, 2, \cdots, n-1\}$ 使 α_1, α_2 介于两个相邻闭区间 $\left[\dfrac{i-1}{n}, \dfrac{i}{n}\right]$ 和 $\left[\dfrac{i}{n}, \dfrac{i+1}{n}\right]$ 之间, 其区间宽度为 $\dfrac{1}{n}$.

依据式 (1.2), 令 $\alpha = \alpha_1, \alpha_2$, 将两式相减. 故 $\forall \varepsilon > 0$, 若使

$$|a_{\alpha_1}^1 - a_{\alpha_2}^1| = (a_{i+1}^1 - a_{i-1}^1)|n\alpha_1 - n\alpha_2| \leqslant n(a_n^1 - a_0^1)|\alpha_1 - \alpha_2| < \varepsilon.$$

解之得 $|\alpha_1 - \alpha_2| < \dfrac{\varepsilon}{n(a_n^1 - a_0^1)}$, 于是可取 $\delta_1 = \dfrac{\varepsilon}{n(a_n^1 - a_0^1)}$.

1.4 折线模糊数度量空间

同理, 依据式 (1.3) 第一式, 也可获得 $|\alpha_1 - \alpha_2| < \dfrac{\varepsilon}{n(a_0^2 - a_n^2)} = \delta_2$. 选取公共的 δ, 若令

$$\delta = \min\left\{\frac{1}{n}, \frac{1}{n(a_n^1 - a_0^1)}, \frac{1}{n(a_0^2 - a_n^2)}\right\},$$

于是, $\forall \varepsilon > 0$, 取上述 $\delta > 0$, $\forall \alpha_1, \alpha_2 \in [0,1]$, $|\alpha_1 - \alpha_2| < \delta$, 恒有

$$\begin{aligned}d_H(\varphi(\alpha_1), \varphi(\alpha_2)) &= d_H([a_{\alpha_1}^1, a_{\alpha_1}^2], [a_{\alpha_2}^1, a_{\alpha_2}^2]) \\ &= |a_{\alpha_1}^1 - a_{\alpha_2}^1| \vee |a_{\alpha_1}^2 - a_{\alpha_2}^2| < \varepsilon \vee \varepsilon = \varepsilon.\end{aligned}$$

定理 1.3 给定 $n \in \mathbb{N}$, 则 $(F_0^{tn}(\mathbb{R}), D)$ 构成一个完备可分的度量空间.

证明 由于 $F_0^{tn}(\mathbb{R}) \subset F_0(\mathbb{R})$, 而文献 [3] 已证明 $(F_0(\mathbb{R}), D)$ 构成度量空间. 为此, 只需往证 $(F_0^{tn}(\mathbb{R}), D)$ 是完备可分的. 先证明完备性.

设 $\{A_k\}_{k=1}^{\infty} \subset F_0^{tn}(\mathbb{R})$ 是柯西列, 其中 $A_k = (a_0^1(k), a_1^1(k), \cdots, a_n^1(k), a_n^2(k), \cdots, a_1^2(k), a_0^2(k))$, 亦即, $\forall \varepsilon > 0$, 存在 $K \in \mathbb{N}$, $\forall k_1, k_2 > K$, 有 $D(A_{k_1}, A_{k_2}) < \varepsilon$.

依定理 1.1 及上确界性质必有

$$|a_i^1(k_1) - a_i^1(k_2)| \vee |a_i^2(k_1) - a_i^2(k_2)| \leqslant \bigvee_{i=0}^{n}\left(|a_i^1(k_1) - a_i^1(k_2)| \vee |a_i^2(k_1) - a_i^2(k_2)|\right)$$
$$= D(A_{k_1}, A_{k_2}) < \varepsilon.$$

对一切 $i = 0, 1, 2, \cdots, n$, 更有

$$|a_i^1(k_1) - a_i^1(k_2)| < \varepsilon, \quad |a_i^2(k_1) - a_i^2(k_2)| < \varepsilon,$$

对每个 $i = 0, 1, 2, \cdots, n$ 来说, $\{a_i^1(k)\}_{k=1}^{\infty}$ 和 $\{a_i^2(k)\}_{k=1}^{\infty}$ 均构成实数 $\mathbb{R}$ 上柯西列, 因而必收敛. 所以分别存在实数 $a_i^1, a_i^2 \in \mathbb{R}$, 使

$$\lim_{k \to +\infty} a_i^1(k) = a_i^1, \quad \lim_{k \to +\infty} a_i^2(k) = a_i^2,$$

且满足

$$a_{i-1}^1(k) \leqslant a_i^1(k) \leqslant a_i^2(k) \leqslant a_{i-1}^2(k), \quad k = 1, 2, \cdots.$$

令 $k \to +\infty$, 从而有

$$a_{i-1}^1 \leqslant a_i^1 \leqslant a_i^2 \leqslant a_{i-1}^2, \quad i = 0, 1, 2, \cdots, n.$$

令 $A = (a_0^1, a_1^1, \cdots, a_n^1, a_n^2, \cdots, a_1^2, a_0^2)$, 显有 $A \in F_0^{tn}(\mathbb{R})$.

另一方面, 由 $\lim\limits_{k \to +\infty} a_i^1(k) = a_i^1$ 和 $\lim\limits_{k \to +\infty} a_i^2(k) = a_i^2$ 极限定义, 对上述 $\varepsilon > 0$, 存在公共 $M \in \mathbb{N}$, 使 $\forall k > M$ 时, 必有

$$|a_i^1(k) - a_i^1| < \varepsilon, \quad |a_i^2(k) - a_i^2| < \varepsilon, \quad i = 0, 1, 2, \cdots, n.$$

依定理 1.1, 更有
$$D(A_k, A) = \bigvee_{i=0}^{n} \left(|a_i^1(k) - a_i^1| \vee |a_i^2(k) - a_i^2| \right) < \bigvee_{i=0}^{n} (\varepsilon \vee \varepsilon) = \varepsilon.$$

故 $\lim\limits_{k \to +\infty} D(A_k, A) = 0$, 即柯西列 $\{A_k\}_{k=1}^{\infty}$ 收敛于 A. 故 $(F_0^{tn}(\mathbb{R}), D)$ 是完备的.

再证可分性. 定义 n-折线模糊数空间 $F_0^{tn}(\mathbb{R})$ 的子集 $\Re$ 如下
$$\Re = \left\{ (c_0^1, c_1^1, \cdots, c_n^1, c_n^2, \cdots, c_1^2, c_0^2) \mid c_i^1, c_i^2 \in \mathbb{Q}, i = 0, 1, 2, \cdots, n \right\}.$$

显然, $\Re$ 是可数集, 且 $\Re \subset F_0^{tn}(\mathbb{R})$. 以下只需证明子集 $\Re$ 具有稠密性即可.

事实上, $\forall B \in F_0^{tn}(\mathbb{R})$, 不妨设 $B = (b_0^1, b_1^1, \cdots, b_n^1, b_n^2, \cdots, b_1^2, b_0^2)$. $\forall \varepsilon > 0$, 由有理数稠密性可适当选取 $2n+2$ 个有理数 $c_0^1, c_1^1, \cdots, c_n^1, c_n^2, \cdots, c_1^2, c_0^2$, 使之既满足 $c_0^1 \leqslant c_1^1 \leqslant \cdots \leqslant c_n^1 \leqslant c_n^2 \leqslant \cdots \leqslant c_1^2 \leqslant c_0^2$, 又满足
$$|b_i^1 - c_i^1| < \varepsilon, \quad |b_i^2 - c_i^2| < \varepsilon, \quad i = 0, 1, 2, \cdots, n.$$

令 $C = (c_0^1, c_1^1, \cdots, c_n^1, c_n^2, \cdots, c_1^2, c_0^2)$, 则 $C \in \Re$. 依据定理 1.1 得
$$D(B, C) = \bigvee_{i=0}^{n} \left(|b_i^1 - c_i^1| \vee |b_i^2 - c_i^2| \right) < \bigvee_{i=0}^{n} (\varepsilon \vee \varepsilon) = \varepsilon,$$

即 $\Re$ 在 $F_0^{tn}(\mathbb{R})$ 中稠密. 故 n-折线模糊数空间 $F_0^{tn}(\mathbb{R})$ 是可分的. 综上所述, 立即获知 $(F_0^{tn}(\mathbb{R}), D)$ 是一个完备可分的度量空间.

定理 1.4 设 $\Re \subset F_0(\mathbb{R})$, 则有下列结论成立:
(1) $\Re$ 有界当且仅当存在紧集 $U \subset \mathbb{R}$, 使 $\forall X \in \Re$, 均有 $\mathrm{Supp} X \subset U$;
(2) $\Re \subset F_0^{tn}(\mathbb{R})$ 是紧集当且仅当 $\Re$ 是有界闭集.

证明 (1) 必要性. 设 $\Re \subset F_0(\mathbb{R})$ 有界, 取定 $\bar{0} \in F_0(\mathbb{R})$, 则 $\exists M > 0$, 使 $\forall X \in \Re, \|X\| = D(X, \bar{0}) \leqslant M$. 显然 $\mathrm{Supp}\, \bar{0} = \{0\} = [0, 0]$, 令 $U = [-M, M]$, 则 $U \subset \mathbb{R}$ 是紧集, 若记 $\mathrm{Supp} X = [x_0^1, x_0^2]$, 特别以 $\mathrm{Supp} X$ 替代 $X \in \Re$ 时, 更有
$$|x_0^1| \vee |x_0^2| \leqslant M \Rightarrow -M \leqslant x_0^1 \leqslant x_0^2 \leqslant M.$$

因此, $\mathrm{Supp} X = [x_0^1, x_0^2] \subset [-M, M] = U$.

充分性. 取充分大 $M > 0$, 不妨设 $U = [-M, M] \subset \mathbb{R}$, 使 $\forall X \in \Re$, $\mathrm{Supp} X \subset [-M, M]$. 任意取定 $A \in \Re, \forall X \in \Re$, 若 $\forall \alpha \in (0, 1]$, 令 $A_\alpha = [a_\alpha^1, a_\alpha^2], X_\alpha = [x_\alpha^1, x_\alpha^2]$, 且有 $A_\alpha, X_\alpha \subset [-M, M]$, 更有
$$d_H(A_\alpha, X_\alpha) = |a_\alpha^1 - x_\alpha^1| \vee |a_\alpha^2 - x_\alpha^2| \leqslant (|a_\alpha^1| + |x_\alpha^1|) \vee (|a_\alpha^2| + |x_\alpha^2|) \leqslant 2M.$$

故总有 $D(A, X) = \bigvee\limits_{\alpha \in [0,1]} d_H(A_\alpha, X_\alpha) \leqslant \bigvee\limits_{\alpha \in [0,1]} 2M = 2M$, 即 $\Re$ 有界.

(2) 必要性. 因 $F_0^{tn}(\mathbb{R}) \subset F_0(\mathbb{R})$, 由 (1) 结论显然.

充分性. 设 $\Re$ 是有界闭集, 只需往证 $\Re$ 是序列紧. 不妨设 $\{A_k\}_{k=1}^{\infty} \subset \Re$, 记

$$A_k = \left(a_0^1(k), a_1^1(k), \cdots, a_n^1(k), a_n^2(k), \cdots, a_1^2(k), a_0^2(k)\right), \quad k = 1, 2, \cdots.$$

由 (1) 的结论, 存在紧集 $U \subset \mathbb{R}$, 使 $\{a_i^1(k)\}_{k=1}^{\infty}$, $\{a_i^2(k)\}_{k=1}^{\infty} \subset U$, $i = 0, 1, 2, \cdots, n$. 因有界序列必存在收敛子列, 故 $\{a_i^1(k)\}_{k=1}^{\infty}$ 和 $\{a_i^2(k)\}_{k=1}^{\infty}$ 均存在收敛子列, 不妨设该子列就为其本身, 并令

$$\lim_{k \to +\infty} a_i^1(k) = a_i^1, \quad \lim_{k \to +\infty} a_i^2(k) = a_i^2, \quad i = 0, 1, 2, \cdots, n.$$

依 A_k 的有序表示知 $a_{i-1}^1 \leqslant a_i^1 \leqslant a_i^2 \leqslant a_{i-1}^2 (i = 0, 1, 2, \cdots, n)$. 若令

$$A = \left(a_0^1, a_1^1, \cdots, a_n^1, a_n^2, \cdots, a_1^2, a_0^2\right),$$

则 $A \in F_0^{tn}(\mathbb{R})$, 且 $\lim_{k \to +\infty} D(A_k, A) = 0$. 因 $\Re$ 是闭集, 故 $A \in \Re$, 即 $\Re$ 是序列紧.

由定理 1.4, 折线模糊空间 $(F_0^{tn}(\mathbb{R}), D)$ 是序列紧空间. 结合定理 1.3 知, $(F_0^{tn}(\mathbb{R}), D)$ 与欧氏空间有类似的拓扑性质.

定理 1.5 设 $\Re \subset F_0^{tn}(\mathbb{R})$ 是有界闭集, $\forall \alpha \in [0,1]$, 则 d_H 在 $\{A_\alpha | A \in \Re\}$ 上关于 α 是等度连续, 亦即, $\forall \varepsilon > 0, \exists \delta > 0$, 使 $\forall \alpha_1, \alpha_2 \in [0,1]$, $|\alpha_1 - \alpha_2| < \delta$, $\forall A \in \Re$, 总有 $d_H(A_{\alpha_1}, A_{\alpha_2}) < \varepsilon$.

证明 $\forall \varepsilon > 0, A \in \Re$, 若记

$$v_{\frac{\varepsilon}{3}}(A) = \left\{B \in F_0^{tn}(\mathbb{R}) \,\Big|\, D(A, B) < \frac{\varepsilon}{3}\right\}$$

表示 A 的 $\frac{\varepsilon}{3}$-邻域, 则必满足 $\Re \subset \bigcup_{A \in \Re} v_{\frac{\varepsilon}{3}}(A)$, 亦即, A 的 $\frac{\varepsilon}{3}$-邻域构成 $\Re$ 的一个开覆盖. 依定理 1.4 知 $\Re$ 是紧集, 故存在 m 个折线模糊数 $A_1, A_2, \cdots, A_m \in \Re$ 使 $\Re \subset \bigcup_{i=1}^{m} v_{\frac{\varepsilon}{3}}(A_i)$.

由定理 1.2, $\forall \varepsilon > 0$, 存在 $\delta > 0$, 使 $\forall \alpha_1, \alpha_2 \in [0,1]$ 且 $|\alpha_1 - \alpha_2| < \delta$ 时, 有

$$d_H\left((A_i)_{\alpha_1}, (A_i)_{\alpha_2}\right) < \frac{\varepsilon}{3}, \quad i = 1, 2, \cdots, m.$$

因 $\Re \subset \bigcup_{i=1}^{m} v_{\frac{\varepsilon}{3}}(A_i), \forall A \in \Re$, 存在 $i_0 \in \{1, 2, \cdots, m\}$, 使 $A \in v_{\frac{\varepsilon}{3}}(A_{i_0})$, 且满足

$$d_H(A_\alpha, (A_{i_0})_\alpha) \leqslant \bigvee_{\alpha \in [0,1]} d_H(A_\alpha, (A_{i_0})_\alpha) = D(A, A_{i_0}) < \frac{\varepsilon}{3}.$$

当然, 对 $\alpha_1, \alpha_2 \in [0,1]$, 更有 $d_H(A_{\alpha_1}, (A_{i_0})_{\alpha_1}) < \frac{\varepsilon}{3}$ 和 $d_H(A_{\alpha_2}, (A_{i_0})_{\alpha_2}) < \frac{\varepsilon}{3}$. 依 Hausdorff 度量 d_H 的三点不等式, 立即获知

$$d_H(A_{\alpha_1}, A_{\alpha_2}) \leqslant d_H(A_{\alpha_1}, (A_{i_0})_{\alpha_1}) + d_H((A_{i_0})_{\alpha_1}, (A_{i_0})_{\alpha_2}) + d_H((A_{i_0})_{\alpha_2}, A_{\alpha_2})$$
$$< \frac{\varepsilon}{3} + \frac{\varepsilon}{3} + \frac{\varepsilon}{3} = \varepsilon.$$

因此, d_H 在 $\{A_\alpha | A \in \Re\}$ 上关于 α 是等度连续.

下面, 基于模糊数转化 n-折线模糊数的逼近思想, 我们在一般模糊数空间 $F_0(\mathbb{R})$ 上给出更广泛的一些结论, 并在两种不同模糊数空间 $F_0^{tn}(\mathbb{R})$ 和 $F_0(\mathbb{R})$ 上探究其模糊距离的关系.

定理 1.6 设 $A, B \in F_0(\mathbb{R})$, 给定 $n \in \mathbb{N}$, 若记 $Z_n(A) = (a_0^1, a_1^1, \cdots, a_n^1, a_n^2, \cdots, a_1^2, a_0^2)$, $Z_n(B) = (b_0^1, b_1^1, \cdots, b_n^1, b_n^2, \cdots, b_1^2, b_0^2)$, 则有下述结论成立.

(1) $Z_n(A) \subset Z_n(B) \Leftrightarrow [a_i^1, a_i^2] \subset [b_i^1, b_i^2] \Leftrightarrow b_i^1 \leqslant a_i^1 \leqslant a_i^2 \leqslant b_i^2$, $i = 0, 1, 2, \cdots, n$;

(2) $A \subset B \Leftrightarrow Z_n(A) \subset Z_n(B)$, $\forall n \in \mathbb{N}$.

证明 (1) 对给定一般模糊数 $A, B \in F_0(\mathbb{R})$ 实施 n-折线模糊化后, 必有 $Z_n(A), Z_n(B) \in F_0^{tn}(\mathbb{R})$. 故可直接按定理 1.1 验证本结论成立.

(2) 必要性. 设 $A \subset B$, 则 $\forall \alpha \in [0,1]$, $A_\alpha \subset B_\alpha$. 若令 $\alpha = \frac{i}{n}$, 则 $A_{i/n} \subset B_{i/n}$, $\forall i = 0, 1, 2, \cdots, n$, 亦即, $[a_i^1, a_i^2] \subset [b_i^1, b_i^2]$, $i = 0, 1, 2, \cdots, n$. 由 (1) 结果可得 $Z_n(A) \subset Z_n(B)$.

充分性. 若 $A \not\subset B$, 则存在 $\alpha_0 \in [0,1]$, 使 $A_{\alpha_0} \not\subset B_{\alpha_0}$. $\forall \alpha \in [0,1]$, 记

$$A_\alpha = [a^1(\alpha), a^2(\alpha)], \quad B_\alpha = [b^1(\alpha), b^2(\alpha)],$$

则有 $a^1(\alpha_0) < b^1(\alpha_0)$ 或 $b^2(\alpha_0) < a^2(\alpha_0)$ 成立. 不妨设 $a^1(\alpha_0) < b^1(\alpha_0)$, 令

$$f(\alpha) = a^1(\alpha) - b^1(\alpha), \quad \forall \alpha \in [0,1].$$

依据定理 1.2, f 在 $[0,1]$ 上一致连续. 由题设知 $f(\alpha_0) < 0$, 依连续函数保号性, 必存在 $\delta > 0$, 使 $\forall \alpha \in (\alpha_0 - \delta, \alpha_0 + \delta) \cap [0,1]$ 时, 均有 $f(\alpha) < 0$. 至此, 必存在 $m \in \mathbb{N}$ 及 $j \in \{1, 2, \cdots, m\}$, 使 $\left[\frac{j-1}{m}, \frac{j}{m}\right] \subset (\alpha_0 - \delta, \alpha_0 + \delta)$. 故 $f\left(\frac{j}{m}\right) < 0$, 即 $a_j^1 = a^1\left(\frac{j}{m}\right) < b^1\left(\frac{j}{m}\right) = b_j^1$, 进而 $Z_n(A) \not\subset Z_n(B)$, 这与假设 $Z_n(A) \subset Z_n(B)$ 矛盾. 因此, $A \subset B$.

定理 1.7 设 $A, B \in F_0(\mathbb{R})$, 给定 $n \in \mathbb{N}$, 若记 $Z_n(A) = (a_0^1, a_1^1, \cdots, a_n^1, a_n^2, \cdots, a_1^2, a_0^2)$, $Z_n(B) = (b_0^1, b_1^1, \cdots, b_n^1, b_n^2, \cdots, b_1^2, b_0^2)$, 则 $D(Z_n(A), Z_n(B)) \leqslant D(A, B)$, 且 $\lim_{n \to +\infty} D(Z_n(A), A) = 0$.

证明 依据定理 1.1, 显有

$$D(Z_n(A),\ Z_n(B)) = \bigvee_{j=0}^{n} d_H([a_j^1, a_j^2],\ [b_j^1, b_j^2]) = \bigvee_{j=0}^{n} d_H(A_{j/n},\ \widetilde{B}_{j/n})$$
$$\leqslant \bigvee_{\alpha \in [0,1]} d_H(A_\alpha, B_\alpha) = D(A, B).$$

因 $A \in F_0(\mathbb{R})$, $\forall \alpha \in [0,1]$, 记 $A_\alpha = [a^1(\alpha), a^2(\alpha)]$. 按照定理 1.1 不难证明实函数 $a^1(\alpha)$ 在 $[0,1]$ 上一致连续且递增, 函数 $a^2(\alpha)$ 在 $[0,1]$ 上一致连续且递减, 亦即, $\forall \varepsilon > 0, \forall \alpha, \beta \in [(i-1)/n,\ i/n], \forall i = 0, 1, 2, \cdots, n$, 且 $|\alpha - \beta| \leqslant \dfrac{1}{n} = \delta$, 有

$$\left|a^1(\alpha) - a^1(\beta)\right| < \frac{\varepsilon}{2}, \quad \left|a^2(\alpha) - a^2(\beta)\right| < \frac{\varepsilon}{2}. \tag{1.4}$$

任取 $\alpha \in (0,1]$, 存在某个 $i \in \{0, 1, 2, \cdots, n\}$ 使 $\alpha \in [(i-1)/n,\ i/n]$. 根据截集性质 $A_{(i-1)/n} = Z_n(A)_{(i-1)/n} = A_{i/n} = Z_n(A)_{i/n}$, 更有 $A_{(i-1)/n} = Z_n(A)_{(i-1)/n} \supset A_\alpha \supset A_{i/n}$. 因此

$$d_H\left(Z_n(A)_{(i-1)/n},\ Z_n(A)_\alpha\right) \leqslant d_H\left(Z_n(A)_{(i-1)/n},\ Z_n(A)_{i/n}\right).$$

依据 Hausdorff 度量 d_H 及式 (1.4), 有

$$d_H\left(A_\alpha, Z_n(A)_\alpha\right) \leqslant d_H\left(A_\alpha, A_{(i-1)/n}\right) + d_H\left(A_{(i-1)/n}, Z_n(A)_{(i-1)/n}\right)$$
$$+ d_H\left(Z_n(A)_{(i-1)/n}, Z_n(A)_\alpha\right)$$
$$\leqslant d_H\left(A_\alpha, A_{(i-1)/n}\right) + 0 + d_H\left(Z_n(A)_{(i-1)/n}, Z_n(A)_{i/n}\right)$$
$$\leqslant d_H\left(A_\alpha, A_{(i-1)/n}\right) + d_H\left(A_{(i-1)/n}, A_{i/n}\right)$$
$$= \left|a^1(\alpha) - a^1\left(\frac{i-1}{n}\right)\right| \vee \left|a^2(\alpha) - a^2\left(\frac{i-1}{n}\right)\right|$$
$$+ \left|a^1\left(\frac{i-1}{n}\right) - a^1\left(\frac{i}{n}\right)\right| \vee \left|a^2\left(\frac{i-1}{n}\right) - a^2\left(\frac{i}{n}\right)\right|$$
$$< \frac{\varepsilon}{2} \vee \frac{\varepsilon}{2} + \frac{\varepsilon}{2} \vee \frac{\varepsilon}{2} = \varepsilon.$$

因此,

$$D(Z_n(A), A) = \bigvee_{\alpha \in [0,1]} d_H(A_\alpha, Z_n(A)_\alpha) \leqslant \bigvee_{\alpha \in [0,1]} \varepsilon = \varepsilon.$$

从而, $\lim\limits_{n \to +\infty} D(Z_n(A), A) = 0$.

注 1.4 给定 $n \in \mathbb{N}, \forall A, B \in F_0(\mathbb{R})$, 有

$$D(Z_n(A), Z_n(B)) = \bigvee_{0 \leqslant i \leqslant n} d_H\left((Z_n(A))_{i/n}, (Z_n(B))_{i/n}\right).$$

特别当 $B=\{0\}$ 时, 仍有

$$\|Z_n(A)\| = D(Z_n(A), Z_n(\{0\})) = \bigvee_{0 \leqslant i \leqslant n} \left(|a_i^1| \vee |a_i^2|\right),$$

其中 $(Z_n(\{0\}))_{i/n} = [0,0], (Z_n(A))_{i/n} = [a_i^1, a_i^2]$, 且满足

$$|a_i^q| \leqslant \|Z_n(A)\|, |a_i^q - b_i^q| \leqslant D(Z_n(A), Z_n(B)), q = 1, 2, i = 0, 1, 2, \cdots, n.$$

引理 1.1[11] 设 $a_i, b_i \in \mathbb{N}$, 若存在 $\beta > 0$, 且 $|a_i - b_i| \leqslant \beta, i = 1, 2, \cdots, n$, 则

$$\left|\bigwedge_{1 \leqslant i \leqslant n} a_i - \bigwedge_{1 \leqslant i \leqslant n} b_i\right| \leqslant \beta.$$

引理 1.2 设给定一组正实数 $a_{ij} > 0, i = 1, 2, \cdots, n; j = 1, 2, \cdots, m$, 则

$$\bigvee_{1 \leqslant i \leqslant n} \left(\sum_{j=1}^{m} a_{ij}\right) \leqslant \sum_{j=1}^{m} \left(\bigvee_{1 \leqslant i \leqslant n} a_{ij}\right).$$

证明 对任意 $j = 1, 2, \cdots, m$, 显有

$$a_{ij} \leqslant \bigvee_{1 \leqslant i \leqslant n} a_{ij} \Rightarrow \sum_{j=1}^{m} a_{ij} \leqslant \sum_{j=1}^{m} \left(\bigvee_{1 \leqslant i \leqslant n} a_{ij}\right).$$

上式左端只与变量 i 有关, 而右端与变量 i, j 均无关, 两边关于 $i \in \{1, 2, \cdots, n\}$ 取上确界, 立刻可获得结论成立.

应用上述引理可得下面结论, 该结论在后面折线模糊神经网络中有重要应用.

定理 1.8 设 $A_1, A_2, A_3 \in F_0(\mathbb{R}), B_k, C_k \in F_0(\mathbb{R}), k = 1, 2, \cdots, m, \forall n \in \mathbb{N}$. 则有下式成立.

(1) $D\left(Z_n(A_1 \cdot A_2), Z_n(A_1 \cdot A_3)\right) \leqslant \|Z_n(A_1)\| \cdot D\left(Z_n(A_2), Z_n(A_3)\right);$

(2) $D\left(Z_n\left(\sum_{k=1}^{m} B_k\right), Z_n\left(\sum_{k=1}^{m} C_k\right)\right) \leqslant \sum_{k=1}^{m} D(Z_n(B_k), Z_n(C_k)).$

证明 (1) $\forall n \in \mathbb{N}$, 设 $Z_n(A_i) = (a_{i0}^1, a_{i1}^1, \cdots, a_{in}^1, a_{in}^2, \cdots, a_{i1}^2, a_{i0}^2) \in F_0^{tn}(\mathbb{R})$, $i = 1, 2, 3$. 再设

$$Z_n(A_1 \cdot A_2) = Z_n(A_1) \cdot Z_n(A_2) = (c_0^1, c_1^1, \cdots, c_n^1, c_n^2, \cdots, c_1^2, c_0^2) \in F_0^{tn}(\mathbb{R}),$$

其中 $c_j^1 = a_{1j}^1 a_{2j}^1 \wedge a_{1j}^1 a_{2j}^2 \wedge a_{1j}^2 a_{2j}^1 \wedge a_{1j}^2 a_{2j}^2, c_j^2 = a_{1j}^1 a_{2j}^1 \vee a_{1j}^1 a_{2j}^2 \vee a_{1j}^2 a_{2j}^1 \vee a_{1j}^2 a_{2j}^2$, $j = 0, 1, 2, \cdots, n.$

$$Z_n(A_1 \cdot A_3) = (d_0^1, d_1^1, \cdots, d_n^1, d_n^2, \cdots, d_1^2, d_0^2),$$

1.4 折线模糊数度量空间

其中 $d_j^1 = a_{1j}^1 a_{3j}^1 \wedge a_{1j}^1 a_{3j}^2 \wedge a_{1j}^2 a_{3j}^1 \wedge a_{1j}^2 a_{3j}^2$, $d_j^2 = a_{1j}^1 a_{3j}^1 \vee a_{1j}^1 a_{3j}^2 \vee a_{1j}^2 a_{3j}^1 \vee a_{1j}^2 a_{3j}^2$, $j = 0, 1, 2, \cdots, n$.

将 c_j^1 与 d_j^1 的对应项依次作差 $(j = 0, 1, 2, \cdots, n)$, 基于模 $\|Z_n(\cdot)\|$ 定义得

$$\left|a_{1j}^p a_{2j}^q - a_{1j}^p a_{3j}^q\right| = \left|a_{1j}^p\right| \cdot \left|a_{2j}^q - a_{3j}^q\right| \leqslant \|Z_n(A_1)\| \cdot D\left(Z_n(A_2), Z_n(A_3)\right),$$

其中 $p, q = 1, 2$. 由引理 1.1, 立即获得

$$\left|c_j^1 - d_j^1\right| \leqslant \|Z_n(A_1)\| \cdot D\left(Z_n(A_2), Z_n(A_3)\right).$$

同理, 也可获得

$$\left|c_j^2 - d_j^2\right| \leqslant \|Z_n(A_1)\| \cdot D\left(Z_n(A_2), Z_n(A_3)\right).$$

依据定理 1.1 可得

$$D\left(Z_n(A_1 \cdot A_2), Z_n(A_1 \cdot A_3)\right) = \bigvee_{j=0}^n \left|c_j^1 - d_j^1\right| \vee \left|c_j^2 - d_j^2\right|$$
$$\leqslant \|Z_n(A_1)\| \cdot D\left(Z_n(A_2), Z_n(A_3)\right).$$

(2) 对所给模糊数 $B_k, C_k \in F_0(\mathbb{R})$, 令

$$\begin{aligned}Z_n(B_k) &= (b_{k0}^1, b_{k1}^1, \cdots, b_{kn}^1, b_{kn}^2, \cdots, b_{k1}^2, b_{k0}^2) \in F_0^{tn}(\mathbb{R}), \\ Z_n(C_k) &= (c_{k0}^1, c_{k1}^1, \cdots, c_{kn}^1, c_{kn}^2, \cdots, c_{k1}^2, c_{k0}^2) \in F_0^{tn}(\mathbb{R}),\end{aligned} \quad k = 1, 2, \cdots, m.$$

依据 n-折线模糊数的算术运算可得

$$Z_n\left(\sum_{k=1}^m B_k\right) = \sum_{k=1}^m Z_n(B_k)$$
$$= \left(\sum_{k=1}^m b_{k0}^1, \sum_{k=1}^m b_{k1}^1, \cdots, \sum_{k=1}^m b_{kn}^1, \sum_{k=1}^m b_{kn}^2, \cdots, \sum_{k=1}^m b_{k1}^2, \sum_{k=1}^m b_{k0}^2\right);$$
$$Z_n\left(\sum_{k=1}^m C_k\right) = \left(\sum_{k=1}^m c_{k0}^1, \sum_{k=1}^m c_{k1}^1, \cdots, \sum_{k=1}^m c_{kn}^1, \sum_{k=1}^m c_{kn}^2, \cdots, \sum_{k=1}^m c_{k1}^2, \sum_{k=1}^m c_{k0}^2\right).$$

显然

$$\left|\sum_{k=1}^m b_{ki}^q - \sum_{k=1}^m c_{ki}^q\right| \leqslant \sum_{k=1}^m |b_{ki}^q - c_{ki}^q|, \quad q = 1, 2, \quad i = 0, 1, 2, \cdots, n.$$

依据定理 1.1 和引理 1.2 得

$$D\left(Z_n\left(\sum_{k=1}^m B_k\right), Z_n\left(\sum_{k=1}^m C_k\right)\right)$$

$$= \bigvee_{i=0}^{n} \left(\left| \sum_{k=1}^{m} b_{ki}^1 - \sum_{k=1}^{m} c_{ki}^1 \right| \vee \left| \sum_{k=1}^{m} b_{ki}^2 - \sum_{k=1}^{m} c_{ki}^2 \right| \right)$$

$$\leqslant \bigvee_{i=0}^{n} \left(\sum_{k=1}^{m} \left| b_{ki}^1 - c_{ki}^1 \right| \vee \sum_{k=1}^{m} \left| b_{ki}^2 - c_{ki}^2 \right| \right)$$

$$\leqslant \bigvee_{i=0}^{n} \sum_{k=1}^{m} \left(\left| b_{ki}^1 - c_{ki}^1 \right| \vee \left| b_{ki}^2 - c_{ki}^2 \right| \right)$$

$$\leqslant \sum_{k=1}^{m} \bigvee_{i=0}^{n} \left(\left| b_{ki}^1 - c_{ki}^1 \right| \vee \left| b_{ki}^2 - c_{ki}^2 \right| \right)$$

$$= \sum_{k=1}^{m} D\left(Z_n(B_k), Z_n(C_k) \right).$$

作为本节的结束，下面通过一个实例演示如何计算两个模糊数及其对应 n-折线模糊数值的模糊距离，并与实际模糊距离作比较.

例 1.5 给定 $n \in \mathbb{N}$，设模糊数 A 和 B 的隶属函数分别为

$$A(x) = \begin{cases} \sqrt{\dfrac{2x}{3}+1}, & -\dfrac{3}{2} \leqslant x < 0, \\ 1, & 0 \leqslant x \leqslant 2, \\ \sqrt{2-\dfrac{x}{2}}, & 2 < x \leqslant 4, \\ 0, & \text{其他,} \end{cases} \qquad B(x) = \begin{cases} \sqrt{\dfrac{3x}{2}+\dfrac{5}{2}}-1, & -1 \leqslant x < 1, \\ 1, & 1 \leqslant x \leqslant 2, \\ 3-\sqrt{\dfrac{5x}{2}-1}, & 2 < x \leqslant 4, \\ 0, & \text{其他,} \end{cases}$$

试就 $n = 2, 3, 4$ 计算模糊距离 $D(Z_n(A), Z_n(B))$，并与实际距离 $D(A, B)$ 比较.

解 先以模糊数 A 为例计算对应折线模糊数的有序表示.

事实上，若令 $\sqrt{\dfrac{2x}{3}+1} = \sqrt{2-\dfrac{x}{2}} = \dfrac{1}{2}$，解得 $x_1 = -\dfrac{9}{8}$，$x_2 = \dfrac{7}{2}$；

若依次令 $\sqrt{\dfrac{2x}{3}+1} = \sqrt{2-\dfrac{x}{2}} = \dfrac{1}{3}, \dfrac{2}{3}$，求得两组解 $\begin{cases} x_1 = -\dfrac{4}{3}, \\ x_2 = -\dfrac{5}{6} \end{cases} \begin{cases} x_3 = \dfrac{34}{9}, \\ x_4 = \dfrac{28}{9}; \end{cases}$

最后，依次令 $\sqrt{\dfrac{2x}{3}+1} = \sqrt{2-\dfrac{x}{2}} = \dfrac{1}{4}, \dfrac{2}{4}, \dfrac{3}{4}$，可求得三组解

$$\begin{cases} x_1 = -\dfrac{45}{32}, \\ x_2 = \dfrac{31}{8}, \end{cases} \begin{cases} x_3 = -\dfrac{9}{8}, \\ x_4 = \dfrac{7}{2}, \end{cases} \begin{cases} x_5 = -\dfrac{21}{32}, \\ x_6 = \dfrac{23}{8}. \end{cases}$$

特别当 $n=4$ 时，A 和 B 及其对应折线模糊数的隶属函数图像如图 1.23 和图 1.24 所示.

1.4 折线模糊数度量空间

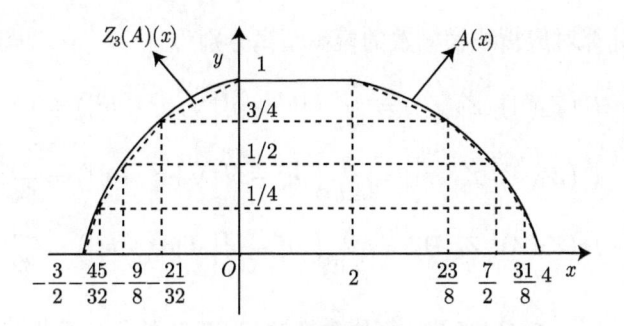

图 1.23 A 上截取 4-折线模糊数隶属函数图像

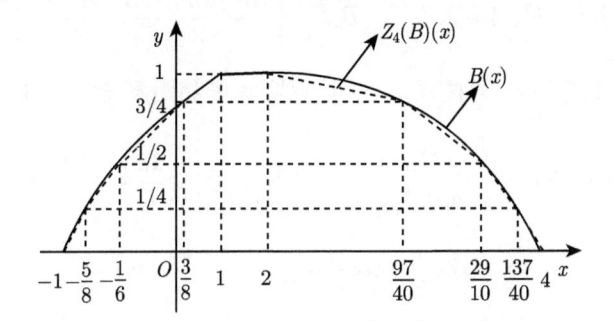

图 1.24 B 上截取 4-折线模糊数隶属函数图像

当 $n = 2, 3, 4$ 时, 按定义 1.5 可求得 n-折线模糊数 $Z_n(A)$ 的有序表示分别为

$$\begin{cases} Z_2(A) = \left(-\dfrac{3}{2},\ -\dfrac{9}{8},\ 0,\ 2,\ \dfrac{7}{2},\ 4\right), \\ Z_3(A) = \left(-\dfrac{3}{2},\ -\dfrac{4}{3},\ -\dfrac{5}{6},\ 0,\ 2,\ \dfrac{28}{9},\ \dfrac{34}{9},\ 4\right), \\ Z_4(A) = \left(-\dfrac{3}{2},\ -\dfrac{45}{32},\ -\dfrac{9}{8},\ -\dfrac{21}{32},\ 0,\ 2,\ \dfrac{23}{8},\ \dfrac{7}{2},\ \dfrac{31}{8},\ 4\right). \end{cases}$$

同理, 也可求得 B 的有序表示分别为

$$\begin{cases} Z_2(B) = \left(-1,\ -\dfrac{1}{6},\ 1,\ 2,\ \dfrac{29}{10},\ 4\right), \\ Z_3(B) = \left(-1,\ -\dfrac{13}{27},\ \dfrac{5}{27},\ 1,\ 2,\ \dfrac{116}{45},\ \dfrac{146}{45},\ 4\right), \\ Z_4(B) = \left(-1,\ -\dfrac{5}{8},\ -\dfrac{1}{6},\ \dfrac{3}{8},\ 1,\ 2,\ \dfrac{97}{40},\ \dfrac{29}{10},\ \dfrac{137}{40},\ 4\right). \end{cases}$$

依据定理 1.1 计算对应折线模糊数的模糊距离分别为

$$\begin{cases} D\left(Z_2(A), Z_2(B)\right) = \bigvee_{i=0}^{2} \left(\left|a_i^1 - b_i^1\right| \vee \left|a_i^2 - b_i^2\right|\right) = 1, \\ D\left(Z_3(A), Z_3(B)\right) = \bigvee_{i=0}^{3} \left(\left|a_i^1 - b_i^1\right| \vee \left|a_i^2 - b_i^2\right|\right) = \dfrac{55}{54}, \\ D\left(Z_4(A), Z_4(B)\right) = \bigvee_{i=0}^{4} \left(\left|a_i^1 - b_i^1\right| \vee \left|a_i^2 - b_i^2\right|\right) = \dfrac{33}{32}. \end{cases}$$

另一方面,$\forall \alpha \in [0,1]$,容易计算原模糊数 A 和 B 的各自截集分别为

$$A_\alpha = \left[\dfrac{3}{2}(\alpha^2 - 1),\ 4 - 2\alpha^2\right], \quad B_\alpha = \left[\dfrac{2\alpha^2 + 4\alpha - 3}{3},\ \dfrac{2\alpha^2 - 12\alpha + 20}{5}\right].$$

显然,模 $\|A\| = \|B\| = 4$,再按式 (1.1) 计算实际模糊距离 $D(A, B)$ 为

$$D(A, B) = \bigvee_{\alpha \in [0,1]} \left(\dfrac{1}{6}\left|5\alpha^2 - 8\alpha - 3\right| \vee \dfrac{12}{5}\left|\alpha - \alpha^2\right|\right)$$

$$= \dfrac{1}{6}\left|5\alpha^2 - 8\alpha - 3\right|_{\alpha = 4/5} \vee \dfrac{12}{5}\left|\alpha - \alpha^2\right|_{\alpha = 1/2}$$

$$= \dfrac{31}{30} \vee \dfrac{3}{5} = \dfrac{31}{30}.$$

从以上计算结果不难看出随着 n 值不断增大,模糊距离 $D(Z_n(A), Z_n(B))$ 取值是越来越接近实际距离 $D(A, B)$,且满足定理 1.7 中不等式 $D(Z_n(A), Z_n(B)) \leqslant D(A, B)$. 然而,随着 n 值增大对应 n-折线模糊数的有序表示也就越复杂,这就导致在实际运算中可能带来更多麻烦. 因此,根据给定精度如何选择最小的 n 值才是最为重要的.

参 考 文 献

[1] Zadeh L A. Fuzzy sets. Information and Control, 1965, 8: 338–353.
[2] Dubois D, Prade H. Fuzzy Sets and Systems Theory and Applications. New York: Academic Press, 1980.
[3] Diamond P, Kloeden P. Metric Spaces of Fuzzy Sets. New York: World Scientific Press, 1994.
[4] Pedrycz W, Gomide F. An Introduction to Fuzzy Sets: Analysis and Design. Cambridge: MIT Peess, 1998.
[5] 汪培庄, 李洪兴. 模糊系统理论与模糊计算机. 北京: 科学出版社, 1996.
[6] 李洪兴, 汪培庄. 模糊数学. 北京: 国防工业出版社, 1994.
[7] 张文修, 王国俊, 刘旺金, 方锦喧. 模糊数学引论. 西安: 西安交通大学出版社, 1991.

参考文献

[8] 刘普寅, 吴孟达. 模糊理论及其应用. 长沙: 国防科技大学出版社, 1998.

[9] 杨纶标, 高英仪. 模糊数学原理及应用. 4 版. 广州: 华南理工大学出版社, 2006.

[11] 刘普寅. 模糊神经网络理论及其应用研究. 北京: 北京师范大学, 2002.

[12] 刘普寅. 一种新的模糊神经网络及其逼近性能. 中国科学 (E 辑), 2002, 32 (1): 76–86.

[13] Liu P Y, Li H X. Symmetric polygonal fuzzy number space. Journal of Fuzzy Mathematics, 2007, 15(1): 27–42.

[14] Báez-Sánchez A D, Morettib A C, Rojas-Medar M A. On polygonal fuzzy sets and numbers. Fuzzy Sets and Systems, 2012, 209: 54–65.

[15] Wang G J, Li X P. Applications of interval valued fuzzy numbers and interval distribution numbers. Fuzzy Sets and Systems, 1998, 98(3): 331–335.

[16] Wang G J, Jiang T. A weakly equivalent condition of convex fuzzy sets. Fuzzy Sets and Systems, 1998, 96(3): 385–387.

[17] Wang G J, Li X P. Correlation and information energy of interval valued fuzzy numbers. Fuzzy Sets and Systems, 1999, 103 (1): 169–176.

[18] 王贵君. 区间值模糊测度的扩张与比较. 东北师大学报 (自然科学版), 1999, 31(1): 9–12.

[19] 王贵君, 李晓萍. 闭模糊集构成凸模糊集的充要条件. 模糊系统与数学, 1998, 12 (4): 85–88.

[20] 李晓萍, 王贵君. 连续区间值模糊数的相关性. 系统工程理论与实践, 2001, 21(7): 71–76.

[21] 李晓萍, 王贵君. 直觉模糊集的扩张运算. 模糊系统与数学, 2002, 16(1): 40–46.

[22] 王贵君, 李晓萍. 正规区间值模糊集上的三角范数. 数学的实践与认识, 2004, 34(1): 88–93.

[23] 王贵君, 李晓萍. 基于 IVFS 的 IV-模糊度与 IV-贴近度及积分表示. 工程数学学报, 2004, 21(2): 195–201.

[24] 王贵君, 李晓萍. K-积分模意义下折线模糊神经网络的泛逼近性. 中国科学·信息科学, 2012, 42 (3): 362–378.

[25] 李丹, 孙刚, 王贵君. 一类三层前向折线模糊神经网络的构造. 东北师大学报 (自然科学版), 2012, 44(3): 55–59.

[26] 李丹, 刘铁明, 王贵君. 一类折线模糊神经网络的存在性. 天津师范大学学报 (自然科学版), 2012, 32(1): 1–5.

[27] 王钦, 李贵春. 折线模糊数的重心定位及其排序方法. 东北师大学报 (自然科学版), 2017, 49(2):25-29.

[28] 王钦, 李贵春. 梯形模糊数的有序表示及中心平均排序方法. 运筹与管理, 2017, 26(5): 130–136.

第 2 章 几类特殊模糊积分

伴随着客观世界的发展和变化，从数学角度看非可加模型和实例逐渐增多，几乎涉及国民经济建设的各个研究领域. 故在广泛意义下建立模糊测度及其积分理论对于深刻揭示客观事物本质是必要的. 1974 年，日本学者 Sugeno 基于综合评价需要首次利用比较弱的单调性替代可加性来定义模糊测度，至此模糊测度乃至积分理论得到了不断丰富和发展，并在诸多实际问题中广泛应用. 然而，模糊测度不满足可加性，从而导致由此建立的模糊积分不具有线性性，更难以建立类似于经典测度论中的理论体系，这给进一步研究模糊积分及其应用带来了困境. 为此，1984 年，王震源教授首次提出集函数的自连续、零可加、伪自连续和伪零可加等系列定义，这些概念对描述可测函数列及模糊积分序列的收敛性都具有很强的针对性. 为了后面研究折线模糊神经网络和模糊系统对可积函数类逼近的需要，本章首先介绍几类特殊模糊积分定义、结构及自连续性，并给出相关模糊积分的若干收敛定理，其中 K-拟加模糊积分应用更为广泛，其他类型模糊积分可参见相关文献.

2.1 模糊值 Choquet 积分

早在 1953 年，法国数学家 Choquet 就曾提出一种"容度"理论，所谓"容度"是指定义在所给空间的幂集上，值域取值于实数的一个集函数，且集函数满足单调性和连续性. 当时，Choquet 本人基于容度定义了一种积分，现普遍称之为 Choquet 积分. 1974 年，日本学者 Sugeno 首次提出模糊测度概念，后来人们发现模糊测度与容度有许多相似之处，况且 Sugeno 所建立的模糊积分也具有单调性，但却不具有可加性. 这种模糊积分为今后建立诸多类型模糊积分奠定了理论基础. 本节主要基于非可加测度对一类 μ-可积模糊值函数建立模糊值 Choquet 积分，并讨论这种模糊积分的收敛性. 此外，将这种模糊积分整体看成一个集函数来研究模糊值 Choquet 积分的自连续性.

2.1.1 基本定义

设 X 是给定一个经典集合，$\mathbb{R}^+ = [0, +\infty)$，$\Im$ 是 X 上若干子集构成的 σ-代数，$(X, \Im)$ 是任一可测空间，$\mathbb{R}$ 上所有区间数构成的集合记为：$I_\mathbb{R} = \{\bar{a} = [a^-, a^+] | a^- \leqslant a^+, a^-, a^+ \in \mathbb{R}\}$.

2.1 模糊值 Choquet 积分

定义 2.1 设区间数序列 $\{\bar{a}_n\} \subset I_{\mathbb{R}}$，且 $a_n^- \to a^-$, $a_n^+ \to a^+ (n \to \infty)$，则称 $\{\bar{a}_n\}$ 收敛于 $\bar{a}$，记为 $\lim\limits_{n\to\infty} \bar{a}_n = \bar{a}$，或 $\lim\limits_{n\to\infty}[a_n^-, a_n^+] = \left[\lim\limits_{n\to\infty} a_n^-, \lim\limits_{n\to\infty} a_n^+\right]$.

定义 2.2 设模糊数 $A, B \in F_0(\mathbb{R})$，且 $A_\alpha = [a_\alpha^-, a_\alpha^+]$, $B_\alpha = [b_\alpha^-, b_\alpha^+]$, $\forall \alpha \in (0,1]$，则界定序如下：

(1) $A = B \Leftrightarrow \forall \alpha \in (0,1], a_\alpha^- = b_\alpha^-$ 且 $a_\alpha^+ = b_\alpha^+$;

(2) $A \leqslant B \Leftrightarrow \forall \alpha \in (0,1], a_\alpha^- \leqslant b_\alpha^-$ 且 $a_\alpha^+ \leqslant b_\alpha^+$;

(3) $A < B \Leftrightarrow A \leqslant B$ 且 $A \neq B$.

定义 2.3 设模糊数序列 $\{A_n\} \subset F_0(\mathbb{R})$, $A \in F_0(\mathbb{R})$，且 $\forall \alpha \in (0,1]$, $(A_n)_\alpha = [(a_n)_\alpha^-, (a_n)_\alpha^+]$, $A_\alpha = [a_\alpha^-, a_\alpha^+]$. 若 $(a_n)_\alpha^- \to a_\alpha^-$, $(a_n)_\alpha^+ \to a_\alpha^+ (n \to \infty)$，则称 $\{A_n\}$ 收敛于 A，记为 $\lim\limits_{n\to\infty} A_n = A$，或 $A_n \to A (n \to \infty)$.

定义 2.4 设 $(X, \Im)$ 是可测空间，集函数 $\mu: \Im \to [0, +\infty]$. 若 μ 满足以下条件:

(1) $\mu(\varnothing) = 0$;

(2) 若 $A, B \in \Im$，且 $A \subset B \Rightarrow \mu(A) \leqslant \mu(B)$;

(3) 若 $A_n \uparrow A$，且 $A_n, A \in \Im$ $(n = 1, 2, \cdots) \Rightarrow \mu(A_n) \uparrow \mu(A)$ (下连续);

(4) 若 $A_n \downarrow A$, $A_n \in \Im$ $(n = 1, 2, \cdots)$，且 $\exists n_0 \in \mathbb{N}$ 使 $\mu(A_{n_0}) < +\infty \Rightarrow \mu(A_n) \downarrow \mu(A)$ (上连续),

则称 μ 为非可加测度，相应三元组 $(X, \Im, \mu)$ 称为非可加测度空间.

注 2.1 传统意义下模糊测度是以映射 $\mu: \Im \to [0,1]$ 形式给出. 然而，当集函数 μ 的值域由闭区间 $[0,1]$ 扩充到 $[0, +\infty]$ 时，人们仍习惯于称 μ 为模糊测度或广义模糊测度. 实际上，集函数 μ 的值域扩充到 $[0, +\infty]$ 时，μ 所度量集合的取值 $\mu(\cdot)$ 早已失去了模糊性. 因此，称集函数 μ 为非可加测度更为恰当.

下面，为了研究模糊值 Choquet 积分的收敛性和自连续性，首先对一般集函数给出零可加 (减)、上 (下) 自连续、伪上 (下) 自连续和一致自连续等定义.

定义 2.5 设 $(X, \Im)$ 是可测空间，集函数 $\mu: \Im \to [0, +\infty]$. 若 $\forall A, B \in \Im$，且满足 $\mu(B) = 0 \Rightarrow \mu(A \bigcup B) = \mu(A)$ (分别地，$\mu(A - B) = \mu(A)$)，则称 μ 是零可加 (分别地，零可减).

定义 2.6 设 $(X, \Im)$ 是可测空间，集函数 $\mu: \Im \to [0, +\infty]$，$\forall A, B \in \Im$，且 $A \subset B$. 若满足 $\mu(A) = \mu(B) < +\infty \Rightarrow \mu(B - A) = 0$，则称 μ 是伪零可加.

定义 2.7 设 $(X, \Im)$ 是可测空间，集函数 $\mu: \Im \to [0, +\infty]$. 若 $\forall \{A_n\} \subset \Im$, $A \in \Im$，且 $\lim\limits_{n\to\infty} \mu(A_n) = 0 \Rightarrow \lim\limits_{n\to\infty} \mu(A \bigcup A_n) = \mu(A)$ (分别地，$\lim\limits_{n\to\infty} \mu(A - A_n) = \mu(A)$)，则称 μ 是上自连续 (分别地，下自连续). 若 μ 既是上自连续，又是下自连续，则称 μ 是自连续.

推论 2.1 若集函数 μ 是上自连续，则它是零可加的; 若集函数 μ 是下自连续，则它是零可减的.

定义 2.8 设 $(X, \Im)$ 是可测空间，集函数 $\mu : \Im \to [0, +\infty]$. 若 $\forall A \in \Im, \{B_n\} \subset \Im$，且满足 $\lim\limits_{n\to\infty} \mu(A \bigcap B_n) = \mu(A) < +\infty \Rightarrow \forall C \in A \bigcap \Im = \{A \bigcap D | D \in \Im\}$，总有 $\lim\limits_{n\to\infty} \mu((A - B_n) \bigcup C) = \mu(C)$（分别地，$\lim\limits_{n\to\infty} \mu(B_n \bigcap C) = \mu(C)$），则称 μ 是伪上自连续 (分别地，伪下自连续). 又若集函数 μ 既是伪上自连续，又是伪下自连续，则称 μ 是伪自连续.

定义 2.9 设 $(X, \Im)$ 是可测空间，集函数 $\mu : \Im \to [0, +\infty]$. 若 $\forall \varepsilon > 0$，存在 $\delta > 0$，使当 $A, B \in \Im$ 且 $\mu(B) < \delta$ 时，总有 $\mu(A \bigcup B) < \mu(A) + \varepsilon$，则称集函数 μ 是一致自连续.

定义 2.10 设 $(X, \Im)$ 是可测空间，集函数 $\mu : \Im \to [0, +\infty]$. 若 $\forall \varepsilon > 0$，$\forall A \in \Im, \exists \delta = \delta(\varepsilon) > 0$，使 $\forall B \in \Im$，且 $\mu(A) \leqslant \mu(A \bigcap B) + \delta$ 时 $\Rightarrow \forall C \in A \bigcap \Im$，有 $\mu((A - B) \bigcup C) < \mu(C) + \varepsilon$（分别地，$\mu(C) < \mu(C \bigcap B) + \varepsilon$），则称 μ 是伪一致上自连续 (分别地，伪一致下自连续). 若集函数 μ 既是伪一致上自连续，又是伪一致下自连续，则称 μ 是伪一致自连续.

定义 2.11 设 $(X, \Im)$ 是可测空间，集函数 $\bar{\nu} : \Im \to F_0(\mathbb{R}^+)$. 若 $\forall \{A_n\} \subset \Im$，$\{B_m\} \subset \Im$，且 $\lim\limits_{n\to\infty} \bar{\nu}(A_n) = \bar{0}$，$\lim\limits_{m\to\infty} \bar{\nu}(B_m) = \bar{0} \Rightarrow \lim\limits_{\substack{n\to\infty \\ m\to\infty}} \bar{\nu}(A_n \bigcup B_m) = \bar{0}$ (分别地，$\lim\limits_{\substack{n\to\infty \\ m\to\infty}} \bar{\nu}(A - A_n \bigcup B_m) = \bar{\nu}(A)$)，则称 $\bar{\nu}$ 是双零渐近可加 (分别地，伪双零渐近可加).

2.1.2 模糊值 Choquet 积分及其收敛性

下面，为了简单起见仅在正实数 $\mathbb{R}^+$ 上给出可测模糊值函数定义，以便对一类可积函数建立模糊值 Choquet 积分. 当然，在一定限制条件下这种模糊积分的收敛定理也是成立的.

定义 2.12 设 $(X, \Im)$ 为可测空间，模糊值映射 $\bar{f} : X \to F_0(\mathbb{R}^+)$. 若 $\forall \lambda \in (0, 1]$，$\forall t \in (0, +\infty)$，均有 $(f_\lambda^-)_t = \{x \in X | f_\lambda^-(x) \geqslant t\} \in \Im$，$(f_\lambda^+)_t = \{x \in X | f_\lambda^+(x) \geqslant t\} \in \Im$，则称 $\bar{f}$ 为 X 上可测模糊值函数，其中截函数 $(\bar{f}(x))_\lambda = [f_\lambda^-(x), f_\lambda^+(x)] \in I_{\mathbb{R}^+}$ 是区间值函数，$\forall x \in X$.

定义 2.13 设 $(X, \Im, \mu)$ 是非可加测度空间，$\bar{f} : X \to F_0(\mathbb{R}^+)$ 是可测模糊值函数，$A \in \Im$. 若令 $\int_A \bar{f} \mathrm{d}\mu = \bigcup\limits_{\lambda \in (0,1]} \lambda \left[\int_0^{+\infty} \mu((f_\lambda^-)_t \bigcap A) \mathrm{d}t, \int_0^{+\infty} \mu((f_\lambda^+)_t \bigcap A) \mathrm{d}t \right]$，则称 $\int_A \bar{f} \mathrm{d}\mu$ 为 $\bar{f}$ 在 A 上关于 μ 的模糊值 Choquet 积分，简称模糊值 Choquet 积分，其中右端积分均为 Lebesgue 积分.

特别地，若 $\forall \lambda \in (0, 1]$，Lebesgue 积分 $\int_0^{+\infty} \mu(A \bigcap (f_\lambda^+)_t) \mathrm{d}t < +\infty$，则称 $\bar{f}$ 关于 μ 在 A 上是 μ-可积，简称 $\bar{f}$ 在 A 上 μ-可积. 特别当 $A = X$ 时，称 $\bar{f}$ 是 μ-可积.

实际上，总有 $(f_\lambda^-)_t \subset (f_\lambda^+)_t$，且 $(f_\lambda^-)_t \bigcap A \subset (f_\lambda^+)_t \bigcap A \subset (f_\lambda^+)_t, \forall t \in [0, +\infty)$，

2.1 模糊值 Choquet 积分

进而更有

$$\int_0^{+\infty} \mu(A\bigcap (f_\lambda^-)_t)\mathrm{d}t \leqslant \int_0^{+\infty} \mu(A\bigcap (f_\lambda^+)_t)\mathrm{d}t.$$

故界定 $\bar{f}$ 是 μ-可积可不必再约定 $\int_0^{+\infty} \mu(A\bigcap (f_\lambda^-)_t)\mathrm{d}t < +\infty$.

记

$$\mathrm{FM}_+(X) = \{\bar{f} : X \to F_0(\mathbb{R}^+) \,|\, \bar{f} \text{ 是 } X \text{ 上可测模糊值函数}\};$$

$$\mathrm{FL}^1(\mu) = \{\bar{f} : X \to F_0(\mathbb{R}^+) \,|\, \bar{f} \text{ 是 } X \text{ 上 } \mu\text{-可积模糊值函数}\}.$$

下面, 仅给出这种模糊值 Choquet 积分的几个简单性质, 其他性质可参看文献 [45], [46], [50], [54].

定理 2.1 设 $(X, \Im, \mu)$ 是非可加测度空间, $A \in \Im$, 则模糊值 Choquet 积分有下式成立.

(1) 若 $\forall \bar{f}, \bar{g} \in \mathrm{FL}^1(\mu)$, 且 $\bar{f} \leqslant \bar{g}$, 则 $\int_A \bar{f}\mathrm{d}\mu \leqslant \int_A \bar{g}\mathrm{d}\mu$;

(2) 若 $\forall \bar{f} \in \mathrm{FL}^1(\mu)$, 且 $A \subset B$, 则 $\int_A \bar{f}\mathrm{d}\mu \leqslant \int_B \bar{f}\mathrm{d}\mu$;

(3) 若 $\forall \bar{f} \in \mathrm{FL}^1(\mu)$, 且 $\mu(A) = 0$, 则 $\int_A \bar{f}\mathrm{d}\mu = \bar{0}$, 其中零模糊数 $\bar{0}$ 的隶属函数为 $\bar{0}(x) = \begin{cases} 1, & x = 0, \\ 0, & x \neq 0; \end{cases}$

(4) 若 $\bar{f}(x) \equiv C^* \in F_0(\mathbb{R})$, 则 $\int_A C^* \mathrm{d}\mu = \mu(A)C^*$;

(5) 令 $\bar{\nu}(A) = \int_A \bar{f}\mathrm{d}\mu$, 则 $\bar{\nu}$ 是模糊值测度. 若设 $\bar{\nu}_\lambda(A) = [\nu_\lambda^-(A), \nu_\lambda^+(A)]$, $\forall \lambda \in (0, 1]$, 则集函数 $\nu_\lambda^-, \nu_\lambda^+$ 均是非可加测度.

证明 仅证 (3)—(5). 先证 (3), 依定义 2.13 及 μ 的单调性, $\forall \lambda \in (0, 1]$, $\forall t \in (0, +\infty)$, 总有

$$0 \leqslant \mu((f_\lambda^-)_t \bigcap A) \leqslant \mu((f_\lambda^+)_t \bigcap A) \leqslant \mu(A) = 0.$$

故恒有 $\mu((f_\lambda^-)_t \bigcap A) = \mu((f_\lambda^+)_t \bigcap A) = 0$. 将此代入定义 2.13 中立即获得

$$\int_A \bar{f}\mathrm{d}\mu = \bigcup_{\lambda \in (0,1]} \lambda[0,0] = \bigcup_{\lambda \in (0,1]} \lambda\{0\}_\lambda = \bar{0}.$$

再证 (4), $\forall \lambda \in (0, 1]$, 若令 $\bar{f}_\lambda = C_\lambda^* = [c_\lambda^-, c_\lambda^+]$, 则 $\forall \lambda \in (0, 1]$, $\forall t \in (0, +\infty)$, 有

$$(f_\lambda^-)_t = \{x \in X | c_\lambda^- \geqslant t\}, \quad (f_\lambda^+)_t = \{x \in X | c_\lambda^+ \geqslant t\}.$$

此时, 按 Lebesgue 积分性质容易获得

$$\int_0^{+\infty} \mu((f_\lambda^-)_t \bigcap A)\mathrm{d}t = \int_0^{c_\lambda^-} \mu(X \bigcap A)\mathrm{d}t + \int_{c_\lambda^-}^{+\infty} \mu(\varnothing \bigcap A)\mathrm{d}t = \mu(A)c_\lambda^-,$$

$$\int_0^{+\infty} \mu((f_\lambda^+)_t \bigcap A)\mathrm{d}t = \int_0^{c_\lambda^+} \mu(X \bigcap A)\mathrm{d}t + \int_{c_\lambda^+}^{+\infty} \mu(\varnothing \bigcap A)\mathrm{d}t = \mu(A)c_\lambda^+.$$

将上式代入定义 2.13, 依模糊集分解定理立即获得

$$\int_A C^* \mathrm{d}\mu = \bigcup_{\lambda \in (0,1]} \lambda \left[\mu(A)c_\lambda^-, \mu(A)c_\lambda^+\right] = \mu(A) \bigcup_{\lambda \in (0,1]} \lambda C_\lambda^* = \mu(A)C^*.$$

最后证 (5), 基于定义 2.13 和定义 2.4 逐条验证即可, 尤其验证定义 2.4 中 (3) 和 (4) 时要用到 Lebesgue 积分控制收敛定理, 略! 特别注意, 这里 $\bar{\nu}(A)$ 取值于模糊数, 故称 $\bar{\nu}$ 为模糊值测度.

下面, 将进一步给出模糊值 Choquet 积分的几个收敛定理.

定理 2.2 设 $(X, \Im, \mu)$ 是非可加测度空间, $\{\bar{f}_n\} \subset \mathrm{FL}^1(\mu)$ 是单调函数列, 且 $\lim_{n \to \infty} \bar{f}_n(x) = \bar{f}(x), \forall x \in A, A \in \Im$, 则 $\bar{f} \in \mathrm{FL}^1(\mu)$, 且 $\lim_{n \to \infty} \int_A \bar{f}_n \mathrm{d}\mu = \int_A \bar{f} \mathrm{d}\mu$.

证明 不妨设 μ-可积模糊值函数列 $\{\bar{f}_n\}$ 在 A 上单调递减, 故有

$$\bar{f}(x) \leqslant \bar{f}_n(x), \quad n = 1, 2, \cdots, \quad \forall x \in A.$$

根据模糊数序定义 2.2 和模糊值 Choquet 积分定义 2.13, 必有

$$\int_0^{+\infty} \mu(A \bigcap (f_\lambda^+)_t)\mathrm{d}t \leqslant \int_0^{+\infty} \mu(A \bigcap ((f_n)_\lambda^+)_t)\mathrm{d}t < +\infty,$$

其中 $(\bar{f}_n)_\lambda = [(f_n)_\lambda^-, (f_n)_\lambda^+], \bar{f}_\lambda = [f_\lambda^-, f_\lambda^+], \forall \lambda \in (0, 1], n = 1, 2, \cdots$.

因此, $\int_0^{+\infty} \mu(A \bigcap (f_\lambda^+)_t)\mathrm{d}t < +\infty$, 亦即, $\bar{f} \in \mathrm{FL}^1(\mu)$.

另一方面, 依据假设 $\{\bar{f}_n\}$ 的递减性, 以函数列 $((f_n)_\lambda^-)_t$ 为例, 其中 $t \in (0, +\infty)$, $\lambda \in (0, 1]$, 显然集合列 $\{A \bigcap ((f_n)_\lambda^-)_t\}$ 关于 $n \in \mathbb{N}$ 也是递减的, 故有

$$\lim_{n \to \infty} (A \bigcap ((f_n)_\lambda^-)_t) = \bigcap_{n=1}^{\infty} (A \bigcap ((f_n)_\lambda^-)_t).$$

现继续往证 $\bigcap_{n=1}^{\infty} (A \bigcap ((f_n)_\lambda^-)_t) = A \bigcap (f_\lambda^-)_t$.

事实上, 若 $\forall x \in \bigcap_{n=1}^{\infty} (A \bigcap ((f_n)_\lambda^-)_t)$, 则对一切自然数 $n \in \mathbb{N}$, 均有 $x \in ((f_n)_\lambda^-)_t$, 且 $x \in A$, 亦即 $(f_n)_\lambda^-(x) \geqslant t$. 令 $n \to \infty$, 依题设必有

$$f_\lambda^-(x) = \lim_{n \to \infty} (f_n)_\lambda^-(x) \geqslant t.$$

2.1 模糊值 Choquet 积分

从而, $x \in A\bigcap (f_\lambda^-)_t$.

反之, 若 $x \in A\bigcap (f_\lambda^-)_t$, 即 $f_\lambda^-(x) \geqslant t$, 且 $x \in A$. 因假设模糊值函数列 $\{\bar{f}_n\}$ 递减趋于 $\bar{f}$, 故总有 $\bar{f}_n \geqslant \bar{f}(n=1,2,\cdots)$, 且当且仅当

$$(f_n)_\lambda^-(x) \geqslant \bar{f}_\lambda^-(x), \quad (f_n)_\lambda^+(x) \geqslant \bar{f}_\lambda^+(x), \quad \forall \lambda \in (0,1], \quad x \in X.$$

则有 $(f_n)_\lambda^-(x) \geqslant t$, 或 $x \in ((f_n)_\lambda^-)_t$, $n=1,2,\cdots$, 则 $x \in \bigcap_{n=1}^\infty (A\bigcap((f_n)_\lambda^-)_t)$. 因此,

$$\lim_{n\to\infty}(A\bigcap((f_n)_\lambda^-)_t) = \bigcap_{n=1}^\infty (A\bigcap((f_n)_\lambda^-)_t) = A\bigcap(f_\lambda^-)_t.$$

再由 Lebesgue 积分单调收敛定理、非可加测度 μ 的单调性和连续性得

$$\lim_{n\to\infty}\int_0^{+\infty}\mu(A\bigcap((f_n)_\lambda^-)_t)\mathrm{d}t = \int_0^{+\infty}\mu(\lim_{n\to\infty}(A\bigcap((f_n)_\lambda^-)_t))\mathrm{d}t$$
$$= \int_0^{+\infty}\mu(A\bigcap(f_\lambda^-)_t)\mathrm{d}t.$$

同理, 对集合列 $\{A\bigcap((f_n)_\lambda^+)_t\}$ 来说也有

$$\lim_{n\to\infty}\int_0^{+\infty}\mu(A\bigcap((f_n)_\lambda^+)_t)\mathrm{d}t = \int_0^{+\infty}\mu(A\bigcap(f_\lambda^+)_t)\mathrm{d}t.$$

再根据定义 2.13 和模糊集分解定理, 便有

$$\lim_{n\to\infty}\int_A \bar{f}_n \mathrm{d}\mu = \bigcup_{\lambda\in(0,1]}\lambda\left[\lim_{n\to\infty}\int_0^{+\infty}\mu(A\bigcap((f_n)_\lambda^-)_t)\mathrm{d}t, \lim_{n\to\infty}\int_0^{+\infty}\mu(A\bigcap((f_n)_\lambda^-)_t)\mathrm{d}t\right]$$
$$= \bigcup_{\lambda\in(0,1]}\lambda\left[\int_0^{+\infty}\mu(A\bigcap(f_\lambda^-)_t)\mathrm{d}t, \int_0^{+\infty}\mu(A\bigcap(f_\lambda^+)_t)\mathrm{d}t\right]$$
$$= \int_A \bar{f}\mathrm{d}\mu.$$

定理 2.3 设 $(X,\Im,\mu)$ 是非可加测度空间, $\{\bar{f}_n\}\subset \mathrm{FL}^1(\mu)$, 且 $\lim_{n\to\infty}\inf \bar{f}_n(x)$ 存在, $A\in\Im$, 则有 $\int_A \lim_{n\to\infty}\inf \bar{f}_n \mathrm{d}\mu \leqslant \lim_{n\to\infty}\inf \int_A \bar{f}_n \mathrm{d}\mu$.

证明 令 $\bar{p}_n(x) = \inf_{i\geqslant n}\bar{f}_i(x)$, $n=1,2,\cdots$, $x\in X$. 显然模糊值函数列 $\{\bar{p}_n(x)\}$ 关于 $n\in\mathbb{N}$ 是单调递增的, 且满足 $\bar{p}_n(x) \leqslant \bar{f}_n(x)$ 及 $\lim_{n\to\infty}\bar{p}_n(x) = \lim_{n\to\infty}\inf \bar{f}_n(x)$, 这里 $\lim_{n\to\infty}\inf$ 为下极限 $\varliminf_{n\to\infty}$.

当然, 依定理 2.2 不难得知每个 $\bar{p}_n$ 也是 μ-可积, 且积分序列 $\int_A \bar{p}_n \mathrm{d}\mu$ 收敛, 并有

$$\int_A \bar{p}_n \mathrm{d}\mu \leqslant \int_A \bar{f}_n \mathrm{d}\mu, \quad n = 1, 2, \cdots.$$

由于上式右式 $\int_A \bar{f}_n \mathrm{d}\mu$ 无法保证极限存在, 根据假设两边可同时取下极限, 故有

$$\lim_{n\to\infty} \int_A \bar{p}_n \mathrm{d}\mu = \liminf_{n\to\infty} \int_A \bar{p}_n \mathrm{d}\mu \leqslant \liminf_{n\to\infty} \int_A \bar{f}_n \mathrm{d}\mu.$$

因 $\{\bar{p}_n(x)\}$ 关于 n 递增, 依定理 2.2 其极限号与积分号可交换, 故有

$$\int_A \liminf_{n\to\infty} \bar{f}_n(x) \mathrm{d}\mu = \int_A \lim_{n\to\infty} \bar{p}_n(x) \mathrm{d}\mu = \lim_{n\to\infty} \int_A \bar{p}_n(x) \mathrm{d}\mu \leqslant \liminf_{n\to\infty} \int_A \bar{f}_n \mathrm{d}\mu.$$

故结论成立. 类似方法, 也可证得下述结论.

定理 2.4 设 $(X, \Im, \mu)$ 是非可加测度空间, $\{\bar{f}_n\} \subset \mathrm{FL}^1(\mu)$, 且存在 $\bar{g} \in \mathrm{FL}^1(\mu)$, 使 $\bar{f}_n(x) \leqslant \bar{g}(x), \forall x \in A, A \in \Im$, 则有 $\int_A \limsup_{n\to\infty} \bar{f}_n \mathrm{d}\mu \geqslant \limsup_{n\to\infty} \int_A \bar{f}_n \mathrm{d}\mu.$

定理 2.5 设 $(X, \Im, \mu)$ 是非可加测度空间, $\{\bar{f}_n\} \subset \mathrm{FM}_+(X)$, 且 $\lim_{n\to\infty} \bar{f}_n(x) = \bar{f}(x), \forall x \in A, A \in \Im$. 若 $\exists \bar{g} \in \mathrm{FL}^1(\mu)$ 使 $\bar{f}_n(x) \leqslant \bar{g}(x), n = 1, 2, \cdots$, 则 $\bar{f} \in \mathrm{FL}^1(\mu)$, 且 $\lim_{n\to\infty} \int_A \bar{f}_n \mathrm{d}\mu = \int_A \bar{f} \mathrm{d}\mu$.

证明 由 $\bar{f}_n(x) \leqslant \bar{g}(x)$ 及题设, 令 $n \to \infty$, 显有 $\bar{f}(x) = \lim_{n\to\infty} \bar{f}_n(x) \leqslant \bar{g}(x)$. 故 $\bar{f} \in \mathrm{FL}^1(\mu)$. 再依定理 2.3 和定理 2.4, 立刻获知

$$\int_A \liminf_{n\to\infty} \bar{f}_n \mathrm{d}\mu \leqslant \liminf_{n\to\infty} \int_A \bar{f}_n \mathrm{d}\mu \leqslant \limsup_{n\to\infty} \int_A \bar{f}_n \mathrm{d}\mu \leqslant \int_A \limsup_{n\to\infty} \bar{f}_n \mathrm{d}\mu.$$

又因题设 $\lim_{n\to\infty} \bar{f}_n(x) = \bar{f}(x)$, 故有 $\liminf_{n\to\infty} \bar{f}_n(x) = \limsup_{n\to\infty} \bar{f}_n(x) = \bar{f}(x)$. 依夹逼定理得

$$\liminf_{n\to\infty} \int_A \bar{f}_n \mathrm{d}\mu = \limsup_{n\to\infty} \int_A \bar{f}_n \mathrm{d}\mu = \int_A \bar{f} \mathrm{d}\mu.$$

故模糊值 Choquet 积分序列 $\left\{\int_A \bar{f}_n \mathrm{d}\mu\right\}$ 收敛, 且有 $\lim_{n\to\infty} \int_A \bar{f}_n \mathrm{d}\mu = \int_A \bar{f} \mathrm{d}\mu$.

2.1.3 模糊值 Choquet 积分的自连续性

众所周知, 非可加测度与模糊值 Choquet 积分不满足一般可加性, 难以完全建立类似于经典测度论的理论体系, 除非根据不同需要对模糊测度本身附加某些条件. 为此, 1974 年, 日本学者 Sugeno[2] 首次提出用比较弱的单调性替代可加性来定义模糊测度. 1984 年, 我国学者王震源教授[6] 率先提出集函数 "自连续" 和 "零

2.1 模糊值 Choquet 积分

可加"等重要概念,继而于 1985 年又提出 "伪自连续" 和 "伪零可加" 等系列相关定义. 这些特性对刻画可测函数列或模糊积分序列都具有很强的针对性, 也是行之有效的. 此外, 张广全教授在模糊值、模糊测度及模糊积分方面做了许多工作, 并获得一系列有益的成果. 本节主要基于定义 2.13 提出的模糊值 Choquet 积分模型, 将这种积分整体看成可测空间上取值于模糊数的集函数, 进而研究模糊值 Choquet 积分的一系列自连续性问题.

定理 2.6 设 $(X, \Im, \mu)$ 是非可加测度空间, $\bar{f} \in \mathrm{FL}^1(\mu)$, μ 是自连续. $\forall A \in \Im$, 若令 $\bar{\nu}(A) = \int_A \bar{f} \mathrm{d}\mu$, 则集函数 $\bar{\nu}$ 也是自连续.

证明 首先证明 $\bar{\nu}$ 是上自连续. 设集合列 $\{B_n\} \subset \Im$, 且 $\lim_{n \to \infty} \bar{\nu}(B_n) = \bar{0}$, 其中 $\bar{0}$ 是零模糊数, 可表为 $\bar{0} = \bigcup_{\lambda \in (0,1]} \lambda[0, 0]$. 依据定义 2.3 和定义 2.13, $\forall \lambda \in (0, 1]$, 必有

$$\lim_{n \to \infty} \bar{\nu}(B_n) = \bar{0} \Leftrightarrow \lim_{n \to \infty} \int_0^{+\infty} \mu((f_\lambda^-)_t \bigcap B_n) \mathrm{d}t = \lim_{n \to \infty} \int_0^{+\infty} \mu((f_\lambda^+)_t \bigcap B_n) \mathrm{d}t = 0.$$

令 $\varphi_n(t) = \mu((f_\lambda^-)_t \bigcap B_n)$, $\omega_n(t) = \mu((f_\lambda^+)_t \bigcap B_n)$, $n = 1, 2, \cdots$, $\forall t \in (0, +\infty)$. 显然, 函数列 $\varphi_n(t)$ 与 $\omega_n(t)$ 在 $(0, +\infty)$ 上关于 t 递减. 由王震源教授 [8] 知

$$\lim_{n \to \infty} \varphi_n(t) = \lim_{n \to \infty} \mu((f_\lambda^-)_t \bigcap B_n) = 0, \quad \lim_{n \to \infty} \omega_n(t) = \lim_{n \to \infty} \mu((f_\lambda^+)_t \bigcap B_n) = 0.$$

仅以第一式为例, 因非可加测度 μ 是自连续, 当然也是上自连续, 故有

$$\lim_{n \to \infty} \mu\left(((f_\lambda^-)_t \bigcap A) \bigcup ((f_\lambda^-)_t \bigcap B_n)\right) = \mu((f_\lambda^-)_t \bigcap A),$$

且满足

$$\int_0^{+\infty} \mu\left((f_\lambda^-)_t \bigcap (A \bigcup B_n)\right) \mathrm{d}t \leqslant \int_0^{+\infty} \mu((f_\lambda^-)_t \bigcap A) \mathrm{d}t$$
$$\leqslant \int_0^{+\infty} \mu((f_\lambda^+)_t \bigcap A) \mathrm{d}t < +\infty.$$

再由 Lebesgue 积分控制收敛定理得

$$\lim_{n \to \infty} \int_0^{+\infty} \mu\left((f_\lambda^-)_t \bigcap (A \bigcup B_n)\right) \mathrm{d}t$$
$$= \int_0^{+\infty} \lim_{n \to \infty} \mu\left(((f_\lambda^-)_t \bigcap A) \bigcup ((f_\lambda^-)_t \bigcap B_n)\right) \mathrm{d}t$$
$$= \int_0^{+\infty} \mu((f_\lambda^-)_t \bigcap A) \mathrm{d}t.$$

同理, 也可证得

$$\lim_{n\to\infty}\int_0^{+\infty}\mu((f_\lambda^+)_t\bigcap(A\bigcup B_n))\mathrm{d}t=\int_0^{+\infty}\mu((f_\lambda^+)_t\bigcap A)\mathrm{d}t.$$

因此, 依定义 2.13 立即获得

$$\begin{aligned}\lim_{n\to\infty}\bar\nu(A\bigcup B_n)&=\bigcup_{\lambda\in(0,1]}\lambda\Big[\lim_{n\to\infty}\int_0^{+\infty}\mu(((f_n)_\lambda^-)_t\bigcap(A\bigcup B_n))\mathrm{d}t,\\ &\qquad\lim_{n\to\infty}\int_0^{+\infty}\mu(((f_n)_\lambda^+)_t\bigcap(A\bigcup B_n))\mathrm{d}t\Big]\\ &=\bigcup_{\lambda\in(0,1]}\lambda\Big[\int_0^{+\infty}\mu(((f_n)_\lambda^-)_t\bigcap A)\mathrm{d}t,\int_0^{+\infty}\mu(((f_n)_\lambda^-)_t\bigcap A)\mathrm{d}t\Big]\\ &=\bar\nu(A).\end{aligned}$$

亦即, 模糊值集函数 $\bar\nu$ 是上自连续.

再证明 $\bar\nu$ 也是下自连续. 由于非可加测度 μ 是下自连续, 故有

$$\lim_{n\to\infty}\mu\left(((f_\lambda^-)_t\bigcap A)-((f_\lambda^-)_t\bigcap B_n)\right)=\mu((f_\lambda^-)_t\bigcap A).$$

类似方法, 可证得 $\lim\limits_{n\to\infty}\bar\nu(A-B_n)=\bar\nu(A)$, 故 $\bar\nu$ 也是下自连续. 综合两种情况, 从而 $\bar\nu$ 是自连续.

推论 2.2 所有条件和题设同定理 2.6, 则 $\bar\nu$ 既是零可加, 也是零可减.

定理 2.7 设 $(X,\Im,\mu)$ 是非负有限非可加测度空间, 且 μ 是一致自连续, $\bar f\in\mathrm{FL}^1(\mu)$. $\forall A\in\Im$, 令 $\bar\nu(A)=\int_A\bar f\mathrm{d}\mu$, 则集函数 $\bar\nu$ 是一致自连续.

证明 因非可加测度 μ 是一致自连续, 亦即 $\forall\varepsilon>0,\exists\delta>0,\forall A,B\in\Im$, 只要 $\mu(B)<\delta$, 就有 $\mu(A\bigcup B)<\mu(A)+\varepsilon$, 这里 δ 视为已知.

设 $\bar\nu(B)<\delta$, 则 $\int_0^{+\infty}\mu((f_\lambda^-)_t\bigcap B)\mathrm{d}t<\delta,\int_0^{+\infty}\mu((f_\lambda^+)_t\bigcap B)\mathrm{d}t<\delta,\forall\lambda\in(0,1]$. 对上述 $\varepsilon>0$, 适当选取 a 使之满足 $0<a<\dfrac{\varepsilon}{3\mu(B)}(\mu(B)>0)$. 则有

$$\int_0^a\mu((f_\lambda^-)_t\bigcap B)\mathrm{d}t\leqslant\int_0^{\frac{\varepsilon}{3\mu(B)}}\mu(B)\mathrm{d}t=\frac{\varepsilon}{3}<\frac{\varepsilon}{2}.$$

取 $\varepsilon'=\dfrac{\varepsilon}{2}-\int_0^a\mu((f_\lambda^-)_t\bigcap B)\mathrm{d}t>0$. 因 $\bar f\in\mathrm{FL}^1(\mu)$, 则 $\int_0^{+\infty}\mu((f_\lambda^-)_t\bigcap B)\mathrm{d}t<+\infty$, 由广义 Lebesgue 积分收敛定义, 对上述 $\varepsilon'>0,\exists G>0$, 使当 $P>G$ 时, 有

$$\int_P^{+\infty}\mu((f_\lambda^-)_t\bigcap B)\mathrm{d}t<\varepsilon'.$$

2.1 模糊值 Choquet 积分

特别地, 若取 $P = G+1$ 时, 更有

$$\int_{G+1}^{+\infty} \mu((f_\lambda^-)_t \cap B) \mathrm{d}t < \varepsilon' = \frac{\varepsilon}{2} - \int_0^a \mu((f_\lambda^-)_t \cap B) \mathrm{d}t,$$

亦即

$$\int_0^a \mu((f_\lambda^-)_t \cap B) \mathrm{d}t + \int_{G+1}^{+\infty} \mu((f_\lambda^-)_t \cap B) \mathrm{d}t < \frac{\varepsilon}{2}. \tag{2.1}$$

不妨设 $\int_0^{+\infty} \mu((f_\lambda^-)_t \cap B) \mathrm{d}t < \delta, \forall \lambda \in (0,1]$, 更有

$$\delta > \int_0^a \mu((f_\lambda^-)_t \cap B) \mathrm{d}t \geqslant \int_0^a \mu((f_\lambda^-)_a \cap B) \mathrm{d}t = a\mu((f_\lambda^-)_a \cap B),$$

故 $\mu((f_\lambda^-)_a \cap B) < \dfrac{\delta}{a}$. 特别当 $t \in [a, G+1]$ 时, $\forall \lambda \in (0,1]$, 也有

$$\mu((f_\lambda^-)_t \cap B) \leqslant \mu((f_\lambda^-)_a \cap B) < \frac{\delta}{a}. \tag{2.2}$$

此时, 依题设当 $\mu(B) < \delta$ 时, 也可要求 $\mu(A \cup B) < \mu(A) + \dfrac{\varepsilon}{2(G+1)}$. 再根据式 (2.1)—(2.2) 得

$$\int_0^{+\infty} \mu((f_\lambda^-)_t \cap (A \cup B)) \mathrm{d}t \leqslant \int_0^a \mu((f_\lambda^-)_t \cap B) \mathrm{d}t + \int_a^{G+1} \mu(((f_\lambda^-)_t \cap A) \cup B) \mathrm{d}t$$

$$+ \int_{G+1}^{+\infty} \mu((f_\lambda^-)_t \cap B) \mathrm{d}t$$

$$< \int_a^{G+1} \left(\mu((f_\lambda^-)_t \cap A) + \frac{\varepsilon}{2(G+1)} \right) \mathrm{d}t + \frac{\varepsilon}{2}$$

$$= \int_a^{G+1} \mu((f_\lambda^-)_t \cap A) \mathrm{d}t + \frac{(G+1-a)\varepsilon}{2(G+1)} + \frac{\varepsilon}{2}$$

$$< \int_0^{+\infty} \mu((f_\lambda^-)_t \cap A) \mathrm{d}t + \varepsilon.$$

同理, $\forall \lambda \in (0,1]$, 也可证得

$$\int_0^{+\infty} \mu((f_\lambda^+)_t \cap (A \cup B)) \mathrm{d}t < \int_0^{+\infty} \mu((f_\lambda^+)_t \cap A) \mathrm{d}t + \varepsilon.$$

因此, 当 $\bar{\nu}(B) < \delta$ 时, 依模糊值 Choquet 积分定义有

$$\bar{\nu}(A \cup B) = \bigcup_{\lambda \in (0,1]} \lambda \left[\int_0^{+\infty} \mu((f_\lambda^-)_t \cap (A \cup B)) \mathrm{d}t, \int_0^{+\infty} \mu((f_\lambda^+)_t \cap (A \cup B)) \mathrm{d}t \right]$$

$$\leqslant \bigcup_{\lambda \in (0,1]} \lambda \left[\int_0^{+\infty} \mu((f_\lambda^-)_t \cap A) \mathrm{d}t + \varepsilon, \int_0^{+\infty} \mu((f_\lambda^+)_t \cap A) \mathrm{d}t + \varepsilon \right]$$

$$\leqslant \bar{\nu}(A) + \varepsilon.$$

故模糊值集函数 $\bar{\nu}$ 也是一致自连续.

定理 2.8 设 $(X, \Im, \mu)$ 是非可加测度空间,$\bar{f} \in \mathrm{FL}^1(\mu)$,$\mu$ 是伪上自连续. 若 $\forall A \in \Im$,令 $\bar{\nu}(A) = \displaystyle\int_A \bar{f} \mathrm{d}\mu$,则集函数 $\bar{\nu}$ 也是伪上自连续.

证明 $\forall A \in \Im$,设 $\{B_n\} \subset \Im$ 且 $\displaystyle\lim_{n \to \infty} \bar{\nu}(A \bigcap B_n) = \bar{\nu}(A)$. 依定义 2.3 和定义 2.13,$\forall \lambda \in (0, 1]$,均有

$$\lim_{n \to \infty} \int_0^{+\infty} \mu\left((f_\lambda^-)_t \bigcap (A \bigcap B_n)\right) \mathrm{d}t = \int_0^{+\infty} \mu\left((f_\lambda^-)_t \bigcap A\right) \mathrm{d}t,$$

$$\lim_{n \to \infty} \int_0^{+\infty} \mu\left((f_\lambda^+)_t \bigcap (A \bigcap B_n)\right) \mathrm{d}t = \int_0^{+\infty} \mu\left((f_\lambda^+)_t \bigcap A\right) \mathrm{d}t.$$

因 $\bar{f}$ 是 μ-可积,故上述左边积分序列的极限均存在,现以第一式为例,若设

$$\varphi_n(t) = \mu((f_\lambda^-)_t \bigcap A) - \mu((f_\lambda^-)_t \bigcap A \bigcap B_n), \quad n = 1, 2, \cdots, \quad \forall t \in E \triangleq [0, +\infty).$$

显然函数列 $\{\varphi_n(t)\}$ 在 E 上非负可测,故第一式可简化为 $\displaystyle\lim_{n \to \infty} \int_E \varphi_n(t) \mathrm{d}t = 0$,且满足

$$\int_E \varphi_n(t) \mathrm{d}t \leqslant \int_E \mu((f_\lambda^-)_t \bigcap A) \mathrm{d}t \leqslant \int_0^{+\infty} \mu((f_\lambda^+)_t \bigcap A) \mathrm{d}t < +\infty, \quad n = 1, 2, \cdots.$$

故每个 $\varphi_n(t)$ 在 E 上均 Lebesgue 可积. 令 m 表示 Lebesgue 意义下经典测度,$\forall \sigma > 0$,更有

$$\int_E \varphi_n(t) \mathrm{d}t = \int_{E[\varphi_n(t) \geqslant \sigma]} \varphi_n(t) \mathrm{d}t + \int_{E[\varphi_n(t) < \sigma]} \varphi_n(t) \mathrm{d}t$$

$$\geqslant \int_{E[\varphi_n(t) \geqslant \sigma]} \sigma \mathrm{d}t = \sigma m E[\varphi_n(t) \geqslant \sigma].$$

从而

$$0 \leqslant m E[\varphi_n(t) \geqslant \sigma] \leqslant \frac{1}{\sigma} \int_E \varphi_n(t) \mathrm{d}t, \quad n = 1, 2, \cdots.$$

令 $n \to \infty$,由夹逼定理得 $\displaystyle\lim_{n \to \infty} mE[\varphi_n(t) \geqslant \sigma] = 0$,故 $\{\varphi_n(t)\}$ 依测度收敛于 0.

再根据黎斯 (F. Riesz) 定理,存在子函数列 $\{\varphi_{n_k}(t)\} \subset \{\varphi_n(t)\}$,使 $\displaystyle\lim_{k \to \infty} \varphi_{n_k}(t) = 0$ a.e. 于 E,或表成

$$\lim_{k \to \infty} \mu\left(((f_\lambda^-)_t \bigcap A) \bigcap B_{n_k}\right) = \mu\left((f_\lambda^-)_t \bigcap A\right) \quad \text{a.e.} \text{于} E, \quad \forall \lambda \in (0, 1]. \tag{2.3}$$

因 μ 是伪上自连续,由定义 2.8,$\forall C \in A \bigcap \Im$,必有

$$\lim_{k \to \infty} \mu\left(((f_\lambda^-)_t \bigcap A - B_{n_k}) \bigcup C\right) = \mu(C) \quad \text{a.e.} \text{于} E.$$

若令 $b_n(\lambda) = \int_0^{+\infty} \mu\left[(f_\lambda^-)_t \bigcap ((A-B_n)\bigcup C)\right]dt$. 依 $\bar{f}$ 是 μ-可积, 则对固定 $\lambda \in (0,1]$, 非负实数列 $\{b_n(\lambda)\}$ 单调递减, 则数列 $\{b_n(\lambda)\}$ 在广义实数空间上收敛. 因 $(f_\lambda^-)_t \bigcap (A-B_{n_k}) = (f_\lambda^-)_t \bigcap A - B_{n_k}$, 由 Lebesgue 积分控制收敛定理可得

$$\lim_{k\to\infty} b_{n_k}(\lambda) = \lim_{k\to\infty} \int_0^{+\infty} \mu\left[(f_\lambda^-)_t \bigcap ((A-B_{n_k})\bigcup C)\right]dt$$
$$= \int_0^{+\infty} \lim_{k\to\infty} \mu\left[((f_\lambda^-)_t \bigcap A - B_{n_k}) \bigcup ((f_\lambda^-)_t \bigcap C)\right]dt$$
$$= \int_0^{+\infty} \mu\left((f_\lambda^-)_t \bigcap C\right)dt < +\infty.$$

由数列 $\{b_n(\lambda)\}$ 收敛知其子序列 $\{b_{n_k}(\lambda)\}$ 也收敛, 且二者收敛于同一数值 $\int_0^{+\infty} \mu((f_\lambda^-)_t \bigcap C)dt$. 因此, $\forall \lambda \in (0,1]$, 有

$$\lim_{n\to\infty} \int_0^{+\infty} \mu\left[(f_\lambda^-)_t \bigcap ((A-B_n)\bigcup C)\right]dt = \int_0^{+\infty} \mu\left((f_\lambda^-)_t \bigcap C\right)dt.$$

同理, $\forall \lambda \in (0,1]$, 也有

$$\lim_{n\to\infty} \int_0^{+\infty} \mu\left[(f_\lambda^+)_t \bigcap ((A-B_n)\bigcup C)\right]dt = \int_0^{+\infty} \mu\left((f_\lambda^+)_t \bigcap C\right)dt.$$

再由模糊集分解定理和模糊数列收敛定义 2.3, $\forall C \in A \bigcap \mathfrak{S}$, 必有

$$\lim_{n\to\infty} \bar{\nu}((A-B_n)\bigcup C)$$
$$= \bigcup_{\lambda\in(0,1]} \lambda\left[\lim_{n\to\infty} \int_0^{+\infty} \mu\left((f_\lambda^-)_t \bigcap ((A-B_n)\bigcup C)\right)dt,\right.$$
$$\left.\lim_{n\to\infty} \int_0^{+\infty} \mu\left((f_\lambda^+)_t \bigcap ((A-B_n)\bigcup C)\right)dt\right]$$
$$= \bigcup_{\lambda\in(0,1]} \lambda\left[\int_0^{+\infty} \mu\left((f_\lambda^-)_t \bigcap C\right)dt, \int_0^{+\infty} \mu\left((f_\lambda^+)_t \bigcap C\right)dt\right]$$
$$= \bar{\nu}(C).$$

因此, 模糊值集函数 $\bar{\nu}$ 是伪上自连续.

定理 2.9 设 μ 是伪下自连续, 其他条件同定理 2.8, 则 $\bar{\nu}$ 也是伪下自连续.

证明 前面同定理 2.8. 因 μ 是伪下自连续, 依式 (2.3) 和定义 2.8, $\forall C \in A \bigcap \mathfrak{S}$, 且 $\mu(C) < +\infty$, 对子函数列 $\{\varphi_{n_k}(t)\}$ 而言, 必有 $\lim_{k\to\infty} \mu(B_{n_k} \bigcap C) = \mu(C)$ a.e. 于 E.

于是, $\forall \lambda \in (0,1]$, 由 Lebesgue 积分控制收敛定理得

$$\begin{cases} \lim\limits_{k\to\infty} \int_0^{+\infty} \mu((f_\lambda^-)_t \bigcap (B_{n_k} \bigcap C)) \mathrm{d}t = \int_0^{+\infty} \mu((f_\lambda^-)_t \bigcap C) \mathrm{d}t, \\ \lim\limits_{k\to\infty} \int_0^{+\infty} \mu((f_\lambda^+)_t \bigcap (B_{n_k} \bigcap C)) \mathrm{d}t = \int_0^{+\infty} \mu((f_\lambda^+)_t \bigcap C) \mathrm{d}t. \end{cases}$$

按照定理 2.8 有 $\lim\limits_{n\to\infty} \bar{\nu}(B_n \bigcap C) = \bar{\nu}(C)$. 故 $\bar{\nu}$ 也是伪下自连续.

推论 2.3 设 μ 是伪自连续, 其余条件同定理 2.8, 则集函数 $\bar{\nu}$ 是伪自连续.

引理 2.1[8] 设 $\mu : \Im \to [0, +\infty]$ 是单调集函数, $\mu(\varnothing) = 0$, f 是非负实值可测函数. 若满足 $\int_0^{+\infty} \mu(F_t) \mathrm{d}t < +\infty$, 其中 $F_t = \{x | f(x) \geqslant t\} \in \Im$, 则 $\forall \varepsilon > 0$, 存在实数 a 和 b, 且 $0 < a < b$, 使 $\int_0^a \mu(F_t) \mathrm{d}t + \int_b^{+\infty} \mu(F_t) \mathrm{d}t < \varepsilon$.

定理 2.10 设 $(X, \Im, \mu)$ 是非可加测度空间, $\bar{f} \in \mathrm{FL}^1(\hat{\mu})$, μ 是伪一致上自连续. $\forall A \in \Im$, 令 $\bar{\nu}(A) = \int_A \bar{f} \mathrm{d}\mu$, 则集函数 $\bar{\nu}$ 也是伪一致上自连续.

证明 由 μ 是伪一致上自连续, 即 $\forall \varepsilon > 0$, $\exists \delta = \delta(\varepsilon) > 0$, $\forall A, B \in \Im$, 且 $\mu(A) \leqslant \mu(A \bigcap B) + \delta \Rightarrow \forall C \in A \bigcap \Im$, 有 $\mu((A-B) \bigcup C) < \mu(C) + \varepsilon$.

因 $\bar{f}$ 是 μ-可积, 故 $\forall \lambda \in (0, 1]$, 有

$$\int_0^{+\infty} \mu((f_\lambda^-)_t \bigcap A) \mathrm{d}t \leqslant \int_0^{+\infty} \mu((f_\lambda^+)_t \bigcap A) \mathrm{d}t < +\infty.$$

特别取 $A = X$, 依引理 2.1, $\forall \varepsilon > 0$, 存在两组实数 a_1, b_1 和 a_2, b_2, 且 $0 < a_1 < b_1$, $0 < a_2 < b_2$ 使

$$\int_0^{a_1} \mu((f_\lambda^-)_t) \mathrm{d}t + \int_{b_1}^{+\infty} \mu((f_\lambda^-)_t) \mathrm{d}t < \frac{\varepsilon}{2},$$

$$\int_0^{a_2} \mu((f_\lambda^+)_t) \mathrm{d}t + \int_{b_2}^{+\infty} \mu((f_\lambda^+)_t) \mathrm{d}t < \frac{\varepsilon}{2}.$$

进而有

$$\int_0^{+\infty} \mu\left[(f_\lambda^-)_t \bigcap ((A-B) \bigcup C)\right] \mathrm{d}t$$

$$\leqslant \int_0^{a_1} \mu((f_\lambda^-)_t) \mathrm{d}t + \int_{a_1}^{b_1} \mu\left[(f_\lambda^-)_t \bigcap ((A-B) \bigcup C)\right] \mathrm{d}t + \int_{b_1}^{+\infty} \mu((f_\lambda^-)_t) \mathrm{d}t$$

$$< \int_{a_1}^{b_1} \mu\left[(f_\lambda^-)_t \bigcap ((A-B) \bigcup C)\right] \mathrm{d}t + \frac{\varepsilon}{2} \tag{2.4}$$

2.1 模糊值 Choquet 积分

同理也有

$$\int_0^{+\infty} \mu\left[(f_\lambda^+)_t \bigcap ((A-B)\bigcup C)\right]dt < \int_{a_2}^{b_2} \mu\left[(f_\lambda^+)_t \bigcap ((A-B)\bigcup C)\right]dt + \frac{\varepsilon}{2}.$$

现设 $\bar{\nu}(A) \leqslant \bar{\nu}(A\bigcap B) + \delta$, 依模糊集分解定理和定义 2.2, $\forall \lambda \in (0,1]$, 则有

$$\int_0^{+\infty} \mu\left((f_\lambda^-)_t \bigcap A\right)dt \leqslant \int_0^{+\infty} \mu\left((f_\lambda^-)_t \bigcap (A\bigcap B)\right)dt + \delta, \tag{2.5}$$

$$\int_0^{+\infty} \mu\left((f_\lambda^+)_t \bigcap A\right)dt \leqslant \int_0^{+\infty} \mu\left((f_\lambda^+)_t \bigcap (A\bigcap B)\right)dt + \delta.$$

对式 (2.5) 而言, 必存在正实数 $t_1 \in (0, a_1)$ 使

$$\mu\left((f_\lambda^-)_{t_1} \bigcap A\right) \leqslant \mu\left((f_\lambda^-)_{t_1} \bigcap A \bigcap B\right) + \frac{\delta}{a_1}. \tag{2.6}$$

事实上, $\forall t \in (0, a_1)$ 及固定 $\lambda \in (0, 1]$, 若总有

$$\mu\left((f_\lambda^-)_t \bigcap A\right) > \mu\left((f_\lambda^-)_t \bigcap A \bigcap B\right) + \frac{\delta}{a_1}.$$

由 Lebesgue 积分性质

$$\int_0^{+\infty} \mu\left((f_\lambda^-)_t \bigcap A\right)dt - \int_0^{+\infty} \mu\left((f_\lambda^-)_t \bigcap A \bigcap B\right)dt > \int_0^{a_1} \frac{\delta}{a_1}dt = \delta.$$

这与式 (2.5) 矛盾, 故式 (2.6) 成立.

又因非可加测度 μ 是伪一致上自连续, 故 $\forall C \in A\bigcap \mathfrak{F}$, $\forall \lambda \in (0,1]$, 有

$$\mu\left[((f_\lambda^-)_{t_1} \bigcap (A-B)) \bigcup C\right]$$
$$= \mu\left[((f_\lambda^-)_{t_1} \bigcap A - (f_\lambda^-)_{t_1} \bigcap A \bigcap B) \bigcup C\right] < \mu(C) + \frac{\varepsilon}{2b_1}.$$

特别当 $\forall t \geqslant a_1 > t_1$ 时, 当然 $(f_\lambda^-)_t \subset (f_\lambda^-)_{t_1}$, 更有

$$\mu\left[((f_\lambda^-)_t \bigcap (A-B)) \bigcup C\right] \leqslant \mu\left[((f_\lambda^-)_{t_1} \bigcap (A-B)) \bigcup C\right] < \mu(C) + \frac{\varepsilon}{2b_1}.$$

此时, $\forall C \in A\bigcap \mathfrak{F}$ 及 $\forall \lambda \in (0,1]$, 依式 (2.4) 有

$$\int_0^{+\infty} \mu\left[(f_\lambda^-)_t \bigcap ((A-B)\bigcup C)\right]dt$$
$$\leqslant \int_{a_1}^{b_1} \mu\left[((f_\lambda^-)_t \bigcap (A-B)) \bigcup ((f_\lambda^-)_t \bigcap C)\right]dt + \frac{\varepsilon}{2}$$
$$< \int_{a_1}^{b_1} \left[\mu\left((f_\lambda^-)_t \bigcap C\right) + \frac{\varepsilon}{2b_1}\right]dt + \frac{\varepsilon}{2}$$

$$= \int_{a_1}^{b_1} \mu\left((f_\lambda^-)_t \bigcap C\right) \mathrm{d}t + \frac{\varepsilon}{2b_1} \int_{a_1}^{b_1} \mathrm{d}t + \frac{\varepsilon}{2}$$
$$< \int_0^{+\infty} \mu\left((f_\lambda^-)_t \bigcap C\right) \mathrm{d}t + \varepsilon.$$

同理也有
$$\int_0^{+\infty} \mu\left[(f_\lambda^+)_t \bigcap ((A-B)\bigcup C)\right] \mathrm{d}t < \int_0^{+\infty} \mu\left((f_\lambda^+)_t \bigcap C\right) \mathrm{d}t + \varepsilon.$$

从而获得
$$\bar{\nu}((A-B)\bigcup C) = \bigcup_{\lambda \in (0,1]} \lambda \Bigg[\int_0^{+\infty} \mu\left[(f_\lambda^-)_t \bigcap ((A-B)\bigcup C)\right] \mathrm{d}t,$$
$$\int_0^{+\infty} \mu\left[(f_\lambda^+)_t \bigcap ((A-B)\bigcup C)\right] \mathrm{d}t \Bigg]$$
$$< \bigcup_{\lambda \in (0,1]} \lambda \left(\left[\int_0^{+\infty} \mu\left((f_\lambda^-)_t \bigcap C\right) \mathrm{d}t, \int_0^{+\infty} \mu\left((f_\lambda^+)_t \bigcap C\right) \mathrm{d}t \right] + [\varepsilon, \varepsilon] \right)$$
$$= \bar{\nu}(C) + \varepsilon.$$

故模糊值集函数 $\bar{\nu}$ 也是伪一致上自连续.

定理 2.11 若 μ 是伪一致下自连续, 其余条件完全同定理 2.10, 则 $\bar{\nu}$ 也是伪一致下自连续.

证明 同定理 2.10, 因 μ 是伪一致下自连续, 依式 (2.6) 和定义 2.10, $\forall \varepsilon > 0$ 及 $\forall C \in A \bigcap \mathfrak{S}$, 且 $\mu(C) < +\infty$, 必有 $\mu(C) < \mu(C \bigcap B) + \varepsilon/2b_1$.

因而, $\forall \lambda \in (0,1]$, 根据引理 2.1 存在正实数 c_1 与 d_1 且 $0 < c_1 < d_1$, 使得
$$\int_0^{+\infty} \mu\left((f_\lambda^-)_t \bigcap C\right) \mathrm{d}t$$
$$\leqslant \int_{c_1}^{d_1} \mu\left((f_\lambda^-)_t \bigcap C\right) \mathrm{d}t + \frac{\varepsilon}{2}$$
$$\leqslant \int_{c_1}^{d_1} \left[\mu\left(((f_\lambda^-)_t \bigcap C) \bigcap B\right) + \frac{\varepsilon}{2d_1} \right] \mathrm{d}t + \frac{\varepsilon}{2}$$
$$= \int_{c_1}^{d_1} \mu\left((f_\lambda^-)_t \bigcap (C \bigcap B)\right) \mathrm{d}t + \frac{\varepsilon}{2d_1} \int_{c_1}^{d_1} \mathrm{d}t + \frac{\varepsilon}{2}$$
$$< \int_0^{+\infty} \mu\left((f_\lambda^-)_t \bigcap (C \bigcap B)\right) \mathrm{d}t + \varepsilon.$$

同理也有
$$\int_0^{+\infty} \mu\left((f_\lambda^+)_t \bigcap C\right) \mathrm{d}t < \int_0^{+\infty} \mu\left((f_\lambda^+)_t \bigcap (C \bigcap B)\right) \mathrm{d}t + \varepsilon.$$

再按定理 2.10 类似方法, 也可证得 $\bar{\nu}(C) < \bar{\nu}(C\cap B) + \varepsilon$. 故 $\bar{\nu}$ 也是伪一致下自连续.

推论 2.4 设 μ 是伪一致自连续, 其余条件同定理 2.10, 则集函数 $\bar{\nu}$ 也是伪一致自连续.

从以上若干结果不难看出, 非可加测度 μ 的自连续性几乎都可遗传给这种模糊值 Choquet 积分. 下面, 在非可加测度空间 $(X, \Im, \mu)$ 上从集合列上 (下) 极限定义出发继续讨论模糊值 Choquet 积分的双零渐近可加性, 当然需要对非可加测度限定条件. 首先给出上 (下) 极限表示及两个引理.

定义 2.14 设 $(X, \Im, \mu)$ 为非可加测度空间, 给定集合列 $\{A_n\} \subset \Im$. 若令 $\varlimsup\limits_{n\to\infty} A_n = \bigcap\limits_{n=1}^{\infty} \bigcup\limits_{m\geqslant n} A_m$, $\varliminf\limits_{n\to\infty} A_n = \bigcup\limits_{n=1}^{\infty} \bigcap\limits_{m\geqslant n} A_m$, 则 $\varlimsup\limits_{n\to\infty} A_n$ 和 $\varliminf\limits_{n\to\infty} A_n$ 分别称为集合列 $\{A_n\}$ 的上 (下) 极限.

显然, $\varliminf\limits_{n\to\infty} A_n \subset \varlimsup\limits_{n\to\infty} A_n$. 若集合列 $\{A_n\}$ 单调, 则有 $\varliminf\limits_{n\to\infty} A_n = \varlimsup\limits_{n\to\infty} A_n$, 并按文献 [29] 有下述结论.

引理 2.2 设 $(X, \Im, \mu)$ 为非可加测度空间, $\forall \{A_n\} \subset \Im$, 则 $\mu\left(\varliminf\limits_{n\to\infty} A_n\right) \leqslant \varliminf\limits_{n\to\infty} \mu(A_n)$.

引理 2.3 若 $(X, \Im, \mu)$ 为有限非可加测度空间, $\forall \{A_n\} \subset \Im$, 则 $\mu\left(\varlimsup\limits_{n\to\infty} A_n\right) \geqslant \varlimsup\limits_{n\to\infty} \mu(A_n)$.

引理 2.4[29] 设 $(X, \Im, \mu)$ 为非可加测度空间, μ 是上自连续. 若 $\forall \{E_n\} \subset \Im$, 且 $\lim\limits_{n\to\infty} \mu(E_n) = 0$, 则存在子序列 $\{E_{n_i}\} \subset \{E_n\}$, 使得 $\mu\left(\bigcap\limits_{j=1}^{\infty} \bigcup\limits_{i=j}^{\infty} E_{n_i}\right) = 0$.

引理 2.5[29] 设 $(X, \Im, \mu)$ 为非可加测度空间, μ 是下自连续. 若 $\forall \{E_n\} \subset \Im$, 且 $\lim\limits_{n\to\infty} \mu(E_n) = 0$, 则存在子序列 $\{E_{n_i}\} \subset \{E_n\}$, 使得 $\mu\left(A - \bigcap\limits_{j=1}^{\infty} \bigcup\limits_{i=j}^{\infty} E_{n_i}\right) = \mu(A)$.

定理 2.12 设 $(X, \Im, \mu)$ 是有限非可加测度空间, $\bar{f} \in \mathrm{FL}^1(\hat{\mu})$. 若令 $\bar{\nu}(A) = \int_A \bar{f} \mathrm{d}\mu$, $\forall A \in \Im$, 且 μ 是上自连续, 则 $\bar{\nu}$ 是双零渐近可加的.

证明 设集合列 $\{A_n\}, \{B_m\} \subset \Im$, 且满足 $\lim\limits_{n\to\infty} \bar{\nu}(A_n) = \bar{0}$, $\lim\limits_{m\to\infty} \bar{\nu}(B_m) = \bar{0}$, 以下往证
$$\lim\limits_{\substack{n\to\infty \\ m\to\infty}} \bar{\nu}(A_n \cup B_m) = \bar{0}.$$

首先, 因 $\bar{f}$ 是 μ-可积, 故 $\forall \lambda \in (0, 1]$, 必有
$$\int_0^{+\infty} \mu\left(A_n \cap (f_\lambda^-)_t\right) \mathrm{d}t \leqslant \int_0^{+\infty} \mu\left(A_n \cap (f_\lambda^+)_t\right) \mathrm{d}t < +\infty, \quad n = 1, 2, \cdots,$$

$$\int_0^{+\infty} \mu\left(B_m \bigcap (f_\lambda^-)_t\right) \mathrm{d}t \leqslant \int_0^{+\infty} \mu\left(B_m \bigcap (f_\lambda^+)_t\right) \mathrm{d}t < +\infty, \quad m = 1, 2, \cdots.$$

由于上述所涉积分值均有限, 故可直接借助于 $\bar{\nu}(A) = \int_A \bar{f} \mathrm{d}\mu$ 所蕴涵的集函数 $\nu_\lambda^-, \nu_\lambda^+$ 来替代表示定义 2.13 中的 Lebesgue 积分.

首先, 依定理 2.1(5) 知 $\bar{\nu}$ 是模糊值测度, $\forall \lambda \in (0,1]$, 若令 $\bar{\nu}_\lambda(\cdot) = [\nu_\lambda^-(\cdot), \nu_\lambda^+(\cdot)]$, 依定义 2.4 不难验证集函数 $\nu_\lambda^-, \nu_\lambda^+$ 均是非可加测度. 又因 μ 是上自连续, 依定理 2.6 知模糊值集函数 $\bar{\nu}$ 也是上自连续, 故集函数 $\nu_\lambda^-, \nu_\lambda^+$ 也是上自连续.

采用反证: 若 $\lim\limits_{\substack{n\to\infty\\m\to\infty}} \bar{\nu}(A_n \bigcup B_m) \neq \bar{0}$, 不妨设 $\lim\limits_{\substack{n\to\infty\\m\to\infty}} \nu_\lambda^-(A_n \bigcup B_m) \neq 0$, 依二重极限定义否定叙述, $\exists \varepsilon_0 > 0, \lambda_0 \in (0,1]$, 存在集合列 $\{A_n\}, \{B_m\} \subset \Im$, 虽然 $\lim\limits_{n\to\infty} \nu_{\lambda_0}^-(A_n) = 0, \lim\limits_{m\to\infty} \nu_{\lambda_0}^-(B_m) = 0$, 却有

$$\nu_{\lambda_0}^-(A_n \bigcup B_m) \geqslant \varepsilon_0, \tag{2.7}$$

因集函数 $\nu_{\lambda_0}^-, \nu_{\lambda_0}^+$ 均是非可加测度, 且上自连续, 依据引理 2.4, 必存在子集合列 $\{A_{n_i}\} \subset \{A_n\}$ 和 $\{B_{m_k}\} \subset \{B_m\}$ 使

$$\nu_{\lambda_0}^-\left(\bigcap_{j=1}^\infty \bigcup_{i=j}^\infty A_{n_i}\right) = 0, \quad \nu_{\lambda_0}^-\left(\bigcap_{s=1}^\infty \bigcup_{k=s}^\infty B_{m_k}\right) = 0.$$

由推论 2.1 知集函数 $\nu_{\lambda_0}^-, \nu_{\lambda_0}^+$ 也是零可加的, 利用引理 2.3 和式 (2.7) 立即获得

$$\begin{aligned}
0 &= \nu_{\lambda_0}^-\left(\bigcap_{j=1}^\infty \bigcup_{i=j}^\infty A_{n_i}\right) = \nu_{\lambda_0}^-\left(\left(\bigcap_{j=1}^\infty \bigcup_{i=j}^\infty A_{n_i}\right) \bigcup \left(\bigcap_{s=1}^\infty \bigcup_{k=s}^\infty B_{m_k}\right)\right) \\
&= \nu_{\lambda_0}^-\left(\bigcap_{j=1}^\infty \bigcup_{i=j}^\infty \bigcap_{s=1}^\infty \bigcup_{k=s}^\infty (A_{n_i} \bigcup B_{m_k})\right) = \nu_{\lambda_0}^-\left(\varliminf_{i\to\infty} \varliminf_{k\to\infty}(A_{n_i} \bigcup B_{m_k})\right) \\
&\geqslant \varliminf_{i\to\infty} \varliminf_{k\to\infty} \nu_{\lambda_0}^-(A_{n_i} \bigcup B_{m_k}) \geqslant \varliminf_{i\to\infty} \varliminf_{k\to\infty} \varepsilon_0 = \varepsilon_0.
\end{aligned}$$

从而推出 $\varepsilon_0 \leqslant 0$, 这与 ε_0 取法相矛盾. 故假设不成立, 必有 $\lim\limits_{\substack{n\to\infty\\m\to\infty}} \bar{\nu}(A_n \bigcup B_m) = \bar{0}$, 再由定义 2.11 知模糊值集函数 $\bar{\nu}$ 是双零渐近可加的.

定理 2.13 设 $(X, \Im, \mu)$ 是非可加测度空间, $\bar{f} \in \mathrm{FL}^1(\hat{\mu})$. 令 $\bar{\nu}(A) = \int_A \bar{f} \mathrm{d}\mu$, $\forall A \in \Im$, 且 μ 是下自连续, 则 $\bar{\nu}$ 也是伪双零渐近可加的.

证明 设集合列 $\{A_n\}, \{B_m\} \subset \Im$, 且 $\lim\limits_{n\to\infty} \bar{\nu}(A_n) = \bar{0}, \lim\limits_{m\to\infty} \bar{\nu}(B_m) = \bar{0}$, 只需往证

$$\lim_{\substack{n\to\infty\\m\to\infty}} \bar{\nu}(A - A_n \bigcup B_m) = \bar{\nu}(A).$$

仍采用反证: 若 $\lim\limits_{\substack{n\to\infty\\m\to\infty}} \bar{\nu}(A - A_n \bigcup B_m) \neq \bar{\nu}(A)$, 不妨设 $\lim\limits_{\substack{n\to\infty\\m\to\infty}} \nu_\lambda^+(A - A_n \bigcup B_m) \neq \nu_\lambda^+(A)$, 当然总满足 $\nu_\lambda^+(A - A_n \bigcup B_m) \leqslant \nu_\lambda^+(A)$.

依二重极限否定叙述, $\exists \varepsilon_0 > 0$ 和 $\lambda_0 \in (0,1]$, 且存在集合列 $\{A_n\}, \{B_m\} \subset \mathfrak{F}$, 虽然满足 $\lim\limits_{n\to\infty} \nu_{\lambda_0}^+(A_n) = 0$, $\lim\limits_{m\to\infty} \nu_{\lambda_0}^+(B_m) = 0$, 却有

$$\nu_{\lambda_0}^+(A - A_n \bigcup B_m) \leqslant \nu_{\lambda_0}^+(A) - \varepsilon_0. \tag{2.8}$$

因 μ 是下自连续, 依定理 2.6 模糊值集函数 $\bar{\nu}$ 也是下自连续, 故 $\forall \lambda \in (0,1]$, 集函数 $\nu_\lambda^-, \nu_\lambda^+$ 也是下自连续, 其中仍有 $\bar{\nu}_\lambda(\cdot) = [\nu_\lambda^-(\cdot), \nu_\lambda^+(\cdot)]$.

依据引理 2.5, 存在子集合列 $\{A_{n_i}\} \subset \{A_n\}$ 和 $\{B_{m_k}\} \subset \{B_m\}$ 使

$$\nu_{\lambda_0}^+ \left(A - \bigcap_{j=1}^{\infty} \bigcup_{i=j}^{\infty} A_{n_i} \right) = \nu_{\lambda_0}^+(A), \quad \nu_{\lambda_0}^+ \left(A - \bigcap_{s=1}^{\infty} \bigcup_{k=s}^{\infty} B_{m_k} \right) = \nu_{\lambda_0}^+(A).$$

由推论 2.1 知集函数 $\nu_{\lambda_0}^-, \nu_{\lambda_0}^+$ 也是零可减的. 利用引理 2.2 和式 (2.8) 立即得

$$\begin{aligned}
\nu_{\lambda_0}^+(A) &= \nu_{\lambda_0}^+ \left(A - \bigcap_{j=1}^{\infty} \bigcup_{i=j}^{\infty} A_{n_i} \right) = \nu_{\lambda_0}^+ \left(A - \bigcap_{j=1}^{\infty} \bigcup_{i=j}^{\infty} A_{n_i} - \bigcap_{s=1}^{\infty} \bigcup_{k=s}^{\infty} B_{m_k} \right) \\
&= \nu_{\lambda_0}^+ \left(\bigcup_{j=1}^{\infty} \bigcap_{i=j}^{\infty} \bigcup_{s=1}^{\infty} \bigcap_{k=s}^{\infty} (A \bigcap A_{n_i}^c \bigcap B_{m_k}^c) \right) \\
&= \nu_{\lambda_0}^+ \left(\lim_{i\to\infty} \lim_{k\to\infty} (A - A_{n_i} \bigcup B_{m_k}) \right) \\
&\leqslant \lim_{i\to\infty} \lim_{k\to\infty} \nu_{\lambda_0}^+ (A - A_{n_i} \bigcup B_{m_k}) \\
&\leqslant \lim_{i\to\infty} \lim_{k\to\infty} (\nu_{\lambda_0}^+(A) - \varepsilon_0) = \nu_{\lambda_0}^+(A) - \varepsilon_0.
\end{aligned}$$

从而推出 $\varepsilon_0 \leqslant 0$, 这与 ε_0 取法矛盾. 故有 $\lim\limits_{m\to\infty} \bar{\nu}(A - A_n \bigcup B_m) = \bar{\nu}(A)$, 依据定义 2.11 知模糊值集函数 $\bar{\nu}$ 也是伪双零渐近可加的.

不难看出, 集函数的这些自连续性从不同侧面刻画了模糊值 Choquet 积分的一些特性. 事实上, 采用自连续性来刻画这种模糊积分, 其主要原因是这种模糊积分不具有可加性, 因而难于建立类同于经典积分的理论体系.

2.2 K-拟加模糊值积分

1987 年, 为了克服模糊测度不可加的先天不足, 日本学者 Sugeno[3] 率先提出拟加和拟乘算子概念, 并在拟加测度空间上建立了一类拟加积分理论框架, 为进一步研究非可加模糊积分开辟了一条新途径, 同时也为该理论在系统辨识、聚类分析和综合评判等研究领域的成功应用奠定理论基础. 1993 年, 文献 [27] 在文献 [3]

基础上通过引入 K 算子和 t 算子研究了两类特殊拟加积分: tK 积分和 Kt 积分. 2006 年, 文献 [49] 针对一类 $\hat{\mu}$-可积模糊数值函数给出了 K-拟加模糊值积分定义, 并借助诱导算子详细讨论了这种 K-拟加模糊值积分的收敛性和自连续性, 参见文献 [47], [51], [53], [56], [61]. 本节主要介绍这种 K-拟加模糊值积分的自连续性, 值得关注的是这种模糊积分已成功应用到模糊神经网络和模糊系统的逼近性问题中. 事实表明, K-拟加模糊值积分不仅丰富了传统模糊积分理论, 而且在信息系统、聚类分析和综合评判等诸多研究领域将起到重要作用.

2.2.1 诱导算子与 K-拟加积分

本节引入另一种非可加测度: K-拟加测度. 为此, 首先给出诱导算子概念及其相关运算.

定义 2.15 设连续函数 $K:\mathbb{R}^+\to\mathbb{R}^+$ 是严格增加, 且满足条件: ① $K(0)=0, K(1)=1$; ② $\lim\limits_{x\to+\infty}K(x)=+\infty$, 则称 K 为 $\mathbb{R}^+$ 上一个诱导算子, 简称诱导算子.

例如, 若取 $K(x)=\ln[1+(\mathrm{e}-1)x]$ 或 $K(x)=\log_2(1+x)$, 则依次解得 $K^{-1}(x)=(\mathrm{e}^x-1)/(\mathrm{e}-1)$ 和 $K^{-1}(x)=2^x-1, x\in\mathbb{R}^+$. 显然, K 和 K^{-1} 均是诱导算子.

定义 2.16 设 K 是 $\mathbb{R}^+$ 上诱导算子, $\forall a,b\in\mathbb{R}^+$. 依据 K 界定 a 与 b 的 K-拟加 "$\oplus$" 与 K-拟积 "$\otimes$" 运算分别为

$$\begin{cases} a\oplus b = K^{-1}(K(a)+K(b)), \\ a\otimes b = K^{-1}(K(a)K(b)). \end{cases}$$

命题 2.1 设 $\oplus$ 和 $\otimes$ 分别是 K-拟加与 K-拟积运算, $\forall a,b,c,d\in\mathbb{R}^+$, 则下述结论成立:

(1) $(a\oplus b)\oplus c = a\oplus(b\oplus c)$;

(2) $a\oplus b = b\oplus a, a\otimes b = b\otimes a$;

(3) $a\otimes(b\oplus c) = (a\otimes b)\oplus(a\otimes c)$;

(4) 若 $a\leqslant b, c\leqslant d$, 则 $a\oplus c\leqslant b\oplus d, a\otimes c\leqslant b\otimes d$;

(5) $a\oplus 0 = a, a\otimes 0 = 0, a\otimes 1 = a$;

(6) 若两数列 $\{a_n\},\{b_n\}\subset\mathbb{R}^+$ 分别满足 $\lim\limits_{n\to\infty}a_n=a, \lim\limits_{n\to\infty}b_n=b$, 则有 $\lim\limits_{n\to\infty}(a_n\oplus b_n)=a\oplus b$, 且 $\lim\limits_{n\to\infty}(a_n\otimes b_n)=a\otimes b$;

(7) $K(a\oplus b)=K(a)+K(b), K(a\otimes b)=K(a)\cdot K(b)$;

(8) $K^{-1}(a+b)=K^{-1}(a)\oplus K^{-1}(b), K^{-1}(a\cdot b)=K^{-1}(a)\otimes K^{-1}(b)$.

证明 仅以式 (3) 证明为例. 事实上, $\forall a,b,c\in\mathbb{R}^+$, 基于定义 2.7, 显有

$$a\otimes(b\oplus c) = K^{-1}\left(K(a)\cdot K(b\oplus c)\right) = K^{-1}\left(K(a)\cdot(K(b)+K(c))\right);$$

2.2 K-拟加模糊值积分

$$(a \otimes b) \oplus (a \otimes c) = K^{-1}\left(K(a \otimes b) + K(a \otimes c)\right)$$
$$= K^{-1}\left(K(a) \cdot K(b) + K(a) \cdot K(c)\right).$$

明显, 上述两式右端相等. 故有 $a \otimes (b \oplus c) = (a \otimes b) \oplus (a \otimes c)$ 成立.

实际上, 拟加 $\oplus$ 和拟乘 $\otimes$ 运算均是依赖于诱导算子 K 所给出. 不仅如此, 拟乘算子 $\otimes$ 还构成 T-模, 但拟加算子 $\oplus$ 却不构成 S-模, 这是因 $1 \oplus 1 = K^{-1}(K(1) + K(1)) = K^{-1}(2) \neq 1$.

另外, 为了基于诱导算子建立更广泛模糊积分, 将拟加 "$\oplus$" 和拟乘 "$\otimes$" 运算扩充到广义实数空间 $\overline{\mathbb{R}}^+ = \mathbb{R}^+ \bigcup \{+\infty\}$ 上. $\forall a \in [0, +\infty)$, 尤其对元素 $+\infty$ 规定扩张运算如下:

(1) $K(+\infty) = \lim\limits_{x \to +\infty} K(x) = +\infty$;

(2) $a \oplus (+\infty) = +\infty$;

(3) $(+\infty) \oplus (+\infty) = +\infty$;

(4) $(+\infty) \otimes (+\infty) = +\infty$;

(5) $0 \otimes (+\infty) = 0$;

(6) $a \otimes (+\infty) = +\infty, a > 0$.

命题 2.2 设 K 是诱导算子, 非负实数列 $\{a_n\}, \{b_n\} \subset \overline{\mathbb{R}}^+$. 若数项级数 $\sum_{n=1}^{\infty} K(a_n)K(b_n)$ 收敛, 则有 $\oplus \sum_{n=1}^{\infty} (a_n \otimes b_n) = K^{-1}\left(\sum_{n=1}^{\infty} K(a_n) \cdot K(b_n)\right)$, 其中 $\oplus \sum_{n=1}^{\infty} (a_n \otimes b_n) = \lim\limits_{m \to \infty} \left(\oplus \sum_{n=1}^{m} (a_n \otimes b_n)\right) = \lim\limits_{m \to \infty} \Big((a_1 \otimes b_1) \oplus (a_2 \otimes b_2) \oplus \cdots \oplus (a_m \otimes b_m)\Big)$.

在广义实数空间 $\overline{\mathbb{R}}^+$ 上引入拟加运算 $\oplus$ 后, 将给出 K-拟加测度空间概念.

定义 2.17 设 $(X, \Im)$ 是可测空间, 集函数 $\hat{\mu} : \Im \to [0, +\infty]$, K 是诱导算子, $\oplus$ 是拟加运算. 若 $\hat{\mu}$ 满足条件:

(1) $\hat{\mu}(\varnothing) = 0$;

(2) 若 $A, B \in \Im$, 且 $A \bigcap B = \varnothing \Rightarrow \hat{\mu}(A \bigcup B) = \hat{\mu}(A) \oplus \hat{\mu}(B)$;

(3) 若 $\{A_n\} \subset \Im$, 且 $A_n \uparrow A \Rightarrow \hat{\mu}(A_n) \uparrow \hat{\mu}(A)$;

(4) 若 $\{A_n\} \subset \Im$, $A_n \downarrow A$, 且存在 $n_0 \in \mathbb{N}$ 使 $\hat{\mu}(A_{n_0}) < +\infty \Rightarrow \hat{\mu}(A_n) \downarrow \hat{\mu}(A)$ (上连续),

则称集函数 $\hat{\mu}$ 为 K-拟加测度, 相应三元组 $(X, \Im, \hat{\mu})$ 称为 K-拟加测度空间.

特别地, 若 $\hat{\mu}$ 仅满足条件 (1), (2) 和 (3), 则称 $\hat{\mu}$ 为下连续 K-拟加测度; 若 $\hat{\mu}$ 仅满足条件 (1),(2) 和 (4), 则称 $\hat{\mu}$ 为上连续 K-拟加测度.

实际上, 给定拟加或拟乘算子就意味着存在一个诱导算子 K, 二者相互依赖存在. 由于在定义 2.8 中 $\hat{\mu}$ 仅满足拟加运算, 而复合集函数 $(K \circ \mu)(\cdot)$ 却满足通常意义下的可加性. 这是因 (2) 等价于 $(K \circ \hat{\mu})(A \bigcup B) = (K \circ \hat{\mu})(A) + (K \circ \hat{\mu})(B)$. 此外,

对于拟乘法算子 ⊗, 一些文献依据公理化定义也引入另一类乘法算子 ⊙, 参见文献 [62], [63]. 事实上, 本章所引入拟乘 ⊗ 是依赖于诱导算子来定义, 二者虽然定义角度不同, 但没有本质区别. 若按文献 [27] 取 K 算子等于 t 算子为特款, 当 K 取恒等算子 $K(x) = x$ 时, 显有 $a \oplus b = a+b, a \otimes b = a \cdot b$. 因此, 拟乘法 ⊗ 确实是普通乘法推广, 拟加法 ⊕ 也是普通加法推广.

命题 2.3 设 K 是给定诱导算子, ⊕ 和 ⊗ 分别是 K-拟加和拟乘算子, 则对任意非负有限实数组 $\{a_k\}, \{b_k\} \subset \mathbb{R}^+$, $k = 1, 2, \cdots, n$, 必有 $\oplus \sum_{k=1}^n (a_k \otimes b_k) = K^{-1}\left(\sum_{k=1}^n K(a_k) \cdot K(b_k)\right)$.

证明 依据定义 2.16 及数学归纳法, 容易验证结论成立, 略.

命题 2.4 设 K 是诱导算子, K^{-1} 是 K 的逆, 若 $\{a_j; j \in J\} \subset \mathbb{R}^+$, J 为任意指标集, 则有

(1) $K\left(\sup_{j \in J} a_j\right) = \sup_{j \in J} K(a_j)$, $K^{-1}\left(\sup_{j \in J} a_j\right) = \sup_{j \in J} K^{-1}(a_j)$;

(2) $K\left(\inf_{j \in J} a_j\right) = \inf_{j \in J} K(a_j)$, $K^{-1}\left(\inf_{j \in J} a_j\right) = \inf_{j \in J} K^{-1}(a_j)$.

证明 仅以证明 $K\left(\sup_{j \in J} a_j\right) = \sup_{j \in J} K(a_j)$ 为例, 其他类似.

事实上, 若 $\sup_{j \in J} a_j = +\infty$, 则必有 $K\left(\sup_{j \in J} a_j\right) = K(+\infty) = +\infty$. 此时, $\forall n > 1$, 必存在 $j \in J$, 使 $a_j > K^{-1}(n)$, 故 $K(a_j) > K(K^{-1}(n)) = n$, 于是 $\sup_{j \in J} K(a_j) = +\infty$.

若 $\sup_{j \in J} a_j = a_0 < +\infty$, 当 $a_0 = 0$ 时, 恒有 $a_j \equiv 0$, 结论自然成立. 以下假设 $a_0 > 0$, 因 K 在 a_0 点连续, 故 $\forall \varepsilon > 0, \exists \delta > 0$, 当 $|x - a_0| < \delta$ 时, $|K(x) - K(a_0)| < \varepsilon$.

依 $\sup_{j \in J} a_j = a_0$ 上确界定义, 对一切 $j \in J$, 必有 $a_j \leqslant a_0$, 更有 $K(a_j) \leqslant K(a_0)$.

另一方面, 不妨限定 $\varepsilon < \min\{a_0, \delta\}$, 必存在 $j_0 \in J$, 使 $a_{j_0} > a_0 - \varepsilon$, 由 K 的严格单调性也有 $K(a_{j_0}) > K(a_0 - \varepsilon)$. 令 $x_0 = a_0 - \varepsilon$, 则 $|x_0 - a_0| = \varepsilon < \delta$, 依 K 的连续性必有

$$K(a_0) - K(a_0 - \varepsilon) = |K(x_0) - K(a_0)| < \varepsilon.$$

从而, $\exists j_0 \in J$, 使 $K(a_{j_0}) > K(a_0 - \varepsilon) > K(a_0) - \varepsilon$. 故 $K(a_0)$ 是数集 $\{K(a_j); j \in J\}$ 的上确界, 因此, $\sup_{j \in J} K(a_j) = K(a_0) = K\left(\sup_{j \in J} a_j\right)$.

下面, 在 K-拟加测度空间上分别对实值可测函数和模糊值函数给出 K-拟加积分定义, 并通过积分转换定理获得与传统 Lebesgue 积分的转换关系.

定义 2.18 设 $(X, \Im, \hat{\mu})$ 是 K-拟加测度空间, K 为诱导算子, f 为 X 上非负可测函数, $A \in \Im$, $T = \{A_1, A_2, \cdots, A_n\}$ 为 A 任一有限可测剖分, 即 $\bigcup_{i=1}^n A_i =$

$A, A_i \bigcap A_j = \varnothing, i \neq j$. 若令

$$S_K(f,T,A) = \oplus \sum_{i=1}^{n} \left(\inf_{x \in A_i} f(x) \otimes \hat{\mu}(A_i \bigcap A) \right), \quad \int_A^{(K)} f \mathrm{d}\hat{\mu} = \sup_T S_K(f,T,A),$$

则称 $\int_A^{(K)} f \mathrm{d}\hat{\mu}$ 为 f 在 A 上关于 $\hat{\mu}$ 的 K-拟加积分, 简称 K-拟加积分. 特别当 $\int_A^{(K)} f \mathrm{d}\hat{\mu} < +\infty$ 时, 称 f 是 $\hat{\mu}$-可积, 或 f 是非负 $\hat{\mu}$-可积函数.

令 $L_+^1(\hat{\mu}) = \{f: X \to \mathbb{R}^+ \mid f \text{ 是非负 } \hat{\mu}\text{-可积函数}\}$.

命题 2.5 (积分转换定理 1) 设 $(X, \Im, \hat{\mu})$ 为 K-拟加测度空间, K 为诱导算子, $f \in L_+^1(\hat{\mu})$. 若令 $\mu(A) = K(\hat{\mu}(A))$, $\forall A \in \Im$, 则 μ 是 Lebesgue 测度, 且有 $\int_A^{(K)} f \mathrm{d}\hat{\mu} = K^{-1} \left(\int_A K \circ f \mathrm{d}\mu \right)$, 其中 $K \circ f$ 表示复合算子, 即 $(K \circ f)(x) = K(f(x))$.

证明 首先验证 μ 是 Lebesgue 测度. ① $\mu(\varnothing) = K(\hat{\mu}(\varnothing)) = K(0) = 0$; ② 往证 μ 满足可数可加性. 依数学归纳法, 设 $\{A_n\} \subset \Im$, $A_i \bigcap A_j = \varnothing (i \neq j)$, 当 $n = 2$ 时, 依定义 2.17 和命题 2.1, 显有

$$\mu(A_1 \bigcup A_2) = K(\hat{\mu}(A_1 \bigcup A_2)) = K(\hat{\mu}(A_1) \oplus \hat{\mu}(A_2))$$
$$= K(\hat{\mu}(A_1)) + K(\hat{\mu}(A_2)) = \mu(A_1) + \mu(A_2).$$

假设 $n = k$ 时, 有 $\mu\left(\bigcup_{n=1}^{k} A_n\right) = \sum_{n=1}^{k} \mu(A_n)$ 成立, 则 $n = k+1$ 时, 更有

$$\mu\left(\bigcup_{n=1}^{k+1} A_n\right) = K\left(\hat{\mu}\left(\bigcup_{n=1}^{k} A_n \bigcup A_{k+1}\right)\right) = K\left(\hat{\mu}\left(\bigcup_{n=1}^{k} A_n\right) \oplus \hat{\mu}(A_{k+1})\right)$$
$$= K\left(\hat{\mu}\left(\bigcup_{n=1}^{k} A_n\right)\right) + K(\hat{\mu}(A_{k+1})) = \mu\left(\bigcup_{n=1}^{k} A_n\right) + \mu(A_{k+1})$$
$$= \sum_{n=1}^{k} \mu(A_n) + \mu(A_{k+1}) = \sum_{n=1}^{k+1} \mu(A_n). \tag{2.9}$$

因此, 由数学归纳法知式 (2.9) 对一切自然数 k 均成立.

令 $k \to \infty$, 显有 $\bigcup_{n=1}^{k} A_n \nearrow \bigcup_{n=1}^{\infty} A_n$, 且 $\lim_{k \to \infty}$ 与 $K, \hat{\mu}$ 均可交换顺序, 于是式 (2.9) 左端为

$$\lim_{k \to \infty} \mu\left(\bigcup_{n=1}^{k+1} A_n\right) = \lim_{k \to \infty} K\left(\hat{\mu}\left(\bigcup_{n=1}^{k+1} A_n\right)\right) = K\left(\hat{\mu}\left(\lim_{k \to \infty} \bigcup_{n=1}^{k+1} A_n\right)\right)$$
$$= K\left(\hat{\mu}\left(\bigcup_{n=1}^{\infty} A_n\right)\right) = \mu\left(\bigcup_{n=1}^{\infty} A_n\right).$$

而式 (2.9) 右端 $\lim_{k\to\infty} \sum_{n=1}^{k+1} \mu(A_n) = \sum_{n=1}^{\infty} \mu(A_n)$. 故 $\mu\left(\bigcup_{n=1}^{\infty} A_n\right) = \sum_{n=1}^{\infty} \mu(A_n)$, 即 μ 是 Lebesgue 测度.

其次, 依次按定义 2.18、命题 2.3、命题 2.4 和 Lebesgue 积分定义可得

$$\int_A^{(K)} f \mathrm{d}\hat{\mu} = \sup_T \left(\oplus \sum_{i=1}^n \left(\inf_{x \in A_i} f(x) \otimes \hat{\mu}(A_i) \right) \right)$$

$$= \sup_T K^{-1} \left(\sum_{i=1}^n \left(K \left(\inf_{x \in A_i} f(x) \right) \cdot K(\hat{\mu}(A_i)) \right) \right)$$

$$= K^{-1} \left[\sup_T \left(\sum_{i=1}^n \left(\inf_{x \in A_i} K(f(x)) \cdot \mu(A_i) \right) \right) \right]$$

$$= K^{-1} \left(\int_A K \circ f \mathrm{d}\mu \right).$$

显然, 当诱导算子 $K(x) = x$ 时, 也有 $K^{-1}(x) = x$, 则 K-拟加积分就退化为 Lebesgue 积分. 此时, 拟加 $\oplus$ 和拟乘 $\otimes$ 退化为普通加法和乘法, 故 K-拟加积分是 Lebesgue 积分的一种推广. 换言之, 命题 2.5 把这种新型积分通过诱导算子转化为 Lebesgue 积分, 其中 K-拟加测度 $\hat{\mu}$ 通过诱导算子转换为 Lebesgue 测度, 亦即, $\mu(\cdot) = K(\hat{\mu}(\cdot))$. 然而, 更重要的是 K-拟加积分在后面模糊神经网络和模糊系统逼近中扮演着重要角色. 下面, 继续给出模糊值函数的 K-拟加积分定义.

定义 2.19 设 $(X, \Im, \hat{\mu})$ 是 K-拟加测度空间, K 是诱导算子, $\bar{f}$ 是 $(X, \Im)$ 上可测模糊值函数, 且 $\forall \lambda \in (0,1]$, $\bar{f}_\lambda(x) = [f_\lambda^-(x), f_\lambda^+(x)]$. 若 $A \in \Im$, $T = \{A_1, A_2, \cdots, A_n\}$ 是 A 任一可测剖分, 令

$$S_K(f_\lambda^-, T, A) = \oplus \sum_{i=1}^n \left(\inf_{x \in A_i} f_\lambda^-(x) \otimes \hat{\mu}(A_i) \right),$$

$$S_K(f_\lambda^+, T, A) = \oplus \sum_{i=1}^n \left(\inf_{x \in A_i} f_\lambda^+(x) \otimes \hat{\mu}(A_i) \right),$$

$$\int_A^{(K)} \bar{f} \mathrm{d}\hat{\mu} = \bigcup_{\lambda \in (0,1]} \lambda \left[\sup_T S_K(f_\lambda^-, T, A), \sup_T S_K(f_\lambda^+, T, A) \right],$$

则称 $\int_A^{(K)} \bar{f} \mathrm{d}\hat{\mu}$ 为 $\bar{f}$ 在 A 上关于 $\hat{\mu}$ 的 K-拟加模糊值积分, 简称为 K-拟加模糊值积分.

显然, 由 $f_\lambda^-(x) \leqslant f_\lambda^+(x)$ 可知 $S_K(f_\lambda^-, T, A) \leqslant S_K(f_\lambda^+, T, A)$, 而表达式 $\sup_T S_K(f_\lambda^-, T, A)$ 或 $\sup_T S_K(f_\lambda^+, T, A)$ 正是定义 2.17 中界定实函数的 K-拟加积分, 例如, 可写

$$\sup_T S_K(f_\lambda^-, T, A) = \int_A^{(K)} f_\lambda^- \mathrm{d}\hat{\mu} = K^{-1} \left(\int_A K \circ f_\lambda^- \mathrm{d}\mu \right).$$

2.2 K-拟加模糊值积分

定义 2.20 在定义 2.19 条件下，若 $\forall \lambda \in (0,1]$ 及 A 上任意可测剖分 T，总有 $\sup_T S_K(f_\lambda^+, T, A) < +\infty$，则称模糊值函数 $\bar{f}$ 在 A 上关于 $\hat{\mu}$-可积，简称 $\bar{f}$ 是 $\hat{\mu}$-可积模糊值函数.

明显地，模糊值函数 $\bar{f}$ 是 $\hat{\mu}$-可积 $\Leftrightarrow \forall \lambda \in (0,1]$，对 A 上任意可测剖分 T，有

$$\sup_T S_K(f_\lambda^-, T, A) \leqslant \sup_T S_K(f_\lambda^+, T, A) < +\infty$$
$$\Leftrightarrow \int_A K \circ f_\lambda^- \mathrm{d}\mu \leqslant \int_A K \circ f_\lambda^+ \mathrm{d}\mu < +\infty,$$

记 $\mathrm{FL}^1(K, \hat{\mu}) = \{\bar{f} : X \to F_0(\mathbb{R}^+) \,|\, \bar{f}$ 是 X 上 $\hat{\mu}$-可积模糊值函数$\}$.

命题 2.6(积分转换定理 2) 设 $(X, \Im, \hat{\mu})$ 为 K-拟加测度空间，K 为诱导算子，$\bar{f} \in \mathrm{FL}^1(\hat{\mu})$，且 $\mu(\cdot) = K(\hat{\mu}(\cdot))$，则有

$$\int_A^{(K)} \bar{f} \mathrm{d}\hat{\mu} = \bigcup_{\lambda \in (0,1]} \lambda \left[K^{-1}\left(\int_A K \circ f_\lambda^- \mathrm{d}\mu\right), K^{-1}\left(\int_A K \circ f_\lambda^+ \mathrm{d}\mu\right) \right].$$

证明 针对非负实值可测函数 f_λ^- 和 f_λ^+，由命题 2.5 立刻获得结论成立.

有了积分转换定理 (命题 2.5 和命题 2.6) 为工具，就不难对 $\hat{\mu}$-可积模糊值函数序列研究 K-拟加模糊值积分的收敛定理，例如，可类似获得 K-拟加模糊值积分的 Levi 定理、Fatou 引理和 Lebesgue 控制收敛定理等，这些内容本节不再赘述. 详细结果可参看文献 [47], [49].

2.2.2 K-拟加模糊值积分的自连续

命题 2.5 揭示了非负 $\hat{\mu}$-可积函数的 K-拟加积分与 Lebesgue 积分的关系，命题 2.6 表达了 K-拟加模糊值积分与传统 Lebesgue 积分的关系. 利用这两个命题不难讨论 K-拟加模糊值积分的自连续性. 本节所采用方法仍将这种积分整体看成可测空间上取值于模糊数的集函数，进而通过集函数性质研究这种模糊值积分的自连续性. 为此，首先约定如下.

设 $(X, \Im, \hat{\mu})$ 是 K-拟加测度空间，$\bar{f} \in \mathrm{FL}^1(K, \hat{\mu})$. 令 $\bar{\nu}(A) = \int_A^{(K)} \bar{f} \mathrm{d}\hat{\mu}$, $\forall A \in \Im$. 由模糊集分解定理和积分转换定理，$\forall \lambda \in (0,1]$，可设

$$(\bar{\nu}(A))_\lambda = [(\bar{\nu}(A))_\lambda^-, (\bar{\nu}(A))_\lambda^+],$$

其中

$$(\bar{\nu}(A))_\lambda^- = K^{-1}\left(\int_A K \circ f_\lambda^- \mathrm{d}\mu\right), \quad (\bar{\nu}(A))_\lambda^+ = K^{-1}\left(\int_A K \circ f_\lambda^+ \mathrm{d}\mu\right).$$

值得注意的是, 这里 $\mu(\cdot) = K(\hat{\mu}(\cdot))$, 且 μ 已构成一个更强的 Lebesgue 测度.

定理 2.14 设 $(X, \Im, \hat{\mu})$ 是 K-拟加测度空间, K 是诱导算子, $\bar{f} \in \mathrm{FL}^1(K, \hat{\mu})$. 若 $\forall A \in \Im$, 令 $\bar{\nu}(A) = \int_A^{(K)} \bar{f} \mathrm{d}\hat{\mu}$, 则模糊值集函数 $\bar{\nu}$ 是自连续.

证明 首先, 往证 $\bar{\nu}$ 是上自连续. 设 $A \in \Im$, 集合列 $\{B_n\} \subset \Im$, 且满足 $A \bigcap B_n = \varnothing (n = 1, 2, \cdots)$ 和 $\lim_{n \to \infty} \bar{\nu}(B_n) = \bar{0}$. 依据积分转换定理 2(命题 2.6), 显然

$$\lim_{n \to \infty} \bar{\nu}(B_n) = \bar{0} \Leftrightarrow \lim_{n \to \infty} K^{-1}\left(\int_{B_n} K \circ f_\lambda^- \mathrm{d}\mu\right)$$
$$= \lim_{n \to \infty} K^{-1}\left(\int_{B_n} K \circ f_\lambda^+ \mathrm{d}\mu\right) = 0, \quad \forall \lambda \in (0, 1].$$

依 Lebesgue 积分性质和拟加运算 "$\oplus$" 显有

$$\lim_{n \to \infty} K^{-1}\left(\int_{A \bigcup B_n} K \circ f_\lambda^- \mathrm{d}\mu\right)$$
$$= \lim_{n \to \infty} K^{-1}\left(\int_A K \circ f_\lambda^- \mathrm{d}\mu + \int_{B_n} K \circ f_\lambda^- \mathrm{d}\mu\right)$$
$$= \lim_{n \to \infty}\left[K^{-1}\left(\int_A K \circ f_\lambda^- \mathrm{d}\mu\right) \oplus K^{-1}\left(\int_{B_n} K \circ f_\lambda^- \mathrm{d}\mu\right)\right]$$
$$= K^{-1}\left(\int_A K \circ f_\lambda^- \mathrm{d}\mu\right) \oplus \lim_{n \to \infty} K^{-1}\left(\int_{B_n} K \circ f_\lambda^- \mathrm{d}\mu\right)$$
$$= K^{-1}\left(\int_A K \circ f_\lambda^- \mathrm{d}\mu\right).$$

同理也有

$$\lim_{n \to \infty} K^{-1}\left(\int_{A \cup B_n} K \circ f_\lambda^+ \mathrm{d}\mu\right) = K^{-1}\left(\int_A K \circ f_\lambda^+ \mathrm{d}\mu\right), \quad \forall \lambda \in (0, 1].$$

再由定义 2.1、定义 2.3 和命题 2.6, 立即获得

$$\lim_{n \to \infty} \bar{\nu}(A \bigcup B_n) = \bigcup_{\lambda \in (0,1]} \lambda\left[\lim_{n \to \infty} K^{-1}\left(\int_{A \cup B_n} K \circ f_\lambda^- \mathrm{d}\mu\right),\right.$$
$$\left.\lim_{n \to \infty} K^{-1}\left(\int_{A \cup B_n} K \circ f_\lambda^+ \mathrm{d}\mu\right)\right]$$
$$= \bigcup_{\lambda \in (0,1]} \lambda\left[K^{-1}\left(\int_A K \circ f_\lambda^- \mathrm{d}\mu\right), K^{-1}\left(\int_A K \circ f_\lambda^+ \mathrm{d}\mu\right)\right]$$
$$= \bar{\nu}(A).$$

故 $\bar{\nu}$ 是上自连续的.

2.2 K-拟加模糊值积分

下面，再证 $\bar{\nu}$ 也是下自连续. 设集合列 $\{B_n\} \subset \Im, A \in \Im$, 且满足 $B_n \subset A (n = 1, 2, \cdots)$ 和 $\lim\limits_{n\to\infty} \bar{\nu}(B_n) = \bar{0}$. 显然, A 可表为 $A = (A - B_n) \bigcup B_n$, 且 $(A - B_n) \bigcap B_n = \varnothing$, 并有

$$\int_A K \circ f_\lambda^- \mathrm{d}\mu = \int_{A-B_n} K \circ f_\lambda^- \mathrm{d}\mu + \int_{B_n} K \circ f_\lambda^- \mathrm{d}\mu.$$

因 $\bar{f}$ 是 $\hat{\mu}$-可积模糊值函数, 故有

$$\int_{B_n} K \circ f_\lambda^- \mathrm{d}\mu \leqslant \int_A K \circ f_\lambda^- \mathrm{d}\mu \leqslant \int_A K \circ f_\lambda^+ \mathrm{d}\mu$$
$$= K(\sup_D S_K(f_\lambda^+, T, A)) < K(+\infty) = +\infty.$$

故有 $\int_{A-B_n} K \circ f_\lambda^- \mathrm{d}\mu = \int_A K \circ f_\lambda^- \mathrm{d}\mu - \int_{B_n} K \circ f_\lambda^- \mathrm{d}\mu$. 同理, 关于 $K \circ f_\lambda^+$ 也有类似结果. 又因

$$\lim_{n\to\infty} \bar{\nu}(B_n) = \bar{0} \Leftrightarrow \lim_{n\to\infty} \int_{B_n} K \circ f_\lambda^- \mathrm{d}\mu = \lim_{n\to\infty} \int_{B_n} K \circ f_\lambda^+ \mathrm{d}\mu = 0, \quad \forall \lambda \in (0, 1],$$

依据逆诱导算子 K^{-1} 的连续性

$$\lim_{n\to\infty} \bar{\nu}(A - B_n)$$
$$= \bigcup_{\lambda \in (0,1]} \lambda \left[\lim_{n\to\infty} K^{-1} \left(\int_{A-B_n} K \circ f_\lambda^- \mathrm{d}\mu \right), \lim_{n\to\infty} K^{-1} \left(\int_{A-B_n} K \circ f_\lambda^+ \mathrm{d}\mu \right) \right]$$
$$= \bigcup_{\lambda \in (0,1]} \lambda \left[K^{-1} \left(\int_A K \circ f_\lambda^- \mathrm{d}\mu - \lim_{n\to\infty} \int_{B_n} K \circ f_\lambda^- \mathrm{d}\mu \right), \right.$$
$$\left. K^{-1} \left(\int_A K \circ f_\lambda^+ \mathrm{d}\mu - \lim_{n\to\infty} \int_{B_n} K \circ f_\lambda^+ \mathrm{d}\mu \right) \right]$$
$$= \bigcup_{\lambda \in (0,1]} \lambda \left[K^{-1} \left(\int_A K \circ f_\lambda^- \mathrm{d}\mu \right), K^{-1} \left(\int_A K \circ f_\lambda^+ \mathrm{d}\mu \right) \right]$$
$$= \bar{\nu}(A),$$

即 $\bar{\nu}$ 也是下自连续的. 综合上述两种情况, 所以模糊值集函数 $\bar{\nu}$ 是自连续.

推论 2.5 所有题设条件同定理 2.14, 则模糊值集函数 $\bar{\nu}$ 也是零可加的.

定理 2.15 设 $(X, \Im, \hat{\mu})$ 是 K-拟加测度空间, $\bar{f} \in \mathrm{FL}^1(K, \hat{\mu})$. 若令 $\bar{\nu}(A) = \int_A^{(K)} \bar{f} \mathrm{d}\hat{\mu}, \forall A \in \Im$, 则模糊值集函数 $\bar{\nu}$ 是双零渐近可加的.

证明 设集合列 $\{A_n\}, \{B_m\} \subset \Im$, 且满足 $\lim\limits_{n\to\infty} \bar{\nu}(A_n) = \bar{0}$, $\lim\limits_{m\to\infty} \bar{\nu}(B_m) = \bar{0}$, 往证 $\lim\limits_{m\to\infty} \bar{\nu}(A_n \bigcup B_m) = \bar{0}$.

反证法: 若 $\lim\limits_{\substack{n\to\infty\\m\to\infty}}\bar{\nu}(A_n\bigcup B_m)\neq\bar{0}$, 依二重极限定义, 存在 $\varepsilon_0>0$, $\lambda_0\in(0,1]$ 及子集合列 $\{A_{n_k}\},\{B_{m_k}\}\subset\Im$, 虽然 $\lim\limits_{k\to\infty}\bar{\nu}(A_{n_k})=\lim\limits_{k\to\infty}\bar{\nu}(B_{m_k})=\bar{0}$, 但 $\forall N\in\mathbb{N}$, 当 $k>N$ 时, 总有 $K^{-1}\left(\int_{A_{n_k}\cup B_{m_k}}K\circ f_{\lambda_0}^-\mathrm{d}\mu\right)\geqslant\varepsilon_0$, 或

$$K^{-1}\left(\int_{A_{n_k}\cup B_{m_k}}K\circ f_{\lambda_0}^+\mathrm{d}\mu\right)\geqslant\varepsilon_0.$$

不失一般性, 设 $\lim\limits_{k\to\infty}\bar{\nu}(A_{n_k})=\bar{0}$, $\forall\lambda\in(0,1]$, 由定义 2.2、命题 2.6 及算子 K^{-1} 的连续性得

$$\lim_{k\to\infty}K^{-1}\left(\int_{A_{n_k}}K\circ f_\lambda^-\mathrm{d}\mu\right)=\lim_{k\to\infty}K^{-1}\left(\int_{A_{n_k}}K\circ f_\lambda^+\mathrm{d}\mu\right)=0$$

$$\Leftrightarrow\lim_{k\to\infty}\int_{A_{n_k}}K\circ f_\lambda^-\mathrm{d}\mu=\lim_{k\to\infty}\int_{A_{n_k}}K\circ f_\lambda^+\mathrm{d}\mu=K(0)=0.$$

同理, 当 $\lim\limits_{k\to\infty}\bar{\nu}(B_{m_k})=\bar{0}$ 时, 也有 $\lim\limits_{k\to\infty}\int_{B_{m_k}}K\circ f_\lambda^-\mathrm{d}\mu=\lim\limits_{k\to\infty}\int_{B_{m_k}}K\circ f_\lambda^+\mathrm{d}\mu=0$.

不妨设 $K^{-1}\left(\int_{A_{n_k}\cup B_{m_k}}K\circ f_{\lambda_0}^-\mathrm{d}\mu\right)\geqslant\varepsilon_0$, 则有

$$K(\varepsilon_0)\leqslant\int_{A_{n_k}\cup B_{m_k}}K\circ f_{\lambda_0}^-\mathrm{d}\mu=\int_{A_{n_k}}K\circ f_{\lambda_0}^-\mathrm{d}\mu+\int_{B_{m_k}-A_{n_k}}K\circ f_{\lambda_0}^-\mathrm{d}\mu$$
$$\leqslant\int_{A_{n_k}}K\circ f_{\lambda_0}^-\mathrm{d}\mu+\int_{B_{m_k}}K\circ f_{\lambda_0}^-\mathrm{d}\mu.$$

令 $k\to\infty$, 则有

$$K(\varepsilon_0)\leqslant\lim_{k\to\infty}\int_{A_{n_k}}K\circ f_{\lambda_0}^-\mathrm{d}\mu+\lim_{k\to\infty}\int_{B_{m_k}}K\circ f_{\lambda_0}^-\mathrm{d}\mu=0.$$

因 K 严格增加, 故 $\varepsilon_0\leqslant K^{-1}(0)=0$, 这与 ε_0 取法矛盾. 故有 $\lim\limits_{\substack{n\to\infty\\m\to\infty}}\bar{\nu}(A_n\bigcup B_m)=\bar{0}$, 亦即, 集函数 $\bar{\nu}$ 是双零渐近可加的.

定理 2.16 设 $(X,\Im,\hat{\mu})$ 是 K-拟加测度空间, $\bar{f}\in\mathrm{FL}^1(K,\hat{\mu})$, 且诱导算子 K 满足条件: 若 $a\geqslant b\geqslant 0\Rightarrow K^{-1}(a-b)\geqslant K^{-1}(a)-K^{-1}(b)$. 令 $\bar{\nu}(A)=\int_A^{(K)}\bar{f}\mathrm{d}\hat{\mu}$, $\forall A\in\Im$, 则模糊值集函数 $\bar{\nu}$ 是伪双零渐近可加.

证明 仍采取反证法. 设 $\{A_n\},\{B_m\}\subset\Im$, 且 $\lim\limits_{n\to\infty}\bar{\nu}(A_n)=\lim\limits_{m\to\infty}\bar{\nu}(B_m)=\bar{0}$. $\forall A\in\Im$, 若假设

$$\lim_{\substack{n\to\infty\\m\to\infty}}\bar{\nu}(A-A_n\bigcup B_m)\neq\bar{\nu}(A),$$

2.2 K-拟加模糊值积分

则 $\exists \varepsilon_0 > 0$, $\lambda_0 \in (0,1]$ 及子集列 $\{A_{n_k}\}, \{B_{m_k}\} \subset \Im$, 虽然有 $\lim\limits_{k \to \infty} \bar{\nu}(A_{n_k}) = \lim\limits_{k \to \infty} \bar{\nu}(B_{m_k}) = \bar{0}$, 但 $\forall N \in \mathbb{N}$, 当 $k > N$ 时, 至少下述两式之一成立:

$$K^{-1}\left(\int_A K \circ f_{\lambda_0}^- \mathrm{d}\mu\right) - K^{-1}\left(\int_{A - A_{n_k} \cup B_{m_k}} K \circ f_{\lambda_0}^- \mathrm{d}\mu\right) \geqslant \varepsilon_0,$$

或

$$K^{-1}\left(\int_A K \circ f_{\lambda_0}^+ \mathrm{d}\mu\right) - K^{-1}\left(\int_{A - A_{n_k} \cup B_{m_k}} K \circ f_{\lambda_0}^+ \mathrm{d}\mu\right) \geqslant \varepsilon_0.$$

不妨设前式成立, 依据题设 K 满足条件可得

$$\int_A K \circ f_{\lambda_0}^- \mathrm{d}\mu - \int_{A - A_{n_k} \cup B_{m_k}} K \circ f_{\lambda_0}^- \mathrm{d}\mu \geqslant K(\varepsilon_0). \tag{2.10}$$

又因 $\lim\limits_{k \to \infty} \bar{\nu}(A_{n_k}) = \lim\limits_{k \to \infty} \bar{\nu}(B_{m_k}) = \bar{0} \Leftrightarrow \forall \lambda \in (0,1]$,

$$\lim_{k \to \infty} \int_{A_{n_k}} K \circ f_\lambda^- \mathrm{d}\mu = \lim_{k \to \infty} \int_{A_{n_k}} K \circ f_\lambda^+ \mathrm{d}\mu = \lim_{k \to \infty} \int_{B_{m_k}} K \circ f_\lambda^- \mathrm{d}\mu$$
$$= \lim_{k \to \infty} \int_{B_{m_k}} K \circ f_\lambda^+ \mathrm{d}\mu = 0.$$

而 A 可表为 $A = (A \cap (A_{n_k} \cup B_{m_k})) \cup (A - A_{n_k} \cup B_{m_k})$, $k = 1, 2, \cdots$. 由 Lebesgue 积分区域可加性得

$$\int_A K \circ f_\lambda^- \mathrm{d}\mu = \int_{A \cap (A_{n_k} \cup B_{m_k})} K \circ f_\lambda^- \mathrm{d}\mu + \int_{A - A_{n_k} \cup B_{m_k}} K \circ f_\lambda^- \mathrm{d}\mu. \tag{2.11}$$

由 $\bar{f}$ 是 $\hat{\mu}$-可积模糊值函数, 且 $A - A_{n_k} \cup B_{m_k} \subset A$. 故 $\forall \lambda \in (0,1]$, 必有

$$\int_{A - A_{n_k} \cup B_{m_k}} K \circ f_\lambda^- \mathrm{d}\mu \leqslant \int_A K \circ f_\lambda^- \mathrm{d}\mu \leqslant \int_A K \circ f_\lambda^+ \mathrm{d}\mu < +\infty.$$

再依式 (2.10)—(2.11) 可得

$$K(\varepsilon_0) \leqslant \int_{A \cap (A_{n_k} \cup B_{m_k})} K \circ f_{\lambda_0}^- \mathrm{d}\mu \leqslant \int_{A_{n_k}} K \circ f_{\lambda_0}^- \mathrm{d}\mu + \int_{B_{m_k}} K \circ f_{\lambda_0}^- \mathrm{d}\mu.$$

令 $k \to \infty$, 对上式两边同时取极限得

$$K(\varepsilon_0) \leqslant \lim_{k \to \infty} \int_{A_{n_k}} K \circ f_{\lambda_0}^- \mathrm{d}\mu + \lim_{k \to \infty} \int_{B_{m_k}} K \circ f_{\lambda_0}^- \mathrm{d}\mu = 0.$$

从而推出 $\varepsilon_0 \leqslant K^{-1}(0) = 0$. 这与 ε_0 取法相矛盾. 因此, 假设不成立, 故 $\bar{\nu}$ 是伪双零渐近可加.

定理 2.17 设 $(X, \Im, \hat{\mu})$ 是 K-拟加测度空间, $\bar{f} \in \mathrm{FL}^1(K, \hat{\mu})$. 令 $\bar{\nu}(A) = \int_A^{(K)} \bar{f} \mathrm{d}\hat{\mu}, \forall A \in \Im$. 则集函数 $\bar{\nu}$ 是伪自连续.

证明 首先证明 $\bar{\nu}$ 是伪上自连续.

设 $\forall A \in \Im, \{B_n\} \subset \Im$, 且 $\lim\limits_{n \to \infty} \bar{\nu}(A \bigcap B_n) = \bar{\nu}(A)$. 因 $\bar{f}$ 是 $\hat{\mu}$-可积, 依定义 2.18 和积分转换定理 2, $\forall \lambda \in (0, 1]$, 必有

$$\lim_{n \to \infty} \int_{A \cap B_n} K \circ f_\lambda^- \mathrm{d}\mu = \int_A K \circ f_\lambda^- \mathrm{d}\mu < +\infty,$$

$$\lim_{n \to \infty} \int_{A \cap B_n} K \circ f_\lambda^+ \mathrm{d}\mu = \int_A K \circ f_\lambda^+ \mathrm{d}\mu < +\infty.$$

对前式而言, 因 $A = (A - B_n) \bigcup (A \bigcap B_n)$, 且 $(A - B_n) \bigcap (A \bigcap B_n) = \varnothing$, $n = 1, 2, \cdots$. 故 $\forall \lambda \in (0, 1]$, 按照 Lebesgue 积分的区域可加性有

$$\int_A K \circ f_\lambda^- \mathrm{d}\mu = \int_{A - B_n} K \circ f_\lambda^- \mathrm{d}\mu + \int_{A \cap B_n} K \circ f_\lambda^- \mathrm{d}\mu.$$

令 $n \to \infty$, 因 $\int_A K \circ f_\lambda^- \mathrm{d}\mu$ 与 $\lim\limits_{n \to \infty} \int_{A \cap B_n} K \circ f_\lambda^- \mathrm{d}\mu$ 取值均有限且相等, 故有

$$\lim_{n \to \infty} \int_{A - B_n} K \circ f_\lambda^- \mathrm{d}\mu = 0. \tag{2.12}$$

此时, $\forall C \in A \bigcap \Im$ 可表成 $C = A \bigcap D$, $D \in \Im$, 且 $C \bigcap (A - B_n) \subset A - B_n$, $n = 1, 2, \cdots$. 由 Lebesgue 积分区域单调性得

$$0 \leqslant \int_{C \cap (A - B_n)} K \circ f_\lambda^- \mathrm{d}\mu \leqslant \int_{A - B_n} K \circ f_\lambda^- \mathrm{d}\mu, \quad n = 1, 2, \cdots.$$

令 $n \to \infty$, 由夹逼定理可得

$$\lim_{n \to \infty} \int_{C \cap (A - B_n)} K \circ f_\lambda^- \mathrm{d}\mu = 0. \tag{2.13}$$

另一方面, $\forall C \in A \bigcap \Im$, 也有 $(A - B_n) \bigcup C = (C - (A - B_n)) \bigcup (A - B_n)$. 故 $\forall \lambda \in (0, 1]$, 应用 Lebesgue 积分的区域可加性得

$$\int_{(A - B_n) \cup C} K \circ f_\lambda^- \mathrm{d}\mu = \int_{C - (A - B_n)} K \circ f_\lambda^- \mathrm{d}\mu + \int_{A - B_n} K \circ f_\lambda^- \mathrm{d}\mu. \tag{2.14}$$

此外, C 还可表为 $C = (C - (A - B_n)) \bigcup (C \bigcap (A - B_n))$, $n = 1, 2, \cdots$. 故也有

$$\int_C K \circ f_\lambda^- \mathrm{d}\mu = \int_{C - (A - B_n)} K \circ f_\lambda^- \mathrm{d}\mu + \int_{C \cap (A - B_n)} K \circ f_\lambda^- \mathrm{d}\mu. \tag{2.15}$$

2.2 K-拟加模糊值积分

因 $\bar{f}$ 是 $\hat{\mu}$-可积模糊值函数, 故上述每个积分值均有限, 将式 (2.14) 减去式 (2.15) 得

$$\int_{(A-B_n)\cup C} K\circ f_\lambda^- \mathrm{d}\mu + \int_{C\cap(A-B_n)} K\circ f_\lambda^- \mathrm{d}\mu = \int_C K\circ f_\lambda^- \mathrm{d}\mu + \int_{A-B_n} K\circ f_\lambda^- \mathrm{d}\mu.$$

令 $n\to\infty$, 并将式 (2.12), (2.13) 代入上式得

$$\lim_{n\to\infty}\int_{(A-B_n)\cup C} K\circ f_\lambda^- \mathrm{d}\mu = \int_C K\circ f_\lambda^- \mathrm{d}\mu.$$

因诱导算子 K^{-1} 也连续, 则 $\forall \lambda \in (0,1]$, $\forall C\in A\cap \Im$, 必有

$$\lim_{n\to\infty} \bar{\nu}((A-B_n)\cup C)_\lambda^- = K^{-1}\left(\lim_{n\to\infty}\int_{(A-B_n)\cup C} K\circ f_\lambda^- \mathrm{d}\mu\right)$$
$$= K^{-1}\left(\int_C K\circ f_\lambda^- \mu\right) = (\bar{\nu}(C))_\lambda^-.$$

同理, $\forall C\in A\cap \Im$, 也有 $\lim\limits_{n\to\infty}\bar{\nu}((A-B_n)\cup C)_\lambda^+ = (\bar{\nu}(C))_\lambda^+$. 因此, $\lim\limits_{n\to\infty}\bar{\nu}(A\cap B_n) = \bar{\nu}(A)$ 时, 必有 $\lim\limits_{n\to\infty}\bar{\nu}((A-B_n)\cup C) = \bar{\nu}(C)$, 亦即, $\bar{\nu}$ 是伪上自连续.

其次, 再证 $\bar{\nu}$ 也是伪上自连续. 不妨设式 (2.11) 成立, $\forall D\in A\cap \Im$, 总有

$$A\cap D = (A\cap D - B_n)\cup((A\cap D)\cap B_n), \quad n = 1,2,\cdots.$$

故 $\forall \lambda\in(0,1]$, 恒有

$$\int_{A\cap D} K\circ f_\lambda^- \mathrm{d}\mu = \int_{A\cap D - B_n} K\circ f_\lambda^- \mathrm{d}\mu + \int_{A\cap D\cap B_n} K\circ f_\lambda^- \mathrm{d}\mu.$$

因 $A\cap D - B_n \subset A - B_n$, 则有

$$0 \leqslant \int_{A\cap D - B_n} K\circ f_\lambda^- \mathrm{d}\mu \leqslant \int_{A-B_n} K\circ f_\lambda^- \mathrm{d}\mu, \quad n = 1,2,\cdots.$$

令 $n\to\infty$, 依式 (2.12) 和夹逼定理得 $\lim\limits_{n\to\infty}\int_{A\cap D - B_n} K\circ f_\lambda^- \mathrm{d}\mu = 0$, 进而可获得

$$\lim_{n\to\infty}\int_{A\cap D\cap B_n} K\circ f_\lambda^- \mathrm{d}\mu = \int_{A\cap D} K\circ f_\lambda^- \mathrm{d}\mu.$$

利用诱导算子 K^{-1} 的连续性, $\forall D\in A\cap \Im$, $\forall \lambda\in(0,1]$, 不难推出

$$\lim_{n\to\infty}\bar{\nu}(A\cap D\cap B_n)_\lambda^- = K^{-1}\left(\lim_{n\to\infty}\int_{(A\cap D\cap B_n)} K\circ f_\lambda^- \mathrm{d}\mu\right)$$

$$= K^{-1}\left(\int_{A\bigcap D} K\circ f_\lambda^- \mathrm{d}\mu\right) = (\bar{\nu}(A\bigcap D))_\lambda^-.$$

同理方法,也可获得 $\lim\limits_{n\to\infty}\bar{\nu}(A\bigcap D\bigcap B_n)_\lambda^+ = (\bar{\nu}(A\bigcap D))_\lambda^+$.

故 $\lim\limits_{n\to\infty}\bar{\nu}(A\bigcap B_n) = \bar{\nu}(A)$ 时, $\forall D\in A\bigcap\Im$, 有 $\lim\limits_{n\to\infty}\bar{\nu}(A\bigcap D\bigcap B_n) = \bar{\nu}(A\bigcap D)$.

由 D 的任意性, 若设 $A\bigcap D = C$, $\forall C\in A\bigcap\Im$, 即为 $\lim\limits_{n\to\infty}\bar{\nu}(C\bigcap B_n) = \bar{\nu}(C)$. 故模糊值集函数 $\bar{\nu}$ 也是伪下自连续. 进而推知 $\bar{\nu}$ 是伪自连续.

定理 2.18 设 $(X,\Im,\hat{\mu})$ 是 K-拟加测度空间, $\bar{f}\in\mathrm{FL}^1(K,\hat{\mu})$. 若令 $\bar{\nu}(A) = \int_A^{(K)}\bar{f}\mathrm{d}\hat{\mu}$, $\forall A\in\Im$, 则 $\bar{\nu}$ 关于拟加运算 $\oplus$ 是伪一致自连续的.

证明 首先证明 $\bar{\nu}$ 关于拟加算子 $\oplus$ 是伪一致上自连续.

设 $A,B\in\Im$, 且 A 可表成 $A = (A-B)\bigcup(A\bigcap B)$. 故 $\forall\lambda\in(0,1]$, 必有

$$\int_A K\circ f_\lambda^- \mathrm{d}\mu = \int_{A-B} K\circ f_\lambda^- \mathrm{d}\mu + \int_{A\bigcap B} K\circ f_\lambda^- \mathrm{d}\mu.$$

取待定 $\delta > 0$, 且满足 $\bar{\nu}(A)\leqslant\bar{\nu}(A\bigcap B)\oplus\delta$, 亦即, $\forall\lambda\in(0,1]$, 有以下两式同时成立:

$$K^{-1}\left(\int_A K\circ f_\lambda^- \mathrm{d}\mu\right) \leqslant K^{-1}\left(\int_{A\bigcap B} K\circ f_\lambda^- \mathrm{d}\mu\right)\oplus\delta$$
$$= K^{-1}\left(\int_{A\bigcap B} K\circ f_\lambda^- \mathrm{d}\mu + K(\delta)\right),$$
$$K^{-1}\left(\int_A K\circ f_\lambda^+ \mathrm{d}\mu\right) \leqslant K^{-1}\left(\int_{A\bigcap B} K\circ f_\lambda^+ \mathrm{d}\mu\right)\oplus\delta$$
$$= K^{-1}\left(\int_{A\bigcap B} K\circ f_\lambda^+ \mathrm{d}\mu + K(\delta)\right).$$

不妨设第一式成立, 依诱导算子 K 的单调性必有

$$\int_A K\circ f_\lambda^- \mathrm{d}\mu \leqslant \int_{A\bigcap B} K\circ f_\lambda^- \mathrm{d}\mu + K(\delta).$$

故 $\forall\varepsilon > 0$, 若取 $\delta\leqslant\varepsilon$, 则有 $K(\delta)\leqslant K(\varepsilon)$, 从而

$$\int_{A-B} K\circ f_\lambda^- \mathrm{d}\mu = \int_A K\circ f_\lambda^- \mathrm{d}\mu - \int_{A\bigcap B} K\circ f_\lambda^- \mathrm{d}\mu \leqslant K(\delta)\leqslant K(\varepsilon).$$

又因 $(A-B)\bigcup C = (C-(A-B))\bigcup(A-B)$, 故 $\forall C\in A\bigcap\Im$, 依 Lebesgue 积分可加性得

$$\int_{(A-B)\bigcup C} K\circ f_\lambda^- \mathrm{d}\mu = \int_{C-(A-B)} K\circ f_\lambda^- \mathrm{d}\mu + \int_{A-B} K\circ f_\lambda^- \mathrm{d}\mu$$

2.2 K-拟加模糊值积分

$$\leqslant \int_C K \circ f_\lambda^- \mathrm{d}\mu + K(\varepsilon).$$

同理, $\forall C \in A \bigcap \Im$, 对 f_λ^+ 也可推得

$$\int_{(A-B) \bigcup C} K \circ f_\lambda^+ \mathrm{d}\mu \leqslant \int_C K \circ f_\lambda^+ \mathrm{d}\mu + K(\varepsilon).$$

因此, $\forall \lambda \in (0,1]$, 依据 K^{-1} 的递增性立刻获得

$$\begin{aligned}
\bar{\nu}((A-B) \bigcup C)_\lambda^- &= K^{-1} \left(\int_{(A-B) \bigcup C} K \circ f_\lambda^- \mathrm{d}\mu \right) \\
&\leqslant K^{-1} \left(\int_C K \circ f_\lambda^- \mathrm{d}\mu + K(\varepsilon) \right) \\
&= K^{-1} \left(\int_C K \circ f_\lambda^- \mathrm{d}\mu \right) \oplus K^{-1}(K(\varepsilon)) \\
&= (\bar{\nu}(C) \oplus \varepsilon)_\lambda^-.
\end{aligned}$$

类似方法, 也可证得 $\bar{\nu}((A-B) \bigcup C)_\lambda^+ \leqslant (\bar{\nu}(C) \oplus \varepsilon)_\lambda^+$. 于是, $\forall \varepsilon > 0$, $\forall C \in A \bigcap \Im$, 选取 $\delta \leqslant \varepsilon$, 且当 $\bar{\nu}(A) \leqslant \bar{\nu}(A \bigcap B) \oplus \delta$ 时, 恒有 $\bar{\nu}((A-B) \bigcup C) \leqslant \bar{\nu}(C) \oplus \varepsilon$. 因此, 依定义 2.10 知集函数 $\bar{\nu}$ 关于拟加算子 $\oplus$ 是伪一致上自连续.

其次, 往证 $\bar{\nu}$ 关于拟加算子 $\oplus$ 也是伪一致下自连续的.

设 $\forall A, B \in \Im, D \in \Im$, 则有 $A \bigcap D = (A \bigcap D - B) \bigcup (A \bigcap D \bigcap B)$. 故 $\forall \lambda \in (0,1]$, 有

$$\int_{A \bigcap D} K \circ f_\lambda^- \mathrm{d}\mu = \int_{A \bigcap D - B} K \circ f_\lambda^- \mathrm{d}\mu + \int_{A \bigcap D \bigcap B} K \circ f_\lambda^- \mathrm{d}\mu.$$

又 $A \bigcap D - B \subset A - B$, 更有

$$0 \leqslant \int_{A \bigcap D - B} K \circ f_\lambda^- \mathrm{d}\mu \leqslant \int_{A-B} K \circ f_\lambda^- \mathrm{d}\mu.$$

同前, $\forall \varepsilon > 0$, 选取 $\delta \leqslant \varepsilon$, 当 $\bar{\nu}(A) \leqslant \bar{\nu}(A \bigcap B) \oplus \delta$ 时, 也有

$$K^{-1} \left(\int_{A-B} K \circ f_\lambda^- \mathrm{d}\mu \right) \leqslant \varepsilon.$$

再依诱导算子 K^{-1} 单增性和拟加运算 $\oplus$ 得

$$\begin{aligned}
(\bar{\nu}(A \bigcap D))_\lambda^- &= K^{-1} \left(\int_{A \bigcap D \bigcap B} K \circ f_\lambda^- \mathrm{d}\mu + \int_{A \bigcap D - B} K \circ f_\lambda^- \mathrm{d}\mu \right) \\
&\leqslant K^{-1} \left(\int_{A \bigcap D \bigcap B} K \circ f_\lambda^- \mathrm{d}\mu \right) \oplus K^{-1} \left(\int_{A-B} K \circ f_\lambda^- \mathrm{d}\mu \right) \\
&\leqslant K^{-1} \left(\int_{A \bigcap D \bigcap B} K \circ f_\lambda^- \mathrm{d}\mu \right) \oplus \varepsilon
\end{aligned}$$

$$= (\bar{\nu}(A\cap D\cap B) \oplus \varepsilon)_\lambda^-.$$

同理, $\forall \lambda \in (0,1]$, 也可获得 $(\bar{\nu}(A\cap D))_\lambda^+ \leqslant (\bar{\nu}(A\cap D\cap B) \oplus \varepsilon)_\lambda^+$. 因此, $\forall \varepsilon > 0$, $\forall D \in \Im$, 必有 $\bar{\nu}(A\cap D) \leqslant \bar{\nu}(A\cap D\cap B) \oplus \varepsilon$.

由 D 的任意性, 若设 $A\cap D = C$, 于是 $C \in A\cap \Im$, 但仍不失 C 的任意性. 故 $\forall \varepsilon > 0$, 取 $\delta \leqslant \varepsilon$, 当 $\bar{\nu}(A) \leqslant \bar{\nu}(A\cap B) \oplus \delta$ 时, 必有 $\bar{\nu}(C) \leqslant \bar{\nu}(C\cap B) \oplus \varepsilon$. 依定义 2.10 知集函数 $\bar{\nu}$ 关于拟加算子 $\oplus$ 也是伪一致下自连续. 综合上述两种情况, 从而得知 $\bar{\nu}$ 也是伪一致自连续.

特别值得注意的是, 依 K-拟加模糊值积分定义的集函数 $\bar{\nu}$ 具有自连续性无须对原模糊测度 μ 附加任何条件, 其主要原因是这种模糊值积分增加了诱导算子 K, 且通过拟加测度 $\hat{\mu}$ 和 K 的复合可确定一个更强的 Lebesgue 测度 μ, 亦即, $\mu(\cdot) = K(\hat{\mu}(\cdot))$. 这也正是与 Choquet 模糊积分的主要区别. 另外, 在上述过程中仅在证明 $\bar{\nu}$ 是下自连续时才用到 $\bar{f}$ 的 $\hat{\mu}$-可积性, 故对一般可测模糊值函数 $\bar{f}$ 来说, 证明 $\bar{\nu}$ 是上自连续性无须对 $\bar{f}$ 附加 $\hat{\mu}$-可积, 且逆诱导算子 K^{-1} 也是连续的, 从而 K^{-1} 可与其极限符号交换顺序.

2.3 广义 Sugeno 模糊积分

Sugeno 模糊积分 (简称模糊积分) 是 1974 年由日本学者 Sugeno 首次提出的, 并将此理论成功应用于主观评判过程中. 实际上, Sugeno 模糊测度是 Lebesgue 测度的推广, 但其模糊积分却不是 Lebesgue 积分的推广. 如果把模糊积分与 Lebesgue 积分作比较, 不难发现二者有着本质的区别, 亦即, 模糊积分主要是把 Lebesgue 积分中两种运算 "$+,\cdot$" 用 "$\vee,\wedge$" 来取代, 因而 Sugeno 模糊积分就失去了可加性, 当然也失去了线性性. 对此缺陷王震源教授于 1984 年率先提出集函数的自连续和零可加等系列重要概念, 应用这些较弱条件可有效地刻画 Sugeno 模糊积分的收敛性. 本节主要通过引入诱导算子来改变两种重要运算 "$+,\cdot$" 以便对传统 Sugeno 模糊积分进行推广.

2.3.1 广义拟 Sugeno 模糊积分及其等价表示

传统 Sugeno 模糊积分是基于取大 "$\vee$" 和取小运算 "$\wedge$" 所定义, 从而导致该积分自身存在一些缺陷. 为此, 在模糊环境下人们试图寻求其他算子来取而代之. 本节将通过减弱公理化条件给出新的拟乘算子, 并以此拟乘算子对广义实值函数建立广义拟 Sugeno 模糊积分, 进而依据确界概念获得广义拟 Sugeno 模糊积分的三种表达形式. 下面, 首先给出一些基本定义.

本节一律在传统模糊测度空间 $(X,\Im,\mu)$ 上讨论问题, 其中模糊测度 $\mu : \Im \to [0,1]$, 并满足定义 2.4 中 (1)—(4), 不再特殊说明.

2.3 广义 Sugeno 模糊积分

定义 2.21 设二元映射 $\odot : [0,\infty] \times [0,\infty] \to [0,\infty]$, 若 $\forall a,b,c,d \in [0,\infty]$, 满足以下条件:

(1) $a \odot b = b \odot a$;

(2) 若 $a \leqslant b, c \leqslant d \Rightarrow a \odot c \leqslant b \odot d$;

(3) $a \odot b = 0 \Leftrightarrow a = 0$ 或 $b = 0$;

(4) 存在单位元 $e \in (0,\infty]$, 使 $e \odot x = x \odot e = x$, $\forall x \in (0,\infty]$;

(5) 若 $x_n \to x \in (0,\infty), y_n \to y \in [0,\infty](n \to \infty) \Rightarrow x_n \odot y_n \to x \odot y(n \to \infty)$.

则称二元映射 $\odot$ 为拟乘算子.

例如, 若取 $x \odot y = xy$, 或 $x \odot y = x \wedge y$, 或 $x \odot y = 5xy$, 则 $\odot$ 均为拟乘算子, 其中单位元 e 依次为 $1, \infty$ 和 $1/5$. 此外, 从 (4) 不难推出 $\infty \odot \infty = \infty$.

定义 2.22 设 $(X, \Im, \mu)$ 是模糊测度空间, $\odot$ 是给定拟乘算子, $f: X \to [0, +\infty]$ 是广义非负可测函数. 若 $\forall B \in \Im$, 界定

$$(G)\int_B f \mathrm{d}\mu = \sup_{\alpha > 0}\left(\alpha \odot \mu(N_\alpha(f) \bigcap B)\right),$$

则称 $(G)\int_B f\mathrm{d}\mu$ 为 f 在 B 上关于 μ 的拟 Sugeno 模糊积分, 简称拟 Sugeno 模糊积分, 其中 $N_\alpha(f) = \{x \in X \,|\, f(x) \geqslant \alpha\}$.

定义 2.23 设 $f: E \to [-\infty, +\infty]$ 是定义在 $E \subset X$ 上广义可测函数, 若令

$$f^+(x) = \begin{cases} f(x), & f(x) \geqslant 0, \\ 0, & f(x) < 0, \end{cases} \qquad f^-(x) = \begin{cases} -f(x), & f(x) \leqslant 0, \\ 0, & f(x) > 0. \end{cases}$$

则称 f^+, f^- 分别为 f 的正部和负部, 且总有 $f(x) = f^+(x) - f^-(x)$, $\forall x \in E$.

定义 2.24 设 $(X, \Im, \mu)$ 是模糊测度空间, $f: X \to [-\infty, +\infty]$ 是广义实值可测函数, $f^+ f^-$ 分别为 f 的正部和负部. $B \in \Im$, 若 $(G)\int_B f^+\mathrm{d}\mu$ 与 $(G)\int_B f^-\mathrm{d}\mu$ 均存在, 且不同时取 $+\infty$, 界定

$$(G)\int_B f\mathrm{d}\mu = (G)\int_B f^+\mathrm{d}\mu - (G)\int_B f^-\mathrm{d}\mu,$$

则称 $(G)\int_B f\mathrm{d}\mu$ 为广义拟 Sugeno 模糊积分. 显然, 该积分值可取 $\pm\infty$.

下面, 基于上确界概念仅对函数强截集、简单函数和正 (负) 部函数给出广义拟 Sugeno 模糊积分的三种等价表示, 并给出证明.

定理 2.19 设 $(X, \Im, \mu)$ 是模糊测度空间, $f: X \to [-\infty, +\infty]$ 是广义实值可测函数. 若 $B \in \Im$, 则广义拟 Sugeno 模糊积分有另外三种确界式等价表示如下:

$$(G)\int_B f\mathrm{d}\mu = \sup_{\alpha > 0}\left(\alpha \odot \mu(N_{\overline{\alpha}}(f^+) \bigcap B)\right) - \sup_{\alpha > 0}\left(\alpha \odot \mu(N_{\overline{\alpha}}(f^-) \bigcap B)\right)$$

$$= \sup_{0 \leqslant s \leqslant f^+, s = \sum_{i=1}^{n} \alpha_i \chi_{A_i}} \vee_{i=1}^{n} (\alpha_i \odot \mu(A_i \bigcap B))$$

$$- \sup_{0 \leqslant s \leqslant f^-, s = \sum_{i=1}^{n} \beta_i \chi_{B_i}} \vee_{i=1}^{n} (\beta_i \odot \mu(B_i \bigcap B))$$

$$= \sup_{E \in \Im, \inf_E f^+(x) > 0} \inf_E (f^+(x) \odot \mu(B \bigcap E))$$

$$- \sup_{F \in \Im, \inf_F f^-(x) > 0} (\inf_F f^-(x) \odot \mu(B \bigcap F)).$$

其中 χ_{A_i} 为 A_i 的特征函数, $N_{\overline{\alpha}}(f) = \{x : f(x) > \alpha\}$ 为 f 关于 α 的强截集.

证明 首先, $\forall E \in \Im$, 不妨设 $\inf_{x \in E} f^+(x) = \beta > 0$, 显有 $f^+(x) \geqslant \beta \chi_E(x) \triangleq s_0(x) \geqslant 0$. 故有

$$\sup_{0 \leqslant s \leqslant f^+, s = \sum_{i=1}^{n} \alpha_i x_{A_i}} \vee_{i=1}^{n} \left(\alpha_i \odot \mu(A_i \bigcap B)\right) \geqslant \left(\beta \odot \mu(E \bigcap B)\right) \vee \left(0 \odot \mu(E^c \bigcap B)\right)$$

$$= \beta \odot \mu(E \bigcap B).$$

两边关于可测集 $E \in \Im$ 取上确界 (左侧与 E 无关), 更有

$$\sup_{0 \leqslant s \leqslant f^+, s = \sum_{i=1}^{n} \alpha_i x_{A_i}} \vee_{i=1}^{n} \left(\alpha_i \odot \mu(A_i \bigcap B)\right)$$

$$\geqslant \sup_{E \in \Im, \inf_E f^+(x) > 0} \left(\inf_{x \in E} f^+(x) \odot \mu(B \bigcap E)\right). \tag{2.16}$$

其次, $\forall \alpha > 0$, 若 $x \in N_\alpha(f^+)$, 则 $f^+(x) \geqslant \alpha \Rightarrow \inf_{x \in N_\alpha(f^+)} f^+(x) \geqslant \alpha > 0$, 且集合 $N_\alpha(f^+)$ 可看成某个特殊的可测集 E. 由拟乘算子 $\odot$ 的单调性可得

$$\alpha \odot \mu(N_\alpha(f^+) \bigcap B) \leqslant \sup_{E \in \Im, \inf_E f^+(x) > 0} \left(\inf_{x \in E} f^+(x) \odot \mu(E \bigcap B)\right).$$

两边关于 $\alpha > 0$ 取上确界 (右侧与 α 无关), 则有

$$\sup_{\alpha > 0} \left(\alpha \odot \mu(N_\alpha(f^+) \bigcap B)\right) \leqslant \sup_{E \in \Im, \inf_E f^+(x) > 0} \left(\inf_E f^+(x) \odot \mu(B \bigcap E)\right). \tag{2.17}$$

又因 $N_{\overline{\alpha}}(f^+) \subset N_\alpha(f^+)$, 依拟乘算子 $\odot$ 的单调性显有

$$\sup_{\alpha > 0} \left(\alpha \odot \mu(N_{\overline{\alpha}}(f^+) \bigcap B)\right) \leqslant \sup_{\alpha > 0} \left(\alpha \odot \mu(N_\alpha(f^+) \bigcap B)\right). \tag{2.18}$$

2.3 广义 Sugeno 模糊积分

下面，将关键证明

$$\rho \triangleq \sup_{0 \leqslant s \leqslant f^+, s = \sum\limits_{i=1}^{n} \alpha_i \chi_{A_i}} \vee_{i=1}^{n} \left(\alpha_i \odot \mu(A_i \bigcap B) \right)$$
$$\leqslant \sup_{\alpha > 0} \left(\alpha \odot \mu(N_{\overline{\alpha}}(f^+) \bigcap B) \right). \tag{2.19}$$

事实上，当 $\rho < +\infty$ 时，依上确界定义，$\forall \varepsilon > 0$, 存在简单函数 $s_1(x)$: $0 \leqslant s_1(x) \leqslant f^+(x)$，且 $s_1(x) = \sum\limits_{i=1}^{n} \alpha_i \chi_{A_i}(x)$，使 $\vee_{i=1}^{n} \left(\alpha_i \odot \mu(A_i \bigcap B) \right) > \rho - \varepsilon$，进而存在 $i_0 \in \mathbb{N}$, 使

$$\alpha_{i_0} \odot \mu(A_{i_0} \bigcap B) = \vee_{i=1}^{n} \left(\alpha_i \odot \mu(A_i \bigcap B) \right) > \rho - \varepsilon. \tag{2.20}$$

由拟乘算子 $\odot$ 的极限性质 (5) 显有

$$\lim_{n \to \infty} \left(\left(\alpha_{i_0} - \frac{1}{n} \right) \odot \mu(A_{i_0} \bigcap B) \right) = \alpha_{i_0} \odot \mu(A_{i_0} \bigcap B).$$

再由极限定义，对上述 $\varepsilon > 0$, 只要选取充分大的 n_0, 总可使

$$\alpha_{i_0} \odot \mu(A_{i_0} \bigcap B) < \left(\alpha_{i_0} - \frac{1}{n_0} \right) \odot \mu(A_{i_0} \bigcap B) + \varepsilon. \tag{2.21}$$

此时，若 $x \in A_{i_0}$, 由简单函数 $s_1(x)$ 定义得 $s_1(x) = \alpha_{i_0}$, 则

$$f^+(x) \geqslant s_1(x) = \alpha_{i_0} > \alpha_{i_0} - \frac{1}{n_0} \Rightarrow x \in N_{\overline{\alpha_{i_0} - \frac{1}{n_0}}}(f^+).$$

故 $A_{i_0} \bigcap B \subset N_{\overline{\alpha_{i_0} - \frac{1}{n_0}}}(f^+) \bigcap B$, 更有

$$\mu(A_{i_0} \bigcap B) < \mu\left(N_{\overline{\alpha_{i_0} - \frac{1}{n_0}}}(f^+) \bigcap B \right).$$

再结合式 (2.20) 和 (2.21)，容易获得

$$\rho < \alpha_{i_0} \odot \mu(A_{i_0} \bigcap B) + \varepsilon < \left(\alpha_{i_0} - \frac{1}{n_0} \right) \odot \mu(A_{i_0} \bigcap B) + 2\varepsilon$$
$$< \left(\alpha_{i_0} - \frac{1}{n_0} \right) \odot \mu\left(N_{\overline{\alpha_{i_0} - \frac{1}{n_0}}}(f^+) \bigcap B \right) + 2\varepsilon$$
$$\leqslant \sup_{\alpha > 0} \left(\alpha \odot \mu(N_{\overline{\alpha}}(f^+) \bigcap B) \right) + 2\varepsilon.$$

这里实数 $\alpha_{i_0} - 1/n_0$ 可看成某个特殊的 α. 故由 ε 的任意性得

$$\rho \leqslant \sup_{\alpha > 0} \left(\alpha \odot \mu(N_{\overline{\alpha}}(f^+) \bigcap B) \right).$$

当 $\rho = +\infty$ 时，对充分大 $M > 0$, 存在一个非负简单函数 $s_2(x)$: $0 \leqslant s_2(x) \leqslant f^+(x)$，且 $s_2(x) = \sum\limits_{i=1}^{n} \alpha_i \chi_{A_i}(x)$ 及 $i_0 \in \mathbb{N}$, 使

$$\alpha_{i_0} \odot \mu(A_{i_0} \cap B) = \vee_{i=1}^{n}\left(\alpha_i \odot \mu(A_i \cap B)\right) > M.$$

同前方法, $\forall \varepsilon > 0, \exists n_0' \in \mathbb{N}, A_{i_0} \subset N_{\overline{\alpha_{i_0} - \frac{1}{n_0'}}}(f^+)$, 且有

$$\begin{aligned}
M < \alpha_{i_0} \odot \mu(A_{i_0} \cap B) &< \left(\alpha_{i_0} - \frac{1}{n_0'}\right) \odot \mu(A_{i_0} \cap B) + \varepsilon \\
&< \left(\alpha_{i_0} - \frac{1}{n_0'}\right) \odot \mu\left(N_{\overline{\alpha_{i_0} - \frac{1}{n_0'}}}(f^+) \cap B\right) + \varepsilon \\
&\leqslant \sup_{\alpha > 0}\left(\alpha \odot \mu(N_{\overline{\alpha}}(f^+) \cap B)\right) + \varepsilon.
\end{aligned}$$

由 ε 的任意性, 必有 $M \leqslant \sup_{\alpha > 0}(\alpha \odot \mu(N_{\overline{\alpha}}(f^+) \cap B))$. 再由 M 任意性得

$$\sup_{\alpha > 0}\left(\alpha \odot \mu(N_{\overline{\alpha}}(f^+) \cap B)\right) = +\infty.$$

因此, 无论 $\rho < +\infty$ 或 $\rho = +\infty$, 总有式 (2.19) 成立. 再依次由式 (2.18) → (2.17) → (2.16) → (2.19) 可得

$$\begin{aligned}
\sup_{\alpha > 0}\left(\alpha \odot \mu(N_{\overline{\alpha}}(f^+) \cap B)\right) &\leqslant \sup_{\alpha > 0}\left(\alpha \odot \mu(N_\alpha(f^+) \cap B)\right) \\
&\leqslant \sup_{E \in \Im, \inf_E f^+(x) > 0}\left(\inf_E f^+(x) \odot \mu(B \cap E)\right) \\
&\leqslant \sup_{0 \leqslant s \leqslant f^+, s = \sum_{i=1}^{n} \alpha_i \chi_{A_i}} \vee_{i=1}^{n}\left(\alpha_i \odot \mu(A_i \cap B)\right) \\
&\leqslant \sup_{\alpha > 0}\left(\alpha \odot \mu(N_{\overline{\alpha}}(f^+) \cap B)\right).
\end{aligned}$$

因上式两端相等, 故这些式子均相等. 同理, 对 $f(x)$ 的负部 $f^-(x)$ 而言, 也有类似结果成立. 再由定义 2.22 和定义 2.24, 立刻获得结论成立.

实际上, 该定理只是从理论上给予拓展, 在实际计算中并不实用. 因为广义拟 Sugeno 模糊积分三种表达形式均采取上确界给出, 且没有类似于黎曼积分的牛顿–莱布尼茨公式, 因而其计算并非简单之事. 下面, 通过一个实例来计算这种广义拟 Sugeno 模糊积分值, 为计算方便, 不妨选取 μ 为 Lebesgue 测度 (因模糊测度是 Lebesgue 测度的推广).

例 2.1 设 μ 为 Lebesgue 测度, $\odot$ 为拟乘算子, 且 $x \odot y = 4xy, \forall x, y \in [0, +\infty]$. 若令 $A = [0, 2], B = [0, 3]$, 广义可测函数 $f(x) = 3x\chi_A(x) - 5\chi_{B-A}(x)$, 试计算积分 $(G)\int_B f(x)\mathrm{d}\mu$ 值.

解 显然, $B - A = (2, 3]$, 依定义 2.23 知广义可测函数 $f(x)$ 在 $B = [0, 3]$ 上正负部 $f^+(x)$ 和 $f^-(x)$ 可表为

2.3 广义 Sugeno 模糊积分

$$f^+(x) = \begin{cases} 3x, & 0 \leqslant x \leqslant 2, \\ 0, & 2 < x \leqslant 3, \end{cases} \quad f^-(x) = \begin{cases} 0, & 0 \leqslant x \leqslant 2, \\ 5, & 2 < x \leqslant 3. \end{cases}$$

则有 $\max\limits_{x \in [0,3]} f^+(x) = f^+(2) = 6$, 且 $\forall \alpha > 0$, 有

$$N_\alpha(f^+) = \{x \mid f^+(x) \geqslant \alpha\} = \begin{cases} [\alpha/3, 2], & 0 < \alpha \leqslant 6, \\ \varnothing, & \alpha > 6; \end{cases}$$

$$N_\alpha(f^-) = \{x \mid f^-(x) \geqslant \alpha\} = \begin{cases} (2, 3], & 0 < \alpha \leqslant 5, \\ \varnothing, & \alpha > 5. \end{cases}$$

按照定义 2.22, 必有

$$(G) \int_B f^+(x) \mathrm{d}\mu = \sup_{0 < \alpha \leqslant 6} \left(\alpha \odot \mu(N_\alpha(f^+) \bigcap B) \right) \vee \sup_{\alpha > 6} \left(\alpha \odot \mu(N_\alpha(f^+) \bigcap B) \right)$$

$$= \sup_{0 < \alpha \leqslant 6} \left(\alpha \odot \left(2 - \frac{\alpha}{3}\right) \right) \vee \sup_{\alpha > 6} \left(\alpha \odot 0 \right) = \sup_{0 < \alpha \leqslant 6} 4\alpha \left(2 - \frac{\alpha}{3}\right)$$

$$= 4\alpha \left(2 - \frac{\alpha}{3}\right) \Big|_{\alpha = 3} = 12,$$

$$(G) \int_B f^-(x) \mathrm{d}\mu = \sup_{0 < \alpha \leqslant 5} \left(\alpha \odot \mu((2, 3]) \right) \vee \sup_{\alpha > 5} \left(\alpha \odot 0 \right) = \sup_{0 < \alpha \leqslant 5} 4\alpha = 20.$$

再按定义 2.24, 广义拟 Sugeno 模糊积分 $(G) \int_B f(x) \mathrm{d}\mu = 12 - 20 = -8$.

此外, 广义拟 Sugeno 模糊积分的区域单调性不再成立. 因通过计算不难获知 $(G) \int_A f(x) \mathrm{d}\mu = 12$, 而 $(G) \int_B f(x) \mathrm{d}\mu = -8$, 故 $A \subset B$ 时, 反而有 $(G) \int_A f(x) \mathrm{d}\mu > (G) \int_B f(x) \mathrm{d}\mu$.

2.3.2 K-拟加 Sugeno 积分及其性质

本节在 K-拟加测度空间上, 借助诱导算子引入拟乘算子 $\otimes$ 给出 K-拟加 Sugeno 积分定义, 并针对非负广义可测函数建立 K-拟加 Sugeno 积分. 此外, 基于两种算子 $\oplus$ 和 $\otimes$ 讨论 K-拟加 Sugeno 积分的一些基本性质.

定义 2.25 设 $(X, \Im, \hat{\mu})$ 是 K-拟加测度空间, K 是诱导算子, $f : X \to [0, +\infty]$ 是非负广义可测函数. 若 $A \in \Im$, 界定 $(G) \int_A f \mathrm{d}\hat{\mu} = \sup\limits_{\alpha \geqslant 0} \left[\alpha \otimes \hat{\mu}(N_\alpha(f) \bigcap A) \right]$, 则称 $(G) \int_A f \mathrm{d}\hat{\mu}$ 为 A 上 K-拟加 Sugeno 积分, 特别当 $(G) \int_A f \mathrm{d}\hat{\mu} < +\infty$ 时, 称 f 在 A 上 S-可积.

显然, 依据定义 2.16 和命题 2.4, K-拟加 Sugeno 积分还可表成如下形式:

$$(G) \int_A f \mathrm{d}\hat{\mu} = K^{-1} \left(\sup_{\alpha \geqslant 0} \left(K(\alpha) \mu(N_\alpha(f) \bigcap A) \right) \right). \tag{2.22}$$

其中 $\mu = K \circ \hat{\mu}$ 是 Lebesgue 测度, 且 $\sup\limits_{\alpha \geqslant 0}(\cdot) = \sup\limits_{\alpha > 0}(\cdot)$, 二者不加区别.

定理 2.20 设 $(X, \Im, \hat{\mu})$ 是 K-拟加测度空间, $A \in \Im$, f 是非负广义可测函数, 则有

$$(G)\int_A f \mathrm{d}\hat{\mu} = \sup_{E \in \Im}\left[\inf_{x \in E} f(x) \otimes \hat{\mu}(E \cap A)\right].$$

证明 $\forall \alpha \in [0, +\infty]$, 若 $x \in N_\alpha(f) \in \Im$, 则 $f(x) \geqslant \alpha$, 两边关于 $x \in N_\alpha(f)$ 取下确界得 $\inf\limits_{x \in N_\alpha(f)} f(x) \geqslant \inf\limits_{x \in N_\alpha(f)} \alpha = \alpha$. 依拟乘算子 $\otimes$ 的单调性得

$$\alpha \otimes \hat{\mu}(N_\alpha(f)\cap A) \leqslant \inf_{x \in N_\alpha(f)} f(x) \otimes \hat{\mu}(N_\alpha(f)\cap A) \leqslant \sup_{E \in \Im}\left[\inf_{x \in E} f(x) \otimes \hat{\mu}(E \cap A)\right].$$

两边再对 $\alpha \in [0, +\infty]$ 取上确界, 而右边与 α 无关, 则有

$$(G)\int_A f \mathrm{d}\hat{\mu} = \sup_{\alpha \geqslant 0}\left[\alpha \otimes \hat{\mu}(N_\alpha(f)\cap A)\right] \leqslant \sup_{E \in \Im}\left[\inf_{x \in E} f(x) \otimes \hat{\mu}(E \cap A)\right].$$

另一方面, $\forall E \in \Im$, 若令 $\beta = \inf\limits_{x \in E} f(x)$, 则 $\beta \leqslant f(x)$, 亦即, $E \subset N_\beta(f)$. 由算子 $\otimes$ 的单调性得

$$\inf_{x \in E} f(x) \otimes \hat{\mu}(E \cap A) \leqslant \beta \otimes \hat{\mu}(N_\beta(f) \cap A)$$

$$\leqslant \sup_{\alpha \geqslant 0}\left[\alpha \otimes \hat{\mu}(N_\alpha(f)\cap A)\right] = (G)\int_A f \mathrm{d}\hat{\mu}.$$

两边对一切 $E \in \Im$ 取上确界, 而右端与 E 无关, 故有

$$\sup_{E \in \Im}\left[\inf_{x \in E} f(x) \otimes \hat{\mu}(E \cap A)\right] \leqslant (G)\int_A f \mathrm{d}\hat{\mu}.$$

因此, $(G)\int_A f \mathrm{d}\hat{\mu} = \sup\limits_{E \in \Im}\left[\inf\limits_{x \in E} f(x) \otimes \hat{\mu}(E \cap A)\right]$.

定理 2.21 设 $(X, \Im, \hat{\mu})$ 是 K-拟加测度空间, $A \in \Im$, f 是非负广义可测函数. 若非负简单函数 $s(x) = \sum_{i=1}^n \alpha_i \chi_{E_i}(x)$, 定义 $Q_A(s) = \vee_{i=1}^n (\alpha_i \otimes \hat{\mu}(E_i \cap A))$, 则 $(G)\int_A f \mathrm{d}\hat{\mu} = \sup\limits_{s \in H(f)} Q_A(s)$, 其中 $H(f) = \{s; s \leqslant f, s\text{ 为非负简单函数}\}$.

证明 由定理 2.20, 只需证明 $\sup\limits_{s \in H(f)} Q_A(s) = \sup\limits_{E \in \Im}\left(\inf\limits_{x \in E} f(x) \otimes \hat{\mu}(E \cap A)\right)$.

事实上, $\forall E \in \Im$, 若令 $\alpha_0 = \inf\limits_{x \in E} f(x)$, 可构造简单函数 $s_0(x) = \begin{cases} \alpha_0, & x \in E, \\ 0, & x \notin E. \end{cases}$
显然 $s_0 \leqslant f$, 且有 $s_0 \in H(f)$. 这时,

$$\sup_{s \in H(f)} Q_A(s) \geqslant Q_A(s_0) = \left(\alpha_0 \otimes \hat{\mu}(E \cap A)\right) \vee \left(0 \otimes \hat{\mu}(E^c \cap A)\right)$$

2.3 广义 Sugeno 模糊积分

$$= \inf_{x \in E} f(x) \otimes \hat{\mu}(E \bigcap A).$$

两边同时关于 $E \in \Im$ 取上确界, 而左边 $\sup\limits_{s \in H(f)} Q_A(s)$ 与 E 无关, 故有

$$\sup_{s \in H(f)} Q_A(s) \geqslant \sup_{E \in \Im} \left(\inf_{x \in E} f(x) \otimes \hat{\mu}(E \bigcap A) \right) = (G) \int_A f \mathrm{d}\hat{\mu}. \tag{2.23}$$

另一方面, $\forall s \in H(f)$, 不妨设 $s(x) = \sum_{i=1}^{n} \alpha_i \chi_{E_i}(x), \forall x \in X$. 由 $Q_A(s)$ 定义, 必存在自然数 $i_0 : 1 \leqslant i_0 \leqslant n$ 使得

$$Q_A(s) = \bigvee_{i=1}^{n} \left(\alpha_i \otimes \hat{\mu}(E_i \bigcap A) \right) = \alpha_{i_0} \otimes \hat{\mu}(E_{i_0} \bigcap A).$$

由 $s \in H(f) \Rightarrow s \leqslant f$, 若 $\forall x \in E_{i_0}$, 则必有 $s(x) = \alpha_{i_0} \leqslant f(x)$. 两边对 $x \in E_{i_0}$ 取下确界也有 $\alpha_0 \leqslant \inf\limits_{x \in E_{i_0}} f(x)$, 且 $E_{i_0} \in \Im$. 从而获得

$$Q_A(s) = \alpha_{i_0} \otimes \hat{\mu}(E_{i_0} \bigcap A) \leqslant \inf_{x \in E_{i_0}} f(x) \otimes \hat{\mu}(E_{i_0} \bigcap A)$$

$$\leqslant \sup_{E \in \Im} \left(\inf_{x \in E} f(x) \otimes \hat{\mu}(E \bigcap A) \right) = (G) \int_A f \mathrm{d}\hat{\mu}.$$

两边再对简单函数 $s \in H(f)$ 取上确界, 而右端 $(G) \int_A f \mathrm{d}\hat{\mu}$ 与 s 无关, 故有

$$\sup_{s \in H(f)} Q_A(s) \leqslant (G) \int_A f \mathrm{d}\hat{\mu}.$$

再结合式 (2.23), 必有 $(G) \int_A f \mathrm{d}\hat{\mu} = \sup\limits_{s \in H(f)} Q_A(s)$.

引理 2.6 设 f 是 A 上非负有界可测函数, $\otimes$ 是拟乘算子, 则 $\sup\limits_{x \in A} (a \otimes f(x)) = a \otimes \sup\limits_{x \in A} f(x)$.

证明 依定义 2.16 和命题 2.4, 显有

$$\sup_{x \in A} (a \otimes f(x)) = \sup_{x \in A} K^{-1} \Big(K(a) K(f(x)) \Big)$$

$$= K^{-1} \left(\sup_{x \in A} \Big(K(a) K(f(x)) \Big) \right)$$

$$= K^{-1} \left(K(a) K \Big(\sup_{x \in A} f(x) \Big) \right) = a \otimes \sup_{x \in A} f(x).$$

定理 2.22 若 $c > 0, A \in \Im$, 则 $\int_A c \mathrm{d}\hat{\mu} = c \otimes \hat{\mu}(A)$.

证明 显然, $0 < \alpha \leqslant c$ 时, $N_\alpha(c) = X$; $\alpha > c$ 时, $N_\alpha(c) = \varnothing$, 按定义 2.24 得

$$\int_A c\mathrm{d}\hat{\mu} = \sup_{0<\alpha\leqslant c}\left(\alpha \otimes \hat{\mu}(N_\alpha(c)\bigcap A)\right) \vee \sup_{c<\alpha<+\infty}\left(\alpha \otimes \hat{\mu}(N_\alpha(c)\bigcap A)\right)$$

$$= \sup_{0<\alpha\leqslant c}(\alpha \otimes \hat{\mu}(A)) \vee \sup_{c<\alpha<+\infty}(\alpha \otimes 0)$$

$$= c \otimes \hat{\mu}(A).$$

定理 2.23 设 $(X, \Im, \hat{\mu})$ 是 K-拟加测度空间, f 是非负广义可测函数. 若 $b > 0, A \in \Im$, 则有 $\int_A (b \otimes f)\mathrm{d}\hat{\mu} = b \otimes \int_A f\mathrm{d}\hat{\mu}$.

证明 $\forall \alpha \in (0, +\infty)$, 明显有

$$N_\alpha(b \otimes f) = \{x\,|\,b \otimes f(x) \geqslant \alpha\}$$
$$= \{x\,|\,K(b)K(f(x)) \geqslant K(\alpha)\}$$
$$= \{x\,|\,f(x) \geqslant K^{-1}(K(\alpha)/K(b))\} = N_{K^{-1}(K(\alpha)/K(b))}(f).$$

令 $K^{-1}(K(\alpha)/K(b)) = \beta$, 则 $\alpha > 0 \Leftrightarrow \beta > 0$, 且有

$$K(\alpha) = K(b)K(\beta) \Rightarrow \alpha = K^{-1}(K(b)K(\beta)) = b \otimes \beta.$$

依定义 2.25 和引理 2.6 可得

$$\int_A (b \otimes f)\mathrm{d}\hat{\mu} = \sup_{\alpha>0}\left(\alpha \otimes \hat{\mu}(N_\alpha(b \otimes f)\bigcap A)\right)$$

$$= \sup_{\alpha>0}\left(\alpha \otimes \hat{\mu}\left(N_{K^{-1}(K(\alpha)/K(b))}(f)\bigcap A\right)\right)$$

$$= \sup_{\beta>0}\left(b \otimes \beta \otimes \hat{\mu}(N_\beta(f)\bigcap A)\right)$$

$$= b \otimes \sup_{\beta>0}\left(\beta \otimes \hat{\mu}(N_\beta(f)\bigcap A)\right)$$

$$= b \otimes \int_A f\mathrm{d}\hat{\mu}.$$

引理 2.7 设 f, g 是 A 上非负有界可测函数, 则 $\sup_{x \in A}(f(x) \oplus g(x)) \leqslant \sup_{x \in A} f(x) \oplus \sup_{x \in A} g(x)$.

证明 依定义 2.16 和命题 2.4, 有

$$\sup_{x \in A}(f(x) \oplus g(x)) = K^{-1}\left(\sup_{x \in A}\left(K(f(x)) + K(g(x))\right)\right)$$

2.3 广义 Sugeno 模糊积分

$$\leqslant K^{-1}\left(\sup_{x\in A} K\left(f(x)\right) + \sup_{x\in A} K\left(g(x)\right)\right)$$

$$= K^{-1}\left(\sup_{x\in A} K\left(f(x)\right)\right) \oplus K^{-1}\left(\sup_{x\in A} K\left(g(x)\right)\right)$$

$$= \sup_{x\in A} f(x) \oplus \sup_{x\in A} g(x).$$

定理 2.24 设 $(X,\Im,\hat{\mu})$ 是 K-拟加测度空间,f 是非负广义可测函数. 若 $A,B\in\Im$,且 $A\bigcap B=\varnothing$,则有 $\int_{A\cup B} f\mathrm{d}\hat{\mu} \leqslant \int_A f\mathrm{d}\hat{\mu} \oplus \int_B f\mathrm{d}\hat{\mu}$.

证明 $\forall \alpha \in (0,+\infty)$,显然 $(N_\alpha(f)\bigcap A)\bigcap(N_\alpha(f)\bigcap B)=\varnothing$,再依定义 2.17(2)、命题 2.1(3) 和引理 2.7 可获得

$$\int_{A\cup B} f\mathrm{d}\hat{\mu} = \sup_{\alpha>0}\left[\alpha\otimes\hat{\mu}\left((N_\alpha(f)\bigcap A)\bigcup(N_\alpha(f)\bigcap B)\right)\right]$$

$$= \sup_{\alpha>0}\left[\alpha\otimes\left(\hat{\mu}(N_\alpha(f)\bigcap A)\oplus\hat{\mu}(N_\alpha(f)\bigcap B)\right)\right]$$

$$= \sup_{\alpha>0}\left[\left(\alpha\otimes\hat{\mu}(N_\alpha(f)\bigcap A)\right)\oplus\left(\alpha\otimes\hat{\mu}(N_\alpha(f)\bigcap B)\right)\right]$$

$$\leqslant \sup_{\alpha>0}\left(\alpha\otimes\hat{\mu}\left(N_\alpha(f)\bigcap A\right)\right)\oplus\sup_{\alpha>0}\left(\alpha\otimes\hat{\mu}\left(N_\alpha(f)\bigcap B\right)\right)$$

$$= \int_A f\mathrm{d}\hat{\mu} \oplus \int_B f\mathrm{d}\hat{\mu}.$$

值得注意的是,一般情况下 $\int_A (f\oplus g)\mathrm{d}\hat{\mu} \leqslant \int_A f\mathrm{d}\hat{\mu} \oplus \int_A g\mathrm{d}\hat{\mu}$ 是不成立的.

定理 2.25 设 $(X,\Im,\hat{\mu})$ 是 K-拟加测度空间,f 是非负广义可测函数. 若 $\forall A\in\Im$,且满足 $\int_A f\mathrm{d}\hat{\mu}=0$,则 $f=0$ a.e. 于 A.

证明 设集合 $B=\{x\in A|f(x)\neq 0\}$,$B_n=\left\{x\in A\Big|f(x)\geqslant\frac{1}{n}\right\}$,则集合列 $\{B_n\}$ 单调递增,且 $\{B_n\}\subset A$,$n=1,2,\cdots$,并有 $B=\bigcup_{n=1}^{\infty} B_n=\lim_{n\to\infty} B_n$. 由拟乘算子 $\otimes$ 单调性,则有

$$0 = \int_A f\mathrm{d}\hat{\mu} \geqslant \int_{B_n} f\mathrm{d}\hat{\mu} \geqslant \int_{B_n} \frac{1}{n}\mathrm{d}\hat{\mu} = \frac{1}{n}\otimes\hat{\mu}(B_n) \geqslant 0.$$

故得 $\frac{1}{n}\otimes\hat{\mu}(B_n)=0$,亦即,$K\left(\frac{1}{n}\right)K(\hat{\mu}(B_n))=K(0)=0$. 而 $K\left(\frac{1}{n}\right)>0$,故有 $K(\hat{\mu}(B_n))=0$,进而有

$$\hat{\mu}(B_n) = K^{-1}(0) = 0, \quad n=1,2,\cdots.$$

依据非可加测度 $\hat{\mu}$ 的下连续性得

$$\hat{\mu}(B) = \hat{\mu}\left(\lim_{n\to\infty} B_n\right) = \lim_{n\to\infty} \hat{\mu}(B_n) = 0.$$

再由 $\mu(\cdot) = K(\hat{\mu}(\cdot))$, 则 Lebesgue 测度 $\mu(B) = 0$. 因此, $f = 0$ a.e. 于 A.

定理 2.26 设 $(X, \Im, \hat{\mu})$ 是 K-拟加测度空间, f, g 均是非负广义可测函数, 且 $f = g$ a.e. 于 X. 则 $\int_X f \mathrm{d}\hat{\mu} = \int_X g \mathrm{d}\hat{\mu} \Leftrightarrow \hat{\mu}$ 是零可加的.

证明 必要性. 若 $A, B \in \Im$, 且 $\hat{\mu}(B) = 0$, 往证 $\hat{\mu}(A \bigcup B) = \hat{\mu}(A)$. 现特取函数

$$f(x) = \begin{cases} 1, & x \in A, \\ 0, & x \notin A, \end{cases} \qquad g(x) = \begin{cases} 1, & x \in A \bigcup B, \\ 0, & x \notin A \bigcup B. \end{cases}$$

则有

$$\{x \in X \mid f(x) \neq g(x)\} = (A - A \bigcup B) \bigcup (A \bigcup B - A) = B \bigcap A^c \subset B.$$

故 $0 \leqslant \hat{\mu}(\{x \in X \mid f(x) \neq g(x)\}) \leqslant \hat{\mu}(B) = 0$, 亦即, $f = g$ a.e. 于 X. 再依所给 f, g 的表达式, 不难得知 $N_\alpha(g) = A \bigcup B, \forall \alpha \in (0, 1]$; $N_\alpha(g) = \varnothing, \alpha > 1$. 故有

$$\int_X g \mathrm{d}\hat{\mu} = \sup_{0 < \alpha \leqslant 1}\left(\alpha \otimes \hat{\mu}(N_\alpha(g))\right) \vee \sup_{1 < \alpha < +\infty}\left(\alpha \otimes \hat{\mu}(N_\alpha(g))\right)$$
$$= \sup_{0 < \alpha \leqslant 1}\left(\alpha \otimes \hat{\mu}(A \bigcup B)\right) \vee \sup_{1 < \alpha < +\infty}\left(\alpha \otimes \hat{\mu}(\varnothing)\right)$$
$$= \left(1 \otimes \hat{\mu}(A \bigcup B)\right) \vee 0 = \hat{\mu}(A \bigcup B).$$

同理可得 $\int_X f \mathrm{d}\hat{\mu} = \hat{\mu}(A)$. 故有 $\hat{\mu}(A \bigcup B) = \hat{\mu}(A)$, 亦即, $\hat{\mu}$ 是零可加的.

充分性. 设 $B = \{x \in X \mid f(x) \neq g(x)\}$, 依题设有 $\hat{\mu}(B) = 0$, 且有

$$N_\alpha(f) \subset N_\alpha(g) \bigcup B, \quad \forall \alpha \in (0, +\infty).$$

由 $\hat{\mu}$ 的单调性和零可加性知

$$\hat{\mu}(N_\alpha(f)) \leqslant \hat{\mu}(N_\alpha(g) \bigcup B) = \hat{\mu}(N_\alpha(g)).$$

故有

$$\int_X f \mathrm{d}\hat{\mu} = \sup_{\alpha > 0}(\alpha \otimes \hat{\mu}(N_\alpha(f))) \leqslant \sup_{\alpha > 0}(\alpha \otimes \hat{\mu}(N_\alpha(g))) = \int_X g \mathrm{d}\hat{\mu}.$$

如若交换 f 与 g 的位置, 也有 $N_\alpha(g) \subset N_\alpha(f) \bigcup B$ 成立, 进而可证得 $\int_X g \mathrm{d}\hat{\mu} \leqslant \int_X f \mathrm{d}\hat{\mu}$. 因此, 必有 $\int_X f \mathrm{d}\hat{\mu} = \int_X g \mathrm{d}\hat{\mu}$.

2.3.3 K-拟加 Sugeno 积分的收敛性

由于 K-拟加测度的值域已扩展到 $[0, +\infty]$, 故由此建立的 K-拟加 Sugeno 积分已不再具有模糊性. 此外, 拟乘算子 $\otimes$ 不是取小算子 $\wedge$ 的推广, 拟加算子 $\oplus$ 也

2.3 广义 Sugeno 模糊积分

不是取大算子 $\vee$ 的推广, 固然 K-拟加 Sugeno 积分也不是传统 Sugeno 模糊积分的推广, 这给进一步讨论积分收敛定理带来了困难. 下面, 基于拟加测度收敛的函数列来研究 K-拟加 Sugeno 积分的收敛性.

定义 2.26 设 $(X, \Im, \hat{\mu})$ 是 K-拟加测度空间, $\{f_n\}$ 是可测函数序列, f 是可测函数, $A \in \Im$. 若 $\forall \sigma > 0$, 满足 $\lim\limits_{n \to \infty} \hat{\mu}(N_\sigma(|f_n - f|) \bigcap A) = 0$, 则称函数列 $\{f_n\}$ 依 $\hat{\mu}$-收敛于 f.

定理 2.27 设 $(X, \Im, \hat{\mu})$ 是拟加测度空间, $\hat{\mu}(X) < +\infty$, $\hat{\mu}$ 是自连续. 若 $A \in \Im$, 非负可测函数列 $\{f_n\}$ 在 A 上依 $\hat{\mu}$-收敛于 f, 则 $\lim\limits_{n \to \infty} \int_A f_n \mathrm{d}\hat{\mu} = \int_A f \mathrm{d}\hat{\mu}$.

证明 不妨就 $A = X$ 情况证明. 依定义 2.25 上确界定义, $\forall \varepsilon > 0, \exists \beta_0 > 0$, 使

$$\int_X f \mathrm{d}\hat{\mu} \geqslant \beta_0 \otimes \hat{\mu}(N_{\beta_0}(f)) > \int_X f \mathrm{d}\hat{\mu} - \varepsilon. \tag{2.24}$$

由实数稠密性, 必存在 $\varepsilon_0 \in (0, \beta_0)$ 使

$$\beta_0 \otimes \hat{\mu}(N_{\beta_0}(f)) > (\beta_0 - \varepsilon_0) \otimes \hat{\mu}(N_{\beta_0}(f)) > \int_X f \mathrm{d}\hat{\mu} - \varepsilon.$$

再结合式 (2.24) 左端可得

$$(\beta_0 - \varepsilon_0) \otimes \hat{\mu}(N_{\beta_0}(f)) > \beta_0 \otimes \hat{\mu}(N_{\beta_0}(f)) - \varepsilon. \tag{2.25}$$

另一方面, 由 $f \leqslant |f - f_n| + f_n$, 可得

$$N_{\beta_0}(f) - N_{\bar{\varepsilon}_0}(|f_n - f|) \subset N_{\beta_0 - \varepsilon_0}(f_n).$$

因函数列 $\{f_n\}$ 依 $\hat{\mu}$-收敛于 f, 即 $\lim\limits_{n \to \infty} \hat{\mu}(N_{\bar{\varepsilon}}(|f_n - f|)) = 0$. 由 $\hat{\mu}$ 下自连续性, 必有

$$\lim\limits_{n \to \infty} \hat{\mu}(N_{\beta_0 - \varepsilon_0}(f_n)) \geqslant \lim\limits_{n \to \infty} \left(\hat{\mu}(N_{\beta_0}(f)) - \hat{\mu}(N_{\bar{\varepsilon}_0}(|f_n - f|)) \right) = \hat{\mu}(N_{\beta_0}(f)).$$

由数列极限保号性, $\exists N \in \mathbb{N}$, 当 $n \geqslant N$ 时, 总有 $\hat{\mu}(N_{\beta_0 - \varepsilon_0}(f_n)) \geqslant \hat{\mu}(N_{\beta_0}(f))$. 依拟乘算子 $\otimes$ 的单调性, 并结合式 (2.24) 和 (2.25) 获得

$$\int_X f_n \mathrm{d}\hat{\mu} \geqslant (\beta_0 - \varepsilon_0) \otimes \hat{\mu}(N_{\beta_0 - \varepsilon_0}(f_n)) \geqslant (\beta_0 - \varepsilon_0) \otimes \hat{\mu}(N_{\beta_0}(f))$$

$$> \int_X f \mathrm{d}\hat{\mu} - 2\varepsilon.$$

令 $n \to \infty$, 因数列 $\left\{ \int_X f_n \mathrm{d}\mu \right\}$ 未必收敛, 但可对该数列取上或下极限, 依 ε 的任意性得

$$\varlimsup\limits_{n \to \infty} \int_X f_n \mathrm{d}\hat{\mu} \geqslant \varliminf\limits_{n \to \infty} \int_X f_n \mathrm{d}\hat{\mu} \geqslant \int_X f \mathrm{d}\hat{\mu}. \tag{2.26}$$

下面, 若能往证式 (2.26) 的两端表达式相等, 则立刻获得定理结论成立.

事实上, 若 $\int_A f\mathrm{d}\hat{\mu} = +\infty$, 依据式 (2.26), 显然结论成立. 故以下总是假设 $\eta = \int_X f\mathrm{d}\hat{\mu} < +\infty$.

采取反证法, 若 $\varlimsup\limits_{n\to\infty}\int_X f_n\mathrm{d}\hat{\mu} > \eta$, 由实数稠密性, 存在 $\delta > 0$ 使得

$$\varlimsup_{n\to\infty}\int_X f_n\mathrm{d}\hat{\mu} > \eta + \delta > \eta.$$

由上极限性质, 存在子函数列 $\{f_{n_k}\} \subset \{f_n\}$ 使 $\rho_k \triangleq \int_X f_{n_k}\mathrm{d}\hat{\mu} > \eta + \delta$.

若令 $\varepsilon_k' = \rho_k - \eta - \delta > 0$, $k = 1, 2, 3, \cdots$. 依定义 2.25, 对每个 $\varepsilon_k' > 0$, 存在 $\alpha_k > 0$ 使

$$\alpha_k \otimes \hat{\mu}(N_{\alpha_k}(f_{n_k})) > \rho_k - \varepsilon_k' = \eta + \delta.$$

因在非负广义实数中总可选出单调收敛子数列 $\{\alpha_{k_i}\} \subset \{\alpha_k\}$, $i = 1, 2, 3, \cdots$, 不妨设 $\{\alpha_{k_i}\}$ 关于 i 递减, 且 $\lim\limits_{i\to\infty}\alpha_{k_i} = \alpha_0$. 则 $\alpha_0 \geqslant 0$, 且满足

$$\alpha_{k_i} \otimes \hat{\mu}(N_{\alpha_{k_i}}(f_{n_{k_i}})) > \eta + \delta, \quad i = 1, 2, 3, \cdots. \tag{2.27}$$

情况 1 当 $\alpha_0 > 0$ 时, 由实数稠密性及题设 $\hat{\mu}(X) < +\infty$, 存在 $\beta \in (0, \alpha_0)$, 使 $\hat{\mu}(N_\beta(f)) < +\infty$. 此时, 也存在 $m_0 \in \mathbb{N}$, 使 $\alpha_0 - \dfrac{1}{m_0} > \beta$, 且 $m \geqslant m_0$, 更有 $\alpha_0 - \dfrac{1}{m} > \beta$, 再由拟加测度 $\hat{\mu}$ 的单调性得 $\hat{\mu}(N_{\alpha_0-1/m}(f)) \leqslant \hat{\mu}(N_\beta(f)) < +\infty$. 又因集合列 $\{N_{\alpha_0-1/m}(f)\}$ 关于 m 单调递减, 故有

$$\lim_{m\to\infty} N_{\overline{\alpha_0-1/m}}(f) = \bigcap_{m=m_0}^{\infty} N_{\overline{\alpha_0-1/m}}(f) = N_{\alpha_0}(f). \tag{2.28}$$

再由拟可加测度 $\hat{\mu}$ 的上连续性知,

$$\lim_{m\to\infty}\hat{\mu}(N_{\overline{\alpha_0-1/m}}(f)) = \hat{\mu}\Big(\lim_{m\to\infty} N_{\overline{\alpha_0-1/m}}(f)\Big) = \hat{\mu}(N_{\alpha_0}(f)).$$

又因 $\alpha_n \downarrow \alpha_0$, $\forall m \geqslant m_0 \Rightarrow \alpha_n \geqslant \alpha_0 > \alpha_0 - \dfrac{1}{m} > \beta$, 且对子序列 $\{f_{n_{k_i}}\}$, 显有 $f_{n_{k_i}} \leqslant |f_{n_{k_i}} - f| + f$, $i = 1, 2, 3, \cdots$, 故有 $N_{\alpha_0}(f_{n_{k_i}}) \subset N_{\overline{\alpha_0-1/m}}(f) \bigcup N_{1/m}(|f_{n_{k_i}} - f|)$. 由 $\hat{\mu}$ 的单调性得

$$\hat{\mu}(N_{\alpha_0}(f_{n_{k_i}})) \leqslant \hat{\mu}\left(N_{1/m}(|f_{n_{k_i}} - f|) \bigcup N_{\overline{\alpha_0-1/m}}(f)\right).$$

2.3 广义 Sugeno 模糊积分

令 $i \to \infty$, 由 $\{f_n\}$ 依 $\hat{\mu}$-收敛于 f 及题设 $\hat{\mu}$ 的下自连续, 立即获得

$$\lim_{i \to \infty} \hat{\mu}(N_{\alpha_0}(f_{n_{k_i}})) \leqslant \lim_{i \to \infty} \hat{\mu}\left(N_{1/m}(|f_{n_{k_i}} - f|) \bigcup N_{\overline{\alpha_0 - 1/m}}(f)\right) = \hat{\mu}(N_{\overline{\alpha_0 - 1/m}}(f)).$$

由极限保号性, $\exists i_0(m) \in \mathbb{N}$, 当 $i \geqslant i_0(m)$ 时, 必有

$$\hat{\mu}(N_{\alpha_0}(f_{n_{k_i}})) \leqslant \hat{\mu}(N_{\overline{\alpha_0 - 1/m}}(f)).$$

因 $\alpha_{n_{k_i}} \geqslant \alpha_0$, 更有 $N_{\alpha_{k_i}}(f_{n_{k_i}}) \subset N_{\alpha_0}(f_{n_{k_i}})$. 依式 (2.27) 得

$$\eta + \delta < \alpha_{k_i} \otimes \hat{\mu}\left(N_{\overline{\alpha_0 - 1/m}}(f)\right).$$

令 $i \to \infty$, 由 $\lim\limits_{i \to \infty} \alpha_{k_i} = \alpha_0$ 及命题 2.1(6), 获得

$$\eta + \delta \leqslant \lim_{i \to \infty} \left(\alpha_{k_i} \otimes \hat{\mu}(N_{\overline{\alpha_0 - 1/m}}(f))\right) = \alpha_0 \otimes \hat{\mu}(N_{\overline{\alpha_0 - 1/m}}(f)).$$

再令 $m \to \infty$, 由式 (2.28) 及 $\hat{\mu}$ 的上连续性, 必有

$$\eta + \delta \leqslant \alpha_0 \otimes \hat{\mu}\left(\lim_{m \to \infty} N_{\overline{\alpha_0 - 1/m}}(f)\right) = \alpha_0 \otimes \hat{\mu}(N_{\alpha_0}(f)) \leqslant \int_X f \mathrm{d}\hat{\mu} = \eta.$$

因 $\eta < +\infty$, 从而推出 $\delta \leqslant 0$ 引起矛盾. 故必有 $\varlimsup\limits_{n \to \infty} \int_X f_n \mathrm{d}\hat{\mu} = \eta = \int_X f \mathrm{d}\hat{\mu}$.

情况 2 当 $\alpha_0 = 0$ 时, $\lim\limits_{i \to \infty} \alpha_{k_i} = 0$. 显然 $N_{\alpha_{k_i}}(f) \subset N_0(f) = X, i = 1, 2, 3, \cdots$. 依式 (2.27) 及拟乘运算 $\otimes$, 必有 $\eta + \delta < \alpha_{k_i} \otimes \hat{\mu}(X) < +\infty$. 令 $i \to \infty$, 由 K 和 K^{-1} 的连续性更有

$$\eta + \delta \leqslant \lim_{i \to \infty} K^{-1}\Big(K(\alpha_{k_i})K(\hat{\mu}(X))\Big) = K^{-1}\Big(K(\lim_{i \to \infty} \alpha_{k_i})K(\hat{\mu}(X))\Big)$$
$$= K^{-1}\Big(K(0)K(\hat{\mu}(X))\Big) = K^{-1}(0) = 0.$$

从而 $\eta + \delta \leqslant 0$, 这与选取 $\eta + \delta$ 的非负性矛盾. 综合上述两种情况, 总有

$$\varlimsup_{n \to \infty} \int_X f_n \mathrm{d}\hat{\mu} = \int_X f \mathrm{d}\hat{\mu}.$$

再由式 (2.26) 必有 $\varliminf\limits_{n \to \infty} \int_X f_n \mathrm{d}\hat{\mu} = \varlimsup\limits_{n \to \infty} \int_X f_n \mathrm{d}\hat{\mu}$, 进而获得

$$\lim_{n \to \infty} \int_X f_n \mathrm{d}\hat{\mu} = \int_X f \mathrm{d}\hat{\mu}.$$

从上述证明中不难发现, 若选取递增数列 $\{\alpha_{k_i}\}$, 只需讨论 $\alpha_0 < +\infty$ 和 $\alpha_0 = +\infty$ 两种情况即可. 下面, 进一步研究当函数列 $\{f_n\}$ 递增时, K-拟加 Sugeno 积分的单调收敛定理是否成立?

定理 2.28(单调增收敛定理)　设 $(X, \Im, \hat{\mu})$ 是拟加测度空间, $\{f_n\}$ 是非负递增的广义可测函数列. 若 $A \in \Im$, 则 $\lim\limits_{n\to\infty} \int_A f_n \mathrm{d}\hat{\mu} = \int_A \lim\limits_{n\to\infty} f_n \mathrm{d}\hat{\mu}$.

证明　由于非负函数列 $\{f_n\}$ 递增, 故在广义实数内必收敛, 不妨设 $\lim\limits_{n\to\infty} f_n(x) = f(x), \forall x \in A$, 则 f 也非负可测, 且 $\forall \alpha > 0$, 集合列 $\{N_\alpha(f_n)\}$ 关于 $n \in \mathbb{N}$ 递增, 关于 α 递减, 且有

$$\lim_{n\to\infty} N_\alpha(f_n) = \bigcup_{n=1}^{\infty} N_\alpha(f_n) = N_\alpha(f).$$

由拟可加测度 $\hat{\mu}$ 的下连续性, 显有

$$\lim_{n\to\infty} \hat{\mu}(N_\alpha(f_n) \bigcap A) = \hat{\mu}\left(\lim_{n\to\infty}(N_\alpha(f_n) \bigcap A)\right) = \hat{\mu}(N_\alpha(f) \bigcap A). \tag{2.29}$$

另一方面, 因 $\{f_n\}$ 递增, 则数列 $\left\{\int_A f_n \mathrm{d}\hat{\mu}\right\}$ 也递增, 从而 $\left\{\int_A f_n \mathrm{d}\hat{\mu}\right\}$ 在广义实数内必收敛, 且满足 $f_n(x) \leqslant f(x)$, 更有 $\int_A f_n \mathrm{d}\hat{\mu} \leqslant \int_A f \mathrm{d}\hat{\mu}, n = 1, 2, 3, \cdots$. 令 $n \to \infty$, 则有

$$\lim_{n\to\infty} \int_A f_n \mathrm{d}\hat{\mu} \leqslant \int_A f \mathrm{d}\hat{\mu}. \tag{2.30}$$

现往证式 (2.30) 等号成立! 采用反证法. 假设 $\lim\limits_{n\to\infty} \int_A f_n \mathrm{d}\hat{\mu} < \int_A f \mathrm{d}\hat{\mu}$, 由实数稠密性, 必存在正实数 $\beta \in (0, +\infty)$, 且对每个 $n \in \mathbb{N}$ 有

$$\int_A f_n \mathrm{d}\hat{\mu} \leqslant \lim_{n\to\infty} \int_A f_n \mathrm{d}\hat{\mu} < \beta < \int_A f \mathrm{d}\hat{\mu}, \tag{2.31}$$

按定义 2.25, $\forall \alpha \in (0, +\infty)$, 当然有

$$\alpha \otimes \hat{\mu}(N_\alpha(f_n) \bigcap A) \leqslant \sup_{\alpha > 0}\left[\alpha \otimes \hat{\mu}(N_\alpha(f_n) \bigcap A)\right] = \int_A f_n \mathrm{d}\hat{\mu} < \beta.$$

若按诱导算子 K 展开得

$$K^{-1}\Big(K(\alpha) \cdot K(\hat{\mu}(N_\alpha(f_n) \bigcap A))\Big) < \beta.$$

再由 K^{-1} 的严格单调性得 $K(\alpha) \cdot K(\hat{\mu}(N_\alpha(f_n) \bigcap A)) < K(\beta)$. 因 $K(\alpha) > 0$, 故有

$$\hat{\mu}(N_\alpha(f_n) \bigcap A) < K^{-1}\left(\frac{K(\beta)}{K(\alpha)}\right).$$

因正实数列 $\{\hat{\mu}(N_\alpha(f_n)\bigcap A)\}$ 递增, 故收敛. 若令 $n \to \infty$, 依据式 (2.29) 得

$$\hat{\mu}(N_\alpha(f)\bigcap A) = \lim_{n\to\infty} \hat{\mu}(N_\alpha(f_n)\bigcap A) \leqslant K^{-1}\left(\frac{K(\beta)}{K(\alpha)}\right).$$

依据定义 2.24 立即获得

$$\int_A f\mathrm{d}\hat{\mu} = \sup_{\alpha>0}\left(\alpha \otimes \hat{\mu}(N_\alpha(f)\bigcap A)\right) \leqslant \sup_{\alpha>0}\left(\alpha \otimes K^{-1}\left(\frac{K(\beta)}{K(\alpha)}\right)\right)$$
$$= \sup_{\alpha>0} K^{-1}\left(K(\alpha)\cdot\frac{K(\beta)}{K(\alpha)}\right) = \beta.$$

此结果与式 (2.31) 产生矛盾. 故式 (2.30) 只能等号成立, 亦即,

$$\lim_{n\to\infty}\int_A f_n\mathrm{d}\hat{\mu} = \int_A f\mathrm{d}\hat{\mu}.$$

不难看出, 对递减函数列 $\{f_n\}$ 若按上述类似方法证明却难以得到此积分的单调减收敛定理, 究其根源是 K-拟加 Sugeno 积分跟传统 Sugeno 模糊积分不同, 主要是拟乘算子 $\otimes$ 与拟加算子 $\oplus$ 不对偶, 但这并不说明 K-拟加 Sugeno 积分的单调减收敛定理不成立! 当然, 若在一定限制条件下也可寻求其他方法来获得. 此外, 关于其他收敛定理 (例如, Fatou 引理和 Lebesgue 控制收敛定理等) 也可在不同限制条件下获得, 本节将不再阐述.

参 考 文 献

[1] Choquet G. Theory of capacities. Ann. Inst. Fourier, 1953, 5: 131–295.

[2] Sugeno M. Theory of fuzzy integrals and its applications. Tokyo: Tokyo Institute of Technology, 1974.

[3] Sugeno M, Murofushi T. Pseudo-additive measures and integrals. J. Math. Anal. Appl., 1987, 122: 197–222.

[4] Ralescu D A, Adams G. The fuzzy integral. J. Math. Anal. Appl., 1980, 75: 562–570.

[5] Wang Z Y, Klir G J. Fuzzy Measure Theory. New York: Plenum Press, 1992.

[6] Wang Z Y. The autocontinuity of set-function and the fuzzy integral. J. Math. Anal. Appl., 1984, 99: 195–218.

[7] Wang Z Y. On the null-additivity and the autocontinuity of fuzzy measures. Fuzzy Sets and Systems, 1992, 45: 223–226.

[8] Wang Z Y, Klir G J, Wang W. Monotone set functions defined by Choquet integral. Fuzzy Sets and Systems, 1996, 81: 241–250.

[9] Wang Z Y, Klir G J, Wang W. Fuzzy measures defined by fuzzy integral and their absolute continuity. J. Math. Anal. Appl., 1996, 203: 150–165.

[10] Qiao Z. On fuzzy measure and fuzzy integral on fuzzy set. Fuzzy Sets and Systems, 1990, 37: 77–92.

[11] Zhang G Q. Fuzzy number-valued measure and fuzzy number-valued fuzzy integral on the fuzzy set. Fuzzy Sets and Systems, 1992, 49, 357–376.

[12] Wu C X, Ha M H. On the null-additivity and the uniform autocontinuity of a fuzzy measure. Fuzzy Sets and Systems, 1993, 58: 243–245.

[13] Wu C X, Wang S L, Ma M. Generalized fuzzy integrals: part 1. Fundamental concepts. Fuzzy Sets and Systems, 1993, 57: 219–226.

[14] Zhang D L, Wang Z X. Fuzzy integrals of fuzzy–valued functions. Fuzzy Sets and Systems, 1993, 54: 63–67.

[15] Zhang D L, Guo C M. Fuzzy integrals of set-valued mappings and fuzzy mappings. Fuzzy Sets and Systems, 1995, 75: 103–109.

[16] Ha M H, Wang X Z. Notes on Riesz's theorem on fuzzy measure space. Fuzzy Sets and Systems, 1997, 90; 361–363.

[17] Li J. Order continuous of monotone set function and convergence of measurable functions sequence. Applied Mathematics and Computation, 2005, 149 (3): 543–548.

[18] Fang J X. Some properties of sequences of generalized fuzzy integrable functions. Fuzzy Sets and Systems, 2007, 158: 1832–1842.

[19] Gong Z T, Wu C X, Li B L. On the problem of characterizing derivatives for the fuzzy-valued functions. Fuzzy Sets and Systems, 2002, 127: 315–322.

[20] Gong Z T, Shao Y B. The controlled convergence theorems for the strongly Henstock integrals of fuzzy number valued functions. Fuzzy Sets and Systems, 2009, 160: 1528–1546.

[21] 刘作述. Fuzzy 测度与积分理论 (I, II, III). 四川大学学报 (自然科学版), 1980, 6: 1–14; 1980, 16: 9–16; 1981, 17: 7–19.

[22] 赵汝怀. (N)- 模糊积分. 数学研究与评论, 1981, 2: 55–72.

[23] 张文修, 赵汝怀. Fuzzy 测度与 Fuzzy 积分的推广. 模糊数学, 1983, 3: 1–8.

[24] 罗承忠, 王德谋. 区间值函数积分的推广与 Fuzzy 值函数的积分. 模糊数学, 1983, 3: 44–52.

[25] 何家儒. Fuzzy 值函数的 Lebesgue 积分. 四川师范大学学报 (自然科学版), 1985, 4: 31–40.

[26] 杨庆季. Fuzzy 测度空间上的泛积分. 模糊数学, 1985, 3: 107–114.

[27] 蒋兴忠. tK-积分和 Kt-积分. 四川师范大学学报 (自然科学版), 1993, 16(2): 31–39.

[28] 吴从炘, 马明. 模糊分析学基础. 北京: 国防工业出版社, 1991.

[29] 张广全. 模糊测度论. 贵阳: 贵州科技出版社, 1994.

[30] 张广全. 模糊值测度论. 北京: 清华大学出版社, 1998.

[31] 哈明虎, 吴从炘. 模糊测度与模糊积分理论. 北京: 科学出版社, 1998.

[32] 张德利, 郭彩梅. 模糊积分论. 长春: 东北师大出版社, 2004.

[33] 张德利, 郭彩梅, 吴从炘. 模糊积分论进展. 模糊系统与数学, 2003, 17(4): 1–10.

[34] Wang G J, Li X P. On the convergence of the fuzzy valued functional defined by μ-integrable fuzzy valued functions. Fuzzy Sets and Systems, 1999, 107 (2), 219–226.

[35] Wang G J, Li X P. On the weak convergence of sequences of fuzzy measures and metric of fuzzy measure. Fuzzy Sets and Systems, 2000, 112 (2): 217–222.

[36] Wang G J, Li X P. Generalized Lebesgue integrals of fuzzy complex valued functions. Fuzzy Sets and Systems, 2002, 127(3), 363–370.

[37] Wang G J, Li X P. A few notes on K-quasi-addifive fuzzy integrals. J. Fuzzy Mathematics, 2004, 12 (4): 783–792.

[38] Wang G J, Li X P. K-quasi-additive fuzzy integrals of set-valued mappings. Progress in Natural Science, 2006, 16 (2): 125–132.

[39] Wang G J, Li X P. On generalized integrals representation of interval valued fuzzy degree and simiar degree. J. Fuzzy Mathematics, 2008, 16(2): 393–403.

[40] Wang G J, Li X P. Generalized fuzzy valued θ-Choquet integral and their double null asymptotic additivity. Iranian Journal of Fuzzy Systems, 2012, 9(2): 13–24.

[41] Wang G J, Li X P. Convergence of sequence of functions depicted by the order set valued measures. Applied Mathematical and Computational Sciences, 2012, 4(1): 49–66.

[42] 王贵君, 李晓萍. K-拟可加模糊积分的绝对连续性. 四川师范大学学报 (自然科学版), 1998, 21(3): 251–255.

[43] 王贵君, 李晓萍. 关于 K-拟可加模糊积分连续性的继续探讨——自连续性. 四川师范大学学报 (自然科学版), 1999, 22(1): 43–47.

[44] 王贵君. 广义模糊 Choquet 积分的自连续性. 天津师范大学学报 (自然科学版), 2003, 23(1): 25–28.

[45] 王贵君, 李晓萍. 广义模糊值 Choquet 积分的零可加性. 系统工程理论与实践, 2004, 24(2): 100–105.

[46] 王贵君, 李晓萍. 广义模糊值 Choquet 积分的结构特征及其自连续性. 数学进展, 2005, 34(1): 91–100.

[47] 王贵君, 李晓萍. K-拟可加模糊数值积分的零可加性与绝对连续性. 系统工程理论与实践, 2005, 25(1): 117–122.

[48] 王贵君. 广义模糊值 Choquet 积分的收敛性. 东北师大学报 (自然科学版), 2005, 37(1): 20–23.

[49] 王贵君, 李晓萍. K-拟加模糊数值积分及其收敛性. 数学进展, 2006, 35 (1): 109–119.

[50] 王贵君, 李晓萍. 广义模糊数值 Choquet 积分的伪自连续及其遗传性. 系统科学与数学, 2006, 26(4): 426–432.

[51] 王贵君, 李晓萍. K-拟可加模糊数值积分的自连续性. 数学杂志, 2006, 26(6): 635–641.

[52] 郝娜, 王贵君. 广义模糊值 Choquet 积分的双零渐近可加性. 四川师范大学学报 (自然科学版), 2007, 30(1): 62–65.

[53] 于姗姗, 李艳红, 王贵君. K-拟可加模糊值积分的双零渐近可加与穷竭性. 模糊系统与数学, 2007, 21(4): 114–119.

[54] 李艳红, 王贵君. 广义模糊值 Choquet 积分的强序连续与伪 S 性. 山东大学学报 (理学版), 2008, 43(4): 76–80.

[55] 李艳红. 模糊 Choquet-可积函数空间的凸锥结构. 模糊系统与数学, 2008, 22(6): 121–123.

[56] 李艳红, 王贵君. K-拟可加模糊测度空间上的广义 Sugeno 模糊积分. 浙江大学学报 (理学版), 2010, 37(4): 376–380.

[57] 李艳红. 广义拟 Sugeno 模糊积分的确界式等价表示. 浙江大学学报 (理学版), 2014, 41(2): 127–131.

[58] 郝娜, 王贵君. 广义 (N)-模糊积分的转换与表示定理. 模糊系统与数学, 2008, 22(4): 127–131.

[59] 高娜, 李艳红, 王贵君. 集值模糊测度的自连续性. 四川师范大学学报 (自然科学版), 2008, 31(4): 386–389.

[60] 王贵君, 李晓萍. 关于模糊值函数序列的 C-I 平均收敛. 系统科学与数学, 2009, 29(2): 253–262.

[61] 王贵君, 李晓萍, 周立群. K-拟可加模糊值积分的伪自连续及结构特征. 应用数学学报, 2010, 33(1): 66–77.

[62] 王贵君, 李晓萍. 拟可加测度空间上广义 Sugeno 积分的收敛性. 系统科学与数学, 2011, 31(7): 872–878.

[63] 王贵君, 李晓萍. 模糊值函数序列依 $\odot$-模糊积分平均收敛. 浙江大学学报 (理学版), 2012, 39(5): 496–500.

[64] 汪彬, 王贵君. 新序意义下集值模糊测度的伪自连续性. 模糊系统与数学, 2010, 24(2): 88–92.

[65] 肖侬, 王贵君. 集值模糊测度空间上可测函数列的收敛性. 黑龙江大学学报 (自然科学版), 2010, 27(3): 346–350.

[66] 张以新, 王贵君, 周立群. 集值模糊测度空间上的 Egoroff 定理. 山东大学学报 (理学版), 2010, 45(5): 69–73.

[67] 赵新虎, 王贵君. 新序结构下函数列的伪依集值模糊测度收敛. 模糊系统与数学, 2011, 25(2): 114–119.

[68] 赵纬经, 王贵君, 李洪兴. 模糊值函数的对偶 $\tilde{\mu}$-可积性及其应用. 系统工程理论与实践, 2011, 31(1): 113–121.

第 3 章 折线模糊神经网络及其性能分析

折线模糊神经网络 (折线 FNN) 是指网络输入、输出、连接权及阈值在折线模糊数空间 $F_0^{tn}(\mathbb{R})$ 中取值,其内部是基于折线模糊数的扩展算术运算所形成的一类网络系统. 而折线模糊数作为模糊数的特殊情况,它可由有限个有序实数唯一确定,进而实现线性运算. 实际上, 一般模糊数不能简单地进行线性运算, 只能依赖于复杂的 Zadeh 扩展原理进行, 而且运算不封闭, 甚至就连最简单的三角形或梯形模糊数也是如此. 因此, 如何近似地实现模糊数的非线性运算至关重要. 该运算对如何构造恰当的模糊神经网络来逼近非线性函数, 乃至研究学习算法和模糊信息处理都具有重要意义. 折线模糊数正是在此背景下被提出, 它在简化运算意义下克服了传统 Zadeh 扩展原理的烦琐性, 从而实现用折线模糊神经网络来近似替代传统模糊神经网络的目的.

3.1 MISO 折线 FNN 模型及特性

普通神经元推广到模糊神经元可有效地处理一些模糊信息, 并能提高信息处理的能力. 若将多个模糊神经元有机地连成一个整体, 即构成所谓的模糊神经网络. 实际中, 人们通常根据需要将网络系统的输入、输出、连接权和阈值局部或整体模糊化, 以便获得更为理想的结果.

本节将以多输入单输出 (MISO) 三层前向折线 FNN 为主要研究对象. 设置该网络系统的结构如下: 输入和输出神经元是线性的, 隐含层神经元转移函数 σ, 通常取非负递增函数. 拓扑结构如图 3.1 所示, 其中网络输入信号 X_i 均在 $F_0^{tn}(\mathbb{R})$ 取值, 当 X_i 取值模糊数时, 输入神经元按折线算子 $Z_n(\cdot)$ 来处理.

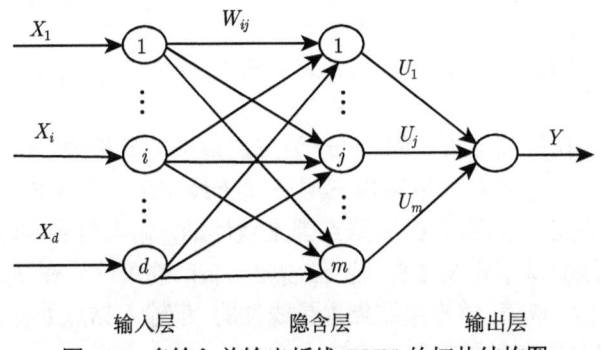

图 3.1 多输入单输出折线 FNN 的拓扑结构图

图 3.1 所描述拓扑结构图中, 对多个输入信号 $X_1, X_2, \cdots, X_d \in F_0^{tn}(\mathbb{R})$, 其连接权 W_{ij}, U_j 及隐含层阈值 Θ_j 也均在 $F_0^{tn}(\mathbb{R})$ 中取值. MISO 三层前向折线模糊神经网络的输入输出 (I/O) 关系表为

$$Y = F_{nn}(X_1, X_2, \cdots, X_d) = \sum_{j=1}^{m} U_j \cdot \sigma \left(\sum_{i=1}^{d} X_i \cdot W_{ij} + \Theta_j \right), \tag{3.1}$$

其中折线模糊数的算术运算依赖于定义 1.6, σ 是形如定义 1.6 中的扩展运算, MISO 折线 FNN 的输出 $Y \in F_0^{tn}(\mathbb{R})$, 并对每个 $i = 1, 2, \cdots, d$ (d 为输入维数), $j = 1, 2, \cdots, m$ (m 是总体神经元个数) 记为

$$\begin{cases} X_i = (x_{i0}^1, x_{i1}^1, \cdots, x_{in}^1, x_{in}^2, \cdots, x_{i1}^2, x_{i0}^2), \\ W_{ij} = (w_{i0}^1(j), w_{i1}^1(j), \cdots, w_{in}^1(j), w_{in}^2(j), \cdots, w_{i1}^2(j), w_{i0}^2(j)), \\ U_j = (u_0^1(j), u_1^1(j), \cdots, u_n^1(j), u_n^2(j), \cdots, u_1^2(j), u_0^2(j)), \\ \Theta_j = (\theta_0^1(j), \theta_1^1(j), \cdots, \theta_n^1(j), \theta_n^2(j), \cdots, \theta_1^2(j), \theta_0^2(j)), \\ Y = (y_0^1, y_1^1, \cdots, y_n^1, y_n^2, \cdots, y_1^2, y_0^2). \end{cases}$$

以下为表述方便, 记 $F_0^{tn}(\mathbb{R})^d = \underbrace{F_0^{tn}(\mathbb{R}) \times F_0^{tn}(\mathbb{R}) \times \cdots \times F_0^{tn}(\mathbb{R})}_{d}$, 且仅对三层折线 FNN 的两种输入信号 $X_i \in F_0^{tn}(\mathbb{R})$ 和 $X_i \in F_0(\mathbb{R})$ 考虑, 分别记为

$$\aleph[\sigma] = \left\{ F_{nn} : F_0^{tn}(\mathbb{R})^d \to F_0^{tn}(\mathbb{R}) | F_{nn}(X_1, \cdots, X_d) = \sum_{j=1}^{m} U_j \right.$$
$$\left. \cdot \sigma \left(\sum_{i=1}^{d} X_i \cdot W_{ij} + \tilde{\Theta}_j \right), m, d \in \mathbb{N}, \ X_i, U_j, W_{ij}, \Theta_j \in F_0^{tn}(\mathbb{R}) \right\},$$

$$\Im[\sigma] = \left\{ T_{nn} : F_0(\mathbb{R})^d \to F_0^{tn}(\mathbb{R}) \ \middle| \ T_{nn}(X_1, \cdots, X_d) = \sum_{j=1}^{m} U_j \right.$$
$$\left. \cdot \sigma \left(\sum_{i=1}^{d} Z_n(X_i) \cdot W_{ij} + \Theta_j \right), m, d \in \mathbb{N}, X_i \in F_0(\mathbb{R}), U_j, W_{ij}, \Theta_j \in F_0^{tn}(\mathbb{R}) \right\}.$$

称 $\aleph[\sigma]$ 为三层前向折线 FNN, 称 $\Im[\sigma]$ 为三层前向广义折线 FNN. 显然, $\forall F_{nn} \in \aleph[\sigma]$, F_{nn} 对应于一个多输入单输出三层前向折线 FNN, 其中隐含层结点处有转移函数 σ, 通常约定输入和输出层结点都是线性的, 输入信号和输出信号均属于 $F_0^{tn}(\mathbb{R})$, 其内部运算基于定义 1.6. 若 $\forall T_{nn} \in \Im[\sigma]$, 输入信号在 $F_0(\mathbb{R})$ 中取值, 而输出信号在 $F_0^{tn}(\mathbb{R})$ 取值, 输出层结点也是线性的, 但输入结点处有折线算子 $Z_n(\cdot)$, 其网络内部运算与转移函数均同于 $\aleph[\sigma]$.

3.1 MISO 折线 FNN 模型及特性

定理 3.1 设 $F_{nn} \in \aleph[\sigma]$, 转移函数 σ 是连续递增. 若 $\forall X = (X_1, X_2, \cdots, X_d) \in F_0^{tn}(\mathbb{R})^d$, 则输出 $F_{nn}(X)$ 可表为如下形式的 n-折线模糊数:

$$F_{nn}(X) = \left(f_0^1(X), f_1^1(X), \cdots, f_n^1(X), f_n^2(X), \cdots, f_1^2(X), f_0^2(X)\right),$$

其中 $f_k^q(X)\,(k=0,1,2,\cdots,n; q=1,2)$ 表达式为

$$f_k^1(X) = \sum_{j=1}^m \left(u_k^1(j) \cdot \sigma(s_k^1(j))\right) \wedge \left(u_k^1(j) \cdot \sigma(s_k^2(j))\right),$$

$$f_k^2(X) = \sum_{j=1}^m \left(u_k^2(j) \cdot \sigma(s_k^1(j))\right) \vee \left(u_k^2(j) \cdot \sigma(s_k^2(j))\right),$$

而 $s_k^1(j), s_k^2(j)$ 由下式定义:

$$s_k^1(j) = \sum_{i=1}^d \left((x_k^1(i)w_k^1(ij)) \wedge x_k^2(i)w_k^1(ij) \wedge x_k^1(i)w_k^2(ij) \wedge x_k^2(i)w_k^2(ij)\right) + \theta_k^1(j),$$

$$s_k^2(j) = \sum_{i=1}^d \left((x_k^1(i)w_k^1(ij)) \vee x_k^2(i)w_k^1(ij) \vee x_k^1(i)w_k^2(ij) \vee x_k^2(i)w_k^2(ij)\right) + \theta_k^2(j).$$

证明 由 $\aleph[\sigma]$ 的定义, $\forall j = 1, 2, \cdots, m; \forall i = 1, 2, \cdots, d,$ 设

$$X_i = \left(x_{i0}^1, x_{i1}^1, \cdots, x_{in}^1, x_{in}^2, \cdots, x_{i1}^2, x_{i0}^2\right),$$

$$W_{ij} = \left(w_{i0}^1(j), w_{i1}^1(j), \cdots, w_{in}^1(j), w_{in}^2(j), \cdots, w_{i1}^2(j), w_{i0}^2(j)\right),$$

$$U_j = \left(u_0^1(j), u_1^1(j), \cdots, u_n^1(j), u_n^2(j), \cdots, u_1^2(j), u_0^2(j)\right),$$

$$\Theta_j = \left(\theta_0^1(j), \theta_1^1(j), \cdots, \theta_n^1(j), \theta_n^2(j), \cdots, \theta_1^2(j), \theta_0^2(j)\right),$$

$$\Gamma_j(X) = \sum_{i=1}^d X_i \cdot W_{ij} + \Theta_j, \quad j = 1, 2, \cdots, m.$$

由折线模糊数扩展加法和乘法运算 (定义 1.6), 记

$$X_i \cdot W_{ij} = \left(c_{i0}^1(j), c_{i1}^1(j), \cdots, c_{in}^1(j), c_{in}^2(j), \cdots, c_{i1}^2(j), c_{i0}^2(j)\right).$$

其中

$$c_{ik}^1(j) = x_{ik}^1 w_{ik}^1(j) \wedge x_{ik}^1 w_{ik}^2(j) \wedge x_{ik}^2 w_{ik}^1(j) \wedge x_{ik}^2 w_{ik}^2(j),$$

$$c_{ik}^2(j) = x_{ik}^1 w_{ik}^1(j) \vee x_{ik}^1 w_{ik}^2(j) \vee x_{ik}^2 w_{ik}^1(j) \vee x_{ik}^2 w_{ik}^2(j).$$

这里, $k = 0, 1, 2, \cdots, n; i = 1, 2, \cdots, d; j = 1, 2, \cdots, m.$

$\Gamma_j(X)$ 表为 $\Gamma_j(X) = (s_0^1(j), s_1^1(j), \cdots, s_n^1(j), s_n^2(j), \cdots, s_1^2(j), s_0^2(j))$, 其中

$$s_k^q(j) = \sum_{i=1}^{d} c_{ik}^q(j) + \theta_k^q(j), q = 1, 2; k = 0, 1, 2, \cdots, n; j = 1, 2, \cdots, m.$$

显然有 $s_k^1(j) \leqslant s_k^2(j)$, 因 σ 是连续递增. 故有

$$\sigma(\Gamma_j(X)) = \big(\sigma(s_0^1(j)), \sigma(s_1^1(j)), \cdots, \sigma(s_n^1(j)), \sigma(s_n^2(j)), \cdots, \sigma(s_1^2(j)), \sigma(s_0^2(j))\big),$$

且 $\sigma(s_k^2(j)) \geqslant \sigma(s_k^1(j)) \geqslant 0$. 此时, $\forall k = 0, 1, 2, \cdots, n$, 若记

$$f_k^1(X) = \sum_{j=1}^{m} \big(u_k^1(j) \cdot \sigma(s_k^1(j)) \wedge u_k^1(j) \cdot \sigma(s_k^2(j))\big),$$

$$f_k^2(X) = \sum_{j=1}^{m} \big(u_k^2(j) \cdot \sigma(s_k^1(j)) \vee u_k^2(j) \cdot \sigma(s_k^2(j))\big).$$

则有

$$f_k^1(X) \leqslant f_{k+1}^1(X) \leqslant f_{k+1}^2(X) \leqslant f_k^2(X).$$

故 $F_{nn}(X)$ 可表成如下折线模糊数形式:

$$F_{nn}(X) = \left(f_0^1(X), f_1^1(X), \cdots, f_n^1(X), f_n^2(X), \cdots, f_1^2(X), f_0^2(X)\right).$$

由定理 3.1 的解析表示容易得到多输入单输出折线 FNN 的两个重要性质: 一致连续性和单调性. 下面, 仅在非负折线模糊数空间 $F_0^{tn}(\mathbb{R}^+)$ 上讨论.

定理 3.2 设 $F_{nn} \in \aleph[\sigma]$, σ 是非负连续递增的转移函数, 且连接权 $W_{ij}, U_j \in F_0^{tn}(\mathbb{R}^+)$, 阈值 $\Theta_j \in F_0^{tn}(\mathbb{R}^+)$, $i = 1, 2, \cdots, d; j = 1, 2, \cdots, m$. 则 F_{nn} 在 $F_0^{tn}(\mathbb{R}^+)^d$ 上一致连续.

证明 我们不妨设 $\|W_{ij}\|$ 和 $\|U_j\|$ 不全为零, $\forall A = (A_1, A_2, \cdots, A_d), B = (B_1, B_2, \cdots, B_d) \in F_0^{tn}(\mathbb{R}^+)^d$, 其中

$$\begin{aligned} A_i &= \left(a_0^1(i), a_1^1(i), \cdots, a_n^1(i), a_n^2(i), \cdots, a_1^2(i), a_0^2(i)\right), \\ B_i &= \left(b_0^1(i), b_1^1(i), \cdots, b_n^1(i), b_n^2(i), \cdots, b_1^2(i), b_0^2(i)\right), \end{aligned} \quad i = 1, 2, \cdots, d,$$

且 $a_k^q(i) \geqslant 0$, $b_k^q(i) \geqslant 0$, $q = 1, 2; k = 0, 1, 2, \cdots, n$, 这里连接权 W_{ij}, U_j 和阈值 Θ_j 同式 (3.1) 所示.

3.1 MISO 折线 FNN 模型及特性

定理 3.1 设 $F_{nn} \in \aleph[\sigma]$, 转移函数 σ 是连续递增. 若 $\forall X = (X_1, X_2, \cdots, X_d) \in F_0^{tn}(\mathbb{R})^d$, 则输出 $F_{nn}(X)$ 可表为如下形式的 n-折线模糊数:

$$F_{nn}(X) = \left(f_0^1(X), f_1^1(X), \cdots, f_n^1(X), f_n^2(X), \cdots, f_1^2(X), f_0^2(X)\right),$$

其中 $f_k^q(X)$ $(k=0,1,2,\cdots,n; q=1,2)$ 表达式为

$$f_k^1(X) = \sum_{j=1}^m \left(u_k^1(j) \cdot \sigma(s_k^1(j))\right) \wedge \left(u_k^1(j) \cdot \sigma(s_k^2(j))\right),$$

$$f_k^2(X) = \sum_{j=1}^m \left(u_k^2(j) \cdot \sigma(s_k^1(j))\right) \vee \left(u_k^2(j) \cdot \sigma(s_k^2(j))\right),$$

而 $s_k^1(j), s_k^2(j)$ 由下式定义:

$$s_k^1(j) = \sum_{i=1}^d \left((x_k^1(i)w_k^1(ij)) \wedge x_k^2(i)w_k^1(ij) \wedge x_k^1(i)w_k^2(ij) \wedge x_k^2(i)w_k^2(ij)\right) + \theta_k^1(j),$$

$$s_k^2(j) = \sum_{i=1}^d \left((x_k^1(i)w_k^1(ij)) \vee x_k^2(i)w_k^1(ij) \vee x_k^1(i)w_k^2(ij) \vee x_k^2(i)w_k^2(ij)\right) + \theta_k^2(j).$$

证明 由 $\aleph[\sigma]$ 的定义, $\forall j = 1, 2, \cdots, m; \forall i = 1, 2, \cdots, d,$ 设

$$X_i = \left(x_{i0}^1, x_{i1}^1, \cdots, x_{in}^1, x_{in}^2, \cdots, x_{i1}^2, x_{i0}^2\right),$$

$$W_{ij} = \left(w_{i0}^1(j), w_{i1}^1(j), \cdots, w_{in}^1(j), w_{in}^2(j), \cdots, w_{i1}^2(j), w_{i0}^2(j)\right),$$

$$U_j = \left(u_0^1(j), u_1^1(j), \cdots, u_n^1(j), u_n^2(j), \cdots, u_1^2(j), u_0^2(j)\right),$$

$$\Theta_j = \left(\theta_0^1(j), \theta_1^1(j), \cdots, \theta_n^1(j), \theta_n^2(j), \cdots, \theta_1^2(j), \theta_0^2(j)\right),$$

$$\Gamma_j(X) = \sum_{i=1}^d X_i \cdot W_{ij} + \Theta_j, \quad j = 1, 2, \cdots, m.$$

由折线模糊数扩展加法和乘法运算 (定义 1.6), 记

$$X_i \cdot W_{ij} = \left(c_{i0}^1(j), c_{i1}^1(j), \cdots, c_{in}^1(j), c_{in}^2(j), \cdots, c_{i1}^2(j), c_{i0}^2(j)\right).$$

其中

$$c_{ik}^1(j) = x_{ik}^1 w_{ik}^1(j) \wedge x_{ik}^1 w_{ik}^2(j) \wedge x_{ik}^2 w_{ik}^1(j) \wedge x_{ik}^2 w_{ik}^2(j),$$

$$c_{ik}^2(j) = x_{ik}^1 w_{ik}^1(j) \vee x_{ik}^1 w_{ik}^2(j) \vee x_{ik}^2 w_{ik}^1(j) \vee x_{ik}^2 w_{ik}^2(j).$$

这里, $k = 0, 1, 2, \cdots, n; i = 1, 2, \cdots, d; j = 1, 2, \cdots, m$.

$\Gamma_j(X)$ 表为 $\Gamma_j(X) = \left(s_0^1(j), s_1^1(j), \cdots, s_n^1(j), s_n^2(j), \cdots, s_1^2(j), s_0^2(j)\right)$, 其中

$$s_k^q(j) = \sum_{i=1}^d c_{ik}^q(j) + \theta_k^q(j), q = 1, 2; k = 0, 1, 2, \cdots, n; j = 1, 2, \cdots, m.$$

显然有 $s_k^1(j) \leqslant s_k^2(j)$, 因 σ 是连续递增. 故有

$$\sigma(\Gamma_j(X)) = \left(\sigma(s_0^1(j)), \sigma(s_1^1(j)), \cdots, \sigma(s_n^1(j)), \sigma(s_n^2(j)), \cdots, \sigma(s_1^2(j)), \sigma(s_0^2(j))\right),$$

且 $\sigma(s_k^2(j)) \geqslant \sigma(s_k^1(j)) \geqslant 0$. 此时, $\forall k = 0, 1, 2, \cdots, n$, 若记

$$f_k^1(X) = \sum_{j=1}^m \left(u_k^1(j) \cdot \sigma(s_k^1(j)) \wedge u_k^1(j) \cdot \sigma(s_k^2(j))\right),$$

$$f_k^2(X) = \sum_{j=1}^m \left(u_k^2(j) \cdot \sigma(s_k^1(j)) \vee u_k^2(j) \cdot \sigma(s_k^2(j))\right).$$

则有

$$f_k^1(X) \leqslant f_{k+1}^1(X) \leqslant f_{k+1}^2(X) \leqslant f_k^2(X).$$

故 $F_{nn}(X)$ 可表成如下折线模糊数形式:

$$F_{nn}(X) = \left(f_0^1(X), f_1^1(X), \cdots, f_n^1(X), f_n^2(X), \cdots, f_1^2(X), f_0^2(X)\right).$$

由定理 3.1 的解析表示容易得到多输入单输出折线 FNN 的两个重要性质: 一致连续性和单调性. 下面, 仅在非负折线模糊数空间 $F_0^{tn}(\mathbb{R}^+)$ 上讨论.

定理 3.2 设 $F_{nn} \in \aleph[\sigma]$, σ 是非负连续递增的转移函数, 且连接权 $W_{ij}, U_j \in F_0^{tn}(\mathbb{R}^+)$, 阈值 $\Theta_j \in F_0^{tn}(\mathbb{R}^+), i = 1, 2, \cdots, d; j = 1, 2, \cdots, m$. 则 F_{nn} 在 $F_0^{tn}(\mathbb{R}^+)^d$ 上一致连续.

证明 我们不妨设 $\|W_{ij}\|$ 和 $\|U_j\|$ 不全为零, $\forall A = (A_1, A_2, \cdots, A_d), B = (B_1, B_2, \cdots, B_d) \in F_0^{tn}(\mathbb{R}^+)^d$, 其中

$$\begin{aligned} A_i &= \left(a_0^1(i), a_1^1(i), \cdots, a_n^1(i), a_n^2(i), \cdots, a_1^2(i), a_0^2(i)\right), \\ B_i &= \left(b_0^1(i), b_1^1(i), \cdots, b_n^1(i), b_n^2(i), \cdots, b_1^2(i), b_0^2(i)\right), \end{aligned} \quad i = 1, 2, \cdots, d,$$

且 $a_k^q(i) \geqslant 0, b_k^q(i) \geqslant 0, q = 1, 2; k = 0, 1, 2, \cdots, n$, 这里连接权 W_{ij}, U_j 和阈值 Θ_j 同式 (3.1) 所示.

3.1 MISO 折线 FNN 模型及特性

此时, $\forall \varepsilon > 0$, 欲找到 $\delta > 0$, 使之满足: 若 $H(A, B) < \delta$, 则有

$$D\Big(F_{nn}(A_1, A_2, \cdots, A_d), F_{nn}(B_1, B_2, \cdots, B_d)\Big) < \varepsilon.$$

由定理 1.1 和定理 3.1 知

$$\begin{aligned}&D\Big(F_{nn}(A_1, A_2, \cdots, A_d), F_{nn}(B_1, B_2, \cdots, B_d)\Big) \\ &= \bigvee_{k=0}^{n}\Big(\big|f_k^1(A) - f_k^1(B)\big| \vee \big|f_k^2(A) - f_k^2(B)\big|\Big).\end{aligned} \tag{3.2}$$

若 $\forall j = 1, 2, \cdots, m; k = 0, 1, 2, \cdots, n$, 取 $X = A, B$, 记

$$s_k^1(A)(j) = \sum_{i=1}^{d}\Big((a_{ik}^1 w_{ik}^1(j)) \wedge (a_{ik}^1 w_{ik}^2(j)) \wedge (a_{ik}^2 w_{ik}^1(j)) \wedge (a_{ik}^2 w_{ik}^2(j))\Big) + \theta_k^1(j),$$

$$s_k^2(A)(j) = \sum_{i=1}^{d}\Big((a_{ik}^1 w_{ik}^1(j)) \vee (a_{ik}^1 w_{ik}^2(j)) \vee (a_{ik}^2 w_{ik}^1(j)) \vee (a_{ik}^2 w_{ik}^2(j))\Big) + \theta_k^2(j),$$

$$s_k^1(B)(j) = \sum_{i=1}^{d}\Big((b_{ik}^1 w_{ik}^1(j)) \wedge (b_{ik}^1 w_{ik}^2(j)) \wedge (b_{ik}^2 w_{ik}^1(j)) \wedge (b_{ik}^2 w_{ik}^2(j))\Big) + \theta_k^1(j),$$

$$s_k^2(B)(j) = \sum_{i=1}^{d}\Big((b_{ik}^1 w_{ik}^1(j)) \vee (b_{ik}^1 w_{ik}^2(j)) \vee (b_{ik}^2 w_{ik}^1(j)) \vee (b_{ik}^2 w_{ik}^2(j))\Big) + \theta_k^2(j).$$

显然, $0 \leqslant \sigma(s_k^1(A)(j)) \leqslant \sigma(s_k^2(A)(j)), 0 \leqslant \sigma(s_k^1(B)(j)) \leqslant \sigma(s_k^2(B)(j))$. 由定理 3.1,

$$\begin{aligned}&\big|f_k^1(A) - f_k^1(B)\big| \\ &\leqslant \sum_{j=1}^{m}\Big|u_k^1(j)\sigma(s_k^1(A)(j)) \wedge u_k^1(j)\sigma(s_k^2(A)(j)) - u_k^1(j)\sigma(s_k^1(B)(j)) \wedge u_k^1(j)\sigma(s_k^2(B)(j))\Big| \\ &= \begin{cases} \sum\limits_{j=1}^{m} u_k^1(j) \cdot \big|\sigma(s_k^1(A)(j)) - \sigma(s_k^1(B)(j))\big|, & u_k^1(j) \geqslant 0, \\ \sum\limits_{j=1}^{m} (-u_k^1(j)) \cdot \big|\sigma(s_k^2(A)(j)) - \sigma(s_k^2(B)(j))\big|, & u_k^1(j) < 0. \end{cases}\end{aligned} \tag{3.3}$$

同理可得

$$\big|f_k^2(A) - f_k^2(B)\big| \leqslant \begin{cases} \sum\limits_{j=1}^{m} u_k^2(j) \cdot \big|\sigma(s_k^2(A)(j)) - \sigma(s_k^2(B)(j))\big|, & u_k^2(j) \geqslant 0, \\ \sum\limits_{j=1}^{m} (-u_k^2(j)) \cdot \big|\sigma(s_k^1(A)(j)) - \sigma(s_k^1(B)(j))\big|, & u_k^2(j) < 0. \end{cases} \tag{3.4}$$

若令
$$c = \min_{1 \leqslant j \leqslant m} \left(s_0^1(A)(j) \wedge s_0^1(B)(j) \right), \quad e = \max_{1 \leqslant j \leqslant m} \left(s_0^2(A)(j) \vee s_0^2(B)(j) \right),$$
则显有 $c \leqslant e$.

由题设转移函数 σ 在闭区间 $[c,e]$ 上连续, 从而 σ 在 $[c,e]$ 上一致连续, 亦即, 对上述 $\varepsilon > 0$, $\exists \delta_0 > 0, \forall x_1, x_2 \in [c,e]$ 且 $|x_1 - x_2| < \delta_0$, 则有 $|\sigma(x_1) - \sigma(x_2)| < \varepsilon$.

因 $A_i, B_i \in F_0^{tn}(\mathbb{R}^+)$, $W_{ij} \in F_0^{tn}(\mathbb{R}^+)$, 故 $\forall i = 1, 2, \cdots, d; j = 1, 2, \cdots, m$, 必有
$$0 \leqslant a_{ik}^1 \leqslant a_{ik}^2, \quad 0 \leqslant b_{ik}^1 \leqslant b_{ik}^2, \quad w_{ik}^1(j) \leqslant w_{ik}^2(j), \quad k = 0, 1, 2, \cdots, n,$$
且满足
$$s_k^1(A)(j) = \sum_{i=1}^d \left((a_{ik}^1 w_{ik}^1(j)) \wedge (a_{ik}^2 w_{ik}^1(j)) \right) + \theta_k^1(j),$$
$$s_k^1(B)(j) = \sum_{i=1}^d \left((b_{ik}^1 w_{ik}^1(j)) \wedge (b_{ik}^2 w_{ik}^1(j)) \right) + \theta_k^1(j).$$

再令 $\|W\| = \max\limits_{1 \leqslant i \leqslant d} \max\limits_{1 \leqslant j \leqslant m} \|W_{ij}\|$, 其中 $W_{ij} \in F_0^{tn}(\mathbb{R}^+)$, 则有

$$\left| s_k^1(A)(j) - s_k^1(B)(j) \right| \leqslant \begin{cases} \sum\limits_{i=1}^d w_{ik}^1(j) \cdot \left| a_{ik}^1 - b_{ik}^1 \right|, & w_{ik}^1(j) \geqslant 0, \\ \sum\limits_{i=1}^d (-w_{ik}^1(j)) \cdot \left| a_{ik}^2 - b_{ik}^2 \right|, & w_{ik}^1(j) < 0 \end{cases}$$

$$\leqslant \sum_{i=1}^d \left| w_{ik}^1(j) \right| \cdot D(A_i, B_i) \leqslant \|W\| \sum_{i=1}^d D(A_i, B_i) = \|W\| \cdot H(A, B).$$

同理也可获得
$$\left| s_k^2(A)(j) - s_k^2(B)(j) \right| \leqslant \|W\| \cdot H(A,B), k = 0, 1, 2, \cdots, n; j = 1, 2, \cdots, m.$$

因此, 对 $q = 1, 2$, 若使
$$\left| s_k^q(A)(j) - s_k^q(B)(j) \right| \leqslant \|W\| \cdot H(A,B) < \delta_0.$$

选取 $\delta = \dfrac{\delta_0}{\|W\|} > 0$, 亦即, δ 被取到了.

令 $\|U\| = \max\limits_{1 \leqslant j \leqslant m} \|U_j\| > 0$, 由 c 和 e 定义, 显有 $s_k^1(A)(j), s_k^2(A)(j), s_k^1(B)(j)$, $s_k^2(B)(j) \in [c,e]$. 故对上述 $\varepsilon > 0$, 由 σ 在 $[c,e]$ 上一致连续性, 必有

$$\left| \sigma(s_k^q(A)(j)) - \sigma(s_k^q(B)(j)) \right| < \frac{\varepsilon}{m\|U\|}, \quad q = 1, 2. \tag{3.5}$$

3.1 MISO 折线 FNN 模型及特性

于是, $\forall \varepsilon > 0$, 取 $\delta = \dfrac{\delta_0}{\|W\|} > 0$, $\forall A = (A_1, A_2, \cdots, A_d)$, $B = (B_1, B_2, \cdots, B_d) \in F_0^{tn}(\mathbb{R}^+)^d$, 且 $H(A,B) < \delta$ 时, 由式 (3.3)—(3.5), $\forall k = 0, 1, 2, \cdots, n$, 必有

$$\left|f_k^1(A) - f_k^1(B)\right| < \sum_{j=1}^m |u_k^1(j)| \cdot \left(\frac{\varepsilon}{m\|U\|}\right)$$

$$\leqslant \frac{\varepsilon}{m\|U\|} \sum_{j=1}^m \|U_j\| \leqslant \varepsilon.$$

同理也有 $\left|f_k^2(A) - f_k^2(B)\right| < \varepsilon$. 再由式 (3.2), 立刻获得

$$D\bigg(F_{nn}(A_1, A_2, \cdots, A_d), F_{nn}(B_1, B_2, \cdots, B_d)\bigg) < \varepsilon.$$

因此, F_{nn} 在 $F_0^{tn}(\mathbb{R}^+)^d$ 上一致连续.

事实上, 在定理 3.2 中若 $\forall A, B \in F_0^{tn}(\mathbb{R})^d$, 其支撑集满足 $\operatorname{Supp} A_i, \operatorname{Supp} B_i \subset \mathbb{R}$, $i = 1, 2, \cdots, d$. 此时, 需对实数 a_{ik}^1, a_{ik}^2 或 b_{ik}^1, b_{ik}^2 的正负性分别讨论. 按类似方法, 也有下述推论成立.

推论 3.1 若 $F_{nn} \in \aleph[\sigma]$, σ 是非负连续递增的转移函数, 且连接权 $W_{ij}, U_j \in F_0^{tn}(\mathbb{R}^+)$, 阈值 $\Theta_j \in F_0^{tn}(\mathbb{R}^+)$, $i = 1, 2, \cdots, d; j = 1, 2, \cdots, m$, 则 F_{nn} 在 $F_0^{tn}(\mathbb{R})^d$ 上也一致连续.

定义 3.1 设 d 元 n-折线模糊函数 $F : F_0^{tn}(\mathbb{R})^d \to F_0^{tn}(\mathbb{R})$, 紧集 $\Re \subset F_0^{tn}(\mathbb{R})^d$, 若 $\forall \varepsilon > 0$, 存在 $m \in \mathbb{N}$ 及连接权 $W_{ij}, U_j \in F_0^{tn}(\mathbb{R})$ 和阈值 $\Theta_j \in F_0^{tn}(\mathbb{R})(i = 1, 2, \cdots, d; j = 1, 2, \cdots, m)$, 使得 $\forall X = (X_1, X_2, \cdots, X_d) \in \Re$, 总有 $D(F(X), F_{nn}(X)) < \varepsilon$. 则称折线 FNN $\aleph[\sigma]$ 对 F 具有逼近性.

定理 3.3 设 d 元 n-折线模糊函数 $F : F_0^{tn}(\mathbb{R})^d \to F_0^{tn}(\mathbb{R})$, 转移函数 σ 是非负连续递增, $\Re$ 是 $F_0^{tn}(\mathbb{R})^d$ 紧子集. 若折线 FNN $\aleph[\sigma]$ 对 F 有逼近性, 则 F 在紧集 $\Re$ 上一致连续.

证明 因 $\aleph[\sigma]$ 对 F 具有逼近性, 对紧集 $\Re \subset F_0^{tn}(\mathbb{R})^d$ 来说, 依据定义 3.1, $\forall \varepsilon > 0$, 必存在 $F_{nn} \in \aleph[\sigma]$, 使 $\forall X = (X_1, X_2, \cdots, X_d) \in \Re$, 有 $D(F(X), F_{nn}(X)) < \varepsilon/3$, 当然, $\forall Y = (Y_1, Y_2, \cdots, Y_d) \in \Re$, 也有 $D(F(Y), F_{nn}(Y)) < \varepsilon/3$.

另一方面, 由定理 3.2 知, F_{nn} 在紧集 $\Re$ 上一致连续, 亦即, 对上述 $\varepsilon > 0$, 存在 $\delta > 0$, $\forall X = (X_1, X_2, \cdots, X_d), Y = (Y_1, Y_2, \cdots, Y_d) \in \Re$, 且当 $H(X,Y) = \sum_{i=1}^d D(X_i, Y_i) < \delta$ 时, 恒有

$$D\bigg(F_{nn}(X), F_{nn}(Y)\bigg) < \frac{\varepsilon}{3}.$$

再由模糊距离 D 的三点不等式性, 更有

$$D(F(X), F(Y)) \leqslant D(F(X), F_{nn}(X)) + D(F_{nn}(X), F_{nn}(Y)) + D(F_{nn}(Y), F(Y))$$

$$< \frac{\varepsilon}{3} + \frac{\varepsilon}{3} + \frac{\varepsilon}{3} = \varepsilon.$$

因此, n-折线模糊函数 F 在紧集 $\Re$ 上也一致连续.

下面, 再来讨论折线 FNN 在折线模糊数空间 $F_0^{tn}(\mathbb{R})$ 上的单调性. 为简单起见, 我们仍选择在非负折线模糊数空间 $F_0^{tn}(\mathbb{R}^+)$ 上讨论问题.

定理 3.4 设 $F_{nn} \in \aleph[\sigma]$, σ 是非负递增函数. 若 $A = (A_1, A_2, \cdots, A_d)$, $B = (B_1, B_2, \cdots, B_d) \in F_0^{tn}(\mathbb{R}^+)^d$, 且满足 $A_i \subset B_i$ ($i = 1, 2, \cdots, d$), 则 F_{nn} 在 $F_0^{tn}(\mathbb{R}^+)^d$ 上单调递增, 即 $F_{nn}(A) \subset F_{nn}(B)$.

证明 $\forall A, B \in F_0^{tn}(\mathbb{R}^+)^d$, 不妨设

$$A_i = \left(a_{i0}^1, a_{i1}^1, \cdots, a_{in}^1, a_{in}^2, \cdots, a_{i1}^2, a_{i0}^2\right),$$
$$B_i = \left(b_{i0}^1, b_{i1}^1, \cdots, b_{in}^1, b_{in}^2, \cdots, b_{i1}^2, b_{i0}^2\right).$$

则有

$$F_{nn}(A) = \sum_{j=1}^{m} U_j \cdot \sigma\left(\sum_{i=1}^{d} A_i \cdot W_{ij} + \Theta_j\right),$$
$$F_{nn}(B) = \sum_{j=1}^{m} U_j \cdot \sigma\left(\sum_{i=1}^{d} B_i \cdot W_{ij} + \Theta_j\right),$$

其中连接权 W_{ij}, U_j 和阈值 Θ_j 均如式 (3.1) 所示, 且满足 $A_i \subset B_i$ ($i = 1, 2, \cdots, d$).

首先往证 $\sigma\left(\sum_{i=1}^{d} A_i \cdot W_{ij} + \Theta_j\right) \subset \sigma\left(\sum_{i=1}^{d} B_i \cdot W_{ij} + \Theta_j\right)$.

事实上, 若对 $A_i, B_i \in F_0^{tn}(\mathbb{R}^+)$ 均有 $A_i \subset B_i$ ($i = 1, 2, \cdots, d$). 依折线模糊数序的定义, 必有

$$0 \leqslant b_{ik}^1 \leqslant a_{ik}^1 \leqslant a_{ik}^2 \leqslant b_{ik}^2, \quad \forall k = 1, 2, \cdots, n;\ i = 1, 2, \cdots, d.$$

按照区间数乘积运算 $[c_1, c_2] = [a_1, a_2] \times [b_1, b_2]$ 获得

$$A_i \cdot W_{ij} = \left(c_{i0}^1(j), c_{i1}^1(j), \cdots, c_{in}^1(j), c_{in}^2(j), \cdots, c_{i1}^2(j), c_{i0}^2(j)\right),$$
$$B_i \cdot W_{ij} = \left(e_{i0}^1(j), e_{i1}^1(j), \cdots, e_{in}^1(j), e_{in}^2(j), \cdots, e_{i1}^2(j), e_{i0}^2(j)\right),$$

其中

$$[c_{ik}^1(j), c_{ik}^2(j)] = \left[a_{ik}^1 w_{ik}^1(j) \wedge a_{ik}^2 w_{ik}^1(j),\ a_{ik}^1 w_{ik}^2(j) \vee a_{ik}^2 w_{ik}^2(j)\right],$$
$$[e_{ik}^1(j), e_{ik}^2(j)] = \left[b_{ik}^1 w_{ik}^1(j) \wedge b_{ik}^2 w_{ik}^1(j),\ b_{ik}^1 w_{ik}^2(j) \vee b_{ik}^2 w_{ik}^2(j)\right].$$

下证 $\forall k = 1, \cdots, n$ 和固定 $j \in \{1, 2, \cdots, p\}$, 总有

$$[c_{ik}^1(j), c_{ik}^2(j)] \subset [e_{ik}^1(j), e_{ik}^2(j)], \quad \text{i.e.,} e_{ik}^1(j) \leqslant c_{ik}^1(j) \leqslant c_{ik}^2(j) \leqslant e_{ik}^2(j).$$

现对 $w_{ik}^1(j), w_{ik}^2(j)$ 进行分类讨论.

(1) 当 $w_{ik}^1(j) \leqslant w_{ik}^2(j) \leqslant 0$ 时, 由 $b_{ik}^1 \leqslant a_{ik}^1 \leqslant a_{ik}^2 \leqslant b_{ik}^2 \Rightarrow a_{ik}^2 w_{ik}^1(j) \geqslant b_{ik}^2 w_{ik}^1(j)$, 且 $a_{ik}^1 w_{ik}^2(j) \leqslant b_{ik}^1 w_{ik}^2(j)$. 故有 $[c_{ik}^1(j), c_{ik}^2(j)] \subset [e_{ik}^1(j), e_{ik}^2(j)]$.

(2) 当 $0 \leqslant w_{ik}^1(j) \leqslant w_{ik}^2(j)$ 和 $w_{ik}^1(j) \leqslant 0 \leqslant w_{ik}^2(j)$ 时, 仍有 $[c_{ik}^1(j), c_{ik}^2(j)] \subset [e_{ik}^1(j), e_{ik}^2(j)]$. 故有 $A_i \cdot W_{ij} \subset B_i \cdot W_{ij}$.

依据定义 1.6 和定理 1.1, 必有 $\sum_{i=1}^d A_i \cdot W_{ij} \subset \sum_{i=1}^d B_i \cdot W_{ij}$, 更有

$$\sum_{i=1}^d A_i \cdot W_{ij} + \Theta_j \subset \sum_{i=1}^d B_i \cdot W_{ij} + \Theta_j, \quad j = 1, 2, \cdots, p.$$

不妨设

$$\sum_{i=1}^d A_i \cdot W_{ij} + \Theta_j = \left(l_0^1(j), l_1^1(j), \cdots, l_n^1(j), l_n^2(j), \cdots, l_1^2(j), l_0^2(j)\right),$$

$$\sum_{i=1}^d B_i \cdot W_{ij} + \Theta_j = \left(h_0^1(j), h_1^1(j), \cdots, h_n^1(j), h_n^2(j), \cdots, h_1^2(j), h_0^2(j)\right).$$

故 $\forall k = 1, 2, \cdots, n$, 有 $h_k^1(j) \leqslant l_k^1(j) \leqslant l_k^2(j) \leqslant h_k^2(j), j = 1, 2, \cdots, p$.

又因转移函数 σ 非负递增, 故有 $\sigma(h_k^1(j)) \leqslant \sigma(l_k^1(j)) \leqslant \sigma(l_k^2(j)) \leqslant \sigma(h_k^2(j))$. 再依 σ 的扩展运算 (定义 1.6) 有

$$\sigma\left(\sum_{i=1}^d A_i \cdot W_{ij} + \Theta_j\right)$$
$$= \left(\sigma(l_0^1(j)), \sigma(l_1^1(j)), \cdots, \sigma(l_n^1(j)), \sigma(l_n^2(j)), \cdots, \sigma(l_1^2(j)), \sigma(l_0^2(j))\right),$$

$$\sigma\left(\sum_{i=1}^d B_i \cdot W_{ij} + \Theta_j\right)$$
$$= \left(\sigma(h_0^1(j)), \sigma(h_1^1(j)), \cdots, \sigma(h_n^1(j)), \sigma(h_n^2(j)), \cdots, \sigma(h_1^2(j)), \sigma(h_0^2(j))\right).$$

故有

$$\sigma\left(\sum_{i=1}^d A_i \cdot W_{ij} + \Theta_j\right) \subset \sigma\left(\sum_{i=1}^d B_i \cdot W_{ij} + \Theta_j\right), \quad j = 1, 2, \cdots, p,$$

进而得

$$F_{nn}(A) \subset F_{nn}(B).$$

推论 3.2 设 $T_{nn} \in \Im[\sigma]$. 若 $\forall A = (A_1, A_2, \cdots, A_d), B = (B_1, B_2, \cdots, B_d) \in F_0(\mathbb{R})^d$, 且满足 $A_i \subset B_i (i = 1, 2, \cdots, d)$, 则 T_{nn} 在 $F_0(\mathbb{R})^d$ 上也单调递增.

实际上，只需对 A_i, B_i 实施折线模糊化使 $Z_n(A_i), Z_n(B_i) \in F_0^{tn}(\mathbb{R})$ 即可。

定理 3.5 设模糊函数 $F: F_0(\mathbb{R})^d \to F_0(\mathbb{R})$. 若广义折线 FNN $\Im[\sigma]$ 对 F 有逼近性，则 F 在 $F_0(\mathbb{R})^d$ 上单调递增。

证明 反证法. 设结论不真，则存在 $A = (A_1, A_2, \cdots, A_d), B = (B_1, B_2, \cdots, B_d) \in F_0(\mathbb{R})^d$，虽然 $A \subset B$（即 $A_i \subset B_i$, $i = 1, 2, \cdots, d$)，但 $F(A) \not\subset F(B)$ 或存在 $n \in \mathbb{N}$，使 $Z_n(F(A)) \not\subset Z_n(F(B))$.

现 $\forall X = (X_1, X_2, \cdots, X_d) \in F_0(\mathbb{R})^d$，若设

$$Z_n(F(X)) = \left(h_0^1(X), h_1^1(X), \cdots, h_n^1(X), h_n^2(X), \cdots, h_1^2(X), h_0^2(X)\right),$$

其中映射 $h_i^q: F_0(\mathbb{R})^d \to \mathbb{R}$, $i = 1, 2, \cdots, d; q = 1, 2$.

若令 $X = A, B$，依定理 1.1，存在 $i_0 \in \{1, 2, \cdots, d\}$，使 $h_{i_0}^1(A) < h_{i_0}^1(B)$ 或 $h_{i_0}^2(A) > h_{i_0}^2(B)$. 不妨设 $h_{i_0}^1(A) < h_{i_0}^1(B)$，取紧集 $\Re = \{A, B\}$，并取 $\varepsilon_0 = \left(h_{i_0}^1(B) - h_{i_0}^1(A)\right)/2$. 依定义 3.1，对上述 $\varepsilon_0 > 0, \exists T_{nn} \in \Im[\sigma]$，使 $\forall X \in \Re$，总有

$$D\Big(Z_n(F(X)), Z_n(T_{nn}(X))\Big) \leqslant D\Big(F(X), T_{nn}(X)\Big) < \varepsilon_0.$$

根据定理 3.1，令

$$Z_n(T_{nn}(A)) = \left(l_0^1(A), l_1^1(A), \cdots, l_n^1(A), l_n^2(A), \cdots, l_1^2(A), l_0^2(A)\right),$$

$$Z_n(T_{nn}(B)) = \left(l_0^1(B), l_1^1(B), \cdots, l_n^1(B), l_n^2(B), \cdots, l_1^2(B), l_0^2(B)\right).$$

这里映射 $l_i^q: F_0(\mathbb{R})^d \to \mathbb{R}$, $q = 1, 2; i = 1, 2, \cdots, d$. 由定理 1.1，若令 $X = A$，则有

$$\left|l_{i_0}^1(A) - h_{i_0}^1(A)\right| \leqslant \bigvee_{i=0}^{n}\left(\left|l_i^1(A) - h_i^1(A)\right| \vee \left|l_i^2(A) - h_i^2(A)\right|\right)$$

$$= D\Big(Z_n(F(A)), Z_n(T_{nn}(A))\Big) < \varepsilon_0.$$

同理，若令 $X = B$，也有 $\left|l_{i_0}^1(B) - h_{i_0}^1(B)\right| < \varepsilon_0$，亦即，

$$-2\varepsilon_0 < l_{i_0}^1(B) - l_{i_0}^1(A) + h_{i_0}^1(A) - h_{i_0}^1(B) < 2\varepsilon_0.$$

依假设可得 $h_{i_0}^1(A) - h_{i_0}^1(B) = -2\varepsilon_0$，代入上式整理得

$$-2\varepsilon_0 < -2\varepsilon_0 + l_{i_0}^1(B) - l_{i_0}^1(A) \Rightarrow l_{i_0}^1(B) > l_{i_0}^1(A).$$

另一方面，由推论 3.2 得 $T_{nn}(A) \subset T_{nn}(B)$，再依定理 1.1 得 $Z_n(T_{nn}(A)) \subset Z_n(T_{nn}(B))$. 又因

$$Z_n(T_{nn}(A)) \subset Z_n(T_{nn}(B)) \Leftrightarrow l_i^1(B) \leqslant l_i^1(A) \leqslant l_i^2(A) \leqslant l_i^2(B), \quad \forall i = 1, 2, \cdots, d.$$

从而 $l_i^1(B) \leqslant l_i^1(A)$, $\forall i = 1, 2, \cdots, d$. 这与上式 $l_{i_0}^1(B) > l_{i_0}^1(A)$ 产生矛盾. 故 $F(A) \subset F(B)$, 即模糊函数 F 是单调递增的.

推论 3.3 设 n-折线模糊函数 $F: F_0^{tn}(\mathbb{R})^d \to F_0^{tn}(\mathbb{R})$. 若折线 FNN $\aleph[\sigma]$ 对 F 具有逼近性, 则 F 在 $F_0^{tn}(\mathbb{R})^d$ 上单调递增.

3.2 SISO 折线 FNN 设计与实现

通常情况下, 由于多输入单输出 (MISO)FNN 可分解为若干单输入单输出 (SISO)FNN. 故作为 MISO 折线 FNN 的特例, SISO 折线 FNN 的设计与构造更显得至关重要. 实际上, 折线 FNN 自身结构就是一个集折线模糊数加法和乘法的运算体系, 并通过折线模糊数的有限个点来完成模糊信息处理. 然而, 实现折线 FNN 对连续或可积函数的逼近是一个最基本问题, 它可为进一步探究折线 FNN 的广泛应用提供可靠数学理论. 因此, 应用折线模糊数线性运算的优良性质来构造折线 FNN 的近似表示无疑具有重要理论意义.

为简单起见, 本节仅以紧集 $E \subset \mathbb{R}^+$ 上单值折线模糊值函数 $(d=1)$ 为例来构造一个 SISO 三层折线 FNN, 其相应网络系统结构也做调整如下:

$$P_0[\sigma] = \Big\{ F_{nn}: E \to F_0^{tn}(\mathbb{R}^+) | F_{nn}(x) = L_0 + \sum_{j=1}^{m} U_j \cdot \sigma(W_j \cdot x + \Theta_j),$$
$$p \in \mathbb{N}, \forall x \in E \subset \mathbb{R}^+, W_j, U_j, \Theta_j, L_0 \in F_0^{tn}(\mathbb{R}^+) \Big\},$$

其中输入层变量 x 与含隐含层神经元之间连接权 $u_k^q \in \mathbb{R}^+$, $k = 0, 1, 2, \cdots, n$; $q = 1, 2$, 并假设隐含层转移函数函数 $\sigma(\cdot)$ 非负连续递增, 且输入和输出神经元均是线性的. 此外, 输入信号 $x \in E \subset \mathbb{R}^+$, E 是紧集, W_j 和 U_j 是连接权, Θ_j 是阈值, L_0 是初始值, m 是神经元总数.

首先, 需要为设计 SISO 折线 FNN 作如下相关准备.

定义 3.2 设紧集 $E \subset \mathbb{R}^+$, 映射 $F: E \to F_0^{tn}(\mathbb{R}^+)$, 且 $F(x) = (f_0^1(x), f_1^1(x), \cdots, f_n^1(x), f_n^2(x), \cdots, f_1^2(x), f_0^2(x)) \in F_0^{tn}(\mathbb{R}^+)$, 其中 $f_k^q: E \to \mathbb{R}^+$, $k = 0, 1, \cdots, n$; $q = 1, 2$. 若每个函数 f_k^q 在 E 上均连续, 则称 F 为 E 上连续折线模糊值函数.

引理 3.1[22] 设 $f: [0,1] \to \mathbb{R}$ 是连续函数, σ 是转移函数, 若 $\forall \varepsilon > 0$, $\exists N \in \mathbb{N}$ 及分点 $x_j = \dfrac{j}{N} (j = 1, 2, \cdots, N)$, 使 $\forall t \in \left[\dfrac{j-1}{N}, \dfrac{j}{N}\right]$, 恒有 $\left| f(t) - f\left(\dfrac{j-1}{N}\right) \right| < \dfrac{\varepsilon}{4}$. 若令

$$g(t) = f(0) + \sum_{j=1}^{N} \left(f\left(\dfrac{j}{N}\right) - f\left(\dfrac{j-1}{N}\right) \right) \cdot \sigma(K \cdot (t - t_j)),$$

其中 K 满足 $\dfrac{K}{N} > W$, 且 $t > W$ 时, 有 $|\sigma(t) - 1| < \dfrac{1}{N}$; $t < -W$ 时, 有 $|\sigma(t)| < \dfrac{1}{N}$. 此外, $t_j = \dfrac{x_{j-1} + x_j}{2}$ 为剖分区间中点. 则 $\forall t \in [0,1]$, 恒有 $|f(t) - g(t)| < \varepsilon$.

引理 3.2[22] 设 $F: E \to F_0^{tn}(\mathbb{R})$, 给定 $n \in \mathbb{N}$, 则 $F \in P_0[\sigma]$ 的充分必要条件是, $\forall x \in E$, $F(x)$ 可表示为 $F(x) = \left(f_0^1(x), f_1^1(x), \cdots, f_n^1(x), f_n^2(x), \cdots, f_1^2(x), f_0^2(x)\right)$, 其中每个分量 $f_k^q(x)$ 可表示为 $f_k^q(x) = \sum_{j=1}^m u_k^q(j) \cdot \sigma(w_k^q(j) \cdot x + \theta_k^q(j))$. 若记

$$h_k^q(j)(x) = u_k^q(j) \cdot \sigma(w_k^q(j) \cdot x + \theta_k^q(j)), q=1,2; k=0,1,2,\cdots,n,$$

则 $h_k^q(x)$ 满足 $h_{k-1}^1(x) \leqslant h_k^1(x) \leqslant h_k^2(x) \leqslant h_{k-1}^2(x)$.

引理 3.3 若 $f(x), g(x)$ 是 $\mathbb{R}$ 上连续函数, 则 $\min\{f(x), g(x)\}$ 在 $\mathbb{R}$ 上连续.

证明 由于 $\min\{f(x), g(x)\} = (f(x) + g(x) - |f(x) - g(x)|)/2$, 结论显然.

下面, 将给出本节重要的折线 FNN 构造定理, 并附以实例实现其逼近性.

定理 3.6 设闭区间 $[a,b] \subseteq \mathbb{R}^+$, 给定 $n \in \mathbb{N}$, $F: [a,b] \to F_0^{tn}(\mathbb{R}^+)$ 是非负连续折线模糊值函数, 转移函数 σ 非负连续递增. 则 $\forall \varepsilon > 0$, 存在 $G \in P_0[\sigma]$, 使 $\forall x \in [a,b]$, 恒有 $D(F(x), G(x)) < \varepsilon$.

证明 通过线性变换可将 $[a,b]$ 变成单位区间 $[0,1]$, 不妨设 $[a,b] = [0,1]$.

若 $\forall x \in [0,1]$, 由题设可令 $F(x) = (f_0^1(x), f_1^1(x), \cdots, f_n^1(x), f_n^2(x), \cdots, f_1^2(x), f_0^2(x))$, 其中每个 $f_k^q: [a,b] \to \mathbb{R}^+$ 在 $[a,b]$ 上连续, $k = 0,1,2,\cdots,n$; $q = 1, 2$, 且 $f_{k-1}^1(x) \leqslant f_k^1(x) \leqslant f_k^2(x) \leqslant f_{k-1}^2(x)$.

若两个相邻函数相等, 则按一个函数来界定. 因此, 不妨假设

$$f_0^1(x) < f_1^1(x) < \cdots < f_n^1(x) < f_n^2(x) < \cdots < f_1^2(x) < f_0^2(x).$$

依引理 3.1, $\forall \varepsilon > 0$ 及连续函数 $f_k^q(x)$, 存在 $N_k^q \in \mathbb{N}, K_k^q \in \mathbb{R}^+$ 及函数 g_k^q 形如:

$$g_k^q(t) = f_k^q(0) + \sum_{j=1}^{N_k^q} \left(f_k^q\left(\dfrac{j}{N_k^q}\right) - f_k^q\left(\dfrac{j-1}{N_k^q}\right)\right) \cdot \sigma\left(K_k^q \cdot (t - t_j)\right), \qquad (3.6)$$

且使 $\forall t \in [0,1]$, 恒有 $|f_k^q(t) - g_k^q(t)| < \varepsilon$, $q=1,2; k=0,1,2,\cdots,n$.

令 $\varphi_k(x) = (f_k^1(x) - f_{k-1}^1(x)) \wedge (f_n^2(x) - f_n^1(x)) \wedge (f_{k-1}^2(x) - f_k^2(x))$, $k = 1, 2, \cdots, n$, $x \in [0,1]$. 显然 $\varphi_k(x)$ 在 $[0,1]$ 上也连续, 且总有 $\varphi_k(x) > 0$. 再令

$$\psi_n(x) = \min_{0 \leqslant k \leqslant n} \varphi_k(x), \quad \delta_{[0,1]}(n) = \min_{x \in [0,1]} \psi_n(x).$$

显然, $\delta_{[0,1]}(n) \leqslant \psi_n(x) \leqslant \varphi_k(x)$. 依引理 3.3, $\psi_n(x)$ 在 $[0,1]$ 上连续, 故它在 $[0,1]$ 上取到最小值, 记其为 $\delta_{[0,1]}(n)$, 且 $\delta_{[0,1]}(n) \geqslant 0$.

下证 $\delta_{[0,1]}(n) > 0$, 采用反证法.

3.2 SISO 折线 FNN 设计与实现

若 $\delta_{[0,1]}(n) = 0$, 则 $\exists x_0 \in [0,1]$, 使 $0 = \psi_n(x_0) = \min\limits_{1 \leqslant k \leqslant n} \varphi_k(x_0)$. 因 n 有限, 故 $\exists k_0 \in \{1,2,\cdots,n\}$, 使 $\varphi_{k_0}(x_0) = 0$, 这与上述每个 $\varphi_k(x) > 0$ 产生矛盾. 故 $\delta_{[0,1]}(n) > 0$.

若 $\forall \varepsilon > 0$, 且限定 $\varepsilon < \delta_{[0,1]}(n)$, 则有

$$0 < \delta_{[0,1]}(n) \leqslant \varphi_k(x) \leqslant \left(f_k^1(x) - f_{k-1}^1(x)\right) \wedge \left(f_{k-1}^2(x) - f_k^2(x)\right), \quad \forall x \in [0,1].$$

特别当 $q = 1$ 时, 由 $\left|f_k^1(t) - g_k^1(t)\right| < \varepsilon$ 可推出

$$g_{k+1}^1(x) - g_k^1(x) > f_{k+1}^1(x) - f_k^1(x) - \varepsilon > (f_{k+1}^1(x) - f_k^1(x)) - \delta_{[0,1]}(n) \geqslant 0, \quad k = 1, 2, \cdots, n.$$

当 $q = 2$ 时, 也有

$$g_k^2(x) - g_{k+1}^2(x) > f_k^2(x) - f_{k+1}^2(x) - \varepsilon$$
$$> (f_k^2(x) - f_{k+1}^2(x)) - \delta_{[0,1]}(n) \geqslant 0.$$

因此, 总有

$$g_0^1(x) < g_1^1(x) < g_2^1(x) < \cdots < g_n^1(x) < g_n^2(x) < \cdots < g_2^2(x) < g_1^2(x) < g_0^2(x).$$

于是, $\forall x \in [0,1]$, 若令

$$G(x) = \left(g_0^1(x), g_1^1(x), g_2^1(x), \cdots, g_n^1(x), g_n^2(x), \cdots, g_2^2(x), g_1^2(x), g_0^2(x)\right), \tag{3.7}$$

其中每个函数 $g_k^q(x)$ 如式 (3.6) 所示. 记

$$\begin{cases} u_k^q = f_k^q(0), \\ u_k^q(j) = f_k^q\left(\dfrac{j}{N_k^q}\right) - f_i^q\left(\dfrac{j-1}{N_k^q}\right), \\ w_k^q(j) = K_k^q, \\ \theta_k^q(j) = -\dfrac{2j-1}{2N_k^q} K_k^q. \end{cases}$$

取 $t = x$, 则 $t_j = \dfrac{1}{2}\left(\dfrac{j}{N_k^q} + \dfrac{j-1}{N_k^q}\right) = \dfrac{2j-1}{2N_k^q}$. 将此式代入式 (3.6) 得 $g_k^q(x)$ 为

$$g_k^q(x) = u_k^q + \sum_{j=1}^{N_k^q} u_k^q(j) \cdot \sigma\left(w_k^q(j) \cdot x + \theta_k^q(j)\right). \tag{3.8}$$

依 $u_k^q = f_k^q(0)$ 及题设得

$$0 < u_0^1 < u_1^1 < \cdots < u_n^1 < u_n^2 < \cdots < u_1^2 < u_0^2.$$

令 $L_0 = (u_0^1, u_1^1, \cdots, u_n^1, u_n^2, \cdots, u_1^2, u_0^2)$, 则 $L_0 \in F_0^{tn}(\mathbb{R}^+)$. 但至此还不能说 $G \in F_0^{tn}(\mathbb{R}^+)$, 尚需对式 (3.8) 作变换. 按引理 3.2, 若记

$$h_k^q(j)(x) = u_k^q(j) \cdot \sigma\left(w_k^q(j) \cdot x + \theta_k^q(j)\right), \quad k = 0, 1, 2, \cdots, n; \ q = 1, 2; \ j = 1, 2, \cdots, N_k^q.$$

下面, 通过构造变换来调整系数 $u_k^q(j)$, $w_k^q(j)$ 和 $\theta_k^q(j)$, 使 $h_j^q(x)$ 满足引理 3.2 中的排序. 不妨仅对 u_k^q, w_k^q 为正, θ_k^q 为负的情况讨论, 记

$$\begin{cases} m = \sum\limits_{k=0,1,\cdots,n;\ q=1,2} N_k^q, \\ \beta_s = \sum\limits_{k=0,1,\cdots,s} N_k^1, \quad s = 0, 1, 2, \cdots, n, \\ \gamma_s = \beta_n + \sum\limits_{k=s,s-1,\cdots,n} N_k^2. \end{cases}$$

再令

$$m_0^1(j) = \begin{cases} u_0^1(j)/(2n+2), & 0 < j \leqslant \beta_0, \\ 0, & 其他, \end{cases} \qquad y_0^1(j) = \begin{cases} w_0^1(j)/(2n+2), & 0 < j \leqslant \beta_0, \\ 0, & 其他, \end{cases}$$

$$z_0^1(j) = \begin{cases} \theta_0^1(j), & 0 < j \leqslant \beta_0, \\ \theta_1^1(j)/2, & \beta_0 < j \leqslant \beta_1, \\ \cdots\cdots \\ \theta_n^1(j)/(n+1), & \beta_{n-1} < j \leqslant \beta_n, \\ \theta_n^2(j)/(n+2), & \beta_n < j \leqslant \gamma_n, \\ \cdots\cdots \\ \theta_1^2(j)/(2n+1), & \gamma_2 < j \leqslant \gamma_1, \\ \theta_0^2(j)/(2n+2), & \gamma_1 < j \leqslant \gamma_0; \end{cases} \qquad z_1^1(j) = \begin{cases} 0, & 0 < j \leqslant \beta_0, \\ \theta_1^1(j)/2, & \beta_0 < j \leqslant \beta_1, \\ \cdots\cdots \\ \theta_n^1(j)/(n+1), & \beta_{n-1} < j \leqslant \beta_n, \\ \theta_n^2(j)/(n+2), & \beta_n < j \leqslant \gamma_n, \\ \cdots\cdots \\ \theta_1^2(j)/(2n+1), & \gamma_2 < j \leqslant \gamma_1, \\ \theta_0^2(j)/(2n+2), & \gamma_1 < j \leqslant \gamma_0; \end{cases}$$

$$m_1^1(j) = \begin{cases} u_0^1(j)/(2n+2), & 0 < j \leqslant \beta_0, \\ u_1^1(j)/(2n+1), & \beta_0 < j \leqslant \beta_1, \\ 0, & 其他, \end{cases} \qquad y_1^1(j) = \begin{cases} w_0^1(j)/(2n+2), & 0 < j \leqslant \beta_0, \\ w_1^1(j)/(2n+1), & \beta_0 < j \leqslant \beta_1, \\ 0, & 其他, \end{cases}$$

$$\cdots\cdots$$

$$m_0^2(j) = \begin{cases} u_0^1(j)/(2n+2), & 0 < j \leqslant \beta_0, \\ u_1^1(j)/(2n+1), & \beta_0 < j \leqslant \beta_1, \\ \cdots\cdots \\ u_n^1(j)/(n+2), & \gamma_{n-2} < j \leqslant \gamma_{n-1}, \\ u_n^2(j)/(n+1), & \gamma_{n-1} < j \leqslant \gamma_n, \\ \cdots\cdots \\ u_1^2(j)/2, & \gamma_2 < j \leqslant \gamma_1, \\ u_0^2(j), & \gamma_1 < j \leqslant \gamma_0; \end{cases} \qquad y_0^2(j) = \begin{cases} w_0^1(j)/(2n+2), & 0 < j \leqslant \beta_0, \\ w_1^1(j)/(2n+1), & \beta_0 < j \leqslant \beta_1, \\ \cdots\cdots \\ w_n^1(j)/(n+2), & \gamma_{n-2} < j \leqslant \gamma_{n-1}, \\ w_n^2(j)/(n+1), & \gamma_{n-1} < j \leqslant \gamma_n, \\ \cdots\cdots \\ w_1^2(j)/2, & \gamma_2 < j \leqslant \gamma_1, \\ w_0^2(j), & \gamma_1 < j \leqslant \gamma_0; \end{cases}$$

3.2 SISO 折线 FNN 设计与实现

$$z_0^2(j) = \begin{cases} 0, & 0 < j \leqslant \gamma_1, \\ \theta_0^2(j)/(2n+2), & \gamma_1 < j \leqslant \gamma_0. \end{cases}$$

依据上述变换, $\forall k = 0, 1, 2, \cdots, n; q = 1, 2, \forall x \in [0, 1]$, 不难验证下式成立

$$\sum_{j=1}^{m} m_k^q(j) \cdot \sigma\left(y_k^q(j) \cdot x + z_k^q(j)\right) = \sum_{j=1}^{N_k^q} u_k^q(j) \cdot \sigma\left(u_k^q(j) \cdot x + \theta_k^q(j)\right),$$

且 $\forall j \in \{1, 2, \cdots, p\}$, 也有

$$\begin{cases} m_0^1(j) < m_1^1(j) < \cdots < m_n^1(j) < m_n^2(j) < \cdots < m_1^2(j) < m_0^2(j), \\ y_0^1(j) < y_1^1(j) < \cdots < y_n^1(j) < y_n^2(j) < \cdots < y_1^2(j) < y_0^2(j), \\ z_0^1(j) < z_1^1(j) < \cdots < z_n^1(j) < z_n^2(j) < \cdots < z_1^2(j) < z_0^2(j). \end{cases}$$

再记

$$\begin{cases} M_j = \left(m_0^1(j), m_1^1(j), \cdots, m_n^1(j), m_n^2(j), \cdots, m_1^2(j), m_0^2(j)\right), \\ Y_j = \left(y_0^1(j), y_1^1(j), \cdots, y_n^1(j), y_n^2(j), \cdots, y_1^2(j), y_0^2(j)\right), \\ Z_j = \left(z_0^1(j), z_1^1(j), \cdots, z_n^1(j), z_n^2(j), \cdots, z_1^2(j), z_0^2(j)\right). \end{cases}$$

则对每个 $j \in \{1, 2, \cdots, m\}$, 存在连接权 $M_j, Y_j \in F_0^{tn}(\mathbb{R}^+)$ 和阈值 $Z_j \in F_0^{tn}(\mathbb{R}^+)$, 将此代入式 (3.7) 得

$$\begin{aligned} G(x) = &\left(u_0^1 + \sum_{j=1}^{m} m_0^1(j) \cdot \sigma\left(y_0^1(j) \cdot x + z_0^1(j)\right),\right. \\ &u_1^1 + \sum_{j=1}^{m} m_1^1(j) \cdot \sigma\left(y_1^1(j) \cdot x + z_1^1(j)\right), \cdots, \\ &u_n^1 + \sum_{j=1}^{m} m_n^1(i) \cdot \sigma\left(y_n^1(j) \cdot x + z_n^1(j)\right), \\ &u_n^2 + \sum_{j=1}^{m} m_n^2(j) \cdot \sigma\left(y_n^2(j) \cdot x + z_n^2(j)\right), \cdots, \\ &u_1^2 + \sum_{j=1}^{m} m_1^2(j) \cdot \sigma\left(y_1^2(j) \cdot x + z_1^2(j)\right), \\ &\left.u_0^2 + \sum_{j=1}^{m} m_0^2(j) \cdot \sigma\left(y_0^2(j) \cdot x + z_0^2(j)\right)\right) \\ = &L_0 + \sum_{j=1}^{m} M_j \cdot \sigma\left(Y_j \cdot x + Z_j\right). \end{aligned}$$

故 $G \in P_0[\sigma]$, 亦即, 三层折线 FNN 确实存在.

此外, $\forall \varepsilon > 0$, 再由定理 1.1 及 $|f_k^q(t) - g_k^q(t)| < \varepsilon (q = 1, 2)$, 立刻获得

$$D\Big(F(x), G(x)\Big) = \sup_{0 \leqslant i \leqslant n} \Big(|f_i^1(x) - g_i^1(x)| \vee |f_i^2(x) - g_i^2(x)|\Big)$$
$$< \sup_{0 \leqslant i \leqslant n} (\varepsilon \vee \varepsilon) = \varepsilon.$$

故折线 FNN $P_0[\sigma]$ 对连续折线模糊值函数 F 也具有逼近性.

现依定理 3.6 设计一个具体折线 FNN 的算法如下.

第一步 对每个连续函数 $f_k^q(x)$ 分别计算参数 N_k^q, W_k^q, K_k^q, $k = 0, 1, 2; q = 1, 2$.

第二步 给出网络结构表示 $g_k^q(x)$ 及若干参数 $u_k^q(j), w_k^q(j), \theta_k^q(j), j = 1, 2, \cdots, N_k^q; q = 1, 2$.

第三步 调整参数 $u_k^q(j), w_k^q(j), \theta_k^q(j)$ 使之满足引理 3.2 中排序, 从而获得折线 FNN 的表达式.

下面, 我们将通过具体实例来设计一个 SISO 三层折线 FNN.

例 3.1 设 $[0, 1]$ 上连续 2-折线模糊值函数 $F(x) = (x^3, x^2, x, (x+1)^{1/2}, x+1, (x+1)^{3/2})$. 若取转移函数 $\sigma(x) = 1/(1 + e^{-x})$, 误差 $\varepsilon_0 = 0.2$, 试依定理 3.6 构造三层折线 FNN 使之具有逼近性.

事实上, 这里 $n = 2$, 且

$$f_0^1(x) = x^3, \ f_1^1(x) = x^2, \cdots, f_1^2(x) = x + 1, \ f_0^2(x) = (x+1)^{3/2}.$$

以函数 $f_0^1(x) = x^3$ 为例, 对 $\varepsilon_0 = 0.2$, 按引理 3.1, $\forall x \in [(j-1)/N_0^1, j/N_0^1] \subset [0, 1]$, 由拉格朗日中值定理, 存在 $\xi_x \in ((j-1)/N_0^1, x) \subset (0, 1)$, 使得

$$\left|f_0^1(x) - f_0^1\left(\frac{j-1}{N_0^1}\right)\right| = 3\xi_x^2 \left|x - \frac{j-1}{N_0^1}\right| \leqslant \frac{3}{N_0^1}, \quad j = 1, 2, \cdots, N_0^1.$$

若令 $\dfrac{3}{N_0^1} < \dfrac{\varepsilon_0}{4}$, 解之 $N_0^1 > \dfrac{12}{0.2} = 60$, 不妨取 $N_0^1 = 61$. 再令 $1 - \sigma(x) = 1 - \dfrac{1}{1+e^{-x}} < \dfrac{1}{61}$, 解得 $x > \ln 60 \approx 4.3$; $\sigma(x) = \dfrac{1}{1+e^{-x}} < \dfrac{1}{61}$, 解得 $x < -\ln 60 \approx -4.3$, 故可取 $W_0^1 = 5$.

由 $\dfrac{K_0^1}{N_0^1} > W_0^1$, 得 $K_0^1 > 61 \times 5 = 305$, 不妨取 $K_0^1 = 310$. 由定理 3.6 得

$$g_0^1(x) = \sum_{j=1}^{61} \left(f_0^1\left(\frac{j}{61}\right) - f_0^1\left(\frac{j-1}{61}\right)\right) \cdot \sigma\left(310\left(x - \frac{j/61 + (j-1)/61}{2}\right)\right)$$
$$= \sum_{j=1}^{61} \left(\left(\frac{j}{61}\right)^3 - \left(\frac{j-1}{61}\right)^3\right) \cdot \frac{1}{1 + e^{-(310x - (620j - 310)/122)}}.$$

3.2 SISO 折线 FNN 设计与实现

同理, 针对 $f_1^1(x), f_2^1(x), f_2^2(x), f_1^2(x), f_0^2(x)$ 可求出其他五个分量函数分别为

$$g_1^1(x) = \sum_{j=1}^{41} \left(\left(\frac{j}{41}\right)^2 - \left(\frac{j-1}{41}\right)^2 \right) \cdot \frac{1}{1 + e^{-(161x - (322j-161)/82)}},$$

$$g_2^1(x) = \sum_{j=1}^{21} \frac{1}{21} \cdot \frac{1}{1 + e^{-(64x - (128j-64)/42)}},$$

$$g_2^2(x) = 1 + \sum_{j=1}^{11} \left(\left(\frac{j+11}{11}\right)^{\frac{1}{2}} - \left(\frac{j+10}{11}\right)^{\frac{1}{2}} \right) \cdot \frac{1}{1 + e^{-(34x - (68j-34)/22)}},$$

$$g_1^2(x) = 1 + \sum_{j=1}^{21} \frac{1}{21} \cdot \frac{1}{1 + e^{-(64x - (128j-64)/42)}},$$

$$g_0^2(x) = 1 + \sum_{j=1}^{43} \left(\left(\frac{j+43}{43}\right)^{\frac{3}{2}} - \left(\frac{j+42}{43}\right)^{\frac{3}{2}} \right) \cdot \frac{1}{1 + e^{-(172x - (344j-172)/86)}}.$$

记

$$G(x) = \left(g_0^1(x), g_1^1(x), g_2^1(x), g_2^2(x), g_1^2(x), g_0^2(x) \right), \quad \forall x \in [0,1]. \tag{3.9}$$

选取如下若干变换, 令

$$\begin{cases} u_0^1(j) = \left(\dfrac{j}{61}\right)^3 - \left(\dfrac{j-1}{61}\right)^3, \\ w_0^1(j) = 310, \\ \theta_0^1(j) = -\dfrac{155(2j-1)}{61}, \\ j = 1, 2, \cdots, 61, \end{cases} \qquad \begin{cases} u_1^1(j) = \left(\dfrac{j}{41}\right)^2 - \left(\dfrac{j-1}{41}\right)^2, \\ w_1^1(j) = 161, \\ \theta_1^1(j) = -\dfrac{161(2j-1)}{82}, \\ j = 1, 2, \cdots, 41, \end{cases}$$

$$\begin{cases} u_2^1(j) = \dfrac{1}{21}, \\ w_2^1(j) = 64, \\ \theta_2^1(j) = -\dfrac{32(2j-1)}{21}, \\ j = 1, 2, \cdots, 21, \end{cases} \qquad \begin{cases} u_2^2(j) = \left(\dfrac{j+11}{11}\right)^{\frac{1}{2}} - \left(\dfrac{j+10}{11}\right)^{\frac{1}{2}}, \\ w_2^2(j) = 34, \\ \theta_2^2(j) = -\dfrac{17(2j-1)}{11}, \\ j = 1, 2, \cdots, 11, \end{cases}$$

$$\begin{cases} u_1^2(j) = \dfrac{1}{21}, \\ w_1^2(j) = 64, \\ \theta_1^2(j) = -\dfrac{32(2j-1)}{21}, \\ j = 1, 2, \cdots, 21, \end{cases} \qquad \begin{cases} u_0^2(j) = \left(\dfrac{j+43}{43}\right)^{\frac{3}{2}} - \left(\dfrac{j+42}{43}\right)^{\frac{3}{2}}, \\ w_0^2(j) = 184, \\ \theta_0^2(j) = -2(2j-1), \\ j = 1, 2, \cdots, 43. \end{cases}$$

故有

$$\begin{cases} g_0^1(x) = \sum_{j=1}^{61} u_0^1(j) \cdot \sigma\left(w_0^1(j) \cdot x + \theta_0^1(j)\right), \\ g_1^1(x) = \sum_{j=1}^{41} u_1^1(j) \cdot \sigma\left(w_1^1(j) \cdot x + \theta_1^1(j)\right), \\ g_2^1(x) = \sum_{j=1}^{21} u_2^1(j) \cdot \sigma\left(w_2^1(j) \cdot x + \theta_2^1(j)\right), \end{cases}$$

$$\begin{cases} g_2^2(x) = 1 + \sum_{j=1}^{11} u_2^2(j) \cdot \sigma\left(w_2^2(j) \cdot x + \theta_2^2(j)\right), \\ g_1^2(x) = 1 + \sum_{j=1}^{21} u_1^2(j) \cdot \sigma\left(w_1^2(j) \cdot x + \theta_1^2(j)\right), \\ g_0^2(x) = 1 + \sum_{j=1}^{43} u_0^2(j) \cdot \sigma\left(w_0^2(j) \cdot x + \theta_0^2(j)\right). \end{cases}$$

下面, 根据定理 3.1 调整以上参数, 使得新参数满足

$$\begin{cases} u_0'^1(j) < u_1'^1(j) < u_2'^1(j) < u_2'^2(j) < u_1'^2(j) < u_0'^2(j), \\ w_0'^1(j) < w_1'^1(j) < w_2'^1(j) < w_2'^2(j) < w_1'^2(j) < w_0'^2(j), \\ \theta_0'^1(j) < \theta_1'^1(j) < \theta_2'^1(j) < \theta_2'^2(j) < \theta_1'^2(j) < \theta_0'^2(j). \end{cases}$$

为此, 按照定理 3.6 调整新的权值参数及阈值如下:

$$\begin{cases} u_0'^1(j) = \begin{cases} u_0^1(j)/6, & 0 < j \leqslant 61, \\ 0, & \text{其他}, \end{cases} \\ \theta_0'^1(j) = \begin{cases} \theta_0^1(j), & 0 < j \leqslant 61, \\ \theta_1^1(j)/2, & 61 < j \leqslant 102, \\ \theta_2^1(j)/3, & 102 < j \leqslant 123, \\ \theta_2^2(j)/4, & 123 < j \leqslant 134, \\ \theta_1^2(j)/5, & 134 < j \leqslant 155, \\ \theta_0^2(j)/6, & 155 < j \leqslant 198, \end{cases} \\ w_0'^1(j) = \begin{cases} w_0^1(j)/6, & 0 < j \leqslant 61, \\ 0, & \text{其他}, \end{cases} \end{cases}$$

$$\begin{cases} u_1'^1(j) = \begin{cases} u_0^1(j)/6, & 0 < j \leqslant 61, \\ u_1^1(j)/5, & 61 < j \leqslant 102, \\ 0, & \text{其他}, \end{cases} \\ \theta_1'^1(j) = \begin{cases} 0, & 0 < j \leqslant 61, \\ \theta_1^1(j)/2, & 61 < j \leqslant 102, \\ \theta_2^1(j)/3, & 102 < j \leqslant 123, \\ \theta_2^2(j)/4, & 123 < j \leqslant 134, \\ \theta_1^2(j)/5, & 134 < j \leqslant 155, \\ \theta_0^2(j)/6, & 155 < j \leqslant 198, \end{cases} \\ w_1'^1(j) = \begin{cases} w_0^1(j)/6, & 0 < j \leqslant 61, \\ w_1^1(j)/5, & 61 < j \leqslant 102, \\ 0, & \text{其他}, \end{cases} \end{cases}$$

$$u'^{1}_{2}(j) = \begin{cases} u^{1}_{0}(j)/6, & 0 < j \leqslant 61, \\ u^{1}_{1}(j)/5, & 61 < j \leqslant 102, \\ u^{1}_{2}(j)/4, & 102 < j \leqslant 123, \\ 0, & \text{其他}, \end{cases}$$

$$v'^{2}_{2}(j) = \begin{cases} u^{1}_{0}(j)/6, & 0 < j \leqslant 61, \\ u^{1}_{1}(j)/5, & 61 < j \leqslant 102, \\ u^{1}_{2}(j)/4, & 102 < j \leqslant 123, \\ u^{2}_{2}(j)/3, & 123 < j \leqslant 134, \\ 0, & \text{其他}, \end{cases}$$

$$\theta'^{1}_{2}(j) = \begin{cases} 0, & 0 < j \leqslant 102, \\ \theta^{1}_{2}(j)/3, & 102 < j \leqslant 123, \\ \theta^{2}_{2}(j)/4, & 123 < j \leqslant 134, \\ \theta^{2}_{1}(j)/5, & 134 < j \leqslant 155, \\ \theta^{2}_{0}(j)/6, & 155 < j \leqslant 198, \end{cases}$$

$$\theta'^{2}_{2}(j) = \begin{cases} 0, & 0 < j \leqslant 123, \\ \theta^{2}_{2}(j)/4, & 123 < j \leqslant 134, \\ \theta^{2}_{1}(j)/5, & 134 < j \leqslant 155, \\ \theta^{2}_{0}(j)/6, & 155 < j \leqslant 198, \end{cases}$$

$$w'^{1}_{2}(j) = \begin{cases} w^{1}_{0}(j)/6, & 0 < j \leqslant 61, \\ w^{1}_{1}(j)/5, & 61 < j \leqslant 102, \\ w^{1}_{2}(j)/4, & 102 < j \leqslant 123, \\ 0, & \text{其他}, \end{cases}$$

$$w'^{2}_{2}(j) = \begin{cases} w^{1}_{0}(j)/6, & 0 < j \leqslant 61, \\ w^{1}_{1}(j)/5, & 61 < j \leqslant 102, \\ w^{1}_{2}(j)/4, & 102 < j \leqslant 123, \\ w^{2}_{2}(j)/3, & 123 < j \leqslant 134, \\ 0, & \text{其他}, \end{cases}$$

$$u'^{2}_{1}(j) = \begin{cases} u^{1}_{0}(j)/6, & 0 < j \leqslant 61, \\ u^{1}_{1}(j)/5, & 61 < j \leqslant 102, \\ u^{1}_{2}(j)/4, & 102 < j \leqslant 123, \\ u^{2}_{2}(j)/3, & 123 < j \leqslant 134, \\ u^{2}_{1}(j)/2, & 134 < j \leqslant 155, \\ 0, & \text{其他}, \end{cases}$$

$$u'^{2}_{0}(j) = \begin{cases} u^{1}_{0}(j)/6, & 0 < j \leqslant 61, \\ u^{1}_{1}(j)/5, & 61 < j \leqslant 102, \\ u^{1}_{2}(j)/4, & 102 < j \leqslant 123, \\ u^{2}_{2}(j)/3, & 123 < j \leqslant 134, \\ u^{2}_{1}(j)/2, & 134 < j \leqslant 155, \\ u^{2}_{0}(j), & 155 < j \leqslant 198, \end{cases}$$

$$\theta'^{2}_{1}(j) = \begin{cases} 0, & 0 < j \leqslant 134, \\ \theta^{2}_{1}(j)/5, & 134 < j \leqslant 155, \\ \theta^{2}_{0}(j)/6, & 155 < j \leqslant 198, \end{cases}$$

$$\theta'^{2}_{0}(j) = \begin{cases} 0, & 0 < j \leqslant 155, \\ \theta^{2}_{0}(j)/6, & 155 < j \leqslant 198, \end{cases}$$

$$w'^{2}_{1}(j) = \begin{cases} w^{1}_{0}(j)/6, & 0 < j \leqslant 61, \\ w^{1}_{1}(j)/5, & 61 < j \leqslant 102, \\ w^{1}_{2}(j)/4, & 102 < j \leqslant 123, \\ w^{2}_{2}(j)/3, & 123 < j \leqslant 134, \\ w^{2}_{1}(j)/2, & 134 < j \leqslant 155, \\ 0, & \text{其他}, \end{cases}$$

$$w'^{2}_{0}(j) = \begin{cases} w^{1}_{0}(j)/6, & 0 < j \leqslant 61, \\ w^{1}_{1}(j)/5, & 61 < j \leqslant 102, \\ w^{1}_{2}(j)/4, & 102 < j \leqslant 123, \\ w^{2}_{2}(j)/3, & 123 < j \leqslant 134, \\ w^{2}_{1}(j)/2, & 134 < j \leqslant 155, \\ w^{2}_{0}(j), & 155 < j \leqslant 198, \end{cases}$$

于是, 令

$$\begin{cases} g_0'^1(x) = \sum_{j=1}^{198} u_0'^1(j) \cdot \sigma\left(w_0'^1(j) \cdot x + \theta_0'^1(j)\right), \\ g_1'^1(x) = \sum_{j=1}^{198} u_1'^1(j) \cdot \sigma\left(w_1'^1(j) \cdot x + \theta_1'^1(j)\right), \\ g_2'^1(x) = \sum_{j=1}^{198} u_2'^1(j) \cdot \sigma\left(w_2'^1(j) \cdot x + \theta_2'^1(j)\right), \end{cases}$$

$$\begin{cases} g_2'^2(x) = \sum_{j=1}^{198} u_2'^2(j) \cdot \sigma\left(w_2'^2(j) \cdot x + \theta_2'^2(j)\right), \\ g_1'^2(x) = \sum_{j=1}^{198} u_1'^2(j) \cdot \sigma\left(w_1'^2(j) \cdot x + \theta_1'^2(j)\right), \\ g_0'^2(x) = \sum_{j=1}^{198} u_0'^2(j) \cdot \sigma\left(w_0'^2(j) \cdot x + \theta_0'^2(j)\right). \end{cases}$$

此时, 若记

$$\begin{cases} U_j' = \left(u_0'^1(j), u_1'^1(j), u_2'^1(j), u_2'^2(j), u_1'^2(j), u_0'^2(j)\right), \\ W_j' = \left(w_0'^1(j), w_1'^1(j), w_2'^1(j), w_2'^2(j), w_1'^2(j), w_0'^2(j)\right), \\ \Theta_j' = \left(\theta_0'^1(j), \theta_1'^1(j), \theta_2'^1(j), \theta_2'^2(j), \theta_1'^2(j), \theta_0'^2(j)\right). \end{cases}$$

特取 $L_0 = (0, 0, 0, 1, 1, 1)$, 按折线模糊数扩展运算代入式 (3.9) 得

$$G(x) = L_0 + \sum_{j=1}^{198} U_j' \cdot \sigma\left(W_j' \cdot x + \Theta_j'\right), \quad \forall x \in [0, 1].$$

显然, $G \in P_0[\sigma]$, 且满足 $D(F(x), G(x)) < 0.2$.

下面, 随机选取输入变量来考察 $F(x)$ 与 $G(x)$ 的误差, 取 $x = 1/2$ 及 $x = 1/3$, 依 $g_i^q(x)$ 表达式及 MATLAB 软件编程可计算网络输出值 $G(1/2)$ 和 $G(1/3)$ 如下:

$$\begin{aligned} g_0^1(1/2) &= \sum_{j=1}^{61} \left(\left(\frac{j}{61}\right)^3 - \left(\frac{j-1}{61}\right)^3\right) \cdot \frac{1}{1 + e^{-(310/2 - (620j - 310)/122)}} \\ &\approx 0.1251. \end{aligned}$$

类似地, 可得该网络输出值 $g_k^q(1/2)$ 与 $g_k^q(1/3)$, 将其与实际输出 $F(1/2)$ 和 $F(1/3)$ 对比如表 3.1 和表 3.2 所示.

3.3 MISO 折线 FNN 的逼近性

表 3.1　输入变量 $x = 1/2$ 时网络输出与实际输出的对比

输入 $x=1/2$	$f_0^1(1/2)$	$f_1^1(1/2)$	$f_2^1(1/2)$	$f_2^2(1/2)$	$f_1^2(1/2)$	$f_0^2(1/2)$
实际输出 $F(1/2)$	0.1250	0.2500	0.5000	1.2245	1.5000	1.8368
输入 $x=1/2$	$g_0^1(1/2)$	$g_1^1(1/2)$	$g_2^1(1/2)$	$g_2^2(1/2)$	$g_1^2(1/2)$	$g_0^2(1/2)$
网络输出 $G(1/2)$	0.1251	0.2502	0.5000	1.2245	1.5000	1.8372

表 3.2　输入变量 $x = 1/3$ 时网络输出与实际输出的对比

输入 $x=1/3$	$f_0^1(1/3)$	$f_1^1(1/3)$	$f_2^1(1/3)$	$f_2^2(1/3)$	$f_1^2(1/3)$	$f_0^2(1/3)$
实际输出 $F(1/3)$	0.0370	0.1111	0.3333	1.1547	1.3333	1.5395
输入 $x=1/3$	$g_0^1(1/3)$	$g_1^1(1/3)$	$g_2^1(1/3)$	$g_2^2(1/3)$	$g_1^2(1/3)$	$g_0^2(1/3)$
网络输出 $G(1/3)$	0.0369	0.1116	0.3333	1.1546	1.3333	1.5389

分别考察 $F(1/2)$ 与 $G(1/2)$, $F(1/3)$ 与 $G(1/3)$ 的误差估计. 事实上,

$$D\left(F\left(\frac{1}{2}\right), G\left(\frac{1}{2}\right)\right) = \left|\frac{1}{8} - 0.1251\right| \vee \left|\frac{1}{4} - 0.2502\right| \vee \left|\frac{1}{2} - 0.5\right| \vee \left|\frac{\sqrt{6}}{2} - 1.2245\right|$$

$$\vee \left|\frac{3}{2} - 1.5\right| \vee \left|\frac{3\sqrt{6}}{4} - 1.8372\right|$$

$$= 0.03 < 0.2 = \varepsilon_0;$$

$$D\left(F\left(\frac{1}{3}\right), G\left(\frac{1}{3}\right)\right) = \left|\frac{1}{27} - 0.0369\right| \vee \left|\frac{1}{9} - 0.1116\right|$$

$$\vee \left|\frac{1}{3} - 0.3333\right| \vee \left|\frac{2\sqrt{3}}{3} - 1.1546\right|$$

$$\vee \left|\frac{4}{3} - 1.3333\right| \vee \left|\frac{8\sqrt{3}}{9} - 1.5389\right|$$

$$< 0.0007 < 0.2 = \varepsilon_0.$$

亦即, 两种情况下逼近精度分别达到 0.03 和 0.0007, 故其精度远远高于给定误差 $\varepsilon_0 = 0.2$.

3.3　MISO 折线 FNN 的逼近性

为了进一步扩展 MISO 折线 FNN 对连续函数类的逼近性能, 本节通过强化诱导算子的约束条件来讨论 MISO 折线 FNN 对一类可积折线模糊值函数的逼近性. 实际上, K-拟加积分是传统 Lebesgue 积分的推广, 而折线 FNN 比传统模糊神经网络具有更多优越性, 且可积函数类在实际应用中广泛存在. 因此, 在 K-拟加积分模意义下研究折线模糊神经网络对一类可积函数的逼近性更具有普遍性.

3.3.1 折线模糊值函数与 H-积分模

本节首先给出一些符号约定：给定 $n \in \mathbb{N}$, $\Omega \subset \mathbb{R}^d$, $(\Omega, \Im, \mu)$ 为 Lebesgue 测度空间，其中 $\Im$ 为 $\mathbb{R}^d$ 中 σ-代数，μ 为 Lebesgue 测度，并记 Lebesgue 可积函数空间 $L^1(\Omega, \mu)$ 为

$$L^1(\Omega,\mu) = \left\{ f: \Omega \to \mathbb{R} \;\middle|\; \int_\Omega |f(x)|\,\mathrm{d}\mu < +\infty \right\}.$$

为了在一类可积函数空间上引入新的积分模 (度量)，可通过强化诱导算子的约束条件来达到目的. 为此，本节统一限定诱导算子 K 是凹函数，且 K 在 $(0, +\infty)$ 上可导. 显然，这样的诱导算子是存在的，例如 $K(x) = \sqrt{x}$, $x \in \mathbb{R}^+$. 当然，改进后诱导算子具有更好的运算性质，例如，下面定理将在探究模糊神经网络和模糊系统的逼近性起到重要作用.

定理 3.7 设 K 是诱导算子，$\oplus$ 是 K-拟加算子. 则 $\forall a, b \in \mathbb{R}^+$，有 $a + b \leqslant a \oplus b$，且 $a + b \leqslant a \oplus b \Leftrightarrow K(a+b) \leqslant K(a) + K(b)$.

证明 不妨设 $0 < a < b$. 因连续函数 K 在 $[0, a]$ 和 $[b, a+b]$ 上均满足拉格朗日微分中值定理，故分别 $\exists \xi_1 \in (0, a)$ 和 $\exists \xi_2 \in (b, a+b)$ 使

$$K(a) = K(a) - K(0) = K'(\xi_1)a, \quad K(a+b) - K(b) = K'(\xi_2)a.$$

又因 K 是可导凹函数当且仅当 $K'(x)$ 是递减函数，故 $\xi_1 < a < b < \xi_2 \Rightarrow K'(\xi_2) \leqslant K'(\xi_1)$. 代入上式得 $K(a+b) \leqslant K(a) + K(b)$，进而推出

$$a + b = K^{-1}(K(a+b)) \leqslant K^{-1}(K(a) + K(b)) = a \oplus b.$$

定义 3.3 设折线模糊值函数 $F: \Omega \to F_0^{tn}(\mathbb{R})$, $x_0 = (x_1^0, x_2^0, \cdots, x_d^0) \in \Omega$. 若 $\forall \varepsilon > 0$, $\exists \delta > 0$，当 $\eta(x, x_0) < \delta$ 时，$D(F(x), F(x_0)) < \varepsilon$，则称 F 在 x_0 点连续，其中 η 为 Ω 中一个度量. 若 F 在 Ω 上每点均连续，则称 F 在 Ω 上连续. $\forall x = (x_1, x_2, \cdots, x_d) \in \Omega$，折线模糊值函数 F 可表为

$$F(x) = \left(f_0^1(x), f_1^1(x), \cdots, f_n^1(x), f_n^2(x), \cdots, f_1^2(x), f_0^2(x) \right).$$

特别地，当 $n = 1$ 时，折线模糊值函数 F 将退化为三角形或梯形模糊值函数.

结合定理 1.1 不难推知折线模糊值函数 F 在 Ω 上连续 $\Leftrightarrow$ 每个实值函数 $f_j^q(x)$ 在 Ω 上均连续，$q = 1, 2; j = 0, 1, 2, \cdots, n$.

定义 3.4 设 $(\Omega, \Im, \hat{\mu})$ 为 K-拟加测度空间，F 为 Ω 上折线模糊值函数. 若存在非负 Lebesgue 可积函数 $\omega(x)$，使 $\|F(x)\| \leqslant \omega(x)$, $\forall x \in \Omega$，则称 F 在 Ω 上 $\hat{\mu}$-可积有界.

3.3 MISO 折线 FNN 的逼近性

事实上，ω 是 Lebesgue 可积意味着 $\int_\Omega \|F(x)\|\,d\mu \leqslant \int_\Omega \omega(x)d\mu < +\infty$. 故 $\|F(\cdot)\|$ 也是 Lebesgue 可积，即 $\|F(\cdot)\| \in L^1(\Omega,\mu)$，其中 $\|F(x)\| = D(F(x),\{0\})$，$\forall x = (x_1,x_2,\cdots,x_d) \in \Omega$，且显有

$$|f_i^q(x)| \leqslant \bigvee_{0 \leqslant i \leqslant n}\left(|f_i^1(x)| \vee |f_i^2(x)|\right) = \|F(x)\| \leqslant \omega(x).$$

故更有 $|f_i^q| \in L^1(\Omega,\mu)$，$q = 1,2$；$j = 0,1,2,\cdots,n$.

记 $Z_n(L^1(\Omega,\hat\mu)) = \{F: \Omega \to F_0^{tn}(\mathbb{R}) \mid F$ 是 Ω 上 $\hat\mu$-可积有界折线模糊值函数$\}$.

设 $(\Omega,\Im,\hat\mu)$ 是 K-拟加测度空间，K 是被强化的诱导算子，且 $\mu(\cdot) = K(\hat\mu(\cdot))$. $\forall F_1, F_2 \in Z_n(L^1(\Omega,\hat\mu))$，若界定

$$H(F_1, F_2) = K^{-1}\left(\int_\Omega K\Big(D(F_1(x), F_2(x))\Big) d\mu\right).$$

不难验证 $(Z_n(L^1(\Omega,\hat\mu)), H)$ 构成一个度量空间，并称二元运算 H 为 H-积分模.

事实上，$\forall F_1, F_2 \in Z_n(L^1(\Omega,\hat\mu))$，存在 Lebesgue 可积函数 $\omega_1(x),\omega_2(x)$ 使

$$\|F_1(x)\| \leqslant \omega_1(x),\quad \|F_2(x)\| \leqslant \omega_2(x),\quad \forall x = (x_1,x_2,\cdots,x_d) \in \Omega.$$

因 D 是 $F_0^{tn}(\mathbb{R})$ 上度量，依定理 3.7 必有

$$D(F_1(x), F_2(x)) \leqslant D(F_1(x),\{0\}) + D(\{0\}, F_2(x)) = \|F_1(x)\| + \|F_2(x)\|$$
$$\leqslant \omega_1(x) + \omega_2(x) \leqslant \omega_1(x) \oplus \omega_2(x).$$

再依据 K^{-1} 的严格递增性和命题 2.1(8) 可得

$$H(F_1,F_2) \leqslant K^{-1}\left(\int_\Omega K\Big(\omega_1(x) \oplus \omega_2(x)\Big) d\mu\right)$$
$$= K^{-1}\left(\int_\Omega K(\omega_1(x))\,d\mu + \int_\Omega K(\omega_2(x))d\mu\right)$$
$$= K^{-1}\left(\int_\Omega K(\omega_1(x))\,d\mu\right) \oplus K^{-1}\left(\int_\Omega K(\omega_2(x))\,d\mu\right) < +\infty.$$

定理 3.8 设 K 是强化诱导算子，则 $(Z_n(L^1(\Omega,\hat\mu)), H)$ 关于拟加算子 $\oplus$ 满足三点不等式.

证明 $\forall F_1, F_2, F_3 \in Z_n(L^1(\Omega,\hat\mu))$，$\forall x \in \mathbb{R}^d$，由定理 3.7，更有

$$K\Big(D(F_1(x), F_3(x))\Big) \leqslant K\Big[D(F_1(x), F_2(x)) + D(F_2(x), F_3(x))\Big]$$
$$\leqslant K\Big(D(F_1(x), F_2(x))\Big) + K\Big(D(F_2(x), F_3(x))\Big).$$

再由 K^{-1} 的单增性及命题 2.1(8), 立即获得

$$\begin{aligned}&H(F_1, F_3)\\&= K^{-1}\left[\int_\Omega K\Big(D\left(F_1(x), F_3(x)\right)\Big)\mathrm{d}\mu\right]\\&\leqslant K^{-1}\left[\int_\Omega K\Big(D\left(F_1(x), F_2(x)\right)\Big)\mathrm{d}\mu + \int_\Omega K\Big(D\left(F_2(x), F_3(x)\right)\Big)\mathrm{d}\mu\right]\\&= K^{-1}\left(\int_\Omega K\Big(D\left(F_1(x), F_2(x)\right)\Big)\mathrm{d}\mu\right) \oplus K^{-1}\left(\int_\Omega K\Big(D\left(F_2(x), F_3(x)\right)\Big)\mathrm{d}\mu\right)\\&= H(F_1, F_2) \oplus H(F_2, F_3).\end{aligned}$$

故 H 关于拟加运算 $\oplus$ 满足三点不等式.

定理 3.9 若将 "几乎处处相等" 视为 "相等", 则二元组 $(Z_n(L^1(\Omega, \hat{\mu})), H)$ 构成一个度量空间.

证明 应用第 2 章积分转换定理 1 不难验证 H 满足非负性和对称性. 再由定理 3.8 的三点不等式, 立即获得结论成立.

本节在 $\hat{\mu}$-可积有界折线模糊值函数空间 $Z_n(L^1(\Omega, \hat{\mu}))$ 上通过 K-拟加积分给出 H-积分模定义, 并依积分模证明可积系统 $(Z_n(L^1(\Omega, \hat{\mu})), H)$ 构成一个度量空间, 这为后面继续研究折线 FNN 的逼近性做好了准备.

3.3.2 $(Z_n(L^1(\Omega, \hat{\mu})), H)$ 空间的可分性

本节首先证明折线模糊值简单函数类 $Z_n(S(\Omega))$ 在空间 $Z_n(L^1(\Omega, \hat{\mu}))$ 上稠密, 亦即, 在积分模意义下 $Z_n(S(\Omega))$ 对 $Z_n(L^1(\Omega, \hat{\mu}))$ 具有逼近性能. 最后, 将证明 $Z_n(L^1(\Omega, \hat{\mu}))$ 可构成完备可分的度量空间.

定义 3.5 给定 $n \in \mathbb{N}$, $\Omega \subset \mathbb{R}^d$, 设 $S : \Omega \to F_0^{tn}(\mathbb{R})$, $\{E_i\}_{i=1}^m$ 是 Ω 的一个有限剖分, 即 $\bigcup_{i=1}^m E_i = \Omega, E_i \bigcap E_j = \varnothing (i \neq j)$. 若存在一组 n-折线模糊数 $\{A_1, A_2, \cdots, A_m\} \subset F_0^{tn}(\mathbb{R})$, 使 $S(x) = \sum_{i=1}^m A_i \cdot \chi_{E_i}(x), \forall x = (x_1, x_2, \cdots, x_d) \in \Omega$, 则称 S 为 Ω 上一个折线模糊值简单函数.

记 $Z_n(S(\Omega))$ 表示 Ω 上全体折线模糊值简单函数构成的集合, 这里 $\chi_{E_i}(x)$ 仍为 Ω 上特征函数.

下面, 先来证明折线模糊值简单函数类 $Z_n(S(\Omega))$ 在 $Z_n(L^1(\Omega, \hat{\mu}))$ 中稠密, 亦即, 在 H-积分模意义下函数类空间 $Z_n(S(\Omega))$ 对 $Z_n(L^1(\Omega, \hat{\mu}))$ 具有逼近性.

定理 3.10 设 $(\Omega, \Im, \hat{\mu})$ 是 K-拟加测度空间, $\hat{\mu}(\Omega) < +\infty$, K 是强化诱导算子, $\forall F \in Z_n(L^1(\Omega, \hat{\mu}))$, 则在 H-积分模意义下 $Z_n(S(\Omega))$ 能以任意精度逼近 F.

证明 只需证明: $\forall \varepsilon > 0, \forall F \in Z_n(L^1(\Omega, \hat{\mu}))$, 存在 $S_0 \in Z_n(S(\Omega))$, 使

$$H(F, S_0) < \varepsilon.$$

3.3 MISO 折线 FNN 的逼近性

首先,依定理 1.3 知 $(F_0^{tn}(\mathbb{R}), D)$ 构成一个完备可分的度量空间. 不妨设 $\{A_i \mid i \in \mathbb{N}\} \subset F_0^{tn}(\mathbb{R})$ 是一个可数稠密子集,亦即, $\forall \varepsilon > 0, \forall X \in F_0^{tn}(\mathbb{R})$, 存在 $i_0 \in \mathbb{N}$, 使 $D(X, A_{i_0}) < \varepsilon$.

特别对可积函数 $F \in Z_n(L^1(\Omega, \hat{\mu}))$ 来说, 必有 $F(x) \in F_0^{tn}(\mathbb{R})$, 令 $X = F(x)$. 此时, 依可数稠密子集 $\{A_i \mid i \in \mathbb{N}\}$ 和模糊距离 D 构造新集合列 $\{E_k\}$ 如下:

$E_1 = \{x \in \Omega \mid D(F(x), A_1) < \varepsilon\};$
$E_2 = \{x \in \Omega \mid D(F(x), A_1) \geqslant \varepsilon, D(F(x), A_2) < \varepsilon\};$
……
$E_k = \{x \in \Omega \mid D(F(x), A_i) \geqslant \varepsilon \, (i = 1, 2, \cdots, k-1), D(F(x), A_k) < \varepsilon\};$
……

显然, 每个可测集 E_k 彼此互不相交, 即 $E_i \bigcap E_j = \varnothing \, (i \neq j)$, 且满足 $\bigcup_{k=1}^{\infty} E_k = \Omega$.

事实上, $\bigcup_{k=1}^{\infty} E_k \subset \Omega$ 是显然的. 反之, $\forall x = (x_1, x_2, \cdots, x_d) \in \Omega$, 若 $x \in E_1$, 则显然有 $\Omega \subset \bigcup_{k=1}^{\infty} E_k$; 若 $x \notin E_1$, 对 $F(x) \in F_0^{tn}(\mathbb{R})$ 依 $\{A_i \mid i \in \mathbb{N}\}$ 的稠密性, 必存在某个 $i_0 \in \mathbb{N}$, 使 $D(F(x), A_{i_0}) < \varepsilon$.

现对第 i_0 项而言, 若对每个 $i = 1, 2, \cdots, i_0 - 1$ 均有 $D(F(x), A_i) \geqslant \varepsilon$, 则按集合列 $\{E_k\}$ 定义, 必有 $x \in E_{i_0} \subset \bigcup_{k=1}^{\infty} E_k$. 否则, 若 $\exists i_k \in \{1, 2, \cdots, i_0 - 1\}$, 使 $D(F(x), A_{i_k}) < \varepsilon$, 这样的 i_k 可能不止一个, 令

$$i_{k_0} = \min\left\{i_k \mid D(F(x), A_{i_k}) < \varepsilon, \, i_k = 1, 2, \cdots, i_0 - 1\right\},$$

则当 $i \leqslant i_{k_0} - 1$ 时, 恒有 $D(F(x), A_i) \geqslant \varepsilon$. 依上述集合列的构造, 必有 $x \in E_{i_{k_0}} \subset \bigcup_{k=1}^{\infty} E_k$, 即 $\Omega \subset \bigcup_{k=1}^{\infty} E_k$. 故 $\bigcup_{k=1}^{\infty} E_k = \Omega$.

因 K 是诱导算子, 若令 $\mu(\cdot) = K(\hat{\mu}(\cdot))$, 由命题 2.5 知 μ 是 Lebesgue 测度. 此外, $\forall E \in \Im$, 依题设必有 $\mu(E) = K(\hat{\mu}(E)) < K(\hat{\mu}(\Omega)) < K(+\infty) = +\infty$. 由 Lebesgue 测度 μ 的可数可加性得

$$\sum_{k=1}^{\infty} \mu(E_k) = \mu\left(\bigcup_{k=1}^{\infty} E_k\right) = \mu(\Omega) = K(\hat{\mu}(\Omega)) < +\infty,$$

亦即, 正项级数 $\sum_{k=1}^{\infty} \mu(E_k)$ 收敛. 故 $\forall \varepsilon > 0, \exists N \in \mathbb{N}$, 当 $n \geqslant N$(不妨取定 $n = N$), 必有

$$\mu\left(\bigcup_{k=N+1}^{\infty} E_k\right) = \sum_{k=N+1}^{\infty} \mu(E_k) = \left|\sum_{k=1}^{\infty} \mu(E_k) - \sum_{k=1}^{N} \mu(E_k)\right| < \varepsilon.$$

令 $E_0 \triangleq \bigcup_{k=N+1}^{\infty} E_k$，则上式表为 $\mu(E_0) < \varepsilon$.

因 $\Omega = (\bigcup_{k=1}^{N} E_k) \bigcup E_0$，且 $\{E_1, E_2, \cdots, E_N, E_0\}$ 构成 Ω 一个有限可测剖分. 此时, 选取对应 n-折线模糊数 $\{A_1, A_2, \cdots, A_N\} \subset \{A_i \mid i \in \mathbb{N}\}$. 令

$$S_0(x) = \sum_{k=0}^{N} A_k \cdot \chi_{E_k}(x), \quad \forall x = (x_1, x_2, \cdots, x_d) \in \Omega.$$

其中 $k = 0$ 时, 界定折线模糊数 $A_0 = (0, 0, \cdots, 0, 0, \cdots, 0, 0)$. 根据扩展运算 (定义 1.6) 知 S_0 是 Ω 上一个折线模糊值简单函数, 亦即 $S_0 \in Z_n(S(\Omega))$.

又因 $F \in Z_n(L^1(\Omega, \hat{\mu}))$, 不难验证距离函数 $D(F(x), S_0(x))$ 在 Ω 上是有界 Lebesgue 可积, 进而 $K(D(F(x), S_0(x)))$ 也 Lebesgue 可积. 再由 Lebesgue 积分的绝对连续性, $\forall \varepsilon > 0$, 取 $\delta = \varepsilon > 0$, 当 $\mu(E_0) < \delta$ 时, 必有

$$\int_{E_0} K\Big(D(F(x), S_0(x))\Big) \mathrm{d}\mu < \varepsilon.$$

另一方面, 按构造集合列 $\{E_k\}$ 的方法, $\forall x \in E_k$, 必有 $S_0(x) = A_k$. 故有

$$D(F(x), S_0(x)) = D(F(x), A_k) < \varepsilon, \quad k = 1, 2, \cdots, N.$$

再由积分转换定理 2 及 K^{-1} 的单调性得

$$\begin{aligned}
H(F, S_0) &= K^{-1} \left(\int_{(\bigcup_{k=1}^{N} E_k) \cup E_0} K\Big(D(Z_n(F(x)), Z_n(S_0(x)))\Big) \mathrm{d}\mu \right) \\
&= K^{-1} \left(\sum_{k=1}^{N} \int_{E_k} K\Big(D(F(x), S_0(x))\Big) \mathrm{d}\mu + \int_{E_0} K\Big(D(F(x), S_0(x))\Big) \mathrm{d}\mu \right) \\
&\leqslant K^{-1} \left(\sum_{k=1}^{N} \int_{E_k} K(\varepsilon) \mathrm{d}\mu + \varepsilon \right) \\
&= K^{-1} \left(K(\varepsilon) \cdot \mu \left(\bigcup_{k+1}^{N} E_k \right) + \varepsilon \right) \\
&\leqslant K^{-1} \Big(K(\varepsilon) \mu(\Omega) + \varepsilon \Big).
\end{aligned}$$

因 K, K^{-1} 均严格增加, $\mu(\Omega)$ 有限. 故 $\forall \varepsilon > 0$, 表达式 $\mu(\Omega) K(\varepsilon) + \varepsilon$ 可任意小, 进而表达式 $K^{-1}(\mu(A) \cdot K(\varepsilon) + \varepsilon)$ 仍可任意小. 因此, 在 H-积分模意义下 $Z_n(S(\Omega))$ 可按任意精度逼近 F.

若令 $Z_n(C(\Omega)) = \{F: \Omega \to F_0^{tn}(\mathbb{R}) \mid F 在 \Omega 上连续\}$, 则有下面结论成立.

定理 3.11 设 $(\Omega, \Im, \hat{\mu})$ 是 K-拟加测度空间, $\Omega \subset \mathbb{R}^d$ 有界, 则 $Z_n(C(\Omega))$ 在 $Z_n(S(\Omega))$ 中稠密.

3.3 MISO 折线 FNN 的逼近性

证明 任取闭集 $B \subset \Omega$, 在 Ω 中构造距离函数 $\rho(x, B)$ 与函数列 $G_m(x)$ 如下:

$$\rho(x, B) = \inf_{y \in B} \eta(x, y), \quad \forall x = (x_1, x_2, \cdots, x_d) \in \Omega,$$

$$G_m(x) = \frac{1}{1 + m \cdot \rho(x, B)}, \quad m = 1, 2, \cdots.$$

其中 η 为 $\mathbb{R}^d$ 中欧氏度量. 不难证明函数 $\rho(x, B)$ 和 $G_m(x)$ 在 Ω 上一致连续, 从而也连续, 且有

$$\lim_{m \to \infty} G_m(x) = \begin{cases} 1, & x \in B, \\ 0, & x \notin B \end{cases} = \chi_B(x).$$

另一方面, 任意取定 $A \in F_0^{tn}(\mathbb{R})$, $\forall x = (x_1, x_2, \cdots, x_d) \in \Omega$, 令

$$S(x) = A \cdot \chi_B(x); \quad F_m(x) = A \cdot G_m(x), \quad m = 1, 2, \cdots.$$

则有 $S \in Z_n(S(\Omega))$, $F_m \in F_0^{tn}(\mathbb{R})$, $m = 1, 2, \cdots$.

下面将证明折线模糊值函数 $F_m(x)$ 在 Ω 上连续, 亦即, $F_m \in Z_n(C(\Omega))$.

事实上, $\forall x_0 = (x_1^0, x_2^0, \cdots, x_d^0) \in \Omega$, 由 $G_m(x)$ 在 x_0 点连续, 即 $\forall \varepsilon > 0$, $\exists \delta > 0$, $\forall x \in \Omega$ 且 $\eta(x, x_0) < \delta$ 时, 有 $|G_m(x) - G_m(x_0)| < \varepsilon$. 再由定理 1.8, 必有

$$D(F_m(x), F_m(x_0)) \leqslant \|A\| \cdot |G_m(x) - G_m(x_0)| < \|A\| \cdot \varepsilon.$$

故 $F_m(x)$ 在 x_0 点也连续, 进而 $F_m(x)$ 在 Ω 上也连续, 且 $F_m \in Z_n(C(\Omega))$.

另一方面, $\forall x = (x_1, x_2, \cdots, x_d) \in \Omega$, 因 $\chi_B(x)$, $G_m(x)$ 均为实值函数, 再次依定理 1.8 得

$$D(S(x), F_m(x)) \leqslant \|A\| \cdot D(\chi_B(x), G_m(x))$$
$$= \|A\| \cdot |G_m(x) - \chi_B(x)| \to 0 \quad (m \to \infty).$$

故 $\lim_{m \to \infty} D(S(x), F_m(x)) = 0$, 更有 $\lim_{m \to \infty} K(D(S(x), F_m(x))) = K(0) = 0$. 依 K^{-1} 的连续性及 Lebesgue 积分控制收敛定理得

$$\lim_{m \to \infty} H(S, F_m) = K^{-1} \left(\int_\Omega \lim_{m \to \infty} K\big(D(S(x), F_m(x))\big) \mathrm{d}\mu \right) = K^{-1}(0) = 0.$$

依极限定义, $\forall S \in Z_n(S(\Omega))$, $\forall \varepsilon > 0$, 存在 $M \in \mathbb{N}$ 和 $F_m \in Z_n(C(\Omega))$, 当 $m > M$ 时, 总有 $H(S, F_m) < \varepsilon$, 亦即, $Z_n(C(\Omega))$ 在 $Z_n(S(\Omega))$ 中稠密.

定义 3.6 设 d 元折线模糊值函数 $F: [0,1]^d \to F_0^{tn}(\mathbb{R})$, $m \in \mathbb{N}$. 若 $\forall x = (x_1, x_2, \cdots, x_d) \in [0,1]^d$, 记

$$B_m(F; x) = \sum_{i_1, i_2, \cdots, i_d = 0}^{m} Q_m^{i_1 i_2 \cdots i_d}(x) \cdot F\left(\frac{i_1}{m}, \frac{i_2}{m}, \cdots, \frac{i_d}{m}\right),$$

则称 $B_m(F;x)$ 为关于 F 的折线模糊值 Bernstein 多项式, 其中实值多元多项式函数 $Q_m^{i_1i_2\cdots i_d}(x)$ 为

$$Q_m^{i_1i_2\cdots i_d}(x) = \mathrm{C}_m^{i_1}\mathrm{C}_m^{i_2}\cdots\mathrm{C}_m^{i_d}x_1^{i_1}x_2^{i_2}\cdots x_d^{i_d}(1-x_1)^{m-i_1}(1-x_2)^{m-i_2}\cdots(1-x_d)^{m-i_d}.$$

事实上, $\forall x = (x_1, x_2, \cdots, x_d) \in [0,1]^d$, 易验证

$$\sum_{i_1,i_2,\cdots,i_d=0}^{m} Q_m^{i_1i_2\cdots i_d}(x) = \left(\sum_{i=0}^{m}\mathrm{C}_m^i x_1^i(1-x_1)^{m-i}\right)\cdot\left(\sum_{i=0}^{m}\mathrm{C}_m^i x_2^i(1-x_2)^{m-i}\right)$$

$$\cdots\left(\sum_{i=0}^{m}\mathrm{C}_m^i x_d^i(1-x_d)^{m-i}\right)$$

$$= (x_1+1-x_1)^m \cdot (x_2+1-x_2)^m \cdots (x_d+1-x_d)^m = 1.$$

引理 3.4 若 $\forall n \in \mathbb{N}, \forall x \in [0,1]$, 则有 $\sum_{k=0}^{n} \mathrm{C}_n^k x^k(1-x)^{n-k}(nx-k)^2 = nx(1-x) \leqslant \dfrac{n}{4}$.

证明 显然 $x=0$ 或 1 时结论成立, 故仅需在 $x \neq 0$ 且 $x \neq 1$ 时证明等式成立即可. 由于等式左端含有与变量 k 有关项 $(nx-k)^2$, 为此将因式 $(nx-k)^2$ 展开变成和式如下:

$$\sum_{k=0}^{n}\mathrm{C}_n^k x^k(1-x)^{n-k}(nx-k)^2$$

$$= n^2x^2\sum_{k=0}^{n}\mathrm{C}_n^k x^k(1-x)^{n-k} - 2nx\sum_{k=0}^{n}\mathrm{C}_n^k k x^k(1-x)^{n-k}$$

$$+ \sum_{k=0}^{n}\mathrm{C}_n^k k^2 x^k(1-x)^{n-k}$$

$$= n^2x^2 \cdot 1 - 2nx\varphi_1(x) + \varphi_2(x), \tag{3.10}$$

其中 $\varphi_1(x) = \sum_{k=0}^{n}\mathrm{C}_n^k k x^k(1-x)^{n-k}$, $\varphi_2(x) = \sum_{k=0}^{n}\mathrm{C}_n^k k^2 x^k(1-x)^{n-k}$, $x \in (0,1)$. 依二项式定理 $(x+y)^n = \sum_{k=0}^{n}\mathrm{C}_n^k x^k y^{n-k}, \forall x,y \in \mathbb{R}$. 若令 $y = 1-x$, 则有

$$\sum_{k=0}^{n}\mathrm{C}_n^k x^k(1-x)^{n-k} = 1.$$

对此式两端关于 x 求导得

$$\sum_{k=0}^{n}\mathrm{C}_n^k\left[kx^{k-1}(1-x)^{n-k} - (n-k)x^k(1-x)^{n-k-1}\right] = 0. \tag{3.11}$$

3.3 MISO 折线 FNN 的逼近性

经拆项整理后得

$$\sum_{k=0}^{n} C_n^k k x^{k-1}(1-x)^{n-k} = \frac{n}{1-x}\sum_{k=0}^{n} C_n^k x^k(1-x)^{n-k} - \frac{1}{1-x}\sum_{k=0}^{n} C_n^k k x^k(1-x)^{n-k}.$$

两边同时乘以 x 后再代入 $\varphi_1(x)$ 得

$$\varphi_1(x) = \frac{nx}{1-x}\cdot 1 - \frac{x}{1-x}\cdot \varphi_1(x).$$

解得 $\varphi_1(x) = \sum_{k=0}^{n} C_n^k k\, x^k(1-x)^{n-k} = nx.$

再将式 (3.11) 两边同时乘以 x 后整理得

$$\sum_{k=0}^{n} C_n^k k x^k(1-x)^{n-k} = \sum_{k=0}^{n} C_n^k (n-k) x^{k+1}(1-x)^{n-k-1},$$

并两端对 x 逐项求导得

$$\sum_{k=0}^{n} C_n^k k\left(k x^{k-1}(1-x)^{n-k} - (n-k)x^k(1-x)^{n-k-1}\right)$$
$$=\sum_{k=0}^{n} C_n^k (n-k)\left((k+1)x^k(1-x)^{n-k-1} - (n-k-1)x^{k+1}(1-x)^{n-k-2}\right).$$

两边乘以 x 后, 并经拆项整理得

$$\sum_{k=0}^{n} C_n^k k^2 x^k(1-x)^{n-k} - \frac{x}{1-x}\sum_{k=0}^{n} C_n^k (nk-k^2) x^k(1-x)^{n-k}$$
$$=\frac{x}{1-x}\sum_{k=0}^{n} C_n^k \left(n+(n-1)k-k^2\right) x^k(1-x)^{n-k}$$
$$\quad -\frac{x^2}{(1-x)^2}\sum_{k=0}^{n} C_n^k (n(n-1)-(2n-1)k+k^2) x^k(1-x)^{n-k}.$$

再进一步拆项整理得

$$\sum_{k=0}^{n} C_n^k k^2 x^k(1-x)^{n-k}$$
$$\quad -\frac{x}{1-x}\left(n\sum_{k=0}^{n} C_n^k k x^k(1-x)^{n-k} - \sum_{k=0}^{n} C_n^k k^2 x^k(1-x)^{n-k}\right)$$
$$=\frac{x}{1-x}\left(n\sum_{k=0}^{n} C_n^k x^k(1-x)^{n-k} + (n-1)\sum_{k=0}^{n} C_n^k k x^k(1-x)^{n-k}\right.$$
$$\quad \left.-\sum_{k=0}^{n} C_n^k k^2 x^k(1-x)^{n-k}\right)$$

$$+ \frac{x^2}{(1-x)^2}\left(n(n-1)\sum_{k=0}^{n}C_n^k x^k(1-x)^{n-k}\right.$$
$$\left.-(2n-1)\sum_{k=0}^{n}kx^k(1-x)^{n-k}+\sum_{k=0}^{n}C_n^k k^2 x^k(1-x)^{n-k}\right).$$

将 $\varphi_1(x) = nx$, $\varphi_2(x)$ 代入上式可得

$$\varphi_2(x) - \frac{x}{1-x}(n\cdot nx - \varphi_2(x)) = \frac{x}{1-x}\Big(n\cdot 1 + (n-1)\cdot nx - \varphi_2(x)\Big)$$
$$- \frac{x^2}{(1-x)^2}\big(n(n-1)\cdot 1 - (2n-1)\cdot nx + \varphi_2(x)\big).$$

两边去分母后整理得

$$\varphi_2(x)\Big((1-x)^2 + x(1-x) + x(1-x) + x^2\Big)$$
$$= x^2(1-x)n^2 + nx(1-x)(nx - x + 1) - x^2 n(n-1) + n(2n-1)x^3,$$

从中解出 $\varphi_2(x) = n^2 x^2 - nx^2 + nx$. 再将 $\varphi_1(x)$, $\varphi_2(x)$ 代回式 (3.10), 立即获得

$$\sum_{k=0}^{n}C_n^k x^k(1-x)^{n-k}(nx-k)^2 = n^2 x^2 - 2nx\varphi_1(x) + \varphi_2(x)$$
$$= n^2 x^2 - 2nx\cdot nx + n^2 x^2 - nx^2 + nx$$
$$= nx(1-x) \leqslant \frac{n}{4}.$$

定理 3.12 设折线模糊值函数 $F: [a,b]^d \to F_0^{tn}(\mathbb{R})$ 连续, 则 $\forall \varepsilon > 0$, 存在折线模糊值 Bernstein 多项式 $B_m(F; x)$, 使 $\forall x \in [a,b]^d$, $D(B_m(F; x), F(x)) < \varepsilon$.

证明 通过线性变换可将 $[a,b]$ 变为 $[0,1]$, 故只需在 $[0,1]$ 上证明结论成立即可. 任取 $m \in \mathbb{N}(m$ 待定), 在正方体 $[0,1]^d$(紧集) 上沿每个坐标轴将闭区间 $[0,1]$ 划分成 m 等份, 从而构成 $[0,1]^d$ 的一个等距剖分. 若记剖分后每个小正方体的顶点坐标 $\left(\frac{i_1}{m}, \frac{i_2}{m}, \cdots, \frac{i_d}{m}\right) \triangleq x_m^{i_1 i_2 \cdots i_d}$, 则 $F(x)$ 的折线模糊值 Bernstein 多项式 $B_m(F; x)$ 在剖分顶点 $x_m^{i_1 i_2 \cdots i_d}$ 处可表为

$$B_m(F; x) = \sum_{i_1, i_2, \cdots, i_d = 0}^{m} Q_m^{i_1 i_2 \cdots i_d}(x) \cdot F(x_m^{i_1 i_2 \cdots i_d}),$$

其中 $F(x_m^{i_1 i_2 \cdots i_d}) = \Big(f_0^1(x_m^{i_1 i_2 \cdots i_d}), f_1^1(x_m^{i_1 i_2 \cdots i_d}), \cdots, f_n^1(x_m^{i_1 i_2 \cdots i_d}), f_n^2(x_m^{i_1 i_2 \cdots i_d}), \cdots,$
$f_1^2(x_m^{i_1 i_2 \cdots i_d}), f_0^2(x_m^{i_1 i_2 \cdots i_d})\Big).$

3.3 MISO 折线 FNN 的逼近性

依题设每个分量实函数 $f_i^q(x)$ 在 $[0,1]^d$ 上均连续,故 $f_i^q(x)$ 在 $[0,1]^d$ 上一致连续,即 $\forall \varepsilon > 0, \exists \delta > 0, \forall x = (x_1, x_2, \cdots, x_d), y = (y_1, y_2, \cdots, y_d) \in [0,1]^d$, 只要 $|x - y| < \delta$, 就有

$$|f_i^q(x) - f_i^q(y)| < \frac{\varepsilon}{2}, \quad q = 1, 2; \; i = 0, 1, 2, \cdots, n.$$

现考察 $f_i^q(x)$ 在剖分后每个小正方体上的一致连续性. 设 $\forall x = (x_1, x_2, \cdots, x_d), y = (y_1, y_2, \cdots, y_d) \in \left[\frac{i_1 - 1}{m}, \frac{i_1}{m}\right] \times \left[\frac{i_2 - 1}{m}, \frac{i_2}{m}\right] \times \cdots \times \left[\frac{i_d - 1}{m}, \frac{i_d}{m}\right]$, 对分量 x_i, y_i 来说必有 $|x_i - y_i| \leqslant \frac{1}{m}, i = 1, 2, \cdots, d$. 从而若使

$$\|x - y\| = \sqrt{(x_1 - y_1)^2 + (x_2 - y_2)^2 + \cdots + (x_d - y_d)^2} \leqslant \sqrt{\frac{d}{m^2}} < \delta,$$

只需 $m > \frac{\sqrt{d}}{\delta}$ (δ 和 d 视为已知), 故暂时可确定剖分数 m 的最小值, 例如, 可取 $m = \left[\frac{\sqrt{d}}{\delta}\right] + 1$. 此时, 基于一致连续定义, 更有

$$|f_i^q(x) - f_i^q(y)| < \frac{\varepsilon}{2}, \quad q = 1, 2; \quad i = 0, 1, 2, \cdots, n,$$

进而有

$$\begin{aligned} D(F(x), F(y)) &= \bigvee_{i=0}^{n} \left(|f_i^1(x) - f_i^1(y)| \vee |f_i^2(x) - f_i^2(y)| \right) \\ &\leqslant \bigvee_{i=0}^{n} \left(\frac{\varepsilon}{2} \vee \frac{\varepsilon}{2} \right) = \frac{\varepsilon}{2}. \end{aligned} \quad (3.12)$$

另一方面, 依 F 的连续性, $D(F(x), F(y))$ 在紧集 $[0,1]^d \times [0,1]^d$ 上连续, 当然有界, 亦即, $\exists M > 0$, 使 $\forall (x, y) \in [0,1]^d$, 总有 $D(F(x), F(y)) \leqslant M$.

故 $\forall x = (x_1, x_2, \cdots, x_d) \in [0,1]^d$, 基于定理 1.8、式 (3.12) 和 D 的有界性得

$$\begin{aligned} &D(B_m(F; x), F(x)) \\ &= D\left(\sum_{i_1, i_2, \cdots, i_d = 0}^{m} Q_m^{i_1 i_2 \cdots i_d}(x) \cdot F(x_m^{i_1 i_2 \cdots i_d}), \sum_{i_1, i_2, \cdots, i_d = 0}^{m} Q_m^{i_1 i_2 \cdots i_d}(x) \cdot F(x) \right) \\ &\leqslant \sum_{i_1, i_2, \cdots, i_d = 0}^{m} Q_m^{i_1 i_2 \cdots i_d}(x) \cdot D\left(F(x_m^{i_1 i_2 \cdots i_d}), F(x) \right) \\ &= \sum_{\|x_m^{i_1 i_2 \cdots i_d} - x\| < \delta}^{m} Q_m^{i_1 i_2 \cdots i_d}(x) \cdot D\left(F(x_m^{i_1 i_2 \cdots i_d}), F(x) \right) \end{aligned}$$

$$+ \sum_{\|x_m^{i_1i_2\cdots i_d}-x\|\geqslant \delta}^{m} Q_m^{i_1i_2\cdots i_d}(x) \cdot D\Big(F(x_m^{i_1i_2\cdots i_d}), F(x)\Big)$$

$$< \frac{\varepsilon}{2}\cdot 1 + M \sum_{\|x_m^{i_1i_2\cdots i_d}-x\|\geqslant \delta}^{m} Q_m^{i_1i_2\cdots i_d}(x) \cdot \left(\frac{\|x_m^{i_1i_2\cdots i_d}-x\|}{\delta}\right)^2$$

$$< \frac{\varepsilon}{2} + \frac{M}{\delta^2} \sum_{i_1i_2\cdots i_d=0}^{m} \Big(\mathrm{C}_m^{i_1}\mathrm{C}_m^{i_2}\cdots\mathrm{C}_m^{i_d} x_1^{i_1} x_2^{i_2}\cdots x_d^{i_d}(1-x_1)^{m-i_1}(1-x_2)^{m-i_2}$$

$$\cdots (1-x_d)^{m-i_d}\Big)\cdot\left(\sum_{k=1}^{d}\left(x_k-\frac{i_k}{m}\right)^2\right)$$

$$= \frac{\varepsilon}{2} + \frac{M}{\delta^2 m^2}\sum_{k=1}^{d}\left(\sum_{i_1=0}^{m}\mathrm{C}_m^{i_1}x_1^{i_1}(1-x_1)^{m-i_1}\right)$$

$$\cdots \left(\sum_{i_d=0}^{m}\mathrm{C}_m^{i_d}x_d^{i_d}(1-x_d)^{m-i_d}\right)\sum_{i_k=0}^{m}\mathrm{C}_m^{i_k}x_k^{i_k}(1-x_k)^{m-i_k}(mx_k-i_k)^2$$

$$= \frac{\varepsilon}{2} + \frac{M}{\delta^2 m^2}\sum_{k=1}^{d} mx_k(1-x_k) \quad \text{(由二项式定理和引理 3.4)}$$

$$\leqslant \frac{\varepsilon}{2} + \frac{Md}{4\delta^2 m}.$$

因此,$\forall \varepsilon > 0$,若使 $\frac{Md}{4\delta^2 m} < \frac{\varepsilon}{2}$,只需 $m > \frac{Md}{2\varepsilon\delta^2}$. 令

$$m_0 = \max\left\{\left[\frac{\sqrt{d}}{\delta}\right]+1, \left[\frac{Md}{2\varepsilon\delta^2}\right]+1\right\},$$

则 $m > m_0$ 时, 总有

$$D(B_m(F;x), F(x)) < \frac{\varepsilon}{2} + \frac{Md}{4\delta^2 m} < \frac{\varepsilon}{2} + \frac{\varepsilon}{2} = \varepsilon.$$

故折线模糊值 Bernstein 多项式可逼近连续折线模糊值函数.

再令

$$Z_n(P(\Omega)) = \left\{F: \Omega \to F_0^{tn}(\mathbb{R}) \,\Big|\, F(x) = \sum_{i_1,i_2,\cdots,i_d=0}^{m} Q_m^{i_1i_2\cdots i_d}(x)\right.$$

$$\left. \cdot A_{i_1i_2\cdots i_d}, A_{i_1i_2\cdots i_d}\in F_0^{tn}(\mathbb{R})\right\},$$

因而也有下述结论成立.

定理 3.13 设 $(\Omega, \Im, \hat{\mu})$ 是 K-拟加测度空间, $\Omega \subset \mathbb{R}^d$ 是有界集, K 是强化诱导算子, 则 $Z_n(P(\Omega))$ 在 $Z_n(C(\Omega))$ 中稠密.

3.3 MISO 折线 FNN 的逼近性

证明 由于 $\{A_{i_1 i_2 \cdots i_d}\}$ 是可数集, 故 $Z_n(P(\Omega))$ 也构成一个可数集合. 又因 Ω 有界, 故存在长方体 $[a,b]^d$ 使 $\Omega \subset [a,b]^d$. 此外, $\forall F \in Z_n(C(\Omega))$, 由定理 3.12, $\forall \varepsilon > 0$, 存在折线模糊值 Bernstein 多项式 $B_m(F;x) = \sum_{i_1,i_2,\cdots,i_d=0}^{m} Q_m^{i_1 i_2 \cdots i_d}(x) \cdot F(x_m^{i_1 i_2 \cdots i_d})$, 使 $D(B_m(F;x), F(x)) < \varepsilon, \forall x = (x_1, x_2, \cdots, x_d) \in \Omega$.

依定理 1.3 知 $(F_0^{tn}(\mathbb{R}), D)$ 是完备可分度量空间, 不妨设 $\aleph = \{A_1, A_2, \cdots, A_k, \cdots\}$ 为 $F_0^{tn}(\mathbb{R})$ 中一个可数稠密子集, 故对 $F(x_m^{i_1 i_2 \cdots i_d}) \in F_0^{tn}(\mathbb{R})$ 而言, 存在折线模糊数 $A'_{i_1 i_2 \cdots i_d} \in \aleph$ 使得

$$D\left(A'_{i_1 i_2 \cdots i_d}, F(x_m^{i_1 i_2 \cdots i_d})\right) < \varepsilon, \quad \forall i_1, i_2, \cdots, i_d \in \{0, 1, 2, \cdots, m\}.$$

令 $P_m(x) = \sum_{i_1,i_2,\cdots,i_d=0}^{m} Q_m^{i_1 i_2 \cdots i_d}(x) \cdot A'_{i_1 i_2 \cdots i_d}, \forall x = (x_1, x_2, \cdots, x_d) \in \Omega$, 则有 $P_m \in Z_n(P(\Omega))$. 再依定理 1.8 得

$$D\left(P_m(x), B_m(F;x)\right) \leqslant \sum_{i_1,i_2,\cdots,i_d=0}^{m} Q_m^{i_1 i_2 \cdots i_d}(x) \cdot D\left(\tilde{A}'_{i_1 i_2 \cdots i_d}, F(x_m^{i_1 i_2 \cdots i_d})\right)$$

$$\leqslant \varepsilon \cdot \sum_{i_1,i_2,\cdots,i_d=0}^{m} Q_m^{i_1 i_2 \cdots i_d}(x) = \varepsilon.$$

按 H-积分模定义得

$$H(P_m, F) \leqslant H(P_m, B_m(F)) \oplus H(B_m(F), F)$$

$$= K^{-1}\left(\int_\Omega K\Big(D(P_m(x), B_m(F;x))\Big) \mathrm{d}\mu\right)$$

$$\oplus K^{-1}\left(\int_\Omega K\Big(D(B_m(F;x), F(x))\Big) \mathrm{d}\mu\right)$$

$$\leqslant K^{-1}\left(\int_\Omega K(\varepsilon) \mathrm{d}\mu\right) \oplus K^{-1}\left(\int_\Omega K(\varepsilon) \mathrm{d}\mu\right)$$

$$= K^{-1}\Big(2\mu(\Omega) \cdot K(\varepsilon)\Big).$$

此时, $\forall \varepsilon > 0$, 表达式 $K^{-1}(2\mu(\Omega) \cdot K(\varepsilon))$ 仍可任意小. 故 $\forall F \in Z_n(C(\Omega))$ 可被 $Z_n(P(\Omega))$ 中折线模糊值 Bernstein 多项式 P_m 逼近, 亦即, $Z_n(P(\Omega))$ 在 $Z_n(C(\Omega))$ 中稠密.

定理 3.14 设 $(\Omega, \Im, \hat{\mu})$ 是 K-拟加测度空间, $\Omega \subset \mathbb{R}^d$ 有界, K 是强化诱导算子, 则 $(Z_n(L^1(\Omega, \hat{\mu})), H)$ 构成完备可分度量空间.

证明 定理 3.9 已证明 $(Z_n(L^1(\Omega, \hat{\mu})), H)$ 构成度量空间, $(Z_n(L^1(\Omega, \hat{\mu})), H)$ 的完备性可仿照泛函分析中可积空间完备性类似方法. 故只需证明 $(Z_n(L^1(\Omega, \hat{\mu})), H)$ 具有可分性即可.

事实上,定理 3.13 表明 $Z_n(P(\Omega))$ 在 $Z_n(C(\Omega))$ 中稠密,定理 3.11 表明 $Z_n(C(\Omega))$ 在 $Z_n(S(\Omega))$ 中稠密,定理 3.10 表明 $Z_n(S(\Omega))$ 在 $Z_n(L^1(\Omega,\hat{\mu}))$ 中稠密. 故可数集 $Z_n(P(\Omega))$ 在 $Z_n(L^1(\Omega,\hat{\mu}))$ 中稠密,即 $Z_n(P(\Omega))$ 是 $Z_n(L^1(\Omega,\hat{\mu}))$ 的一个可数稠密子集,故 $\hat{\mu}$-可积有界折线模糊值函数空间 $Z_n(L^1(\Omega,\hat{\mu}))$ 是可分的,即 $(Z_n(L^1(\Omega,\hat{\mu})),H)$ 构成一个完备可分度量空间.

定理 3.14 将为下一步研究折线模糊神经网络的逼近性奠定理论基础.

3.3.3 折线 FNN 的逼近性

折线模糊数不仅是三角形或梯形模糊数的推广,而且可近似地表示一般有界模糊数,同时在简化扩展原理意义下 (定义 1.6 和定理 1.1) 折线模糊数既可保证四则运算的封闭性,又能保持与梯形模糊数相类似的性质. 折线模糊神经网络 (FNN) 是指连接权和阈值均取值于折线模糊数的一类网络系统,其自身结构是一个集折线模糊数加法和乘法的运算体系,它是通过确定折线模糊数的有限个点来完成模糊信息处理,并基于折线模糊数线性运算来实现该网络的近似表示能力. 本节将研究四层折线 FNN 在 H-积分模意义下对 $Z_n(L^1(\Omega,\hat{\mu}))$ 函数类的逼近性问题.

为简单起见,我们只假设第二隐含层神经元 k 与输出层神经元之间连接权 W_k 为折线模糊数. 此外, 设输入层神经元与第一隐含层神经元之间连接权 $u_{ik}(j) \in \mathbb{R}$,第一隐含层与第二隐含层连接权为 $v_{kj} \in \mathbb{R}$,输出层连接权 $W_k \in F_0^{tn}(\mathbb{R})$,且假设输入层、第二隐含层与输出层神经元都是线性的,第一隐含层转移函数 σ 是 $\mathbb{R}$ 上连续函数. $\forall x = (x_1, x_2, \cdots, x_d) \in \mathbb{R}^d$,若记 $U_k(j) = (u_{1kj}, u_{2kj}, \cdots, u_{dkj}) \in \mathbb{R}^d$,则可将四层正则折线 FNN 表为

$$\Im_0[\sigma] = \left\{ G_{pq} : \mathbb{R}^d \to F_0^{tn}(\mathbb{R}) \,\middle|\, G_{pq}(x) = \sum_{k=1}^{q} W_k \cdot \left(\sum_{j=1}^{p} v_{kj} \cdot \sigma\left(\langle U_k(j), x\rangle + \theta_{kj}\right) \right) \right.$$
$$\left. p, q \in \mathbb{N}, W_k \in F_0^{tn}(\mathbb{R}), v_{kj}, \theta_{kj} \in \mathbb{R}, U_k(j) \in \mathbb{R}^d \right\}.$$

其中 θ_{kj} 为第一隐含层阈值,p, q 分别为第一隐含和第二隐含层神经元个数,其拓扑结构如图 3.2 所示.

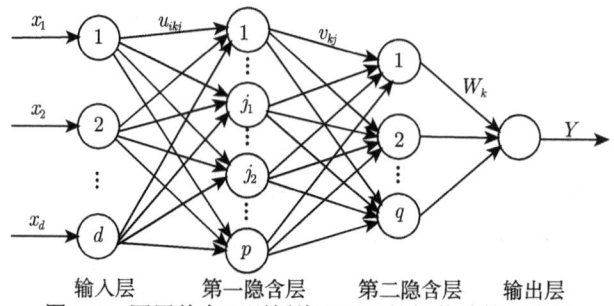

图 3.2 四层前向正则折线 FNN 的拓扑结构示意图

3.3 MISO 折线 FNN 的逼近性

实际上, 四层正则折线 FNN$\Im_0[\sigma]$ 中包含 2 个隐含层和 3 组连接权. 通常假设第一隐含层结点的转移函数为 $\sigma : \mathbb{R} \to \mathbb{R}^+$ 连续, 且满足 $\lim\limits_{x \to -\infty} \sigma(x) = 0$, $\lim\limits_{x \to +\infty} \sigma(x) = 1$. 当然, 总有 $G_{pq} \in F_0^{tn}(\mathbb{R})$.

定义 3.7 设 $Z_n(\Omega) = \{ F : \Omega \to F_0^{tn}(\mathbb{R}) \mid F$ 是折线模糊值函数$\}$, $\mathcal{B} \subset Z_n(\Omega)$. 若 $\forall F \in \mathcal{B}$, 任意紧集 $J \subset \Omega$, $\forall \varepsilon > 0$, 存在神经元 $p, q \in \mathbb{N}$ 及连接权 $W_k \in F_0^{tn}(\mathbb{R}), U_k(j) \in \mathbb{R}^d$ 和 $v_{kj}, \theta_{kj} \in \mathbb{R}(j = 1, 2, \cdots, p; k = 1, 2, \cdots, q)$, 使 $\forall x = (x_1, x_2, \cdots, x_d) \in J$, 恒有 $D(G_{pq}(x), F(x)) < \varepsilon$, 则称四层正则折线 FNN $\Im_0[\sigma]$ 对 $\mathcal{B}$ 具有逼近性, 或称 $\Im_0[\sigma]$ 是 $\mathcal{B}$ 的逼近器.

定义 3.8 设转移函数 $\sigma : \mathbb{R} \to \mathbb{R}^+$, 函数 $f : \Omega \subset \mathbb{R}^d \to \mathbb{R}$ 连续. 若 $\forall \varepsilon > 0$, 任意紧集 $J \subset \Omega$, 存在 m 个隐含神经元的正则神经网络 $\sum_{j=1}^m v_j \cdot \sigma(\langle W_j, x \rangle + \theta_j)$, 使 $\forall x = (x_1, x_2, \cdots, x_d) \in J$, 有 $\left| f(x) - \sum_{j=1}^m v_j \cdot \sigma(\langle W_j, x \rangle + \theta_j) \right| < \varepsilon$, 其中连接权 $W_j = (w_{1j}, w_{2j}, \cdots, w_{ij}) \in \mathbb{R}^d$, $v_j \in \mathbb{R}$, 阈值 $\theta_j \in \mathbb{R}$. 则称 σ 为塔伯维纳 (Tauber-Wiener) 函数.

定理 3.15 设 $(\Omega, \Im, \hat{\mu})$ 是 K-拟加测度空间, $\hat{\mu}(\Omega) < +\infty$, K 是强化诱导算子, σ 是 Tauber-Wiener 函数. 则 $\Im_0[\sigma]$ 按 H-积分模对 $Z_n(S(\Omega))$ 具有逼近性.

证明 设紧集 $J \subset \Omega$, $\forall S \in Z_n(S(\Omega))$, 令

$$S(x) = \sum_{i=1}^m A_i \cdot \chi_{E_i}(x), \quad \forall x = (x_1, x_2, \cdots, x_d) \in J.$$

其中 $A_1, A_2, \cdots, A_m \in F_0^{tn}(\mathbb{R})$, 且满足 $\bigcup_{i=1}^m E_i = J$, $E_i \bigcap E_j = \varnothing$ $(i \neq j)$.

不失一般性, 设这组折线模糊数的模 $\|A_1\|, \|A_2\|, \cdots, \|A_m\|$ 不全为零, 且 $\max\limits_{1 \leqslant i \leqslant m} \|A_i\| = a > 0$. 因每个特征函数 $\chi_{E_i}(x)$ 在 J 上非负可测, 由鲁金定理, $\forall \varepsilon > 0$, 存在闭子集 $\Delta_i \subset J$, 使 $\chi_{E_i}(x)$ 在 Δ_i 上连续, 且满足 $\mu(J - \Delta_i) < \dfrac{\varepsilon}{m}$, $i = 1, 2, \cdots, m$, 其中 $\mu(\cdot) = K(\hat{\mu}(\cdot))$, μ 是 Lebesgue 测度, 当然 $\chi_{E_i}(x)$ 在 Δ_i 取值仅为 1 或 0.

由于 J 是紧集, 则 J 为有界闭集, 故每个 $\Delta_i (i = 1, 2, \cdots, m)$ 也为紧集, 且

$$\mu(J) = K(\hat{\mu}(J)) \leqslant K(\hat{\mu}(\Omega)) < K(+\infty) = +\infty.$$

因 σ 是 Tauber-Wiener 函数, 则 $\forall \varepsilon > 0$, 对每个 Δ_i 上连续函数 $\chi_{E_i}(x)$ 来说, 必存在 m 组隐含层神经元数 $\lambda_i \in \mathbb{N}$, 连接权 $u_i'(1), u_i'(2), \cdots, u_i'(\lambda_i) \in \mathbb{R}^d$, $v_{i1}', v_{i2}', \cdots, v_{i\lambda_i}' \in \mathbb{R}$ 及阈值 $\theta_{i1}', \theta_{i2}', \cdots, \theta_{i\lambda_i}' \in \mathbb{R}$ 使之满足: $\forall x = (x_1, x_2, \cdots, x_d) \in \Delta_i$, 均有

$$\left| \chi_{E_i}(x) - \sum_{j=1}^{\lambda_i} v_{ij}' \cdot \sigma(\langle u_i'(j), x \rangle + \theta_{ij}') \right| < \frac{\varepsilon}{am}, \quad i = 1, 2, \cdots, m.$$

下面, 为了适当调节折线 FNN $\Im_0[\sigma]$ 内部连接权和阈值, 构造一组变换, 例如, 记 $\lambda = \sum_{i=1}^{m} \lambda_i,\ \beta_i = \sum_{k=1}^{i-1} \lambda_k$, 其中 $\beta_1 = 0, i = 2, 3, \cdots, m$. 令

$$v_{ij} = \begin{cases} v'_{i(j-\beta_i)}, & \beta_i < j \leqslant \beta_{i+1}, \\ 0, & \text{其他}, \end{cases}$$

$$\theta_{ij} = \begin{cases} \theta'_{i(j-\beta_i)}, & \beta_i < j \leqslant \beta_{i+1}, \\ 0, & \text{其他}, \end{cases}$$

$$u_i(j) = \begin{cases} u'_i(j-\beta), & \beta_i < j \leqslant \beta_{i+1}, \\ 0, & \text{其他}. \end{cases}$$

$\forall x = (x_1, x_2, \cdots, x_d) \in \Delta \subset J$, 根据这些变换不难验证下式成立:

$$\sum_{j=1}^{\lambda} v_{ij} \cdot \sigma\big(\langle u_i(j),\ x\rangle + \theta_{ij}\big) = \sum_{j=1}^{\lambda_i} v'_{ij} \cdot \sigma\big(\langle u'_i(j),\ x\rangle + \theta'_{ij}\big).$$

再令

$$G_{m\lambda}(x) = \sum_{i=1}^{m} A_i \cdot \left(\sum_{j=1}^{\lambda} v_{ij} \cdot \sigma\big(\langle u_i(j),\ x\rangle + \theta_{ij}\big) \right).$$

则有 $G_{m\lambda} \in \Im_0[\sigma]$. 进而利用定理 1.8, $\forall x = (x_1, x_2, \cdots, x_d) \in \Delta \subset J$, 必有

$$\begin{aligned}
D\left(G_{m\lambda}(x),\ S(x)\right) &\leqslant \sum_{i=1}^{m} \|A_i\| \cdot \left| \chi_{E_i}(x) - \sum_{j=1}^{\lambda} v_{ij} \cdot \sigma(\langle u_i(j), x\rangle + \theta_{ij}) \right| \\
&= \sum_{i=1}^{m} \|A_i\| \cdot \left| \chi_{E_i}(x) - \sum_{j=1}^{\lambda_i} v'_{ij} \cdot \sigma(\langle u'_i(j), x\rangle + \theta'_{ij}) \right| \\
&< ma \cdot \frac{\varepsilon}{am} = \varepsilon.
\end{aligned} \tag{3.13}$$

又显有

$$\int_J K\big(D(G_{m\lambda}(x),\ S(x))\big) \mathrm{d}\mu \leqslant \int_J K(\varepsilon) \mathrm{d}\mu = \mu(J) \cdot K(\varepsilon) < +\infty.$$

故函数 $K(D(G_{m\lambda}(x), S(x)))$ 在 J 上 Lebesgue 可积.

令 $\Delta = \bigcup_{i=1}^{m} \Delta_i$, 则 Δ 仍为紧集, 且 $\Delta \subset J,\ J - \Delta \subset J - \Delta_i$. 由 Lebesgue 测度 μ 单调性得

$$\mu(J - \Delta) \leqslant \mu(J - \Delta_i) < \frac{\varepsilon}{m}.$$

3.3 MISO 折线 FNN 的逼近性

由 Lebesgue 积分绝对连续性, $\forall \varepsilon > 0$, 取 $\delta = \dfrac{\varepsilon}{m} > 0$, 当 $\mu(J - \Delta) < \delta$, 也有

$$\int_{J-\Delta} K\big(D\left(G_{m\lambda}(x), S(x)\right)\big) \mathrm{d}\mu < \varepsilon. \tag{3.14}$$

又因 $J = (J - \Delta) \bigcup \Delta$. 依 K^{-1} 的单调性及式 (3.13)—(3.14), 立即可得

$$\begin{aligned}
H(G_{m\lambda}, S) &= K^{-1}\left[\int_{\Delta \bigcup (J-\Delta)} K\big(D\left(G_{m\lambda}(x), S(x)\right)\big) \mathrm{d}\mu\right] \\
&= K^{-1}\left[\int_{\Delta} K\left(D\left(G_{m\lambda}(x), S(x)\right)\right) \mathrm{d}\mu + \int_{J-\Delta} K\left(D\left(G_{m\lambda}(x), S(x)\right)\right) \mathrm{d}\mu\right] \\
&\leqslant K^{-1}\left(\int_{\Delta} K(\varepsilon) \mathrm{d}\mu + \varepsilon\right) = K^{-1}\big(K(\varepsilon) \cdot \mu(\Delta) + \varepsilon\big) \\
&\leqslant K^{-1}\big(K(\varepsilon)\mu(\Omega) + \varepsilon\big).
\end{aligned}$$

因 $\mu(\Omega) = K(\hat{\mu}(\Omega)) < K(+\infty) = +\infty$. 由 ε 的任意性知 $K(\varepsilon)$ 为无穷小量, 故表达式 $K(\varepsilon)\mu(\Omega) + \varepsilon$ 仍为无穷小量, 再由 K^{-1} 的严增性可知 $K^{-1}(K(\varepsilon) \cdot \mu(\Omega) + \varepsilon)$ 也为无穷小量.

因此, 折线 FNN $\Im_0[\sigma]$ 按 H-积分模意义对 $Z_n(S(\Omega))$ 具有逼近性.

定理 3.16 设 $(\Omega, \Im, \hat{\mu})$ 是 K-拟加测度空间, $\hat{\mu}(\Omega) < +\infty$, K 是强化诱导算子, σ 是 Tauber-Wiener 函数. 若 $\forall F \in Z_n(L^1(\Omega, \hat{\mu}))$, 则 $\Im_0[\sigma]$ 按 H-积分模以任意精度逼近 F.

证明 由定理 3.10, 在 H-积分模意义下 $Z_n(S(\Omega))$ 能以任意精度逼近 F, 即 $\forall F \in Z_n(L^1(\Omega, \hat{\mu})), \forall \varepsilon > 0$, 存在 $S_0 \in Z_n(S(\Omega))$, 使 $H(S_0, F) < \varepsilon$.

依据定理 3.15, 折线 FNN $\Im_0[\sigma]$ 按 H-积分模对 $Z_n(S(\Omega))$ 有逼近性, 亦即, 对 $S_0 \in Z_n(S(\Omega))$, 存在 $G_{m\lambda} \in \Im_0[\sigma]$, 使 $H(G_{m\lambda}, S) < K^{-1}(K(\varepsilon)\mu(\Omega) + \varepsilon)$.

再利用 H-积分模关于拟加算子 $\oplus$ 的运算性质, 易得

$$\begin{aligned}
H(G_{m\lambda}, F) &\leqslant H(G_{m\lambda}, S_0) \oplus H(S_0, F) < K^{-1}\big(K(\varepsilon)\mu(\Omega) + \varepsilon\big) \oplus \varepsilon \\
&= K^{-1}\big((\mu(\Omega) + 1)K(\varepsilon) + \varepsilon\big).
\end{aligned}$$

类同定理 3.15 分析, 不难获知表达式 $K^{-1}\big((\mu(\Omega)+1)K(\varepsilon)+\varepsilon\big)$ 仍为无穷小量. 因此, 折线 FNN $\Im_0[\sigma]$ 按 H-积分模能以任意精度逼近 F.

事实上, 折线 FNN 具有以下优点: ① 待逼近函数范围扩充了, 将以往连续函数扩展为一类 $\hat{\mu}$-可积有界折线模糊值函数; ② 类同三角形或梯形模糊数的处理方法, 易设计学习算法; ③ 比传统 FNN 具有更强的逼近能力. 此外, 所引进 K-拟加

积分是传统 Lebesgue 积分的推广. 这些结果无疑是对刘普寅教授[22,23]工作的延拓和发展. 实际上, 可积函数类在实际应用中广泛存在, 故探究折线 FNN 对可积函数类的逼近性具有重要理论意义.

3.4 折线 FNN 的稳定性分析

在一般模糊推理中, 训练模式对出现小幅摄动对整体模糊系统稳定性的影响是一个至关重要的问题. 折线 FNN 是通过人工神经网络与折线模糊数相结合所获得的一种新的前向网络, 这种折线 FNN 的输入输出及内部运算均限定在折线模糊数空间上, 它不仅拓扑结构直观明显, 而且算术运算满足线性性和封闭性. 因此, 折线 FNN 是比基于 Zadeh 扩展原理的正则 FNN 具有更强的学习能力.

本节主要依据纠错规则设计折线 FNN 连接权及其学习算法, 并在训练模式对发生摄动时讨论这类折线 FNN 的输出及变化情况. 此外, 当训练模式对发生 γ-摄动时讨论该网络关于训练模式对摄动的全局稳定性, 并通过模拟实例说明训练模式对摄动对该网络稳定性的影响.

3.4.1 训练模式对与学习算法

为简单起见, 本节总是假定阈值为不变参数 (无须迭代和调节), 且仅以模糊值单输入单输出三层前向正则折线 FNN 为例研究稳定性, 并限定在非负折线模糊数空间 $F_0^{tn}(\mathbb{R}^+)$ 上取值.

设转移函数 $\sigma: \mathbb{R} \to [0, +\infty)$ 连续递增, 且满足条件 $\lim\limits_{t\to+\infty}\sigma(t) = 1$, $\lim\limits_{t\to-\infty}\sigma(t) = 0$, 其中扩展映射 $\sigma: F_0^{tn}(\mathbb{R}^+) \to F_0^{tn}(\mathbb{R}^+)$ 按定义 1.6 所示.

此时, 设三层前向正则折线 FNN 的输入输出 (I/O) 表为

$$P_0[\sigma] = \left\{ F: F_0^{tn}(\mathbb{R}^+) \to F_0^{tn}(\mathbb{R}^+) \middle| F_{nn}(X) = \sum_{j=1}^{p} V_j \cdot \sigma(u_j \cdot X + \theta_j), \right.$$
$$\left. p \in \mathbb{N}, X, V_j \in F_0^{tn}(\mathbb{R}^+), \theta_j \in \mathbb{R}^+, u_j \in \mathbb{R}^+ \right\}, \qquad (3.15)$$

其中输入层与隐含层之间连接权是 $u_j \in \mathbb{R}$, 隐含层与输出层之间的连接权是 V_j, 记 $V_j = (v_0^1(j), \cdots, v_n^1(j), v_n^2(j), \cdots, v_0^2(j)) \in F_0^{tn}(\mathbb{R}^+)$; 隐含层神经元转移函数 σ, θ_j 是隐含层阈值, 输入 $X = (x_0^1, x_1^1, \cdots, x_n^1, x_n^2, \cdots, x_1^2, x_0^2)$ 和输出 $Y = F_{nn}(X)$ 均属于 $F_0^{tn}(\mathbb{R}^+)$, p 是单输入单输出隐含层神经元总数, 参看图 3.3.

下面, 首先引入训练模式对摄动概念, 进而依纠错规则给出折线 FNN 连接权的学习算法. 另外, 因阈值变化对网络输出影响较小, 在此忽略不计.

设 $(X(1), O(1)), (X(2), O(2)), \cdots, (X(L), O(L))$ 为给定一组训练模式对, $X(l)$, $O(l) \in F_0^{tn}(\mathbb{R}^+)(l = 1, 2, \cdots, L)$ 分别表示折线 FNN 的实际输入和期望输出. 利用

3.4 折线 FNN 的稳定性分析

这组模式对训练折线 FNN 的连接权, 可确定一个新的折线 FNN. 令

$$\Re = \{(X(l), O(l)) \mid X(l), O(l) \in F_0^{tn}(\mathbb{R}^+),\ l = 1, 2, \cdots, L\}$$

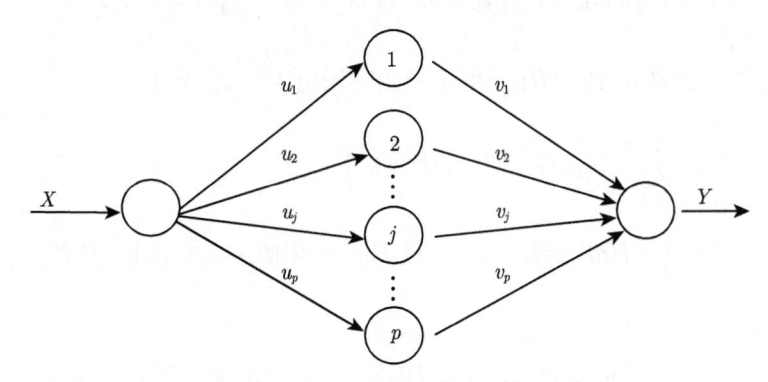

图 3.3 三层前向正则折线 FNN 的拓扑结构图

表示全体训练模式对构成的集合; 记

$$\Re^* = \{(X^*(l), O^*(l)) \mid X^*(l), O^*(l) \in F_0^{tn}(\mathbb{R}^+),\ l = 1, 2, \cdots, L\}$$

表示摄动后全体新训练模式对构成的集合, 其中 $(X^*(l), O^*(l))$ 为每个训练模式对 $(X(l), O(l))$ 发生摄动后生成的新模式对. 再记 $Y(l)$ 为由 $\Re$ 所确定的折线 FNN 的实际输出, $Y^*(l)$ 为由 $\Re^*$ 所确定的折线 FNN 的实际输出, 其中 $Y(l) = F_{nn}(X(l))$, $Y^*(l) = F_{nn}(X^*(l))$, $l = 1, 2, \cdots, L$.

定义 3.9 设 $X = (x_0^1, x_1^1, \cdots, x_n^1, x_n^2, \cdots, x_1^2, x_0^2)$, $X^* = (x_0^{1*}, x_1^{1*}, \cdots, x_n^{1*}, x_n^{2*}, \cdots, x_1^{2*}, x_0^{2*}) \in F_0^{tn}(\mathbb{R}^+)$, 则模糊距离 $D(X, X^*) = \bigvee_{q=1,2;\ i=0,1,2,\cdots,n} |x_i^{q*} - x_i^q|$ 称为 X 与 X^* 的最大摄动误差.

定义 3.10 设 $X(l), O(l) \in \Re$, $(X^*(l), O^*(l))$ 为摄动后训练模式对, $l = 1, 2, \cdots, L$. 若 $\exists \gamma > 0$, 使 $D(X(l), X^*(l)) \vee D(O(l), O^*(l)) \leqslant \gamma$, 则称训练模式对 $(X(l), O(l))$ 发生 γ-摄动.

定义 3.11 若训练模式对 $X(l), O(l)) \in \Re$ 发生 γ-摄动, 且存在常数 $h > 0$, 使对任意输入 $X \in F_0^{tn}(\mathbb{R}^+)$, 实际输出满足 $D(F_{nn}(X), F_{nn}^*(X)) \leqslant h\gamma$. 则称折线 FNN 具有全局稳定性.

通常人们主要通过两种途径设计模糊神经网络的学习算法, 即 α-截算法和模糊权遗传算法. 下面, 将依折线模糊数的扩张运算和纠错规则中 δ-学习规则设计形如式 (3.15) 的折线 FNN, 其中输入层连接权 u_j 和隐含层连接权 v_i^q 的学习算法设计如下.

第一步 随机选取连接权的初始值 $u_j[0]$ 和 $v_i^q[0]$, $i = 0, 1, 2, \cdots, n$; $j = 1, 2, \cdots, p$; $q = 1, 2$. 然后置 $t = 0$, 给定精度 ε、初始值 $\tilde{X}(l)$ 及阈值 θ_j (θ_j 视为不变).

第二步 令 $V_j[t] = \left(v_0^1(j)[t], v_1^1(j)[t], \cdots, v_n^1(j)[t], v_n^2(j)[t], \cdots, v_1^2(j)[t], v_0^2(j)[t]\right)$, $j = 1, 2, \cdots, p$; 并完成赋值 $v_i^q(j)[t] \to v_i^q(j)$ 及 $u_j[t] \to u_j$, $i = 0, 1, 2, \cdots, n$; $q = 1, 2$; $j = 1, 2, \cdots, p$.

第三步 计算 $o_i^q(l)$, $y_i^q(l)$ 及第 t 步实际输出 $Y(l)[t]$, 其中

$$Y(l)[t] = \sum_{j=1}^{p} V_j[t] \cdot \sigma\left(u_j[t] \cdot X(l) + \theta_j\right)$$
$$= \left(y_0^1(l)[t], y_1^1(l)[t], \cdots, y_n^1(l)[t], y_n^2(l)[t], \cdots, y_1^2(l)[t], y_0^2(l)[t]\right).$$

这里 $l = 1, 2, \cdots, L$; $i = 0, 1, 2, \cdots, n$; $q = 1, 2$.

第四步 若训练模式对 $(X(l), O(l))$ 发生 γ-摄动, 则利用迭代公式

$$\begin{cases} u_j[t+1] = 0 \vee \left(\bigwedge_{q=1,2;\, i=0,1,2,\cdots,n} \left(u_j[t] - \eta_1 \left|o_i^q(l) - \sigma(u_j[t] \cdot x_i^q(l) + \theta_j)\right|\right)\right), \\ \qquad\qquad\qquad\qquad\qquad\qquad\qquad\qquad\qquad j = 1, 2, \cdots, p, \\ v_i^q[t+1] = 0 \vee \left(v_i^q[t] - \eta_2 \left|y_i^q(l) - o_i^q(l)\right|\right), \quad i = 0, 1, 2, \cdots, n;\; q = 1, 2. \end{cases}$$

计算新的连接权参数 u_j 和 v_i^q 值, 其中 $\eta_1, \eta_2 \in [0, 1]$ 为给定常数.

第五步 根据定义 3.9, 判断最大摄动误差 $D(X(l), X^*(l)) < \varepsilon$ 是否成立? 若成立, 则转第六步; 否则, 令 $t = t + 1$, 再转回第二步.

第六步 输出满足条件的连接权参数 u_j 和 v_i^q 的值.

事实上, 算法第四步和第五步中 $\eta_1, \eta_2 \in [0, 1]$ 为给定学习常数, 特别在第四步迭代中根据 δ-学习规则, 当训练模式对 $(X(l), O(l))$ 发生 γ-摄动连接权 u_j 沿着速度减小方向取值. 此时, 有 $u_j[t+1] \leqslant u_j[t] \vee 0$, 或 $v_i^q[t+1] \leqslant v_i^q[t] \vee 0$, 从而减小连接权取值. 另外, 在进行第 t 步迭代时, 连接权 $u_j[t+1]$ 和 $v_i^q[t+1]$ 的下确界并不能保证为正数, 故需与 0 比较取大. 因此, 算法第四步采取与 0 比较的格式修正或调节连接权值 u_j 及 v_i^q.

3.4.2 稳定性分析

稳定性是研究模糊神经网络控制系统的重要指标之一. 3.4.1 节给出了折线模糊神经网络关于训练模式对摄动的全局稳定性概念, 并设计了具体的学习算法, 这为进一步讨论折线 FNN 的稳定性奠定了理论基础. 通常在不考虑阈值变化情况下, FNN 的输出主要由连接权所决定, 亦即, 网络的稳定性主要取决于连接权的稳定性. 本节将利用数学归纳法证明结论: 若转移函数 σ 满足 Lipschitz 条件, 则连接

3.4 折线 FNN 的稳定性分析

权 u_j 和 v_i^q 具有稳定性, 进而获得折线 FNN 关于训练模式对的 γ 摄动具有全局稳定性. 为书写方便, 统一用 $I_n = \{0, 1, 2, \cdots, n\}$ 表示指标集.

引理 3.5[22] 设 $\forall c_1, c_2, d \in \mathbb{R}^+$, 给定 $n \in \mathbb{N}$, $a_i, a_i^* \in \mathbb{R}^+$, $i = 0, 1, 2, \cdots, n$. 则有

(1) $|c_1 \wedge d - c_2 \wedge d| \leqslant |c_1 - c_2|$, $\left| \bigwedge\limits_{i \in I_n} a_i^* - \bigwedge\limits_{i \in I_n} a_i \right| \leqslant \bigvee\limits_{i \in I_n} |a_i^* - a_i|$;

(2) $|c_1 \vee d - c_2 \vee d| \leqslant |c_1 - c_2|$, $\left| \bigvee\limits_{i \in I_n} a_i^* - \bigvee\limits_{i \in I_n} a_i \right| \leqslant \bigvee\limits_{i \in I_n} |a_i^* - a_i|$.

定理 3.17 设折线 FNN 中转移函数 σ 满足 Lipschitz 条件, (X^*, O^*) 为 $(X, O) \in \Re$ 发生 γ-摄动后训练模式对. 则进行第 t 步迭代时, 存在 $\alpha > 0$ 使摄动前和摄动后输入层连接权 u_j 和 u_j^* 的取值满足 $|u_j^*[t] - u_j[t]| \leqslant \alpha \gamma$, $j = 1, 2, \cdots, p$.

证明 设训练模式对 $(X, O) \in \Re$, $(X^*, O^*) \in \Re^*$ 为摄动后训练模式对, 其中

$$\begin{cases} X = (x_0^1, x_1^1, \cdots, x_n^1, x_n^2, \cdots, x_1^2, x_0^2), \\ O = (o_0^1, o_1^1, \cdots, o_n^1, o_n^2, \cdots, o_1^2, o_0^2), \end{cases}$$

$$\begin{cases} X^* = (x_0^{1*}, x_1^{1*}, \cdots, x_n^{1*}, x_n^{2*}, \cdots, x_1^{2*}, x_0^{2*}), \\ O^* = (o_0^{1*}, o_1^{1*}, \cdots, o_n^{1*}, o_n^{2*}, \cdots, o_1^{2*}, o_0^{2*}). \end{cases}$$

$$Y = F_{nn}(X) = \sum_{j=1}^p V_j \sigma(u_j \cdot X + \theta_j), \quad Y^* = F_{nn}(X^*) = \sum_{j=1}^p V_j \cdot \sigma(u_j^* \cdot X^* + \theta_j). \quad (3.16)$$

因模式对 (X, O) 发生 γ-摄动, 由定义 3.10, 存在常数 $\gamma > 0$, 满足

$$\begin{cases} \bigvee\limits_{q=1,2; i \in I_n} \left| x_i^{q*} - x_i^q \right| = D(X, X^*) \leqslant \gamma, \\ \bigvee\limits_{q=1,2; i \in I_n} \left| o_i^{q*} - o_i^q \right| = D(O, O^*) \leqslant \gamma. \end{cases}$$

当迭代进行到第 t 步时, 实际输出 Y 与期望输出 O 的输入层权值分析如下.

现依算法第四步代入迭代公式考察逼近误差. 当 $t = 0$ 时, 选取初值 $u_j^*[0] = u_j[0] > 0$, 由引理 3.5 及不等式 $||a| - |b|| \leqslant |a - b|$ 有

$$\begin{aligned}
\left| u_j^*[1] - u_j[1] \right| &\leqslant \left| \bigwedge\limits_{q=1,2; i \in I_n} \left(u_j^*[0] - \eta_1 \left| o_i^{q*} - \sigma\left(u_j^*[0] \cdot x_i^{q*} + \theta_j\right)\right|\right) \right. \\
&\quad \left. - \bigwedge\limits_{q=1,2; i \in I_n} \left(u_j[0] - \eta_1 \left| o_i^q - \sigma\left(u_j[0] \cdot x_i^q + \theta_j\right)\right|\right) \right| \\
&\leqslant \bigvee\limits_{q=1,2; i \in I_n} \eta_1 \left| \left| o_i^q - \sigma\left(u_j[0] \cdot x_i^q + \theta_j\right)\right| \right. \\
&\quad \left. - \left| o_i^{q*} - \sigma\left(u_j^*[0] \cdot x_i^{q*} + \theta_j\right)\right| \right| \\
&\leqslant \bigvee\limits_{q=1,2; i \in I_n} \eta_1 \left| \left(o_i^{q*} - o_i^q\right) - \left(\sigma(u_j^*[0] \cdot x_i^{q*} + \theta_j)\right.\right.
\end{aligned}$$

$$- \sigma(u_j[0] \cdot x_i^q + \theta_j))\Big|$$
$$\leqslant \bigvee_{q=1,2;\, i\in I_n} \eta_1 \left(\left| o_i^{q*} - o_i^q \right| + \left| \sigma(u_j^*[0] x_i^{q*} + \theta_j) - \sigma(u_j[0] x_i^q + \theta_j) \right| \right).$$

又因转移函数 σ 满足 Lipschitz 条件，故存在 $\lambda_0 > 0$，必满足

$$\left| \sigma(u_j^*[0] \cdot x_i^{q*} + \theta_j) - \sigma(u_j[0] \cdot x_i^q + \theta_j) \right| \leqslant \lambda_0 \left| u_j[0] \right| \cdot \left| x_i^{q*} - x_i^q \right| \leqslant \lambda \left| x_i^{q*} - x_i^q \right|,$$

其中 $\lambda = \lambda_0 \max\limits_{j \in \{1,2,\cdots,p\}} |u_j[0]| > 0$. 将此代入上式有

$$\left| u_j^*[1] - u_j[1] \right| \leqslant \eta_1 \cdot \bigvee_{q=1,2;\, i\in I_n} \left| o_i^{q*} - o_i^q \right| + \lambda \eta_1 \cdot \bigvee_{q=1,2;\, i\in I_n} \left| x_i^{q*} - x_i^q \right|$$
$$\leqslant \eta_1 \gamma (1 + \lambda).$$

令 $\alpha = \eta_1(1 + \lambda)$，则 $\alpha > 0$，故结论成立.

现假设 $t = k$ 时结论成立，亦即，存在常数 $\alpha_0 > 0$，使得 $\left| u_j^*[k] - u_j[k] \right| \leqslant \alpha_0 \gamma$. 此时，由 σ 满足 Lipschitz 条件，$\forall j \in \{1, 2, \cdots, p\}$，存在 $\alpha' > 0$，使

$$\left| \sigma(u_j^*[k] \cdot x_i^{q*} + \theta_j) - \sigma(u_j[k] \cdot x_i^q + \theta_j) \right| \leqslant \alpha' \left| u_j^*[k] \cdot x_i^{q*} - u_j[k] \cdot x_i^q \right|$$
$$\leqslant \left| u_j^*[k] \right| \cdot \left| x_i^{q*} - x_i^q \right| + \left| u_j^*[k] - u_j[k] \right| \cdot \left| x_i^q \right|.$$

因权值 $u_j^*[k]$ 和分量 x_i^q 有界，则存在公共 $M > 0$ 使 $\left| u_j^*[k] \right| \leqslant M$，$\left| x_i^q \right| \leqslant M$. 故有

$$\left| \sigma(u_j^*[k] \cdot x_i^{q*} + \theta_j) - \sigma(u_j[k] \cdot x_i^q + \theta_j) \right| \leqslant \alpha' M \left(\left| x_i^{q*} - x_i^q \right| + \left| u_j^*[k] - u_j[k] \right| \right).$$

当 $t = k + 1$ 时，由引理 3.5 及上述类似方法可得

$$\left| u_j^*[k+1] - u_j[k+1] \right|$$
$$\leqslant \bigvee_{q=1,2;\, i\in I_n} \Big| \left(u_j^*[k] - u_j[k] \right)$$
$$+ \eta_1 \Big| o_i^{q*} - \sigma(u_j^*[k] \cdot x_i^{q*} + \theta_j) \Big| - \eta_1 \Big| o_i^q - \sigma(u_j[k] \cdot x_i^q + \theta_j) \Big| \Big|$$
$$\leqslant \bigvee_{q=1,2;\, i\in I_n} \Big(\left| u_j^*[k] - u_j[k] \right| + \eta_1 \Big| \left| o_i^{q*} - \sigma(u_j^*[k] \cdot x_i^{q*} + \theta_j) \right|$$
$$- \left| o_i^q - \sigma(u_j[k] \cdot x_i^q + \theta_j) \right| \Big| \Big)$$
$$\leqslant \bigvee_{q=1,2;\, i\in I_n} \Big(\left| u_j^*[k] - u_j[k] \right| + \eta_1 \left| o_i^{q*} - o_i^q \right|$$
$$+ \eta_1 \Big| \sigma(u_j[k] \cdot x_i^{q*} + \theta_j) - \sigma(u_j[k] \cdot x_i^q + \theta_j) \Big| \Big)$$
$$\leqslant \left| u_j^*[k] - u_j[k] \right| + \eta_1 \bigvee_{q=1,2;\, i\in I_n} \left| o_i^{q*} - o_i^q \right|$$

3.4 折线 FNN 的稳定性分析

$$+ \eta_1 \alpha' M \bigvee_{q=1,2; i \in I_n} \left| x_i^{q*} - x_i^q \right| + \eta_1 \alpha' M \left| u_j^*[k] - u_j[k] \right|$$
$$\leqslant \alpha_0 \gamma + \eta_1 \gamma + \eta_1 \alpha' M \gamma + \eta_1 \alpha' M \alpha_0 \gamma.$$

令 $\alpha = \alpha_0 + \eta_1 + \eta_1 \alpha' M + \eta_1 \alpha' M \alpha_0$, 则 $\alpha > 0$, 且满足 $|u_j^*[k+1] - u_j[k+1]| \leqslant \alpha \gamma$. 因此, 由数学归纳法知每步迭代结论均成立.

定理 3.18 设 (X^*, O^*) 为折线 FNN 中 $(X, O) \in \Re$ 发生 γ-摄动后的训练模式对. 则在进行第 t 步迭代时, $\exists \beta > 0$ 使摄动前和摄动后隐含层连接权 v_i^q 和 v_i^{q*} 取值满足 $\left| v_i^{q*}[t] - v_i^q[t] \right| \leqslant \beta \gamma$, $q = 1, 2; i = 0, 1, 2, \cdots, n$.

证明 设训练模式对 $(X, O) \in \Re$, 摄动后训练模式对为 $(X^*, O^*) \in \Re^*$, 其中

$$\begin{cases} O = \left(o_0^1(l), o_1^1(l), \cdots, o_n^1(l), o_n^2(l), \cdots, o_1^2(l), o_0^2(l) \right), \\ O^* = \left(o_0^{1*}(l), o_1^{1*}(l), \cdots, o_n^{1*}(l), o_n^{2*}(l), \cdots, o_1^{2*}(l), o_0^{2*}(l) \right), \end{cases}$$

$$\begin{cases} Y(l)[t] = \left(y_0^1(l)[t], y_1^1(l)[t], \cdots, y_n^1(l)[t], y_n^2(l)[t], \cdots, y_1^2(l)[t], y_0^2(l)[t] \right), \\ Y^*(l)[t] = \left(y_0^{1*}(l)[t], y_1^{1*}(l)[t], \cdots, y_n^{1*}(l)[t], y_n^{2*}(l)[t], \cdots, y_1^{2*}(l)[t], y_0^{2*}(l)[t] \right). \end{cases}$$

实际输出 $Y = F_{nn}(X)$ 与 $Y^* = F_{nn}(X^*)$ 仍按式 (3.16) 所记. 因题设模式对 (X, O) 发生 γ-摄动, 由定义 3.10, $\forall l = 1, 2, \cdots, L$, 存在常数 $\gamma > 0$, 满足

$$\begin{cases} \left| o_i^{q*}(l) - y_i^q(l) \right| \leqslant \bigvee_{q=1,2; i \in I_n} \left| o_i^{q*}(l) - y_i^q(l) \right| = D\left(\tilde{O}(l)^*, \tilde{Y}(l)\right) \leqslant \gamma, \\ \left| y_i^{q*}(l) - o_i^q(l) \right| \leqslant \bigvee_{q=1,2; i \in I_n} \left| y_i^{q*}(l) - o_i^q(l) \right| = D\left(\tilde{Y}(l)^*, \tilde{O}(l)\right) \leqslant \gamma. \end{cases}$$

此时, 仍按第四步迭代公式计算连接权:

$$v_i^q[t+1] = 0 \vee \left(v_i^q[t] - \eta_2 \left| o_i^q(l) - y_i^q(l) \right| \right), \quad i = 0, 1, 2, \cdots, n; q = 1, 2.$$

当 $t = 0$ 时, 仍取初始值 $v_i^{q*}[0] = v_i^q[0]$, 故有

$$\left| v_i^{q*}[1] - v_i^q[1] \right| \leqslant \left| \left(v_i^{q*}[0] - \eta_2(o_i^{q*}(l) - y_i^{q*}(l)) \right) - \left(v_i^q[0] - \eta_2(o_i^q(l) - y_i^q(l)) \right) \right|$$
$$\leqslant \eta_2 \left| o_i^{q*}(l) - y_i^q(l) \right| + \eta_2 \left| y_i^{q*}(l) - o_i^q(l) \right|$$
$$\leqslant 2 \eta_2 \gamma.$$

令 $\beta = 2\eta_2 > 0$, 则结论成立.

现假设 $t = k$ 结论成立, 亦即, 存在常数 $\delta > 0$, 使 $\left| v_i^{q*}[k] - v_i^q[k] \right| \leqslant \delta \gamma$ 成立. 当 $t = k+1$ 时, 依引理 3.5 和第四步迭代公式得

$$\left| v_i^{q*}[k+1] - v_i^q[k+1] \right|$$

$$\leqslant \left| \left(v_i^{q*}[k] - \eta_2(o_i^{q*}(l) - y_i^{q*}(l)) \right) - \left(v_i^{q}[k] - \eta_2(o_i^{q}(l) - y_i^{q}(l)) \right) \right|$$

$$\leqslant \left| v_i^{q*}[k] - v_i^{q}[k] \right| + \eta_2 \left| o_i^{q*}(l) - y_i^{q}(l) \right| + \eta_2 \left| y_i^{q*}(l) - o_i^{q}(l) \right|$$

$$\leqslant \delta\gamma + \eta_2\gamma + \eta_2\gamma.$$

令 $\beta = \delta + 2\eta_2 > 0$. 由数学归纳法, 连接权 v_i^q 和 v_i^{q*} 在每步迭代中均成立.

定理 3.19 设折线 FNN 的转移函数 σ 满足 Lipschitz 条件, $\forall (X, O) \in \Re$. 若 (X^*, O^*) 是 (X, O) 发生 γ-摄动后的训练模式对, 则该折线 FNN 对训练模式对的 γ-摄动具有全局稳定性.

证明 设 $X = (x_0^1, \cdots, x_n^1, x_n^2, \cdots, x_0^2) \in F_0^{tn}(\mathbb{R}^+)$, $(X(l), O(l)) \in \Re$ 是待训练模式对, $(X^*(l), O^*(l)) \in \Re^*$ 是经过 γ-摄动后模式对, $l = 1, 2, \cdots, L$. 另记

$$Y = F_{nn}(X) = \left(f_0^1(x_0^1), f_1^1(x_1^1), \cdots, f_n^1(x_n^1), f_n^2(x_n^2), \cdots, f_1^2(x_1^2), f_0^2(x_0^2) \right),$$

$$Y^* = F_{nn}(X^*) = \left(f_0^{1*}(x_0^1), f_1^{1*}(x_1^1), \cdots, f_n^{1*}(x_n^1), f_n^{2*}(x_n^2), \cdots, f_1^{2*}(x_1^2), f_0^{2*}(x_0^2) \right),$$

其中 $f_i^q(x_i^q) = \sum_{j=1}^{p} v_i^q(j) \cdot \sigma(u_j x_i^q + \theta_j)$, $f_i^{q*}(x_i^q) = \sum_{j=1}^{p} v_i^{q*}(j) \cdot \sigma(u_j^* x_i^q + \theta_j)$, $q = 1, 2, i \in I_n$.

按上述算法至第 t 步迭代时, 由 σ 的 Lipschitz 条件, 存在 $\lambda > 0$, 使

$$\left| f_i^{q*}(x_i^q)[t] - f_i^{q}(x_i^q)[t] \right|$$

$$\leqslant \left| \sum_{j=1}^{p} \left(v_i^{q*}(j)[t] - v_i^{q}(j)[t] \right) \sigma(u_j^*[t] \cdot x_i^q + \theta_j) \right|$$

$$+ \left| \sum_{j=1}^{p} v_i^{q}(j)[t] \left(\sigma(u_j^*[t] x_i^q + \theta_j) - \sigma(u_j[t] x_i^q + \theta_j) \right) \right|$$

$$\leqslant \sum_{j=1}^{p} \left| v_i^{q*}(j)[t] - v_i^{q}(j)[t] \right| \sigma\left(u_j^*[t] x_i^q + \theta_j \right)$$

$$+ \lambda \sum_{j=1}^{p} v_i^{q}(j)[t] \cdot \left| u_j^*[t] - u_j[t] \right| x_i^q.$$

因训练模式对 (X, O) 发生 γ-摄动, 依定理 3.17 和定理 3.18, 存在 $\alpha, \beta > 0$ 使

$$\left| f_i^{q*}(x_i^q)[t] - f_i^{q}(x_i^q)[t] \right| \leqslant \beta\gamma \sum_{j=1}^{p} \sigma\left(u_j^*[t] x_i^q + \theta_j \right) + \lambda\alpha\gamma x_i^q \sum_{j=1}^{p} v_i^{q}(j)[t].$$

因假设 σ 非负连续递增, 且 $\lim_{x \to +\infty} \sigma(x) = 1$, 故 $\sigma(u_j^*[t] \cdot x_i^q + \theta_j) \leqslant 1$.

另外，本章所涉及折线模糊数均为有界，故对输入变量 X 和连接权 V_j 来说每个分量均有界，即分别 $\exists B, M > 0$ 使

$$x_i^q \leqslant x_0^2 \leqslant B, \quad v_i^q(j) \leqslant v_0^2(j) \leqslant M, \quad q = 1, 2, \ i \in I_n.$$

故有

$$\left| f_i^{q*}(x_i^q)[t] - f_i^q(x_i^q)[t] \right| \leqslant \beta\gamma p + \lambda\alpha\gamma BpM = h\gamma,$$

其中 $h = \beta p + \lambda\alpha BpM > 0$，进而有

$$H\left(F_{nn}(X), F_{nn}(X^*)\right) = \bigvee_{i=0}^{n} \left(\left| f_i^1(x_i^1) - f_i^{1*}(x_i^1) \right| \vee \left| f_i^2(x_i^2) - f_i^{2*}(x_i^2) \right| \right)$$
$$\leqslant \bigvee_{i=0}^{n} (h\gamma \vee h\gamma) = h\gamma.$$

由定义 3.11 知折线 FNN 关于训练模式对 γ-摄动具有全局稳定性.

实际上，定理 3.17 说明，训练模式对摄动前连接权 u_j 和摄动后连接权 u_j^* 不会发生较大变化；依定理 3.18，摄动前隐含层连接权 v_i^q 和摄动后隐含层连接权 v_i^{q*} 也不会发生较大变化，它们均趋于稳定状态. 最后，定理 3.19 也表明，对任意输入变量 $\tilde{X}$ 折线 FNN 摄动前和摄动后的输出仍不会引起较大变化. 因此，折线模糊神经网络具有全局稳定性.

事实上，训练模式对的摄动对于折线模糊神经网络稳定性的影响是一个重要因素. 如果这种网络不存在稳定性，则训练模式对发生微小变化时就可能对某些输入产生巨大偏差；相反，即使训练模式对出现适量的粗糙、微调和摄动，其输出也不会产生较大变化. 因此，折线模糊神经网络具有较好的稳定性.

参 考 文 献

[1] Chen T P, Chen H. Approximation of continuous functionals by neural networks with applications to dynamic systems. IEEE Transactions Neural Networks, 1993, 4(6): 910–918.

[2] Buckley J J, Hayashi Y. Can fuzzy neural nets approximate continuous fuzzy functions. Fuzzy Sets and Systems, 1994, 61(1): 43–51.

[3] Buckley J J, Hayashi Y. Can neural nets be universal approximators for fuzzy functions? Fuzzy Sets and Systems, 1999, 58: 273–278.

[4] Feuring T, Lippe W M. The fuzzy neural network approximation lemma. Fuzzy Sets and Systems, 1999, 102(2): 227–237.

[5] Chung F L, Duan J C. On multistage fuzzy neural network modeling. IEEE Transactions on Fuzzy Systems, 2000, 8:125–142.

[6] Li H X. Output-back fuzzy logic systems and equivalence with feedback neural networks. Chinese Science Bulletin, 2000, 45: 592–596.

[7] Liu P Y. Analyses of regular fuzzy neural networks for approximation capability. Fuzzy Sets and Systems, 2000, 114(3): 329–338.

[8] Liu P Y. Universal approximation of continuous analyses fuzzy valued functions by multi-layer regular fuzzy neural networks. Fuzzy Sets and Systems, 2001, 119(2): 313–320.

[9] Liu P Y. Analysis of approximation of continuous fuzzy function by multivariate fuzzy polynomial. Fuzzy Sets and Systems, 2002, 127(3): 299–313.

[10] Llanas B, Sainz F J. Constructive approximate interpolation by neural networks. J. Comput. Appl. Math., 2006, 182 (2): 283–308.

[11] 陈天平. 神经网络及其在系统识别应用中的逼近问题. 中国科学 (A 辑), 1994, 24(1): 1–7.

[12] 刘普寅, 王华兴. 正则模糊神经网络对一类连续模糊值函数的普遍近似性. 电子学报, 1997, 25(11): 48–52.

[13] 刘普寅, 汪浩. 正则模糊神经网络对于连续模糊函数的近似逼近能力研究. 中国科学 (E 辑): 技术科学, 1999, 29: 54–60.

[14] 李洪兴. 模糊逻辑系统与前向式神经网络等价. 中国科学 (E 辑), 2000, 30(2): 150–163.

[15] 赵芬霞, 李洪兴. 正则模糊神经网络在积分模意义下的逼近性. 自然科学进展, 2004, 14(9): 1025–1031.

[16] 赵芬霞, 李洪兴. 正则模糊神经网络在 Sugeno 积分模意义下的泛逼近性. 应用数学学报, 2006, 29(1): 39–45.

[17] 曹飞龙, 张永全. 距离空间中的神经网络插值与逼近. 数学学报, 2008, 51(1): 91–98.

[18] 谢庭藩, 曹飞龙. 关于插值神经网络的构造性. 自然科学进展, 2008, 18(3): 334–340.

[19] 徐蔚鸿, 陈国平, 杨静宇, 等. 规则摄动时模糊蕴涵算子对模糊推理的鲁棒性的影响. 计算机学报, 2005, 28(10): 1701–1707.

[20] 徐蔚鸿, 宋鸢姣, 李爱华, 等. 训练模式对的摄动对模糊双向联想记忆网络的影响及其控制. 计算机学报, 2006, 29(2): 337–344.

[21] 曾水玲, 徐蔚鸿, 杨静宇. 训练模式摄动对模糊形态学联想记忆网络的影响. 模式识别与人工智能, 2010, 23 (1): 91–96.

[22] 刘普寅. 模糊神经网络理论及其应用研究. 北京: 北京师范大学, 2002.

[23] 刘普寅. 一种新的模糊神经网络及其逼近性能. 中国科学 (E 辑), 2002, 32 (1): 76–86.

[24] Wang G J, Li X P. Universal approximation of polygonal fuzzy neural networks in sense of K-integral norms. Science China. Information Sciences, 2011, 54(11): 2307–2323.

[25] Wang G J, Li X P. Construction of the polygonal fuzzy neural network and its approximation based on K-integral norm. Neural Network World, 2014, 24(4): 357–376.

[26] Li X P, Li D. The structure and realization of a polygonal fuzzy neural network. International Journal of Machine Learning and Cybernetics, 2016, 7(3): 375–389.

参考文献

[27] Song W W, Wang G J, Han Q J. Completeness and separability of the space of a class of integrable fuzzy valued functions based on the tK-integral norm metric. WSEAS Transactions on Mathematics, 2014, 13(4): 466–476.

[28] 隋晓琳, 王贵君. 训练模式对摄动对折线模糊神经网络稳定性的影响. 模式识别与人工智能, 2012, 26(6): 928–936.

[29] 王贵君, 李晓萍. K-积分模意义下折线模糊神经网络的泛逼近性. 中国科学·信息科学, 2012, 42(3): 362–378.

[30] 王贵君, 李丹. 前向正则模糊神经网络依 K-积分模的泛逼近能力. 应用数学学报, 2013, 36(1): 141–152.

[31] 王贵君, 何英, 李晓萍. 基于 MISO 折线模糊神经网络的优化算法. 中国科学·信息科学, 2015, 45(5): 650–667.

[32] 李丹, 孙刚, 王贵君. 一类三层前向折线模糊神经网络的构造. 东北师大学报 (自然科学版), 2012, 44(3): 55–59.

[33] 段晨霞, 孙刚, 王贵君. 正则模糊神经网络对保极大值函数类的泛逼近性. 山东大学学报 (理学版), 2012, 47 (3): 81–86.

[34] 李丹, 刘轶明, 王贵君. 一类折线模糊神经网络的存在性. 天津师范大学学报 (自然科学版), 2012, 32(1): 1–5.

[35] 何英, 王贵君. 基于多输入单输出折线模糊神经网络的单调性分析. 天津师范大学学报 (自然科学版), 2012, 32 (4): 15–21.

第 4 章 折线模糊神经网络优化算法

为了克服模糊数运算的复杂性, 刘普寅教授[27] 于 2002 年首次引入折线模糊数概念, 并给出 SISO 折线 FNN 及其数学模型, 其主要方法是通过折线模糊数的扩展运算替代传统 Zadeh 扩展原理来实现折线 FNN 学习算法的优化. 该算法不仅摆脱了 BP 算法对初始值的依赖性和局部收敛问题, 而且也避免了单纯遗传算法 (GA) 所带有的盲目性, 例如, 基于 Armijo-Goldstein(A-G) 线性搜索准则可设计折线 FNN 的共轭梯度算法及 GA-BP 混合算法, 从而提高全局寻优的能力. 然而, 这些算法普遍是针对单输入单输出 (SISO) 折线 FNN 所给出的, 因而具有一定局限性. 此外, 由于折线 FNN 将内部运算直接作用在特殊模糊集上, 并可通过有限个点来进行模糊信息处理, 故折线 FNN 比传统 FNN 具有更强的近似能力和优化算法. 近年来, 文献 [32] 提出多输入单输出 (MISO) 折线 FNN 结构模型, 并利用 Hebb 规则和粒子群思想设计了 MISO 折线 FNN 的 Hebb 算法和粒子算法. 该算法虽然具有一定随机性和参数多样性, 但 Hebb 算法直观、简单、容易实现, 而粒子算法稳定性好且收敛速度较快.

4.1 SISO 折线 FNN 共轭梯度算法

目前, 传统模糊神经网络在算法设计上还存在诸多不足, 例如, BP 算法存在收敛速度慢, 且容易陷入最小值; A-G 线性搜索准则也时常将优化的学习常数排除在搜索区间之外, 从而导致计算误差较大. 这些算法的缺陷促使我们不得不去寻求更好的学习算法. 而折线 FNN 是依赖于折线模糊数和人工网络相结合的一种新式网络, 它不需要通过模糊数截集来实现算法, 而是依折线模糊数的线性运算设计学习算法, 因而大大简化了设计最优化学习算法的过程.

4.1.1 SISO 折线 FNN 表示

本节主要以单输入单输出 (SISO) 三层前向折线 FNN 为研究对象, 参见图 3.3. 设隐含层转移函数 σ 是连续递增的 Sigmoidal 型函数, 且在 $\mathbb{R}$ 上处处可微. 首先给出 SISO 三层前向折线 FNN 的纯折线模糊数输入输出 (I/O) 为

$$Y = F_{nn}(X) = \sum_{j=1}^{p} V_j \cdot \sigma(U_j \cdot X + \Theta_j),$$

4.1 SISO 折线 FNN 共轭梯度算法

其中 $p \in \mathbb{N}$ 为网络内部神经元总数, $X, V_j, U_j, \Theta_j \in F_0^{tn}(\mathbb{R})$. 值得注意的是, 该网络模型与 3.4.1 节的主要区别是输入连接权 U_j 和隐含层阈值 Θ_j 扩展为在 $F_0^{tn}(\mathbb{R})$ 中取值, 不妨设

$$\begin{cases} X = \left(x_0^1, x_1^1, x_2^1, \cdots, x_n^1, x_n^2, \cdots, x_2^2, x_1^2, x_0^2\right), \\ V_j = \left(v_0^1(j), v_1^1(j), \cdots, v_n^1(j), v_n^2(j), \cdots, v_1^2(j), v_0^2(j)\right), \\ U_j = \left(u_0^1(j), u_1^1(j), \cdots, u_n^1(j), u_n^2(j), \cdots, u_1^2(j), u_0^2(j)\right), \\ \Theta_j = \left(\theta_0^1(j), \theta_1^1(j), \cdots, \theta_n^1(j), \theta_n^2(j), \cdots, \theta_1^2(j), \theta_0^2(j)\right). \end{cases}$$

下面, 引进另外一种度量 D_E 来刻画折线模糊数之间的距离, 亦即, $\forall X = (x_0^1, x_1^1, \cdots, x_n^1, x_n^2, \cdots, x_1^2, x_0^2), Y = (y_0^1, y_1^1, \cdots, y_n^1, y_n^2, \cdots, y_1^2, y_0^2) \in F_0^{tn}(\mathbb{R})$, 界定

$$D_E(X, Y) = \left(\sum_{i=0}^{n} \left((x_i^1 - y_i^1)^2 + (x_i^2 - y_i^2)^2\right)\right)^{\frac{1}{2}}. \tag{4.1}$$

为简单起见, 以下仅在非负折线模糊数空间 $F_0^{tn}(\mathbb{R}^+)$ 上讨论问题. 设 $\left(X(1), O(1)\right), (X(2), O(2)), \cdots, (X(L), O(L))$ 为一组给定训练模式对, 其中 $X(l), O(l) \in F_0^{tn}(\mathbb{R}^+)(l = 1, 2, \cdots, L)$ 分别表示折线 FNN 的实际输入和期望输出, 实际输出 $Y(l) = F_{nn}(X(l))$, 不妨设

$$\begin{cases} X(l) = \left(x_0^1(l), x_1^1(l), \cdots, x_n^1(l), x_n^2(l), \cdots, x_1^2(l), x_0^2(l)\right), \\ O(l) = \left(o_0^1(l), o_1^1(l), \cdots, o_n^1(l), o_n^2(l), \cdots, o_1^2(l), o_0^2(l)\right), \\ Y(l) = \left(y_0^1(l), y_1^1(l), \cdots, y_n^1(l), y_n^2(l), \cdots, y_1^2(l), y_0^2(l)\right), \end{cases}$$

定义误差函数 E 为

$$\begin{aligned} E &= \frac{1}{2} \sum_{l=1}^{L} D_E(O(l), Y(l))^2 \\ &= \frac{1}{2} \sum_{l=1}^{L} \left(\sum_{i=0}^{n} \left(\left(o_i^1(l) - y_i^1(l)\right)^2 + \left(o_i^2(l) - y_i^2(l)\right)^2\right)\right). \end{aligned} \tag{4.2}$$

事实上, 折线 FNN 的自身结构表达式是一个集折线模糊数加法和乘法的运算体系, 其中每个折线模糊数均由 $2n + 2$ 个有序实数唯一确定. 因此, 对每个输入信号 $X(l)$ 均可通过学习逐步调节连接权 U_j, V_j 及阈值 Θ_j, 从而可使实际输出 $Y(l)$ 按任意精度逼近期望输出 $O(l)$.

为方便表述将折线 FNN 所有调节参数 $u_i^q(j), v_i^q(j)$ 和 $\theta_i^q(j)$ ($i = 0, 1, 2, \cdots, n$; $j = 1, 2, \cdots, p; q = 1, 2$) 统一依次记为一个参数向量形式, 亦即,

$$W = \Big(u_0^1(1), \cdots, u_0^2(1), \cdots, u_0^1(p), \cdots, u_0^2(p), v_0^1(1), \cdots, v_0^2(1), \cdots, v_0^1(p), \cdots, v_0^2(p),$$
$$\theta_0^1(1), \cdots, \theta_0^2(1), \cdots, \theta_0^1(p), \cdots, \theta_0^2(p)\Big)$$
$$\triangleq \Big(w_1, w_2, w_3, \cdots, w_{S_N-1}, w_{S_N}\Big). \tag{4.3}$$

故依式 (4.2) 定义的误差函数 E 可简化表为 $E(W)$.

引理 4.1 设 $E(W)$ 是形如式 (4.2) 定义的误差函数，则 $E(W)$ 在 $(\mathbb{R}^+)^{S_N}$ 中几乎处处可微，且其偏导数 $\dfrac{\partial E}{\partial v_i^q(j)}$, $\dfrac{\partial E}{\partial u_i^q(j)}$ 和 $\dfrac{\partial E}{\partial \theta_i^q(j)}$ 均存在, $i = 0, 1, 2, \cdots, n; j = 1, 2, \cdots, p; q = 1, 2$, 其中关于偏导数的详细表达式参见文献 [36].

设 $\nabla E(W[t])$ 表示误差函数 $E(W)$ 的梯度向量，则梯度 $\nabla E(W[t])$ 也可表为如下形式.

$$\nabla E(W[t]) = \left(\frac{\partial E(W)}{\partial w_1}, \frac{\partial E(W)}{\partial w_2}, \frac{\partial E(W)}{\partial w_3}, \cdots, \frac{\partial E(W)}{\partial w_{S_N-1}}, \frac{\partial E(W)}{\partial w_{S_N}}\right).$$

4.1.2 共轭梯度算法

因折线 FNN 的输入、输出、连接权及阈值都取值于折线模糊数，所以在 $F_0^{tn}(\mathbb{R}^+)$ 中设计连接权及阈值的学习算法更为直观简单. 刘普寅教授曾提出一种变学习常数动量因子模糊 BP 算法[36], 但该算法收敛速度低且易陷入局部极小点，且设计共轭梯度算法仅需一阶导数信息即可，该算法易于编程和实现，比较适合于求解大规模可调节参数的权值优化问题. 另外, 文献 [36] 还给出误差函数 $E(W)$ 的偏导数计算公式，且只要保证迭代向量 $W[t+1] \in W_{nn}$ 就可在高维非零空间 W_{nn} 中计算误差函数 $E(W)$ 的梯度向量 $\nabla E(W)$, 并对一组训练模式对 $(\{X_1(l), X_2(l), \cdots, X_d(l)\}; O(l))$, $X_i(l) \in F_0^{tn}(\mathbb{R}^+), l = 1, 2, \cdots, L$, 高维非零空间 W_{nn} 表示为

$$W_{nn} = \{w = (w_1, w_2, \cdots, w_N) \in (\mathbb{R}^+)^N \,|\, w_1, w_2, \cdots, w_N \neq 0\}.$$

基于折线模糊数的扩张运算设计 SISO 折线 FNN 的共轭梯度算法如下：

第一步 令 $t = 0$, 初始化参数向量 $W = W[0] = (w_1, w_2, \cdots, w_{S_N}) \in W_{nn}$, 并给定精度 $\varepsilon > 0$.

第二步 取方向向量 $h[t] = -\nabla E(W[t])$, 若范数 $\|\nabla E(W[t])\| < \varepsilon$, 则转第八步. 否则, 转下一步.

第三步 通过一维搜索计算 $\eta[t] \in \mathbb{R}^+$, 使得 $E(W[t] + \eta[t] \cdot h[t]) = \min\limits_{\lambda > 0}\{W[t] + \lambda \cdot h[t]\}$.

第四步 令参数向量 $W[t+1] = W[t] + \eta[t] \cdot h[t]$, 并调整 $W[t+1]$ 使之每个分量都非零.

第五步 $\forall j \in \{1, 2, \cdots, p\}$, 计算权值 $U_j[t+1]$, $V_j[t+1]$ 和阈值 $\Theta_j[t+1]$. 若存在权值或阈值不属于 $F_0^{tn}(\mathbb{R}^+)$, 则将分量元素重新采用升序排序方法使之属于 $F_0^{tn}(\mathbb{R}^+)$ 为止.

第六步 如果满足 $\|\nabla E(W[t+1])\| < \varepsilon$, 则转第八步. 否则, 则转下一步.

第七步 令搜索方向向量 $h[t+1] = -\nabla E(W[t+1]) + \beta[t] \cdot h[t]$, 再令 $t = t+1$, 并转第三步, 其中参量 $\beta[t]$ 采用 Fletcher-Reeves 公式, 即 $\beta[t] = \|\nabla E(W[t+1])\|^2 / \|\nabla E(W[t])\|^2$.

第八步 输出参数向量 $W[t+1]$ 的值.

注 4.1 上述算法中 $W[t]$, $h[t]$ 分别表示第 t 步所对应的参数向量, $\eta[t]$ 和 $\beta[t]$ 均表示第 t 步所对应的实参数, 第四步和第五步是关于折线 FNN 可调参数的设计, $V_j[t+1]$, $U_j[t+1]$ 和 $\Theta_j[t+1]$ 均表示隐含层神经元 j 在第 $t+1$ 步迭代所对应的连接权和阈值. 此外, 经适当排序后可将实参数满足如下不等式

$$\begin{cases} u_0^1(j)[t+1] \leqslant u_1^1(j)[t+1] \leqslant \cdots \leqslant u_n^1(j)[t+1] \\ \qquad \leqslant u_n^2(j)[t+1] \leqslant \cdots \leqslant u_1^2(j)[t+1] \leqslant u_0^2(j)[t+1], \\ v_0^1(j)[t+1] \leqslant v_1^1(j)[t+1] \leqslant \cdots \leqslant v_n^1(j)[t+1] \\ \qquad \leqslant v_n^2(j)[t+1] \leqslant \cdots \leqslant v_1^2(j)[t+1] \leqslant v_0^2(j)[t+1], \\ \Theta_0^1(j)[t+1] \leqslant \Theta_1^1(j)[t+1] \leqslant \cdots \leqslant \Theta_n^1(j)[t+1] \\ \qquad \leqslant \Theta_n^2(j)[t+1] \leqslant \cdots \leqslant \Theta_1^2(j)[t+1] \leqslant \Theta_0^2(j)[t+1]. \end{cases} \quad (4.4)$$

另外, 若设动量常数 $\alpha[t] = (\eta[t]\beta[t-1])/\eta[t-1]$, 则迭代参数向量可按迭代公式

$$W[t+1] = W[t] - \eta[t] \cdot \nabla E(W[t]) + \alpha[t] \cdot (W[t] - W[t-1])$$

进行计算, 其中动量常数 $\alpha[t]$ 随学习常数 $\eta[t]$ 在每一步都能进行调节. 因此, 求得学习常数 $\eta[t]$ 是实现该算法的关键因素之一. 刘普寅教授曾利用一种非精确线性搜索, 即 A-G 线性搜索来计算学习常数 $\eta[t]$, 具体方法请参看文献 [36].

值得注意的是, 在求学习常数 $\eta[t]$ 的过程中选定参数 $\rho \in (0, 1/2)$ 是必要的, 若不采用此限制将会影响 A-G 算法的超线性收敛, 甚至抑制该算法的有效性. 此外, A-G 线性搜索准则可能把参数 η 的极小值排斥掉, 但实际中这种情形很少出现. 因此, 这种准则还是被普遍采用的.

4.1.3 模拟实例

下面利用折线 FNN 来模拟一个 SISO 模糊推理模型, 该模型可应用于汽车速度的自动控制和集装箱起重机自动操作等问题. 设 $n = 3$, 规则库由 5 条模糊推理

规则组成 $(L = 5)$, 前件折线模糊数为 $X(l)$, 后件折线模糊数为 $O(l)$, 给定 $X(l)$ 和 $O(l)$ 的隶属函数曲线分别如图 4.1 和图 4.2 所示.

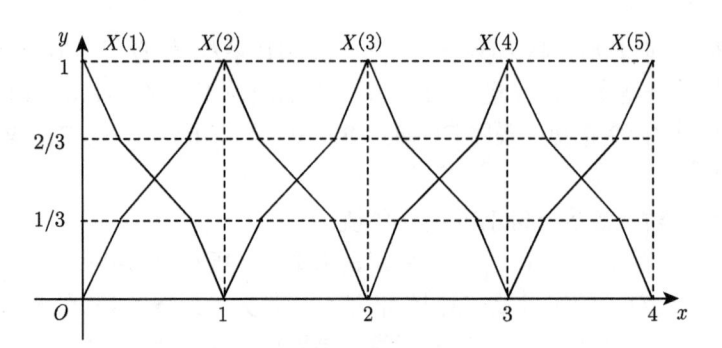

图 4.1 前件 3-折线模糊数分布图

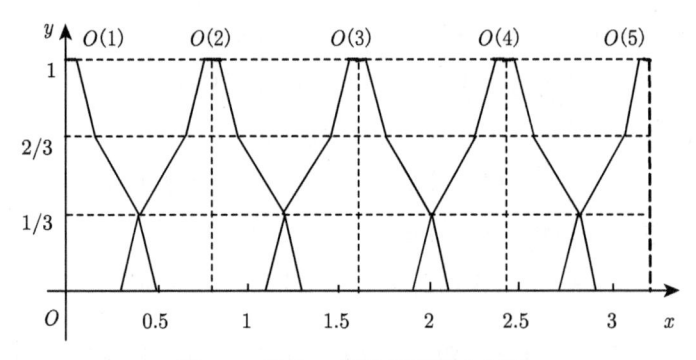

图 4.2 后件 3-折线模糊数分布图

设折线 FNN 在隐含层的转移函数为 $\sigma(x) = x^2/(1+x^2), x \geqslant 0; \sigma(x) = 0, x < 0$. 取定精度 $\varepsilon = 0.001 > 0$, 设隐含层神经元个数为 $p = 10$. 所给 5 组训练的 3-折线模糊数模式对 $(X(1); O(1)), (X(2); O(2)), \cdots, (X(5); O(5))$ 的实际输入 $X(l)$ 和期望输出 $O(l)(l = 1, 2, 3, 4, 5)$ 的有序表示为

$$\begin{cases} X(1) = (\ 0.00, 0.00, 0.00, 0.00, 0.00, 0.20, 0.50, 1.00), \\ X(2) = (\ 0.00, 0.50, 0.80, 1.00, 1.00, 1.20, 1.50, 2.00), \\ X(3) = (\ 1.00, 1.50, 1.80, 2.00, 2.00, 2.20, 2.50, 3.00), \\ X(4) = (\ 2.00, 2.50, 2.80, 3.00, 3.00, 3.20, 3.50, 4.00), \\ X(5) = (\ 3.00, 3.50, 3.80, 4.00, 4.00, 4.00, 4.00, 4.00) \end{cases}$$

和

4.1 SISO 折线 FNN 共轭梯度算法

$$\begin{cases} O(1) = (\ 0.00, 0.00, 0.00, 0.00, 0.05, 0.15, 0.40, 0.50\ ), \\ O(2) = (\ 0.30, 0.40, 0.65, 0.75, 0.85, 0.95, 1.20, 1.30), \\ O(3) = (\ 1.10,\ 1.20,\ 1.45, 1.55, 1.65, 1.75, 2.00,\ 2.10), \\ O(4) = (\ 1.90, 2.\ 00, 2.25,\ 2.35, 2.45, 2.55, 2.80, 2.90\ ), \\ O(5) = (\ 2.70,\ 2.80,\ 3.05,\ 3.15,\ 3.20, 3.20, 3.20, 3.20). \end{cases}$$

应用上述共轭梯度算法第一步 — 第八步, 经过迭代 225 步后, 对应于实际输入 $X(l)$ 的实际输出 $Y(l)(l=1,2,3,4,5)$ 的有序表示为

$$\begin{cases} Y(1) = (\ 0.0017, 0.0023, 0.0032, 0.0045, 0.0491, 0.1551, 0.4007, 0.4982), \\ Y(2) = (\ 0.3118, 0.4069, 0.6600, 0.7483, 0.8531, 0.9559,\ 1.1903,\ 1.3500), \\ Y(3) = (\ 1.1123, 1.2056,\ 1.4398,\ 1.5514,\ 1.6510,\ 1.7487,\ 1.9932,\ 2.1078), \\ Y(4) = (\ 1.9203,\ 2.0531, 2.2489, 2.3573, 2.4482, 2.5493, 2.7884, 2.9142), \\ Y(5) = (\ 2.6831,\ 2.8205,\ 3.0501,\ 3.1511,\ 3.1714,\ 3.1921, 3.2035, 3.3506). \end{cases}$$

实际输出 $Y(l)$ 对应的隶属函数图像如图 4.3 所示.

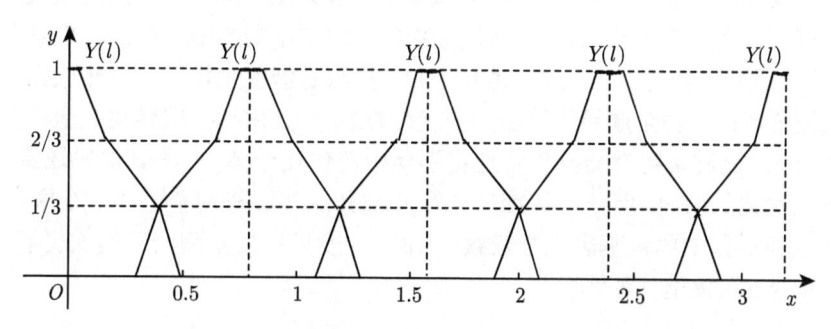

图 4.3 3-折线模糊数的实际输出 $Y(l)$ 分布图

通过实际输出 $Y(l)$ 与期望输出 $O(l)$ 可知, 3-折线 FNN 可实现 SISO 函数运算关系. 图 4.4 给出了误差 E 与迭代步数 t 之间的变化曲线, 其中误差曲线的小波动主要体现在迭代的每一步中. 然而, 值得注意的是, 通过 A-G 算法只是找到合适的学习常数, 而并非最优的学习常数.

由图 4.4 可见, 在 3-折线 FNN 中共轭梯度算法的误差函数 E 在整体上按一定速度下降, 并且在迭代 200 步之后就达到了较高的精度, 这比文献 [36] 所给变学习常数动量因子模糊 BP 算法的收敛速度要快得多. 另外, 该折线模糊共轭梯度算法也能收敛到误差函数的全局最小点, 并且具有较好的稳定性, 这为进一步设计最优化学习算法奠定了理论基础.

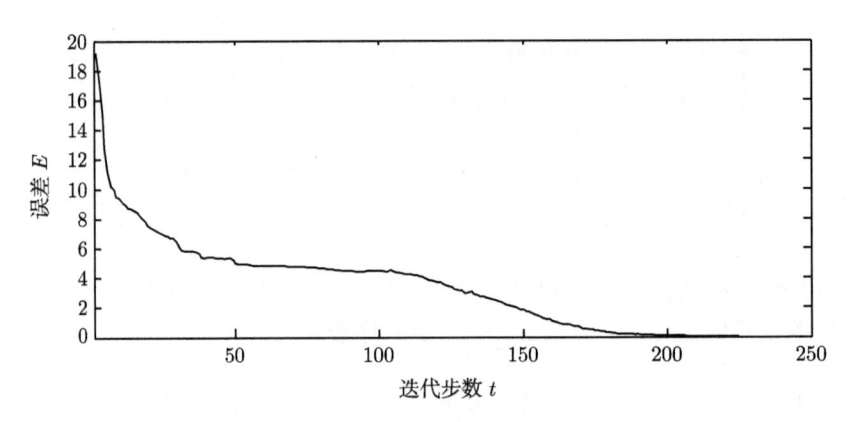

图 4.4　迭代 225 步误差函数的变化曲线

4.2　SISO 折线 FNN 混合算法

BP 算法是神经网络中较常用的学习算法之一, 它不仅简单容易实现, 而且具有较强的局部搜索能力, 但它却存在收敛速度慢和易陷入局部极小点的缺欠. 例如, 当解空间存在多个极值点时, 一旦初始参数选取不当, 则会陷入局部收敛点无法逸出, 造成收敛效果很差或不收敛. 遗传 (GA) 算法是借鉴生物界的自然选择与种群进化机制形成的一种全局寻优算法, 它将参数通过一定编码方式转化成遗传空间中的个体, 进而通过设定遗传操作筛选出群体中的优化个体, 并将其解码还原, 从而达到参数优化的效果. 但一个标准的 GA 算法其迭代过程均基于同一个原始群体, 也未必能使群体中优良基因完全延续, 因而, 一般只能搜索到全局的次优解, 并且时常出现 "近亲繁殖" 现象.

4.2.1　GA-BP 混合算法

为克服上述两种算法的缺陷, 本节将结合 GA 算法与 BP 算法的各自优点, 针对折线 FNN 提出一种基于参数优化的所谓 GA-BP 混合算法, 所设计算法的流程图如图 4.5 所示.

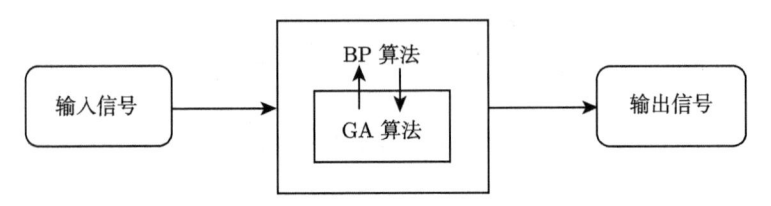

图 4.5　GA-BP 混合算法的流程示意图

4.2 SISO 折线 FNN 混合算法

若对每个神经元 $j=1,2,\cdots,p$, 记连接权 $U_j[t_1]$, $V_j[t_1]$, 阈值 $\Theta_j[t_1]\in F_0^{tn}(\mathbb{R}^+)$ 分别为

$$\begin{cases} U_j[t_1] = \left(u_0^1[t_1], u_1^1(j)[t_1], \cdots, u_n^1(j)[t_1], u_n^2(j)[t_1], \cdots, u_1^2(j)[t_1], u_0^2(j)[t_1]\right), \\ V_j[t_1] = \left(v_0^1(j)[t_1], v_1^1(j)[t_1], \cdots, v_n^1(j)[t_1], v_n^2(j)[t_1], \cdots, v_1^2(j)[t_1], v_0^2(j)[t_1]\right), \\ \Theta_j[t_1] = \left(\theta_0^1(j)[t_1], \theta_1^1(j)[t_1], \cdots, \theta_n^1(j)[t_1], \theta_n^2(j)[t_1], \cdots, \theta_1^2(j)[t_1], \theta_0^2(j)[t_1]\right). \end{cases}$$

通过 GA 算法与 BP 算法的相互调用, 可将诸多参数按 BP 算法进行适当优化. 此时, 依引理 4.1 可计算梯度向量 $\nabla E(w)$, 进而设计折线 FNN 的 GA-BP 混合算法. 该混合算法主要由两部分 (BP 算法和 GA 算法) 组成, 具体步骤如下.

BP 算法 根据折线模糊数扩展运算对神经元引入动态学习常数与动量常数, 并在加快 BP 算法搜索速度时达到对折线 FNN 参数的优化, 具体算法步骤为:

第一步 令迭代步数 $t_1=0$, 选取初始值 $U_j[0], V_j[0], \Theta_j[0](j=1,2,\cdots,p)$, 给定误差精度 $\varepsilon>0$.

第二步 根据由引理 4.1 计算偏导数 $\partial E/\partial u_i^q(j), \partial E/\partial v_i^q(j), \partial E/\partial \theta_i^q(j)$, $i=0,1,2,\cdots,n; q=1,2; j=1,2,\cdots,p$, 其中连接权分量 $u_i^q(j), v_i^q(j)$ 和阈值分量 $\theta_i^q(j)$ 的迭代公式如下:

$$\begin{cases} u_i^q(j)[t+1] = u_i^q(j)[t] + \eta\cdot\dfrac{\partial E}{\partial u_i^q(j)[t]} + \alpha\cdot\Delta u_i^q(j)[t], \\[4pt] v_i^q(j)[t+1] = v_i^q(j)[t] + \eta\cdot\dfrac{\partial E}{\partial v_i^q(j)[t]} + \alpha\cdot\Delta v_i^q(j)[t], \\[4pt] \theta_i^q(j)[t+1] = \theta_i^q(j)[t] + \eta\cdot\dfrac{\partial E}{\partial \theta_i^q(j)[t]} + \alpha\cdot\Delta\theta_i^q(j)[t], \end{cases}$$

其中分量参数差量

$$\Delta u_i^q(j)[t_1] = u_i^q(j)[t_1] - u_i^q(j)[t_1-1];$$
$$\Delta v_i^q(j)[t_1] = v_i^q(j)[t_1] - v_i^q(j)[t_1-1];$$
$$\Delta \theta_i^q(j)[t_1] = \theta_i^q(j)[t_1] - \theta_i^q(j)[t_1-1],$$

且 η,α 分别为学习常数与动量常数.

第三步 按上述迭代公式计算分量 $u_i^q(j)[t_1+1], v_i^q(j)[t_1+1], \theta_i^q(j)[t_1+1](q=1,2; i=0,1,\cdots,n; j=1,2,\cdots,p)$, 再依式 (4.4) 对这些分量参数实施递增排序, 重新获得连接权 $U_j'[0], V_j'[0], \Theta_j'[0]$.

第四步 对每个折线模糊训练模式对 $(X(l), O(l))(l=1,2,\cdots,L)$, 判断是否 $D(Y(l), O(l))<\varepsilon$? 若是, 则输出 $U_j'[t_1], V_j'[t_1], \Theta_j'[t_1]$ 及 $O(l)(l=1,2,\cdots,L)$; 否则, 令 $t_1=t_1+1$, 并转下述 GA 算法.

注 4.2 第二步是基于折线模糊数的扩展运算对第二步中学习常数 η 与动量常数 α 同时进行改造, 使其成为迭代步数 t_1 的函数. 若记

$$\eta = \eta[t_1] = \frac{\rho_0 \cdot E(w[t_1])}{\|\nabla E(w[t_1])\|^2}; \quad \alpha = \alpha[t_1] = \frac{|\Delta E(w[t_1])|}{\sum_{k=1}^{t_1-1} |\Delta E(w[k])|},$$

其中 $\Delta E(w[t_1]) = E(w[t_1]) - E(w[t_1-1]), w[t_1]$ 是第 t_1 步的参数向量. 当 $t_1 = 0$ 时, $E(w[0])$ 是一个较大数, ρ_0 是一个较小数; $\nabla E(w[t_1])$ 是第 t_1 步 E 的梯度向量, 通常可表示为

$$\nabla E(w[t_1]) = \left(\frac{\partial E(w)}{\partial w_1}, \frac{\partial E(w)}{\partial w_2}, \cdots, \frac{\partial E(w)}{\partial w_N}\right).$$

GA 算法 将折线 FNN 若干参数作为 GA 算法的初始种群, 并把原来单个种群进化变为多个种群, 进而采用动态调整交叉概率与变异概率. 这样不仅可与 BP 算法结合, 而且也能通过解码或搜索得到折线 FNN 全局最优解, 并由此优化权值参数或阈值, 具体步骤为:

第一步 令 $w[t_2] = (w_1[t_2], w_2[t_2], \cdots, w_N[t_2])$, 并将每个参数分量 $w_i[t_2]$ 近似表示成二进制数 $\beta_i(k)[t_2], i = 1, 2, \cdots, N$.

第二步 随机生成 m_0 个有 N 个个体的种群, 依适应度函数 $J(w) = 1/(1+E(w))$ 对 $\beta_i(k)[t_2]$ 实施解码转换为 $w'(k)[t_2] = (w'_1(k)[t_2], w'_2(k)[t_2], \cdots, w'_N(k)[t_2])$, 计算 $J(w'(k)[t_2]), k = 1, 2, \cdots, m_0$.

第三步 重新解码分量 $\beta'_i(k)[t_2]$ 将其转换为 $w'(k)[t_2+1] = (w'_1(k)[t_2+1], w'_2(k)[t_2+1], \cdots, w'_N(k)[t_2+1]), k = 1, 2, \cdots, m_0$, 并重新计算 $J(w'(k)[t_2+1])$.

第四步 令 $w_{\text{best}}[t_2+1] = \max_{k \in \{1,2,\cdots,m_0\}} J(w'(k)[t_2+1])$, 当 $k = k_0$, 判断 $w_{\text{best}}[t_2+1]$ 是否满足下式

$$w_i'^1(j)(k_0)[t_2+1] \leqslant w_{i+1}'^1(j)(k_0)[t_2+1] \leqslant w_{i+1}'^2(j)(k_0)[t_2+1] \leqslant w_i'^2(j)(k_0)[t_2+1].$$

若是, 则转第五步; 否则, 对其分量参数重新进行升序排列使之属于 $F_0^{tn}(\mathbb{R}^+)$, 并再转第五步.

第五步 判断是否满足 $J(w'(k_0)[t_2+1]) \geqslant J(w'(k_0)[t_2])$? 若是, 则令 $t_1 = t_1+1$, 转 BP 算法第二步; 否则, 令 $t_2 = t_2 + 1$, 再转第二步.

实际上, GA 算法属于离散优化问题, 故采用二进制编码来表现个体遗传基因, 其优势是便于编码或解码操作, 且简化交叉变异等进化过程.

4.2.2 仿真实例

为讨论 SISO 折线 FNN 在 GA-BP 混合算法下参数优化效果, 下面给出应用于锅炉汽包水位控制的仿真模型, 该模型系统结构如图 4.6 所示.

4.2 SISO 折线 FNN 混合算法

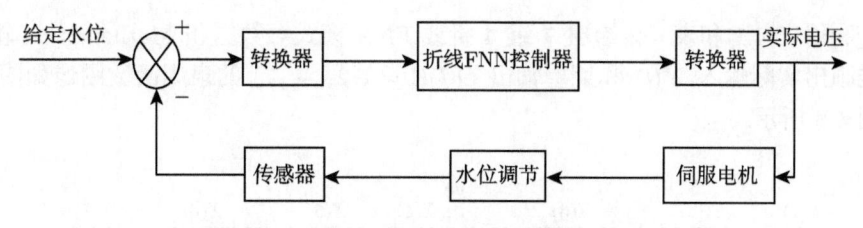

图 4.6 锅炉汽包水位控制系统结构图

通常情况下, 锅炉汽包水位控制模型一般可表示为 $G(s) = k/s(Ts+1)$, 其中 s 为水位, k 为给水量改变单位流量时水位的变化速度, T 为时间常数. 根据锅炉汽包水位的实际参数, 其水流量与水位的传递函数可表为 $G(s) = 0.0037/(30s^2+s)$. 对于 SISO 网络来说, 常规 PID 控制器其控制规律可表示为 $u[t] = K \cdot \Delta h[t] + C$. 实际上, 在锅炉运行过程中水位的额定值要求保持为 $[-0.08, 0.08]$m, 而水位误差 Δh 的变化范围应一般为 $[-0.08, 0.08]$m. 本例选取水位误差 Δh 及直流电压 u 的变化区间均为 $[-3, 3]$, 其比例系数 $K = 3/0.08 = 37.5$.

设 $n = 4$, 规则库由 7 条模糊推理规则组成, 训练模式对 $(X(l), O(l))(l = 1, 2, \cdots, 7)$, 其中前件折线模糊数 $X(l)$ 表示水位误差, 后件折线模糊数 $O(l)$ 表示直流电压. 此外, 随机选取实际输入 $X(l)$ 和期望输出 $O(l)$ 对应的 4-折线模糊模式对如表 4.1 和表 4.2 所示.

表 4.1 4-折线模糊数的实际输入

$X(l)$ 值	实际输入 $X(l)$
$X(1)$	$(-3.00, -3.00, -3.00, -3.00, -3.00, -2.85, -2.70, -2.60, -2.50, -2.35)$
$X(2)$	$(-2.65, -2.50, -2.40, -2.30, -2.15, -1.85, -1.70, -1.60, -1.50, -1.35)$
$X(3)$	$(-1.65, -1.50, -1.40, -1.30, -1.15, -0.85, -0.70, -0.60, -0.50, -0.35)$
$X(4)$	$(-0.65, -0.50, -0.40, -0.30, -0.15, 0.15, 0.30, 0.40, 0.50, 0.65)$
$X(5)$	$(0.35, 0.50, 0.60, 0.70, 0.85, 1.15, 1.30, 1.40, 1.50, 1.65)$
$X(6)$	$(1.65, 1.50, 1.60, 1.70, 1.85, 2.15, 2.30, 2.40, 2.50, 2.65)$
$X(7)$	$(2.65, 2.50, 2.60, 2.70, 2.85, 3.00, 3.00, 3.00, 3.00, 3.00)$

表 4.2 4-折线模糊数的期望输出

$O(l)$ 值	期望输出 $O(l)$
$O(1)$	$(-3.00, -3.00, -3.00, -3.00, -3.00, -2.90, -2.85, -2.70, -2.65, -2.40)$
$O(2)$	$(-2.60, -2.35, -2.30, -2.15, -2.10, -1.90, -1.85, -1.70, -1.65, -1.40)$
$O(3)$	$(-1.60, -1.35, -1.30, -1.15, -1.10, -0.90, -0.85, -0.70, -0.65, -0.40)$
$O(4)$	$(-0.60, -0.35, -0.30, -0.15, -0.10, 0.10, 0.15, 0.30, 0.35, 0.60)$
$O(5)$	$(0.40, 0.65, 0.70, 0.85, 0.90, 1.10, 1.15, 1.30, 1.35, 1.60)$
$O(6)$	$(1.40, 1.65, 1.70, 1.85, 1.90, 2.10, 2.15, 2.30, 2.35, 2.60)$
$O(7)$	$(2.40, 2.65, 2.70, 2.85, 2.90, 3.00, 3.00, 3.00, 3.00, 3.00)$

利用表 4.1 和表 4.2 给出 7 组 4-折线 FNN 模式对数据和 Mathematica 软件，不难画出实际输入 $X(l)$ 和期望输出 $O(l)(l=1,2,\cdots,7)$ 的隶属函数图像如图 4.7 和图 4.8 所示.

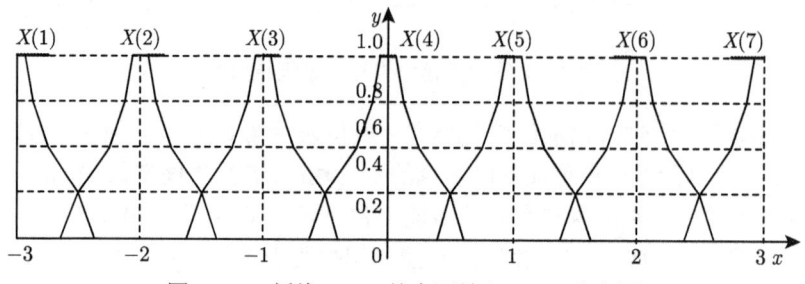

图 4.7 4-折线 FNN 的实际输入 $X(l)$ 分布图

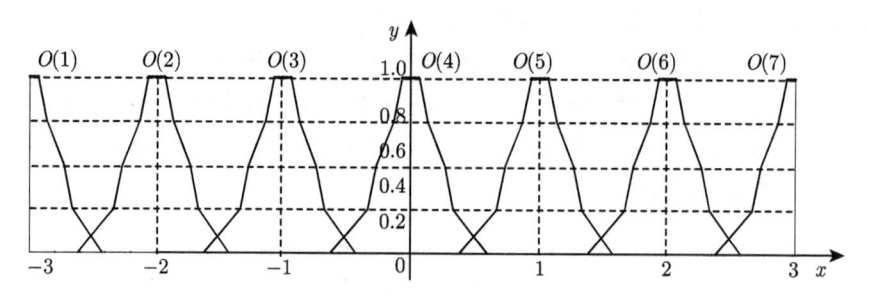

图 4.8 4-折线 FNN 的期望输出 $O(l)$ 分布图

分别应用 BP 算法、GA 算法及 GA-BP 混合算法对折线 FNN 参数进行优化. 不妨选取转移函数 $\sigma(x)=0, x<0; \sigma(x)=x/(1+x^2), x\geqslant 0$, 误差精度 $\varepsilon=10^{-3}$, 搜索精度 $\gamma=10^{-6}$, 种群总数 $m_0=40$, 隐含层神经元个数为 14. 当误差函数 $E(w)$ 满足精度或达到迭代步数算法停止，获得优化数据如表 4.3 所示.

表 4.3 三种算法参数优化结果比较

算法	迭代步数	收敛时间/s	陷入局部极小点的次数
BP 算法	532	392	9
GA 算法	403	565	2
GA-BP 混合算法	174	430	1

从表 4.3 不难看出 GA-BP 混合算法将迭代步数减少到 174 步，且大大减少了陷入局部极小点的次数，它不仅克服了单纯使用 BP 算法收敛速度慢，而且也增强了 GA 算法的全局搜索能力，提高了该网络的参数优化速度. 若将三种算法优化的网络参数分别应用于锅炉汽包水位控制系统的折线 FNN 控制器中，并与常规 PID

控制器比较, 所得仿真结果如图 4.9 所示.

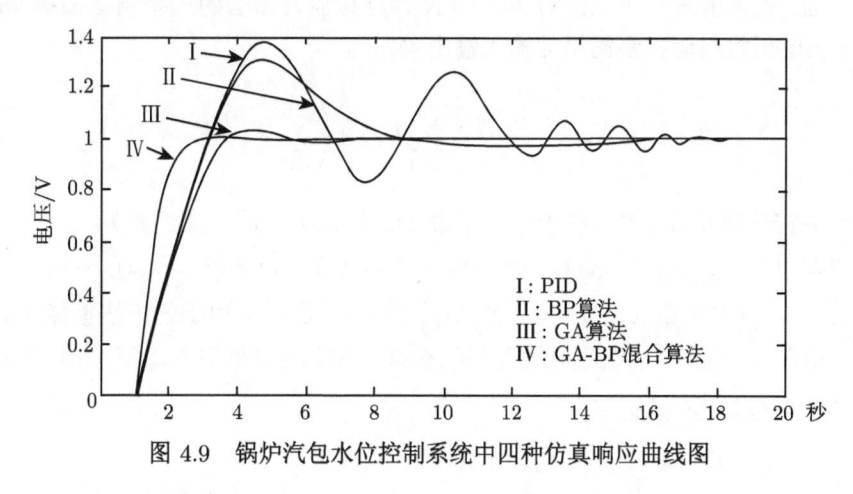

图 4.9 锅炉汽包水位控制系统中四种仿真响应曲线图

由仿真图 4.9 明显看出, 基于 GA-BP 混合算法的折线 FNN 控制器响应曲线变化幅度最小, 反应时间快, 控制精度最高, 亦即, 在很短时间内可以迅速调整到稳定状态, 提高系统的稳定性. 事实上, 折线 FNN 控制器不仅可摆脱 BP 算法对初始值的依赖性和局部收敛性, 而且也能克服单纯的 GA 算法所带有的随机性问题, 这为进一步探究折线 FNN 的良好性能及应用奠定了基础.

4.3 MISO 折线 FNN 优化算法

本节主要在 3.1 节曾给出多输入单输出 (MISO) 折线 FNN 模型及特性基础上, 侧重讨论这种推广网络的优化学习算法. 其目的是避免误差函数关于连接权和阈值求偏导数的复杂计算过程, 并采用 Hebb 规则和粒子群算法设计 MISO 折线 FNN 的两种学习算法.

4.3.1 Hebb 算法

近年来, 设计模糊神经网络的学习算法成为研究热点, 所涉及方法也种类繁多, 其中 BP 算法、共轭梯度法以及粒子群算法等颇具代表性. 本节将按照折线模糊数及其扩展运算来讨论 MISO 折线 FNN 模型及其学习算法. 相对于 SISO 折线 FNN 来说, MISO 折线 FNN 不仅输入维数增加, 而且连接权增加了 $(d-1) \cdot m$ 个, 这里 d 为输入维数, m 为隐含层神经元个数. 故设计 MISO 折线 FNN 的连接权或阈值的学习算法远比 SISO 折线 FNN 复杂得多, 实际上, 折线 FNN 自身结构就是一个集折线模糊数的线性运算体系, 而每个 n-折线模糊数是由 $2n+2$ 个有序实参数唯一确定. 因此, 用于训练的折线模糊模式对可通过学习逐渐调节该网络的连接权

W_{ij}, U_j 及阈值 Θ_j, 使实际输出 $Y(l)$ 近似于期望输出 $O(l)$.

下面, 先来梳理一下 MISO 折线 FNN 及其学习算法的一些预备知识. 仍设 MISO 三层折线模糊神经网络的输入输出关系为

$$Y = F_{nn}(X_1, X_2, \cdots, X_d) = \sum_{j=1}^{m} U_j \cdot \sigma \left(\sum_{i=1}^{d} X_i \cdot W_{ij} + \Theta_j \right), \quad (4.5)$$

其中相关符号参见 3.1 节, $F_0^{tn}(\mathbb{R})$ 上度量 D_E 按式 (4.1) 和 (4.2) 所示.

设二元组 $\left(\left(X(1)_1, X(1)_2, \cdots, X(1)_d \right); O(1) \right)$, $\left(\left(X(2)_1, X(2)_2, \cdots, X(2)_d \right); O(2) \right)$, $\cdots$, $\left(\left(X(L)_1, X(L)_2, \cdots, X(L)_d \right); O(L) \right)$ 是用于训练的折线模糊模式对, 其中 $(X(l)_1, X(l)_2, \cdots, X(l)_d)$ 是 MISO 折线 FNN 的实际输入, $Y(l)$ 是实际输出, $O(l)$ 是期望输出, 不妨记

$$\begin{aligned} Y(l) &= F_{nn}\left(X(l)_1, X(l)_2, \cdots, X(l)_d \right) \\ &= \left(y_0^1(l), y_1^1(l), \cdots, y_n^1(l), y_n^2(l), \cdots, y_1^2(l), y_0^2(l) \right), \\ O(l) &= \left(o_0^1(l), o_1^1(l), \cdots, o_n^1(l), o_n^2(l), \cdots, o_1^2(l), o_0^2(l) \right) \end{aligned}$$

其中 $Y(l), O(l) \in F_0^{tn}(\mathbb{R}), \quad l = 1, 2, \cdots, L.$

在 BP 算法中连接权和阈值通常是沿着误差变化的负梯度方向进行调节, 最终使误差达到极小值. 2002 年, 刘普寅教授 [27] 曾提出一种变学习常数动量因子模糊 BP 算法, 但因梯度下降法固有缺陷, 从而导致该算法也有收敛速度慢且容易陷入局部极小值的缺点. 此外, 该算法还要求转移函数不仅要满足连续性, 而且还需限制处处可微. 为此, 设计一种既能摆脱对转移函数要求可微的限制, 又能在迭代过程中不依赖于偏导数的算法是人们所希望的.

Hebb 规则是最早的人工神经网络学习规则之一, 它规定神经元之间的连接权随神经元的活动而变化, 即前一个神经元的输出作为后一个神经元的输入, 如果这两个神经元的输出同号, 则连接权增大; 反之, 连接权将减小. Hebb 学习规则为人工神经网络的学习算法奠定了理论基础, 其学习机理是在迭代过程中连接权的调整仅仅依赖于神经元的输入与输出, 不必计算复杂的偏导数, 从而可消除对转移函数可微性的限制. 因此, 对 MISO 折线 FNN 来说, 引入 Hebb 规则设计的学习算法自然不涉及诸多连接权和阈值的调节. 另一方面, MISO 折线 FNN 是基于折线模糊数的线性运算, 这无疑会给设计学习算法带来极大方便.

此外, 当阈值 Θ_j 较小时 (只需限定 θ_0^2 较小), 不妨取 σ 是 Sigmoidal 型连续函数, 其对网络输出影响也较小. 故我们总是假定阈值 Θ_j 不参与迭代, 且 $\forall X = (x_0^1, x_1^1, \cdots, x_n^1, x_n^2, \cdots, x_1^2, x_0^2) \in F_0^{tn}(\mathbb{R})$, 引入 $2n+2$ 维符号算子如下:

$$\text{sign}: F_0^{tn}(\mathbb{R}) \to \{-1, 0, 1\}^{2n+2},$$

4.3 MISO 折线 FNN 优化算法

$$X \to \operatorname{sign}(X) = \left(\operatorname{sign}(x_0^1), \operatorname{sign}(x_1^1), \cdots, \operatorname{sign}(x_n^1), \operatorname{sign}(x_n^2), \cdots, \operatorname{sign}(x_1^2), \operatorname{sign}(x_0^2)\right).$$

若 $\forall i = 1, 2, \cdots, d; j = 1, 2, \cdots, m$,记连接权 $W_{ij}[t], U_j[t] \in F_0^{tn}(\mathbb{R})$ 分别为

$$\begin{cases} W_{ij}[t] = \left(w_0^1(ij)[t], w_1^1(ij)[t], \cdots, w_n^1(ij)[t], w_n^2(ij)[t], \cdots, w_1^2(ij)[t], w_0^2(ij)[t]\right), \\ U_j[t] = \left(u_0^1(j)[t], u_1^1(j)[t], \cdots, u_n^1(j)[t], u_n^2(j)[t], \cdots, u_1^2(j)[t], u_0^2(j)[t]\right). \end{cases}$$

下面,按照 Hebb 规则设计 MISO 折线 FNN 的 Hebb 算法如下.

Hebb 算法

第一步 按折线模糊数有序表示初始化连接权向量 $W_{ij}[0], U_j[0]$, $i = 1, 2, \cdots, d; j = 1, 2, \cdots, m$,给定阈值 Θ_j 和精度 $\varepsilon > 0$,最大循环次数 $M = 1000$,令 $t = 0$.

第二步 输入样本 $\left(X(l)_1, X(l)_2, \cdots, X(l)_d\right)$ 和期望输出 $O(l)$ ($l = 1, 2, \cdots, L$). 依折线模糊数扩展运算计算 $Q[t]$ 和 $Y(l)[t]$,其中 $Q[t] = \sigma\left(\sum_{k=1}^{d} X(l)_k W_{kj}[t] + \Theta_j\right)$, $Y(l)[t]$ 按式 (4.5) 计算.

第三步 利用 $2n+2$ 维符号算子和下述迭代公式更新连接权:

$$\begin{cases} W_{ij}[t+1] = W_{ij}[t] + \eta \cdot \operatorname{sign}\left(X_i(1) \cdot Q[t]\right), \\ U_j[t+1] = U_j[t] + \eta \cdot \operatorname{sign}\left(Q[t] \cdot Y(l)[t]\right). \end{cases}$$

其中 η 是给定正值学习常数, $i = 1, 2, \cdots, d; j = 1, 2, \cdots, m$.

第四步 判断 $t > 1000$,若有 $\sum_{l=1}^{L} (D_E(O(l), Y(l)))^2 < \varepsilon$. 则转第五步;否则,令 $t = t + 1$,再转第二步.

第五步 输出 $W_{ij}[t+1], U_j[t+1]$ 和 $Y(l)[t]$.

注 4.3 Hebb 算法构成简单,直接依据折线模糊数的扩展运算就可知该算法是收敛的. 实际上,Hebb 规则只提供了连接权的迭代公式,并且迭代过程中总是假定阈值较小不参加迭代,当 MISO 折线 FNN 经过上述学习算法训练后,该网络将以初始阈值作为最终阈值. 此外,由于该网络初始阈值的选择具有随机性,这也给该算法本身带来一些缺陷,因而受启示可否设计另外一种算法来避免阈值的 "一直不动" 问题.

4.3.2 粒子算法

粒子群算法 (Particle Swarm Optimization) 是基于高维群体适应度思想由 Eberhart 与 Kennedy 博士于 1995 年研究鸟群与鱼群运动规律时提出的. 该算法同遗传算法类似,是一种基于迭代的优化工具. 通常情况下,粒子群算法中每个优化问题的解将被定义为搜索空间中的基本粒子. 事实上,折线模糊数的最大优点是可通过有限个有序实数来描述模糊信息,并可形式地表成一个高维向量形式,还可摆脱

Zadeh 扩展原理而实现封闭的线性运算. 然而, 巧合的是粒子群算法正是基于处理高维数据问题被提出的. 因此, 将二者共同特性结合起来设计 MISO 折线 FNN 的优化算法成为可能.

不妨假设 MISO 折线 FNN 所有可调参数为 $w_k^q(ij)$, $u_k^q(j)$, $\theta_k^q(j)$, $k = 0, 1, 2, \cdots, n; i = 1, 2, \cdots, d; j = 1, 2, \cdots, m; q = 1, 2$. 将所有这些参数向量视为一个可能解或基本粒子, 合并起来统一记这个参数向量 H 为

$$\begin{aligned} H = & \left(u_0^1(1), \cdots, u_n^1(1), u_n^2(1), \cdots, u_0^2(1), u_0^1(2), \cdots, \right. \\ & u_0^2(2), \cdots, u_0^2(m), w_0^1(11), \cdots, w_0^2(11), \\ & w_0^1(12), \cdots, w_0^2(1m), w_0^1(21), \cdots, w_0^2(2m), \cdots, w_0^2(dm), \\ & \left. \theta_0^1(1), \cdots, \theta_0^2(1), \cdots, \theta_0^2(m) \right) \\ = & \left(h_1, h_2, h_3, \cdots, h_i, \cdots, h_{s-1}, h_s \right). \end{aligned}$$

显然, 误差函数式 (4.2) 可抽象表为 $E(H)$. 此时, 若把该误差函数 $E(H)$ 作为粒子群算法中对应的适应度函数, 那么每个基本粒子都有一个由 $E(H)$ 决定的适应值. 在初始时给定一组随机解 (基本粒子)H_k, k 为随机解的个数, 并给定每个基本粒子一个速度. 此时, 基本粒子将根据这个速度来决定其运动方向和距离, 然后通过迭代找到最优解. 在实际迭代中, 基本粒子是由两个 "极值" 来更新下一步的速度, 并搜索到新位置, 极值由适应度函数来计算. 称到当前为止粒子本身所找到的最优位置为个体极值, 整个种群找到的最优位置为全局极值.

既然粒子群算法是根据适应度函数 $E(H)$ 决定的极值来进行迭代, 当然可考虑依赖于粒子群算法来摆脱梯度下降法, 并可在不要求转移函数处处可微条件下设计优化学习算法. 此外, 由于粒子群算法在搜索时可搜索解空间的多个点, 从而也能避免陷入局部极小值问题. 因此, 针对 MISO 折线 FNN 设计学习算法 (称之为粒子算法) 可从根本上克服 BP 算法或 Hebb 算法的某些缺陷.

粒子算法

第一步　初始化. 给定 $n_0 \in \mathbb{N}$ 作为迭代过程每一阶段的种群个体总数, 随机选取 n_0 个初始位置参数向量 $H_k = H_k[0] = (h_{1k}, h_{2k}, h_{3k}, \cdots, h_{sk})$, 初始化飞行速度向量 $V_k = V_k[0] = (v_{1k}, v_{2k}, \cdots, v_{sk})$, $k = 1, 2, \cdots, n_0$. 给定误差精度 $\varepsilon > 0$, 最大循环次数 M, 设置初值 $t = 0$.

第二步　将参数向量 $H_k(k = 1, 2, \cdots, n_0)$, 对应的连接权和阈值代入式 (4.5), 计算 MISO 折线 FNN 的实际输出 $Y(l)[t]$, 再依式 (4.2) 计算适应度值 $E(H_k)$.

第三步　按如下公式计算当前最佳位置参数向量 $pb_k[t]$ 及群体当前最佳位置参数向量 $gb_k[t]$, $k = 1, 2, \cdots, n_0$, 其中

4.3 MISO 折线 FNN 优化算法

$$\begin{cases} pb_k[t] = H_k[t'] : t' = \max_{t''} \{t'' : E(H_k[t'']) = \min \{E(H_k[0]), E(H_k[1]), \cdots, E(H_k[t])\}\}, \\ gb_k[t] = pb_{k'}[t] : k' = \max_{k''} \{k'' : E(pb_{k''}[t]) = \min \{E(pb_1[t]), E(pb_2[t]), \cdots, E(pb_{n_0}[t])\}\}. \end{cases}$$

第四步 对按下述迭代公式更新位置参数向量及飞行速度向量

$$V_k[t+1] = \omega[t] \cdot V_k[t] + c_1 \cdot \xi \cdot (pb_k[t] - H_k[t]) + c_2 \cdot \eta \cdot (gb_k[t] - H_k[t]),$$
$$H_k[t+1] = H_k[t] + V_k[t+1], \quad k = 1, 2, \cdots, n_0.$$

第五步 判断位置参数向量 $H_k[t+1](k=1,2,\cdots,n_0)$ 中 $2n+2$ 个分量是否满足增序排列? 若满足, 则转第六步; 否则, 重新排序将 $2n+2$ 个分量按升序排列, 再转第六步.

第六步 判断是否 $t > M$, 或者存在某个 $k \in \{1, 2, \cdots, n_0\}$ 使 $E(H_k[t+1]) < \varepsilon$. 若满足, 则转第七步; 否则, 令 $t = t + 1$, 再转第二步.

第七步 输出群体最佳位置参数向量 $gb_k[t+1], k \in \{1, 2, \cdots, n_0\}$.

注 4.4 在粒子算法中 ξ, η 均为由函数 rand($\cdot$) 生成为 $[0, 1]$ 中的随机数, 系数 c_1, c_2 通常取值为 2. 此外, 由第四步可看出, 基本粒子速度的更新由三部分组成, 第一部分是粒子本身的速度; 第二部分是反映粒子追随自己的最佳位置来搜索; 第三部分是粒子以群体搜索到的最佳位置. 实际上, 第一部分 $V_k[t]$ 具有随机性, 且有扩大搜索空间和探索新的搜索区域的趋势, 具有全局搜索能力, 但本身缺乏记忆能力. 第四步中 $V_k[t]$ 乘以惯性权重 ω, 当 ω 较大时, 该算法具有较强的全局搜索能力; 当 ω 较小时, 该算法倾向于局部搜索, 权重函数 ω 通常由式 (4.6) 来确定.

$$\omega[t] = \omega_{\max} - \frac{\omega_{\max} - \omega_{\min}}{M} t, \tag{4.6}$$

其中 $\omega_{\max}, \omega_{\min}$ 是惯性权重的最大值与最小值, M 是最大迭代次数, t 是当前迭代次数. 此外, 由于一些基于惯性权重改进的算法, 它们都是在式 (4.6) 基础上进行的, 因此, 为了使粒子具有自适应调整能力以及权值的调整更平滑, 通常选取如下权重函数 ω 计算公式.

$$\omega[t] = \omega_{\min} - \frac{\omega_{\max} - \omega_{\min}}{E_{\text{worst}} - E_{\text{gbest}}} \cdot (E_{H_k[t]} - E_{\text{gbest}}),$$

这里 $E_{H_k[t]}$ 为当前粒子位置对应的适应度函数值, E_{gbest} 为群体最优对应的适应函数值, E_{worst} 为最差的适应函数值. 该迭代公式优点在于当粒子接近群体最优位置时, ω 减小, 表明粒子趋于稳定; 当粒子距离群体最优位置较远时, ω 增大, 说明粒子很大程度上依赖于自身的速度, 从而保证具有较好的空间搜索能力.

4.3.3 模拟实例

下面，通过一个模拟实例来检验 MISO 折线 FNN 的学习能力，并由此来比较两种算法的优劣性。设 $d=2, n=3$，规则库由 $L=5$ 条模糊推理规则所组成，其中每条 IF-THEN 推理规则如下：

$$\text{若 } x_1 \text{ 是 } X(l)_1 \text{ 且 } x_2 \text{ 是 } X(l)_2, \text{ 则 } u \text{ 是 } O(l), \quad l=1,2,3,4,5.$$

其中 x_1, x_2 是输入变量，$X(l)_1, X(l)_2$ 是前件 3-折线模糊数，$O(l)$ 是后件 3-折线模糊数.

取定精度 $\varepsilon = 0.001 > 0$，随机选取两输入单输出折线 FNN 的 3-折线模糊数模式对 $\big((X(1)_1, X(1)_2); O(1)\big), \big((X(2)_1, X(2)_2); O(2)\big), \cdots, \big((X(5)_1, X(5)_2); O(5)\big)$，实际输入 $X(l)_1$ 和 $X(l)_2 (l=1,2,3,4,5)$ 的有序表示分别为

$$\begin{cases} X(1)_1 = (-1.20, -1.20, -1.20, -1.20, -1.15, -0.90, -0.75, -0.70), \\ X(2)_1 = (-1.10, -1.05, -0.90, -0.65, -0.55, -0.30, -0.15, -0.10), \\ X(3)_1 = (-0.50, -0.45, -0.30, -0.05, 0.05, 0.30, 0.45, 0.50), \\ X(4)_1 = (0.10, 0.15, 0.30, 0.55, 0.65, 0.90, 1.05, 1.10), \\ X(5)_1 = (0.70, 0.75, 0.90, 1.15, 1.20, 1.20, 1.20, 1.20) \end{cases}$$

和

$$\begin{cases} X(1)_2 = (-2.00, -2.00, -2.00, -2.00, -2.00, -1.75, -1.25, -1.00), \\ X(2)_2 = (-2.00, -1.75, -1.25, -1.00, -1.00, -0.75, -0.25, 0.00), \\ X(3)_2 = (-1.00, -0.75, -0.25, 0.00, 0.00, 0.25, 0.75, 1.00), \\ X(4)_2 = (0.00, 0.25, 0.75, 1.00, 1.00, 1.25, 1.75, 2.00), \\ X(5)_2 = (1.00, 1.25, 1.75, 2.00, 2.00, 2.00, 2.00, 2.00). \end{cases}$$

期望输出 $O(l)(l=1,2,3,4,5)$ 的有序表示为

$$\begin{cases} O(1) = (-0.90, -0.90, -0.90, -0.90, -0.85, -0.75, -0.60, -0.55), \\ O(2) = (-0.80, -0.75, -0.60, -0.50, -0.40, -0.30, -0.15, -0.10), \\ O(3) = (-0.35, -0.30, -0.15, -0.05, 0.05, 0.15, 0.30, 0.35), \\ O(4) = (0.10, 0.15, 0.30, 0.40, 0.50, 0.60, 0.75, 0.80), \\ O(5) = (0.55, 0.60, 0.75, 0.85, 0.90, 0.90, 0.90, 0.90). \end{cases}$$

实际输入 $X(l)_1$ 和 $X(l)_2 (l=1,2,3,4,5)$ 隶属函数图像如图 4.10—图 4.11 所示.

4.3 MISO 折线 FNN 优化算法

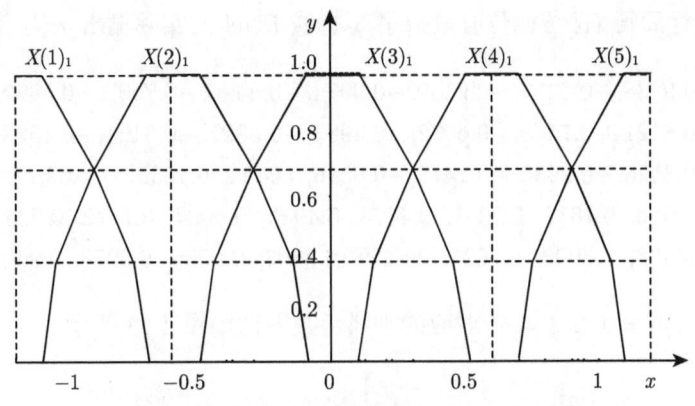

图 4.10 前件 3-折线模糊数 $X(l)_1$ 分布图

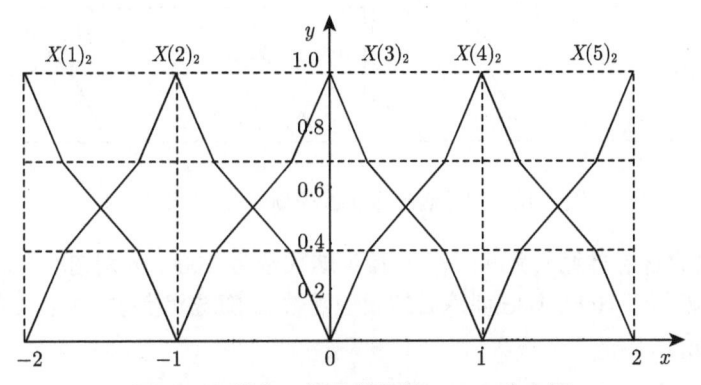

图 4.11 前件 3-折线模糊数 $X(l)_2$ 分布图

期望输出 $O(l)(l=1,2,3,4,5)$ 的隶属函数图像如图 4.12 所示.

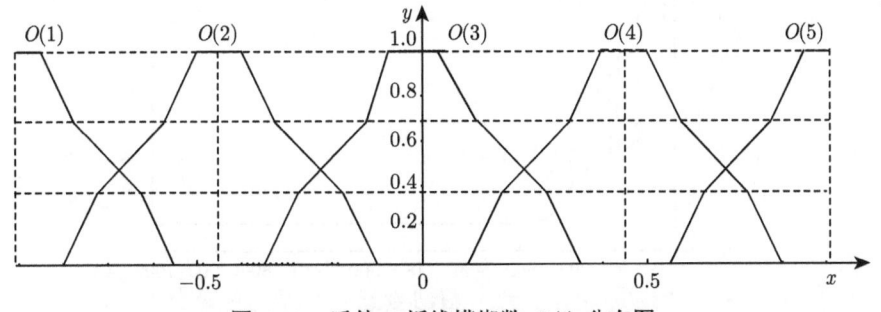

图 4.12 后件 3-折线模糊数 $O(l)$ 分布图

编程运行后得 (保留四位有效数字)3-折线 FNN 的实际输出 $Y(l)$ 为

$$\begin{cases} Y(1) = (-0.9838, -0.9217, -0.9139, -0.9074, -0.8496, -0.7607, -0.5899, -0.5562), \\ Y(2) = (-0.8121, -0.7568, -0.6072, -0.4983, -0.3897, -0.3104, -0.1523, -0.0987), \\ Y(3) = (-0.3526, -0.2935, -0.1478, -0.0516, 0.0494, 0.1532, 0.3108, 0.3474), \\ Y(4) = (\ 0.0966, \ 0.1612, \ 0.3061, \ 0.4073, \ 0.4983, \ 0.6004, \ 0.7572, \ 0.8200), \\ Y(5) = (\ 0.5496, \ 0.6006, \ 0.7625, \ 0.8450, \ 0.8893, \ 0.8966, \ 0.9078, \ 0.9204). \end{cases}$$

实际输出 $Y(l)(l = 1, 2, 3, 4, 5)$ 对应的隶属函数图像如图 4.13 所示.

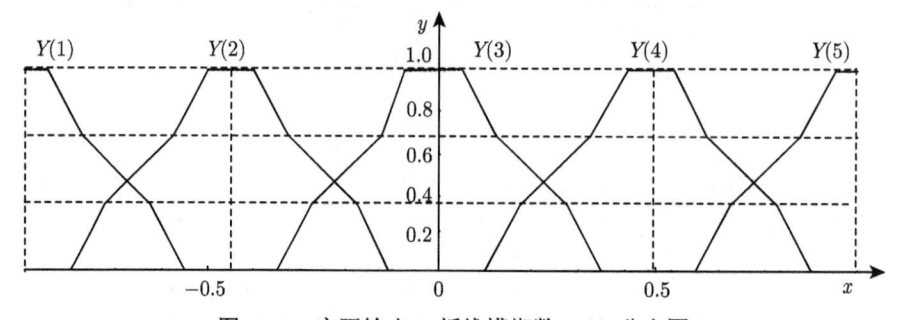

图 4.13 实际输出 3-折线模糊数 $Y(l)$ 分布图

不妨取隐含层神经元数 $m = 10$, 最大迭代数为 1000, 分别选取学习常数 η 为 0.1 和 0.5. 则基于 Hebb 算法训练后的误差函数 E 随迭代步数 t 变化曲线如图 4.14 和图 4.15 所示.

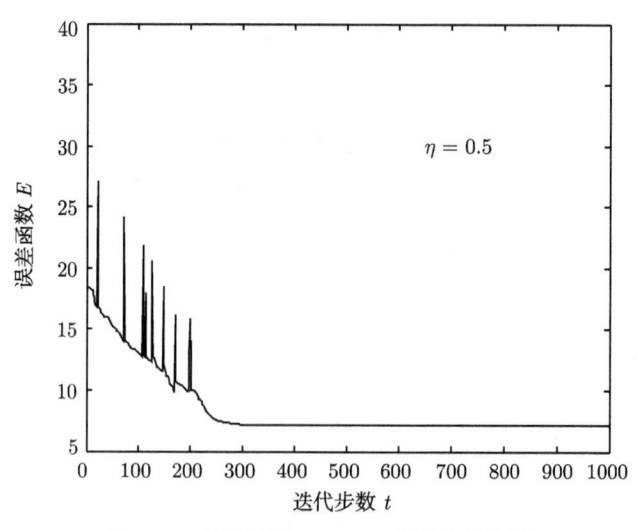

图 4.14 学习常数 $\eta = 0.5$ 的误差曲线图

4.3 MISO 折线 FNN 优化算法

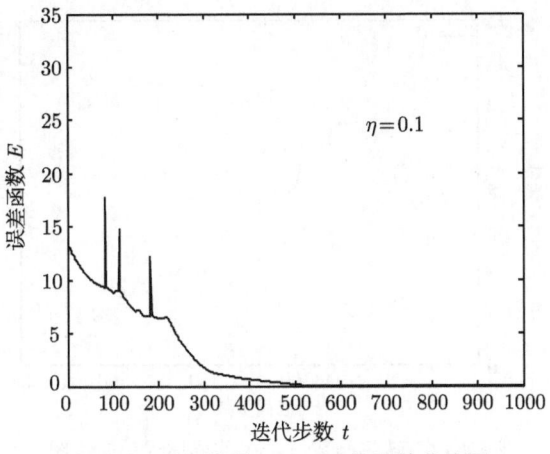

图 4.15 学习常数 $\eta = 0.1$ 的误差曲线图

比较图 4.14 和图 4.15 明显可见, Hebb 算法虽能收敛到误差函数 E 的极小点, 但其训练效果却有较大差别, 例如, 当 $\eta = 0.5$ 时, Hebb 算法误差 E 过大, 在循环 1000 步后也未能达到精度要求.

下面, 再来考证粒子算法的收敛效果. 令 $n_0 = 10$, 亦即, 在迭代过程中有 10 个点同时搜索解空间, 不妨取惯性权重最大值与最小值分别为 $\omega_{\max} = 0.9$ 和 $\omega_{\min} = 0.5$, 且分别选取 Sigmoidal 型转移函数 $\sigma_1(x)$ 与 $\sigma_2(x)$ 为

$$\sigma_1(x) = \frac{1}{1+e^{-x}}, \quad \sigma_2(x) = \begin{cases} \dfrac{x^2}{1+x^2}, & x \geqslant 0, \\ 0, & x < 0. \end{cases}$$

可得到误差函数 E 随迭代步数 t 变化曲线如图 4.16 和图 4.17 所示.

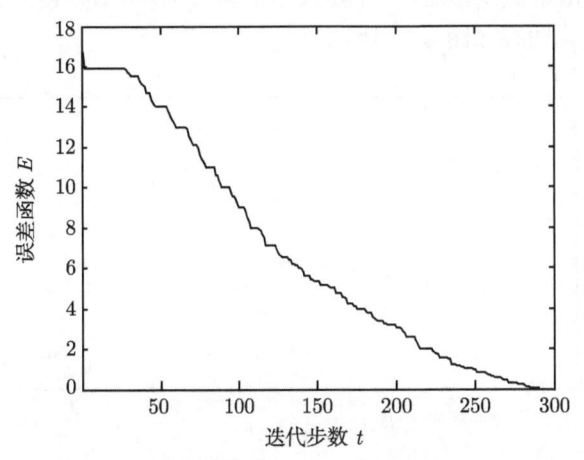

图 4.16 转移函数 $\sigma_1(x)$ 的群体误差曲线图

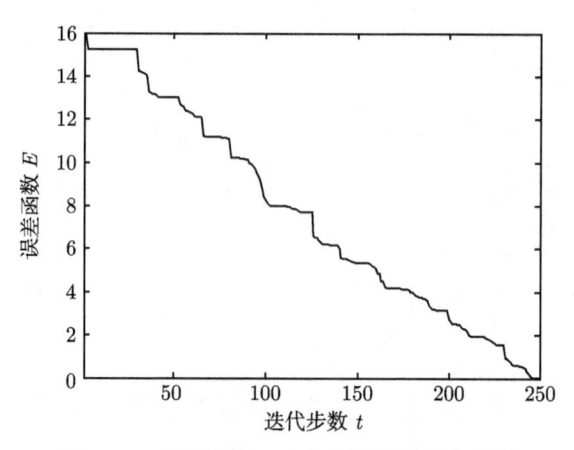

图 4.17 转移函数 $\sigma_2(x)$ 的群体误差曲线图

图 4.16 和图 4.17 明显看出转移函数将它们的输出值限制在 $(0,1)$ 上, 从而使网络的输出不会出现太大的波动, 特别当取 $\sigma_1(x)$ 时, 粒子算法所对应的误差函数曲线相对更平滑一些.

实际上, 无论图 4.16 还是图 4.17 所示的变化曲线都有一个明显特征, 即它们都呈阶梯形递减变化, 且初始时有很多点对应的误差值曲线是一条水平直线, 这正是粒子群算法的优点所在. 此外, 依粒子算法知 E 所记录的是最小值, 从而误差曲线不会出现波动, 也不存在峰值. 故粒子算法比 Hebb 算法稳定性好, 且收敛速度快, 这一点可通过图 4.14— 图 4.17 的对比明显看到.

再从另一角度来揭示粒子算法确实比 Hebb 算法具有优越性. 例如, 在粒子算法中若取 $\sigma_2(x)$ 为转移函数, 经 300 步迭代后, 通过选取某一个体误差函数曲线和整个群体的误差函数曲线作比较, 不妨设某个体为 $H_k = H_3$, 得到的误差函数 E 随迭代步数 t 的变化曲线如图 4.18 所示.

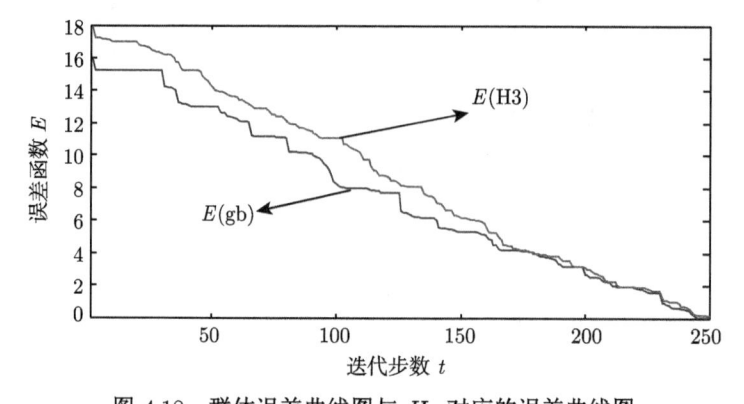

图 4.18 群体误差曲线图与 H_3 对应的误差曲线图

由图 4.18 可知这两条误差曲线图在某些点是重合的. 这表明在这些点个体 H_3 就是群体搜索到的最佳位置, 但在其他点个体 H_3 所对应的误差值却大于群体误差值, 这便是粒子群算法在搜索过程中同时搜索解空间的多个点的优化点. 从而它既能加快网络的收敛速度, 又能避免网络陷入局部极小值. 因此, 对两输入单输出折线 FNN 而言实际输出 $Y(l)$ 与期望输出 $O(l)$ 比较接近, 进而可获得多输入单输出折线 FNN 可在较高精度下实现 IF-THEN 模糊推理.

4.4 MIMO 折线 FNN 优化算法

多输入多输出 (MIMO) 神经网络在实际中比多输入单输出 (MISO) 神经网络更具一般性. 本节将在 4.3 节引入 MISO 模式基础上进一步提出 MIMO 折线 FNN 模型, 并在输出层和隐含层分别设计两种算法, 进而采用隔离分层方式对输出层和隐含层的连接权参数进行优化, 尤其在隐含层对每个神经元优化. 结果表明, MIMO 折线 FNN 的隔离分层优化算法可提高计算效率和收敛速度.

4.4.1 前向三层 MIMO 折线 FNN

文献 [27] 基于 BP 算法讨论了 SISO 折线 FNN 及其优化算法; 文献 [28] 依据共轭梯度算法研究了 MISO 折线 FNN 及算法, 并避免了烦琐偏导数运算. 两个网络主要区别是输入环境不同 (单输入和多输入). 目前, 对多输入多输出 (MIMO) 折线 FNN 及算法研究还尚未所见. 本节将进一步做这方面的探究, 首先给出三层前向 MIMO 折线 FNN 的拓扑结构图如图 4.19 所示.

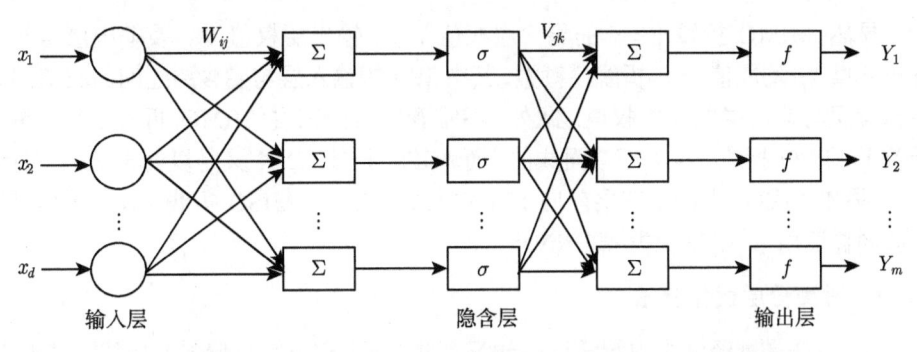

图 4.19 三层前向 MIMO 折线 FNN 的拓扑结构图

其中输入层有 d 个神经元, 隐含层有 l 个神经元, 并假定转移函数 σ 是连续递增的, 输出层有 m 个神经元, 输出层转移函数 f 是线性的, 且三层前向 MIMO 折线 FNN 的输入输出可表为

$$P[\sigma,f] = \Bigg\{ (Y_1, Y_2, \cdots, Y_m) \in F_0^{tn}(\mathbb{R}^+)^m$$

$$\Bigg| Y_k(x) = f\left(\sum_{j=1}^l V_{jk} \cdot \sigma\left(\sum_{i=1}^d W_{ij} \cdot x_i + \Theta_j\right)\right),$$

$$k = 1, 2, \cdots, m; l \in \mathbb{N}, x = (x_1, x_2, \cdots, x_d) \in (\mathbb{R}^+)^d,$$

$$V_{jk}, W_{ij}, \Theta_j \in F_0^{tn}(\mathbb{R}^+) \Bigg\}, \tag{4.7}$$

其中 W_{ij} 为输入层第 i 个神经元与隐含层第 j 个神经元的连接权, V_{jk} 为隐含层第 j 个神经元与输出层第 k 个神经元的连接权, Θ_j 为隐含层结点 j 的阈值; σ 和 f 为 $F_{0c}^{tn}(\mathbb{R}^+)$ 上扩展运算; 映射 $Y_k : (\mathbb{R}^+)^d \to F_0^{tn}(\mathbb{R}^+)$, $k = 1, 2, \cdots, m$. 若记总输出 $Y = (Y_1, Y_2, \cdots, Y_m)$, 则每个单输出 Y_k 可视为一个多输出单输入 (MISO) 折线 FNN.

令 $\bar{h}_j(x) = \sigma\left(\sum_{i=1}^d W_{ij} \cdot x_i + \Theta_j\right)$, $j = 1, 2, \cdots, l$, 依折线模糊数扩展运算知 $h_j(x) \in F_0^{tn}(\mathbb{R}^+)$, 且式 (4.7) 中每个单输出 Y_k 可表为 $Y_k(x) = f\left(\sum_{j=1}^l V_{jk} \cdot \bar{h}_j(x)\right)$. 显然, $F_0^{tn}(\mathbb{R}^+)$ 中加法、减法、乘法及 σ 运算均封闭, 且满足线性运算.

记连接权和阈值等有序表示为

$$\begin{cases} W_{ij} = \left(w_{i0}^1(j), w_{i1}^1(j), \cdots, w_{in}^1(j), w_{in}^2(j), \cdots, w_{i1}^2(j), w_{i0}^2(j)\right), \\ V_{jk} = \left(v_{j0}^1(k), v_{j1}^1(k), \cdots, v_{jn}^1(k), v_{jn}^2(k), \cdots, v_{j1}^2(k), v_{j0}^2(k)\right), \\ \Theta_j = \left(\theta_0^1(j), \theta_1^1(j), \cdots, \theta_n^1(j), \theta_n^2(j), \cdots, \theta_1^2(j), \theta_0^2(j)\right), \\ \bar{h}_j(x) = \left(h_{j0}^1(x), h_{j1}^1(x), \cdots, h_{jn}^1(x), h_{jn}^2(x), \cdots, h_{j1}^2(x), h_{j0}^2(x)\right). \end{cases} \tag{4.8}$$

显然, MIMO 折线 FNN 的隐含层权值 W_{ij}、输出层权值 V_{jk} 及输出层信号中每一分量 Y_k 均取值于 n-折线模糊数, 其中 W_{ij} 指输入层与隐含层之间的权值, V_{jk} 指隐含层与输出层之间的权值. 此外, 不难看出前向三层 MIMO 折线 FNN 是基于若干 MISO 折线 FNN 汇聚而成的, 而 MISO 折线 FNN 又是以若干 SISO 折线 FNN 叠加而成的. 因此, 三层前向 SISO 折线 FNN 和 MISO 折线 FNN 所具有的性质同样适用于 MIMO 折线 FNN.

4.4.2 隔离分层优化算法

BP 算法是神经网络中较常用的学习算法之一, 它虽具有较强的局部搜索能力, 但却存在收敛速度慢和易陷入局部极小点的缺陷; GA 算法是借鉴自然选择与种群进化形成的全局寻优算法, 但通常也只能搜索到全局次优解, 甚至出现 "近亲繁殖" 现象. 本节主要针对 MIMO 折线 FNN 采取隔离分层方法逐层设计优化算法, 并由此来降低误差和提高收敛速度.

1. 输出层优化算法

为简单起见, 本节只讨论三层前向 MIMO 折线 FNN. 设输出层转移函数 $f(x) = x$, 且只对输出层权值 V_{jk} 实施优化 (隐含层权值 W_{ij} 视为常值矢量, 阈值 Θ_j 取零模糊数), 转移函数 $\sigma(x)$ 单调连续. 我们将利用线性方程组广义逆矩阵求解方法对输出层权值 V_{jk} 进行优化, 即若线性方程组系数矩阵是方阵且满秩, 则方程组有唯一解; 否则, 利用广义逆最小范数求解或广义逆最小二乘法来获得该网络的优化参数. $\forall x = (x_1, x_2, \cdots, x_d) \in (\mathbb{R}^+)^d$, 每个单输出 Y_k 可表示为

$$Y_k(x) = f\left(\sum_{j=1}^{l} V_{jk} \cdot \bar{h}_j(x)\right) = \sum_{j=1}^{l} V_{jk} \cdot \bar{h}_j(x).$$

设二元组 $\left((X(1)_1, X(1)_2, \cdots, X(1)_d); O(1)\right)$, $\left((X(2)_1, X(2)_2, \cdots, X(2)_d); O(2)\right)$, $\cdots$, $\left((X(T)_1, X(T)_2, \cdots, X(T)_d); O(T)\right)$ 是用于训练的折线模糊数模式对, 令 $X(t) = \left(X(t)_1, X(t)_2, \cdots, X(t)_d\right)$ 是 MIMO 折线 FNN 的第 t 条规则的实际输入, $Y_k(t)$ 是第 t 条规则的实际输出, $O_k(t)$ 是期望输出, 且 $Y_k(t), O_k(t) \in F_0^{tn}(\mathbb{R}^+)$, $t = 1, 2, \cdots, T$.

因向量 $X(t)$ 是第 t 条规则待训练的实际输入, $t = 1, 2, \cdots, T$. 不妨设折线模糊数 $Y_k(t)$ 和 $O_k(t)$ 的有序表示为

$$Y_k(t) = \left(y_{k0}^1(t), y_{k1}^1(t), \cdots, y_{kn}^1(t), y_{kn}^2(t), \cdots, y_{k1}^2(t), y_{k0}^2(t)\right),$$

$$O_k(t) = \left(o_{k0}^1(t), o_{k1}^1(t), \cdots, o_{kn}^1(t), o_{kn}^2(t), \cdots, o_{k1}^2(t), o_{k0}^2(t)\right).$$

依折线模糊数度量式 (4.1) 定义 MIMO 折线 FNN 的误差函数 E 为

$$E \triangleq \frac{1}{2} \sum_{t=1}^{T} \sum_{k=1}^{m} \sum_{i=0}^{n} \left((o_{ki}^1(t) - y_{ki}^1(t))^2 + (o_{ki}^2(t) - y_{ki}^2(t))^2\right). \tag{4.9}$$

事实上, 为使输出层权值达到优化只需误差函数取得最小值, 由假设输出 f 是线性的, 故 $E = 0$ 当且仅当 $o_{ki}^1(t) = y_{ki}^1(t), o_{ki}^2(t) = y_{ki}^2(t)$, $k = 1, 2, \cdots, m; t = 1, 2, \cdots, T$, 进而有

$$Y_k(t) = O_k(t) = \sum_{j=1}^{l} V_{kj} \cdot \bar{h}_j(t),$$

其中折线模糊值函数 $\bar{h}_j(t)$ 是 $\bar{h}_j(X(t))$ 的简写, 扩展转移函数 σ 隐含在 $\bar{h}_j(t)$ 中.

因输出层连接权 V_{jk} 和隐含层输出 $\bar{h}_j(t)$ 均是折线模糊数,故可通过设计一些规则来优化权值参数 V_{jk},按式 (4.8) V_{jk} 和 $\bar{h}_j(t)$ 的表示,分量参数必满足

$$0 \leqslant v_{ji}^1(k) \leqslant v_{j(i+1)}^1(k) \leqslant v_{j(i+1)}^2(k) \leqslant v_{ji}^2(k),$$
$$0 < h_{ji}^1(t) \leqslant h_{j(i+1)}^1(t) \leqslant h_{j(i+1)}^2(t) \leqslant h_{ji}^2(t).$$

依据折线模糊数扩展运算,令

$$\sum_{j=1}^{l} V_{jk} \cdot \bar{h}_j(t) = \left(o_{k0}^1(t), o_{k1}^1(t), \cdots, o_{kn}^1(t), o_{kn}^2(t), \cdots, o_{k1}^2(t), o_{k0}^2(t)\right).$$

再令 $t = 1, 2, \cdots, T$,依式 (4.8) 及其扩展运算将上式表为矩阵方程:

$$\begin{pmatrix} h_{i1}^q(1) & h_{i2}^q(1) & \cdots & h_{il}^q(1) \\ h_{i1}^q(2) & h_{i2}^q(2) & \cdots & h_{il}^q(2) \\ \vdots & \vdots & & \vdots \\ h_{i1}^q(T) & h_{i2}^q(T) & \cdots & h_{il}^q(T) \end{pmatrix} \begin{pmatrix} v_{1i}^q(k) \\ v_{2i}^q(k) \\ \vdots \\ v_{li}^q(k) \end{pmatrix} = \begin{pmatrix} o_{ki}^q(1) \\ o_{ki}^q(2) \\ \vdots \\ o_{ki}^q(T) \end{pmatrix}, \quad (4.10)$$

其中 $q = 1, 2; i = 0, 1, 2, \cdots, n; k = 1, 2, \cdots, m$。

此时,可把 l 个优化参数 $v_{1i}^q(k), v_{2i}^q(k), \cdots, v_{li}^q(k)$ 视为矩阵方程 (4.10) 的未知量,并记其列向量为 v_{ik},将系数矩阵记为 Q_{iq},期望输出记为列向量 O_{iq},故矩阵方程 (4.10) 可简记为

$$Q_{iq} v_{ik} = O_{iq}. \tag{4.11}$$

显然,矩阵方程 (4.11) 为非齐次线性方程组,可借助广义线性方程组方法求解待优化参数,以便优化输出层权值向量 v_{ik}。具体优化算法步骤为:

第一步 若系数矩阵 Q_{iq} 是可逆方阵,则优化权值参数解

$$v_{ik} = Q_{iq}^{-1} O_{iq}, \quad q = 1, 2; \ i = 0, 1, 2, \cdots, n.$$

第二步 若 Q_{iq} 非方阵或不可逆,则需判断矩阵 Q_{iq} 和增广矩阵 $\overline{Q}_{iq} = [Q_{iq}; O_{iq}]$ 的秩是否相等?若秩 $(Q_{iq}) = $ 秩 $(\overline{Q}_{iq}) < l$,则方程组 (4.11) 有无穷多组解,进而利用广义逆矩阵求解方程组的最小范数解 $(v_{ik})_m = (Q_{iq})_m^{-1} O_{iq}$;若秩 $(Q_{iq}) \neq $ 秩 $(\overline{Q}_{iq})$,则方程组 (4.11) 无解。此时,可通过寻求近似解替代,例如,求解最小二乘解 $v_{ik}^+ = Q_{iq}^+ O_{iq}$,其中 Q_{iq}^+ 是 M-P 广义逆矩阵,$v_{ik} \approx v_{ik}^+ = Q_{iq}^+ O_{iq}$。

至此,三层前向 MIMO 折线 FNN 输出层权值 V_{jk} 将被优化。下面,将采用隔离分层方法研究隐含层神经元的优化问题。

2. 隐含层优化算法

不妨设输出层优化后权值 $V_{jk} \in F_0^{tn}(\mathbb{R}^+)(j=1,2,\cdots,l;\ k=1,2,\cdots,m)$ 暂时固定. 由于对隐含层优化的关键是对每个神经元的权值进行优化, 故对隐含层中第 j 个神经元的连接权参数进行适当调整 (其他神经元连接权视为已知). 不妨设输出层中已被优化的权值为

$$V_{jk} = \left(v_{j0}^1(k), v_{j1}^1(k), \cdots, v_{jn}^1(k), v_{jn}^2(k), \cdots, v_{j1}^2(k), v_{j0}^2(k)\right).$$

设 $X(t)$ 为第 t 条规则对应的输入变量, 定义此误差函数 E' 为

$$E' = \sum_{p=0}^{n} \sum_{q=1}^{2} \left(y_{kp}^q(t) - \sum_{i=1}^{l} v_{ip}^q(k) \cdot h_{ip}^q(t)\right)^2, \quad t=1,2,\cdots,T.$$

令 $y_{kp}'^q(t) = y_{kp}^q(t) - \sum_{i=1,i\neq j}^{l} v_{ip}^q(k) \cdot h_{ip}^q(t)$, 则式 (4.9) 所表误差函数是由 $T \times l$ 个新误差函数 E' 叠加而成的, 当每个新误差函数 E' 取极小值时总可有效地迫使式 (4.9) 误差值减少, 并当 E' 达到极小值时, 设隐含层期望输出为

$$\bar{h}_j'(t) = \left(h_0'^1(t), h_{j1}'^1(t), \cdots, h_{jn}'^1(t), h_{jn}'^2(t), \cdots, h_{j1}'^2(t), h_{j0}'^2(t)\right) \in F_0^{tn}(\mathbb{R}^+).$$

根据文献 [25], 记每个参数分量 $h_{jp}'^q(t)$ 为

$$h_{jp}'^q(t) = \frac{y_{jp}'^q(t)}{v_{jp}^q(k)}, \quad q=1,2. \tag{4.12}$$

依转移函数 σ 的单调性得隐含层第 j 个神经元的期望输入值为

$$S_j(t) = \sigma^{-1}(\bar{h}_j'(t))$$
$$= \left(\sigma^{-1}(h_{j0}'^1(t)), \sigma^{-1}(h_{j1}'^1(t)), \cdots, \sigma^{-1}(h_{jn}'^1(t)), \sigma^{-1}(h_{jn}'^2(t)), \cdots, \sigma^{-1}(h_{j1}'^2(t)), \sigma^{-1}(h_{j0}'^2(t))\right).$$

定义目标函数 E'' 为

$$E'' \triangleq \frac{1}{2} \sum_{t=1}^{T} \sum_{p=0}^{n} \left(\left(\sigma^{-1}(h_{jp}'^1(t)) - \sum_{i=1}^{d} w_{ip}^1(j)X(t)_i\right)^2 \right.$$
$$\left. + \left(\sigma^{-1}(h_{jp}'^2(t)) - \sum_{i=1}^{d} w_{ip}^2(j)X(t)_i\right)^2\right).$$

依文献 [25] 最小化含义, $\forall j=1,2,\cdots,l$, 必有

$$\sigma^{-1}(h_{jp}'^q(t)) = \sum_{p=0}^{n} w_{ip}^q(j) \cdot X(t)_i, \quad p=0,1,2,\cdots,n;\ q=1,2.$$

令 $t = 1, 2, \cdots, T$, 仍可将上述线性方程表为如下矩阵方程

$$\begin{pmatrix} X(1)_1 & X(1)_2 & \cdots & X(1)_d \\ X(2)_1 & X(2)_2 & \cdots & X(2)_d \\ \vdots & \vdots & & \vdots \\ X(T)_1 & X(T)_2 & \cdots & X(T)_d \end{pmatrix} \begin{pmatrix} w_{1p}^q(j) \\ w_{2p}^q(j) \\ \vdots \\ w_{dp}^q(j) \end{pmatrix} = \begin{pmatrix} \sigma^{-1}(h_{jp}'^q(1)) \\ \sigma^{-1}(h_{jp}'^q(2)) \\ \vdots \\ \sigma^{-1}(h_{jp}'^q(T)) \end{pmatrix}. \tag{4.13}$$

此时, 对给定训练模式对的输入变量 $X(t)_i$, 其分量表达式 $\sigma^{-1}(h_{jp}'^q(t))$ 可通过计算被确定, 即只需把隐含层优化参数 $w_{1p}^q(j), w_{2p}^q(j), \cdots, w_{dp}^q(j)$ 视为 d 个待求解的未知量. 故式 (4.12) 可简记为矩阵方程 $Dw_{pq} = S_{pq}$, 其中符号含义同前, 求解方法同输出层权值优化算法步骤第一步和第二步.

需要说明的是, 若对隐含层每一个神经元的参数优化均不能使网络总体输出误差减少, 或 MIMO 折线 FNN 的逼近效果不理想, 则可根据文献 [25] 引进随机扰动方法使计算过程不陷入原地踏步或极小值状态. 不妨设 E_{opt} 为该网络的期望误差, E 为当前误差, 并令

$$g = \min\left(1, \frac{2E_{\mathrm{opt}}}{E_{\mathrm{opt}} + E}\right), \tag{4.14}$$

$$\sigma^2 = 1 - g, \tag{4.15}$$

针对该网络输出层权值参数, 令

$$w_{ip,\mathrm{new}}^q(j) = w_{ip,\mathrm{old}}^q(j) + \Delta w_{ip}^q(j), \tag{4.16}$$

其中 $\Delta w_{ip}^q(j) \sim N(0, \sigma^2)$ 符合正态分布.

既然隐含层中每个神经元的权值可被优化, 则可将 MIMO 折线 FNN 输出层和隐含层的求解参数方法结合起来获得隔离分层优化算法, 步骤如下:

第一步 输入学习次数 $T_{\max}$ 和精度 $\varepsilon > 0$;

第二步 固定隐含层权值 $W_{ij}(i = 1, 2, \cdots, d; j = 1, 2, \cdots, l)$, 通过式 (4.10) 计算输出层权值 V_{jk} 的新优化值, $k = 1, 2, \cdots, m$;

第三步 固定输出层的新权值, 再对每个隐含层权值 W_{ij} 采用式 (4.12) 和 (4.13) 进行优化求解;

第四步 令 $t = t + 1$, 按式 (4.9) 计算误差函数, 若 $E_t < \varepsilon$, 或 $t > T_{\max}$ 则转第七步;

第五步 若 $E_t < E_{t-1}$, 则转第二步;

第六步 若效果不理想, 则对权值参数 W_{ij} 采用式 (4.14)—(4.16) 进行扰动, 再转第二步;

第七步 输出权值参数 V_{jk} 和 W_{ij}.

4.4 MIMO 折线 FNN 优化算法

事实上, 在输出层和隐含层分别进行权值优化时主要方法是采用广义逆最小范数或广义逆最小二乘法求解, 所给隔离分层算法不仅简单明了, 而且运算速度较快, 这在后面实例中将被证实. 另外, 本节通过隔离分层优化方法使输出层权值和隐含层权值交替优化, 从而驱使误差函数尽快达到极小. 因此, 对 MIMO 折线 FNN 采取隔离分层优化算法是一个有效手段.

4.4.3 模拟实例

下面, 通过一个二输入二输出实例来检验 MIMO 折线 FNN 的推理模型及效果. 设网络推理规则由 T 条模糊推理规则组成. 按上述隔离分层优化算法, 若 $d = m = 2, n = l = 3, T = 3$, 转移函数 $\sigma(x) = 1/(1+e^{-x})$. 设待训练的二维输入模式对 $X(1) = (0,1), X(2) = (0.5,1), X(3) = (0.7,1.2)$.

根据上述隔离分层优化算法可得此二输入二输出折线 FNN 在隐含层实际权值 W_{ij} 的有序表示 (均为 3-折线模糊数, 有 8 个有序实数所决定) 为

$$\begin{cases} W_{11} = (0.0000, 0.0000, 0.0000, 0.0000, 0.5000, 1.0000, 2.3000, 2.5000), \\ W_{12} = (2.3500, 2.5000, 2.7500, 2.9500, 3.2000, 3.5000, 3.6500, 3.8000), \\ W_{13} = (3.7000, 3.8500, 3.9500, 4.1500, 4.5000, 4.7500, 4.7500, 4.7500), \\ W_{21} = (4.0000, 4.2000, 4.5000, 4.7500, 5.0000, 5.2000, 5.4000, 5.5000), \\ W_{22} = (4.7000, 4.9000, 5.0000, 5.2000, 5.3000, 5.6000, 5.6500, 5.8500), \\ W_{23} = (5.0000, 5.3000, 5.5000, 5.8000, 5.9000, 5.9500, 6.0000, 6.1500), \end{cases}$$

期望输出 $(O_1(l), O_2(l))$ 分别为

$$\begin{cases} O_1(1) = (1.1360, 2.1360, 2.4360, 3.1350, 3.8348, 4.7348, 5.8247, 6.4247), \\ O_1(2) = (1.1678, 2.1690, 2.4680, 3.1680, 3.8650, 4.7640, 5.8650, 6.4690), \\ O_1(3) = (1.1790, 2.1775, 2.4793, 3.1765, 3.8711, 4.7711, 5.8710, 6.4720) \end{cases}$$

和

$$\begin{cases} O_2(1) = (1.2360, 2.4360, 3.4360, 35650, 4.0556, 4.8211, 5.7754, 6.5248), \\ O_2(2) = (1.2478, 2.4798, 3.4660, 3.6680, 4.1255, 5.2683, 6.3327, 7.6849), \\ O_2(3) = (1.5729, 2.7435, 3.5921, 3.9946, 4.8711, 5.9344, 6.5713, 7.8727), \end{cases}$$

通过计算可获得实际输出 $(Y_1(l), Y_2(l))$ 分别为

$$\begin{cases} Y_1(1) = (1.1295, 2.1355, 2.4361, 3.1050, 3.8340, 4.7343, 5.8215, 6.4239), \\ Y_1(2) = (1.1577, 2.1724, 2.5000, 3.1995, 3.8600, 4.7880, 5.8933, 6.4600), \\ Y_1(3) = (1.1800, 2.1780, 2.5760, 3.2000, 3.8700, 4.7900, 5.9900, 6.4600) \end{cases}$$

和

$$\begin{cases} Y_2(1) = (1.3360, 2.9869, 3.2900, 3.5149, 3.8340, 4.5669, 4.6100, 5.9860), \\ Y_2(2) = (1.5307, 2.9930, 3.5927, 3.7995, 4.0086, 4.7561, 4.9215, 6.4646), \\ Y_2(3) = (1.8102, 3.8836, 3.9972, 4.5093, 4.9328, 5.4605, 5.9972, 7.2217). \end{cases}$$

此时,通过线性方程组求解输出层权值参数期望值,利用 MATLAB 软件计算,例如,用命令 "inv" 来计算矩阵逆,用 "pinv" 来计算广义矩阵逆 $v_{ik} = Q_{iq}^{-1}O_{iq}$,从而权值参数 $V_{11}, V_{21}, V_{31}, V_{12}, V_{22}, V_{32}$ 可被优化;类似地计算 $w_{pq} = D^{-1}S_{pq}$,故得输出层优化权值 V'_{jk} 为

$$\begin{cases} V'_{11} = (1.2528, 3.0960, 3.3751, 3.6000, 3.6428, 3.6791, 3.6905, 4.0461), \\ V'_{21} = (0.5487, 0.5878, 0.6841, 0.6926, 0.8973, 1.2049, 1.6667, 1.8850), \\ V'_{31} = (0.0088, 0.0458, 0.1075, 0.1468, 0.2432, 0.2562, 0.7000, 0.7446), \\ V'_{12} = (1.7891, 3.4458, 3.8766, 4.3415, 4.8752, 5.2588, 5.8647, 5.9983), \\ V'_{22} = (0.0690, 0.0888, 0.1064, 0.1479, 0.6432, 1.5473, 1.7364, 2.0476), \\ V'_{32} = (0.0296, 0.0768, 0.1033, 0.1362, 0.2547, 0.3566, 1.5312, 1.8946), \end{cases}$$

得到隐含层优化权值 W'_{ij} 为

$$\begin{cases} W'_{11} = (0.0630, 0.0720, 0.0881, 0.0889, 0.4938, 1.1123, 2.0642, 2.4854), \\ W'_{12} = (2.3245, 2.5157, 2.6381, 2.7557, 3.1992, 3.5022, 3.7126, 3.8724), \\ W'_{13} = (3.7103, 3.8471, 3.8954, 4.1269, 4.5011, 4.7366, 4.7435, 4.7514), \\ W'_{21} = (0.2478, 0.5115, 0.5128, 0.8314, 0.8465, 1.2363, 1.4357, 1.8612), \\ W'_{22} = (2.7221, 2.9341, 3.4152, 3.7832, 3.9647, 4.1243, 4.4353, 4.8500), \\ W'_{23} = (4.0112, 4.3453, 4.3546, 4.5236, 4.9128, 5.2456, 5.5728, 6.1515). \end{cases}$$

通过二输入二输出折线 FNN 的期望输出 $O_k(t)$ 和实际输出 $Y_k(t)(k=1,2)$ 的有序表示,获得其隶属函数对比图像如图 4.20— 图 4.25 所示.

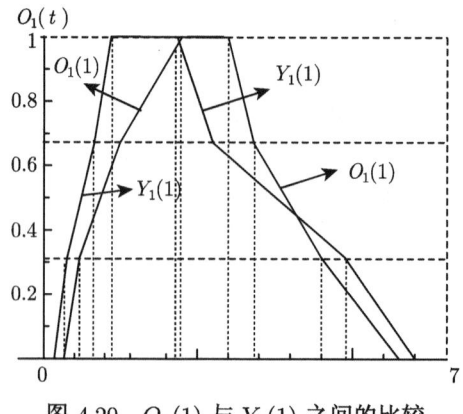

图 4.20 $O_1(1)$ 与 $Y_1(1)$ 之间的比较

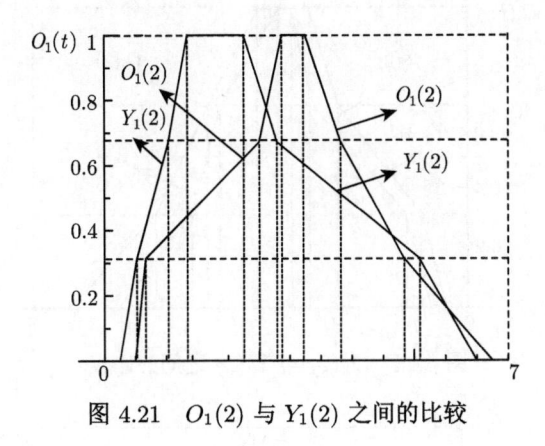

4.4 MIMO 折线 FNN 优化算法

图 4.21 $O_1(2)$ 与 $Y_1(2)$ 之间的比较

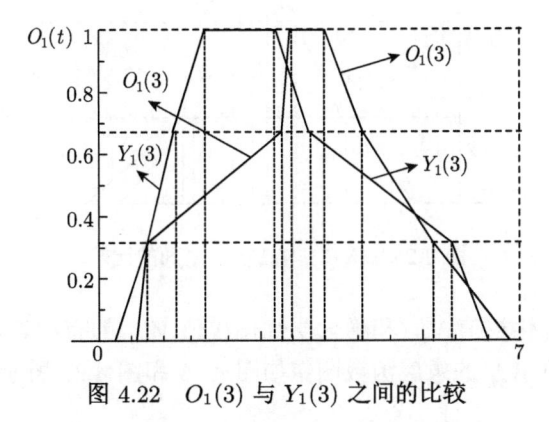

图 4.22 $O_1(3)$ 与 $Y_1(3)$ 之间的比较

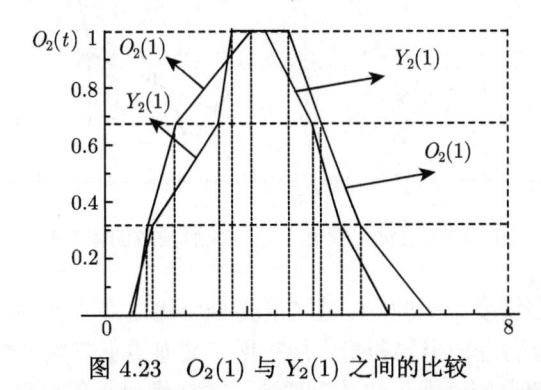

图 4.23 $O_2(1)$ 与 $Y_2(1)$ 之间的比较

图 4.24 $O_2(2)$ 与 $Y_2(2)$ 之间的比较

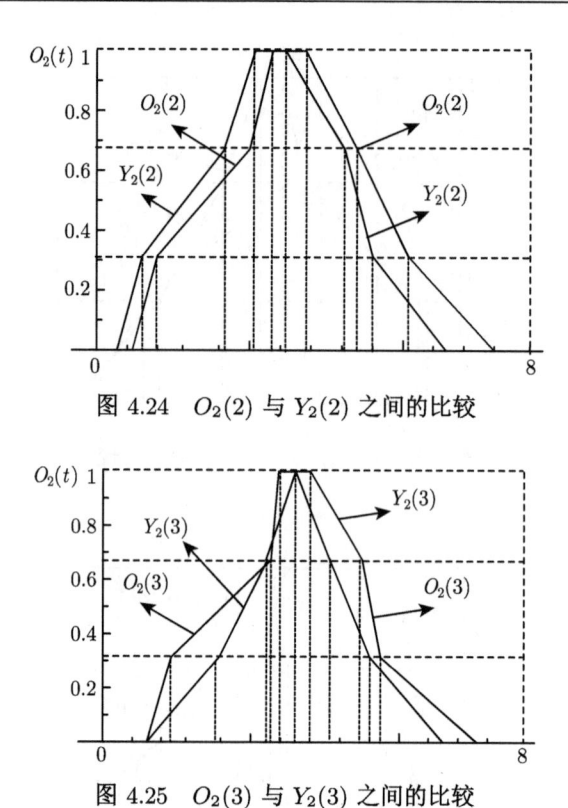

图 4.25 $O_2(3)$ 与 $Y_2(3)$ 之间的比较

再依输出层优化权值 V'_{jk} 和隐含层优化权值 W'_{ij} 的有序表示, 可获得优化权值 V'_{jk} 和优化权值 W'_{ij} 的隶属函数图像如图 4.26 和图 4.27 所示.

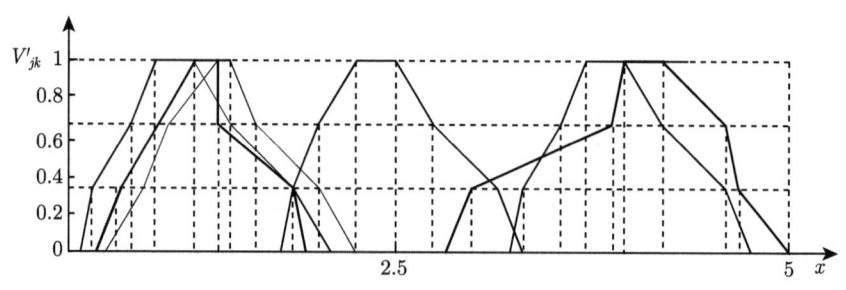

图 4.26 输出层优化权值 V'_{jk} 的隶属函数图像的分布图

下面, 针对给定精度 $\varepsilon = 0.001$, 通过隔离分层优化方法使输出层权值和隐含层权值交替优化, 并分别在输出层和隐含层应用广义逆最小范数及最小二乘法求解优化的权值, 从而驱使误差函数尽快达到极小. 整个优化过程只需迭代 122 步, 给定最大迭代步数 $T_{\max}=200$ 步.

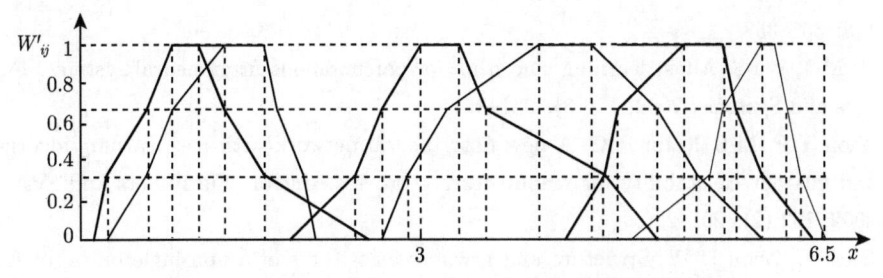

图 4.27 隐含层优化权值 W'_{ij} 的隶属函数图像的分布图

由图 4.28 明显看出，整个隔离分层算法在前 40 步误差相对偏高，40 步之后其误差将大幅降低. 因此，随着迭代步数的增加误差值在不断的减少，直至迭代 122 步时，其误差值将达到所要求的精度. 此过程避免了诸多烦琐的求导运算，迭代步数也明显减少，当然也可加快收敛速度.

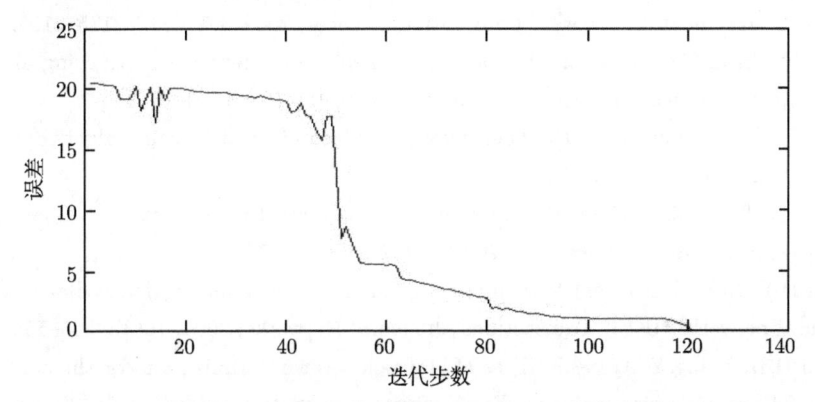

图 4.28 二输入二输出折线 FNN 总误差曲线图

事实上，由于隔离分层思想就是在输出层和隐含层分别设计优化算法，该算法用到一个共同方法是依据广义逆最小范数和广义逆最小二乘法求解线性方程组，但随着调节参数不断增多也会使计算烦琐或延迟收敛时间. 因此，对于 MIMO 折线 FNN 还需探究其他算法，例如，可否通过引入粒子群算法来优化诸多调节参数？如何克服目前算法缺陷？仍需下一步继续探索.

参 考 文 献

[1] Thawonmas R, Abe S. Function approximation based on fuzzy rules extracted from partitioned numerical data. IEEE Transactions on Systems, Man and Cybernetics, 1999, 29(4): 525–534.

[2] Aliev R A, Fazlollahi B, Vahidov R. Genetic algorithm-based learning of fuzzy neural networks. Part 1: feed-forward fuzzy neural networks. Fuzzy Sets and Systems, 2001,

118: 351–358.

[3] Er M J, Wu S. A fast learning algorithm for parsimonious fuzzy neural systems. Fuzzy Sets and Systems, 2002, 126(3): 337–351.

[4] Zhou Y F, Li S J, Jin R C. A new fuzzy neural network with fast learning algorithm and guaranteed stability for manufacturing process control. Fuzzy Sets and Systems, 2002, 132 (2): 201–216.

[5] Quek C, Zhou R W. Structure and learning algorithms of a nonsingleton input fuzzy neural network based on the approximate analogical reasoning schema. Fuzzy Sets and Systems, 2006, 157 (3): 1814–1831.

[6] Aliev R A, Guirimov B G, Aliev R R, et al. Evolutionary algorithm-based learning of fuzzy neural networks. Part 2: Recurrent fuzzy neural networks. Fuzzy Sets and Systems, 2009, 160(17): 2553–2566.

[7] Castro J R, Castillo O, Melin P, et al. A hybrid learning algorithm for a class of interval type-2 fuzzy neural networks. Information Sciences, 2009, 179 (13): 2175–2193.

[8] Wu W, Li L, Yang J, et al. A modified gradient-based neuro-fuzzy learning algorithm and its convergence. Information Sciences, 2010, 180 (9): 1630–1642.

[9] Liu P Y. Max-min fuzzy Hopfield network and an efficient learning algorithm. Fuzzy Sets and Systems, 2000, 112: 41–49.

[10] Li H X, Lee E S. Interpolation functions of feedforward neural network. Computers & Mathematics with Applications, 2003, 46(12): 1861–1874.

[11] Liu P Y, Li H X. Efficient learning algorithms for three-layer regular feedforward fuzzy neural networks. IEEE Transactions on Neural Networks, 2004, 15(3): 545–558.

[12] Zhu H H, Wang Y, Wang K H, et al. Particle swarm optimization for the constrained portfolio optimization problem. Expert Systems with Applications, 2011, 38 (8): 10161–10169.

[13] Cai J, Pan W D. On fast and accurate block-based motion estimation algorithms using particle swarm optimization. Information Science, 2012, 197: 53–64.

[14] 陈朝阳, 行小帅, 李玥. 共轭梯度算法在 Matlab7.0 中的实现. 现代电子技术, 2009, 18: 125–127.

[15] 乔俊飞, 李淼, 刘江. 一种神经网络快速修剪算法. 电子学报, 2010, 38(4): 830–834.

[16] 郭业才, 王丽华. 模糊神经网络控制的混合小波神经网络盲均衡算法. 电子学报, 2011, 39(4): 975–980.

[17] 张素文, 汪丽丽, 陈尹萍, 等. 一种基于 GA-BP 混合算法的模糊神经网络控制器. 控制理论与应用, 2008, 30(2): 3–5.

[18] 李庆良, 雷虎民, 徐小来. 基于 UKF 自组织模糊神经网络训练算法. 系统工程与电子技术, 2010, 32(5): 1029–1033.

[19] 薛晗, 李迅, 马宏绪. 模糊相关机会规划的蚁群优化算法及收敛性分析. 自动化学报, 2009, 35(7): 959–964.

[20] 睢丹, 向方. 神经网络在 PID 控制器参数优化中的研究. 计算机仿真, 2011, 28 (8): 177–180.

[21] 肖健梅, 李军军, 王锡淮. 梯度微粒群优化算法及其收敛性分析. 控制与决策, 2009, 24(4): 560–564.

[22] 刘洪波, 王秀坤, 谭国真. 粒子群优化算法的收敛性分析及其混沌改进算法. 控制与决策, 2006, 21(6): 636–640.

[23] 张丹, 韩胜菊, 李建, 等. 基于改进粒子群算法的 BP 算法的研究. 计算机仿真, 2011, 28(2): 147–150.

[24] 田传俊, 韦岗. 前向神经网络的一种快速分层线性优化算法. 电子学报, 2001, 29(11): 1495–1498.

[25] 谢宏, 程浩忠, 牛东晓. 前向神经网络的神经元分层逐个线性优化快速学习算法. 电子学报, 2005, 33(1): 111–114.

[26] 陶永芹, 崔杜武. 基于动态模糊神经网络算法的负荷辨识. 控制与决策, 2011, 26(4): 519–523+529.

[27] 刘普寅. 一种新的模糊神经网络及其逼近性能. 中国科学 (E 辑), 2002, 32(1): 76–86.

[28] 何英, 王贵君. 折线模糊神经网络的共轭梯度算法. 电子学报, 2012, 40(10): 2019–2084.

[29] Yang Y Q, Wang G J, Yang Y. Parameters optimization of polygonal fuzzy neural networks based on GA-BP hybrid algorithm. International Journal of Machine Learning and Cybernetics, 2014, 5(5): 815–822.

[30] Wang G J, Li X P. Construction of the polygonal fuzzy neural network and its approximation based on K-integral norm. Neural Network World, 2014, 24(4): 357–376.

[31] Wang G J, Suo C F. The isolation layered optimization algorithm of MIMO polygonal fuzzy neural network. Neural Computing and Applications, DOI: 10.1007/s00521-016-2600-5.

[32] 王贵君, 何英, 李晓萍. 基于 MISO 折线模糊神经网络的优化算法. 中国科学 · 信息科学, 2015, 45(5): 650–667.

[33] 王贵君, 杨永强. 基于高概率椒盐噪声的模糊滤波器在图像恢复中的算法设计. 电子学报, 2015, 43(1): 24–29.

[34] 杨永强, 杨阳, 王贵君. 基于模糊滤波器的椒盐噪声图像滤除. 天津师范大学学报 (自然科学版), 2014, 34(1): 26–28.

[35] 段云, 王贵君. 基于折线模糊数多属性指标信息的 FCM 聚类算法. 系统工程理论与实践, 2016, 36(12): 3220–3228.

[36] 刘普寅. 模糊神经网络理论及其应用研究. 北京: 北京师范大学, 2002.

[37] 马东升. 数值计算方法. 北京: 机械工业出版社, 2001.

第 5 章　模糊系统建模及其结构特性

模糊系统的核心思想是避开建立精确数学模型而仿效人脑利用模糊信息进行模糊推理, 它是基于知识和规则且可同时处理数据与语言信息的系统, 其中, 语言信息的处理通过一组模糊推理规则 "IF-THEN" 来完成, 而数据信息是对系统参数进行合理调节的外部条件. 通常模糊系统可用来近似表达某些信息不全的未知多元函数, 每个 IF-THEN 规则是通过隶属函数来描述一些模糊现象, 此外, 模糊系统还具有双重角色, 它不仅是基于规则库中一系列语言规则构造而成, 而且也是一种非线性映射. 在许多情况下, 它可表示为精确而严密的数学公式, 并提供一个把语言规则转变成非线性映射的系统化程序.

5.1　模糊系统与模糊规则

5.1.1　语言变量

模糊系统是基于知识体系或模糊规则的一类系统. 其本质是由若干模糊 IF-THEN 规则 (简称 IF-THEN 规则或模糊规则) 所构成的知识库, 它是通过若干 IF-THEN 规则构造而成的, 其中每个 IF-THEN 规则意指用连续隶属函数描述某些句子 "若 $\cdots$, 则 $\cdots$" 形式的语言陈述. 例如, 下面一个语句就是一个 IF-THEN 规则:

如果汽车速度快, 则施加油门的力就小.

这里形容词 "快" 和 "小" 可分别用隶属函数来描述. 现在, 通过一个实际例子说明模糊规则的含义.

例 5.1　汽车司机在一般环境下可采用如下三类规则来驾驶汽车:
(1) 如果速度慢, 则施加给油门较大的力;
(2) 如果速度适中, 则施加给油门中等 (正常) 的力;
(3) 如果速度快, 则施加给油门较小的力.

这里形容词 "慢, 适中, 快" 和 "大, 中, 小" 等均可用图 5.1 和图 5.2 中隶属度函数来描述.

5.1 模糊系统与模糊规则

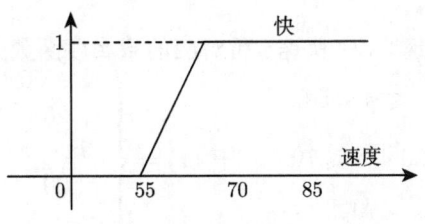

图 5.1 速度"快"的隶属函数

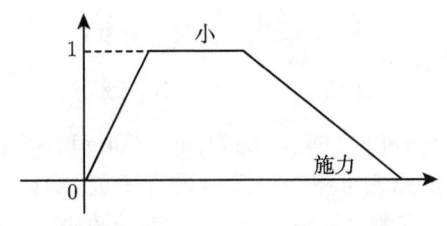

图 5.2 施加力"小"的隶属函数

当然,司机在实际操作中可能需要更多规则. 通常人们可以根据这些规则来构造一个模糊系统, 当把模糊系统作为控制器来使用时, 一般就把这种控制器称为模糊控制器.

语言变量是人类知识表达中最基本的元素. 当用传感器测量一个变量时, 传感器会给出一个确切数值, 而当征求专家对某个变量评价时, 通常会给出一个语言评价, 例如, 给出"很好"或"差"等评价, 亦即, 从严谨性来讲语言评价往往缺乏一个正式的数学体系对其进行描述. 因此, 引入语言变量能使对自然语言的模糊描述转化成精确的数学刻画.

定义 5.1 如果一个变量能够选取普通语言中的词语为数值, 则称这个变量为语言变量, 其中"词语"由论域上的模糊集合来描述, 变量也需在论域上定义.

下面, 通过一个例子来解释如何用数学术语来描述这些"词语"的模糊性.

例 5.2 汽车行驶的速度记为一个变量 x, 设其取值范围为 $[0,180]$. 若在闭区间 $[0,180]$ 上分别定义三个模糊集"慢速""中速"和"快速"如图 5.3 所示.

如果我们把 x 看作一个语言变量, 则它可取词语"慢速""中速"和"快速"为数值, 亦即, "x 为慢速""x 为中速"和"x 为快速".

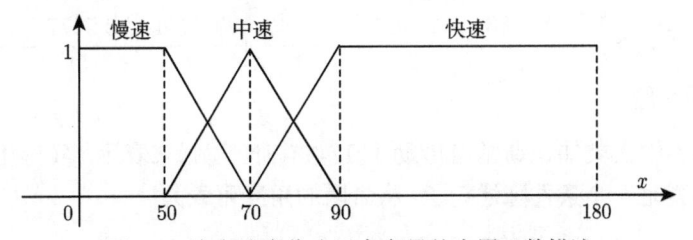

图 5.3 汽车速度作为语言变量的隶属函数描述

其中模糊集"慢速""中速"和"快速"所对应的隶属度函数分别为

$$慢(x) = \begin{cases} 1, & 0 \leqslant x \leqslant 50, \\ \dfrac{70-x}{20}, & 50 < x \leqslant 70, \\ 0, & x > 70, \end{cases} \quad 中(x) = \begin{cases} \dfrac{x-50}{20}, & 50 \leqslant x \leqslant 70, \\ \dfrac{90-x}{20}, & 70 < x \leqslant 90, \\ 0, & x < 50, \text{或 } x > 90, \end{cases}$$

$$快(x) = \begin{cases} \dfrac{x-70}{20}, & 70 \leqslant x \leqslant 90, \\ 1, & x < 70, \text{或 } x > 90. \end{cases}$$

当然, x 也可取闭区间 $[0, 180]$ 上的值, 例如, $x = 70$mph, 或 $x = 90$mph 等.

此外, 依据语言变量概念可将词语赋给语言变量, 例如, 若将汽车速度看作一个语言变量, 则其值可能取为"不慢"、"非常慢"、"稍快"、"差不多中速"和"非常快"等, 亦即, 语言变量的取值是一个合成术语. 按这种思想可得下述两种常用限定词"非常"和"差不多"的含义.

若 A 为论域 U 上一个模糊集合, 则"非常 A"和"差不多 A"也是 U 上一个模糊集合, 且它们可用如下隶属函数来定义, 即, 非常 $A(x) = (A(x))^2$; 差不多 $A(x) = (A(x))^{1/2}$.

例 5.3 设论域 $U = \{0, 1, 2, 3, 4, 5, 6\}$, 若模糊集合"小"定义为

$$小 = \frac{1}{0} + \frac{0.9}{1} + \frac{0.7}{2} + \frac{0.6}{3} + \frac{0.4}{4} + \frac{0.3}{5} + \frac{0.1}{6}.$$

则"非常小""非常非常小"和"差不多"可分别表为

$$非常小 = \frac{1}{0} + \frac{0.81}{1} + \frac{0.49}{2} + \frac{0.36}{3} + \frac{0.16}{4} + \frac{0.09}{5} + \frac{0.01}{6};$$

$$非常非常小 = \frac{1}{0} + \frac{0.81^2}{1} + \frac{0.49^2}{2} + \frac{0.36^2}{3} + \frac{0.16^2}{4} + \frac{0.09^2}{5} + \frac{0.01^2}{6}$$

$$= \frac{1}{0} + \frac{0.6561}{1} + \frac{0.2401}{2} + \frac{0.1296}{3} + \frac{0.0256}{4} + \frac{0.0081}{5} + \frac{0.0001}{6};$$

$$差不多 \approx \frac{1}{0} + \frac{0.9486}{1} + \frac{0.8367}{2} + \frac{0.7746}{3} + \frac{0.6324}{4} + \frac{0.5477}{5} + \frac{0.3162}{6}.$$

5.1.2 模糊命题

现实世界中人类知识通常可借助于 IF-THEN 规则来表示. 实际上, 一条 IF-THEN 规则就是一个条件陈述句子, 从命题的角度可表为

$$\text{IF} \langle 模糊命题 \rangle, \text{THEN} \langle 模糊命题 \rangle. \tag{5.1}$$

因此, 若想深刻理解 IF-THEN 规则的含义, 就必须首先了解什么是模糊命题 (简记为 FP). 通常, 模糊命题主要有两种类型: 子模糊命题和复合模糊命题.

子模糊命题是指形如 "x 为 A" 的单独陈述句, 其中 x 是语言变量, A 是 x 的取值, 换言之, x 为 A 意指语言变量 x 在模糊集 A 的论域上取值, 并非 $x = A$.

复合模糊命题是由子模糊命题通过连接词 "且"、"或" 和 "非" 连接起来而构成的命题, 其中连接词 "且"、"或" 和 "非" 分别表示模糊交、模糊并和模糊补.

例如, 在例 5.2 中若用 x 表示汽车速度, 则有如下三个子模糊命题:

$$x \text{ 为 } S, \quad x \text{ 为 } M, \quad x \text{ 为 } F$$

和三个复合模糊命题

$$x \text{ 为 } S \text{ 或 } x \text{ 非 } M, \quad x \text{ 非 } S \text{ 或 } x \text{ 非 } F, \quad (x \text{ 为 } S \text{ 且 } x \text{ 非 } F) \text{ 或 } x \text{ 为 } M,$$

其中 S, M 和 F 分别表示模糊集合 "慢速"、"中速" 和 "快速".

特别注意, 子模糊命题是独立的, 例如, 对于同一个语言变量 x 来说, x 的取值可能是不同; 类似地, 复合模糊命题中语言变量 x 取值也不同. 例如, 若 x 表示汽车速度, $y = \dfrac{\mathrm{d}x}{\mathrm{d}t}$ 表示加速度, 若将加速度取值为模糊集 $L =$ 大, 则可表复合模糊命题为 "x 为 F 且 y 为 L". 因此, 复合模糊命题可被理解为模糊关系. 然而, 如何确定这种模糊关系的隶属函数是接下来要考虑的问题.

若令 x, y 分别表示论域 U 和 V 上语言变量, A 和 B 分别表示 U 和 V 上的模糊集合, 则其复合模糊命题 "x 为 A 且 y 为 B" 可解释为 $U \times V$ 上的模糊交 $A \cap B$ 关系, 其隶属函数为

$$(A \cap B)(x,y) = A(x) \wedge B(y), \quad (x,y) \in U \times V.$$

同理, 复合模糊命题 "x 为 A 或 y 为 B" 解释为 $U \times V$ 上的模糊并 $A \cup B$ 关系, 其隶属函数

$$(A \cup B)(x,y) = A(x) \vee B(y), \quad (x,y) \in U \times V.$$

例 5.4 设复合模糊命题 $FP = (x \text{ 为 } S \text{ 且 } x \text{ 非 } F) \text{ 或 } x \text{ 为 } M$, 则 FP 是三维空间 $[0,180]^3$ 上一个模糊关系, $\forall (x_1, x_2, x_3) \in [0,180]^3$, 其隶属函数为

$$FP(x_1, x_2, x_3) = (S(x_1) \wedge (F(x_2))^c) \vee M(x_3).$$

5.1.3 IF-THEN 规则及其表示

由于模糊命题是由模糊关系表示或解释的, 而 IF-THEN 规则是借助于模糊命题来表示. 因此, 如何表示 IF-THEN 规则是下面所重点关注的问题. 为此, 首先回

顾一下经典命题的真伪情况，若将表达式 IF p THEN q 简记为 $p \to q$，其中 p, q 均为命题变量，其值是真记为 T，是假记为 F.

依据经典命题 $p \to q$ 的真值表可得

$$p \to q \Leftrightarrow \bar{p} \vee q \text{ 和 } (p \wedge q) \vee \bar{p}. \tag{5.2}$$

此时，IF-THEN 规则可解释为用模糊命题取代 p 和 q，故 IF-THEN 规则可解释为用模糊补、模糊并和模糊交来分别取代式 (5.2) 的 "−, ∨, ∧" 算子. 然而，模糊补、模糊并和模糊交算子有很多种，自然 IF-THEN 规则也就有很多种不同解释或表示. 下面，仅列举其中一部分来说明.

首先，将式 (5.1) 改写为 IF$\langle FP_1 \rangle$THEN$\langle FP_2 \rangle$ 格式，并用模糊命题 FP_1 和 FP_2 分别取代式 (5.2) 中 p 和 q. 其次，假设 FP_1 是定义在 $U = U_1 \times U_2 \times \cdots \times U_n$ 上的一个模糊关系，FP_1 是定义在 $V = V_1 \times V_2 \times \cdots \times V_n$ 上的模糊关系，x, y 分别是论域 U 和 V 上向量形式的语言变量. 最后，给出五种含义下 IF-THEN 规则的不同表示或解释如下.

(1) Dienes-Rescher 表示：将 IF-THEN 规则 IF$\langle FP_1 \rangle$-THEN$\langle FP_2 \rangle$ 表示为 $U \times V$ 中的一个模糊关系 Q_{DR}，$\forall (x, y) \in U \times V$，其隶属函数为

$$Q_{\text{DR}}(x, y) = \left(1 - FP_1(x)\right) \vee FP_2(y).$$

(2) Lukasiewicz 表示：将 IF-THEN 规则 IF$\langle FP_1 \rangle$-THEN$\langle FP_2 \rangle$ 表示为 $U \times V$ 中的模糊关系 Q_{L}，$\forall (x, y) \in U \times V$，其隶属函数为

$$Q_{\text{L}}(x, y) = \left(1 - FP_1(x) + FP_2(y)\right) \wedge 1.$$

(3) Zadeh 表示：将 IF-THEN 规则 IF$\langle FP_1 \rangle$-THEN$\langle FP_2 \rangle$ 表示为 $U \times V$ 中的模糊关系 Q_{Z}，$\forall (x, y) \in U \times V$，其隶属函数为

$$Q_{\text{L}}(x, y) = \left(FP_1(x) \wedge FP_2(y)\right) \vee \left(1 - FP_1(x)\right).$$

(4) Gödel 表示：Gödel 含义是经典逻辑中一个熟知公式，IF-THEN 规则 IF$\langle FP_1 \rangle$-THEN$\langle FP_2 \rangle$ 表示为 $U \times V$ 中的模糊关系 Q_{G}，$\forall (x, y) \in U \times V$，其隶属函数为

$$Q_{\text{G}}(x, y) = \begin{cases} 1, & FP_1(x) \leqslant FP_2(y), \\ FP_2(y), & \text{其他.} \end{cases}$$

(5) Mamdani 表示：若用取小算子或代数积直接来替换 $p \to q = p \wedge q$，则 IF-THEN 规则 IF$\langle FP_1 \rangle$-THEN$\langle FP_2 \rangle$ 可表示为 $U \times V$ 中模糊关系 Q_{MM} 或 Q_{ML}，$\forall (x, y) \in U \times V$，其对应隶属函数分别为

$$Q_{\text{MM}}(x, y) = FP_1(x) \wedge FP_2(y), \quad Q_{\text{ML}}(x, y) = FP_1(x) \cdot FP_2(y).$$

5.1 模糊系统与模糊规则

命题 5.1 设 IF-THEN 规则的前三种表示的隶属函数如 (1)、(2) 和 (3) 所示, 则其隶属函数满足 $Q_{\mathrm{Z}}(x,y) \leqslant Q_{\mathrm{DR}}(x,y) \leqslant Q_{\mathrm{L}}(x,y)$, $\forall (x,y) \in U \times V$.

证明参见王立新教程 [17]49, 略.

下面, 通过具体实例来描述 IF-THEN 规则的这五种运算.

例 5.5 设 x_1 表示汽车速度, x_2 表示加速度, y 表示施加给油门上的力. 给定 IF-THEN 规则: "如果 x_1 为慢速, x_2 为小, 则 y 为大", 其中模糊集 "慢速" 的隶属函数为

$$慢速(x_1) = \begin{cases} 1, & 0 \leqslant x_1 \leqslant 35, \\ \dfrac{55 - x_1}{20}, & 35 < x_1 \leqslant 55, \\ 0, & x_1 > 55. \end{cases} \quad x_1 \in [0, 100],$$

而模糊集 "小" 是定义在加速度的值域上, 模糊集 "大" 是定义在施加油门力的值域上, 其对应隶属度函数分别为

$$小(x_2) = \begin{cases} \dfrac{10 - x_2}{10}, & 0 \leqslant x_2 \leqslant 10, \\ 0, & x_2 > 10, \end{cases} \quad x_2 \in [0, 30];$$

$$大(y) = \begin{cases} 0, & y < 1, \\ y - 1, & 1 \leqslant y \leqslant 2 \\ 1, & y > 2, \end{cases} \quad y \in [0, 3].$$

若使用 Mamdani 表示 Q_{ML}, 则模糊命题 "$FP_1 = x_1$ 为慢速且 x_2 为小" 的 IF-THEN 规则即为定义在 $[0, 100] \times [0, 30]$ 上的一个模糊关系, 其对应隶属函数为

$$FP_1(x_1, x_2) = 慢(x_1) \cdot 小(x_2) = \begin{cases} \dfrac{10 - x_2}{10}, & x_1 \leqslant 35 \text{ 且 } x_2 \leqslant 10, \\ \dfrac{(55 - x_1)(10 - x_2)}{200}, & 35 < x_1 \leqslant 55 \text{ 且 } x_2 \leqslant 10, \\ 0, & x_1 > 55 \text{ 或 } x_2 > 10. \end{cases}$$

若使用 Dienes-Rescher 表示, 则其 IF-THEN 规则即为定义在 $[0, 100] \times [0, 30] \times [0, 3]$ 上一个模糊关系 Q_{DR}, 其隶属函数为

$$Q_{\mathrm{DR}}(x_1, x_2, y) = \big(1 - FP_1(x_1, x_2)\big) \vee 大(y).$$

进而获得

$$Q_{\mathrm{DR}}(x_1,x_2,y)$$
$$=\begin{cases} \dfrac{x_2}{10}, & x_1 \leqslant 35 \text{ 且 } x_2 \leqslant 10 \text{ 且 } y \leqslant 1, \\ 1 - \dfrac{(55-x_1)(10-x_2)}{200}, & 35 < x_1 \leqslant 55 \text{ 且 } x_2 \leqslant 10 \text{ 且 } y \leqslant 1, \\ (y-1) \vee \dfrac{x_2}{10}, & x_1 \leqslant 35 \text{ 且 } x_2 \leqslant 10 \text{ 且 } 1 < y \leqslant 2, \\ (y-1) \vee \left(1 - \dfrac{(55-x_1)(10-x_2)}{200}\right), & 35 < x_1 \leqslant 55 \text{ 且 } x_2 \leqslant 10 \text{ 且 } 1 < y \leqslant 2, \\ 1, & x_1 > 55 \text{ 或 } x_2 > 10 \text{ 或 } y > 2. \end{cases}$$

同理, 也可使用 Lukasiewicz 表示、Zadeh 表示和 Gödel 表示来确定 IF-THEN 规则所对应模糊关系的隶属函数. 下面, 再给出有限论域上一个更为具体的例子.

例 5.6 给定论域 $U = \{1,2,3,4\}, V = \{1,2,3\}$. 若设 $x \in U$ 是 $y \in V$ 的逆命题, 给出 IF-THEN 规则为: 若 x 为大, 则 y 小, 其中模糊集 "大" 和 "小" 表示为

$$大 = \frac{0}{1} + \frac{0.1}{2} + \frac{0.5}{3} + \frac{1}{4}; \quad 小 = \frac{1}{1} + \frac{0.5}{2} + \frac{0.1}{3}.$$

若用 Dienes-Rescher 表示, 则 IF-THEN 规则在 $U \times V$ 上模糊关系 Q_{DR} 表为

$$Q_{\mathrm{DR}} = \frac{1}{(1,1)} + \frac{1}{(1,2)} + \frac{1}{(1,3)} + \frac{1}{(2,1)} + \frac{0.9}{(2,2)} + \frac{0.9}{(2,3)} + \frac{1}{(3,1)} + \frac{0.5}{(3,2)}$$
$$+ \frac{0.5}{(3,3)} + \frac{1}{(4,1)} + \frac{0.5}{(4,2)} + \frac{0.1}{(4,3)}.$$

若用 Lukasiewicz 表示, IF-THEN 规则在 $U \times V$ 上模糊关系 Q_{L} 可表为

$$Q_{\mathrm{L}} = \frac{1}{(1,1)} + \frac{1}{(1,2)} + \frac{1}{(1,3)} + \frac{1}{(2,1)} + \frac{1}{(2,2)} + \frac{1}{(2,3)} + \frac{1}{(3,1)}$$
$$+ \frac{1}{(3,2)} + \frac{0.6}{(3,3)} + \frac{1}{(4,1)} + \frac{0.5}{(4,2)} + \frac{0.1}{(4,3)}.$$

若用 Zadeh 表示或 Gödel 表示, 则 IF-THEN 规则对应的模糊关系分别为

$$Q_{\mathrm{Z}} = \frac{1}{(1,1)} + \frac{1}{(1,2)} + \frac{1}{(1,3)} + \frac{0.9}{(2,1)} + \frac{0.9}{(2,2)} + \frac{0.9}{(2,3)} + \frac{0.5}{(3,1)}$$
$$+ \frac{0.5}{(3,2)} + \frac{0.5}{(3,3)} + \frac{1}{(4,1)} + \frac{0.5}{(4,2)} + \frac{0.1}{(4,3)},$$

$$Q_{\mathrm{G}} = \frac{1}{(1,1)} + \frac{1}{(1,2)} + \frac{1}{(1,3)} + \frac{1}{(2,1)} + \frac{1}{(2,2)} + \frac{1}{(2,3)} + \frac{1}{(3,1)}$$
$$+ \frac{1}{(3,2)} + \frac{0.1}{(3,3)} + \frac{1}{(4,1)} + \frac{0.5}{(4,2)} + \frac{0.1}{(4,3)}.$$

若用 Mamdani 表示可得 IF-THEN 规则对应的模糊关系分别为

$$Q_{\mathrm{MM}} = \frac{0.1}{(2,1)} + \frac{0.1}{(2,2)} + \frac{0.1}{(2,3)} + \frac{0.5}{(3,1)} + \frac{0.5}{(3,2)}$$

$$+ \frac{0.1}{(3,3)} + \frac{1}{(4,1)} + \frac{0.5}{(4,2)} + \frac{0.1}{(4,3)},$$

$$Q_{\mathrm{ML}} = \frac{0.1}{(2,1)} + \frac{0.05}{(2,2)} + \frac{0.01}{(2,3)} + \frac{0.5}{(3,1)} + \frac{0.25}{(3,2)}$$

$$+ \frac{0.05}{(3,3)} + \frac{1}{(4,1)} + \frac{0.5}{(4,2)} + \frac{0.1}{(4,3)}.$$

5.2 模糊推理机与模糊化

模糊规则库和模糊推理机是模糊系统构成中的两个重要组成部分. 如何将模糊数学原理和逻辑运算有效地应用于模糊系统的 IF-THEN 规则, 进而推导出严密的数学表达式是首先要考虑的问题. 此外, 根据组合推理和独立推理的五种常见的模糊推理机更是备受关注.

5.2.1 模糊规则库

模糊规则库主要是由所有可能的 IF-THEN 规则组合而成, 它是模糊系统的核心部分, 其他组成部分均是执行这些规则, 其中每个 IF-THEN 规则形如:

$$R_u^l: \text{若 } x_1 \text{ 为 } A_1^l, x_2 \text{ 为 } A_2^l, \cdots, x_d \text{ 为 } A_d^l, \text{ 则 } y \text{ 为 } B^l, \tag{5.3}$$

其中 $l = 1, 2, \cdots, M$, A_i^l 和 B^l 分别表示论域 $U_i \subset \mathbb{R}$ 和 $V \subset \mathbb{R}$ 上模糊集合, $x = (x_1, x_2, \cdots, x_d) \in U$ 和 $y \in V$ 分别是模糊系统的输入和输出 (语言) 变量, $U = U_1 \times U_2 \times \cdots \times U_d$, M 是规则库中所有形如 (5.3) 的规则总数, 亦即, 模糊规则库中包含了形如 (5.3) 规则以及所有可能的其他类型模糊规则.

命题 5.2 形如 (5.3) 的 IF-THEN 规则包含如下四种特例:

(1) 不完整规则: 如果 x_1 为 A_1^l, 且 x_2 为 A_2^l, 且 $\cdots$ 且 x_m 为 A_m^l, 则 y 为 B^l, 其中 $m < d$;

(2) 或规则: 如果 x_1 为 A_1^l, 且 $\cdots$ 且 x_m 为 A_m^l, 或 x_{m+1} 为 A_{m+1}^l, 且 $\cdots$ 且 x_d 为 A_d^l, 则 y 为 B^l;

(3) 单一模糊陈述: y 为 B^l;

(4) 逐级变化规则: x 越小, 则 y 越大.

命题 5.2 的详细证明参见王立新教程 [17]71. 事实表明, 运用 IF-THEN 模糊规则能更好地描述和处理人类知识中一些实际问题.

另一方面, 既然模糊规则库是由诸多规则所构成的, 那么这些规则之间的关系就颇显重要, 例如, 规则之间是否有冲突? 这些规则是否涵盖了模糊系统所有可能情况? 为此, 引入如下概念.

定义 5.2 $\forall x = (x_1, x_2, \cdots, x_d) \in U \subset \mathbb{R}^d$, 若模糊规则库中存在一条形如 (5.3) 规则使 $\forall i \in \{1, 2, \cdots, d\}$, 均有 $A_i^l(x_i) \neq 0$. 则称模糊规则库是完备的.

模糊规则库的完备性表明, 输入空间中任意点都至少对应一条起作用的规则, 亦即, 规则的 IF 部分在该点的隶属函数取值非零. 此外, 从上述描述中不难发现模糊规则库中可能还含有不起作用的规则, 这一点在后面讨论模糊系统的规则数至关重要. 下面, 通过一个实例来详细分析 IF-THEN 规则的构成.

例 5.7 设论域 $U_1 = U_2 = [0, 1], V = [0, 1]$, 考虑 $U = U_1 \times U_2$ 上二输入单输出模糊系统. 在 U_1 上定义三个前件模糊集 S_1, M_1 和 L_2, 并在 U_2 上定义两个前件模糊集 S_2, L_2, 参见图 5.4.

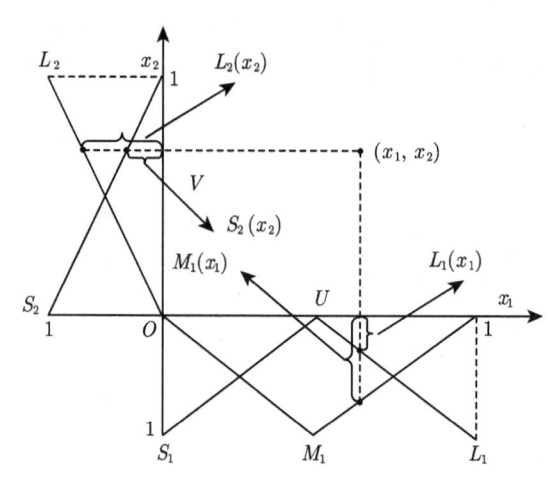

图 5.4 二维输入的前件模糊集和对应隶属函数示意图

为了确保模糊规则库的完备性, 规则库必须包含以下六条 IF-THEN 规则, 这六条规则 IF 部分由前件模糊集 S_1, M_1, L_2 和 S_2, L_2 的所有可能组合而成, 即

如果 x_1 为 S_1, 且 x_1 为 S_2, 则 y 为 B^1,

如果 x_1 为 S_1, 且 x_2 为 L_2, 则 y 为 B^2,

如果 x_1 为 M_1, 且 x_2 为 S_2, 则 y 为 B^3,

如果 x_1 为 M_1, 且 x_2 为 L_2, 则 y 为 B^4,

如果 x_1 为 L_1, 且 x_1 为 S_2, 则 y 为 B^5,

如果 x_1 为 L_1, 且 x_1 为 L_2, 则 y 为 B^1,

其中 B^l 为论域 $V = [0,1]$ 上模糊集合, $l = 1, 2, \cdots, 6, M = 6$. 试想一下, 如果这六条规则中缺少任何一条规则, 都会存在一点 $x_0 \in U$, 使余下规则的 IF 部分对应模糊集的隶属函数取值全为零.

由图 5.4 不难想象完备模糊规则库中规则总数会随着输入空间的维数上升而呈指数迅速增大, 这个现象称为 "维数灾难" 或 "规则爆炸", 关于这个问题将在第 8 章做详细讨论.

定义 5.3 若模糊规则库中不存在 "IF 部分不同, 而 THEN 部分不同" 的规则, 则认为这个模糊规则库是一致的.

定义 5.3 给出的一致性对于非模糊规则来说很重要. 因如果存在冲突的规则, 就很难继续搜索, 不过一旦出现冲突规则, 模糊推理机和解模糊器会随时把它们自动平均后输出一个折中的结果.

5.2.2 模糊推理

模糊逻辑原理通常用于将模糊规则库中 IF-THEN 规则组合成一个从 U 上模糊集 A' 到 V 上模糊集 B' 的映射, 而 IF-THEN 规则可看成输入输出空间 $U \times V$ 上的一个模糊关系. 实际中, 模糊规则都是由一条以上的模糊规则所组成的. 故如何使用一系列规则来推理是首先要解决的问题. 通常有两种推理方法: 组合推理和独立推理.

1. **组合推理**

组合推理是将模糊规则库中所有规则组合到输入输出空间 $U \times V$ 中的单一模糊关系中, 并将该模糊关系看作单独一个 IF-THEN 规则. 然而, 如何组合这些规则是问题的关键.

令 R_u^l 为输入输出空间 $U \times V$ 中一个模糊关系, 同时它也表示形如式 (5.3) 的 IF-THEN 规则, 亦即, $R_u^l = A_1^l \times A_2^l \times \cdots \times A_d^l \to B^l$, 换言之, $A_1^l \times A_2^l \times \cdots \times A_d^l$ 也是 $U = U_1 \times U_2 \times \cdots \times U_d$ 上一个模糊关系, 其隶属函数为

$$(A_1^l \times A_2^l \times \cdots \times A_d^l)(x_1, x_2, \cdots, x_d) = A_1^l(x_1) * A_2^l(x_2) * \cdots * A_d^l(x_d), \quad (5.4)$$

其中 $*$ 为 t-范算子, 而式 (5.3) 所示 M 条规则可理解为 $U \times V$ 中一个独立模糊关系, 选取组合为

$$Q_M = \bigcup_{l=1}^{M} R_u^l,$$

则该组合称为 Mamdani 并组合. 若用符号 $\hat{+}$ 表示 s-范, 则模糊关系 Q_M 的隶属函数可表为

$$Q_M(x,y) = R_u^1(x,y)\hat{+}R_u^2(x,y)\hat{+}\cdots\hat{+}R_u^M(x,y), \quad (x,y) \in U \times V.$$

另外, 若选取组合为

$$Q_G = \bigcap_{l=1}^M R_u^l,$$

则该组合称为 Gödel 交组合, 其对应模糊关系 Q_M 的隶属函数表为

$$Q_G(x,y) = R_u^1(x,y) * R_u^2(x,y) * \cdots * R_u^M(x,y), \quad (x,y) \in U \times V.$$

设 A' 为论域 U 上任一模糊集合, 将其输入到模糊推理机中. 若将 Q_M 或 Q_G 看作一条独立的 IF-THEN 规则, 参见文献 [17][61]. 则 $\forall x = (x_1, x_2, \cdots, x_d) \in U$, 获得 Mamdani 和 Gödel 组合的推理机输出分别为

$$B'(y) = \sup_{x \in U}(A'(x) * Q_M(x,y)), \quad B'(y) = \sup_{x \in U}(A'(x) * Q_G(x,y)). \quad (5.5)$$

组合推理的具体计算步骤可归纳为:

第一步 对式 (5.3) 的 M 条 IF-THEN 规则按式 (5.4) 计算每个模糊关系的隶属函数;

第二步 令 $FP_1 = A_1^l \times A_2^l \times \cdots \times A_d^l, l = 1, 2, \cdots, M$; 把 B^l 看作由 Dienes-Rescher 至 Mamdani 五个表示中的 FP_2 来确定公式

$$R_u^l(x_1, x_2, \cdots, x_d, y) = (A_1^l \times A_2^l \times \cdots \times A_d^l \to B^l)(x_1, x_2, \cdots, x_d, y),$$

第三步 计算模糊关系 Q_M 和 Q_G 对应的隶属函数 $Q_M(x,y)$ 和 $Q_G(x,y)$;

第四步 对给定输入模糊集 A' 依模糊推理机式 (5.5) 获得输出模糊集 B'.

2. 独立推理

独立推理是首先将模糊规则库中的每条规则确定一个输出模糊集, 然后将这 M 个输出模糊集组合成一个输出, 当然这个组合既可用 "并" 得到, 也可用 "交" 得到, 具体运算步骤如下.

第一步和第二步同上.

第三步 对论域 U 上给定的输入模糊集 A', 依广义取式推理确定每条规则 R_u^l 的输出模糊集 B', 亦即, 按公式 $B'(y) = \sup_{x \in U}(A'(x) * Q_M(x,y))$ 计算 B'.

第四步 将第三步输出的 M 个模糊集 $\{B^1, B^2, \cdots, B^M\}$ 实施 "并" 或 "交" 组合. 当选取模糊并组合时, 按推理机 $B'(y) = B^1(y) \dotplus B^2(y) \dotplus \cdots \dotplus B^M(y)$ 计算组合后输出模糊集 B'. 当选取模糊交组合时, 按推理机 $B'(y) = B^1(y) * B^2(y) * \cdots * B^M(y)$ 计算输出模糊集 B'.

5.2.3 模糊推理机

模糊推理机是将模糊规则库中若干规则合成一个 U 上的模糊集到 V 上模糊集的映射. 由组合推理或独立推理不难得出模糊推理机可有多种选择, 然而, 如何恰当选择推理机尤为重要. 下面, 将详细介绍最常见的几类模糊推理机公式.

(1) **乘积推理机**. 乘积推理机主要基于如下三条推理:

(i) 利用模糊并组合的独立推理;

(ii) 基于 Mamdani 表示的乘积 $Q_{\mathrm{ML}}(x,y) = FP_1(x) \cdot FP_2(y)$;

(iii) 所有 t-范数均选取代数积, 所有 s-范数均选用最大算子 $\vee$.

按照以上三条推理规则, 对 U 上输入模糊集 A' 得乘积推理机公式为

$$B'(y) = \bigvee_{l=1}^{M} \left(\sup_{x \in U} \left(A'(x) \cdot \prod_{i=1}^{d} A_i^l(x_i) B^l(y) \right) \right), \tag{5.6}$$

其中 $\forall y \in V \subset \mathbb{R}$, $x = (x_1, x_2, \cdots, x_d) \in U \subset \mathbb{R}^d$, 模糊集 B' 为论域 V 上组合后整体输出, 模糊集 B^l 为第 l 个规则对应的输出, $l = 1, 2, \cdots, M$, A' 为输入模糊集.

(2) **最小推理机**. 最小推理机是按照以下三条推理:

(i) 利用模糊并组合的独立推理;

(ii) 基于 Mamdani 表示的最小含义 $Q_{\mathrm{MM}}(x,y) = FP_1(x) \wedge FP_2(y)$;

(iii) 所有 t-范数均选取最小算子 $\wedge$, 所有 s-范数均选用最大算子 $\vee$.

对论域 U 上输入模糊集 A', 代入式 (5.5) 得最小推理机公式为

$$B'(y) = \bigvee_{l=1}^{M} \left(\sup_{x \in U} \left(A'(x) \wedge A_1^l(x_1) \wedge A_2^l(x_2) \wedge \cdots \wedge A_d^l(x_d) \wedge B^l(y) \right) \right). \tag{5.7}$$

实际上, 乘积推理机和最小推理机是模糊系统与模糊控制中两种最常用的推理机. 它们的主要优势在于运算的简单性和直观性. 下面, 作为特例继续讨论这两种推理机的特征.

命题 5.3 若使用 Mamdani 并组合替换独立推理中的并组合, 则乘积推理机不发生变化.

证明 依题设, 将 $R_u^l(x,y) = \prod_{i=1}^{d} A_i^l(x_i) B^l(y)$ 代入式 (5.5) 第一式, 可得乘积推理机为

$$B'(y) = \sup_{x \in U} \left(A'(x) \cdot \bigvee_{l=1}^{M} R_u^l(x,y) \right) = \sup_{x \in U} \bigvee_{l=1}^{M} \left(A'(x) \prod_{i=1}^{d} A_i^l(x_i) B^l(y) \right). \tag{5.8}$$

由于 $\bigvee_{l=1}^{M}$ 和 $\sup_{x \in U}$ 分别是关于变量 l 和 $x \in U$ 的运算, 且二者可互换, 故式 (5.6) 与式 (5.8) 等价, 亦即, 乘积推理机计算公式不发生变化.

命题 5.4 若输入模糊集 A' 退化为单点集, 即 $A' = \{x^*\}$, 其中 $x^* = (x_1^*, x_2^*, \cdots, x_d^*) \in U \subset \mathbb{R}^d$, 则乘积推理机和最小推理机可分别简化为

$$B'(y) = \bigvee_{l=1}^{M} \left(\prod_{i=1}^{d} A_i^l(x_i^*) B^l(y) \right),$$

$$B'(y) = \bigvee_{l=1}^{M} \left(A_1^l(x_1^*) \wedge A_2^l(x_2^*) \wedge \cdots \wedge A_d^l(x_d^*) \wedge B^l(y) \right).$$

证明 令 $A'(x) = \begin{cases} 1, & x = x^* \\ 0, & x \neq x^* \end{cases}$ (称为单点模糊化), 亦即, $A'(x)$ 的取值仅有 0 或 1, 但对式 (5.6) 来说其值只能取 1(否则, 将导致输出 $B' = \bar{0}$ 无意义), 此时, 必有 $x = x^*$. 将此代入式 (5.6) 得

$$B'(y) = \bigvee_{l=1}^{M} \left(\sup_{x \in U} \left(1 \cdot \prod_{i=1}^{d} A_i^l(x_i^*) B^l(y) \right) \right) = \bigvee_{l=1}^{M} \left(\prod_{i=1}^{d} A_i^l(x_i^*) B^l(y) \right).$$

同理, 代入式 (5.7) 也有

$$B'(y) = \bigvee_{l=1}^{M} \left(A_1^l(x_1^*) \wedge A_2^l(x_2^*) \wedge \cdots \wedge A_d^l(x_d^*) \wedge B^l(y) \right).$$

值得注意的是, 乘积推理机和最小推理机虽说计算简单直观, 但也存在一些缺陷, 例如, 若每个 $A_i^l(x_i)$ 取值均非常小, 则按式 (5.6) 或式 (5.7) 所得输出隶属度值 $B'(y)$ 会更小, 这有可能会导致一些不符合实际的问题发生.

(3) **Lukasiewicz 推理机** 该推理机依据下面三条推理:
(i) 利用模糊交组合的独立推理;
(ii) 基于 Lukasiewicz 表示 $Q_L(x, y) = \left(1 - FP_1(x) + FP_2(y) \right) \wedge 1$;
(iii) 所有 t-范数均选取最小算子 $\wedge$.

对论域 U 上输入模糊集 A', 代入式 (5.5) 得 Lukasiewicz 推理机公式为

$$B'(y) = \bigwedge_{l=1}^{M} \left(\sup_{x \in U} \left(A'(x) \wedge \left(1 - \bigwedge_{i=1}^{d} A_i^l(x_i) + B^l(y) \right) \right) \right). \tag{5.9}$$

(4) **Zadeh 推理机** Zadeh 推理机按以下三条推理:
(i) 利用模糊交组合的独立推理;
(ii) 基于 Zadeh 表示 $Q_L(x, y) = \left(FP_1(x) \wedge FP_2(y) \right) \vee \left(1 - FP_1(x) \right)$;
(iii) 所有 t-范数均选取最小算子 $\wedge$.

对 U 上输入模糊集 A', 代入式 (5.5) 得 Zadeh 推理机公式为

$$B'(y) = \overset{M}{\underset{l=1}{\wedge}} \left(\sup_{x \in U} \left(A'(x) \wedge \left[\left(\overset{d}{\underset{i=1}{\wedge}} A_i^l(x_i) \wedge B^l(y) \right) \vee \left(1 - \overset{d}{\underset{i=1}{\wedge}} A_i^l(x_i) \right) \right] \right) \right). \quad (5.10)$$

(5) **Dienes-Rescher 推理机** Dienes-Rescher 推理机与 Zadeh 推理机运算相同, 只是把 Zadeh 表示替换为 Dienes-Rescher 表示 $Q_{\text{DR}}(x,y) = (1 - FP_1(x)) \vee FP_2(y)$. 代入式 (5.5) 得推理机公式为

$$B'(y) = \overset{M}{\underset{l=1}{\wedge}} \left(\sup_{x \in U} \left(A'(x) \wedge \left[\left(1 - \overset{d}{\underset{i=1}{\wedge}} A_i^l(x_i) \right) \vee B^l(y) \right] \right) \right). \quad (5.11)$$

类似命题 5.4, 当取输入模糊集 A' 为退化单点集时, 也可获得与 Lukasiewicz 推理机、Zadeh 推理机和 Dienes-Rescher 推理机相关的结论.

命题 5.5 设输入模糊集 $A' = \{x^*\}$, $x^* = (x_1^*, x_2^*, \cdots, x_d^*) \in U \subset \mathbb{R}^d$, 则 Lukasiewicz 推理机、Zadeh 推理机和 Dienes-Rescher 推理机依次可简化为

$$B'(y) = \overset{M}{\underset{l=1}{\wedge}} \left(1 \wedge \left(1 - \overset{d}{\underset{i=1}{\wedge}} A_i^l(x_i^*) + B^l(y) \right) \right),$$

$$B'(y) = \overset{M}{\underset{l=1}{\wedge}} \left(\left(\overset{d}{\underset{i=1}{\wedge}} A_i^l(x_i^*) \wedge B^l(y) \right) \vee \left(1 - \overset{d}{\underset{i=1}{\wedge}} A_i^l(x_i^*) \right) \right),$$

$$B'(y) = \overset{M}{\underset{l=1}{\wedge}} \left(\left(1 - \overset{d}{\underset{i=1}{\wedge}} A_i^l(x_i^*) \right) \vee B^l(y) \right).$$

5.2.4 模糊化与解模糊化

1. 模糊化

通常情况下, 模糊系统的实际输入输出均是清晰的, 而模糊推理机是以处理模糊输入和模糊输出为主体, 故有必要将清晰量转化成模糊集, 称之为模糊化过程.

模糊化主要是把清晰输入变量转化为模糊集的过程, 以便进行模糊推理, 换言之, 模糊化是将实值点 $x^* \in U \subset \mathbb{R}^d$ 转化为 U 上一个模糊集 A' 的过程, 或相当于一个模糊化变换 $\Delta: U \to F(U)$. 若设 $x = (x_1, x_2, \cdots, x_d) \in U$ 为清晰输入量, 常用模糊化主要有如下三种方法:

1) **单点模糊化**

单点模糊化是将一个实值点 $x^* = (x_1^*, x_2^*, \cdots, x_d^*) \in U$ 映射成 U 上一个单点模糊集 A', 其中 A' 的隶属函数为 $A'(x) = \begin{cases} 1, & x = x^*, \\ 0, & x \neq x^*, \end{cases}$ 亦即, 把点 $x^* \in U$ 对应到单点模糊集 $\{x^*\}$ 的特征函数 $\chi_{\{x^*\}}(x)$.

2) 高斯模糊化

高斯模糊化是将实值点 $x^* = (x_1^*, x_2^*, \cdots, x_d^*) \in U$ 映射成 U 上模糊集 A'，且 A' 的隶属函数为

$$A'(x) = \exp\left(-\left(\frac{x_1 - x_1^*}{\sigma_1}\right)\right) * \exp\left(-\left(\frac{x_2 - x_2^*}{\sigma_2}\right)\right) * \cdots * \exp\left(-\left(\frac{x_d - x_d^*}{\sigma_d}\right)\right),$$

其中 $x = (x_1, x_2, \cdots, x_d) \in U$，$\sigma_i > 0 (i = 1, 2, \cdots, d)$，$*$ 为 t-范数，通常选用代数积或最小算子 $\wedge$。参见图 5.5.

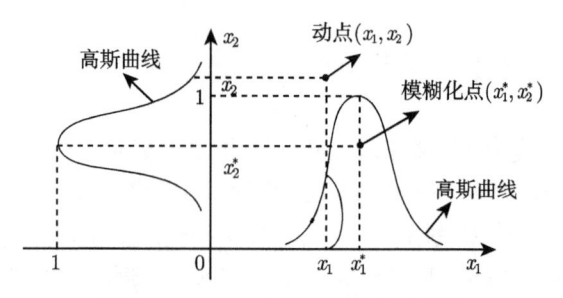

图 5.5　$n = 2$ 时高斯模糊化示意图

3) 三角形模糊化

三角形模糊化是将实值点 $x^* = (x_1^*, x_2^*, \cdots, x_d^*) \in U$ 映射成 U 上模糊集 A'，且 A' 的隶属函数为

$$A'(x) = \begin{cases} \left(1 - \frac{|x_1 - x_1^*|}{b_1}\right) * \left(1 - \frac{|x_2 - x_2^*|}{b_2}\right) * \cdots * \left(1 - \frac{|x_d - x_d^*|}{b_d}\right), \\ |x_i - x_i^*| \leqslant b_i, i = 1, 2, \cdots, d, \\ 0, \quad 其他, \end{cases}$$

其中 $x = (x_1, x_2, \cdots, x_d) \in U$，$b_i > 0$，$*$ 为 t-范数算子，通常选用代数积或最小算子。参见图 5.6.

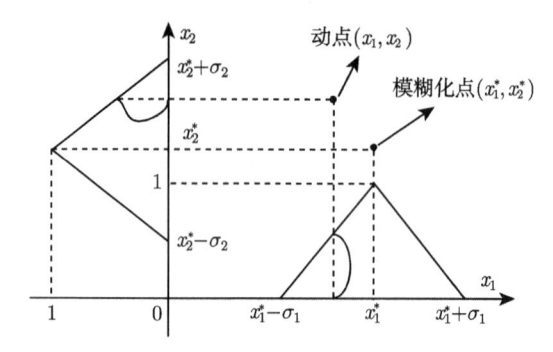

图 5.6　$n = 2$ 时三角形模糊化示意图

显然, 三种模糊化均满足 $A'(x^*) = 1$. 此外, 它们还各自具有独特性质如下:

(1) 对于任意可能采用的模糊 IF-THEN 规则 (看成模糊关系) 的隶属函数来说, 单点模糊化均可以大大简化模糊推理的计算.

(2) 若 IF-THEN 规则中输入模糊集的隶属函数取为高斯隶属函数或三角形隶属函数, 则也能简化模糊推理的计算.

(3) 高斯模糊化或三角形模糊化均能克服输入变量中包含的噪声, 亦即, 邻域内 $x \neq x^*$ 时仍有 $A'(x) > 0$, 而单点模糊化却不能.

2. 解模糊化

与模糊化相反, 解模糊化意指由 $V \subset \mathbb{R}$ 上输出模糊集 B' 向清晰点 $y^* \in V$ 转化的过程. 实际上, 解模糊化是确定一个最能代表输出模糊集 B' 的 V 上一个点. 但由于 B' 通常是以某种特殊方式构造, 因而确定这一个点 y^* 有多种选择. 为此, 首先给出确定点 y^* 的三条准则:

(1) 言之有据. 点 y^* 可直观地代表 B', 例如, y^* 位于 B' 的支集中心附近或 $B'(y^*)$ 取值很大;

(2) 计算简便. 复杂的运算体系可能会抑制系统出现故障;

(3) 连续性. B' 的微小变化不会造成 y^* 的大幅度变动.

设输出论域 $V \subset \mathbb{R}$, 解模糊化变换 $\Delta : F(V) \to V$ 主要有以下三种方法.

1) 重心解模糊化

重心解模糊化所确定的 $y^* \in V$ 是输出模糊集 B' 的隶属函数所涵盖区域的中心, 亦即,

$$y^* = \frac{\int_V y B'(y) \mathrm{d}y}{\int_V B'(y) \mathrm{d}y},$$

重心解模糊化方法的优点在于直观合理, 可靠性较高, 而缺点是计算量大. 这是因通常隶属函数 $B'(y)$ 的表达式不规则, 时常涉及最大 $\vee$、最小 $\wedge$ 和上 (下) 确界运算, 从而导致积分值很难计算. 因而, 人们不得不去寻找其他模糊化方法, 以便克服重心解模糊化的不足.

2) 中心平均解模糊化

中心平均解模糊化是目前研究中最常用的一种解模糊化方法, 也是本节重点阐述的内容. 为此, 首先给出模糊集中心和高度的概念.

定义 5.4 设 A 为论域 $\mathbb{R}$ 上任一模糊集. 若隶属函数 $A(x)$ 达到最大值所有对应点的均值有限, 则称该均值为模糊集 A 的中心; 若该均值为正 (负) 无穷大时, 则将所有达到最大隶属度值的点中的最小 (最大) 点称为模糊集 A 的中心.

定义 5.5 设 A 为论域 $\mathbb{R}$ 上任一模糊集,若 $\forall x \in \mathbb{R}$,隶属函数 $A(x)$ 能达到最大值,则该最大值称为模糊集 A 的高度;若模糊集 A 的高度为 1,则称该模糊集为标准模糊集.

设模糊集 B' 是由 M 个 IF-THEN 规则所对应输出模糊集 $\{B^1, B^2, \cdots, B^M\}$ 的模糊并或模糊交的合成. 若取 y^* 为这 M 个模糊集中心的加权平均,其权重等于相应模糊集的高度,亦即,

$$y^* = \sum_{l=1}^{M} \bar{y}^l w_l \bigg/ \sum_{l=1}^{M} w_l. \tag{5.12}$$

则称 y^* 为中心平均解模糊化,其中 $\bar{y}^l$ 为第 l 个输出模糊集 B^l 的中心,w_l 为模糊集 B^l 的高度,M 为 IF-THEN 规则总数.

3) **最大值解模糊化**

最大值解模糊化意指把 y^* 确定为 V 上使隶属度值 $B'(y)$ 取得其最大值的点,当然,这样的点不唯一. 定义集合

$$\mathrm{hgt}(B') = \left\{ y^* \in V \,|\, B'(y^*) = \sup_{y \in V} B'(y) \right\},$$

则 $\mathrm{hgt}(B')$ 就为 V 上所有 $B'(y)$ 取得其最大值的点的集合. 按最大值解模糊化含义,y^* 可取 $\mathrm{hgt}(B')$ 中的任一元素. 特别地,若 $\mathrm{hgt}(B')$ 为单点集,y^* 才被唯一确定. 若 $\mathrm{hgt}(B')$ 中多于一个点,则可采取大中取大、大中取小或大中取均值等准则来构造最大值解模糊化,具体为

大中取小解模糊化为

$$y^* = \inf\{y \in \mathrm{hgt}(B')\};$$

大中取大解模糊化为

$$y^* = \sup\{y \in \mathrm{hgt}(B')\};$$

大中取均值解模糊化为

$$y^* = \frac{\int_{\mathrm{hgt}(B')} y \mathrm{d}y}{\int_{\mathrm{hgt}(B')} \mathrm{d}y},$$

其中积分号 $\int_{\mathrm{hgt}(B')}$ 表示 $\mathrm{hgt}(B')$ 连续部分的常规积分,也可以表示 $\mathrm{hgt}(B')$ 上离散部分的求和.

实际上, 最大值解模糊化的优点是直观合理且运算简便, 缺陷是 B' 的微小变化可能会造成 y^* 的很大变化. 因此, 如果解模糊化能避免此缺陷, 则最大值解模糊化当然是一个不错的选择. 下面, 通过一个例子来说明解模糊化的深刻含义.

例 5.8 给定一个二维输入一维输出模糊系统, 且由以下两条模糊规则而成:

如果 x_1 为 A_1, 且 x_2 为 A_2, 则 y 为 A_1,

如果 x_1 为 A_2, 且 x_2 为 A_1, 则 y 为 A_2.

其中输入 (前件) 模糊集 A_1 和 A_2 的隶属度函数分别为

$$A_1(x) = \begin{cases} 1+x, & -1 \leqslant x < 0, \\ 1-x, & 0 \leqslant x \leqslant 1, \\ 0, & \text{其他}, \end{cases} \qquad A_2(x) = \begin{cases} x, & 0 \leqslant x < 1, \\ 2-x, & 1 \leqslant x \leqslant 2, \\ 0, & \text{其他}. \end{cases}$$

假定模糊系统输入为 $(x_1^*, x_2^*) = (0.3, 0.6)$, 选用单点模糊化. 试在下述四种情况下, 分别确定该模糊系统输出 y^*.

(1) 乘积推理机和中心平均解模糊化;

(2) 乘积推理机和重心解模糊化;

(3) Lukasiewicz 推理机和最大值解模糊化;

(4) Lukasiewicz 推理机和中心平均解模糊化.

解 (1) 选用单点模糊化, 依命题 5.4 得输出模糊集 B' 的隶属函数为

$$\begin{aligned} B'(y) &= \bigvee_{l=1}^{2} \left(\prod_{i=1}^{2} A_i^l(x_i^*) B^l(y) \right) \\ &= \left(A_1(0.3) A_2(0.6) \cdot A_1(y) \right) \vee \left(A_2(0.3) A_1(0.6) \cdot A_2(y) \right) \\ &= \left(0.7 \times 0.6 \times A_1(y) \right) \vee \left(0.3 \times 0.4 \cdot A_2(y) \right) \\ &= 0.42 A_1(y) \vee 0.12 A_2(y). \end{aligned}$$

输入模糊集 A_1 和 A_2 的隶属函数如图 5.7 所示.

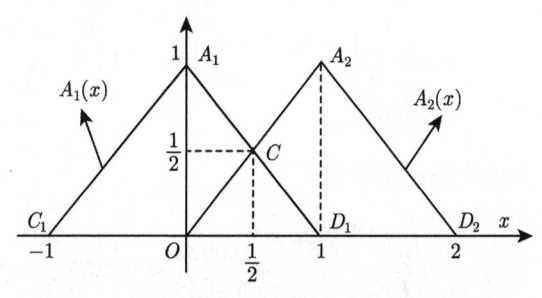

图 5.7 输入模糊集 A_1 和 A_2 的隶属函数图像

输出 $B'(y)$ 的隶属函数相当于一个压缩变换, 压缩系数分别为 0.42 和 0.12, 其变换图像如图 5.8 所示.

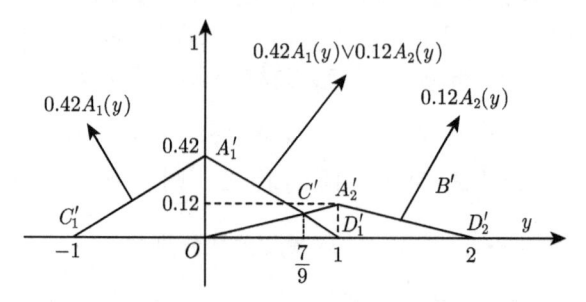

图 5.8 输出模糊集 B' 隶属函数的压缩图

此外, 虽然后件输出不改变前件模糊集中心, 但可能改变模糊集的高度. 故 $\bar{y}^1 = A_1$ 的中心 $= 0$, $\bar{y}^2 = A_2$ 的中心 $= 1$; 高度为 $w_1 = 0.42, w_2 = 0.12$. 依式 (5.12) 立即获得模糊系统输出 y^*

$$y^* = \frac{0 \times 0.42 + 1 \times 0.12}{0.42 + 0.12} \approx 0.2222.$$

(2) 依据图 5.8, 令 $0.42 A_1(y) = 0.12 A_2(y)$, 即 $0.42(1-y) = 0.12y$, 解得 $y = \frac{7}{9}$, 进而求得 $\triangle C'OD_1'$ 的高为 $h' = 0.12 \times \frac{7}{9} = \frac{7}{75}$. 故得

$$\int_{-1}^{2} B'(y)\mathrm{d}y = \triangle A_1'C_1'D_1' \text{面积} + \triangle A_2'OD_2' \text{面积} - \triangle C'OD_1' \text{面积}$$

$$= \frac{1}{2} \times 2 \times 0.42 \times 1 + \frac{1}{2} \times 2 \times 0.12 - \frac{1}{2} \times 1 \times \frac{7}{75}$$

$$\approx 0.4933,$$

$$\int_{-1}^{2} yB'(y)\mathrm{d}y = \int_{-1}^{0} 0.42(1+y) \cdot y\mathrm{d}y + \int_{0}^{\frac{7}{9}} 0.42(1-y) \cdot y\mathrm{d}y$$

$$+ \int_{\frac{7}{9}}^{1} 0.12y \cdot y\mathrm{d}y + \int_{1}^{2} 0.12y \cdot (2-y)\mathrm{d}y$$

$$= 0.42 \left(\frac{13}{54} \left(\frac{7}{9}\right)^2 - \frac{1}{6} \right) + 0.04 \left(3 - \left(\frac{7}{9}\right)^2 \right)$$

$$\approx 0.0923.$$

再依重心模糊化公式得模糊系统输出为

$$y^* = \frac{\int_V yB'(y)\mathrm{d}y}{\int_V B'(y)\mathrm{d}y} = \frac{0.0923}{0.4933} \approx 0.1871.$$

5.2 模糊推理机与模糊化

实际上, 最大值解模糊化的优点是直观合理且运算简便, 缺陷是 B' 的微小变化可能会造成 y^* 的很大变化. 因此, 如果解模糊化能避免此缺陷, 则最大值解模糊化当然是一个不错的选择. 下面, 通过一个例子来说明解模糊化的深刻含义.

例 5.8 给定一个二维输入一维输出模糊系统, 且由以下两条模糊规则而成:

$$\text{如果 } x_1 \text{ 为 } A_1, \text{ 且 } x_2 \text{ 为 } A_2, \text{ 则 } y \text{ 为 } A_1,$$

$$\text{如果 } x_1 \text{ 为 } A_2, \text{ 且 } x_2 \text{ 为 } A_1, \text{ 则 } y \text{ 为 } A_2.$$

其中输入 (前件) 模糊集 A_1 和 A_2 的隶属度函数分别为

$$A_1(x) = \begin{cases} 1+x, & -1 \leqslant x < 0, \\ 1-x, & 0 \leqslant x \leqslant 1, \\ 0, & \text{其他}, \end{cases} \qquad A_2(x) = \begin{cases} x, & 0 \leqslant x < 1, \\ 2-x, & 1 \leqslant x \leqslant 2, \\ 0, & \text{其他}. \end{cases}$$

假定模糊系统输入为 $(x_1^*, x_2^*) = (0.3, 0.6)$, 选用单点模糊化. 试在下述四种情况下, 分别确定该模糊系统输出 y^*.

(1) 乘积推理机和中心平均解模糊化;
(2) 乘积推理机和重心解模糊化;
(3) Lukasiewicz 推理机和最大值解模糊化;
(4) Lukasiewicz 推理机和中心平均解模糊化.

解 (1) 选用单点模糊化, 依命题 5.4 得输出模糊集 B' 的隶属函数为

$$\begin{aligned}
B'(y) &= \bigvee_{l=1}^{2} \left(\prod_{i=1}^{2} A_i^l(x_i^*) B^l(y) \right) \\
&= \left(A_1(0.3) A_2(0.6) \cdot A_1(y) \right) \vee \left(A_2(0.3) A_1(0.6) \cdot A_2(y) \right) \\
&= \left(0.7 \times 0.6 \times A_1(y) \right) \vee \left(0.3 \times 0.4 \cdot A_2(y) \right) \\
&= 0.42 A_1(y) \vee 0.12 A_2(y).
\end{aligned}$$

输入模糊集 A_1 和 A_2 的隶属函数如图 5.7 所示.

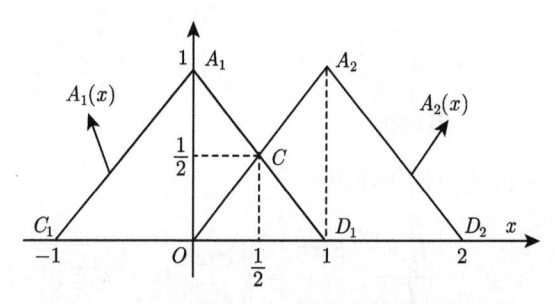

图 5.7 输入模糊集 A_1 和 A_2 的隶属函数图像

输出 $B'(y)$ 的隶属函数相当于一个压缩变换, 压缩系数分别为 0.42 和 0.12, 其变换图像如图 5.8 所示.

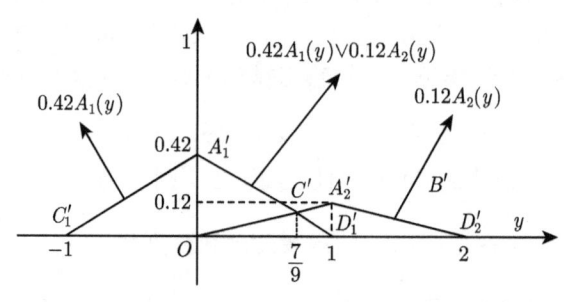

图 5.8 输出模糊集 B' 隶属函数的压缩图

此外, 虽然后件输出不改变前件模糊集中心, 但可能改变模糊集的高度. 故 $\bar{y}^1 = A_1$ 的中心 $= 0$, $\bar{y}^2 = A_2$ 的中心 $= 1$; 高度为 $w_1 = 0.42$, $w_2 = 0.12$. 依式 (5.12) 立即获得模糊系统输出 y^*

$$y^* = \frac{0 \times 0.42 + 1 \times 0.12}{0.42 + 0.12} \approx 0.2222.$$

(2) 依据图 5.8, 令 $0.42A_1(y) = 0.12A_2(y)$, 即 $0.42(1-y) = 0.12y$, 解得 $y = \frac{7}{9}$, 进而求得 $\triangle C'OD_1'$ 的高为 $h' = 0.12 \times \frac{7}{9} = \frac{7}{75}$. 故得

$$\int_{-1}^{2} B'(y)\mathrm{d}y = \triangle A_1'C_1'D_1'\text{面积} + \triangle A_2'OD_2'\text{面积} - \triangle C'OD_1'\text{面积}$$

$$= \frac{1}{2} \times 2 \times 0.42 \times 1 + \frac{1}{2} \times 2 \times 0.12 - \frac{1}{2} \times 1 \times \frac{7}{75}$$

$$\approx 0.4933,$$

$$\int_{-1}^{2} yB'(y)\mathrm{d}y = \int_{-1}^{0} 0.42(1+y) \cdot y\mathrm{d}y + \int_{0}^{\frac{7}{9}} 0.42(1-y) \cdot y\mathrm{d}y$$

$$+ \int_{\frac{7}{9}}^{1} 0.12y \cdot y\mathrm{d}y + \int_{1}^{2} 0.12y \cdot (2-y)\mathrm{d}y$$

$$= 0.42\left(\frac{13}{54}\left(\frac{7}{9}\right)^2 - \frac{1}{6}\right) + 0.04\left(3 - \left(\frac{7}{9}\right)^2\right)$$

$$\approx 0.0923.$$

再依重心模糊化公式得模糊系统输出为

$$y^* = \frac{\int_V yB'(y)\mathrm{d}y}{\int_V B'(y)\mathrm{d}y} = \frac{0.0923}{0.4933} \approx 0.1871.$$

(3) 若用 Lukasiewicz 推理机, 依命题 5.5 可得

$$B'(y) = \bigwedge_{l=1}^{2}\left(1 \wedge \left(1 - \bigwedge_{i=1}^{2} A_i^l(x_i^*) + B^l(y)\right)\right)$$
$$= 1 \wedge \left(1 - A_1(0.3) \wedge A_2(0.6) + A_1(y)\right) \wedge \left(1 - A_2(0.3) \wedge A_1(0.6) + A_2(y)\right)$$
$$= 1 \wedge (0.4 + A_1(y)) \wedge (0.7 + A_2(y)).$$

此时, 不难画出输出模糊集 B' 的隶属函数图像如图 5.9 所示.

显然, $\sup\limits_{y \in V} B'(y)$ 可在闭区间 $[0.3, 0.4]$ 上取得. 依最大值解模糊化的大中取均值得模糊系统的输出为 $y^* = 0.35$.

(4) 依 Lukasiewicz 推理机和图 5.9 容易看出, 在 $\bar{y}^1 = 0, \bar{y}^2 = 1, w_1 = 1, w_2 = 1$ 情况下, 依据中心平均解模糊化得模糊系统输出为

$$y^* = \frac{0 \times 1 + 1 \times 1}{1 + 1} \approx 0.5.$$

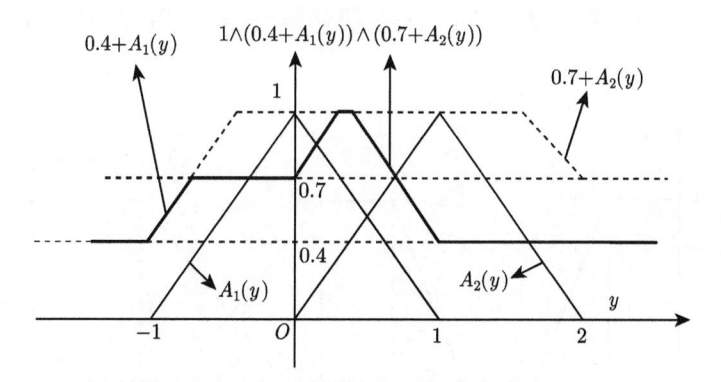

图 5.9 输出模糊集 B' 的隶属函数图像

5.3 模糊系统分析与设计

模糊系统的建模主要经过模糊化、模糊推理机和解模糊化等三个环节来实现. 前面介绍了五种模糊推理机 (乘积推理机、最小推理机、Lukasiewicz 推理机、Zadeh 推理机、Dienes-Rescher 推理机), 三种模糊化 (单点模糊化、高斯模糊化和三角形模糊化), 三种解模糊化 (重心解模糊化、中心平均解模糊化和最大值解模糊化). 故组合这些不同类型的模糊化、模糊推理机和解模糊化至少可得到 $5 \times 3 \times 3 = 45$ 种模糊系统. 然而, 这 45 种模糊系统并非全都有用, 其中有些是完全相同.

5.3.1 基本概念

模糊系统的模糊输入也称为前件模糊集,它在研究模糊系统的逼近性和稳定性方面起着重要作用. 规范的输入 (前件模糊集) 可使模糊系统内部大大减少运算量,以便加速输出理想的结果. 因而对模糊系统的前件模糊集施加一些限制条件是必要的. 下面,按照前件模糊集首先给出四边形模糊数及其隶属函数的基本概念. 当然,三角形模糊数可作为其特例.

定义 5.6 设闭区间 $[a,d] \subset \mathbb{R}$,若模糊集 A 的隶属函数连续,定义

$$A(x;a,b,c,d,H) = \begin{cases} I(x), & x \in [a,b), \\ H, & x \in [b,c], \\ D(x), & x \in (c,d], \\ 0, & x \in \mathbb{R}-(a,d), \end{cases}$$

其中 $a \leqslant b \leqslant c \leqslant d$,$0 \leqslant H \leqslant 1$,$0 \leqslant I(x), D(x) \leqslant 1$,$I(x)$ 是 $[a,b)$ 上递增函数,$D(x)$ 是 $(c,d]$ 上递减函数,则称 A 为四边形连续模糊集,或简称四边形模糊集,记为 $A(x;a,b,c,d,H)$. 特别地,当 A 为标准模糊集 ($H=1$) 时,简记为 $A(x;a,b,c,d)$,参见图 5.10 所示.

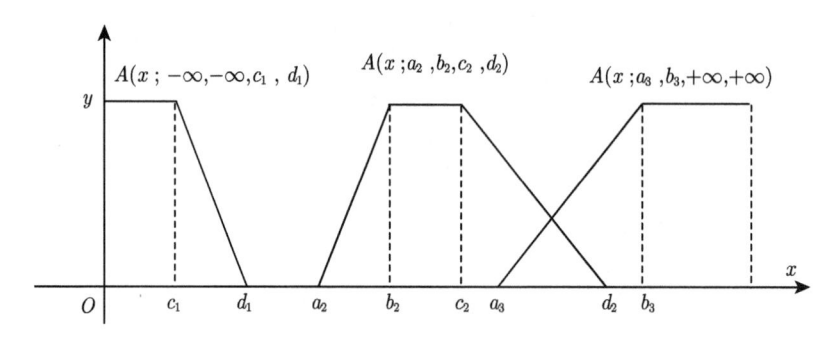

图 5.10 四边形模糊集对应隶属函数图像示意图

图 5.10 中给出了三个四边形模糊数的例子. 若四边形模糊数 A 的论域有界,则 a,b,c,d 均为有限数; 若 $I(x), D(x)$ 均取如下线性函数:

$$I(x) = \frac{x-a}{b-a}, \quad D(x) = \frac{x-d}{c-d}.$$

则 A 退化为梯形模糊数. 若 $b=c$,则 A 退化为三角形模糊数,简记为 $A(x;a,b,d)$.

此外,若选定 $a=-\infty, d=+\infty$,且 $b=c=\bar{x}$,$I(x)=D(x)=\exp\left(-\left(\frac{x-\bar{x}}{\sigma}\right)^2\right)$,

则四边形模糊数 A 即为高斯模糊数. 因此, 四边形模糊数可表示许多模糊数, 颇具代表性.

下面, 基于前件模糊集的需求针对一组广义模糊集给出一些相关的限制条件, 这些限制条件在模糊系统的输入过程中往往都是必备的.

定义 5.7 设 $\{A_1, A_2, \cdots, A_N\}$ 为论域 U 上一个模糊集族. 若 $\forall x \in U, \exists i_0 \in \{1, 2, \cdots, N\}$ 使满足 $A_{i_0}(x) > 0$, 则称 $\{A_1, A_2, \cdots, A_N\}$ 在 U 上是完备的. 完备性要求论域 U 必须被所给集族的支撑集完全覆盖, 不能有空隙.

定义 5.8 设 $\{A_1, A_2, \cdots, A_N\}$ 为论域 U 上一个模糊集族. 若 $\forall x \in \text{Ker}(A_i)$, $j = 1, 2, \cdots, N$ 均满足 $A_i(x) = 0 (i \neq j)$, 则称 $\{A_1, A_2, \cdots, A_N\}$ 在 U 上是一致的. 一致性强调模糊集族中相邻模糊集之间必须相交, 但不能过界.

定义 5.9 设 A, B 均是 U 上的模糊集, 若满足 $\text{Ker}(B) < \text{Ker}(A)$, 亦即, $\forall x \in \text{Ker}(B), \exists x' \in \text{Ker}(A)$ 使 $x < x'$, 则称 $B < A$.

命题 5.6 设 $\{A_1, A_2, \cdots, A_N\}$ 为 $U = [\alpha, \beta]$ 上一致完备标准的一族梯形模糊数, 且每个梯形模糊数的隶属函数表为 $A_i(x) = (x; a_i, b_i, c_i, d_i)$. 则存在某个排列 $i_1, i_2, \cdots, i_N$, 使 $A_{i_1} < A_{i_2} < \cdots < A_{i_N}$.

证明 依题设, 显有 $\text{Ker}(A_i) = [b_i, c_i]$, $\text{Ker}(A_j) = [b_j, c_j]$, $i \neq j$. 由 $\{A_1, A_2, \cdots, A_N\}$ 的一致性, 得 $\text{Ker}(A_i) \cap \text{Ker}(A_j) = \varnothing$, 从而必有 $\text{Ker}(A_i) < \text{Ker}(A_j)$, 或 $\text{Ker}(A_j) < \text{Ker}(A_i)$ 成立.

再由 i, j 的任意性, 梯形模糊数族 $\{A_1, A_2, \cdots, A_N\}$ 可依次排全序, 亦即, 存在排列 $i_1, i_2, \cdots, i_N$ 使 $A_{i_1} < A_{i_2} < \cdots < A_{i_N}$.

反之, 也有类似的结论成立.

命题 5.7 设 $\{A_1, A_2, \cdots, A_N\}$ 为 $U = [\alpha, \beta]$ 上一致完备标准的一族梯形模糊数, 且每个 A_i 的隶属函数表为 $A_i(x) = (x; a_i, b_i, c_i, d_i)$. 若满足 $A_1 < A_2 < \cdots < A_N$, 则有 $c_i \leqslant a_{i+1} < d_i \leqslant b_{i+1}, i = 1, 2, \cdots, N - 1$.

5.3.2 模糊系统结构表示

常见模糊系统主要有三类: 纯模糊系统、Mamdani 模糊系统和 Takagi-Sugeno (T-S) 模糊系统. 纯模糊系统主要处理语言系统, 而 Mamdani 模糊系统和 T-S 模糊系统不仅能处理语言信息, 而且还能处理数据信息, 二者的主要区别是模糊规则的后件输出不同, 亦即, Mamdani 模糊系统的规则后件是一个模糊集, 而 T-S 模糊系统的规则后件是关于输入变量的一个多元线性函数. 通常一个模糊系统的内部结构主要由三部分组成: 模糊化、模糊推理机和解模糊化, 而纯模糊系统的内部是由一系列模糊推理规则来确定的, 其结构如图 5.11 所示.

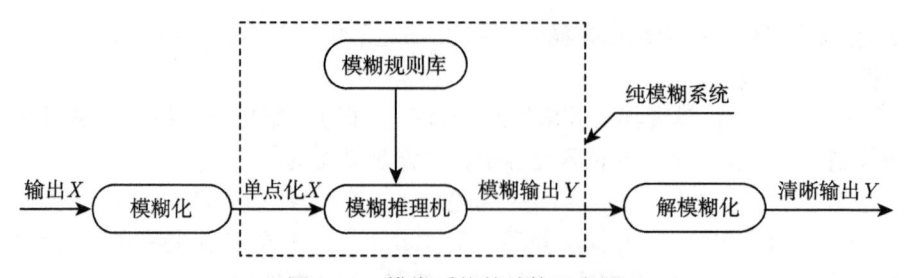

图 5.11 模糊系统的结构示意图

不妨以多输入单输出 Mamdani 模糊系统为例, 设模糊规则形如

$$R_{i_1 i_2 \cdots i_d}: \text{IF } x_1 \text{ is } A_{i_1}^1 \text{ and } x_2 \text{ is } A_{i_2}^2 \text{ and} \cdots \text{ and } x_d \text{ is } A_{i_d}^d, \text{THEN } y \text{ is } C_{i_1 i_2 \cdots i_d},$$

其中 $i_1 = 1, 2, \cdots, N_1; i_2 = 1, 2, \cdots, N_2; \cdots; i_d = 1, 2, \cdots, N_d$, 每个 $A_{i_j}^j$ 是分量论域 $U_j \subset \mathbb{R}$ 上的前件模糊集, $j = 1, 2, \cdots, d$; $C_{i_1 i_2 \cdots i_d}$ 是第 i_j 个规则在输出论域 $V \subset \mathbb{R}$ 上的后件模糊集, 且模糊规则总数 $m = N_1 \times N_2 \times \cdots \times N_d$, 输入论域 $U = U_1 \times U_2 \times \cdots \times U_d$, 而 $\{A_1^1, A_2^1, \cdots, A_{N_1}^1\}, \{A_1^2, A_2^2, \cdots, A_{N_2}^2\}, \cdots, \{A_1^d, A_2^d, \cdots, A_{N_d}^d\}$ 分别为 $x_1, x_2, \cdots, x_d$ 轴上的前件模糊集.

设 $A_{i_1}^1 \times A_{i_2}^2 \times \cdots \times A_{i_d}^d \to C_{i_1 i_2 \cdots i_d}$ 所形成模糊关系的隶属函数为

$$R_{i_1 i_2 \cdots i_d}(x, y) = A_{i_1}^1(x_1) * A_{i_2}^2(x_2) * \cdots * A_{i_d}^d(x_d) * C_{i_1 i_2 \cdots i_d}(y),$$

其中 $x = (x_1, x_2, \cdots, x_d) \in U$, $y \in V \subset \mathbb{R}$, 算子 $*$ 为 t-范数, 通常 $*$ 选取代数积或最小运算 $\wedge$.

根据式 (5.8) 合成推理方法, 设输入模糊集 A' 的隶属函数为

$$A'(x) = A_1'(x_1) * A_2'(x_2) * \cdots * A_d'(x_d), \quad \forall x = (x_1, x_2, \cdots, x_d) \in U.$$

故 $\forall y \in V$, 模糊规则 $R_{i_1 i_2 \cdots i_n}$ 推理结果为 $C'_{i_1 i_2 \cdots i_d}$, 输出模糊集隶属函数为

$$\begin{aligned} C'_{i_1 i_2 \cdots i_d}(y) &= \bigvee_{x \in U} A'(x) * R_{i_1 i_2 \cdots i_d}(x, y) \\ &= \bigvee_{x \in U} \left(A'(x) * A_{i_1 i_2 \cdots i_d}(x) * C_{i_1 i_2 \cdots i_d}(y) \right), \end{aligned}$$

其中 $A_{i_1 i_2 \cdots i_d}(x) = A_{i_1}^1(x_1) * A_{i_2}^2(x_2) * \cdots * A_{i_d}^d(x_d)$.

若利用中心平均解模糊化, 获得 Mamdani 模糊系统输出 y 为

$$y = \frac{\sum_{i_1=1}^{N_1} \sum_{i_2=1}^{N_2} \cdots \sum_{i_d=1}^{N_d} C'_{i_1 i_2 \cdots i_d}(\bar{y}_{i_1 i_2 \cdots i_d}) \cdot \bar{y}_{i_1 i_2 \cdots i_d}}{\sum_{i_1=1}^{N_1} \sum_{i_2=1}^{N_2} \cdots \sum_{i_d=1}^{N_d} C'_{i_1 i_2 \cdots i_d}(\bar{y}_{i_1 i_2 \cdots i_d})}, \tag{5.13}$$

5.3 模糊系统分析与设计

其中 $\bar{y}_{i_1 i_2 \cdots i_d}$ 为输出模糊集隶属函数 $C'_{i_1 i_2 \cdots i_d}(y)$ 取得最大值的点.

特别地, 对式 (5.13), 若采用单点模糊化、乘积推理机和中心平均解模糊化可简化模糊系统为

$$y = F(x) = \frac{\sum_{i_1=1}^{N_1} \sum_{i_2=1}^{N_2} \cdots \sum_{i_d=1}^{N_d} A_{i_1 i_2 \cdots i_d}(x) \cdot \bar{y}_{i_1 i_2 \cdots i_d}}{\sum_{i_1=1}^{N_1} \sum_{i_2=1}^{N_2} \cdots \sum_{i_d=1}^{N_d} A_{i_1 i_2 \cdots i_d}(x)}. \tag{5.14}$$

若记 $B_{i_1 i_2 \cdots i_d}(x) = \dfrac{A_{i_1 i_2 \cdots i_d}(x)}{\sum_{i_1=1}^{N_1} \sum_{i_2=1}^{N_2} \cdots \sum_{i_d=1}^{N_d} A_{i_1 i_2 \cdots i_d}(x)}$, 称之为模糊系统的基函数. 则 $\forall x = (x_1, x_2, \cdots, x_d) \in U$, 对应 Mamdani 模糊系统式 (5.14) 可进一步简化为

$$y = F(x) = \sum_{i_1=1}^{N_1} \sum_{i_2=1}^{N_2} \cdots \sum_{i_d=1}^{N_d} B_{i_1 i_2 \cdots i_d}(x) \cdot \bar{y}_{i_1 i_2 \cdots i_d},$$

其中基函数 $B_{i_1 i_2 \cdots i_d}(x)$ 满足

$$\sum_{i_1, i_2, \cdots, i_d=1}^{m} B_{i_1 i_2 \cdots i_d}(x) = \sum_{i_1=1}^{N_1} \sum_{i_2=1}^{N_2} \cdots \sum_{i_d=1}^{N_d} B_{i_1 i_2 \cdots i_d}(x) = 1.$$

类似方法, 设 T-S 模糊系统的模糊规则形如

$$R_{i_1 i_2 \cdots i_d} : \text{IF } x_1 \text{ is } A_{i_1}^1 \text{ and } x_2 \text{ is } A_{i_2}^2 \text{ and} \cdots \text{and } x_d \text{ is } A_{i_d}^d,$$

$$\text{THEN } y_{i_1 i_2 \cdots i_d} = c_{i_1 i_2 \cdots i_d}^0 + c_{i_1 i_2 \cdots i_d}^1 x_1 + c_{i_1 i_2 \cdots i_d}^2 x_2 + \cdots + c_{i_1 i_2 \cdots i_d}^d x_d.$$

这里线性函数中每个系数 $c_{i_1 i_2 \cdots i_d}^j$ 均与所有指标 $i_1, i_2, \cdots, i_d$ 有关, 其他符号表示含义同前.

如果仍采用单点模糊化、乘积推理机和中心平均解模糊化方法, $\forall x = (x_1, x_2, \cdots, x_d) \in U$, 可类似获得 T-S 模糊系统的输入输出表示为

$$y = F(x)$$
$$= \frac{\sum_{i_1=1}^{N_1} \sum_{i_2=1}^{N_2} \cdots \sum_{i_d=1}^{N_d} \left(A_{i_1}^1(x_1) A_{i_2}^2(x_2) \cdots A_{i_d}^d(x_d) \right) \cdot \left(c_{i_1 i_2 \cdots i_d}^0 + \sum_{j=1}^{d} c_{i_1 i_2 \cdots i_d}^j x_j \right)}{\sum_{i_1=1}^{N_1} \sum_{i_2=1}^{N_2} \cdots \sum_{i_d=1}^{N_d} \left(A_{i_1}^1(x_1) A_{i_2}^2(x_2) \cdots A_{i_d}^d(x_d) \right)}.$$

特别地, 若令 $c_{i_1i_2\cdots i_d}^j \equiv 0$, $c_{i_1i_2\cdots i_d}^0 = \bar{y}_{i_1i_2\cdots i_d}$. 则 T-S 模糊系统退化为 Mamdani 模糊系统. 因此, T-S 模糊系统也是 Mamdani 模糊系统的推广.

5.3.3 依中心平均解模糊化设计模糊系统

模糊系统理论的重要贡献在于它提供了一个能把语言规则集合转变成非线性映射的系统化程序. 由于非线性映射易于实现, 故模糊系统也就能找到其转化成各种工程应用的方式. 为了简化描述, 本章在不考虑重心解模糊化情况下, 对形如 (5.3) 推理规则利用带有中心平均解模糊化式 (5.12) 和带有最大值解模糊化方法设计 Mamdani 模糊系统. 为此, 再次给出模糊规则 (5.3) 如下:

$$R_u^l: 若\ x_1\ 为\ A_1^l, x_2\ 为\ A_2^l, \cdots, x_d\ 为\ A_d^l, 则\ y\ 为\ B^l, \quad l=1,2,\cdots,M.$$

定理 5.1 设第 l 个推理规则的输出模糊集 B^l 是标准的, B^l 的中心为 $\bar{y}^l$. 则按单点模糊化、乘积推理机和中心平均解模糊化的 Mamdani 模糊系统为

$$F(x) = \frac{\sum_{l=1}^M \bar{y}^l \left(\prod_{i=1}^d A_i^l(x_i)\right)}{\sum_{l=1}^M \left(\prod_{i=1}^d A_i^l(x_i)\right)},$$

其中 $x=(x_1,x_2,\cdots,x_d) \in U \subset \mathbb{R}^d$ 是模糊系统的清晰输入, $F(x) \in V \subset \mathbb{R}$ 是模糊系统的输出,

证明 将单点模糊化公式 $A'(x) = \begin{cases} 1, & x=x^* \\ 0, & x \neq x^* \end{cases}$ 代入乘积推理机公式 (5.6). 因输入模糊集 A' 的隶属函数 $A'(x)$ 取值仅为 0 或 1 两种可能. 若 $A'(x)=0$ 会导致输出 $B'=\bar{0}$ 无意义, 故只有 $A'(x^*)=1$, 其中 $x^*=(x_1^*,x_2^*,\cdots,x_d^*) \in U$. 因此, 依据输出模糊集公式 (5.6) 有

$$B'(y) = \bigvee_{l=1}^M \left(\sup_{x \in U} \left(A'(x) \cdot \prod_{i=1}^d A_i^l(x_i) B^l(y) \right) \right)$$

$$= \bigvee_{l=1}^M \left(\prod_{i=1}^d A_i^l(x_i^*) B^l(y) \right). \tag{5.15}$$

此时, 依式 (5.14) 对给定输入分量 x_i^* 而言, 若设 $C_i^l(y) = A_i^l(x_i^*)B^l(y)$, 其中 $A_i^l(x_i^*)$ 对隶属函数 $B^l(y)$ 来说相当于一个压缩常数, 它仅对模糊集 C_i^l 高度有影响, 而对中心无影响. 故模糊集 C_i^l 的中心与规则输出模糊集 B^l 的中心 $\bar{y}^l$ 相同.

5.3 模糊系统分析与设计

另一方面, 按照式 (5.12) 中高度 w_l 的含义, 对整体输入 $x^* = (x_1^*, x_2^*, \cdots, x_d^*) \in U$ 而言, 若设

$$C^l(y) = \prod_{i=1}^{d} A_i^l(x_i^*) B^l(y), \quad y \in V, \ l = 1, 2, \cdots, M.$$

类似上述分析, 第 l 个模糊集 C^l 的中心仍与模糊集 B^l 的中心保持不变. 又因 B^l 是标准模糊集, $\bar{y}^l$ 是中心, 故 $B^l(\bar{y}^l) = 1$. 则式 (5.15) 中第 l 个模糊集 C^l 的高度 w_l 为

$$w_l = C^l(\bar{y}^l) = \prod_{i=1}^{d} A_i^l(x_i^*) B^l(\bar{y}^l) = \prod_{i=1}^{d} A_i^l(x_i^*).$$

将此中心 $\bar{y}^l$ 和高度 w_l 代入式 (5.12), 则 Mamdani 模糊系统的输入输出为

$$y^* = \frac{\sum_{l=1}^{M} \bar{y}^l \left(\prod_{i=1}^{d} A_i^l(x_i^*) \right)}{\sum_{l=1}^{M} \left(\prod_{i=1}^{d} A_i^l(x_i^*) \right)}.$$

再由 x^* 的任意性, 若令 $x^* = x$, $y^* = F(x)$. 则获得结论成立.

由定理 5.1 的数学结构不难看出, Mamdani 模糊系统是一个由输入变量 $x = (x_1, x_2, \cdots, x_d) \in U \subset \mathbb{R}^d$ 到 $F(x) \in V \subset \mathbb{R}$ 的非线性映射. 该表达式也是最为常用的模糊系统模型. 从本质上来说, 该系统的输出就是模糊规则中 THEN 部分输出模糊集中心的加权平均, 其权重为 IF 部分输入模糊集再输入点上的隶属度值. 因此, 输入变量与规则 IF 部分一致性越强, 赋给这条规则的权重就越大.

此外, 若选择前件 (输入) 模糊集 A_j^l 和后件 (输出) 模糊集 B^l 为高斯模糊数, 则按定理 5.1 可获得模糊系统的具体解析表达式. 例如, 若令

$$A_i^l(x_i) = a_i^l \exp\left(-\left(\frac{x_i - \bar{x}_i^l}{\sigma_i^l} \right)^2 \right), \quad B^l(y) = \exp\left(-(y - \bar{y}^l)^2 \right).$$

则 $x = (x_1, x_2, \cdots, x_d) \in U$, Mamdani 模糊系统的具体表达式为

$$F(x) = \frac{\sum_{l=1}^{M} \bar{y}^l \left(\prod_{i=1}^{d} a_i^l \left(-\left(\frac{x_i - \bar{x}_i^l}{\sigma_i^l} \right)^2 \right) \right)}{\sum_{l=1}^{M} \left(\prod_{i=1}^{d} a_i^l \left(-\left(\frac{x_i - \bar{x}_i^l}{\sigma_i^l} \right)^2 \right) \right)}.$$

当然, 若选取前件模糊集 A_i^l 和后件模糊集 B^l 均为三角形模糊数, 也可获得类似的表达式. 若将定理 5.1 中乘积推理机更换为最小推理机, 可得另一类模糊系统为

$$F(x) = \frac{\sum_{l=1}^{M} \bar{y}^l \left(\bigwedge_{i=1}^{d} A_i^l(x_i) \right)}{\sum_{l=1}^{M} \left(\bigwedge_{i=1}^{d} A_i^l(x_i) \right)}.$$

定理 5.2 设形如 (5.3) 第 l 个推理规则的输出模糊集 B^l 是标准的, B^l 的中心为 $\bar{y}^l$. 则带有 Lukasiewicz 推理机或 Dienes-Rescher 推理机、单点模糊化或高斯模糊化或三角形模糊化及中心平均解模糊化的 Mamdani 模糊系统均为

$$F(x) = \frac{1}{M} \sum_{l=1}^{M} \bar{y}^l. \tag{5.16}$$

证明 因 $B^l(\bar{y}^l) = 1$, 若依 Lukasiewicz 推理机式 (5.9) 有

$$1 - \bigwedge_{i=1}^{d} A_i^l(x_i) + B^l(\bar{y}^l) \geqslant 1.$$

故式 (5.9) 中第 l 个规则的输出模糊集的高度为

$$w_l = \sup_{x \in U} \left(A'(x) \wedge \left(1 - \bigwedge_{i=1}^{d} A_i^l(x_i) + B^l(\bar{y}^l) \right) \right) = \sup_{x \in U} A'(x) = 1.$$

将高度 w_l 代入式 (5.12), 立即获得该模糊系统为表达式 (5.16).

事实上, 无论是单点模糊化, 还是高斯模糊化或三角形模糊化均满足条件 $A'(x^*) = 1$, 当然更有 $\sup_{x \in U} A'(x) = 1$. 类似地, 依 Dienes-Rescher 推理机公式 (5.11) 也可得输出模糊集的高度为 1.

此时, 不管模糊系统的输入是什么, 形如式 (5.16) 的模糊系统所给出的都是一个常值输出. 因此, 基于这些推理机所得模糊系统均没有太大意义, 换言之, 基于该类推理机、模糊化和解模糊化的组合并未产生一个有用的模糊系统, 当然这也不是今后重点关注的问题.

5.3.4 依最大值解模糊化设计模糊系统

定理 5.3 设形如规划 (5.3) 第 l 个规则的输出模糊集 B^l 是标准的, 中心为 $\bar{y}^l$. 若存在模糊规则 $l^* \in \{1, 2, \cdots, M\}$, 使 $\prod_{i=1}^{d} A_i^{l^*}(x_i) \geqslant \prod_{i=1}^{d} A_i^l(x_i)$. 则依据乘积推理机、单点模糊化和最大值解模糊化所设计模糊系统为 $F(x) = \bar{y}^{l^*}$.

证明 当采用单点模糊化时, 依命题 5.4 得

$$\sup_{y \in V} B'(y) = \sup_{y \in V} \bigvee_{l=1}^{M} \left(\prod_{i=1}^{d} A_i^l(x_i^*) B^l(y) \right).$$

5.3 模糊系统分析与设计

因运算 $\sup_{y\in V}$ 与 $\bigvee_{l=1}^{M}$ 可互换, B^l 是标准模糊集, 故 $\sup_{y\in V} B^l(y) = 1$. 故有

$$\sup_{y\in V} B'(y) = \bigvee_{l=1}^{M}\left(\sup_{y\in V}\left(\prod_{i=1}^{d} A_i^l(x_i^*) B^l(y)\right)\right)$$

$$= \bigvee_{l=1}^{M}\left(\prod_{i=1}^{d} A_i^l(x_i^*) \cdot \sup_{y\in V} B^l(y)\right)$$

$$= \bigvee_{l=1}^{M}\left(\prod_{i=1}^{d} A_i^l(x_i^*)\right) = \prod_{i=1}^{d} A_i^{l^*}(x_i^*),$$

其中 l^* 是依条件 $\prod_{i=1}^{d} A_i^{l^*}(x_i) \geqslant \prod_{i=1}^{d} A_i^l(x_i)$ 来确定, 亦即, l^* 是所有 M 条规则中前件模糊集的隶属函数乘积最大的那条规则. 特别当 $l \neq l^*$, 且 $B^l(\bar{y}^{l^*}) = 1$ 时,

$$B'(\bar{y}^{l^*}) = \bigvee_{l=1}^{M}\left(\prod_{i=1}^{d} A_i^l(x_i^*) B^l(\bar{y}^{l^*})\right)$$

$$= \bigvee_{l=1}^{M}\left(\prod_{i=1}^{d} A_i^l(x_i^*)\right) = \prod_{i=1}^{d} A_i^{l^*}(x_i^*).$$

故得 $\sup_{y\in V} B'(y) = B'(\bar{y}^{l^*})$, 亦即, 上确界 $\sup_{y\in V} B'(y)$ 可在点 $\bar{y}^{l^*}$ 处取得. 则依最大值解模糊化含义设计模糊系统为 $F(x) = \bar{y}^{l^*}$.

实际上, 依最大值解模糊化设计模糊系统并非是一个常值函数, 而是一个简单函数 (阶梯函数), 且这些常数均是规则 THEN 部分输出模糊集的中心值. 此外, 依表达式 $F(x) = \bar{y}^{l^*}$ 表面看中心 $\bar{y}^{l^*}$ 与 x 无关, 而实际上 l^* 是随着输入变量 x 的变化来选取 (依定理 5.3 限定条件来确定). 因此, 这类模糊系统对输入及其隶属度值 $A_i^l(x_i)$ 的微小变化是比较稳健的, 但该类系统通常是不连续的. 换言之, 当第 l^* 条规则发生变化时, 对应模糊系统 $F(x)$ 会以离散方式发生变化, 而这种变化有时是巨大的, 但一般在闭环控制中还是可以接受的.

定理 5.4 若定理 5.3 中乘积推理机更换为最小推理机, 限定规则 $l^* \in \{1, 2, \cdots, M\}$ 的条件改为 $\bigwedge_{i=1}^{d} A_i^{l^*}(x_i) \geqslant \bigwedge_{i=1}^{d} A_i^l(x_i)$. 则依最小推理机、单点模糊化和最大值解模糊化设计模糊系统为 $F(x) = \bar{y}^{l^*}$.

证明 因 $\sup_{y\in V} B^l(y) = 1$. 当单点模糊化时, 依命题 5.4 有

$$\sup_{y\in V} B'(y) = \bigvee_{l=1}^{M}\left(\sup_{y\in V}\left(A_1^l(x_1^*) \wedge A_2^l(x_2^*) \wedge \cdots \wedge A_d^l(x_d^*) \wedge B^l(y)\right)\right)$$

$$= \bigvee_{l=1}^{M}\left(A_1^l(x_1^*) \wedge A_2^l(x_2^*) \wedge \cdots \wedge A_d^l(x_d^*) \wedge \sup_{y\in V} B^l(y)\right)$$

$$= \bigvee_{l=1}^{M}\left(\bigwedge_{i=1}^{d} A_i^l(x_i^*)\right) = \bigwedge_{i=1}^{d} A_i^{l^*}(x_i^*),$$

其中 l^* 是根据题设条件 $\bigwedge_{i=1}^{d} A_i^{l^*}(x_i^*) \geqslant \bigwedge_{i=1}^{d} A_i^l(x_i^*)$(取 $x=x^*$) 来确定, 亦即, l^* 是所有 M 条规则所对应前件模糊集的隶属函数取小运算而值最大的那条规则. 特别当 $l \neq l^*$, 且 $B^l(\bar{y}^{l^*}) = 1$, 也有

$$B'(\bar{y}^{l^*}) = \bigvee_{l=1}^{M}\left(\bigwedge_{i=1}^{d} A_i^l(x_i^*) B^l(\bar{y}^{l^*})\right) = \bigvee_{l=1}^{M}\left(\bigwedge_{i=1}^{d} A_i^l(x_i^*)\right) = \bigwedge_{i=1}^{d} A_i^{l^*}(x_i^*).$$

因此, $\sup_{y \in V} B'(y) = B'(\bar{y}^{l^*})$. 故上确界 $\sup_{y \in V} B'(y)$ 可在点 $\bar{y}^{l^*}$ 处取得. 依最大值解模糊化含义设计模糊系统为 $F(x) = \bar{y}^{l^*}$.

注 5.1 值得注意的是, 对于带有最大值解模糊器、单点模糊化和 Lukasiewicz 推理机或 Zadeh 推理机或 Dienes-Rescher 推理机的模糊系统来说, 很难得到与上述模糊系统类似的结果. 这是因运算符号 $\sup_{y \in V}$ 与 $\bigwedge_{l=1}^{M}$ 无法互换, 这会导致式 (5.9)—(5.11) 的运算十分复杂, 甚至无法精确计算. 故通常情况下人们不采用这类带有最大值解模糊化和推理机或 Zadeh 推理机设计模糊系统.

5.3.5 依数据对设计模糊系统

根据实际需要模糊系统应具有逼近性能. 当然, 被逼近函数的解析表达式是未知的, 否则, 模糊系统的存在将毫无意义. 实际上, 这样实例是存在的, 例如, 用仪器随机测试室外气温的变化, 在限定时间内任何时间 t 都可测得气温的确切数值, 可记为数据对 $(t, g(t))$ 形式, 然而, 再多的数据对也无法获得气温变化的精确表达式 $g(t)$. 为此, 若能用模糊系统来近似表示函数 $g(t)$ 将是解决问题的新思路. 为简单起见, 本节仅考虑二维输入情况 ($d=2$), 并基于四边形模糊数为前件模糊集来设计一种模糊系统. 该设计方法对一般高维输入的模糊系统也是有效的.

例 5.9 设 $g(x)$ 为紧集 $U = [a_1, b_1] \times [a_2, b_2] \subset \mathbb{R}^2$ 上一个函数, 但 $g(x)$ 的解析表达式未知. 若 $\forall x = (x_1, x_2) \in U$ 均对应一个数值 $g(x)$, 亦即, 给定一族数据对 $(x; g(x))$. 试设计一个 Mamdani 模糊系统, 并使之逼近 $g(x)$.

模糊系统的设计步骤

第一步 在 x_1 轴闭区间 $[a_1, b_1]$ 上插入有限个分点, 并依这些分点定义 N_1 个一致完备标准的四边形模糊数, 其隶属函数记为 $A_i^1(x) = (x_1; a_i^1, b_i^1, c_i^1, d_i^1)$, $i = 1, 2, \cdots, N_1$, 且满足 $A_1^1 < A_2^1 < \cdots < A_{N_1}^1$, 其中 $a_1^1 = a_1$, $d_{N_1}^1 = b_1$. 界定中心点 $e_j^1 = \frac{1}{2}(b_i^1 + c_i^1)$, $j = 1, 2, \cdots, N_1 - 1$, 且 $e_1^1 = a_1$, $e_{N_1}^1 = b_1$.

类似地, 在 x_2 轴 $[a_2, b_2]$ 上也定义 N_2 个一致完备标准的四边形模糊数, 其隶属函数仍记为 $A_i^2(x) = (x_2; a_i^2, b_i^2, c_i^2, d_i^2)$, $i = 1, 2, \cdots, N_2$, 且 $A_1^2 < A_2^2 < \cdots < A_{N_2}^2$.

中心点仍为 $e_j^2 = \frac{1}{2}(b_i^2 + c_i^2), j = 2, 3, \cdots, N_2 - 1$, 且 $e_1^2 = a_2, e_{N_2}^2 = b_2$.

不妨假设 $N_1 = 4, N_2 = 3$, 取 $a_1 = a_2 = 0, b_1 = b_2 = 1$. 参见图 5.12.

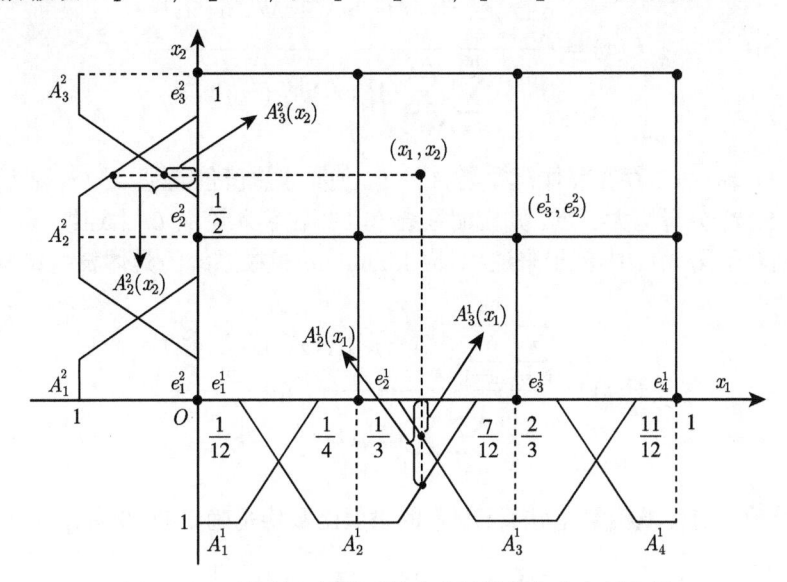

图 5.12 二维输入模糊系统中前件模糊集分布示意图

第二步 按例 5.7 或图 5.4 分析共可产生 $N = N_1 \times N_2$ 条 IF-THEN 模糊规则, 其规则形状如:

$$R_{i_1 i_2}: 若\ x_1\ 为\ A_{i_1}^1, x_2\ 为\ A_{i_2}^2, 则\ y\ 为\ B_{i_1 i_2},$$

其中 $i_1 = 1, 2, \cdots, N_1; i_2 = 1, 2, \cdots, N_2$, $\{A_{i_1}^1\}$ 与 $\{A_{i_2}^2\}$ 均为一致完备标准的前件模糊集.

由于尽管函数 $g(x)$ 的解析式未知, 但依题设 $\forall x = (x_1, x_2) \in U$ 可知对应数值 $g(x_1, x_2)$. 特别地, 若中心点 $(e_{i_1}^1, e_{i_2}^2)$ (图 5.12 中黑点) 为系统输入, 选取对应值 $g(e_{i_1}^1, e_{i_2}^2)$ 为输出 (后件) 模糊集 $B_{i_1 i_2}$ 的中心 $\bar{y}_{i_1 i_2}$, 亦即, 令 $\bar{y}_{i_1 i_2} = g(e_{i_1}^1, e_{i_2}^2)$.

故 $N = 4 \times 3 = 12$ 条规则, 对应 12 个输出模糊集 $B_{i_1 i_2}$ 中心可依 $\bar{y}_{i_1 i_2} = g(e_{i_1}^1, e_{i_2}^2)$ 通过仪器测量得出 (视为已知), 7 个输入模糊集中心为 $e_1^1 = e_1^2 = 0, e_2^1 = \frac{1}{3}, e_3^1 = \frac{2}{3}, e_4^1 = 1; e_2^2 = \frac{1}{2}, e_3^2 = 1$. 这 12 个输出模糊集中心恰为图 5.12 对应 12 个黑点坐标, 例如, $\left(\frac{1}{3}, \frac{1}{2}\right), \left(\frac{2}{3}, 0\right), \left(\frac{2}{3}, 1\right)$ 等.

第三步 按照式 (5.14), 选择带有乘积推理机、单点模糊化和中心平均解模糊

化设计 Mamdani 型模糊系统的表达式为

$$F(x) = \frac{\sum_{i_1=1}^{N_1}\sum_{i_2=1}^{N_2} A_{i_1}^1(x_1) A_{i_2}^2(x_2) \cdot g(e_{i_1}^1, e_{i_2}^2)}{\sum_{i_1=1}^{N_1}\sum_{i_2=1}^{N_2} A_{i_1}^1(x_1) A_{i_2}^2(x_2)}, \tag{5.17}$$

且 $\forall x=(x_1,x_2)\in U$, 存在前件模糊集 $A_{i_1}^1, A_{i_2}^2$ 使其隶属度值满足 $A_{i_1}^1(x_1)\times A_{i_2}^2(x_2)\neq 0$, 故式 (5.17) 分母恒大于零. 则模糊系统 (5.17) 在输入论域 U 上连续.

特别对于图 5.12 中例子来说, 对应 Mamdani 模糊系统的具体表达式为

$$F(x) = \frac{\sum_{i_1=1}^{4}\sum_{i_2=1}^{3} A_{i_1}^1(x_1) A_{i_2}^2(x_2) \cdot g(e_{i_1}^1, e_{i_2}^2)}{\sum_{i_1=1}^{4}\sum_{i_2=1}^{3} A_{i_1}^1(x_1) A_{i_2}^2(x_2)},$$

其中每个轴上前件模糊集 $\{A_{i_1}^1\}, \{A_{i_2}^2\}$ 的隶属函数均是确定的, 例如,

$$A_2^1(x_1) = \begin{cases} 6x_1 - \dfrac{1}{2}, & \dfrac{1}{12} \leqslant x_1 < \dfrac{1}{4}, \\ 1, & \dfrac{1}{4} \leqslant x_1 \leqslant \dfrac{5}{12}, \\ -6x_1 + \dfrac{7}{2}, & \dfrac{5}{12} < x_1 \leqslant \dfrac{7}{12}, \\ 0, & \text{其他}, \end{cases}$$

$$A_3^1(x_1) = \begin{cases} 6x_1 - \dfrac{5}{2}, & \dfrac{5}{12} \leqslant x_1 < \dfrac{7}{12}, \\ 1, & \dfrac{7}{12} \leqslant x_1 \leqslant \dfrac{3}{4}, \\ -6x_1 + \dfrac{11}{2}, & \dfrac{3}{4} < x_1 \leqslant \dfrac{11}{12}, \\ 0, & \text{其他}. \end{cases}$$

注 5.2 从式 (5.17) 和第二步得知设计模糊系统只需知道前件模糊集中心点处数据对 $((e_{i_1}^1, e_{i_2}^2), g(e_{i_1}^1, e_{i_2}^2))$ 即可, 而并非需要所有数据对. 当然, 若条件限制在仅知道有限个数据对时, 问题将变得更为复杂, 通常可采取查表法、梯度下降法、递推最小二乘法和聚类算法设计模糊系统, 详见文献 [17][157-159]. 此外, 因规则 IF 部分包含每个输入变量对前件模糊集所有可能的组合. 因此, 若将设计程序推广到 d

维输入的模糊系统, 并依每个输入变量定义 N 个模糊集, 则模糊系统中规则总数为 N^d, 亦即, 规则的总数会随着输入空间的维数 d 增大而呈指数迅猛增长. 这种情况也称为 "维数灾难" 或 "规则爆炸", 通常会使计算时间过长甚至使计算机记忆溢出. 这个问题在第 8 章通过分层方法来缓解或避免该现象发生.

参 考 文 献

[1] Lee C C. Fuzzy logic in control systems: fuzzy logic controller. IEEE Transactions Systems, Man and Cybernetics, 1990, 20(2): 404–435.

[2] Dubois D, Prade H. Fuzzy sets in approximate reasoning, part 1: inference with possibility distribution. Fuzzy Sets and Systems, 1991, 40: 143–202.

[3] Wang L X, Mendel J M. Fuzzy basic function, universal approximation, and orthogonal least square learning. IEEE Transactions Neural Networks, 1992, 3(5): 807–814.

[4] Buckley J J. Universal fuzzy controllers. Automatica, 1992, 18(6): 1245–1248.

[5] Kosko B. Fuzzy systems as universal approximators. IEEE Transactions. Computers, 1994, 43(11): 1329–1333.

[6] Nguyen H T, Kreinovich V, Sirisaugtakin O. Fuzzy control as an universal control tool. Fuzzy Sets and Systems, 1996, 80: 71–86.

[7] Wang P Z, Tan S H, Song F M. Constructive theory for fuzzy systems. Fuzzy Set and Systems, 1997, 88(2): 195–203.

[8] Cao S G, Rees N W, Feng G. Analysis and design for a class of complex control systems, part I: fuzzy modeling and identification. Automatica, 1997, 3(6): 1017–1028.

[9] 李洪兴, 王加银, 苗志宏. 模糊控制系统的建模. 中国科学 (A 辑), 2002, 32(9): 772–781.

[10] 周穗华, 张小兵, 皮汉文. 模糊控制中的参数模糊化新方法研究. 武汉大学学报 (理学版), 2003, 3(49): 305–308.

[11] 陈晖. 模糊化方法的研究. 自动化博览, 2008, 7: 71–73.

[12] 汪德刚, 孟艳平, 宋雯彦, 李洪兴. 模糊相似度推理算法及其构造的模糊系统逼近性能分析. 工程数学学报, 2009, 26(3): 423–430.

[13] 袁学海, 李洪兴, 杨雪. 基于模糊变换的模糊系统和模糊推理建模法. 电子学报, 2013, 41(4): 674–680.

[14] 索春凤, 王贵君. 基于最小推理机的模糊系统一阶逼近性. 天津师范大学学报 (自然科学版), 2016, 36(2): 10–12.

[15] 吴望明. 模糊推理的原理与方法. 贵阳: 贵州科技出版社, 1994.

[16] 张文修, 梁广锡. 模糊控制与系统. 西安: 西安交通大学出版社, 1998.

[17] 王立新. 模糊系统与模糊控制教程. 北京: 清华大学出版社, 2003.

第 6 章 Mamdani 模糊系统的逼近分析

从数学的角度看,尽管模糊系统的数学结构及表示较为复杂,但其本质就是从输入论域到输出论域的一个映射关系. 它是通过测量数据或数字传感器来获得反映该系统的输入–输出关系, 虽然它不依赖于精确的数学模型, 但却具有逻辑推理、数值计算和非线性函数逼近能力. 特别当模糊系统用作建模和辨识时, 逼近性决定它是否能够逼近任意连续的非线性动态模型; 当它用作控制器时, 逼近性决定它是否能够对任意非线性动态对象跟踪连续非线性时间函数. 故研究模糊系统的逼近性至关重要. 通常, Mamdani 模糊系统和 T-S 模糊系统是两类常见系统模型, 其中 Mamdani 模糊系统是最简单的一类高维系统模型, 其主要特点是每个规则后件输出是一个模糊集, 而 T-S 模糊系统的后件输出是关于输入变量的多元线性函数, 且 Mamdani 模糊系统可视为 T-S 模糊系统的特例.

6.1 分片线性函数 (PLF) 构造

分片线性函数 (Piecewise Linear Function, PLF) 在研究模糊系统逼近性中起着举足轻重的作用, 它不仅是一元分段线性函数在多元情况下的推广, 而且是沟通模糊系统和逼近函数类的一个重要桥梁. 以下用 $\mathbb{R}^n$ 表示 n 维欧氏空间, $\mathbb{R}^+$ 表示正半轴 $[0, +\infty)$, $\mathbb{N}$ 表示自然数集, ρ 表示 $\mathbb{R}^n$ 上欧氏距离, $[\cdot]$ 为取整符号.

给定实数 $a > 0$, 若令

$$\Delta(a) = \{(x_1, x_2, \cdots, x_n) \in \mathbb{R}^n \mid -a \leqslant x_i \leqslant a;\ i = 1, 2, \cdots, n\ ;\ a > 0\},$$

称 $\Delta(a)$ 为 $\mathbb{R}^n$ 中边长为 $2a$ 的广义正方体, 简记为 $\Delta(a) = [-a, a]^n$.

定义 6.1[9] 设 n 元连续函数 $S: \mathbb{R}^n \to \mathbb{R}$, 若满足如下条件:

(1) 存在 $a > 0$, 使 S 在广义正方体 $\Delta(a)$ 之外恒为零;

(2) 存在 $N_s \in \mathbb{N}$ 及 n 维多面体 $\Delta_1, \Delta_2, \cdots, \Delta_{N_s} \subset \Delta(a)$, 且 $\bigcup_{j=1}^{N_s} \Delta_j = \Delta(a)$, $\Delta_i \cap \Delta_j = \varnothing (i \neq j)$, 使 S 在每个 Δ_j 上均是 n 元线性函数, 表为

$$S(x) = \sum_{i=1}^{n} \beta_{ij} \cdot x_i + \lambda_j, \quad \forall x = (x_1, x_2, \cdots, x_n) \in \Delta_j, j = 1, 2, \cdots, N_s. \quad (6.1)$$

则称 S 为 $\mathbb{R}^n$ 上一个分片线性函数, 简记为 PLF, 其中 β_{ij}, λ_j 均为常数, $i = 1, 2, \cdots, n$.

6.1 分片线性函数 (PLF) 构造

设 $D(\mathbb{R}^n)$ 表示 $\mathbb{R}^n$ 上全体 PLF 构成的集合. 若 $\forall S \in D(\mathbb{R}^n)$, 用 $V(S)$ 表示所有剖分多面体 $\Delta_1, \Delta_2, \cdots, \Delta_{N_S}$ 的顶点构成的集合, $V(\Delta_j)$ 为剖分后第 j 个多面体 Δ_j 的顶点集合.

由于 PLF 是一元分段线性函数在多元情况下的推广, 故它有诸多优良性质, 例如, PLF 在 $\mathbb{R}^n$ 中某个紧集上非零、单边偏导数存在且有界、一致连续等. 此外, PLF 在研究 Mamdani 和 T-S 模糊系统的逼近性时发挥重要作用, 这是因模糊系统可对某个 PLF 进行逼近, 而每个 PLF 又可对连续或可积函数进行逼近, 从而达到模糊系统对未知函数 $f(x)$ 逼近的目的.

定义 6.2 设 $b = (b_1, b_2, \cdots, b_n) \in \mathbb{R}^n$, $\Omega(\beta) = \{x = (x_1, x_2, \cdots, x_n) \in \mathbb{R}^n \mid \langle x, b \rangle = \beta\}$, 则称 $\Omega(\beta)$ 为 $\mathbb{R}^n$ 上一个 β-超平面, 其中实数 $\beta \in \mathbb{R}$, $\langle \cdot \rangle$ 为内积. 显然, 超平面 $\Omega(\beta)$ 也可等价表为多元变量线性组合形式, 即

$$\Omega(\beta) = \{(x_1, x_2, \cdots, x_n) \in \mathbb{R}^n \mid b_1 x_1 + b_2 x_2 + \cdots + b_n x_n = \beta\}. \tag{6.2}$$

定义 6.3 设矩阵 A 是 n 阶方阵, 令 $\|A\| = |(|A|)|$, 则称 $\|A\|$ 为 A 的矩阵模, 亦即, 矩阵模 $\|A\|$ 即为 A 的行列式的绝对值. 显然, 任何方阵 A 的矩阵模总满足 $\|A\| \geqslant 0$.

实际上, 在紧集 $U \subset \mathbb{R}^n (n \geqslant 3)$ 上构造一个 PLF 并非容易. 为此, 不妨假设条件: 设紧集 $U \subset \mathbb{R}^n$, 剖分数 $m \in \mathbb{N}$, $\forall x \in U$ 均对应一个数值 $f(x)$, 即, 给定数据对 $(x; f(x))$, 但函数 $f(x)$ 的解析表达式未知.

因 U 为紧集, 则 U 也为有界闭集, 则存在 $a > 0$, 使 $U \subset [-a, a]^n = \Delta(a)$, 亦即, 存在某个广义正方体 $\Delta(a)$ 将紧集 U 完全覆盖.

第一步 剖分 $\Delta(a)$. 沿每个坐标轴 $x_i (i = 1, 2, \cdots, n)$ 将直线段 $[-a, a]$ 等分成 $2m$ 个小闭区间为

$$\left[-a, \frac{1-m}{m}a\right], \left[\frac{1-m}{m}a, \frac{2-m}{m}a\right], \cdots, \left[0, \frac{1}{m}a\right], \cdots,$$

$$\left[\frac{m-2}{m}a, \frac{m-1}{m}a\right], \left[\frac{m-1}{m}a, a\right].$$

则广义正方体 $\Delta(a)$ 形成一个网格式剖分, 并获得 $(2m)^n$ 个边长为 $\dfrac{a}{m}$ 的广义小正方体. 简记为 m-网格剖分, 剖分后每个小正方体记为 Q_j, $j = 1, 2, \cdots, (2m)^n$.

第二步 对 Q_j 分类. 这 $(2m)^n$ 个小正方体可分成三类: 第一类是紧集 U 内不紧邻边界的小正方体, 记为 $\Sigma(m)$; 第二类是紧邻边界的小正方体, 记为 $\Sigma^c(m)$; 第三类是 $\Sigma^c(m)$ 以外 $\Delta(a)$ 以内的小正方体, 这类正方体不在定义域范畴内, 故不予讨论. 参见图 6.1.

现重点关注第二类, 因 $\Sigma^c(m)$ 中每个小正方体既有属于 U 和不属于 U 的部分, 将第一类和第二类小正方体合并记其总数为 p, 亦即, $Q_j \in \Sigma(m) \cup \Sigma^c(m)$, $j = 1, 2, \cdots, p$.

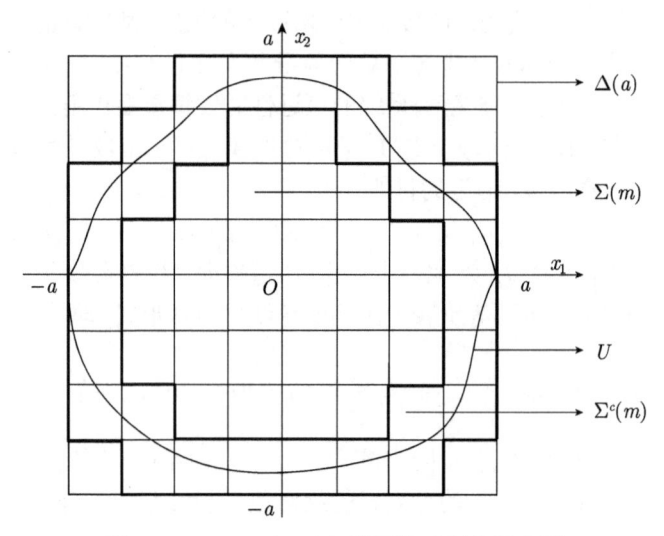

图 6.1　$n = 2$ 时 $\Delta(a)$ 的网格式剖分示意图

事实上, 当空间维数 $n = 1, 2, 3$ 时, 每个广义小正方体 Q_j 可按传统几何方法继续实施 m-网格剖分, 例如, $n = 1$, 可将闭区间 $[-a, a]$ 等分成若干个直线段, 每个直线段 2 个端点; $n = 2$, 可将小正方形 Q_j 按对角线等分成两个直角等腰三角形 (三个顶点); $n = 3$, 可将小正方体 Q_j 分成 5 个小四面体 (4 个顶点), 但 $n \geqslant 4$ 时, 却无法实施直观剖分. 此时, 可按超平面式 (6.2) 来实施抽象剖分.

不妨设每个 Q_j 按超平面抽象剖分成有限个 n 维小多面体 $\{\Delta_{j1}, \Delta_{j2}, \cdots, \Delta_{js}\}$, 使每个 Δ_{jl} 具有 $n + 1$ 个顶点, 且满足 $\bigcup_{l=1}^{s} \Delta_{jl} = Q_j$, $\Delta_{jl} \cap \Delta_{jk} = \varnothing (l \neq k)$, $j = 1, 2, \cdots, p$. 此时, 我们不去关心 Q_j 剖分成多少个小多面体 (只记总数为 s 个), 而重点关注每个 n 维小多面体 Δ_{jl} 的 $n + 1$ 个顶点数.

第三步　确定 Δ_{jl} 超平面方程. $\forall x_k^* = (x_1^k, x_2^k, \cdots, x_n^k) \in V(\Delta_{jl})$, $k = 1, 2, \cdots, n, n + 1$, 并假设这 $n + 1$ 个顶点不在同一超平面上, 以保证下述行列式 $|D_n| \neq 0$. 将这 $n + 1$ 个顶点按顺序依次记为 $x_1^*, x_2^*, \cdots, x_n^*, x_{n+1}^*$. 因数据对 $(x; f(x))$ 中每个 $f(x_k^*)$ 均可取到值, 且在 f 作用下 Δ_{jl} 在 $\mathbb{R}^{n+1}$ 中顶点坐标依次按向量形式表为

$$(x_1^1, x_2^1, \cdots, x_n^1, f(x_1^*)), (x_1^2, x_2^2, \cdots, x_n^2, f(x_2^*)), \cdots, (x_1^{n+1}, x_2^{n+1}, \cdots, x_n^{n+1}, f(x_{n+1}^*)).$$

依据式 (6.1) 不妨设这 $n + 1$ 个顶点坐标在 $\mathbb{R}^{n+1}$ 中确定的超平面方程为

$$S_{jl}(x) = b_{j1}^l x_1 + b_{j2}^l x_2 + \cdots + b_{jn}^l x_n + \lambda_j^l, \tag{6.3}$$

6.1 分片线性函数 (PLF) 构造

其中 $\forall x = (x_1, x_2, \cdots, x_n) \in \Delta_{jl}, j = 1, 2, \cdots, p; l = 1, 2, \cdots, s.$

实际上, 式 (6.3) 仅是所要构造 PLF 的某一片, 关键是如何确定这 $n+1$ 个系数 $b_{j1}^l, b_{j2}^l, \cdots, b_{jn}^l, \lambda_j^l$. 因每个小多面体 Δ_{jl} 的顶点 $x_k^* = (x_1^k, x_2^k, \cdots, x_n^k)$ 均为超平面 $S_{ji}(x)$ 和曲面 $f(x)$ 的公共点, 故对每个顶点 x_k^* 来说必有

$$S_{jl}(x_k^*) = f(x_k^*), \quad k = 1, 2, \cdots, n, n+1.$$

将这 $n+1$ 个顶点坐标依次代入式 (6.3) 得

$$\begin{cases} f(x_1^*) = b_{j1}^l x_1^1 + b_{j2}^l x_2^1 + \cdots + b_{jn}^l x_n^1 + \lambda_j^l, \\ f(x_2^*) = b_{j1}^l x_1^2 + b_{j2}^l x_2^2 + \cdots + b_{jn}^l x_n^2 + \lambda_j^l, \\ \cdots \cdots \\ f(x_n^*) = b_{j1}^l x_1^n + b_{j2}^l x_2^n + \cdots + b_{jn}^l x_n^n + \lambda_j^l, \\ f(x_{n+1}^*) = b_{j1}^l x_1^{n+1} + b_{j2}^l x_2^{n+1} + \cdots + b_{jn}^l x_n^{n+1} + \lambda_j^l, \end{cases} \quad (6.4)$$

其中 $f(x_k^*)$ 是所给数据对的对应值, 依等距剖分所有顶点坐标 $(x_1^k, x_2^k, \cdots, x_n^k, f(x_k^*))$ 均是确定的.

第四步 求解系数. 对 $n+1$ 元线性方程组式 (6.4) 而言, 未知量为 $b_{j1}^l, b_{j2}^l, \cdots, b_{jn}^l, \lambda_j^l, j = 1, 2, \cdots, p; l = 1, 2, \cdots, s.$ 令系数矩阵分别为

$$D_{j1}^l = \begin{pmatrix} f(x_1^*) & x_2^1 & \cdots & x_n^1 & 1 \\ f(x_2^*) & x_2^2 & \cdots & x_n^2 & 1 \\ \vdots & \vdots & & \vdots & \vdots \\ f(x_n^*) & x_2^n & \cdots & x_n^n & 1 \\ f(x_{n+1}^*) & x_2^{n+1} & \cdots & x_n^{n+1} & 1 \end{pmatrix},$$

$$D_{j2}^l = \begin{pmatrix} x_1^1 & f(x_1^*) & \cdots & x_n^1 & 1 \\ x_1^2 & f(x_2^*) & \cdots & x_n^2 & 1 \\ \vdots & \vdots & & \vdots & \vdots \\ x_1^n & f(x_n^*) & \cdots & x_n^n & 1 \\ x_1^{n+1} & f(x_{n+1}^*) & \cdots & x_n^{n+1} & 1 \end{pmatrix}, \cdots,$$

$$D_{jn}^l = \begin{pmatrix} x_1^1 & x_2^1 & \cdots & f(x_1^*) & 1 \\ x_1^2 & x_2^2 & \cdots & f(x_2^*) & 1 \\ \vdots & \vdots & & \vdots & \vdots \\ x_1^n & x_2^n & \cdots & f(x_n^*) & 1 \\ x_1^{n+1} & x_2^{n+1} & \cdots & f(x_{n+1}^*) & 1 \end{pmatrix},$$

$$D_{j(n+1)}^l = \begin{pmatrix} x_1^1 & x_2^1 & \cdots & x_n^1 & f(x_1^*) \\ x_1^2 & x_2^2 & \cdots & x_n^2 & f(x_2^*) \\ \vdots & \vdots & & \vdots & \vdots \\ x_1^n & x_2^n & \cdots & x_n^n & f(x_n^*) \\ x_1^{n+1} & x_2^{n+1} & \cdots & x_n^{n+1} & f(x_{n+1}^*) \end{pmatrix},$$

$$D_n = \begin{pmatrix} x_1^1 & x_2^1 & \cdots & x_n^1 & 1 \\ x_1^2 & x_2^2 & \cdots & x_n^2 & 1 \\ \vdots & \vdots & & \vdots & \vdots \\ x_1^n & x_2^n & \cdots & x_n^n & 1 \\ x_1^{n+1} & x_2^{n+1} & \cdots & x_n^{n+1} & 1 \end{pmatrix}.$$

因 $|D_n| \neq 0$, 故式 (6.4) 有唯一解

$$\begin{cases} b_{j1}^l = |D_{j1}^l|/|D_n|, \\ b_{j2}^l = |D_{j2}^l|/|D_n|, \\ \cdots \cdots \\ b_{jn}^l = |D_{jn}^l|/|D_n|, \\ \lambda_j^l = |D_{j(n+1)}^l|/|D_n|. \end{cases}$$

由于超平面上所有顶点坐标 $(x_1^*, x_2^*, \cdots, x_n^*, f(x_n^*))$ 都基于小多面体 Δ_{jl} 来确定. 因此, 上述每个系数矩阵 D_{ji}^l 的右端均与指标变量 j 和 l 有关.

第五步 构造 PLF. 将上述方程的解依次代回式 (6.3) 即可获得每个超平面方程 $S_{jl}(x)$ 的解析式为

$$S_{jl}(x) = \frac{|D_{j1}^l|}{|D_n|}x_1 + \frac{|D_{j2}^l|}{|D_n|}x_2 + \cdots + \frac{|D_{jn}^l|}{|D_n|}x_n + \frac{|D_{j(n+1)}^l|}{|D_n|}, \quad \forall x = (x_1, x_2, \cdots, x_n) \in \Delta_{jl}.$$

故可得 $\Delta(a) \subset \mathbb{R}^n$ 上 PLF 的解析表达式如下:

$$S(x) = \begin{cases} \frac{|D_{j1}^l|}{|D_n|}x_1 + \frac{|D_{j2}^l|}{|D_n|}x_2 + \cdots + \frac{|D_{jn}^l|}{|D_n|}x_n + \frac{|D_{j(n+1)}^l|}{|D_n|}, \\ \forall x = (x_1, x_2, \cdots, x_n) \in \Delta_{jl}, \quad j = 1, 2, \cdots, p; l = 1, 2, \cdots, s, \\ 0, \qquad \forall x = (x_1, x_2, \cdots, x_n) \in \Delta^c(a). \end{cases} \quad (6.5)$$

注 6.1 上述步骤主要适合于第一类广义正方体 $\Sigma^c(m)$ 上 PLF 的构造. 因第二类广义正方体 $\Sigma^c(m)$ 中每个 Q_j 均含有超出定义域 U 以外的点, 亦即, Q_j 顶点数可能发生变化. 此时, 可把边界 ∂U 与网格线交点视为 Q_j 的顶点, 其他构造步骤类似. 实际上, 式 (6.5) 关键取决于剖分数 m 的选取, 且 m 决定 PLF 的逼近性能, 当然, 如何选取最小的 m 是更为重要.

6.1 分片线性函数 (PLF) 构造

事实上,实施 m-网格剖分后每个小多面体 Δ_{jl} 的顶点坐标均可写为形如 $x_k^* = \left(\dfrac{ai_1}{m}, \dfrac{ai_2}{m}, \cdots, \dfrac{ai_n}{m}\right)$,其中 $i_1 = 1, 2, \cdots, N_1; i_2 = 1, 2, \cdots, N_2; \cdots; i_n = 1, 2, \cdots, N_n$. 任意动点 $x \in \Delta_{jl}$ 可用 Δ_{jl} 的顶点坐标 x_k^* 来表示.

下面,仅以 $n = 2$ 为例说明这个事实. $\forall (x_1, x_2) \in \Delta(a)$,则存在等腰直角三角形 Δ_{jl},使 $(x_1, x_2) \in \Delta_{jl}$ (其中 i, j 均固定),顶点坐标 $\left(\dfrac{ai_1}{m}, \dfrac{ai_2}{m}\right)$ 取决于剖分数 $m \in \mathbb{N}$,且 Δ_{jl} 直角边长为 $\dfrac{a}{m}$.不妨设 Δ_{jl} 的三个顶点坐标依次为 $(x_1^1, x_2^1), (x_1^2, x_2^2), (x_1^3, x_2^3)$,且 $P_1 P_2 = P_1 P_3 = \dfrac{a}{m}$,其坐标分量满足 $x_1^1 = x_1^3, x_2^1 = x_2^2$,取参数 $\lambda, \theta \in [0, 1]$,如图 6.2 所示.

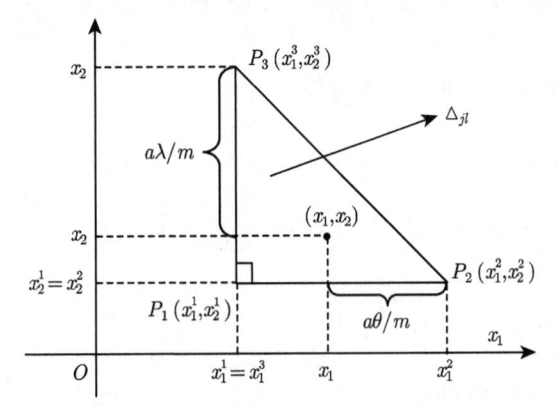

图 6.2 $n = 2$ 时 $x_1 O x_2$ 平面上剖分三角形 Δ_{ji} 示意图

设动点 $(x_1, x_2) \in \Delta_{jl}$,从图 6.2 不难看出三个顶点与动点分量坐标关系如下:

$$\begin{cases} x_1^1 = x_1 - \dfrac{(1-\theta)a}{m}, \\ x_2^1 = x_2 - \dfrac{(1-\lambda)a}{m}, \end{cases} \begin{cases} x_1^2 = x_1 + \dfrac{a\theta}{m}, \\ x_2^2 = x_2 - \dfrac{(1-\lambda)a}{m}, \end{cases} \begin{cases} x_1^3 = x_1 - \dfrac{(1-\theta)a}{m}, \\ x_2^3 = x_2 + \dfrac{\lambda a}{m}. \end{cases}$$

进而沿 x_1, x_2 轴可得分量坐标关系为

$$\begin{cases} x_1^k = x_1 - \dfrac{a\theta_k}{m}, \\ x_2^k = x_2 - \dfrac{a\lambda_k}{m} \end{cases} \Rightarrow \begin{cases} |x_1 - x_1^k| = \dfrac{a|\theta_k|}{m} < \dfrac{a}{m}, \\ |x_2 - x_2^k| = \dfrac{a|\lambda_k|}{m} < \dfrac{a}{m}. \end{cases}$$

其中 $k = 1, 2, 3; \theta_1 = \theta_3 = 1 - \theta < 1, \theta_2 = -\theta; \lambda_1 = \lambda_2 = 1 - \lambda, \lambda_3 = -\lambda$.

故动点分量坐标 x_i 与所属小多面体 Δ_{jl} 的顶点 (x_1^k, x_2^k) 分量坐标均满足

$$|x_i - x_i^k| < \dfrac{a}{m}, \quad i = 1, 2; \quad k = 1, 2, 3. \tag{6.6}$$

类似方法, 对 n 维输入 $x = (x_1, x_2, \cdots, x_n) \in \Delta(a)$ 也有式 (6.6) 成立.

此外, 因分片线性函数 S 仅满足连续性, 但 S 所有左 (右) 偏导数均存在, 故引入记号 $D_i(S)$ 为

$$D_i(S) = \bigvee_{x = (x_1, x_2, \cdots, x_n) \in V(S)} \left(\left| \frac{\partial S_+(x)}{\partial x_i} \right| \vee \left| \frac{\partial S_-(x)}{\partial x_i} \right| \right). \tag{6.7}$$

定理 6.1 设 $S \in D(\mathbb{R}^n)$ 是形如式 (6.5) 的一个 PLF, 给定一组常数 $h_1, h_2, \cdots, h_n \in \mathbb{R}$. 若 $\forall (x_1, x_2, \cdots, x_n) \in \Delta(a)$, 则有

$$|S(x_1 + h_1, x_2 + h_2, \cdots, x_n + h_n) - S(x_1, x_2, \cdots, x_n)| \leqslant \sum_{i=1}^{n} D_i(S) \cdot |h_i|.$$

证明 依据式 (6.5) 直接代入可得

$$|S(x_1 + h_1, x_2 + h_2, \cdots, x_n + h_n) - S(x_1, x_2, \cdots, x_n)|$$
$$= \left| \frac{|D_{j1}^l|}{|D_n|} h_1 + \frac{|D_{j2}^l|}{|D_n|} h_2 + \cdots + \frac{|D_{jn}^l|}{|D_n|} h_n \right|$$
$$\leqslant \frac{\|D_{j1}^l\|}{\|D_n\|} |h_1| + \frac{\|D_{j2}^l\|}{\|D_n\|} |h_2| + \cdots + \frac{\|D_{jn}^l\|}{\|D_n\|} |h_n|$$
$$\leqslant \sum_{i=1}^{n} D_i(S) \cdot |h_i|.$$

如果不去区别分片线性函数 S 的左或右偏导数, 则可简单理解 $D_i(S)$ 即为 S 关于每个分量 x_i 偏导数的绝对值, 亦即, $D_i(S) = \left| \frac{\partial S}{\partial x_i} \right| = \frac{\|D_{ji}^l\|}{\|D_n\|}, i = 1, 2, \cdots, n$. 这个事实可从式 (6.5) 直观看出.

下面, 为举例方便把数据对 $(x; f(x))$ 条件放宽为已知 $f(x)$ 的解析表达式.

例 6.1 设 $n = 2, a = 1, f(x, y) = \begin{cases} 3 \exp(-4|x|^3 - 4y^3), & y \geqslant 0, \\ -|\cos(3x - 2y)|, & y < 0, \end{cases} \forall (x, y) \in [-1, 1] \times [-1, 1]$, 剖分数 $m = 6$. 试在 $[0, 1] \times [0, 1]$ 上构造一个二元分片线性函数.

解 由 $m = 6$, 则在 $[0, 1] \times [0, 1]$ 上实施 6-网格式剖分得 $6 \times 6 = 36$ 个边长为 $\frac{1}{6}$ 的小正方形. 按第二步将每个小正方形沿对角线平分获得 72 个小直角等腰三角形 (三点确定一平面), 不妨将所有小三角形按顺序简记为 $\Delta_{j,i}, j = 1, 2, \cdots, 6; i = 1, 2, \cdots, 12$, 参看图 6.3. 实际上, 这 72 个小三角形所有顶点坐标都完全确定, 例如, $\Delta_{2,3}: \left(\frac{1}{6}, \frac{1}{6} \right), \left(\frac{1}{6}, \frac{1}{3} \right), \left(\frac{1}{3}, \frac{1}{3} \right); \Delta_{2,11}: \left(\frac{5}{6}, \frac{1}{6} \right), \left(\frac{5}{6}, \frac{1}{3} \right), \left(1, \frac{1}{3} \right).$

6.1 分片线性函数 (PLF) 构造

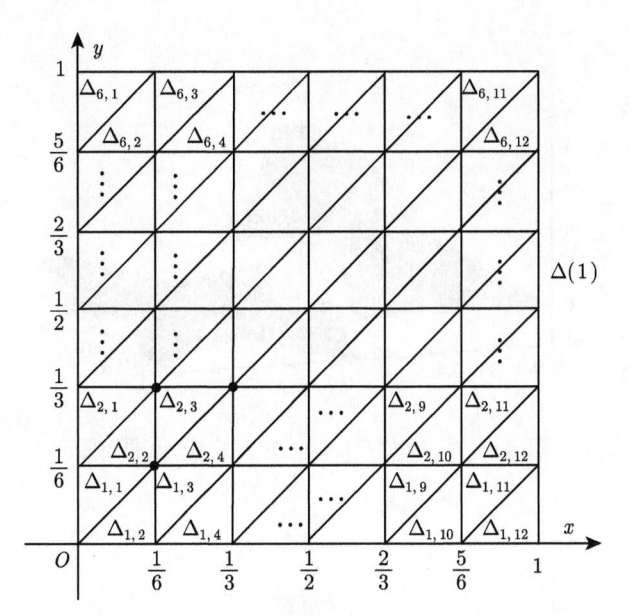

图 6.3 $n = 2$ 时 $[0,1] \times [0,1]$ 上网格剖分示意图

此时, 在函数 $f(x,y)$ 作用下每个小三角形 $\Delta_{j,l}$ 在 $\mathbb{R}^3$ 上三个顶点坐标也确定, 例如, $\Delta_{2,3}$ 在 $\mathbb{R}^3$ 上三个顶点坐标依次为

$$(1/6, 1/6, 3\mathrm{e}^{-1/27}), \ (1/6, 1/3, 3\mathrm{e}^{-1/6}), \ (1/3, 1/3, 3\mathrm{e}^{-10/27}).$$

显然, 过此三点可在 $\mathbb{R}^3$ 中确定一个平面, 该平面方程依第五步确定为

$$S_{2,3}(x,y) = 18(\mathrm{e}^{-\frac{1}{6}} - \mathrm{e}^{-\frac{8}{27}})x + 18(\mathrm{e}^{-\frac{1}{54}} - \mathrm{e}^{-\frac{1}{6}})y + 3(\mathrm{e}^{-\frac{8}{27}} - 2\mathrm{e}^{-\frac{1}{27}}), \quad \forall (x,y) \in \Delta_{2,3}.$$

类似方法, 可依次确定 $\Delta_{1,1}, \Delta_{1,2}, \cdots, \Delta_{2,1}, \cdots, \Delta_{6,1}, \cdots, \Delta_{6,12}$ 在 $\mathbb{R}^3$ 中每个 PLF, 进而在 $[0,1] \times [0,1]$ 上确定分片线性函数 $S(x,y)$ 的具体解析表达式为

$$S(x,y) = \begin{cases} 18\left(\mathrm{e}^{-\frac{1}{54}} - \mathrm{e}^{-\frac{1}{27}}\right)x - 18\left(1 - \mathrm{e}^{-\frac{1}{54}}\right)y + 3, & \forall (x,y) \in \Delta_{1,1}, \\ -18\left(1 - \mathrm{e}^{-\frac{1}{54}}\right)x + 18\left(\mathrm{e}^{-\frac{1}{27}} - \mathrm{e}^{-\frac{1}{54}}\right)y + 3, & \forall (x,y) \in \Delta_{1,2}, \\ \cdots \cdots \\ 18\left(\mathrm{e}^{-\frac{1}{6}} - \mathrm{e}^{-\frac{8}{27}}\right)x + 18\left(\mathrm{e}^{-\frac{1}{54}} - \mathrm{e}^{-\frac{1}{6}}\right)y + 3\left(\mathrm{e}^{-\frac{8}{27}} - 2\mathrm{e}^{-\frac{1}{27}}\right), & \forall (x,y) \in \Delta_{2,3}, \\ \cdots \cdots \\ 18\left(\mathrm{e}^{-\frac{341}{54}} - \mathrm{e}^{-\frac{125}{27}}\right)x + 18\left(\mathrm{e}^{-8} - \mathrm{e}^{-\frac{341}{54}}\right)y + \frac{1}{2}\mathrm{e}^{-\frac{125}{27}} - \frac{5}{12}\mathrm{e}^{-8}, & \forall (x,y) \in \Delta_{6,12}. \end{cases}$$

因仅限在 $[0,1] \times [0,1]$ 构造 PLF, 故只用到 $f(x,y) = 3\exp(-4x^3 - 4y^3)$ 那支函数. 有了 PLF $S(x,y)$ 解析表达式, 再应用 MATLAB 软件编程不难画出 $S(x,y)$ 的空间图形, 参见图 6.4 和图 6.5.

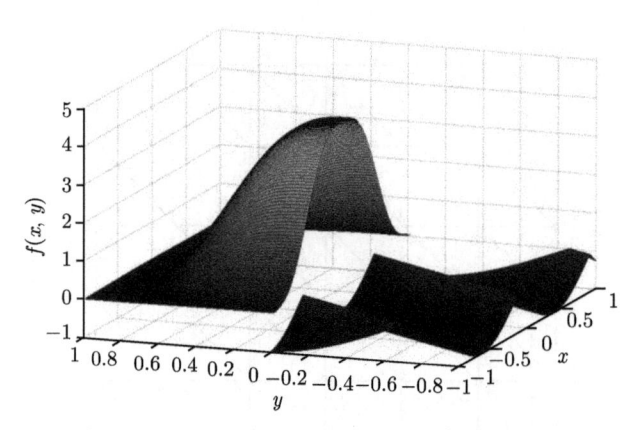

图 6.4 $n=2$ 时 $f(x,y)$ 在 $[-1,1]^2$ 上曲面图

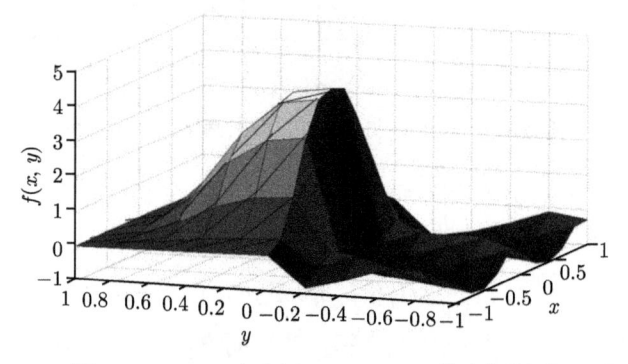

图 6.5 $n=2$ 时对应 PLF $S(x,y)$ 的空间图形

从图 6.3 和图 6.4 不难看出二者图形比较接近, 因此基于给定函数 f 构造的 PLF 应对 f 具有逼近性, 这个结果在 6.2 节会重点阐述. 此外, 分片线性函数 (PLF) 具有很多优良性质, 例如, 它能保持在 $\mathbb{R}^n$ 上一个紧集上非零, 其单边偏导数均存在且有界, 在 $\mathbb{R}^n$ 上一致连续等. 这些优良性质为讨论连续函数类乃至可积函数类的逼近性提供了诸多方便.

6.2 Mamdani 模糊系统逼近连续函数

6.2.1 PLF 逼近连续函数

有了分片线性函数 S 的解析表达式, 人们自然会想到 PLF 对连续函数是否具有逼近性? 其逼近效果如何? 本节将主要针对前一个问题, 并为进一步研究广义 Mamdani 模糊系统逼近性搭建平台. 此外, 为后文表述方便, 我们对剖分小多面体 Δ_{jl} 与 $\Delta_{j,l}$ 不加区分, 视其为等同. 这是因一旦 j 或 l 取值超过两位数时, 则无法

6.2 Mamdani 模糊系统逼近连续函数

区别指标 j 和 l, 此时用逗号隔开是必要的.

定理 6.2 设 f 在紧集 $U \subset \mathbb{R}^n$ 上连续, $\{\Delta_{j1}, \Delta_{j2}, \cdots, \Delta_{j_s}\}$ 是第 j 个广义小正方体 $Q_j(j=1,2,\cdots,p)$ 的 m-网格剖分多面体. 记 $x_k^* = (x_1^k, x_2^k, \cdots, x_n^k)(k=1,2,\cdots,n+1)$ 为剖分后 n 维小多面体 Δ_{jl} 的 $n+1$ 个顶点坐标. 则 $\forall \varepsilon > 0$, 存在 PLF S, 使 $\|f - S\|_\infty < \varepsilon$, 亦即, PLF 按最大模逼近连续函数.

证明 6.1 节已给出分片线性函数 S 的解析式, 故只需证明 S 对连续函数 f 具有逼近性即可.

事实上, $\forall x = (x_1, x_2, \cdots, x_n) \in \Delta(a)$, 存在 m-网格剖分使 x 唯一落在某个小多面体 Δ_{jl} 内, 其中 j,l 均固定. 依题设 f 在紧集 U 上连续, 则 f 必一致连续, 进而 f 在 Δ_{jl} 上也一致连续, 亦即, $\forall \varepsilon > 0$, $\exists \delta > 0$, $\forall x, y \in \Delta_{jl}$, 且 $\|x - y\| < \delta$, 有 $|f(x) - f(y)| < \varepsilon$.

此时, 式 (6.5) 中常数项的分子部分 $|D_{j(n+1)}^l|(j,l$ 为给定) 依行列式性质按最后一列展开得

$$\left|D_{j(n+1)}^l\right| = \begin{vmatrix} x_1^1 - x_1^2 & x_2^1 - x_2^2 & \cdots & x_n^1 - x_n^2 & f(x_1^*) - f(x_2^*) \\ x_1^2 - x_1^3 & x_2^2 - x_2^3 & \cdots & x_n^2 - x_n^3 & f(x_2^*) - f(x_3^*) \\ \vdots & \vdots & & \vdots & \vdots \\ x_1^n - x_1^{n+1} & x_2^n - x_2^{n+1} & \cdots & x_n^n - x_n^{n+1} & f(x_n^*) - f(x_{n+1}^*) \\ x_1^{n+1} & x_2^{n+1} & \cdots & x_n^{n+1} & f(x_{n+1}^*) \end{vmatrix}$$

$$= (-1)^n |D_{n1}| (f(x_1^*) - f(x_2^*)) + (-1)^{n-1} |D_{n2}| (f(x_2^*) - f(x_3^*)) + \cdots$$
$$- |D_{nn}| (f(x_n^*) - f(x_{n+1}^*)) + |D_n| f(x_{n+1}^*). \tag{6.8}$$

再将系数行列式 $|D_{ni}|$ 依次按最后一行展开得

$$|D_{n1}| = \begin{vmatrix} x_1^2 - x_1^3 & x_2^2 - x_2^3 & \cdots & x_n^2 - x_n^3 \\ \vdots & \vdots & & \vdots \\ x_1^n - x_1^{n+1} & x_2^n - x_2^{n+1} & \cdots & x_n^n - x_n^{n+1} \\ x_1^{n+1} & x_2^{n+1} & \cdots & x_n^{n+1} \end{vmatrix},$$

$$|D_{n2}| = \begin{vmatrix} x_1^1 - x_1^2 & x_2^1 - x_2^2 & \cdots & x_n^1 - x_n^2 \\ \vdots & \vdots & & \vdots \\ x_1^n - x_1^{n+1} & x_2^n - x_2^{n+1} & \cdots & x_n^n - x_n^{n+1} \\ x_1^{n+1} & x_2^{n+1} & \cdots & x_n^{n+1} \end{vmatrix}, \cdots,$$

$$|D_{nn}| = \begin{vmatrix} x_1^1 - x_1^2 & x_2^1 - x_2^2 & \cdots & x_n^1 - x_n^2 \\ x_1^2 - x_1^3 & x_2^2 - x_2^3 & \cdots & x_n^2 - x_n^3 \\ \vdots & \vdots & & \vdots \\ x_1^{n+1} & x_2^{n+1} & \cdots & x_n^{n+1} \end{vmatrix},$$

$$|D_n| = \begin{vmatrix} x_1^1 - x_1^2 & x_2^1 - x_2^2 & \cdots & x_n^1 - x_n^2 \\ x_1^2 - x_1^3 & x_2^2 - x_2^3 & \cdots & x_n^2 - x_n^3 \\ \vdots & \vdots & & \vdots \\ x_1^n - x_1^{n+1} & x_2^n - x_2^{n+1} & \cdots & x_n^n - x_n^{n+1} \end{vmatrix}.$$

因此, 式 (6.5) 中常数项可表为

$$\frac{|D_{j(n+1)}^l|}{|D_n|} = (-1)^n \frac{|D_{n1}|}{|D_n|}(f(x_1^*) - f(x_2^*)) + (-1)^{n-1} \frac{|D_{n2}|}{|D_n|}(f(x_2^*) - f(x_3^*))$$
$$+ \cdots - \frac{|D_{nn}|}{|D_n|}(f(x_n^*) - f(x_{n+1}^*)) + f(x_{n+1}^*).$$

另一方面, 依矩阵行列式 $|D_{j1}^l|, |D_{j2}^l|, \cdots, |D_{jn}^l|(j, l$ 仍为给定) 性质分别按第 $1, 2, \cdots, n$ 列展开得

$$|D_{j1}^l|x_1 + |D_{j2}^l|x_2 + \cdots + |D_{jn}^l|x_n$$
$$= \begin{vmatrix} f(x_1^*) - f(x_2^*) & x_2^1 - x_2^2 & \cdots & x_n^1 - x_n^2 \\ f(x_2^*) - f(x_3^*) & x_2^2 - x_2^3 & \cdots & x_n^2 - x_n^3 \\ \vdots & \vdots & & \vdots \\ f(x_n^*) - f(x_{n+1}^*) & x_2^n - x_2^{n+1} & \cdots & x_n^n - x_n^{n+1} \end{vmatrix} x_1$$
$$+ \begin{vmatrix} x_1^1 - x_1^2 & f(x_1^*) - f(x_2^*) & \cdots & x_n^1 - x_n^2 \\ x_1^2 - x_1^3 & f(x_2^*) - f(x_3^*) & \cdots & x_n^2 - x_n^3 \\ \vdots & \vdots & & \vdots \\ x_1^n - x_1^{n+1} & f(x_n^*) - f(x_{n+1}^*) & \cdots & x_n^n - x_n^{n+1} \end{vmatrix} x_2 + \cdots$$
$$+ \begin{vmatrix} x_1^1 - x_1^2 & x_2^1 - x_2^2 & \cdots & f(x_1^*) - f(x_2^*) \\ x_1^2 - x_1^3 & x_2^2 - x_2^3 & \cdots & f(x_2^*) - f(x_3^*) \\ \vdots & \vdots & & \vdots \\ x_1^n - x_1^{n+1} & x_2^n - x_2^{n+1} & \cdots & f(x_n^*) - f(x_{n+1}^*) \end{vmatrix} x_n$$
$$= (f(x_1^*) - f(x_2^*)) \left(|B_1^1|x_1 - |B_2^1|x_2 + \cdots + (-1)^{n-1}|B_n^1|x_n \right)$$
$$+ (f(x_2^*) - f(x_3^*)) \left(-|B_1^2|x_1 + |B_2^2|x_2 + \cdots + (-1)^n|B_n^2|B_n^2 x_n \right) + \cdots$$
$$+ (f(x_n^*) - f(x_{n+1}^*)) \left((-1)^{n-1}|B_1^n|x_1 + (-1)^n|B_2^n|x_2 + \cdots + |B_n^n|x_n \right), \quad (6.9)$$

其中每个 $|B_l^1|(l=1,2,\cdots,n)$ 均是式 (6.9) 第一个行列式按第 1 列展开所对应元素的 $n-1$ 阶余子式,$|B_l^2|$ 是第二个行列式按第 2 列展开所对应元素的 $n-1$ 阶余子式. 以此类推,$|B_l^n|$ 是第 n 个行列式按第 n 列展开所对应元素的 $n-1$ 阶余子式,例如,

$$|B_1^1|=\begin{vmatrix} x_2^2-x_2^3 & \cdots & x_n^2-x_n^3 \\ \vdots & & \vdots \\ x_2^n-x_2^{n+1} & \cdots & x_n^n-x_n^{n+1} \end{vmatrix},\quad |B_2^1|=\begin{vmatrix} x_1^2-x_1^3 & \cdots & x_n^2-x_n^3 \\ \vdots & & \vdots \\ x_1^n-x_1^{n+1} & \cdots & x_n^n-x_n^{n+1} \end{vmatrix},$$

$$|B_2^2|=\begin{vmatrix} x_1^1-x_1^2 & \cdots & x_n^1-x_n^2 \\ \vdots & & \vdots \\ x_1^n-x_1^{n+1} & \cdots & x_n^n-x_n^{n+1} \end{vmatrix}.$$

此时,$\forall x=(x_1,x_2,\cdots,x_n)\in\Delta(a)$,将式 (6.8) 和 (6.9) 代入式 (6.5),经整理放大得

$$\begin{aligned}&\|D_n\|\cdot|f(x)-S(x)|\\ \leqslant &\||B_1^1|x_1-|B_2^1|x_2+\cdots+(-1)^{n-1}|B_n^1|x_n+(-1)^n|D_{n1}\|\cdot\left|f(x_1^*)-f(x_2^*)\right|\\ &+\left|-|B_1^2|x_1+|B_2^2|x_2+\cdots\right.\\ &\left.+(-1)^n|B_n^2|B_n^2 x_n+(-1)^{n-1}|D_{n2}|\right|\cdot\left|f(x_2^*)-f(x_3^*)\right|+\cdots\\ &+\left|(-1)^{n-1}|B_1^n|x_1+(-1)^n|B_2^n|x_2+\cdots\right.\\ &\left.+|B_n^n|x_n-|D_{nn}\|\right|\cdot\left|f(x_n^*)-f(x_{n+1}^*)\right|+\left|f(x_{n+1}^*)-f(x)\right|.\end{aligned} \qquad (6.10)$$

再分别将行列式 $|D_{n1}|,|D_{n2}|,\cdots,|D_{nn}|$ 均按最后一行展开得

$$\begin{cases} |D_{n1}|=(-1)^{n+1}|B_1^1|x_1^{n+1}+(-1)^n|B_2^1|x_2^{n+1}+\cdots+|B_n^1|x_n^{n+1},\\ |D_{n2}|=(-1)^{n+1}|B_1^2|x_1^{n+1}+(-1)^n|B_2^2|x_2^{n+1}+\cdots+|B_n^2|x_n^{n+1},\\ \cdots\cdots\\ |D_{nn}|=(-1)^{n+1}|B_1^n|x_1^{n+1}+(-1)^n|B_2^n|x_2^{n+1}+\cdots+|B_n^n|x_n^{n+1}. \end{cases} \qquad (6.11)$$

根据式 (6.6),$\forall x=(x_1,x_2,\cdots,x_n)\in\Delta_{jl}$,小多面体 Δ_{jl} 中每个顶点 $x_k^*=(x_1^k,x_2^k,\cdots,x_n^k)$ 的分量坐标 x_i^k 均满足

$$|x_i-x_i^k|\leqslant\frac{a}{m},\quad i=1,2,\cdots,n;\ k=1,2,\cdots,n+1.$$

其中 $\dfrac{a}{m}$ 为广义正方体 Q_j 的边长,$j=1,2,\cdots,p$. 此外,小多面体 Δ_{jl} 中相邻两顶点的距离 $\|x_k^*-x_{k+1}^*\|$ 和 $\|x_{n+1}^*-x\|$,总满足

$$\|x_k^*-x_{k+1}^*\|$$

$$= \sqrt{(x_1^k - x_1^{k+1})^2 + (x_2^k - x_2^{k+1})^2 + \cdots + (x_n^k - x_n^{k+1})^2} \leqslant \frac{a}{m}\sqrt{n} \to 0 \quad (m \to \infty),$$

$$\|x_{n+1}^* - x\|$$

$$= \sqrt{(x_1^{n+1} - x_1)^2 + (x_2^{n+1} - x_2)^2 + \cdots + (x_n^{n+1} - x_n)^2} \leqslant \frac{a}{m}\sqrt{n} \to 0 \quad (m \to \infty).$$

故依 $f(x)$ 在 Δ_{jl} 上一致连续定义. $\forall \varepsilon > 0$, 总有

$$|f(x_k^*) - f(x_{k+1}^*)| < \varepsilon, \quad |f(x_{n+1}^*) - f(x)| < \varepsilon. \tag{6.12}$$

将式 (6.11) 中 $|D_{n1}|$ 代入式 (6.10) 可得

$$\left| |B_1^1|x_1 - |B_2^1|x_2 + \cdots + (-1)^{n-1}|B_n^1|x_n + (-1)^n|D_{n1}| \right|$$
$$\leqslant |x_1 - x_1^{n+1}| \cdot \|B_1^1\| + |x_2 - x_2^{n+1}| \cdot \|B_2^1\| + \cdots + |x_n - x_n^{n+1}| \cdot \|B_n^1\|$$
$$\leqslant \frac{a}{m}\left(\|B_1^1\| + \|B_2^1\| + \cdots + \|B_n^1\|\right).$$

同理对 $|D_{n2}|, \cdots, |D_{nn}|$ 也有

$$\left| -|B_1^2|x_1 + |B_2^2|x_2 + \cdots + (-1)^n|B_n^2|B_n^2 x_n + (-1)^{n-1}|D_{n2}| \right|$$
$$\leqslant \frac{a}{m}\left(\|B_1^2\| + \|B_2^2\| + \cdots + \|B_n^2\|\right),$$
$$\cdots \cdots$$
$$\left| (-1)^{n-1}|B_1^n|x_1 + (-1)^n|B_2^n|x_2 + \cdots + |B_n^n|x_n - |D_{mn}| \right|$$
$$\leqslant \frac{a}{m}\left(\|B_1^n\| + \|B_2^n\| + \cdots + \|B_n^n\|\right),$$

其中 $\|B_i^1\|, \|B_i^2\|, \cdots, \|B_i^n\|$ 分别是对应的 $n-1$ 阶矩阵模, $i = 1, 2, \cdots, n$.

再将式 (6.12) 代入式 (6.10), $\forall \varepsilon > 0$, 立即获得

$$|f(x) - S(x)|$$
$$\leqslant \frac{a\varepsilon}{m\|D_n\|}\left(\left(\|B_1^1\| + \|B_2^1\| + \cdots + \|B_n^1\|\right) + \left(\|B_1^2\| + \|B_2^2\| + \cdots + \|B_n^2\|\right) + \cdots \right.$$
$$\left. + \left(\|B_1^n\| + \|B_2^n\| + \cdots + \|B_n^n\|\right)\right) + \varepsilon$$
$$= \left(\frac{a}{m\|D_n\|}\sum_{i=1}^n \sum_{k=1}^n \|B_k^i\| + 1\right)\varepsilon.$$

现在, 只需说明表达式 $\frac{a}{m\|D_n\|}\sum_{i-1}^n \sum_{k=1}^n \|B_k^i\|$ 为常数即可. 事实上, 依行列式性质不难证明 $\sum_{i=1}^n \sum_{k=1}^n \|B_k^i\| = k_0\left(\frac{a}{m}\right)^{n-1}$, 其中 k_0 为常数, $\frac{a}{m}$ 为广义正方体 $\Delta_{i_1 i_2 \cdots i_n}\left(\frac{a}{m}\right)$ 的边长, m 为剖分数.

另一方面, 由于矩阵模 $\|D_n\|$ 为小正方体 Q_j 的"广义体积", 且体积为 $V =$

$\left(\dfrac{a}{m}\right)^n$, 则有

$$0 < \dfrac{a}{m\|D_n\|} \sum_{i=1}^{n}\sum_{k=1}^{n} \|B_k^i\| = \dfrac{ak_0\left(\dfrac{a}{m}\right)^{n-1}}{m\left(\dfrac{a}{m}\right)^n} = k_0.$$

故按最大模 (无穷范数) 定义 $\|f - S\|_\infty = \sup\limits_{x \in U} |f(x) - S(x)| < k_0\varepsilon$, 即, PLF S 按最大模 $\|\cdot\|_\infty$ 逼近连续函数 f.

6.2.2　Mamdani 模糊系统逼近 PLF

下面, 将继续讨论 Mamdani 模糊系统 (5.14) 对形如式 (6.5) 的 PLF 的逼近性. 目的是克服以往文献对待逼近函数的苛刻条件, 以便使 Mamdani 模糊系统对 PLF 的逼近性证明得以简化.

定理 6.3　设 f 是紧集 $U \subset \mathbb{R}^n$ 上连续函数, S 是形如式 (6.5) 的 PLF, $\Delta(a) = [-a, a]^n$, $a > 0$, $\{\Delta_{j1}, \Delta_{j2}, \cdots, \Delta_{js}\}$ 是广义正方体 $Q_j (j = 1, 2, \cdots, p)$ 的剖分. 则 $\forall \varepsilon > 0$, 存在 $m \in \mathbb{N}$ 及 Mamdani 模糊系统 F_m, 使 $\|F_m - S\|_\infty < \varepsilon$, 亦即, F_m 对 S 具有逼近性.

证明　依题设, $\forall x = (x_1, x_2, \cdots, x_n) \in \Delta(a)$, 存在 m-网格剖分和唯一 $j, l \in \mathbb{N}$, 使 $x \in \Delta_{jl}$. 若记 $x_k^* = (x_1^k, x_2^k, \cdots, x_n^k)$ 为这个 n 维小多面体 Δ_{jl} 的顶点坐标, 其中 $k = 1, 2, \cdots, n, n+1$. 则有

$$S(x_k^*) = \dfrac{|D_{j1}^l|}{|D_n|}x_1^k + \dfrac{|D_{j2}^l|}{|D_n|}x_2^k + \cdots + \dfrac{|D_{jn}^l|}{|D_n|}x_n^k + \dfrac{|D_{j(n+1)}^l|}{|D_n|}. \tag{6.13}$$

依式 (6.6) 得 $|x_i - x_i^k| \leqslant \dfrac{a}{m}$, 且显有

$$|S(x) - S(x_k^*)| = \dfrac{1}{\|D_n\|}\left||D_{j1}^l|(x_1 - x_1^k) + |D_{j2}^l|(x_2 - x_2^k) + \cdots + |D_{jn}^l|(x_n - x_n^k)\right|$$

$$\leqslant \dfrac{1}{\|D_n\|}\dfrac{a}{m}\left(\|D_{j1}^l\| + \|D_{j2}^l\| + \cdots + \|D_{jn}^l\|\right). \tag{6.14}$$

按第四步系数矩阵 D_{j1}^1 定义及行列式性质 (按第 1 列展开) 得

$$|D_{j1}^1| = \begin{vmatrix} f(x_1^*) - f(x_2^*) & x_2^1 - x_2^2 & \cdots & x_n^1 - x_n^2 \\ f(x_2^*) - f(x_3^*) & x_2^2 - x_2^3 & \cdots & x_n^2 - x_n^3 \\ \vdots & \vdots & & \vdots \\ f(x_n^*) - f(x_{n+1}^*) & x_2^n - x_2^{n+1} & \cdots & x_n^n - x_n^{n+1} \end{vmatrix}$$

$$= (f(x_1^*) - f(x_2^*))|B_1^1| - (f(x_2^*) - f(x_3^*))|B_1^2| + \cdots$$
$$+ (-1)^{n-1}\left(f(x_n^*) - f(x_{n+1}^*)\right)|B_1^n|.$$

再依式 (6.11) 和矩阵模定义, $\forall \varepsilon > 0$, 必有

$$\|D_{j1}^1\| \leqslant \left(\|B_1^1\| + \|B_1^2\| + \cdots + \|B_1^n\|\right)\varepsilon.$$

同理也有

$$\|D_{j2}^2\| \leqslant \left(\|B_2^1\| + \|B_2^2\| + \cdots + \|B_2^n\|\right)\varepsilon,$$
$$\cdots\cdots$$
$$\|D_{jn}^n\| \leqslant \left(\|B_n^1\| + \|B_n^2\| + \cdots + \|B_n^n\|\right)\varepsilon.$$

将上式相加后代入式 (6.14), 并令 $k_0 = \dfrac{a}{m\|D_n\|}\sum_{i=1}^n\sum_{k=1}^n\|B_k^i\|$, 则立即获得

$$|S(x) - S(x_k^*)| \leqslant \left(\frac{1}{\|D_n\|}\frac{a}{m}\sum_{i=1}^n\sum_{k=1}^n\|B_k^i\|\right)\varepsilon = k_0\varepsilon. \tag{6.15}$$

根据 Mamdani 模糊系统模型 (5.14), 若用 $x_{i_1 i_2 \cdots i_n}^* = (x_1^{i_1}, x_2^{i_2}, \cdots, x_n^{i_n})$ 表示剖分 $\Delta(a)$ 后所有小多面体 Δ_{jl} 的任意顶点坐标 (上述 x_k^* 只是某个 Δ_{jl} 的顶点), 选取输出模糊集中心 $\bar{y}_{i_1 i_2 \cdots i_n}$ 为

$$\bar{y}_{i_1 i_2 \cdots i_n} = S(x_{i_1 i_2 \cdots i_n}^*) = S(x_1^{i_1}, x_2^{i_2}, \cdots, x_n^{i_n}).$$

值得注意的是, 依动点 $x = (x_1, x_2, \cdots, x_n) \in \Delta(a)$ 的任意性, 式 (6.15) 对所有顶点 $x_{i_1 i_2 \cdots i_n}^*$ 都成立. 故 $\forall \varepsilon > 0$, 依 Mamdani 模糊系统 (5.14) 和式 (6.15) 得

$$\begin{aligned}
&|F_m(x_1, x_2, \cdots, x_n) - S(x_1, x_2, \cdots, x_n)| \\
&= \left|\frac{\sum_{i_1=1}^{N_1}\sum_{i_2=1}^{N_2}\cdots\sum_{i_n=1}^{N_n}\left(\prod_{i=1}^n A_{k_i}^i(x_i)\right)\cdot S(x_1^{i_1}, x_2^{i_2}, \cdots, x_n^{i_n})}{\sum_{i_1=1}^{N_1}\sum_{i_2=1}^{N_2}\cdots\sum_{i_n=1}^{N_n}\left(\prod_{i=1}^n A_{k_i}^i(x_i)\right)} - S(x_1, x_2, \cdots, x_n)\right| \\
&\leqslant \frac{\sum_{i_1=1}^{N_1}\sum_{i_2=1}^{N_2}\cdots\sum_{i_n=1}^{N_n}\left(\prod_{i=1}^n A_{k_i}^i(x_i)\right)\cdot |S(x_1, x_2, \cdots, x_n) - S(x_1^{i_1}, x_2^{i_2}, \cdots, x_n^{i_n})|}{\sum_{i_1=1}^{N_1}\sum_{i_2=1}^{N_2}\cdots\sum_{i_n=1}^{N_n}\left(\prod_{i=1}^n A_{k_i}^i(x_i)\right)} \\
&\leqslant k_0\varepsilon \cdot 1 = k_0\varepsilon.
\end{aligned}$$

依最大模定义 $\|F_m - S\|_\infty = \sup\limits_{x \in U}|F_m(x) - S(x)|$, 立即获得 $\|F_m - S\|_\infty < k_0\varepsilon$, 亦即, 在最大模定义下 Mamdani 模糊系统能以任意精度逼近 S.

定理 6.4 设 f 是紧集 $U \subset \mathbb{R}^n$ 上连续函数. 则 $\forall \varepsilon > 0$, 存在形如 (5.14) 的 Mamdani 模糊系统, 且在最大模 (无穷范数) 意义下 Mamdani 模糊系统 F_m 能以任意精度逼近连续函数 f.

证明 首先, 因 f 是紧集 $U \subset \mathbb{R}^n$ 上连续函数. 依定理 6.2, 必存在 m-网格剖分及其形如式 (6.5) 的 PLF S, 且 S 可按任意精度逼近 f, 亦即, $\forall \varepsilon > 0$, 恒有 $\|S - f\|_\infty < \varepsilon/2$.

其次, 对上述形如式 (6.5) 的 PLF S 而言, 由定理 6.3, 存在 Mamdani 模糊系统 F_m 使之逼近 S, 即, $\forall \varepsilon > 0$, 总有 $\|F_m - S\|_\infty < \varepsilon/2$. 故有

$$\|F_m - f\|_\infty \leqslant \|F_m - S\|_\infty + \|S - f\|_\infty < \frac{\varepsilon}{2} + \frac{\varepsilon}{2} = \varepsilon.$$

因此, 在最大模意义下 Mamdani 模糊系统 F_m 能以任意精度逼近连续函数 f.

本节通过网格式剖分多面体和代数方法构造了一个 PLF, 并给出了具体的解析表达式. 同时, 在最大模意义下证明了 Mamdani 模糊系统对紧集上连续函数具有逼近性能.

6.3 Mamdani 模糊系统逼近可积函数

通常, 人们更多关注模糊系统对连续函数类逼近问题的研究. 实际中除了连续函数类之外还有大量的非连续函数存在, 例如, 可积函数类. 因此, 在非连续或随机环境下研究模糊系统的逼近性具有重要的理论意义. 然而, 在可积类函数空间上刻画算子的度量却不能继续使用最大模 (无穷范数), 而需要重新定义度量 (距离). 本节主要通过基于 K-拟加测度建立的一类 $\hat{\mu}$-可积函数空间来讨论 Mamdani 模糊系统的逼近性问题, 从而将 Mamdani 模糊系统对连续函数类的逼近性能扩展到一类可积函数类空间上.

6.3.1 K_p-积分模

首先, 回顾 2.3 节关于 K-拟加积分的相关概念, 通过引入拟减算子 $\ominus$ 和 K-拟加积分及其转换定理给出 K_p-积分模定义, 并讨论这种积分模的基本性质.

本节仍延续采用 3.3 节定义强化诱导算子 K, 亦即, 凹函数 $K: \mathbb{R}^+ \to \mathbb{R}^+$ 严格递增, 且在 $(0, +\infty)$ 上可导, 并满足 $K(0) = 0, K(1) = 1$.

定义 6.4 设 K 是上述诱导算子, $\forall a, b \in \mathbb{R}^+$, 界定 a 与 b 的 K-拟减 $\ominus$ 运算如下:

$$a \ominus b = \begin{cases} K^{-1}(K(a) - K(b)), & a \geqslant b, \\ -K^{-1}(K(b) - K(a)), & a < b. \end{cases}$$

下面所涉及的 K-拟加 $\oplus$ 和 K-拟乘 $\otimes$ 运算仍同定义 2.16, K 是强化诱导算子. 实际上, K-拟减算子 $\ominus$ 并非是拟加 $\oplus$ 的逆运算, 且 $a \ominus b$ 可等价地表成

$$|a \ominus b| = K^{-1}(|K(a) - K(b)|) \Leftrightarrow K(|a \ominus b|) = |K(a) - K(b)|. \tag{6.16}$$

此外, $\forall a, b \in \mathbb{R}^+$, 若 $a \geqslant b$, 则不难验证以下结论成立:

$$K(a \ominus b) = K(a) - K(b), \quad K^{-1}(a - b) = K^{-1}(a) \ominus K^{-1}(b).$$

注 6.2 $\forall p \in \mathbb{N}$, 记 $a^p = \underbrace{a \otimes a \otimes \cdots \otimes a}_{p}$, 并约定 $a^p = b \Leftrightarrow a = b^{1/p}$. 反复利用定义 2.16 中拟乘 $\otimes$ 运算和数学归纳法不难证明 $K(a^p) = (K(a))^p$ 和 $K^{-1}(a^p) = (K^{-1}(a))^p$ 成立. 这些准备工作将为下一步定义 K_p-积分模奠定基础.

定义 6.5 设 $(X, \Im, \hat{\mu})$ 是 K-拟加测度空间, K 为诱导算子, f 是 X 上非负可测函数, $A \in \Im$, $\forall p \in \mathbb{N}$. 若 $\int_A^{(K)} f^p(x) \mathrm{d}\hat{\mu} < +\infty$, 则称 f 是 $\hat{\mu}_p$-可积的.

按命题 2.5, $\mu(\cdot) = K(\hat{\mu}(\cdot))$, μ 是 Lebesgue 测度, 相应积分转换定理重述为

$$\int_A^{(K)} f \mathrm{d}\hat{\mu} = K^{-1}\left(\int_A K(f(x)) \mathrm{d}\mu\right).$$

若记 $L_+^p(K, \hat{\mu}) = \{f : \mathbb{R}^n \to \mathbb{R}^+ | f \text{ 是 } \hat{\mu}_p\text{-可积的}\}$, 则称 $L_+^p(K, \hat{\mu})$ 为 $\hat{\mu}_p$-可积函数空间. 依上述积分转换定理及注 6.2, 不难获得

$$\int_A^{(K)} f^p(x) \mathrm{d}\hat{\mu} = K^{-1}\left(\int_A K(f^p(x)) \mathrm{d}\mu\right) = K^{-1}\left(\int_A (K(f(x)))^p \mathrm{d}\mu\right).$$

显然, 当 $K(x) = x$, $p = 1$, 上述积分就退化为普通 Lebesgue 积分, $\hat{\mu}_p$-可积退化为 L-可积.

设 $(\mathbb{R}^n, \Im, \hat{\mu})$ 是 K-拟加测度空间, K 为诱导算子, $\forall p \in \mathbb{N}$, $\forall f_1, f_2 \in L_+^p(K, \hat{\mu})$, $A \in \Im$. 令

$$\| f_1 - f_2 \|_{K,p} = \left(\int_A^{(K)} |f_1(x) \ominus f_2(x)|^p \mathrm{d}\hat{\mu}\right)^{\frac{1}{p}}.$$

则称 $\| \cdot \|_{K,p}$ 为 K_p-积分模. 根据注 6.2、式 (6.16) 和积分转换定理不难得到

$$\begin{aligned}\| f_1 - f_2 \|_{K,p}^p &= K^{-1}\left(\int_A K(|f_1(x) \ominus f_2(x)|^p) \mathrm{d}\mu\right) \\ &= K^{-1}\left(\int_A |K(f_1(x)) - K(f_2(x))|^p \mathrm{d}\mu\right),\end{aligned}$$

或等价地写成

$$\| f_1 - f_2 \|_{K,p} = \left[K^{-1}\left(\int_A |K(f_1(x)) - K(f_2(x))|^p \mathrm{d}\mu\right)\right]^{\frac{1}{p}}, \tag{6.17}$$

6.3 Mamdani 模糊系统逼近可积函数

或
$$K\left(\|f_1-f_2\|_{K,p}^p\right) = \int_A |K(f_1(x)) - K(f_2(x))|^p d\mu.$$

显然, 依式 (6.17), 当取 $K(x)=x$, $f_2(x)=0$ 时, K_p-积分模 $\|\cdot\|_{K,p}$ 退化为通常的 p-范数

$$\|f\|_p = \left(\int_A |f(x)|^p d\mu\right)^{\frac{1}{p}} \quad (p \geqslant 1).$$

因此, K_p-积分模也是 p-范数的推广.

定理 6.5 设 $(\mathbb{R}^n, \Im, \hat{\mu})$ 是 K-拟加测度空间, K 为诱导算子, $\forall p \in \mathbb{N}$, $\forall f_1, f_2, f_3 \in L_+^p(K, \hat{\mu})$. 则 $\|f_1 - f_3\|_{K,p} \leqslant \|f_1 - f_2\|_{K,p} \oplus \|f_2 - f_3\|_{K,p}$.

证明 $\forall x = (x_1, x_2, \cdots, x_n) \in A \subset \mathbb{R}^n$, 根据赫尔德 (Hölder) 不等式, 则有

$$K\left(\|f_1-f_3\|_{K,p}^p\right)$$
$$= \int_A |K(f_1(x)) - K(f_3(x))|^{p-1} |K(f_1(x)) - K(f_2(x)) + K(f_2(x)) - K(f_3(x))| d\mu$$
$$\leqslant \int_A |K(f_1(x)) - K(f_2(x))| \cdot |K(f_1(x)) - K(f_3(x))|^{p-1} d\mu$$
$$+ \int_A |K(f_2(x)) - K(f_3(x))| \cdot |K(f_1(x)) - K(f_3(x))|^{p-1} d\mu$$
$$\leqslant \left(\int_A |K(f_1(x)) - K(f_2(x))|^p d\mu\right)^{\frac{1}{p}} \cdot \left(\int_A \left(|K(f_1(x)) - K(f_3(x))|^{p-1}\right)^{p_1} d\mu\right)^{\frac{1}{p_1}}$$
$$+ \left(\int_A |K(f_2(x)) - K(f_3(x))|^p d\mu\right)^{\frac{1}{p}} \cdot \left(\int_A \left(|K(f_1(x)) - K(f_3(x))|^{p-1}\right)^{p_1} d\mu\right)^{\frac{1}{p_1}}$$
$$= \left[\left(\int_A |K(f_1(x)) - K(f_2(x))|^p d\mu\right)^{\frac{1}{p}} + \left(\int_A |K(f_2(x)) - K(f_3(x))|^p d\mu\right)^{\frac{1}{p}}\right]$$
$$\times \left(\int_A |K(f_1(x)) - K(f_3(x))|^p d\mu\right)^{\frac{1}{p_1}}$$
$$= \left[\left(K\left(\|f_1-f_2\|_{K,p}^p\right)\right)^{\frac{1}{p}} + \left(K\left(\|f_2-f_3\|_{K,p}^p\right)\right)^{\frac{1}{p}}\right] \cdot \left(K\left(\|f_1-f_3\|_{K,p}^p\right)\right)^{\frac{1}{p_1}}.$$

其中 p_1 是 p 的共轭数, 即满足 $\dfrac{1}{p} + \dfrac{1}{p_1} = 1$. 故上式可化为

$$\left(K\left(\|f_1-f_3\|_{K,p}^p\right)\right)^{\frac{1}{p}} = \left(K\left(\|f_1-f_3\|_{K,p}^p\right)\right)^{1-\frac{1}{p_1}}$$
$$\leqslant \left(K\left(\|f_1-f_2\|_{K,p}^p\right)\right)^{\frac{1}{p}} + \left(K\left(\|f_2-f_3\|_{K,p}^p\right)\right)^{\frac{1}{p}}.$$

再依注 6.2 $K(a^p) = (K(a))^p$ 得 $\left(K \left(\| f_1 - f_3 \|_{K,p}^p \right) \right)^{\frac{1}{p}} = K \left(\| f_1 - f_3 \|_{K,p} \right)$. 故有

$$K \left(\| f_1 - f_3 \|_{K,p} \right) \leqslant K \left(\| f_1 - f_2 \|_{K,p} \right) + K \left(\| f_2 - f_3 \|_{K,p} \right).$$

因逆算子 K^{-1} 仍为递增函数, 由定义 2.16 立刻获得

$$\begin{aligned}\| f_1 - f_3 \|_{K,p} &\leqslant K^{-1} \left[K \left(\| f_1 - f_2 \|_{K,p} \right) + K \left(\| f_2 - f_3 \|_{K,p} \right) \right] \\ &= \| f_1 - f_2 \|_{K,p} \oplus \| f_2 - f_3 \|_{K,p}.\end{aligned}$$

注 6.3 若将"几乎处处相等"视为"相等", 不难证明 K_p-积分模 $\| \cdot \|_{K,p}$ 还满足距离公理的另外两个条件. 因此, $\left(L_+^p(K, \hat{\mu}), \| \cdot \|_{K,p} \right)$ 关于拟加算子 $\oplus$ 构成一个度量空间.

6.3.2 PLF 逼近 $\hat{\mu}_p$-可积函数

有了 K_p-积分模概念就可讨论分片线性函数 (PLF) 对一类 $\hat{\mu}_p$-可积函数的逼近问题. 实际上, 积分模 $\| \cdot \|_{K,p}$ 就是刻画 $\hat{\mu}_p$-可积算子的度量 (距离).

定理 6.6 设 $(\mathbb{R}^n, \Im, \hat{\mu})$ 是 K-拟加测度空间, K 为诱导算子, $\forall p \in \mathbb{N}$, $\forall f \in L_+^p(K, \hat{\mu})$, 则 $\forall \varepsilon > 0$, 存在形如式 (6.5) 的 PLF S, 使 $\| f - S \|_{K,p} < \varepsilon$.

证明 为简单起见, 仅在二维空间 $\mathbb{R}^2$ 中证明该结论. 首先, 取定 $p \geqslant 1$, 构造集合列 $\{E_m\}$ 为

$$E_m = \{ x = (x_1, x_2) \in \mathbb{R}^2 \,|\, m \leqslant \|x\| < m + 1 \}, \quad m = 0, 1, 2, \cdots.$$

显然 $\bigcup_{m=0}^{\infty} E_m = \mathbb{R}^2$ 且 $E_i \cap E_j = \varnothing (i \neq j)$. 由 $f \in L_+^p(K, \hat{\mu})$, 依 K 的连续性知复合函数 $K(f(x))$ 仍保持 $\hat{\mu}_p$-可积. 依积分转换定理 1 (命题 2.5) 和 Lebesgue 积分性质得

$$\begin{aligned}\int_{\mathbb{R}^2}^{(K)} f^p(x) \mathrm{d}\hat{\mu} &= K^{-1} \left(\int_{\bigcup_{m=0}^{\infty} E_m} (K(f(x)))^p \mathrm{d}\mu \right) \\ &= K^{-1} \left(\sum_{m=0}^{+\infty} \int_{E_m} (K(f(x)))^p \mathrm{d}\mu \right) < +\infty.\end{aligned}$$

由 K^{-1} 严格递增, 故 $\sum_{m=0}^{+\infty} \int_{E_m} (K(f(x)))^p \mathrm{d}\mu < +\infty$, 所以可得正项函数级数 $\sum_{m=0}^{+\infty} \int_{E_m} (K(f(x)))^p \mathrm{d}\mu$ 收敛. 按函数级数收敛定义, $\forall \varepsilon > 0$, 存在 $m_0 \in \mathbb{N}$, 当 $m > m_0$, $\forall x = (x_1, x_2) \in E_m$, 必有

$$\sum_{m=m_0+1}^{+\infty} \int_{E_m} [K(f(x))]^p \mathrm{d}\mu < \varepsilon^p.$$

6.3 Mamdani 模糊系统逼近可积函数

取定 $a \geqslant m_0$, 构造正方形区域 Δ(紧集) 使之满足

$$\Delta = \{x = (x_1, x_2) \in \mathbb{R}^2 \,|\, -a \leqslant x_1, x_2 \leqslant a\} \supseteq \{x = (x_1, x_2) \in \mathbb{R}^2 \,|\, \|x\| \leqslant m_0\} \triangleq Q_{m_0}.$$

其中 Q_{m_0} 表示 $\mathbb{R}^2$ 平面上中心在原点半径为 m_0 圆内部, 且有

$$\Delta^c \subset Q_{m_0}^c = \{x = (x_1, x_2) \in \mathbb{R}^2 \,|\, \|x\| > m_0\} = \bigcup_{m=m_0+1}^{+\infty} E_m.$$

故 $\forall \varepsilon > 0$, 仍有

$$\int_{\Delta^c} |K(f(x))|^p \mathrm{d}\mu \leqslant \int_{\|x\|>m_0} |K(f(x))|^p \mathrm{d}\mu$$
$$= \sum_{m=m_0+1}^{+\infty} \int_{E_m} (K(f(x)))^p \mathrm{d}\mu < \varepsilon^p. \tag{6.18}$$

另一方面, 依命题 2.5 $f(x)$ 在 Δ 上 K_p-可积等价于 $K(f(x))$ 在 Δ 上 Lebesgue 可积. 由实分析逼近论知 Lebesgue 可积函数 $K(f(x))$ 可由 Δ 上连续函数按 p-范数 $\|\cdot\|_p$ 逼近, 亦即, $\forall \varepsilon > 0$, 存在 Δ 上连续函数 $g(x)$ 使得

$$\|K \circ f - g\|_p = \left(\int_\Delta |K(f(x)) - g(x)|^p \mathrm{d}\mu\right)^{\frac{1}{p}} < \varepsilon.$$

当然, 也有

$$\int_\Delta |K(f(x)) - g(x)|^p \mathrm{d}\mu < \varepsilon^p.$$

依 K_p-积分模 $\|\cdot\|_{K,p}$ 定义和式 (6.17), 在紧集 Δ 上得

$$\|f - K^{-1} \circ g\|_{K,p} = \left[K^{-1}\left(\int_\Delta |K(f(x)) - g(x)|^p \mathrm{d}\mu\right)\right]^{\frac{1}{p}}$$
$$< \left[K^{-1}(\varepsilon^p)\right]^{\frac{1}{p}} = K^{-1}(\varepsilon). \tag{6.19}$$

又因逆算子 K^{-1} 也连续, 则 $K^{-1}(g(x))$ 仍连续. 依定理 6.1, 对非负连续函数 $K^{-1}(g(x))$ 来说, $\forall \varepsilon > 0$, 存在形如式 (6.5) 的 PLF S, 使 S 依最大模 $\|\cdot\|_\infty$ 逼近 $K^{-1}(g(x))$, 即

$$\|K^{-1} \circ g - S\|_\infty < \varepsilon,$$

其中

$$\|K^{-1} \circ g - S\|_\infty = \sup_{x \in \Delta} |K^{-1}(g(x)) - S(x)|.$$

故有 $|K^{-1}(g(x)) - S(x)| < \varepsilon$, 或 $S(x) - \varepsilon < K^{-1}(g(x)) < S(x) + \varepsilon$, 或

$$K(S(x) - \varepsilon) < g(x) < K(S(x) + \varepsilon), \quad \forall x = (x_1, x_2) \in \Delta.$$

因诱导算子 K 是凹函数, 故总满足 $K(x+y) \leqslant K(x) + K(y), \forall x, y \in \mathbb{R}^+$, 当然在 Δ 上也有

$$K(S(x)) - K(\varepsilon) < g(x) < K(S(x)) + K(\varepsilon),$$

亦即,

$$|g(x) - K(S(x))| < K(\varepsilon), \quad \forall x = (x_1, x_2) \in \Delta. \tag{6.20}$$

根据式 (6.17) 和 (6.20) 必有

$$\|K^{-1} \circ g - S\|_{K,p} = \left[K^{-1} \left(\int_\Delta |g(x) - K(S(x))|^p \mathrm{d}\mu \right) \right]^{\frac{1}{p}} \leqslant \left[K^{-1} \left(\int_\Delta (K(\varepsilon))^p \mathrm{d}\mu \right) \right]^{\frac{1}{p}}$$
$$= \left(K^{-1} ((K(\varepsilon))^p \mu(\Delta)) \right)^{\frac{1}{p}} = K^{-1} \left(K(\varepsilon)(4a^2)^{\frac{1}{p}} \right).$$

再根据定理 6.5 和式 (6.19), 在紧集 Δ 上得

$$\|f - S\|_{K,p} \leqslant \|f - K^{-1} \circ g\|_{K,p} \oplus \|K^{-1} \circ g - S\|_{K,p}$$
$$\leqslant K^{-1}(\varepsilon) \oplus K^{-1} \left(K(\varepsilon)(4a^2)^{1/p} \right)$$
$$= K^{-1} \left(\varepsilon + K(\varepsilon)(4a^2)^{1/p} \right).$$

依式 (6.17) 改写成

$$\int_\Delta |K(f(x)) - K(S(x))|^p \mathrm{d}\mu < \left(\varepsilon + K(\varepsilon)(4a^2)^{1/p} \right)^p. \tag{6.21}$$

下面, 将在 $\mathbb{R}^n$ 上考察分片线性函数 S 对 $f \in L_+^p(K, \hat{\mu})$ 的逼近性. 特别当 $\forall x = (x_1, x_2) \in \Delta^c$ 时, 显有 $S(x) \equiv 0$, 更有 $K(S(x)) \equiv 0$. 因此, 根据式 (6.18) 和 (6.21) 立即可得

$$\|f - S\|_{K,p}$$
$$= \left[K^{-1} \left(\int_\Delta |K(f(x)) - K(S(x))|^p \mathrm{d}\mu + \int_{\Delta^c} |K(f(x)) - K(S(x))|^p \mathrm{d}\mu \right) \right]^{\frac{1}{p}}$$
$$= \left[K^{-1} \left(\int_\Delta |K(f(x)) - K(S(x))|^p \mathrm{d}\mu \right) \oplus K^{-1} \left(\int_{\Delta^c} |K(f(x))|^p \mathrm{d}\mu \right) \right]^{\frac{1}{p}}$$
$$\leqslant \left[K^{-1} \left(\left(\varepsilon + K(\varepsilon)(4a^2)^{1/p} \right)^p \right) \oplus K^{-1}(\varepsilon^p) \right]^{\frac{1}{p}}$$
$$= \left[K^{-1} \left(\varepsilon^p + \left(\varepsilon + K(\varepsilon)(4a^2)^{1/p} \right)^p \right) \right]^{\frac{1}{p}}.$$

因 $p, 4a^2$ 为常数, K^{-1} 严增. 故 $\forall \varepsilon > 0$, 表达式 $\left[K^{-1}\left(\varepsilon^p + \left(\varepsilon + K(\varepsilon)(4a^2)^{1/p}\right)^p\right)\right]^{1/p}$ 仍为无穷小量. 因此, 在 K_p-积分模意义下 PLF S 可逼近 $\hat{\mu}_p$-可积函数 f.

实际上, 上述逼近精度的表达式虽然结构较为复杂, 但它仍不失为无穷小量. 特别当 $p = 1$ 时, 其表达式退化为 $K^{-1}\left(2\varepsilon + K(\varepsilon)(4a^2)\right)$, 此时, 若再取诱导函数 $K(x) = x, a = 1$, 则可继续退化为 6ε.

6.3.3 Mamdani 模糊系统的逼近性

在 K_p-积分模意义下, 如何实现 Mamdani 模糊系统对 $\hat{\mu}$-可积函数的逼近备受关注. 实际上, 6.1 节引入分片线性函数时就为此做好了铺垫. 该方法的关键是找到符合逼近精度的最小剖分数 m_0, 以便确定前件 (输入) 模糊集, 进而获得 Mamdani 模糊系统的输入输出表达式.

本节按式 (5.14) 取 $d = n$, 并采用单点模糊化、乘积推理机和中心平均模糊化可得 Mamdani 模糊系统的输入输出关系为

$$F_m(x) = \frac{\sum_{i_1=1}^{N_1}\sum_{i_2=1}^{N_2}\cdots\sum_{i_n=1}^{N_n}\left(\prod_{k=1}^{n} A_{i_k}^k(x_k)\right)\cdot \bar{y}_{i_1 i_2 \cdots i_n}}{\sum_{i_1=1}^{N_1}\sum_{i_2=1}^{N_2}\cdots\sum_{i_n=1}^{N_n}\left(\prod_{k=1}^{n} A_{i_k}^k(x_k)\right)}, \tag{6.22}$$

其中所有符号参见 5.3.2 节.

一般来说, 输入空间的剖分主要依据剖分数 m 来确定. 从 6.1 节构造 PLF 第一步 — 第五步来看, 构造一个 PLF 只需获知剖分数 m 和一组数据对. 倘若知道函数 f 的解析表达式 (无论是否连续), 当然比知道数据对条件更强. 因此, 对第 2 章所引入的 $\hat{\mu}$-可积函数来说, 分片线性函数 S 的存在性是毋庸置疑的. 但问题的关键是所构造的 PLF 是否具逼近性能, 而逼近性主要取决于剖分数 m, 这里 m 值过小则达不到精度, m 值过大又带来复杂性.

定理 6.7 设 $(\mathbb{R}^n, \mathfrak{S}, \hat{\mu})$ 是 K-拟加测度空间, K 是诱导算子, $p \geqslant 1$, S 是给定形如式 (6.5) 的 PLF. 则 $\forall \varepsilon > 0, \exists m_0 \in \mathbb{N}$, 当 $m > m_0$, 有 $\|F_m - S\|_{K,p} < \varepsilon$, 即 Mamdani 模糊系统 F_m 逼近 S.

证明 设 S 是由 m-网格剖分所对应形如式 (6.5) 的 PLF, $\Delta_1, \Delta_2, \cdots,$ Δ_{N_S} 是输入空间 $\Delta(a)$ 的剖分多面体 $(a > 0)$, 且 $\bigcup_{j=1}^{N_S} \Delta_j = \Delta(a)$, $\Delta_i \cap \Delta_k = \varnothing (i \neq k)$.

因 S 是通过网格式等距剖分所得, 故可设剖分后小多面体 Δ_{ji} 的任意顶点坐标为形如

$$x^*_{i_1 i_2 \cdots i_n} = \left(\frac{ai_1}{m}, \frac{ai_2}{m}, \cdots, \frac{ai_n}{m}\right),$$

其中 $i_1 = 1, 2, \cdots, N_1; i_2 = 1, 2, \cdots, N_2; \cdots; i_n = 1, 2, \cdots, N_n$. 此外, 依式 (6.6), 对 n 维顶点坐标分量也有

$$\frac{ai_k}{m} = x_k \pm \frac{a\theta_k}{m} \Rightarrow \left|x_k - \frac{ai_k}{m}\right| \leqslant \frac{a}{m}, \quad k = 1, 2, \cdots, n.$$

若选取式 (6.16) 中输出模糊集中心 $\bar{y}_{i_1 i_2 \cdots i_n} = S\left(\frac{ai_1}{m}, \frac{ai_2}{m}, \cdots, \frac{ai_n}{m}\right)$, 则 $\bar{y}_{i_1 i_2 \cdots i_n}$ 也可表为

$$\bar{y}_{i_1 i_2 \cdots i_n} = S\left(x_1 \pm \frac{a\theta_1}{m}, x_2 \pm \frac{a\theta_2}{m}, \cdots, x_n \pm \frac{a\theta_n}{m}\right), \quad 0 < \theta_j < 1.$$

另一方面, 因诱导算子 K 是凹函数, 故有 $K(x+y) \leqslant K(x) + K(y), \forall x, y \in \mathbb{R}^+$, 进而可推得

$$|K(x) - K(y)| \leqslant K(|x-y|), \quad \forall x, y \in \mathbb{R}^+. \tag{6.23}$$

根据式 (6.23)、定理 6.1 及 K 的递增性更有

$$|K(F_m(x_1, x_2, \cdots, x_n)), -K(S(x_1, x_2, \cdots, x_n))|$$

$$\leqslant K\left(\left|\frac{\sum_{i_1=1}^{N_1}\sum_{i_2=1}^{N_2}\cdots\sum_{i_n=1}^{N_n}\left(\prod_{k=1}^{n}A_{i_k}^k(x_k)\right) \cdot \left(S\left(\frac{ai_1}{m}, \frac{ai_2}{m}, \cdots, \frac{ai_n}{m}\right) - S(x_1, x_2, \cdots, x_n)\right)}{\sum_{i_1=1}^{N_1}\sum_{i_2=1}^{N_2}\cdots\sum_{i_n=1}^{N_n}\left(\prod_{k=1}^{n}A_{i_k}^k(x_k)\right)}\right|\right)$$

$$\leqslant K\left(\left(\sum_{i_1=1}^{N_1}\sum_{i_2=1}^{N_2}\cdots\sum_{i_n=1}^{N_n}\left(\prod_{k=1}^{n}A_{i_k}^k(x_k)\right)\left|S\left(x_1 \pm \frac{a\theta_1}{m}, x_2 \pm \frac{a\theta_2}{m}, \cdots, x_n \pm \frac{a\theta_n}{m}\right)\right.\right.\right.$$

$$\left.\left.\left. -S(x_1, x_2, \cdots, x_n)\right|\right) \bigg/ \sum_{i_1=1}^{N_1}\sum_{i_2=1}^{N_2}\cdots\sum_{i_n=1}^{N_n}\left(\prod_{k=1}^{n}A_{i_k}^k(x_k)\right)\right)$$

$$\leqslant K\left(\sum_{i=1}^{n} D_i(S)\frac{a\theta_i}{m} \cdot 1\right) \leqslant K\left(\frac{a}{m}\sum_{i=1}^{n} D_i(S)\right).$$

再由 K_p-积分模的等价表示式 (6.17) 及上述不等式, 可得

$$K(\|F_m - S\|_{K,p}^p) = \int_{[-a,a]^n} |K(F_m(x_1, x_2, \cdots, x_n)) - K(S(x_1, x_2, \cdots, x_n))|^p d\mu$$

$$\leqslant \int_{[-a,a]^n} \left[K\left(\frac{a}{m}\sum_{j=1}^{n} D_j(S)\right)\right]^p d\mu$$

$$= (2a)^n \left[K\left(\frac{a}{m}\sum_{j=1}^{n} D_j(S)\right)\right]^p.$$

6.3 Mamdani 模糊系统逼近可积函数

因此, $\forall \varepsilon > 0$, 若使

$$\|F_m - S\|_{K,p} \leqslant \left(K^{-1} \left((2a)^n \cdot \left[K\left(\frac{a}{m} \sum_{j=1}^n D_j(S) \right) \right]^p \right) \right)^{\frac{1}{p}} < \varepsilon.$$

解不等式得 $m > \dfrac{a\sum_{j=1}^n D_j(S)}{K^{-1}\left(K(\varepsilon)/(2a)^{n/p}\right)}$. 令 $m_0 = \left[\dfrac{a\sum_{j=1}^n D_j(S)}{K^{-1}\left(K(\varepsilon)/(2a)^{n/p}\right)} \right] \in \mathbb{N}$.

于是, $\forall \varepsilon > 0, p \geqslant 1, \exists m_0 \in \mathbb{N}$, 当 $m > m_0$ 时, 恒有 $\|F_m - S\|_{K,p} < \varepsilon$, 亦即, Mamdani 模糊系统 F_m 可以按任意精度逼近分片线性函数 S.

定理 6.8 设 $(\mathbb{R}^n, \Im, \hat{\mu})$ 是 K-拟加测度空间, K 为诱导算子, $p \geqslant 1$. 则 $\forall \varepsilon > 0$, $\forall f \in L_+^p(K, \hat{\mu}), \exists m_0 \in \mathbb{N}$, 当 $m > m_0$, 有 $\|F_m - f\|_{K,p} < \varepsilon$, 亦即, Mamdani 模糊系统 F_m 依 K_p-积分模逼近 f.

证明 依定理 6.6, $\forall \varepsilon > 0$, 存在 m_1-网格剖分及 PLF S, 使 $\|f - S\|_{K,p} < \varepsilon/2$.

对 PLF S 来说, 由定理 6.7, 存在 $\exists m_2 \in \mathbb{N}$, 当 $\forall m > m_2$, 使 Mamdani 模糊系统 F_m 逼近 S, 即

$$\|S - F_m\|_{K,p} < \frac{\varepsilon}{2}.$$

令 $m_0 = \max\{m_1, m_2\}$, 当 $m > m_0$ 时, 依定理 6.5 更有

$$\|f - F_m\|_{K,p} \leqslant \|f - S\|_{K,p} \oplus \|S - F_m\|_{K,p} < \frac{\varepsilon}{2} \oplus \frac{\varepsilon}{2} = K^{-1}\left(2K\left(\frac{\varepsilon}{2}\right)\right).$$

由 ε 的任意性, 显然表达式 $K^{-1}(2K(\varepsilon/2))$ 仍为无穷小量. 故 Mamdani 模糊系统 F_m 可按任意精度逼近 $\hat{\mu}_p$-可积函数 f.

实际上, 定理 6.7 中 m_0 是 Mamdani 模糊系统输入空间的最小剖分数, 从 m_0 表达式来看其值依赖于和式 $\sum_{k=1}^n D_k(S)$ 和 S, 但通常 PLF 并不易求, 从而导致 m_0 也不易确定. 为此, 下面将继续探讨如何通过放大 $D_i(S)$ 来估算 m_0.

引理 6.1[7] 设 μ 是 $\mathbb{R}^n$ 上 Lebesgue 测度, f 是 $\mathbb{R}^n$ 上 Lebesgue 可积函数. 对充分小 $h > 0, \forall i = 1, 2, \cdots, n$, 若记

$$D_i(f) = \bigvee_{x_1, \cdots, x_i + h, \cdots, x_n \in [-a, a]} \left| \frac{f(x_1, \cdots, x_i + h, \cdots, x_n) - f(x_1, \cdots, x_i, \cdots, x_n)}{h} \right|,$$

则依式 (6.7), 必有 $D_i(S) = D_i(f), i = 1, 2, \cdots, n$.

从引理 6.1 不难看出, 若 S 是形如式 (6.5) 的 PLF, 则可直接通过可积函数 f 来计算式 (6.7) 中偏导数的上确界 $D_i(S)$, 进而获得 $\sum_{i=1}^n D_i(S)$ 的值.

推论 6.1 设 $(\mathbb{R}^n, \Im, \hat{\mu})$ 是 K-拟加测度空间, K 为诱导算子, $p \geqslant 1, \forall f \in L_+^p(K, \hat{\mu})$. 若令 $D_H(f) = \max\limits_{1 \leqslant i \leqslant n} D_i(S)$, 则 $\forall \varepsilon > 0$, 存在 $a > 0$ 及 $m_0 \in \mathbb{N}$, 当 $m > m_0$, 也有 $\|F_m - f\|_{K,p} < \varepsilon$.

证明 依定理 6.6, $\forall \varepsilon > 0$, 存在 m_1-网格剖分及 PLF S, 使得 $\|S - f\|_{K,p} < \varepsilon$. 再由题设 $D_H(f) = \max\limits_{1 \leqslant i \leqslant n} D_i(S)$, 必有 $D_i(S) \leqslant D_H(f)$, $i = 1, 2, \cdots, n$. 从而更有

$$\sum_{i=1}^n D_i(S) \leqslant n D_H(f).$$

依定理 6.7, K 和 K^{-1} 的严格递增性, 若使

$$\|F_m - S\|_{K,p} \leqslant \left(K^{-1} \left((2a)^n \cdot \left[K \left(\frac{a}{m} \sum_{j=1}^n D_j(S) \right) \right]^p \right) \right)^{\frac{1}{p}}$$

$$\leqslant \left(K^{-1} \left((2a)^n \cdot \left[K \left(\frac{anD(f)}{m} \right) \right]^p \right) \right)^{\frac{1}{p}} < \varepsilon.$$

解之得 $m > \dfrac{anD_H(f)}{K^{-1}\left(K(\varepsilon)/(2a)^{n/p}\right)}$. 记 $m_2 = \left[\dfrac{anD_H(f)}{K^{-1}\left(K(\varepsilon)/(2a)^{n/p}\right)}\right] \in \mathbb{N}$.

令 $m_0 = \max\{m_1, m_2\}$, 则当 $m > m_0$, 依定理 6.5 有

$$\|F_m - f\|_{K,p} \leqslant \|F_m - S\|_{K,p} \oplus \|S - f\|_{K,p} < \varepsilon \oplus \varepsilon = K^{-1}(2K(\varepsilon)).$$

因 $K^{-1}(2K(\varepsilon))$ 可任意小. 故 Mamdani 模糊系统 F_m 可逼近 $\hat{\mu}_p$-可积函数 f.

事实上, 通过推论 6.1 计算的 m_0 方便实用. 因 m_0 是直接通过 $D_H(f)$ 估算得出, 这比应用定理 6.7 借助 PLF 来计算的 m_0 简单得多. 当然, 有了 m_0 才能确定具体的 m_0-网格剖分, 进而确定前件模糊集及其数量, 最终获得 Mamdani 模糊系统的输入输出表达式.

下面, 通过一个实例来说明 Mamdani 模糊系统依 K_p-积分模逼近 $\hat{\mu}_p$-可积函数的实现过程.

例 6.2 给定诱导算子 $K(x) = \sqrt{x}$, 设 $n = 2$, $p = 2$, $a = 1$, 且 $\Delta(1) = [-1, 1] \times [-1, 1]$, 若令

$$f(x, y) = \begin{cases} \exp\left(-\dfrac{x^2}{3} - \dfrac{y^2}{3}\right), & x \in [-1, 1], \ 0 < y \leqslant 1, \\ -\exp\left(-\dfrac{x^2}{3} + \dfrac{y^2}{3}\right), & x \in [-1, 1], \ -1 \leqslant y \leqslant 0. \end{cases}$$

显然 $f(x, y)$ 在 $y = 0$ 平面上不连续且 $K^{-1}(x) = x^2$, 依定义 6.5 有

$$\int_{\Delta(1)}^{(K)} f^2(x, y) \mathrm{d}\hat{\mu} = K^{-1}\left(\int_{\Delta(1)} K(f^2(x, y)) \mathrm{d}x \mathrm{d}y\right) = \left(\int_{\Delta(1)} f(x, y) \mathrm{d}x \mathrm{d}y\right)^2.$$

6.3 Mamdani 模糊系统逼近可积函数

其中

$$\int_{\Delta(1)} f(x,y)\mathrm{d}x\mathrm{d}y = -\int_{-1}^{1} \exp\left(-\frac{x^2}{3}\right)\mathrm{d}x \int_{-1}^{0} \exp\left(\frac{y^2}{3}\right)\mathrm{d}y$$
$$+ \int_{-1}^{1} \exp\left(-\frac{x^2}{3}\right)\mathrm{d}x \int_{0}^{1} \exp\left(-\frac{y^2}{3}\right)\mathrm{d}y < +\infty.$$

故 f 是 $\hat{\mu}_2$-可积, 亦即, $f \in L_+^2(K, \hat{\mu})$. 此外, 依多元函数极值法计算

$$D_1(f) = \bigvee_{(x,y)\in\Delta(1)} \left|\frac{\partial f}{\partial x}\right| = \left|\frac{\partial f}{\partial x}\right|_{\substack{x=\pm\sqrt{6}/2 \\ y=0}} = \frac{\sqrt{6}}{3\sqrt{\mathrm{e}}},$$

$$D_2(f) = \bigvee_{(x,y)\in D} \left|\frac{\partial f}{\partial y}\right| = \left|\frac{\partial f}{\partial y}\right|_{\substack{x=0 \\ y=\pm\sqrt{6}/2}} = \frac{\sqrt{6}}{3\sqrt{\mathrm{e}}}.$$

故 $D_H(f) = D_1(f) \vee D_2(f) = \sqrt{6}/3\sqrt{\mathrm{e}}$.

(1) $p = 2$, 若取误差 $\varepsilon = 0.2 > 0$. 依推论 6.1 可计算出

$$m > \frac{anD_H(f)}{K^{-1}\left(K(\varepsilon)/(2a)^{n/p}\right)} = \frac{2}{\left(\sqrt{0.2}/2\right)^2} \times \frac{\sqrt{6}}{3\sqrt{\mathrm{e}}} \approx 19.4657.$$

不妨选取 $m_0 = 20$, 并在 x 轴 $[-1,1]$ 上实施 20-等距剖分, 以 $[-1,1]$ 中心 0 为峰值点构造三角形模糊数 A, 分别以 -1 和 1 为峰值点构造半三角形模糊数 $A_{1,-20}$, $A_{1,20}$, 其隶属函数如下:

$$A(x) = \begin{cases} 1 - 20x, & 0 \leqslant x \leqslant \frac{1}{20}, \\ 1 + 20x, & -\frac{1}{20} \leqslant x < 0, \\ 0, & 其他, \end{cases} \quad A_{1,-20}(x) = \begin{cases} -20x - 19, & -1 \leqslant x \leqslant -\frac{19}{20}, \\ 0, & 其他, \end{cases}$$

$$A_{1,20}(x) = \begin{cases} 20x - 19, & \frac{19}{20} \leqslant x \leqslant 1, \\ 0, & 其他. \end{cases}$$

再将 $A(x)$ 在 $[-1,1]$ 上依次左右平移 $\frac{1}{20}$ 个单位长度, 亦即,

$$A_{1,j}(x) = A\left(x - \frac{j}{20}\right), \quad j = 0, \pm 1, \pm 2, \cdots, \pm 19,$$

则获得一组一致完备的标准模糊数 $\{A_{1,j}\}$. 同理, 在 y 轴 $[-1,1]$ 上, 若令 $A_{2,j}(y) = A_{1,j}(y), j = 0, \pm 1, \pm 2, \cdots, \pm 20$, 也可在 y 轴 $[-1,1]$ 上获得一组一致完备的标准模糊数 $\{A_{2,j}\}$, 参见图 6.6.

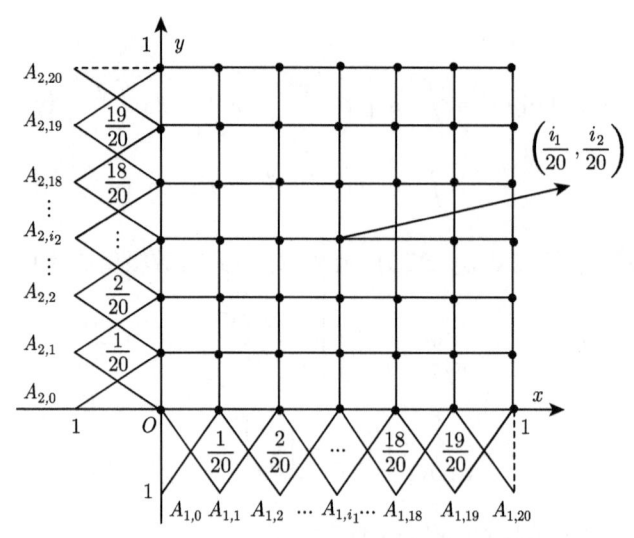

图 6.6　$[0,1] \times [0,1]$ 上 20-网格剖分及前件模糊集分布图

依据 PLF 构造特点, S 与 f 在剖分多面体 Δ_{jl} 中每个顶点 $\left(\dfrac{i_1}{20}, \dfrac{i_2}{20}\right)$ 处函数取值必相等, 亦即, $S\left(\dfrac{i_1}{20}, \dfrac{i_2}{20}\right) = f\left(\dfrac{i_1}{20}, \dfrac{i_2}{20}\right)$. 故 Mamdani 模糊系统的输入输出表达式可表为

$$F_2(x,y) = \dfrac{\sum\limits_{i_1,i_2=-20}^{20} A_{1,i_1}(x) A_{2,i_2}(y) \cdot f\left(\dfrac{i_1}{20}, \dfrac{i_2}{20}\right)}{\sum\limits_{i_1,i_2=-20}^{41} A_{1,i_1}(x) A_{2,i_2}(y)}, \quad \forall (x,y) \in \Delta(1).$$

(2) 若 $p=3$, 仍取 $\varepsilon = 0.2 > 0$, 可估算

$$m > \dfrac{1 \times 2}{\left(\sqrt{0.2}/2^{\frac{2}{3}}\right)^2} \times \dfrac{\sqrt{6}}{3\sqrt{\mathrm{e}}} \approx 12.4790.$$

不妨取 $m=13$, 并先在 x 轴上分别定义三角形模糊数为

$$B(x) = \begin{cases} 1 - 13x, & 0 \leqslant x \leqslant \dfrac{1}{13}, \\ 1 + 13x, & -\dfrac{1}{13} \leqslant x < 0, \\ 0, & \text{其他}, \end{cases} \qquad B_{1,-13}(x) = \begin{cases} -13x - 12, & -1 \leqslant x \leqslant -\dfrac{12}{13}, \\ 0, & \text{其他}, \end{cases}$$

$$B_{1,13}(x) = \begin{cases} 13x - 12, & \dfrac{12}{13} \leqslant x \leqslant 1, \\ 0, & \text{其他}. \end{cases}$$

6.3 Mamdani 模糊系统逼近可积函数

再将 $B(x)$ 在 $[-1,1]$ 上依次平移 $\frac{1}{13}$ 个单位, 令 $B_{1,j}(x) = B\left(x - \frac{j}{13}\right)$, $j = 0, \pm 1, \pm 2, \cdots, \pm 12$, 则获得一致完备的标准模糊数 $\{B_{1,j}\}$. 同理, 在 y 轴 $[-1,1]$ 上令 $B_{2,j}(y) = B_{1,j}(y)$, $j = 0, \pm 1, \pm 2, \cdots, \pm 13$, 且多面体 Δ_{jl} 顶点坐标仍满足 $S\left(\frac{i_1}{13}, \frac{i_2}{13}\right) = f\left(\frac{i_1}{13}, \frac{i_2}{13}\right)$. 故 Mamdani 模糊系统输入输出表达式为

$$F_3(x,y) = \frac{\sum_{i_1,i_2=-13}^{13} B_{1,i_1}(x) B_{2,i_2}(y) f\left(\frac{i_1}{13}, \frac{i_2}{13}\right)}{\sum_{i_1,i_2=-13}^{13} B_{1,i_1}(x) B_{2,i_2}(y)}, \quad \forall (x,y) \in \Delta(1).$$

应用 MATLAB 软件编程可在 $\Delta(1)$ 内可得 f, PLF S 和 Mamdani 模糊系统曲面图, 如图 6.7— 图 6.10 所示.

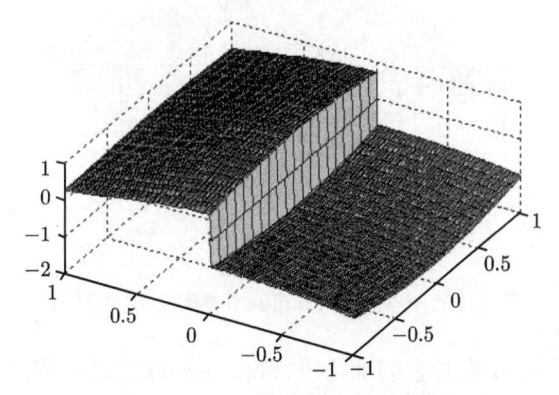

图 6.7 $\hat{\mu}_p$-可积函数 f 的曲面图

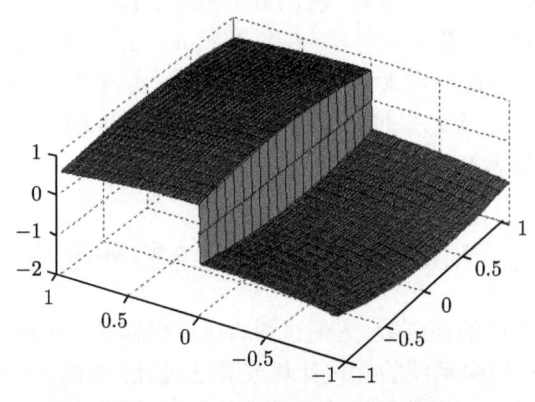

图 6.8 分片线性函数 S 空间图

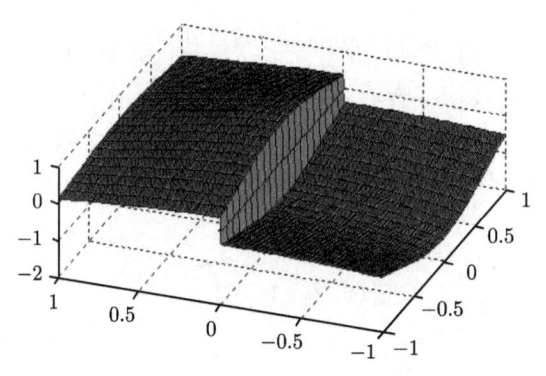

图 6.9　$p=2$ 时 Mamdani 模糊系统曲面图

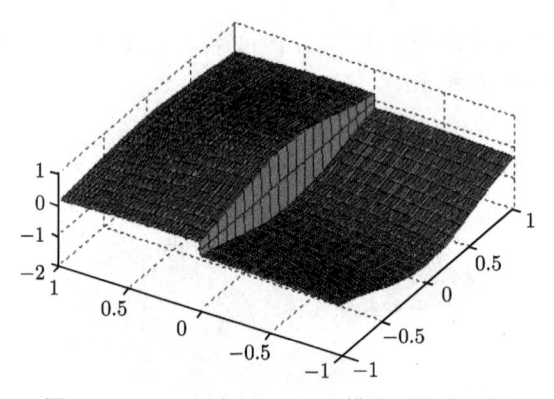

图 6.10　$p=3$ 时 Mamdani 模糊系统曲面图

从图 6.7— 图 6.10 来看它们都比较接近, 主要区别是可积函数 f 在 $y=0$ 处出现灰白色断面 (图 6.7), 而其他在此处是衔接的, 这是因为图 6.7 表示 f 在 $y=0$ 处不连续. 另外, 当参数 $p=2,3$ 时, 从图 6.9 和图 6.10 可看出 Mamdani 模糊系统具有逼近性能, 但对同一逼近精度 $\varepsilon=0.2$ 来说, $p=2$, 剖分数 $m=20$; $p=3$, 剖分数 $m=13$. 因此, 随参数 p 增大剖分数将逐步减少, 这表明, Mamdani 模糊系统随着参数 p 增大其逼近效果越来越好. 因此, 模糊系统对可积函数类或连续函数类的逼近性可通过分片线性函数来实现.

6.4　Mamdani 模糊系统的降维分解

为了降低模糊系统的规则数, 人们试图将高维模糊系统分解成若干低维模糊系统形式, 以便实现对模糊系统的优化计算或算法设计. 然而, 目前普遍采取的方法是通过分层来完成, 第 8 章将专门介绍分层方法及实施过程. 本节主要针对 n 维 Mamdani 模糊系统直接利用输出 (后件) 模糊集中心来实施降维分解, 并通过实例来分析系统降维后模糊规则数的变化情况.

6.4.1 问题提出与分析

Mamdani 模糊系统是常见两类模糊系统之一, 从理论上探究其降维分解尤为重要. 为此, 首先回顾 Mamdani 模糊推理规则的模式如下:

$R_{i_1 i_2 \cdots i_n}$: 若 x_1 是 $B_1^{i_1}, x_2$ 是 $B_2^{i_2}, \cdots, x_n$ 是 $B_n^{i_n}$, 则 u 是 $C_{i_1 i_2 \cdots i_n}$.

其中 $x = (x_1, x_2, \cdots, x_n) \in U_1 \times U_2 \times \cdots \times U_n \subset \mathbb{R}^n$ 是输入变量, $B_1^{i_1}, B_2^{i_2}, \cdots, B_n^{i_n}$ 是前件 (输入) 模糊集, u 是输出变量, $C_{i_1 i_2 \cdots i_n}$ 是第 $i_k (k = 1, 2, \cdots, n)$ 个规则后件 (输出) 模糊集, $i_1 = 1, 2, \cdots, N_1; i_2 = 1, 2, \cdots, N_2; \cdots; i_n = 1, 2, \cdots, N_n$.

依单点模糊化、乘积推理机和中心平均解模糊化得 Mamdani 模糊系统的解析表达式为

$$F(x_1, x_2, \cdots, x_n) = \frac{\sum_{i_1=1}^{N_1} \sum_{i_2=1}^{N_2} \cdots \sum_{i_n=1}^{N_n} \left(\prod_{k=1}^{n} B_k^{i_k}(x_k) \right) \bar{y}_{i_1 i_2 \cdots i_n}}{\sum_{i_1=1}^{N_1} \sum_{i_2=1}^{N_2} \cdots \sum_{i_n=1}^{N_n} \left(\prod_{k=1}^{n} B_k^{i_k}(x_k) \right)}, \tag{6.24}$$

其中 $\bar{y}_{i_1 i_2 \cdots i_n}$ 是第 i_k 个规则输出模糊集 $C_{i_1 i_2 \cdots i_n}$ 的中心.

显然, 式 (6.24) 中分子与分母之间仅相差一项 $\bar{y}_{i_1 i_2 \cdots i_n}$. 实际上, 公式 (6.24) 是对所有的输出模糊集中心 $\bar{y}_{i_1 i_2 \cdots i_n}$ 实施加权平均, 其权重系数 $\prod_{k=1}^{n} B_k^{i_k}(x_k)$ 是每个分量 $x_k(k = 1, 2, \cdots, n)$ 所对应隶属函数的乘积. 因此, 输出模糊集中心 $\bar{y}_{i_1 i_2 \cdots i_n}$ 在 Mamdani 模糊系统中扮演着重要角色. 故对式 (6.24) 实施降维分解时, 其中心 $\bar{y}_{i_1 i_2 \cdots i_n}$ 将起到至关重要的作用.

若假定 n 维 Mamdani 模糊系统在每个 x_k 轴论域 U_k 上输入模糊集 $\{B_1^{i_1}\}$, $\{B_2^{i_2}\}, \cdots, \{B_n^{i_n}\}$ 均是一致完备标准的, 则对输入变量 $(x_1, x_2, \cdots, x_n) \in U_1 \times U_2 \times \cdots \times U_n$ 的每个分量 x_k 来说仅有两个非零模糊集, 不妨记非零模糊集依次为 B_k^1, B_k^2. 若令 $n = 2$, 按式 (6.24) 易得二维 Mamdani 模糊系统

$$\begin{aligned} F(x_1, x_2) &= \sum_{i_1=1}^{2} B_1^{i_1}(x_1) \left(\sum_{i_2=1}^{2} B_2^{i_2}(x_2) \bar{y}_{i_1 i_2} \right) \bigg/ \left(\sum_{i_1=1}^{2} B_1^{i_1}(x_1) \right) \left(\sum_{i_2=1}^{2} B_2^{i_2}(x_2) \right) \\ &= \frac{B_1^1(x_1) \left(B_2^1(x_2) y_{11} + B_2^2(x_2) y_{12} \right) + B_1^2(x_1) \left(B_2^1(x_2) y_{21} + B_2^2(x_2) y_{22} \right)}{(B_1^1(x_1) + B_1^2(x_1))(B_2^1(x_2) + B_2^2(x_2))} \\ &= \bigg(\left(B_2^1(x_2) + B_2^2(x_2) \right) \left(B_1^1(x_1) y_{11} + B_1^2(x_1) y_{21} \right) + B_1^1(x_1) B_2^2(x_2)(y_{12} - y_{11}) \\ &\quad + B_1^2(x_1) B_2^2(x_2)(y_{22} - y_{21}) \bigg) \bigg/ \left(\left(B_1^1(x_1) + B_1^2(x_1) \right) \left(B_2^1(x_2) + B_2^2(x_2) \right) \right) \end{aligned}$$

$$
\begin{aligned}
&= \frac{B_1^1(x_1)y_{11}+B_1^2(x_1)y_{21}}{B_1^1(x_1)+B_1^2(x_1)} + \frac{\left(B_1^1(x_1)(y_{12}-y_{11})+B_1^2(x_1)(y_{22}-y_{21})\right)B_2^2(x_2)}{\left(B_1^1(x_1)+B_1^2(x_1)\right)\left(B_2^1(x_2)+B_2^2(x_2)\right)} \\
&= \frac{\sum_{i_1=1}^{2} B_1^{i_1}(x_1)y_{i_11}}{\sum_{i_1=1}^{2} B_1^{i_1}(x_1)} + \frac{\sum_{i_1=1}^{2} B_1^{i_1}(x_1)(y_{i_12}-y_{i_11})}{\sum_{i_1=1}^{2} B_1^{i_1}(x_1)} \times \frac{B_2^2(x_2)}{B_2^1(x_2)+B_2^2(x_2)}.
\end{aligned}
$$

若令 $D_{i_1}(x_1) = \dfrac{B_1^{i_1}(x_1)}{\sum_{i_1=1}^{2} B_1^{i_1}(x_1)}$, 则 $\sum_{i_1=1}^{2} D_{i_1}(x_1) = 1$. 故可将 $F(x_1,x_2)$ 表示为

$$
\begin{aligned}
F(x_1,x_2) &= \sum_{i_1=1}^{2} D_{i_1}(x_1)y_{i_11} + \sum_{i_1=1}^{2} D_{i_1}(x_1)(y_{i_12}-y_{i_11}) \times \frac{B_2^2(x_2)}{B_2^1(x_2)+B_2^2(x_2)} \\
&= p_1(x_1) + q_1(x_1)\varphi_2(x_2),
\end{aligned}
$$

其中 $p_1(x_1) = \sum_{i_1=1}^{2} D_{i_1}(x_1)y_{i_11}$, $q_1(x_1) = \sum_{i_1=1}^{2} D_{i_1}(x_1)(y_{i_12}-y_{i_11})$.

再令 $n=3$, 依据式 (6.24) 得三维 Mamdani 模糊系统为

$$
\begin{aligned}
&F(x_1,x_2,x_3) \\
&= \frac{\sum_{i_1=1}^{2} B_1^{i_1}(x_1) \sum_{i_2=1}^{2} B_2^{i_2}(x_2)\left(B_3^1(x_3)\bar{y}_{i_1i_21}+B_3^2(x_3)\bar{y}_{i_1i_22}\right)}{\sum_{i_1=1}^{2} B_1^{i_1}(x_1)\sum_{i_2=1}^{2} B_2^{i_2}(x_2)\sum_{i_3=1}^{2} B_3^{i_3}(x_3)} \\
&= \Bigg(\sum_{i_1=1}^{2} B_1^{i_1}(x_1)\Big(B_2^1(x_2)\big(B_3^1(x_3)\bar{y}_{i_111}+B_3^2(x_3)\bar{y}_{i_112}\big)+B_2^2(x_2)\big(B_3^1(x_3)\bar{y}_{i_121} \\
&\quad +B_3^2(x_3)\bar{y}_{i_122}\big)\Big)\Bigg) \Bigg/ \Bigg(\sum_{i_1=1}^{2} B_1^{i_1}(x_1)\sum_{i_2=1}^{2} B_2^{i_2}(x_2)\sum_{i_3=1}^{2} B_3^{i_3}(x_3)\Bigg) \\
&= \frac{B_1^1(x_1)\left(B_2^1(x_2)\bar{y}_{111}+B_2^2(x_2)\bar{y}_{121}\right)+B_1^2(x_1)\left(B_2^1(x_2)\bar{y}_{211}+B_2^2(x_2)\bar{y}_{221}\right)}{\left(B_1^1(x_1)+B_1^2(x_1)\right)\left(B_2^1(x_2)+B_2^2(x_2)\right)} \\
&\quad + \Big(B_1^1(x_1)\left(B_2^1(x_2)(\bar{y}_{112}-\bar{y}_{111})+B_2^2(x_2)(\bar{y}_{122}-\bar{y}_{121})\right) \\
&\quad + B_1^2(x_1)\left(B_2^1(x_2)(\bar{y}_{212}-\bar{y}_{211})+B_2^2(x_2)(\bar{y}_{222}-\bar{y}_{221})\right)\Big) \\
&\quad \Big/ \Bigg(\left(B_1^1(x_1)+B_1^2(x_1)\right)\left(B_2^1(x_2)+B_2^2(x_2)\right)\Bigg) \times \frac{B_3^2(x_3)}{B_3^1(x_3)+B_3^2(x_3)}
\end{aligned}
$$

6.4 Mamdani 模糊系统的降维分解

$$= \frac{\sum_{i_1=1}^{2}\sum_{i_2=1}^{2} B_1^{i_1}(x_1) B_2^{i_2}(x_2) \bar{y}_{i_1 i_2 1}}{\sum_{i_1=1}^{2}\sum_{i_2=1}^{2} B_1^{i_1}(x_1) B_2^{i_2}(x_2)} + \frac{\sum_{i_1=1}^{2}\sum_{i_2=1}^{2} B_1^{i_1}(x_1) B_2^{i_2}(x_2)(y_{i_1 i_2 2} - y_{i_1 i_2 1})}{\sum_{i_1=1}^{2}\sum_{i_2=1}^{2} B_1^{i_1}(x_1) B_2^{i_2}(x_2)}$$

$$\times \frac{B_3^2(x_3)}{B_3^1(x_3) + B_3^2(x_3)}.$$

若令 $D_{i_1 i_2}(x_1, x_2) = \dfrac{B_1^{i_1}(x_1) B_2^{i_2}(x_2)}{\sum_{i_1=1}^{2}\sum_{i_2=1}^{2} B_1^{i_1}(x_1) B_2^{i_2}(x_2)}$，则必有

$$\sum_{i_1=1}^{2}\sum_{i_2=1}^{2} D_{i_1 i_2}(x_1, x_2) = 1,$$

并可表成

$$F(x_1, x_2, x_3) = \sum_{i_1=1}^{2}\sum_{i_2=1}^{2} D_{i_1 i_2}(x_1, x_2) \bar{y}_{i_1 i_2 1} + \sum_{i_1=1}^{2}\sum_{i_2=1}^{2} D_{i_1 i_2}(x_1, x_2)(y_{i_1 i_2 2} - y_{i_1 i_2 1})$$

$$\times \frac{B_3^2(x_3)}{B_3^1(x_3) + B_3^2(x_3)}$$

$$= p_2(x_1, x_2) + q_2(x_1, x_2)\varphi_3(x_3),$$

其中 $p_2(x_1, x_2) = \sum_{i_1=1}^{2}\sum_{i_2=1}^{2} D_{i_1 i_2}(x_1, x_2) \bar{y}_{i_1 i_2 1}$，而 $q_2(x_1, x_2)$ 可表为

$$q_2(x_1, x_2) = \frac{\sum_{i_1=1}^{2}\sum_{i_2=1}^{2} \left(\prod_{k=1}^{2} B_k^{i_k}(x_k)\right) (\bar{y}_{i_1 i_2 2} - \bar{y}_{i_1 i_2 1})}{\sum_{i_1=1}^{2}\sum_{i_2=1}^{2} \left(\prod_{k=1}^{2} B_k^{i_k}(x_k)\right)}.$$

显然, 上述分解过程中输出模糊集中心 $\bar{y}_{i_1 i_2 \cdots i_n}$ 起到了关键作用.

注 6.4 实际上, 输出模糊集中心 $\bar{y}_{i_1 i_2 \cdots i_n}$ 的取值可通过所给数据对获知. 这是因通常情况下待逼近函数 g 的解析式未知, 但数据对 $((x_1^i, x_2^i, \cdots, x_n^i); y_i)$ 往往可通过测量或实验给出, 亦即, 输出值 $y_i = g(x_1^i, x_2^i, \cdots, x_n^i)(i = 1, 2, \cdots)$ 是已知的. 若记 $(e_{i_1}^1, e_{i_2}^2, \cdots, e_{i_n}^n)$ 为剖分论域的顶点坐标, 则可选取输出模糊集中心 $\bar{y}_{i_1 i_2 \cdots i_n} = g(e_{i_1}^1, e_{i_2}^2, \cdots, e_{i_n}^n)$, 换言之, 虽然 g 的解析表达式未知, 但 g 在一些特殊点处取值可知, 这正是通常构造或设计模糊系统的前提条件. 例如, 不妨设 $g(x_1, x_2, x_3)$ 是待逼近的三元函数, 三元组 $(e_{i_1}^1, e_{i_2}^2, e_{i_3}^3)$ 为剖分输入空间的任意顶点坐标. 若取中心 $\bar{y}_{i_1 i_2 i_3} = g(e_{i_1}^1, e_{i_2}^2, e_{i_3}^3)$, 则 $\bar{y}_{i_1 i_2} = g(e_{i_1}^1, e_{i_2}^2, 0)$, $\bar{y}_{i_1 i_2 1} = g(e_{i_1}^1, e_{i_2}^2, e_1^3)$, $i_1, i_2 = 1, 2$.

6.4.2 降维分解定理

定理 6.9 设 $\{B_1^{i_1}\},\{B_2^{i_2}\},\cdots,\{B_n^{i_n}\}$ 分别是对应每个论域 U_k 上一致完备标准的输入模糊集. 则 $\forall (x_1,x_2,\cdots,x_n)\in U_1\times U_2\times\cdots\times U_n\subset\mathbb{R}^n$, n 维 Mamdani 模糊系统 F 总能分解如下:

$$F(x_1,x_2,\cdots,x_n)=p_{n-1}(x_1,x_2,\cdots,x_{n-1})+q_{n-1}(x_1,x_2,\cdots,x_{n-1})\varphi_n(x_n), \quad (6.25)$$

其中 $\varphi_n(x_n)=\dfrac{B_n^2(x_n)}{B_n^1(x_n)+B_n^2(x_n)}$, $p_{n-1}(x_1,x_2,\cdots,x_{n-1})$ 和 $q_{n-1}(x_1,x_2,\cdots,x_{n-1})$ 分别表为

$$p_{n-1}(x_1,x_2,\cdots,x_{n-1})=\dfrac{\sum_{i_1=1}^{2}\sum_{i_2=1}^{2}\cdots\sum_{i_{n-1}=1}^{2}\left(\prod_{k=1}^{n-1}B_k^{i_k}(x_k)\right)\bar{y}_{i_1i_2\cdots i_{n-1}1}}{\sum_{i_1=1}^{2}\sum_{i_2=1}^{2}\cdots\sum_{i_{n-1}=1}^{2}\left(\prod_{k=1}^{n}B_k^{i_k}(x_k)\right)}, \quad (6.26)$$

$$q_{n-1}(x_1,x_2,\cdots,x_{n-1})=\dfrac{\sum_{i_1=1}^{2}\sum_{i_2=1}^{2}\cdots\sum_{i_{n-1}=1}^{2}\left(\prod_{k=1}^{n-1}B_k^{i_k}(x_k)\right)(\bar{y}_{i_1i_2\cdots i_{n-1}2}-\bar{y}_{i_1i_2\cdots i_{n-1}1})}{\sum_{i_1=1}^{2}\sum_{i_2=1}^{2}\cdots\sum_{i_{n-1}=1}^{2}\left(\prod_{k=1}^{n-1}B_k^{i_k}(x_k)\right)}. \quad (6.27)$$

证明 采用数学归纳法. 首先, $n=2$ 时, 前边已证结论成立. 现假设

$$F(x_1,x_2,\cdots,x_n)=p_{n-1}(x_1,x_2,\cdots,x_{n-1})+q_{n-1}(x_1,x_2,\cdots,x_{n-1})\varphi_n(x_n),$$

往证 $\forall(x_1,x_2,\cdots,x_n,x_{n+1})\in U_1\times U_2\times\cdots\times U_n\times U_{n+1}\subset\mathbb{R}^{n+1}$, 也有

$$F(x_1,x_2,\cdots,x_n,x_{n+1})=p_n(x_1,x_2,\cdots,x_n)+q_n(x_1,x_2,\cdots,x_n)\varphi_{n+1}(x_{n+1}).$$

事实上, 将式 (6.26) 和 (6.27) 代入上式, 并经通分整理后得

$$p_n(x_1,x_2,\cdots,x_n)+q_n(x_1,x_2,\cdots,x_n)\varphi_{n+1}(x_{n+1})$$

$$=\dfrac{\left(B_{n+1}^1(x_{n+1})+B_{n+1}^2(x_{n+1})\right)\cdot\sum_{i_1=1}^{2}\sum_{i_2=1}^{2}\cdots\sum_{i_n=1}^{2}\left(\prod_{k=1}^{n}B_k^{i_k}(x_k)\right)\bar{y}_{i_1i_2\cdots i_n1}}{\sum_{i_1=1}^{2}\sum_{i_2=1}^{2}\cdots\sum_{i_n=1}^{2}\left(\prod_{k=1}^{n}B_k^{i_k}(x_k)\right)\cdot\left(B_{n+1}^1(x_{n+1})+B_{n+1}^2(x_{n+1})\right)}$$

6.4 Mamdani 模糊系统的降维分解

$$+\frac{B_{n+1}^2(x_{n+1})\cdot\sum_{i_1=1}^{2}\sum_{i_2=1}^{2}\cdots\sum_{i_n=1}^{2}\left(\prod_{k=1}^{n}B_k^{i_k}(x_k)\right)(\bar{y}_{i_1i_2\cdots i_n2}-\bar{y}_{i_1i_2\cdots i_n1})}{\sum_{i_1=1}^{2}\sum_{i_2=1}^{2}\cdots\sum_{i_n=1}^{2}\left(\prod_{k=1}^{n}B_k^{i_k}(x_k)\right)\cdot\left(B_{n+1}^1(x_{n+1})+B_{n+1}^2(x_{n+1})\right)}$$

$$=\sum_{i_1=1}^{2}\sum_{i_2=1}^{2}\cdots\sum_{i_n=1}^{2}\left(\prod_{k=1}^{n}B_k^{i_k}(x_k)\right)$$

$$\cdot\left(\sum_{i_{n+1}=1}^{2}B_{n+1}^{i_{n+1}}(x_{n+1})\bar{y}_{i_1i_2\cdots i_n1}+B_{n+1}^2(x_{n+1})(\bar{y}_{i_1i_2\cdots i_n2}-\bar{y}_{i_1i_2\cdots i_n1})\right)$$

$$\Big/\sum_{i_1=1}^{2}\sum_{i_2=1}^{2}\cdots\sum_{i_n=1}^{2}\left(\prod_{k=1}^{n}B_k^{i_k}(x_k)\right)\cdot\sum_{i_{n+1}=1}^{2}B_{n+1}^{i_{n+1}}(x_{n+1})$$

$$=\frac{\sum_{i_1=1}^{2}\sum_{i_2=1}^{2}\cdots\sum_{i_n=1}^{2}\left(\prod_{k=1}^{n}B_k^{i_k}(x_k)\right)\left(\sum_{i_{n+1}=1}^{2}B_{n+1}^{i_{n+1}}(x_{n+1})\bar{y}_{i_1i_2\cdots i_ni_{n+1}}\right)}{\sum_{i_1=1}^{2}\sum_{i_2=1}^{2}\cdots\sum_{i_n=1}^{2}\left(\prod_{k=1}^{n}B_k^{i_k}(x_k)\right)\cdot\sum_{i_{n+1}=1}^{2}B_{n+1}^{i_{n+1}}(x_{n+1})}$$

$$=\frac{\sum_{i_1=1}^{2}\sum_{i_2=1}^{2}\cdots\sum_{i_n=1}^{2}\sum_{i_{n+1}=1}^{2}\left(\prod_{k=1}^{n+1}B_k^{i_k}(x_k)\right)\bar{y}_{i_1i_2\cdots i_ni_{n+1}}}{\sum_{i_1=1}^{2}\sum_{i_2=1}^{2}\cdots\sum_{i_n=1}^{2}\sum_{i_{n+1}=1}^{2}\left(\prod_{k=1}^{n+1}B_k^{i_k}(x_k)\right)}$$

$$=F(x_1,x_2,\cdots,x_n,x_{n+1}).$$

因此, $\forall(x_1,x_2,\cdots,x_n)\in U_1\times U_2\times\cdots\times U_n\subset\mathbb{R}^n$, 总有式 (6.25) 成立.

事实上, 虽说 n 维 Mamdani 模糊系统的降维公式 (6.25) 仅降至 $n-1$ 维 $p_{n-1}(x_1,x_2,\cdots,x_{n-1})$ 和 $q_{n-1}(x_1,x_2,\cdots,x_{n-1})$, 但若仿造 $n=2,3$ 情形, 可继续导出 $p_{n-1}(x_1,x_2,\cdots,x_{n-1})$ 和 $q_{n-1}(x_1,x_2,\cdots,x_{n-1})$ 的降维公式. 最终可将高维 Mamdani 模糊系统分解为若干低维 Mamdani 模糊系统之和的形式.

例 6.3 设 g_1,g_2 分别是给定三元和四元连续函数 ($n=3,4$) 如下:

$$g_1(x_1,x_2,x_3)=2\sin^2(x_1+2x_2-x_3),\quad\forall(x_1,x_2,x_3)\in[-1,1]^3,$$

$$g_2(x_1,x_2,x_3,x_4)=3\cos^2(x_1+2x_2x_3+3x_4),\quad\forall(x_1,x_2,x_3,x_4)\in[-1,1]^4.$$

试将 g_1,g_2 所对应的 Mamdani 模糊系统进行适当降维分解.

解 不妨取剖分数 $m=6$, 先在 x_1 轴 $[-1,1]$ 上定义 3 个三角模糊数, 其隶属函数为

$$A(x_1) = \begin{cases} 1 - 6x_1, & 0 \leqslant x_1 \leqslant \dfrac{1}{6}, \\ 1 + 6x_1, & -\dfrac{1}{6} \leqslant x_1 < 0, \\ 0, & \text{其他}, \end{cases} \qquad A_{-6}(x_1) = \begin{cases} -6x_1 - 5, & -1 \leqslant x_1 \leqslant -\dfrac{5}{6}, \\ 0, & \text{其他}, \end{cases}$$

$$A_6(x_1) = \begin{cases} 6x_1 - 5, & \dfrac{5}{6} \leqslant x_1 \leqslant 1. \\ 0, & \text{其他}. \end{cases}$$

将中心模糊集隶属函数 $A(x_1)$ 沿 x_1 轴在 $[-1,1]$ 逐次左右平移 $\dfrac{1}{6}$ 个单位长度,即,

$$A_{i_1}(x_1) = A\left(x_1 - \dfrac{i_1}{6}\right), \quad i_1 = 0, \pm 1, \pm 2, \cdots, \pm 5.$$

故在 $[-1,1]$ 上获得一组一致完备标准的输入模糊集 $\{A_{i_1}\}$,其首尾两端模糊集为 A_{-6} 和 A_6。

同理,若在 x_2 轴 $[-1,1]$ 上令 $B_{i_2}(x_2) = A_{i_2}(x_2)$;在 x_3 轴 $[-1,1]$ 上令 $C_{i_3}(x_3) = A_{i_3}(x_3)$,其中 $i_2, i_3 = 0, 1, \cdots, 5, 6$。则分别获得一致完备标准模糊集 $\{B_{i_2}\}$ 和 $\{C_{i_3}\}$,参见图 6.11。

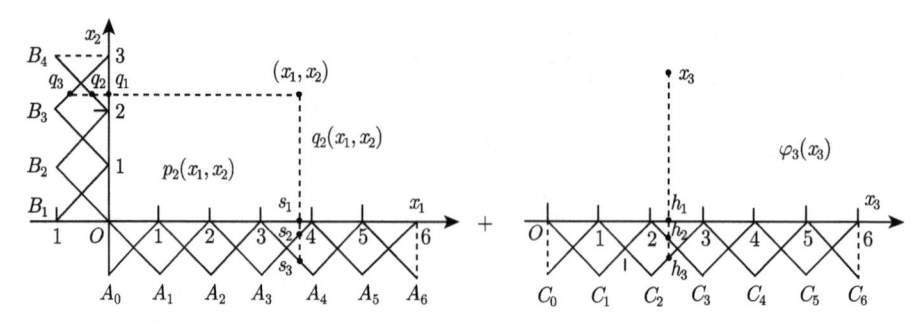

图 6.11　$n = 3$ 时 Mamdani 模糊系统在第一卦限内分解示意图

显然,依图 6.11 输入模糊集 $\{A_{i_1}\}, \{B_{i_2}\}$ 和 $\{C_{i_3}\}$ 均构成二相波分布,亦即,$\forall (x_1, x_2, x_3) \in [-1,1]^3$,每个分量 x_i 仅对应两个非零模糊集,例如,x_1 对应 A_3 和 A_4;x_2 对应 B_3 和 B_4;x_3 对应 C_2 和 C_3,且有

$$\begin{cases} \displaystyle\sum_{i_1=0}^{6} A_{i_1}(x_1) = A_3(x_1) + A_4(x_1) = 1, \\ \displaystyle\sum_{i_2=0}^{6} B_{i_2}(x_2) = B_3(x_2) + B_4(x_2) = 1, \\ \displaystyle\sum_{i_3=0}^{6} C_{i_3}(x_3) = C_2(x_3) + C_3(x_3) = 1, \end{cases}$$

6.4 Mamdani 模糊系统的降维分解

其中 $A_3(x_1) = s_1s_2, A_4(x_1) = s_1s_3$; $B_3(x_2) = q_1q_3, B_4(x_2) = q_1q_2$; $C_2(x_3) = h_1h_3$, $C_3(x_3) = h_1h_2$, 且有

$$\sum_{i_1=0}^{6}\sum_{i_2=0}^{6}\sum_{i_3=0}^{6} A_{i_1}(x_1)B_{i_2}(x_2)C_{i_3}(x_3) \equiv 1.$$

依注 6.4, 若令 $\bar{y}_{i_1i_2i_3} = g_1(e_{i_1}^1, e_{i_2}^2, e_{i_3}^3)$, 剖分顶点坐标 $e_{ij}^j = \dfrac{j}{6}, j = 0, \pm 1, \pm 2, \cdots, \pm 6$. 根据式 (6.24) 得三维 Mamdani 模糊系统为

$$F_1(x_1, x_2, x_3) = \sum_{i_1=0}^{6}\sum_{i_2=0}^{6}\sum_{i_3=0}^{6} A_{i_1}(x_1)B_{i_2}(x_2)C_{i_3}(x_3)g_1(e_{i_1}^1, e_{i_2}^2, e_{i_3}^3).$$

同理, 令 $\bar{y}_{i_1i_2i_3i_4} = g_2(e_{i_1}^1, e_{i_2}^2, e_{i_3}^3, e_{i_4}^4)$, 则四维 Mamdani 模糊系统为

$$F_2(x_1, x_2, x_3, x_4) = \sum_{i_1=0}^{6}\sum_{i_2=0}^{6}\sum_{i_3=0}^{6}\sum_{i_4=0}^{6} A_{i_1}(x_1)B_{i_2}(x_2)C_{i_3}(x_3)D_{i_4}(x_4)g_2(e_{i_1}^1, e_{i_2}^2, e_{i_3}^3, e_{i_4}^4).$$

依定理 6.9, 立刻获得三、四维 Mamdani 模糊系统的降维公式分别为

$$F_1(x_1, x_2, x_3) = p_2(x_1, x_2) + q_2(x_1, x_2)\varphi_3(x_3),$$

$$F_2(x_1, x_2, x_3, x_4) = p_3(x_1, x_2, x_3) + q_3(x_1, x_2, x_3)\varphi_4(x_4),$$

其中 $p_2(x_1, x_2)$ 和 $p_3(x_1, x_2, x_3)$ 服从式 (6.26), $q_2(x_1, x_2)$ 和 $q_3(x_1, x_2, x_3)$ 服从式 (6.27), 例如,

$$p_2(x_1, x_2) = \sum_{i_1=0}^{6}\sum_{i_2=0}^{6} A_{i_1}(x_1)B_{i_2}(x_2)\bar{y}_{i_1i_21},$$

$$q_3(x_1, x_2, x_3) = \sum_{i_1=0}^{6}\sum_{i_2=0}^{6}\sum_{i_3=0}^{6} A_{i_1}(x_1)B_{i_2}(x_2)C_{i_3}(x_3)(\bar{y}_{i_1i_2i_32} - \bar{y}_{i_1i_2i_31}),$$

其中 $\bar{y}_{i_1i_21} = g_1(e_{i_1}^1, e_{i_2}^2, e_1^3), \bar{y}_{i_1i_2i_32} = g_2(e_{i_1}^1, e_{i_2}^2, e_{i_3}^3, e_2^4), \bar{y}_{i_1i_2i_31} = g_2(e_{i_1}^1, e_{i_2}^2, e_{i_3}^3, e_1^4)$.

显然, 三维 Mamdani 模糊系统降维后分解为二维 Mamdani 模糊系统 $p_2(x_1, x_2)$ 和 $q_2(x_1, x_2)$ 线性之和, 而二维系统的实现远比三维系统简单得多. 同理, 四维系统降维后可分解为两个三维系统 $p_3(x_1, x_2, x_3)$ 和 $q_3(x_1, x_2, x_3)$ 线性之和, 并继续可将 $p_3(x_1, x_2, x_3)$ 和 $q_3(x_1, x_2, x_3)$ 分解为两个二维系统的线性之和. 依此类推, 高维 Mamdani 模糊系统总可降维分解为若干个低维 Mamdani 模糊系统之和, 进而依 MATLAB 软件编程可设计高维 Mamdani 模糊系统的优化算法.

此外, 高维 Mamdani 模糊系统实施降维分解后还可降低系统内部的规则数. 依据本例所给输入模糊集所满足的一致完备标准性及二相波分布来看, 三维或四维

Mamdani 系统降维前真正起作用的模糊规则总数分别为 2^3 和 2^4, 而实施降维分解后其规则总数分别降至 2^2+2 和 2^3+2. 当然, 随着输入空间维数增加, 模糊规则总数降幅程度将越来越大, 参见表 6.1.

表 6.1 n 维 Mamdani 模糊系统降维前后模糊规则总数对比情况

输入维数\规则数	原模糊规则总数	降维后模糊规则总数	降维前后模糊规则总数之差
$n=3$	8	6	2
$n=4$	16	10	6
$n=5$	32	18	14
$n \geqslant 6$	2^n	$2^{n-1}+2$	$2(2^{n-1}-2^{n-2}-1)$

从表 6.1 不难看出, 虽然 n 维 Mamdani 模糊系统只降低了一维, 但其系统内部的模糊规则总数却明显降低, 且随维数 n 不断增加, 其规则总数降低幅度也增大, 而且该方法可继续迭代直至分解为期望的若干低维系统之和形式. 此外, 还可通过选取样本点 (例如, $(1/12, 3/25, 4/5)$ 或 $(1/3, 3/8, 1/4, 5/7)$) 来检验降维后系统的计算复杂程度.

参 考 文 献

[1] Wang L X, Mendel J. Fuzzy basis functions, universal approximation, and orthogonal least-squares learning. IEEE Transanctions Neural Networks, 1992, 3(5): 807–814.

[2] Buckley J J. Fuzzy input-output controller are universal approximators. Fuzzy Sets and Systems, 1993, 58(2): 273–278.

[3] Wang P Z, Tan S H, Song F M. Constructive theory for fuzzy systems. Fuzzy Set and Systems, 1997, 88(2): 195–203.

[4] Ying H, Ding Y S, Li S K, Shao S H. Comparison of necessary conditions for typical Takagi-Sugeno and Mamdani fuzzy systems as universal approximators. IEEE Transactions on Systems, Man, Cybernetics, 1999, 29(5): 508–514.

[5] Salmeri M, Mencattini A, Rovatti R. Function approximation using non-normalized SISO fuzzy systems. International Journal Approximation Reasoning, 2001, 26 (2): 223–229.

[6] Wang D G, Chen C L P, Song W Y, Li H X. Error compensated marginal linearization method for modeling a fuzzy system. IEEE Transactions on Fuzzy Systems, 2015, 23(1): 215–222.

[7] Liu P Y, Li H X. Analyses for $L_p(\mu)$-norm approximation capability of the generalized Mamdani fuzzy systems. Information Sciences, 2001, 138(2): 195–210.

参考文献

[8] Liu P Y. Mamdani fuzzy system is universal approximator to a class of random process. IEEE Transactions on Fuzzy Systems, 2002, 10(6): 756–766.

[9] 刘普寅, 李洪兴. 广义模糊系统对于可积函数的逼近性. 中国科学 (E 辑), 2000, 30 (5): 413–423.

[10] 曾珂, 徐文立, 张乃尧. 特定 Mamdani 模糊系统的通用逼近性 [J]. 控制与决策, 2000, 15(4): 435–438.

[11] 唐少先, 陈建二, 张泰山. Mamdani 模糊系统 I/O 关系的表示及隶属函数优化. 控制理论与应用, 2005, 22(4): 520–526.

[12] 张宇卓, 李洪兴. 广义递阶 Mamdani 模糊系统及其泛逼近性. 控制理论与应用, 2006, 23(3): 449–454.

[13] 孙富春, 杨晋, 刘华平. SISO Mamdani 模糊系统作为函数逼近器的必要条件. 智能系统学报, 2009, 4 (4): 288–294.

[14] 李洪兴, 袁学海, 王加银. Fuzzy 系统的范数与 Fuzzy 系统的分类. 中国科学. 信息科学, 2010, 40(12): 1596–1610.

[15] 章浩, 王书宁. 基于超立方体分割的分片线性逼近. 清华大学学报 (自然科学版), 2008, 48 (1): 153–156.

[16] 王勇莉, 李力, 李颖, 等. 基于分片线性函数逼近的非线性观测器设计. 控制与决策, 2009, 24 (2): 279–283.

[17] Sugeno M, Murofushi T. Pseudo-additive measures and integrals. J. Math. Anal. Appl., 1987, 122: 197–222.

[18] 蒋兴忠. tK-积分和 Kt-积分. 四川师范大学学报 (自然科学版), 1993, 16(2): 31–39.

[19] 王贵君, 李晓萍. K-拟可加模糊积分的绝对连续性. 四川师范大学学报 (自然科学版), 1998, 21(3): 251–255.

[20] 王贵君, 李晓萍. K-拟加模糊数值积分及其收敛性. 数学进展, 2006, 35 (1): 109–119.

[21] 王贵君, 李晓萍, 隋晓琳. 广义 Mamdani 模糊系统依 K-积分模的泛逼近及其实现过程. 自动化学报, 2014, 40(1): 143–148.

[22] Wang G J, Li X P. Mesh construction of PLF and its approximation process in Mamdani fuzzy system. Journal of Intelligent and Fuzzy Systems, 2017, 32(6): 4213–4225.

[23] 陶玉杰, 王宏志, 王贵君. K_p-积分模意义下广义 Mamdani 模糊系统的逼近性能及其实现. 电子学报, 2015, 43 (11): 2284–2291.

[24] 陶玉杰, 王宏志, 王贵君. 基于 K-拟算术运算诱导的 K_p-积分模意义下分片线性函数的逼近. 系统科学与数学, 2016, 36(2): 267–277.

[25] 索春凤, 王贵君. 折线 Mamdnai 模糊系统及其权值参数的萤火虫优化算法. 浙江大学学报 (理学版), 2016, 43(2): 149–155.

[26] 段晨霞, 王贵君. 模糊系统中方形分片线性函数依 K-积分模的泛逼近性. 天津师范大学学报, 2012, 32(3): 1–5.

[27] 彭维玲. 基于剖分模糊系统输入空间的多维分片线性函数的构造及逼近. 系统科学与数学, 2014, 34(3): 340–351.

[28] 李晓萍, 张德利. 基于后件模糊集中心的 Mamdani 模糊系统的降维分解. 系统科学与数学, 2017, 37(3): 899–907.

[29] 宋崇辉, 柴天佑. 一类模糊系统的分解性质和稳定性分析. 控制理论与应用, 2001, 18(增刊): 50–54.

[30] 李永明. 模糊系统分析. 北京: 科学出版社, 2005.

[31] 王立新. 模糊系统与模糊控制教程. 北京: 清华大学出版社, 2003.

[32] 冯德兴. 凸分析基础. 北京: 科学出版社, 1995.

第7章 非齐次线性 T-S 模糊系统的逼近性

众所周知,一般模糊系统具有双重角色,它不仅是基于一系列语言规则而构成的一个系统,而且是可借助精确的数学公式来描述的一个线性映射. 事实上, 模糊系统的主要贡献在于它巧妙提供了一个把语言规则形成的模糊集合转化成非线性映射的系统化程序. 由于一个非线性映射易于实现, 模糊系统也就找到了转化成某些工程应用的实施方案. 故可将知识系统通过传感器测量数据来获取精确的数学模型, 进而将其应用于自动控制、信号处理、通信工程及空间技术等研究领域. 通常人们主要关注 Mamdani 模糊系统和 T-S 模糊系统的研究, 但对 T-S 模糊系统仅限于讨论后件输出部分的系数均为零的情况, 参见文献 [10], [11]. 其实这种特殊情况已经退化为 Mamdani 模糊系统, 并没有实际意义.

7.1 非齐次线性 T-S 模糊系统的最大模逼近

从数学观点来看, 模糊系统就是输入和输出之间的映射关系, 也是一种插值器, 最常见的就是 Mamdani 模糊系统和 T-S 模糊系统. 通常人们更多关注的是齐次线性 T-S 模糊系统的逼近性, 而对非齐次线性 T-S 模糊系统涉及甚少, 所用方法也不尽相同. 2000 年, 刘普寅、李洪兴教授[10] 首次引入分片线性函数 (PLF) 概念, 并针对简单 T-S 模糊系统 (退化为 Mamdani 模糊系统) 的逼近性进行研究. 这些方法无疑对进一步讨论非齐次线性 T-S 模糊系统具有重要理论意义.

7.1.1 非齐次线性 T-S 模糊系统的构造

当模糊规则的线性输出部分系数不全取为零时, 我们来讨论非齐次线性 (广义)T-S 模糊系统的逼近性, 并通过模拟实例来说明该系统的逼近性能更佳. 为此, 首先给出模糊规则如下.

设 T-S 模糊系统的规则库是由如下形式的模糊推理规则组成的, 即

$\mathrm{TR}_{k_1 k_2 \cdots k_n}$: IF x_1 is $A_{k_1}^1$ and x_2 is $A_{k_2}^2$, and $\cdots$, and x_n is $A_{k_n}^n$,

THEN $y_{k_1 k_2 \cdots k_n} = b_{k_1 k_2 \cdots k_n}^0 + b_{k_1 k_2 \cdots k_n}^1 x_1 + b_{k_1 k_2 \cdots k_n}^2 x_2 + \cdots + b_{k_1 k_2 \cdots k_n}^n x_n$,

其中规则输出 $y_{k_1 k_2 \cdots k_n}$ 是输入 $x = (x_1, x_2, \cdots, x_n) \in U_1 \times U_2 \times \cdots \times U_n \subset \mathbb{R}^n$ 分量的多元线性函数, 对应系数 $b_{k_1 k_2 \cdots k_n}^i$ 是可调节参数, $A_{k_i}^i$ 是定义在分量论域

U_i 上标准前件 (输入) 模糊集, 指标变量 $k_1 = 1, 2, \cdots, N_1; k_2 = 1, 2, \cdots, N_2; \cdots;$ $k_n = 1, 2, \cdots, N_n, i = 1, 2, \cdots, n.$

若采用乘积推理机、单点模糊化和中心平均解模糊化可得 T-S 模糊系统 T_m 输入输出表示为

$$T_m(x) = \frac{\sum_{k_1=1}^{N_1}\sum_{k_2=1}^{N_2}\cdots\sum_{k_n=1}^{N_n}\left(\prod_{i=1}^{n}A_{k_i}^{i}(x_i)\right)\cdot\left(b_{k_1k_2\cdots k_n}^{0}+\sum_{i=1}^{n}b_{k_1k_2\cdots k_n}^{i}x_i\right)}{\sum_{k_1=1}^{N_1}\sum_{k_2=1}^{N_2}\cdots\sum_{k_n=1}^{N_n}\left(\prod_{i=1}^{n}A_{k_i}^{i}(x_i)\right)}. \quad (7.1)$$

定义 7.1 设 T-S 模糊系统形如式 (7.1), 若参数 $b_{k_1k_2\cdots k_n}^{0} \neq 0$, 且 $b_{k_1k_2\cdots k_n}^{1}$, $b_{k_1k_2\cdots k_n}^{2}, \cdots, b_{k_1k_2\cdots k_n}^{n}$ 不全为零, 则称式 (7.1) 为非齐次线性 T-S 模糊系统; 若 $b_{k_1k_2\cdots k_n}^{0} = 0$, 但 $b_{k_1k_2\cdots k_n}^{1}, b_{k_1k_2\cdots k_n}^{2}, \cdots, b_{k_1k_2\cdots k_n}^{n}$ 不全为零, 称式 (7.1) 为齐次线性 T-S 模糊系统; 若 $b_{k_1k_2\cdots k_n}^{0} \neq 0$, 但 $b_{k_1k_2\cdots k_n}^{i} = 0, i = 1, 2, \cdots, n$, 则式 (7.1) 退化为 Mamdani 模糊系统, 因此, Mamdani 模糊系统是 T-S 模糊系统的特例.

定义 7.2 在定义 7.1 约定下, 统一称非齐次线性 T-S 模糊系统或齐次线性 T-S 模糊系统为线性 T-S 模糊系统, 其中线性 T-S 模糊系统表示 $T_m(x)$ 仅是依据规则输出 $y_{k_1k_2\cdots k_n}$ 的线性性而界定, 而并非真正满足线性性.

从定义 7.1 和定义 7.2 不难看出非齐次线性 T-S 模糊系统包含了齐次线性 T-S 模糊系统, 更具一般性. 为此, 本节仅以非齐次线性 T-S 模糊系统讨论.

注 7.1 第 6 章曾用 $x_k^* = (x_1^k, x_2^k, \cdots, x_n^k)(k = 1, 2, \cdots, n+1)$ 抽象表示实施网格剖分后 n 维小多面体 $\Delta_{j\iota}$ 的顶点坐标. 实际上, 等距剖分下每个顶点分量坐标 x_i^k 均可表为边长 $\dfrac{a}{m}$ 的整数倍, 故顶点坐标 $x_k^* = (x_1^k, x_2^k, \cdots, x_n^k)$ 又可具体表为 $\left(\dfrac{ak_1}{m}, \dfrac{ak_2}{m}, \cdots, \dfrac{ak_n}{m}\right)$, 其中 $k_i = 1, 2, \cdots, N_i$, m 是输入论域的剖分数. 两种不同表示只是抽象和具体的区别, 通常不加以区分. 为此, 可进一步针对顶点的具体表示 $\left(\dfrac{ak_1}{m}, \dfrac{ak_2}{m}, \cdots, \dfrac{ak_n}{m}\right)$ 给出 T-S 模糊系统的一组调节系数.

首先, 依据式 (6.6) 对剖分后 n-维小多面体 $\Delta_{j\iota}$ 每个顶点 $\left(\dfrac{ak_1}{m}, \dfrac{ak_2}{m}, \cdots, \dfrac{ak_n}{m}\right)$ 来说仍满足

$$\frac{ak_i}{m} = x_i \pm \frac{a\theta_i}{m} \Rightarrow \left|x_i - \frac{ak_i}{m}\right| = \frac{a\theta_i}{m} \leqslant \frac{a}{m}, \quad i = 1, 2, \cdots, n, \quad (7.2)$$

并且在顶点 $\left(\dfrac{ak_1}{m}, \dfrac{ak_2}{m}, \cdots, \dfrac{ak_n}{m}\right)$ 处总有

$$f\left(\frac{ak_1}{m}, \frac{ak_2}{m}, \cdots, \frac{ak_n}{m}\right) = S\left(\frac{ak_1}{m}, \frac{ak_2}{m}, \cdots, \frac{ak_n}{m}\right),$$

其中 S 是依赖于数据对 $(x; f(x))$ 或 $f(x)$ 的表达式所构造的某个 PLF, 而 $k_1, k_2, \cdots, k_n$ 是类同前边 $i_1, i_2, \cdots, i_n$ 指标序号, 其他含义参见 6.1 节.

事实上, 按定义 7.1 构造非齐次线性 T-S 模糊系统的关键是如何恰当选定一组调节参数 $b^i_{k_1 k_2 \cdots k_n}$, 使它不仅满足 $b^0_{k_1 k_2 \cdots k_n} \neq 0$, 且 $b^1_{k_1 k_2 \cdots k_n}, b^2_{k_1 k_2 \cdots k_n}, \cdots, b^n_{k_1 k_2 \cdots k_n}$ 不全为零, 而且对应的非齐次线性 T-S 模糊系统 T_m 还能逼近 f, 因没有逼近性的模糊系统是无意义的.

依 6.1 节构造 PLF 的步骤 (4), 按其矩阵行列式选定一组调节参数, 令

$$\begin{cases} b^0_{k_1 k_2 \cdots k_n} = S\left(\dfrac{ak_1}{m}, \dfrac{ak_2}{m}, \cdots, \dfrac{ak_n}{m}\right) \text{ 或 } f\left(\dfrac{ak_1}{m}, \dfrac{ak_2}{m}, \cdots, \dfrac{ak_n}{m}\right), \\ b^1_{k_1 k_2 \cdots k_n} = |D_{j1}|, b^2_{k_1 k_2 \cdots k_n} = |D_{j2}|, \cdots, b^n_{k_1 k_2 \cdots k_n} = |D_{jn}|. \end{cases} \quad (7.3)$$

为书写方便, 本章所涉系数矩阵均省略指标变量 l, 简记 D^l_{ji} 为 D_{ji}, 且矩阵行列式 $|D^l_{ji}|$ 为 $|D_{ji}|, j = 1, 2, \cdots, p; i = 1, 2, \cdots, n$.

$\forall x = (x_1, x_2, \cdots, x_n) \in U_1 \times U_2 \times \cdots \times U_n$, 将式 (7.3) 代入式 (7.1) 获得非齐次线性 T-S 模糊系统输入输出表达式为

$$\begin{aligned} & T_m(x_1, x_2, \cdots, x_n) \\ =& \sum_{k_1=1}^{N_1} \sum_{k_2=1}^{N_2} \cdots \sum_{k_n=1}^{N_n} \left(\prod_{i=1}^{n} A^i_{k_i}(x_i)\right) \left(S\left(\frac{ak_1}{m}, \frac{ak_2}{m}, \cdots, \frac{ak_n}{m}\right) \right. \\ & \left. + |D_{j1}|x_1 + |D_{j2}|x_2 + \cdots + |D_{jn}|x_n\right) \Big/ \sum_{k_1=1}^{N_1} \sum_{k_2=1}^{N_2} \cdots \sum_{k_n=1}^{N_n} \left(\prod_{i=1}^{n} A^i_{k_i}(x_i)\right) \end{aligned} \quad (7.4)$$

其中行列式 $|D_{j1}|, |D_{j2}|, \cdots, |D_{jn}|$ 按定理 6.2 给出, 它们均和变量指标 $k_1, k_2, \cdots, k_n$ 有关. 显然, 当系数 $|D_{j1}| = |D_{j2}| = \cdots = |D_{jn}| = 0$ 时, 非齐次线性 T-S 模糊系统退化为 Mamdani 模糊系统.

7.1.2 非齐次线性 T-S 模糊系统逼近连续函数

虽然 6.1 节中针对紧集 $U \subset \mathbb{R}^n$ 上连续函数已经给出了 PLF 的解析表示, 且定理 6.2 也证明了 PLF 对连续函数具有逼近性, 但这还远远不够, 要解决的关键问题是非齐次线性 T-S 模糊系统 (7.4) 对所给连续函数是否具有逼近性? 下面, 将重点阐述这个问题.

定理 7.1 设 f 是紧集 $U \subset \mathbb{R}^n$ 上连续函数, S 是形如式 (6.5) 所示的 PLF, $\Delta(a) = [-a, a]^n$. 则 $\forall \varepsilon > 0$, 存在 $m \in \mathbb{N}$ 及形如式 (7.4) 的非齐次线性 T-S 模糊系统 T_m, 使得 $\|T_m - S\|_\infty < \varepsilon$.

证明 设 $\{\Delta_{j1}, \Delta_{j2}, \cdots, \Delta_{j_s}\}$ 是第 j 个广义小正方体 $Q_j (j = 1, 2, \cdots, p)$ 的 m-网格剖分多面体. 依 PLF 的构造方法知, $\forall x = (x_1, x_2, \cdots, x_n) \in \Delta(a)$, 存在 m-网格剖分和唯一 $j, l \in \mathbb{N}$, 使 $x \in \Delta_{jl} \subset \Delta(a)$.

记 $x_k^* = (x_1^k, x_2^k, \cdots, x_n^k)(k = 1, 2, \cdots, n+1)$ 为剖分后 n 维小多面体 Δ_{jl} 的顶点坐标, 故有

$$S(x_1^k, x_2^k, \cdots, x_n^k) = \frac{|D_{j1}|}{|D_n|}x_1^k + \frac{|D_{j2}|}{|D_n|}x_2^k + \cdots + \frac{|D_{jn}|}{|D_n|}x_n^k + \frac{|D_{j(n+1)}|}{|D_n|}, \quad (7.5)$$

其中动点分量 x_i 和顶点分量 x_i^k 均满足

$$|x_i - x_i^k| \leqslant \frac{a}{m}, \quad i = 1, 2, \cdots, n; \quad k = 1, 2, \cdots, n+1.$$

另一方面, 因 f 在紧集 U 上连续, 故 f 在 Δ_{jl} 上必一致连续, 即 $\forall \varepsilon > 0, \exists \delta > 0$, $\forall x, y \in \Delta_{jl}$, 只要 $\|x - y\| < \delta$, 则有 $|f(x) - f(y)| < \varepsilon$.

不妨设 $\forall x = (x_1, x_2, \cdots, x_n), y = (y_1, y_2, \cdots, y_n) \in Q_j$, 若使

$$\|x - y\| = \sqrt{(x_1 - y_1)^2 + (x_2 - y_2)^2 + \cdots + (x_n - y_n)^2} \leqslant \sqrt{n\left(\frac{a}{m}\right)^2} = \frac{\sqrt{n}a}{m} < \delta,$$

只需选取 $m \geqslant [a\sqrt{n}/\delta]$. 故对小多面体 Δ_{jl} 中任何相邻顶点 x_i^* 和 x_{i+1}^* 来说总有 $\|x_i^* - x_{i+1}^*\| < \delta$, 故有

$$|f(x_i^*) - f(x_{i+1}^*)| < \varepsilon.$$

若 $\forall x = (x_1, x_2, \cdots, x_n) \in \Delta(a)$, 将顶点 $x_k^* = (x_1^k, x_2^k, \cdots, x_n^k)$ 代入式 (7.5) 得

$$\begin{aligned}
&|S(x_1, x_2, \cdots x_n) - S(x_1^k, x_2^k, \cdots, x_n^k)| \\
&= \frac{1}{\|D_n\|}\big||D_{j1}|(x_1 - x_1^*) + |D_{j2}|(x_2 - x_2^*) + \cdots + |D_{jn}|(x_n - x_n^*)\big| \\
&\leqslant \frac{1}{\|D_n\|}\frac{a}{m}\big(\|D_{j1}\| + \|D_{j1}\| + \cdots + \|D_{jn}\|\big).
\end{aligned} \quad (7.6)$$

根据 PLF 及矩阵模定义 6.3, $\forall \varepsilon > 0$, 由行列式性质和一致连续定义得

$$\begin{aligned}
&\|D_{j1}\| + \|D_{j2}\| + \cdots + \|D_{jn}\| \\
&= \left|\left(\begin{array}{cccc}
f(x_1^*) - f(x_2^*) & x_2^1 - x_2^2 & \cdots & x_n^1 - x_n^2 \\
f(x_2^*) - f(x_3^*) & x_2^2 - x_2^3 & \cdots & x_n^2 - x_n^3 \\
\vdots & \vdots & & \vdots \\
f(x_n^*) - f(x_{n+1}^*) & x_2^n - x_2^{n+1} & \cdots & x_n^n - x_n^{n+1}
\end{array}\right)\right| \\
&+ \left|\left(\begin{array}{cccc}
x_1^1 - x_1^2 & f(x_1^*) - f(x_2^*) & \cdots & x_n^1 - x_n^2 \\
x_1^2 - x_1^3 & f(x_2^*) - f(x_3^*) & \cdots & x_n^2 - x_n^3 \\
\vdots & \vdots & & \vdots \\
x_1^n - x_1^{n+1} & f(x_n^*) - f(x_{n+1}^*) & \cdots & x_n^n - x_n^{n+1}
\end{array}\right)\right|
\end{aligned}$$

7.1 非齐次线性 T-S 模糊系统的最大模逼近

$$+\cdots+\left|\left(\begin{array}{cccc} x_1^1-x_1^2 & x_2^1-x_2^2 & \cdots & f(x_1^*)-f(x_2^*) \\ x_1^2-x_1^3 & x_2^2-x_2^3 & \cdots & f(x_2^*)-f(x_3^*) \\ \vdots & \vdots & & \vdots \\ x_1^n-x_1^{n+1} & x_2^n-x_2^{n+1} & \cdots & f(x_n^*)-f(x_{n+1}^*) \end{array}\right)\right|$$

$$=\left|(f(x_1^*)-f(x_2^*))\left|B_1^1\right|+(f(x_2^*)-f(x_3^*))\left|B_2^1\right|+\cdots+(f(x_n^*)-f(x_{n+1}^*))\left|B_n^1\right|\right|$$

$$+\left|(f(x_1^*)-f(x_2^*))\left|B_1^2\right|+(f(x_2^*)-f(x_3^*))\left|B_2^2\right|+\cdots+(f(x_n^*)-f(x_{n+1}^*))\left|B_n^2\right|\right|+\cdots$$

$$+\left|(f(x_1^*)-f(x_2^*))\left|B_1^n\right|+(f(x_2^*)-f(x_3^*))\left|B_2^n\right|+\cdots+(f(x_n^*)-f(x_{n+1}^*))\left|B_n^n\right|\right|$$

$$\leqslant \left|f(x_1^*)-f(x_2^*)\right|\left(\|B_1^1\|+\|B_1^2\|+\cdots+\|B_1^n\|\right)$$

$$+\left|f(x_2^*)-f(x_3^*)\right|\left(\|B_2^1\|+\|B_2^2\|+\cdots+\|B_2^n\|\right)$$

$$+\cdots+\left|f(x_n^*)-f(x_{n+1}^*)\right|\left(\|B_n^1\|+\|B_n^2\|+\cdots+\|B_n^n\|\right)$$

$$=\varepsilon\left(\|B_1^1\|+\|B_1^2\|+\cdots+\|B_1^n\|\right)+\varepsilon\left(\|B_2^1\|+\|B_2^2\|+\cdots+\|B_2^n\|\right)+\cdots$$

$$+\varepsilon\left(\|B_n^1\|+\|B_n^2\|+\cdots+\|B_n^n\|\right)$$

$$=\varepsilon\sum_{l=1}^n\sum_{k=1}^n\|B_k^l\|, \tag{7.7}$$

其中 $|B_l^1|$ 含义同式 (6.9). 令 $\beta=\sum_{l=1}^n\sum_{k=1}^n\|B_k^l\|$ 代入式 (7.6) 得

$$\left|S(x_1,x_2,\cdots,x_n)-S(x_1^k,x_2^k,\cdots,x_n^k)\right|\leqslant\frac{a\beta}{m\|D_n\|}\varepsilon.$$

同理, 依式 (7.7) 和条件 $|x_i|\leqslant a(i=1,2,\cdots,n)$ 也有

$$\left||D_{j1}|x_1+|D_{j2}|x_2+\cdots+|D_{jn}|x_n\right|\leqslant a\left(\|D_{j1}\|+\|D_{j2}\|+\cdots+\|D_{jn}\|\right)<a\beta\varepsilon.$$

因此, $\forall x=(x_1,x_2,\cdots,x_n)\in\Delta(a)$, 由式 (7.4) 可得

$$|T_m(x_1,x_2,\cdots,x_n)-S(x_1,x_2,\cdots,x_n)|$$

$$\leqslant\sum_{k_1=1}^{N_1}\sum_{k_2=1}^{N_2}\cdots\sum_{k_n=1}^{N_n}\left(\prod_{i=1}^n A_{k_i}^i(x_i)\right)\left(\left|S(x_1,x_2,\cdots,x_n)-S\left(\frac{ak_1}{m},\frac{ak_2}{m},\cdots,\frac{ak_n}{m}\right)\right|\right.$$

$$\left.+\left||D_{j1}|x_1+|D_{j2}|x_2+\cdots+|D_{jn}|x_n\right|\right)\bigg/\sum_{k_1=1}^{N_1}\sum_{k_2=1}^{N_2}\cdots\sum_{k_n=1}^{N_n}\left(\prod_{i=1}^n A_{k_i}^i(x_i)\right)$$

$$<\frac{\sum_{k_1=1}^{N_1}\sum_{k_2=1}^{N_2}\cdots\sum_{k_n=1}^{N_n}\left(\prod_{i=1}^n A_{k_i}^i(x_i)\right)\left(\frac{a\beta}{m\|D_n\|}\varepsilon+a\beta\varepsilon\right)}{\sum_{k_1=1}^{N_1}\sum_{k_2=1}^{N_2}\cdots\sum_{k_n=1}^{N_n}\left(\prod_{i=1}^n A_{k_i}^i(x_i)\right)}$$

$$= \left(\frac{a\beta}{m||D_n||} + a\beta\right)\varepsilon.$$

事实上, 定理 6.2 的证明已阐述表达式 $\frac{a\beta}{m||D_n||}$ 为常数. 故依最大模定义, $\forall \varepsilon > 0$, 形如式 (7.4) 的非齐次线性 T-S 模糊系统 T_m 必满足

$$||T_m - S||_\infty = \sup_{(x_1,x_2,\cdots,x_n)\in\Delta(a)} |T_m(x_1, x_2, \cdots, x_n) - S(x_1, x_2, \cdots, x_n)|$$

$$\leqslant \left(\frac{a\beta}{m||D_n||} + a\beta\right)\varepsilon.$$

亦即, 非齐次线性 T-S 模糊系统 T_m 可按任意精度逼近分片线性函数 S.

定理 7.2 设 f 是紧集 $U \subset \mathbb{R}^n$ 上的连续函数, 则存在形如式 (7.4) 的非齐次线性 T-S 模糊系统 T_m, 使得在最大模意义下非齐次线性 T-S 模糊系统 T_m 可按任意精度逼近 f.

证明 针对连续函数 f 而言, 根据定理 6.2, $\forall \varepsilon > 0$, 存在分片线性函数 S, 满足 $||f - S||_\infty < \varepsilon$. 又对 PLF S, 依定理 7.1, 存在形如式 (7.4) 的非齐次线性 T-S 模糊系统 T_m, 使得

$$||T_m - S||_\infty < \left(\frac{a\beta}{m||D_n||} + a\beta\right)\varepsilon.$$

故 $\forall \varepsilon > 0$, 立即获得

$$||T_m - f||_\infty \leqslant ||T_m - S||_\infty + ||f - S||_\infty < \left(\frac{a\beta}{m||D_n||} + a\beta + 1\right)\varepsilon.$$

因此, 非齐次线性 T-S 模糊系统 T_m 可按最大模 $||\cdot||_\infty$ 逼近连续函数 f.

下面, 将通过一个模拟实例来说明非齐次线性 T-S 模糊系统的逼近性能. 为简单起见, 仅在二维空间 $(n = 2)$ 中讨论.

例 7.1 设 $a = 1$, 二元连续函数 $f(x, y) = \frac{\sin^2(x+y)}{9}$, $\forall (x, y) \in \Delta(1) = [-1, 1] \times [-1, 1]$, 给定精度 $\sigma = 0.2$. 试构造一个非齐次线性 T-S 模糊系统, 并通过样本点分析其逼近性能.

解 对精度 $\sigma = 0.2 > 0$, 依文献 [26] 可确定 $\frac{a\beta}{m||D_n||} + a\beta + 1 = 3$. 再按定理 7.2, $\forall (x, y) \in \Delta(1)$, 若使 $|T_m(x, y) - f(x, y)| \leqslant 3\varepsilon \leqslant \sigma = 0.2$, 则 $\varepsilon \leqslant \frac{1}{15}$.

由 f 在 $\Delta(1)$ 上一致连续, 不妨取 $\varepsilon = \frac{1}{15}$, 假设 $|x_1 - x_2| < \delta$, $|y_1 - y_2| < \delta$. 若

$$|f(x_1, y_1) - f(x_2, y_2)| = \frac{1}{9}|\sin(x_1+y_1) - \sin(x_2+y_2)| \cdot |\sin(x_1+y_1) + \sin(x_2+y_2)|$$

$$\leqslant \frac{4}{9}\left(\frac{|x_1-x_2|}{2} + \frac{|y_1-y_2|}{2}\right) \leqslant \frac{4}{9}\delta \leqslant \frac{1}{15}.$$

7.1 非齐次线性 T-S 模糊系统的最大模逼近

解之 $\delta \leqslant \dfrac{3}{20}$, 不妨取 $\delta = \dfrac{3}{20} > 0$, 得最小剖分数 $m \geqslant \dfrac{\sqrt{n}}{\delta} = \dfrac{20}{3}\sqrt{2} \approx 9.4$.

令 $m = 10$, 可将 x 轴闭区间 $[-1,1]$ 内插入 $2m = 20$ 个等分点, 并以每个分点为峰值点构造前件 (输入) 模糊集, 例如, 可先在 x 轴 $[-1,1]$ 上定义 3 个三角形模糊数, 其隶属函数为

$$A(x) = \begin{cases} 1 - 10x, & 0 \leqslant x \leqslant \dfrac{1}{10}, \\ 1 + 10x, & -\dfrac{1}{10} \leqslant x < 0, \\ 0, & \text{其他}, \end{cases} \quad A_{1,10}(x) = \begin{cases} 10x - 9, & \dfrac{9}{10} \leqslant x \leqslant 1, \\ 0, & \text{其他}, \end{cases}$$

$$A_{1,-10}(x) = \begin{cases} -10x - 9, & -1 \leqslant x \leqslant -\dfrac{9}{10}, \\ 0, & \text{其他}. \end{cases}$$

再将中心隶属函数 $A(x)$ 在 $[-1,1]$ 上逐次左右平移 $\dfrac{1}{10}$ 个单位长度直至端点, 即

$$A_{1,k}(x) = A\left(x - \dfrac{k}{10}\right), \quad k = 0, \pm 1, \pm 2, \cdots, \pm 9.$$

从而获得一个一致完备标准的等距模糊剖分 $\{A_{1,k}\}$, 且端点处模糊数分别为 $A_{1,10}$ 和 $A_{1,-10}$.

同理, 在 y 轴 $[-1,1]$ 上, 若令 $A_{2,k}(y) = A_{1,k}(y)(k = 0, \pm 1, \pm 2, \cdots, \pm 10)$ 也可构造另一个等距模糊剖分 $\{A_{2,k}\}$. 为简单起见, 仅在第一象限内描述, 参见图 7.1.

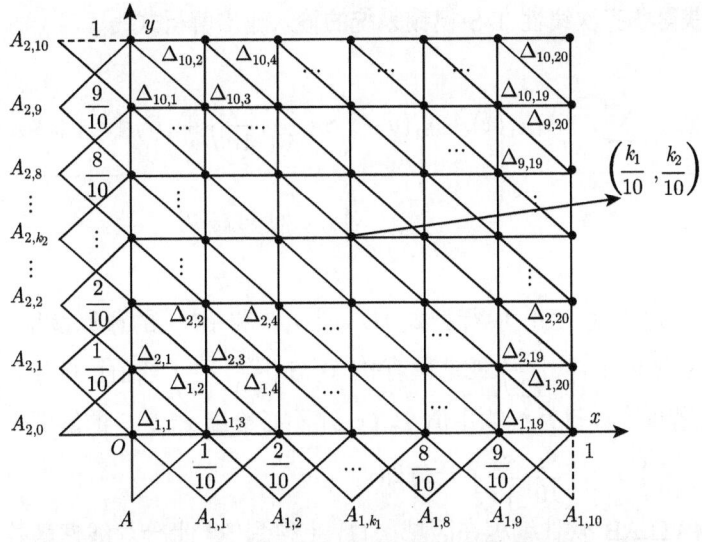

图 7.1 $[0,1] \times [0,1]$ 上 10-网格剖分和前件模糊集分布图

按照分片线性函数 S 的解析式计算对应行列式 $|D_{j1}|, |D_{j2}|$ 和 $|D_n|$ 值,获得 S 在 xOy 平面 $\Delta(1)$ 上第一卦限内的解析式为

$$S(x,y)=\begin{cases} \dfrac{10}{9}\left(\sin^2\dfrac{1}{10}\right)x+\dfrac{10}{9}\left(\sin^2\dfrac{1}{5}-\sin^2\dfrac{1}{10}\right)y, & (x,y)\in\Delta_{1,1}, \\[2mm] \dfrac{10}{9}\left(\sin^2\dfrac{1}{5}-\sin^2\dfrac{1}{10}\right)x+\dfrac{10}{9}\left(\sin^2\dfrac{1}{10}\right)y, & (x,y)\in\Delta_{1,2}, \\[2mm] \dfrac{10}{9}\left(\sin^2\dfrac{1}{5}-\sin^2\dfrac{1}{10}\right)x+\dfrac{10}{9}\left(\sin^2\dfrac{3}{10}-\sin^2\dfrac{1}{5}\right)y \\[1mm] \quad +\dfrac{1}{9}\left(2\sin^2\dfrac{1}{10}-\sin^2\dfrac{1}{5}\right), & (x,y)\in\Delta_{1,3}, \\ \quad\quad\cdots\cdots \\ \dfrac{10}{9}\left(\sin^2\dfrac{3}{10}-\sin^2\dfrac{1}{5}\right)x+\dfrac{10}{9}\left(\sin^2\dfrac{2}{5}-\sin^2\dfrac{3}{10}\right)y \\[1mm] \quad +\dfrac{1}{9}\left(2\sin^2\dfrac{1}{5}-\sin^2\dfrac{2}{5}\right), & (x,y)\in\Delta_{2,3}, \\ \quad\quad\cdots\cdots \\ \dfrac{10}{9}\left(\sin^2 2-\sin^2\dfrac{19}{10}\right)x+\dfrac{10}{9}\left(\sin^2\dfrac{19}{10}-\sin^2\dfrac{9}{5}\right)y \\[1mm] \quad +\dfrac{1}{9}\left(10\sin^2\dfrac{9}{5}-9\sin^2 2\right), & (x,y)\in\Delta_{10,20}. \end{cases} \quad (7.8)$$

依式 (7.4) 获得非齐次线性 T-S 模糊系统的输入输出解析式为

$$T_m(x,y)=\dfrac{\sum\limits_{k_1,k_2=-10}^{10} A_{1,k_1}(x)A_{2,k_2}(y)\cdot\left(S\left(\dfrac{k_1}{10},\dfrac{k_2}{10}\right)+|D_{j1}|x+|D_{j2}|y\right)}{\sum\limits_{k_1,k_2=-10}^{10} A_{1,k_1}(x)A_{2,k_2}(y)}. \quad (7.9)$$

注 7.2 对于式 (7.9) 中行列式 $|D_{j1}|, |D_{j2}|$ 和 $|D_n|$ 的计算参见 7.2 节所述,其取值与顶点坐标 $\left(\dfrac{k_1}{10},\dfrac{k_2}{10}\right)$ 的选取有关,而 $S\left(\dfrac{k_1}{10},\dfrac{k_2}{10}\right)$ 取值可用 $f\left(\dfrac{k_1}{10},\dfrac{k_2}{10}\right)$ 来替换. 通常, 若仅为计算系统输出值 $T_m(x,y)$ 不必给出 PLF S 的解析表达式,而直接按 $S\left(\dfrac{k_1}{10},\dfrac{k_2}{10}\right)=f\left(\dfrac{k_1}{10},\dfrac{k_2}{10}\right)$ 计算即可.

利用 MATLAB 软件编程在区域 $\Delta(1)$ 上得到 $\mathbb{R}^3$ 上分片线性函数 $S(x,y)$ 及非齐次线性 T-S 模糊系统 $T_m(x,y)$ 的仿真曲面图,如图 7.2 和图 7.3 所示.

7.1 非齐次线性 T-S 模糊系统的最大模逼近

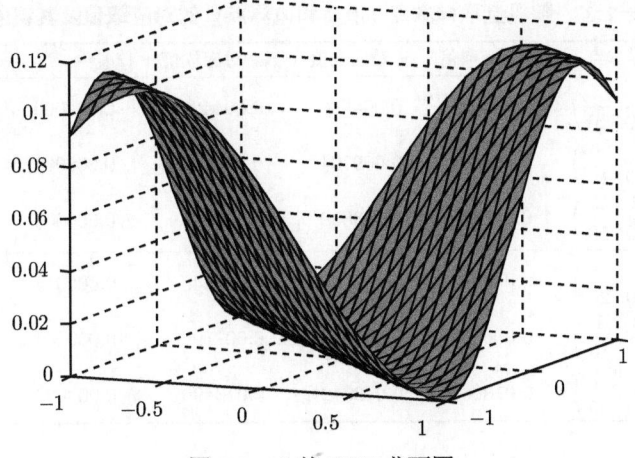

图 7.2 f 的 PLF 曲面图

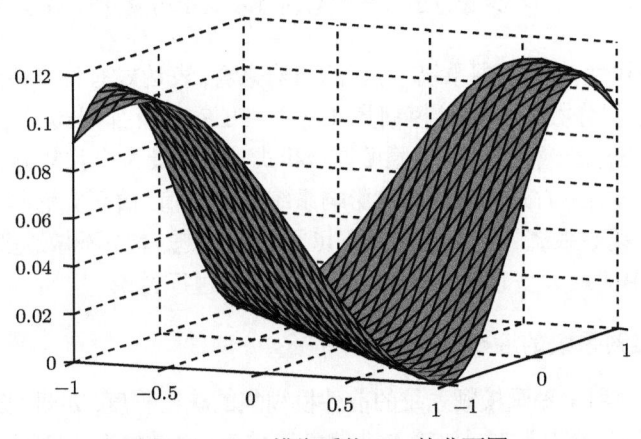

图 7.3 T-S 模糊系统 T_m 的曲面图

此外, 根据所给函数 $f(x,y) = \sin^2(x+y)/9$、分片线性函数 $S(x,y)$ 式 (7.8) 和非齐次线性 T-S 模糊系统 $T_m(x,y)$ 式 (7.9), 通过随机选取样本点 $\{x_i^*\}$(顶点或边界点) 获得对应取值及误差值见表 7.1. 当然, 计算 $T_m(x,y)$ 时需借助隶属函数 $A_{1,k}(x)$、矩阵 $|D_{j1}|$ 和 $|D_{j2}|$.

从表 7.1 不难看出分片线性函数 S 和非齐次线性 T-S 模糊系统 T_m 对连续函数 f 的逼近精度均很高, 且 f 和 S 在 3 个顶点 $\left(\dfrac{1}{10}, \dfrac{1}{10}\right)$, $\left(\dfrac{2}{10}, \dfrac{1}{10}\right)$ 和 $\left(\dfrac{2}{10}, \dfrac{2}{10}\right)$ 处取值相等 (误差为零). 当然, 这与前文所述 $f(x_i^*) = S(x_i^*)$ 一致, 故非齐次线性 T-S 模糊系统 T_m 是一个较好的逼近器. 此外, PLF 是连接模糊系统和逼近函数一个重要桥梁, 它在研究模糊系统逼近中发挥着重要作用.

表 7.1　随机选取样本点 (顶点和边界点) 的对应取值及其误差

名称	样本点	f 对应取值	S 对应取值	T_m 对应取值	$\|f(\cdot)-S(\cdot)\|$	$\|f(\cdot)-T_m(\cdot)\|$
顶点 x_1^*	$\left(\dfrac{1}{10},\dfrac{1}{10}\right)$	0.004386	0.004386	0.004429	0.000000	0.000043
顶点 x_2^*	$\left(\dfrac{2}{10},\dfrac{1}{10}\right)$	0.009704	0.009704	0.009802	0.000000	0.000118
顶点 x_3^*	$\left(\dfrac{2}{10},\dfrac{2}{10}\right)$	0.016850	0.016850	0.017099	0.000000	0.000249
边界点 x_1	$\left(\dfrac{3}{20},\dfrac{3}{20}\right)$	0.009704	0.010618	0.010348	0.000914	0.000644
边界点 x_2	$\left(\dfrac{3}{20},\dfrac{1}{10}\right)$	0.006801	0.007045	0.007196	0.000244	0.000395
边界点 x_3	$\left(\dfrac{2}{10},\dfrac{3}{20}\right)$	0.013064	0.013042	0.013490	0.000022	0.000426

7.2　调节参数对 T-S 模糊系统的影响与优化

从非齐次线性 T-S 模糊系统 (7.4) 的结构来看, 表达式有许多待定的调节参数或变量, 例如, 剖分数 m、前件模糊集 $\{A_{k_i}^i\}$、PLF S 及行列式 $|D_{ji}|$ 等. 但除此之外, 系统中还有隐藏的参数, 如隐藏在 "和式" 中的最大交互数 c_0, 隐藏在 S 或 $|D_{jl}|$ 中的数据对 $(x;f(x))$, 它们都在影响系统的输出值. 故研究这些隐藏参数对非齐次线性 T-S 模糊系统的潜在影响是不可回避的问题. 本节不做过多涉及, 仅对隐藏在式 (7.4) 中的最大交互数、峰值点和分量半径进行讨论.

7.2.1　交互数对系统的潜在影响

最大交互数用于刻画模糊系统的前件模糊集的疏密程度, 亦即, 交互数越大, 输入模糊集越稠密, 交互数越小, 输入模糊集越稀疏. 通常情况下交互数隐含在模糊系统中, 所以容易被忽略, 但它对系统内部运算及取值有潜在的影响. 因此, 恰当选取交互数是必要的.

定义 7.3　设 $\{A_1,A_2,\cdots,A_N\}$ 为论域 $U=[a,b]$ 一组完备模糊集. 若 $\forall x\in[a,b]$, 元素 x 所对应隶属度非零的模糊集个数称为 x 的交互数, 记为 $c(x)=\mathrm{Card}\{i|A_i(x)>0\}$. 若令 $c_0=\max\limits_{x\in U}\{c(x)\}$, 则称 c_0 为 x 轴上模糊集族 $\{A_1,A_2,\cdots,A_N\}$ 的最大交互数. 参看图 7.4 和图 7.5.

由图 7.4 不难看出, $\forall x\in[a,b]$, 随着变量 x 所取位置不同, 其对应隶属度大于零的模糊集个数也就不同, 例如, 在 x_1 处交互数 $c(x_1)=1$; 在 x_2 处交互数 $c(x_2)=2$; 在 x_3 处交互数 $c(x_3)=3$; 在 x_4 处无非零模糊集对应, 不满足完备性, 规定 $c(x_4)=0$, 不做探讨. 故总是假定 $1\leqslant c(x)\leqslant c_0$.

注 7.3　本节除特殊声明外总是假定输入论域坐标轴上每一点的交互数均相

7.2 调节参数对 T-S 模糊系统的影响与优化

同, 亦即, 最大交互数为每一点的交互数, 或最大交互数意指前件模糊集族按一致完备标准的格式输入.

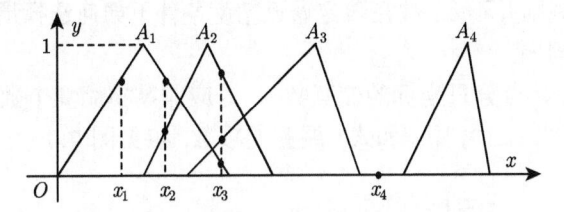

图 7.4 模糊集在动点 x 处交互数示意图

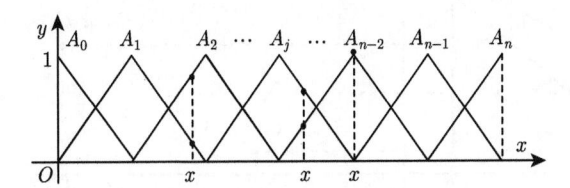

图 7.5 完备模糊集的二相性三角波分布图

实际上, 前件 (输入) 模糊集在模糊系统的构造中起到关键作用, 但这些模糊集彼此之间排列的疏密程度是否对模糊系统的逼近性能有影响? 仅从系统本身的表达式 (7.4) 无法判断, 而刻画这个疏密程度的量恰为上述定义的交互数. 通常, 为简单起见, 只选取三角形或梯形模糊数作为前件模糊集, 并且约定论域中每点交互数均为 2, 亦即, 一组二相性三角波, 参见图 7.5. 然而, 作为一般情况的模糊系统输入, 该约定可能会丢失许多信息. 因此, 讨论前件模糊集的交互数对非齐次线性 T-S 模糊系统的潜在影响是必要的.

若采用最小推理机、单点模糊化和中心平均解模糊化构造非齐次线性 T-S 模糊系统的输入输出表达式为

$$T_m(x) = \sum_{k_1=1}^{N_1} \sum_{k_2=1}^{N_2} \cdots \sum_{k_n=1}^{N_n} \left(\min_{1 \leqslant i \leqslant n} A_{k_i}^i(x_i) \right) \left(S\left(\frac{ak_1}{m}, \frac{ak_2}{m}, \cdots, \frac{ak_n}{m}\right) \right.$$
$$\left. + |D_{j1}|x_1 + |D_{j2}|x_2 + \cdots + |D_{jn}|x_n \right)$$
$$\bigg/ \sum_{k_1=1}^{N_1} \sum_{k_2=1}^{N_2} \cdots \sum_{k_n=1}^{N_n} \left(\min_{1 \leqslant i \leqslant n} A_{k_i}^i(x_i) \right). \tag{7.10}$$

这里前件模糊集 $\{A_{k_i}^i\}$ 彼此之间的交互数并非相等, 更不恒等于 2.

事实上, 交互数虽不显含系统 (7.10) 中, 但却随时影响分子或分母的求和项数及其输出值. 一般来说, 对输入变量 $x = (x_1, x_2, \cdots, x_n) \in U \subset \mathbb{R}^n$, 其分量 x_i 的交互数 $c(x_i)$ 越大, 所对应非零模糊集和推理规则数就越大, 上面"和式"展开式的项

数就越多, 计算就越烦琐, 但逼近精度越好. 相反, 若交互数 $c(x_i)$ 越小, "和式" 展开式项数就越少, 计算就越简单, 但逼近效果就差. 实际中对每个输入变量而言, 真正起作用的模糊规则并不多, 故在限定逼近精度条件下如何选择最小的交互数是必须要考虑的关键问题.

通常情况下, 动点分量坐标的交互数 = 对应非零模糊集个数 = 交点个数; 动点模糊规则数 = 式 (7.10) 中 "和式" 展开的项数. 参见图 7.6.

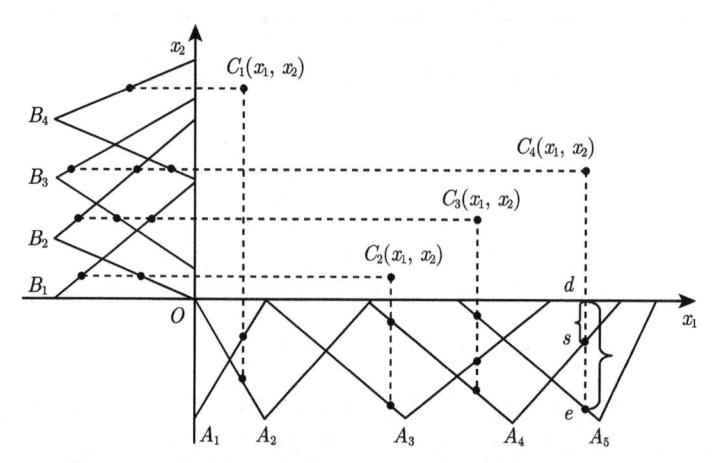

图 7.6 二维空间上动点 $C_i(x_1, x_2)$ 所对应交互数示意图

实际输入中输出值还取决于动点所属区域对应的非零模糊集, 例如, 对动点 C_4 来说, x_1 轴对应非零模糊集是 A_4 和 A_5, 且 $A_5(x_1) = de, A_4(x_1) = ds$. 从图 7.6 不难把动点最大交互数、模糊规则数及 "和式" 项数归纳成表 7.2 所示.

表 7.2 图 7.6 所对应交互数、模糊规则数及 "和式" 展开项数统计

对应指标 输入动点	x_1 轴上交互数	x_2 轴上交互数	模糊规则数	和式展开项数
$C_1(x_1, x_2)$	2	1	$2 \times 1 = 2$	2
$C_2(x_1, x_2)$	2	2	$2 \times 2 = 4$	4
$C_3(x_1, x_2)$	3	3	$3 \times 3 = 9$	9
$C_4(x_1, x_2)$	2	3	$2 \times 3 = 6$	6

注 7.4 若前件模糊集在每个坐标轴 $x_i(i = 1, 2, \cdots, n)$ 上最大交互数为 c_0, 则输入分量 x_i 所对应非零模糊集至多有 c_0 个, 且和式

$$\sum_{k_1=1}^{N_1} \sum_{k_2=1}^{N_2} \cdots \sum_{k_n=1}^{N_n} (\cdot)$$

至多含有 $c_0 \times c_0 \times \cdots \times c_0 = c_0^n$ 项. 此外, 剖分数 m 还决定剖分区域的所有顶点

7.2 调节参数对 T-S 模糊系统的影响与优化

坐标,从而导致行列式 $|D_{j1}|,|D_{j2}|,\cdots,|D_{jn}|$ 和 $|D_j|$ 的取值随 m 变化而改变;另一方面,每个输入分量 x_i 都有 $2m+1$ 个模糊集与之对应,尤其非零模糊集的个数,参看图 7.6. 例如,设 $n=c_0=2$,取常见二相性三角波为前件模糊集,则规则总数仅为 $2\times 2=4$,换言之,模糊系统 (7.10) 中 "和式" 仅是 4 项之和.

下面,依注 7.2 和注 7.3 约定,通过举例说明前件模糊集的最大交互数 c_0 对非齐次线性 T-S 模糊系统的潜在影响.

例 7.2 设 $n=2, a=1, f(x,y)=x^2+y^2, (x,y)\in\Delta(1)=[-1,1]\times[-1,1]$. 剖分数 $m=12, c_0=2$ 和 $c_0=3$,试分析最大交互数对系统 (7.10) 的影响.

不妨仅在第一象限 $[0,1]\times[0,1]$ 上讨论. 因 $m=12$,将闭区间 $[0,1]$ 内插入 12 个等分点,将闭区域 $[0,1]\times[0,1]$ 等分成边长为 $1/12$ 的 144 个小正方形,连接每个小正方形的对角线可获得 288 个等腰直角三角形 (略),按照指标顺序记为 $\Delta_{j,i}(j=1,2,\cdots,12; i=1,2,\cdots,24)$,参见图 7.1.

下面图 7.7 和图 7.8 分别表示最大交互数 $c_0=2$ 和 $c_0=3$ 的前件模糊集族. 其中 $\{A_{1,k_i}\}$ 和 $\{A_{2,k_i}\}$ 是 $c_0=2$ 时对应的三角形前件模糊集,$\{B_{1,k_i}\}$ 和 $\{B_{2,k_i}\}$ 是 $c_0=3$ 时对应的三角形前件模糊集,它们的隶属度函数可随时逐个求出.

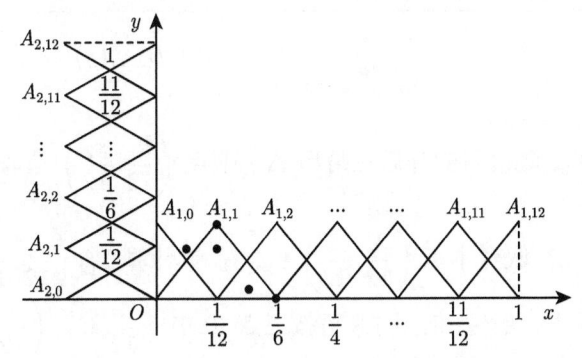

图 7.7 $m=12, c_0=2$ 时,$[0,1]\times[0,1]$ 上前件模糊集和样本点分布图

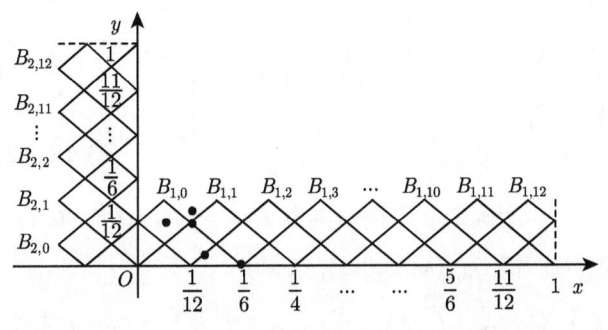

图 7.8 $m=12, c_0=3$ 时,$[0,1]\times[0,1]$ 上前件模糊集和样本点分布图

此外，基于图 7.1 和所给 $f(x,y)$ 获得第一象限 PLF $S(x,y)$ 的解析式为

$$S(x,y) = \begin{cases} \dfrac{1}{12}x + \dfrac{1}{12}y, & (x,y) \in \Delta_{1,1}, \\ \dfrac{1}{4}x + \dfrac{1}{12}y - \dfrac{1}{12}, & (x,y) \in \Delta_{1,3}, \\ \cdots\cdots \\ \dfrac{23}{12}x + \dfrac{23}{12}y - \dfrac{11}{6}, & (x,y) \in \Delta_{12,24}. \end{cases} \quad (7.11)$$

特别当 $c_0 = 2$ 和 $c_0 = 3$ 时，依式 (7.10) 可分别得非齐次线性 T-S 模糊系统的解析式为

$$T_m^2(x,y) = \dfrac{\sum\limits_{k_1,k_2=-12}^{12} (A_{1,k_1}(x) \wedge A_{2,k_2}(y)) \cdot \left(S\left(\dfrac{k_1}{12}, \dfrac{k_2}{12}\right) + |D_{j1}|x + |D_{j2}|y\right)}{\sum\limits_{k_1,k_2=-12}^{12} (A_{1,k_1}(x) \wedge A_{2,k_2}(y))},$$
(7.12)

$$T_m^3(x,y) = \dfrac{\sum\limits_{k_1,k_2=-12}^{12} (B_{1,k_1}(x) \wedge B_{2,k_2}(y)) \cdot \left(S\left(\dfrac{k_1}{12}, \dfrac{k_2}{12}\right) + |D_{j1}|x + |D_{j2}|y\right)}{\sum\limits_{k_1,k_2=-12}^{12} (B_{1,k_1}(x) \wedge B_{2,k_2}(y))}.$$
(7.13)

其中 $|D_{j1}|$ 和 $|D_{j2}|$ 取值与剖分后三角形 Δ_{jl} 顶点 $\left(\dfrac{k_1}{12}, \dfrac{k_2}{12}\right)$ 选取有关，而与最大交互数 c_0 无关。

例如，令 $c_0 = 3$，取样本点 $\left(\dfrac{1}{12}, \dfrac{1}{12}\right) \in \Delta_{1,1}$，试计算 $T_{12}^3\left(\dfrac{1}{12}, \dfrac{1}{12}\right)$。首先，计算 $|D_{j1}|$ 和 $|D_{j2}|$。不失一般性，依图 7.8 可按三点 $(0,0)$, $\left(\dfrac{1}{12}, 0\right)$, $\left(\dfrac{1}{12}, \dfrac{1}{12}\right)$ 所围三角形计算 $|D_{j1}|$, $|D_{j2}|$ 值，亦即

$$|D_{j1}| = \begin{vmatrix} f(0,0) & 0 & 1 \\ f\left(\dfrac{1}{12}, 0\right) & 0 & 1 \\ f\left(\dfrac{1}{12}, \dfrac{1}{12}\right) & \dfrac{1}{12} & 1 \end{vmatrix} = \dfrac{1}{12^3}, \quad |D_{j2}| = \begin{vmatrix} 0 & f(0,0) & 1 \\ \dfrac{1}{12} & f\left(\dfrac{1}{12}, 0\right) & 1 \\ \dfrac{1}{12} & f\left(\dfrac{1}{12}, \dfrac{1}{12}\right) & 1 \end{vmatrix} = \dfrac{1}{12^3}.$$

由于分量 $x = \dfrac{1}{12}$ 所确定非零模糊集为 $B_{1,0}$ 和 $B_{1,1}(k_1 = 0, 1)$，分量 $y = \dfrac{1}{12}$ 确定非零模糊集是 $B_{2,0}$ 和 $B_{2,1}(k_2 = 0, 1)$，故得

$$B_{1,0}\left(\dfrac{1}{12}\right) = B_{1,1}\left(\dfrac{1}{12}\right) = \dfrac{2}{3}; \quad B_{2,0}\left(\dfrac{1}{12}\right) = B_{2,1}\left(\dfrac{1}{12}\right) = \dfrac{2}{3}.$$

7.2 调节参数对 T-S 模糊系统的影响与优化

此时，$S\left(\dfrac{k_1}{12},\dfrac{k_2}{12}\right)(k_1,k_2=0,1)$ 共有 $S(0,0)$, $S\left(0,\dfrac{1}{12}\right)$, $S\left(\dfrac{1}{12},0\right)$ 和 $S\left(\dfrac{1}{12},\dfrac{1}{12}\right)$ 四个值，其中顶点处取值可直接按 $S\left(\dfrac{k_1}{10},\dfrac{k_2}{10}\right)=f\left(\dfrac{k_1}{10},\dfrac{k_2}{10}\right)$ 计算，例如，$S\left(\dfrac{1}{12},\dfrac{1}{12}\right)=f\left(\dfrac{1}{12},\dfrac{1}{12}\right)=\dfrac{1}{72}$（其他取值可按式 (7.11) 计算），将此代入式 (7.13) 得

$$T_{12}^3\left(\dfrac{1}{12},\dfrac{1}{12}\right)$$
$$=\left(\dfrac{2}{3}\left(S(0,0)+2\dfrac{1}{12^3}\times\dfrac{1}{12}\right)+\dfrac{2}{3}\left(S\left(0,\dfrac{1}{12}\right)+2\dfrac{1}{12^3}\times\dfrac{1}{12}\right)\right.$$
$$\left.+\dfrac{2}{3}\left(S\left(\dfrac{1}{12},\dfrac{1}{12}\right)+2\dfrac{1}{12^3}\times\dfrac{1}{12}\right)+\dfrac{2}{3}\left(S\left(\dfrac{1}{12},0\right)+2\dfrac{1}{12^3}\times\dfrac{1}{12}\right)\right)\Big/\left(\dfrac{2}{3}+\dfrac{2}{3}+\dfrac{2}{3}+\dfrac{2}{3}\right)$$
$$=\dfrac{2}{12^4}+\dfrac{1}{4}\times\left(\dfrac{1}{12^2}+\dfrac{1}{12^2}+\dfrac{2}{12^2}\right)=0.007040895.$$

特别地，当最大交互数 $c_0=2$ 时，输入变量 x 和 y 所对应的非零模糊集仅为 1 个或 2 个，此时和式 $\sum_{k_1,k_2=-12}^{12}(\cdot)$ 的项数会减少至 1, 2 或 4. 类似方法，也可计算 $T_{12}^2\left(\dfrac{1}{12},\dfrac{1}{12}\right)=0.013985340.$ 由此可见，交互数不同其输出值也不同.

下面，基于同一剖分数 $m=12$，随机选取 5 个样本点 $\left(\dfrac{1}{12},\dfrac{1}{12}\right)$, $\left(\dfrac{2}{12},0\right)$, $\left(\dfrac{1}{24},\dfrac{1}{12}\right)$, $\left(\dfrac{1}{12},\dfrac{1}{8}\right)$, $\left(\dfrac{1}{8},\dfrac{1}{48}\right)$，按式 (7.12) 和 (7.13) 获得相应输出值分别如表 7.3 和表 7.4 所示.

表 7.3　$c_0=2$ 时样本点函数值与误差值

样本点 (x,y)	$(c(x),c(y))$	$f(x,y)$	$T_{12}^2(x,y)$	$\|f(\cdot)-T_{12}^2(\cdot)\|$
(1/12,1/12)	(1, 1)	0.013888889	0.013985340	0.000096451
(1/6,0)	(1, 1)	0.027777778	0.027874228	0.000096451
(1/24,1/12)	(2, 1)	0.008680556	0.008994328	0.000263282
(1/12,1/8)	(1, 2)	0.003472222	0.003994444	0.000522222
(1/8,1/48)	(2, 2)	0.016059028	0.016431569	0.000372541

表 7.4　$c_0=3$ 时样本点函数值与误差值

样本点 (x,y)	$(c(x),c(y))$	$f(x,y)$	$T_{12}^3(x,y)$	$\|f(\cdot)-T_{12}^3(\cdot)\|$
(1/12,1/12)	(2, 2)	0.013888889	0.007040895	0.006847994
(1/6,0)	(2, 2)	0.027777778	0.020025463	0.007752315
(1/24,1/12)	(3, 2)	0.008680556	0.006872106	0.001808450
(1/12,1/8)	(2, 3)	0.022569444	0.027898341	0.005328897
(1/8,1/48)	(3, 3)	0.016059028	0.015616116	0.000442912

从表 7.3 和表 7.4 明显看出, 最大交互数 $c_0 = 2$ 的非齐次线性 T-S 模糊系统 $T_m^2(x,y)$ 较 $c_0 = 3$ 对 f 具有更好的近似能力, 尤其在边界点或顶点处其逼近效果更佳. 而对内点 $(1/8, 1/48)$ 来说, $T_m^2(x,y)$ 和 $T_m^3(x,y)$ 的逼近效果比较接近. 因此, 即使选取较为特殊的剖分或前件模糊集, 非齐次线性 T-S 模糊系统也受交互数的潜在影响, 而且这种影响隐藏在系统表达式的 "和式" 中.

7.2.2 三角形隶属函数的峰值点和分量半径优化

若将 T-S 模糊系统的推理规则稍作修改, 例如, 用隶属函数 $1 - A_{k_i}^i(x_i)$ 替换输入变量 x_i, 亦即

$$\mathrm{TR}_{k_1 k_2 \cdots k_n} : \mathrm{IF}\ x_1\ \mathrm{is}\ A_{k_1}^1\ \mathrm{and}\ x_2\ \mathrm{is}\ A_{k_2}^2, \cdots, \mathrm{and}\ x_n\ \mathrm{is}\ A_{k_n}^n,$$

$$\mathrm{THEN}\ y_{k_1 k_2 \cdots k_n} = b_{k_1 k_2 \cdots k_n}^0 + \sum_{i=1}^n b_{k_1 k_2 \cdots k_n}^i (1 - A_{k_i}^i(x_i)),$$

其中前件模糊集 $A_{k_i}^i$ 取三角形模糊数, 其隶属度函数为

$$A_{k_i}^i(x_i) = \begin{cases} 1 - \dfrac{|x_i - x_i^*|}{\sigma_i}, & |x_i - x_i^*| \leqslant \sigma_i, \\ 0, & |x_i - x_i^*| > \sigma_i, \end{cases} \quad j = 1, 2, \cdots, n.$$

此时, 式 (7.1) 的非齐次线性 T-S 模糊系统可改写为

$$T_m(x_1, x_2, \cdots, x_n) = \frac{\displaystyle\sum_{k_1=1}^{N_1} \sum_{k_2=1}^{N_2} \cdots \sum_{k_n=1}^{N_n} \left(\prod_{i=1}^n A_{k_i}^i(x_i) \right) \cdot \left(b_{k_1 k_2 \cdots k_n}^0 + \sum_{i=1}^n b_{k_1 k_2 \cdots k_n}^i \frac{|x_i - x_i^*|}{\sigma_i} \right)}{\displaystyle\sum_{k_1=1}^{N_1} \sum_{k_2=1}^{N_2} \cdots \sum_{k_n=1}^{N_n} \left(\prod_{i=1}^n A_{k_i}^i(x_i) \right)}, \quad (7.14)$$

其中 $x = (x_1, x_2, \cdots, x_n) \in U \subset \mathbb{R}^n$ 为输入变量, 峰值点 $x^* = (x_1^*, x_2^*, \cdots, x_n^*) \in \Delta_{jl}$ 为动点 x 在所属剖分区域 Δ_{jl} 内某一定点, 且满足 $A(x_i^*) = 1$; σ_i 表示以分量 x_i^* 为中心的邻域半径 (简称分量半径), 其分量坐标 x_i^* 满足不等式 $|x_i - x_i^*| \leqslant \sigma_i$, $i = 1, 2, \cdots, n$.

显然, 式 (7.14) 是从输入变量的角度对非齐次线性 T-S 模糊系统 (7.1) 进行改进或推广, 自然也可称之为非齐次线性 T-S 模糊系统. 当然, 前提是参数 $b_{k_1 k_2 \cdots k_n}^1$, $b_{k_1 k_2 \cdots k_n}^2, \cdots, b_{k_1 k_2 \cdots k_n}^n$ 不全为零.

实际上, 一旦 f 给定, 若按式 (7.3) 选取调节参数, 将其代入式 (7.14) 得非线性 T-S 模糊系统为

$$T_m(x_1, x_2, \cdots, x_n)$$

7.2 调节参数对 T-S 模糊系统的影响与优化

$$=\frac{\sum_{k_1=1}^{N_1}\sum_{k_2=1}^{N_2}\cdots\sum_{k_n=1}^{N_n}\left(\prod_{i=1}^{n}A_{k_i}^i(x_i)\right)\cdot\left(f\left(\frac{ak_1}{m},\frac{ak_2}{m},\cdots,\frac{ak_n}{m}\right)+\sum_{i=1}^{n}|D_{ji}|\times\frac{|x_i-x_i^*|}{\sigma_i}\right)}{\sum_{k_1=1}^{N_1}\sum_{k_2=1}^{N_2}\cdots\sum_{k_n=1}^{N_n}\left(\prod_{i=1}^{n}A_{k_i}^i(x_i)\right)}.$$

(7.15)

显然, 非齐次线性 T-S 模糊系统 (7.15) 的输出值不仅与剖分论域内部峰值点 x^* 选取有关, 而且还与分量半径 σ_i 有关, 例如, 即使比式 $|x_i-x_i^*|/\sigma_i$ 的分子和分母同时发生微小变化, 其比值也可能发生较大变化, 这必然影响该系统的逼近精度. 本节将对式 (7.15) 的峰值点 x^* 和分量半径 σ_i 实施优化, 以便使该模糊系统 T_m 达到较好的逼近效果.

下面, 为直观起见仅以 $n=2$ 为例对剖分论域的峰值点 x^* 和分量半径 σ_i 进行分析. 给定剖分数 m, 依据正方形 $\Delta(a)=[-a,a]^2$ 实施网格剖分. $\forall (x_1,x_2)\in\Delta(a)$, 则必存在某个直角等腰三角形 Δ_{jl} 使 $(x_1,x_2)\in\Delta_{jl}$ (j 和 l 随之确定), 且剖分后所有直角三角形 Δ_{jl} 顶点坐标均可确定, 其中 Δ_{jl} 的直角边长均为 a/m. 不妨设 Δ_{jl} 顶点坐标依次为 $(x_1^1,x_2^1),(x_1^2,x_2^2),(x_1^3,x_2^3)$, 参见图 7.9.

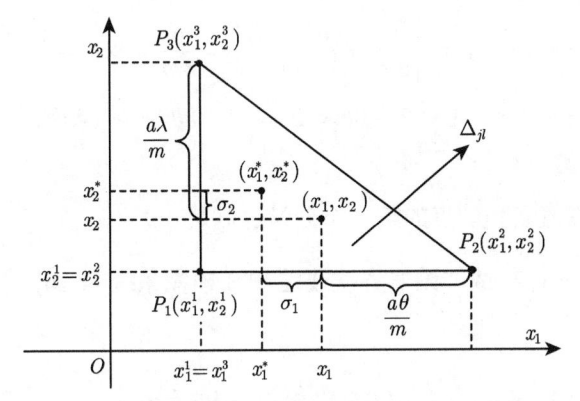

图 7.9 $n=2$ 时 x_1Ox_2 平面上剖分三角形 Δ_{jl} 示意图

通常, 峰值点 x^* 的选取仅限于 Δ_{jl} 内部或边界, 如何优化选取 x^* 和分量半径 σ_i 以使模糊系统 (7.15) 具有理想的逼近精度尤为重要. 为此, 不妨选取小直角三角形 Δ_{jl} 的重心坐标作为峰值点, 亦即,

$$x^*=(x_1^*,x_2^*)\in\Delta_{jl},\quad x_i^*=\frac{x_i^1+x_i^2+x_i^3}{3},\quad |x_i-x_i^*|<\sigma_i,\quad i=1,2.$$

按上述几何重心法选取峰值点 x^* 可将直角边长 $P_1P_2=P_1P_3=\dfrac{a}{m}$ 的小三角形 Δ_{jl} 的峰值点 (x_1^*,x_2^*) 用其顶点坐标来表出. 按图 7.9 明显看出 Δ_{jl} 的顶点坐标分

量满足 $x_1^1 = x_1^3, x_2^1 = x_2^2$，且峰值点 $x^* = (x_1^*, x_2^*)$ 与三顶点 $(x_1^1, x_2^1), (x_1^2, x_2^2), (x_1^3, x_2^3)$ 的分量坐标关系如下：

$$\begin{cases} x_1^* - x_1^3 = x_1^* - x_1^1 = \dfrac{x_1^1 + x_1^2 + x_1^3 - 3x_1^1}{3} = \dfrac{x_1^2 - x_1^1}{3} = \dfrac{a}{3m}, \\ x_2^* - x_2^2 = x_2^* - x_2^1 = \dfrac{x_2^1 + x_2^2 + x_2^3 - 3x_2^1}{3} = \dfrac{x_2^3 - x_2^1}{3} = \dfrac{a}{3m}, \end{cases}$$

$$\begin{cases} x_1^2 - x_1^* = \dfrac{2(x_1^2 - x_1^1)}{3} = \dfrac{2a}{3m}, \\ x_2^3 - x_2^* = \dfrac{2(x_2^3 - x_2^1)}{3} = \dfrac{2a}{3m}. \end{cases}$$

另一方面，$\forall (x_1, x_2) \in \Delta_{jl}$，依图 7.9 所示参数可得动点 (x_1, x_2) 与三个顶点 $(x_1^1, x_2^1), (x_1^2, x_2^2), (x_1^3, x_2^3)$ 的分量坐标关系如下：

$$\begin{cases} x_1 - x_1^1 = \dfrac{a(1-\theta)}{m}, \\ x_2 - x_2^1 = \dfrac{a(1-\lambda)}{m}, \end{cases} \quad \begin{cases} x_1^2 - x_1 = \dfrac{a\theta}{m}, \\ x_2 - x_2^2 = \dfrac{a(1-\lambda)}{m}, \end{cases} \quad \begin{cases} x_1 - x_1^3 = \dfrac{a(1-\theta)}{m}, \\ x_2^3 - x_2 = \dfrac{a\lambda}{m}. \end{cases}$$

显然，Δ_{jl} 中动点 (x_1, x_2) 与优化峰值点 $x^* = (x_1^*, x_2^*)$ 的分量坐标满足

$$|x_1^* - x_1| = \left| \dfrac{a}{3m} - \dfrac{a(1-\theta)}{m} \right| = \dfrac{a}{3m} \times |2 - 3\theta|,$$

且有 $0 < \theta < 1 \Rightarrow -2 < -1 < 2 - 3\theta < 2 \Rightarrow |2 - 3\theta| < 2$. 从而，无论参数 θ_1 与 θ_2 怎样变化，恒有 $|x_1^* - x_1| \leqslant \dfrac{2a}{3m}$.

类似方法，峰值点和动点的第二个分量也满足 $|x_2^* - x_2| \leqslant \dfrac{2a}{3m}$，这意味着分量半径 $\sigma_i \equiv \dfrac{2a}{3m}, i = 1, 2$. 故二维非齐次线性 T-S 模糊系统 (7.15) 可简化为

$$T_m(x_1, x_2) = \dfrac{\sum\limits_{k_1=1}^{m} \sum\limits_{k_2=1}^{m} \left(A_{k_1}^1(x_1) A_{k_2}^2(x_2) \right) \left(f\left(\dfrac{ak_1}{m}, \dfrac{ak_2}{m} \right) + \dfrac{3m}{2a} \sum\limits_{i=1}^{2} |D_{ji}| \cdot \left| x_i - \dfrac{x_i^1 + x_i^2 + x_i^3}{3} \right| \right)}{\sum\limits_{k_1=1}^{m} \sum\limits_{k_2=1}^{m} \left(A_{k_1}^1(x_1) A_{k_2}^2(x_2) \right)}.$$

(7.16)

同理，对一般 n 维输入变量，若取峰值点和分量半径为

$$\begin{cases} x_i^* = \dfrac{x_i^1 + x_i^2 + \cdots + x_i^{n+1}}{n+1}, & x^* = (x_1^*, x_2^*, \cdots, x_n^*) \in \Delta_{ji}, \\ \sigma_i \equiv \dfrac{2a}{(n+1)m}, & i = 1, 2, \cdots, n. \end{cases}$$

(7.17)

7.2 调节参数对 T-S 模糊系统的影响与优化

则 n 维输入 $(x_1, x_2, \cdots, x_n)$ 非齐次线性 T-S 模糊系统可表为

$$\frac{T_m(x_1,x_2,\cdots,x_n)}{} = \frac{\sum_{k_1=1}^{N_1}\sum_{k_2=1}^{N_2}\cdots\sum_{k_n=1}^{N_n}\left(\prod_{i=1}^{n}A_{k_i}^i(x_i)\right)\left(f\left(\frac{ak_1}{m},\frac{ak_2}{m},\cdots,\frac{ak_n}{m}\right)+\omega_n\right)}{\sum_{k_1=1}^{N_1}\sum_{k_2=1}^{N_2}\cdots\sum_{k_n=1}^{N_n}\left(\prod_{i=1}^{n}A_{k_i}^i(x_i)\right)} \quad (7.18)$$

其中 $\omega_n = \dfrac{(n+1)m}{2a}\sum_{i=1}^n |D_{ji}| \cdot \left|x_i - \dfrac{x_i^1+x_i^2+\cdots+x_i^{n+1}}{n+1}\right|$.

至此, 获得一般情况下的非齐次线性 T-S 模糊系统解析式 (7.18). 实际上, 公式 (7.18) 也可理解为优化参数的目标函数, 这里不仅包括峰值点和分量半径等优化参数, 而且还包含 T-S 模糊系统的非线性部分的优化参数, 这些参数在系统的逼近过程中扮演着重要角色.

为简单起见, 以下仍在低维空间 ($n=2$) 中选取模拟实例, 且仅对连续函数和选取样本点进行检验, 并按公式 (7.16) 给出具体计算的实施过程.

例 7.3 设 $n=2$, $a=1$, 剖分数 $m=10$, 交互数 $c_0=2$, 二元连续函数

$$f(x,y) = \frac{\cos^2(x+y)}{6}, \quad (x,y) \in \Delta(1) = [-1,1]\times[-1,1].$$

试通过样本点分析优化峰值点和分量半径对非齐次线性 T-S 模糊系统的影响.

解 显然, 分量半径 $\sigma_1 = \sigma_2 = \dfrac{2a}{3m} = \dfrac{1}{15}$. 因剖分数 $m=10$, 按例 7.1 可在 x 和 y 轴分别获得等距模糊剖分 $\{A_{1,k_i}\}$ 和 $\{A_{2,k_i}\}$, 详见例 7.1 及图 7.1 所示.

因 f 的解析式给定, 故 PLF S 在所有顶点 $\left(\dfrac{k_1}{10},\dfrac{k_2}{10}\right)$ 的取值可直接通过 $S\left(\dfrac{k_1}{10},\dfrac{k_2}{10}\right) = f\left(\dfrac{k_1}{10},\dfrac{k_2}{10}\right)$ 来替换, 其中 $k_1, k_2 \in \{-10, -9, \cdots, 0, \cdots, 9, 10\}$.

现将重心峰值点 $x_i^* = \dfrac{x_i^1+x_i^2+x_i^3}{3}$ 和分量半径 $\sigma_1 = \sigma_2 = \dfrac{1}{15}$ 代入式 (7.16), 获得系统输出为

$$\frac{T_{10}(x_1,x_2)}{} = \frac{\sum_{k_1=1}^{10}\sum_{k_2=1}^{10} A_{1,k_1}(x_1)A_{2,k_2}(x_2)\left(f\left(\dfrac{k_1}{10},\dfrac{k_2}{10}\right)+15(|D_{j1}|\cdot|x_1-x_1^*|+|D_{j2}|\cdot|x_2-x_2^*|)\right)}{\sum_{k_1=1}^{10}\sum_{k_2=1}^{10} A_{1,k_1}(x_1)A_{2,k_2}(x_2)}.$$

(7.19)

下面, 通过选取样本点来计算二维非齐次线性 T-S 模糊系统 (7.19) 的输出值. 例如, 取样本点 $(0.15, 0.08) \in \Delta_{1,4}$, 依所给 $f(x, y)$ 表达式和式 (7.19) 易算得

$$f(0.15, 0.08) \approx 0.1580043748, \quad S(0.15, 0.08) \approx 0.1570832851.$$

若计算 $T_{10}(0.15, 0.08)$, 首先需确定该点所对应的非零模糊集. 按图 7.1 样本点 $(0.15, 0.08)$ 落在区域 $\Delta_{1,4}$ 内, 分量 $x_1 = 0.15$ 对应非零模糊集 $A_{1,1}$ 和 $A_{1,2}(k_1 = 1, 2)$; 分量 $x_2 = 0.08$ 对应非零模糊集 $A_{2,0}$ 和 $A_{2,1}(k_2 = 0, 1)$, 且这四个隶属函数 $A_{1,1}(x), A_{1,2}(x), A_{2,0}(x)$ 和 $A_{2,1}(x)$ 均可通过中心隶属函数 $A(x)$ 平移得到. 故实际系统 (7.19) 中和式 $\sum_{k_1, k_2 = -10}^{10} A_{1, k_1}(x_1) A_{2, k_2}(x_2)$ 仅为四项之和, 且不难计算 $A_{1,1}(0.15) = A_{1,2}(0.15) = 0.5, A_{2,0}(0.08) = 0.2, A_{2,1}(0.08) = 0.8.$

此时, 所给 f 在顶点取值 $f\left(\dfrac{k_1}{10}, \dfrac{k_2}{10}\right) (k_1 = 1, 2; k_2 = 0, 1)$ 仅有四种组合方式, 亦即, $f(0.1, 0), f(0.1, 0.1), f(0.2, 0)$ 和 $f(0.2, 0.1)$. 另外, 样本点 $(0.15, 0.08)$ 所属三角形 $\Delta_{1,4}$ 的顶点坐标依次为 $(0.1, 0), (0.1, 0.1)$ 和 $(0.2, 0.1)$. 故可得系数行列式 $|D_{j1}|, |D_{j2}|$ 和优化峰值点 x^* 分别为

$$|D_{j1}| = \begin{vmatrix} f(0.1, 0) & 0 & 1 \\ f(0.1, 0.1) & 0.1 & 1 \\ f(0.2, 0.1) & 0.1 & 1 \end{vmatrix} = \frac{1}{60}\left(\cos^2 \frac{1}{5} - \cos^2 \frac{3}{10}\right),$$

$$|D_{j2}| = \begin{vmatrix} 0.1 & f(0.1, 0) & 1 \\ 0.1 & f(0.1, 0.1) & 1 \\ 0.2 & f(0.2, 0.1) & 1 \end{vmatrix} = \frac{1}{60}\left(\cos^2 \frac{1}{10} - \cos^2 \frac{1}{5}\right),$$

$$x^* = \left(\frac{0.1 + 0.1 + 0.4}{3}, \frac{0 + 0.1 + 0.1}{3}\right) = \left(\frac{0.4}{3}, \frac{0.2}{3}\right) \in \Delta_{1,4}.$$

将以上优化参数及样本点 $(0.15, 0.08)$ 代入式 (7.19) 得

$$\begin{aligned} &T_{10}(0.15, 0.08) \\ &= \left(0.5 \times 0.2 \times f\left(\frac{1}{10}, 0\right) + 0.5 \times 0.8 \times f\left(\frac{1}{10}, \frac{1}{10}\right) + 0.5 \times 0.2 \times f\left(\frac{2}{10}, 0\right) \right. \\ &\quad \left. + 0.5 \times 0.8 \times f\left(\frac{2}{10}, \frac{1}{10}\right)\right) \Big/ \left((0.5 + 0.5)(0.2 + 0.8)\right) \\ &\quad + 15\left(\frac{1}{60}\left(\cos^2 \frac{1}{5} - \cos^2 \frac{3}{10}\right) \cdot \left|0.15 - \frac{0.4}{3}\right|\right. \\ &\quad + \frac{1}{60}\left(\cos^2 \frac{1}{10} - \cos^2 \frac{1}{5}\right) \left|0.08 - \frac{0.2}{3}\right|\right) \\ &= \frac{1}{12}\left(1.01 \cos^2 \frac{1}{5} + 0.24 \cos^2 \frac{1}{10} + 0.75 \cos^2 \frac{3}{10}\right) \end{aligned}$$

≈ 0.164891032.

获得相对误差为 $|f(0.15, 0.08) - T_{10}(0.15, 0.08)| = 0.006886657$.

同理, 若在论域 $[0,1] \times [0,1]$ 上随机选取其他 3 个样本点 $(0.04, 0.06) \in \Delta_{1,2}$, $(0.05, 0.12) \in \Delta_{2,1}$, $(0.12, 0.18) \in \Delta_{2,4}$. 类似方法依次可得峰值点分别为

$$x_1^* = \left(\frac{0.1}{3}, \frac{0.2}{3}\right) \in \Delta_{1,2}, \quad x_2^* = \left(\frac{0.2}{3}, \frac{0.4}{3}\right) \in \Delta_{2,1}, \quad x_3^* = \left(\frac{0.4}{3}, \frac{0.5}{3}\right) \in \Delta_{2,4},$$

分量半径仍为 $\sigma_i = 1/15 (i = 1, 2, 3, 4)$.

下面, 基于前件模糊集为三角形隶属函数对四个样本点进行误差分析, 以此来阐述优化峰值点 x_i^* 和分量半径 σ_i 对二维非齐次线性 T-S 模糊系统的影响. 参见表 7.5.

表 7.5 $m = 10$ 时随机选取 4 个样本点的输出值及其误差分析

随机选取样本点	(0.04, 0.06)	(0.05, 0.12)	(0.15, 0.08)	(0.12, 0.18)
优化峰值点 x_i^*	(0.1/3, 0.2/3)	(0.2/3, 0.4/3)	(0.4/3, 0.2/3)	(0.4/3, 0.5/3)
优化分量半径 σ_i	1/15	1/15	1/15	1/15
$f(x, y)$ 实际输出值	0.1650055482	0.1618962221	0.1580043748	0.1521113012
系统输出 $T_2(x, y)$	0.1642898874	0.1615400281	0.1648910320	0.1520465114
误差值 $|f(\cdot) - T_2(\cdot)|$	0.0007156608	0.0003561940	0.0068866570	0.0000647898

由表 7.5 不难看出, 优化参数后非齐次线性 T-S 模糊系统对连续函数 f 具有较好逼近能力, 且每个剖分区域上峰值点的选取确实影响系统的逼近效果. 从误差值大小直观来看, 这四个样本点的逼近效果依次为 $x_3^* > x_2^* > x_1^* > x^*$. 当然, 影响非齐次线性 T-S 模糊系统逼近能力的调节参数或直接因素还有许多, 有些甚至是隐藏或间接的, 这也是后续将要探究的问题之一.

7.3   非齐次线性 T-S 模糊系统逼近可积函数

一般来说 T-S 模糊系统是非线性的, 常见的广义线性 T-S 模糊系统均采用单点模糊化、乘积推理机、中心平均解模糊器来构造, 这种模糊系统不仅形式简单, 而且便于计算. 然而, 即便如此, 其计算量也很大, 尤其对参数的优化选择也相对困难, 这给研究 T-S 模糊系统的逼近性带来诸多不便. 为此, 许多文献都是采用输入变量的线性函数作为规则后件来研究非齐次线性 T-S 模糊系统, 例如, 文献 [26], [27] 借助分片线性函数讨论规则后件为非齐次线性函数时该系统对连续函数的逼近性. 这些工作固然有理论价值, 但都没有给出具体学习算法, 这无疑有待于进一步解决. 本节将针对输入前件为三角形隶属函数时, 给出对应非齐次线性 T-S 模糊系统输出值的具体算法.

7.3.1 前件为三角形隶属函数的匹配定位算法

大量事实证明: T-S 模糊系统是一种万能逼近器, 它可按任意精度近似表达紧集上的某个未知函数. 然而, 这仅说明模糊系统的存在性, 并未给出找到最优模糊系统的方法. 实际上, 寻找或构造具体的模糊系统远远要比证明存在性困难得多. 因此, 弄清哪些信息已知是至关重要. 一般情况下, 人们所要近似表达的函数可分为以下三类:

(1) 函数 f 的解析式已知. 这时不需要构造模糊系统来近似表达函数 f.

(2) 函数 f 的解析式未知, 但论域中任一点函数值已知. 这时可根据已知函数值来构造模糊系统.

(3) 函数 f 的解析式未知, 仅知道有限个特定的输入-输出数据对. 这种情况在实际中更为常见.

本节主要针对 (2) 进行分析并给出算法, 亦即, 对一个未知解析表达式的函数 f, 它在论域中每一点的取值是可获知的 (例如, 通过实验或仪器测量获得). 此外, 为了扩大讨论范围, 总是假设 f 是 p-可积函数, 且解析表达式未知. 为找到合适的 T-S 模糊系统取代该未知函数 f, 仍采取分片线性函数来构造非齐次线性 T-S 模糊系统. 为此, 依式 (7.3) 适当调整式 (7.1) 的调节参数, 例如, 令

$$\begin{cases} b^0_{k_1 k_2 \cdots k_n} = f\left(\dfrac{ak_1}{m}, \dfrac{ak_2}{m}, \cdots, \dfrac{ak_n}{m}\right), \\ b^1_{k_1 k_2 \cdots k_n} = \dfrac{|D_{j1}|\sigma_1}{|D_n|}, b^2_{k_1 k_2 \cdots k_n} = \dfrac{|D_{j2}|\sigma_2}{|D_n|}, \cdots, b^n_{k_1 k_2 \cdots k_n} = \dfrac{|D_{jn}|\sigma_n}{|D_n|}, \\ \sigma_i = \dfrac{2a}{(n+1)m}, \quad x_i^* = \dfrac{x_i^1 + x_i^2 + \cdots + x_i^{n+1}}{n+1}, \quad i = 1, 2, \cdots, n. \end{cases} \quad (7.20)$$

则重新获得前件为三角形隶属函数的非齐次线性 T-S 模糊系统模型为

$$T_m(x_1, x_2, \cdots, x_n) = \dfrac{\sum_{k_1=1}^{N_1} \sum_{k_2=1}^{N_2} \cdots \sum_{k_n=1}^{N_n} \left(\prod_{i=1}^{n} A^i_{k_i}(x_i)\right) \cdot \left(f\left(\dfrac{ak_1}{m}, \dfrac{ak_2}{m}, \cdots, \dfrac{ak_n}{m}\right) + \sum_{i=1}^{n} \dfrac{|D_{ji}|}{|D_n|} \cdot |x_i - x_i^*|\right)}{\sum_{k_1=1}^{N_1} \sum_{k_2=1}^{N_2} \cdots \sum_{k_n=1}^{N_n} \left(\prod_{i=1}^{n} A^i_{k_i}(x_i)\right)}, \quad (7.21)$$

其中所有调节参数及符号同式 (7.15), 不再赘述.

下面, 基于剖分数 m 和输入-输出数据对, 给出非齐次线性 T-S 模糊系统的匹配定位算法步骤如下.

第一步 在每个分量 x_i 对应坐标轴所属论域区间 $[-a, a]$ 上等距插入 $2(m-1)$ 个分点, 从而将 $[-a, a]$ 分成 $2m$ 个小闭区间, 再以每个分点为峰值定义 $2m+1$ 个

一致完备的标准模糊集族作为该系统的前件模糊集, 通常取交互数 $c_0 \equiv 2$ 的三角形或梯形模糊数即可! 参看图 7.1.

第二步 在输入变量 $x = (x_1, x_2, \cdots, x_n)$ 所属剖分区域内任意选取峰值点 $x^* = (x_1^*, x_2^*, \cdots, x_n^*) \in \Delta_{jl}$ 和分量半径 σ_i, 这里 x^* 和 σ_i 随输入变量 x 可随机选取, 但需满足 $|x_i - x_i^*| \leqslant \sigma_i$, $i = 1, 2, \cdots, n$.

第三步 根据剖分数 m 和输入变量 $x = (x_1, x_2, \cdots, x_n)$ 定位该点所属剖分区域, 将每个分量 x_i 定位到每个对应小区间 $[a(k_i-1)/m, ak_i/m]$ 上, $i = 1, 2, \cdots, n$, 在对应区间上找出所有匹配的非零模糊集. 通常情况下, 与输入变量相匹配的模糊集个数等于对应的交互数 c_0, 参看图 7.1.

第四步 依据所给数据对确定顶点坐标 $(x_1^1, x_2^1, \cdots, x_n^1, f(x_1^1, x_2^1, \cdots, x_n^1))$, $(x_1^2, x_2^2, \cdots, x_n^2, f(x_1^2, x_2^2, \cdots, x_n^2))$, $\cdots$, $(x_1^{n+1}, x_2^{n+1}, \cdots, x_n^{n+1}, f(x_1^{n+1}, x_2^{n+1}, \cdots, x_n^{n+1}))$, 计算行列式 $|D_{j1}|, |D_{j2}|, \cdots, |D_{jn}|$ 和 $|D_n|$ 值.

第五步 依输入变量 $x = (x_1, x_2, \cdots, x_n)$ 定位剖分区域 $\Delta_{j,l}$ 确定其顶点坐标 $\left(\dfrac{ak_1}{m}, \dfrac{ak_2}{m}, \cdots, \dfrac{ak_n}{m}\right)$, 并确定指标变量 $k_1, k_2, \cdots, k_n$ 进而通过所给数据对确定 $f\left(\dfrac{ak_1}{m}, \dfrac{ak_2}{m}, \cdots, \dfrac{ak_n}{m}\right)$ 的取值.

第六步 将第二步至第五步所确定的参数代入式 (7.21), 即可算出非齐次线性 T-S 模糊系统 $T_m(x)$ 的输出值.

该匹配定位算法仅是对基于前件为三角形隶属函数构造的非齐次线性 T-S 模糊系统而言, 当然, 对其他类型模糊系统并无一般性. 然而, 该算法并不需要函数 f 的连续性, 只需要在 f 作用下获知数据对 $(x; f(x))$ 即可. 因此, 该算法具有一定推广价值, 尤其适应于 $\hat{\mu}$-可积函数.

7.3.2 非齐次线性 T-S 系统对 p-可积函数的逼近

目前, 虽然建立了形如式 (7.4) 的非齐次线性 T-S 模糊系统, 但在理论上该系统对 p-可积函数是否具有逼近性还尚未确定. 下面, 将基于分片线性函数为桥梁进一步讨论非齐次线性 T-S 模糊系统对 p-可积函数的逼近性.

定理 7.3 设 $(\mathbb{R}^n, \Im, \mu)$ 是 Lebesgue 测度空间, S 为形如式 (6.5) 的 PLF, 则 $\forall \varepsilon > 0, \forall p \in \mathbb{N}$, 存在 $m_0 \in \mathbb{N}$ 及非齐次线性 T-S 模糊系统 T_m, 使 $m > m_0$ 时, 恒有 $\|T_m - S\|_p < \varepsilon/2$.

证明 若 $\forall x = (x_1, x_2, \cdots, x_n) \in \Delta(a)$, 依 PLF S 表示式 (6.5)、左 (右) 偏导数及式 (6.7) 便有

$$\frac{\|D_{ji}\|}{\|D_n\|} = \left|\frac{\partial S_-}{\partial x_i}\right| \vee \left|\frac{\partial S_+}{\partial x_i}\right| \leqslant D_i(S); \quad i = 1, 2, \cdots, n.$$

若记 $\left(\dfrac{ak_1}{m}, \dfrac{ak_2}{m}, \cdots, \dfrac{ak_n}{m}\right)$ 为剖分论域 $\Delta(a)$ 后任一小多面体 Δ_{jl} 的顶点坐标, 当然总满足 $\left|x_i - \dfrac{ak_i}{m}\right| \leqslant \dfrac{a}{m}$, 则对剖分数 m(待定) 总有

$$\left|S\left(\dfrac{ak_1}{m}, \dfrac{ak_2}{m}, \cdots, \dfrac{ak_n}{m}\right) - S(x_1, x_2, \cdots, x_n)\right|$$
$$= \left|\left(\dfrac{|D_{j1}|}{|D_n|}\dfrac{ak_1}{m} + \dfrac{|D_{j2}|}{|D_n|}\dfrac{ak_2}{m} + \cdots + \dfrac{|D_{jn}|}{|D_n|}\dfrac{ak_n}{m} + \dfrac{|D_{j(n+1)}|}{|D_n|}\right)\right.$$
$$\left. - \left(\dfrac{|D_{j1}|}{|D_n|}x_1 + \dfrac{|D_{j2}|}{|D_n|}x_2 + \cdots + \dfrac{|D_{jn}|}{|D_n|}x_n + \dfrac{|D_{j(n+1)}|}{|D_n|}\right)\right|$$
$$\leqslant \dfrac{||D_{j1}||}{||D_n||}\cdot\left|x_1 - \dfrac{ak_1}{m}\right| + \dfrac{||D_{j2}||}{||D_n||}\cdot\left|x_2 - \dfrac{ak_2}{m}\right| + \cdots + \dfrac{||D_{jn}||}{||D_n||}\cdot\left|x_n - \dfrac{ak_n}{m}\right|$$
$$\leqslant \dfrac{a}{m}\sum_{i=1}^{n}\dfrac{||D_{ji}||}{||D_n||}.$$

由于 $|x_i - x_i^*| \leqslant \sigma_i = \dfrac{2a}{(n+1)m} \leqslant \dfrac{a}{m}$. 故将式 (7.21) 代入并放大得

$$|T_m(x_1, x_2, \cdots, x_n) - S(x_1, x_2, \cdots, x_n)|$$
$$\leqslant \sum_{k_1=1}^{N_1}\sum_{k_2=1}^{N_2}\cdots\sum_{k_n=1}^{N_n}\left(\prod_{i=1}^{n}A_{k_i}^i(x_i)\right)$$
$$\cdot\left(\sum_{i=1}^{n}\dfrac{||D_{ji}||}{||D_n||}|x_i - x_i^*| + \left|S\left(\dfrac{ak_1}{m}, \dfrac{ak_2}{m}, \cdots, \dfrac{ak_n}{m}\right) - S(x_1, x_2, \cdots, x_n)\right|\right)$$
$$\bigg/ \sum_{k_1=1}^{N_1}\sum_{k_2=1}^{N_2}\cdots\sum_{k_n=1}^{N_n}\left(\prod_{i=1}^{n}A_{k_i}^i(x_i)\right)$$
$$\leqslant \dfrac{\displaystyle\sum_{k_1=1}^{N_1}\sum_{k_2=1}^{N_2}\cdots\sum_{k_n=1}^{N_n}\left(\prod_{i=1}^{n}A_{k_i}^i(x_i)\right)\cdot\left(\sum_{i=1}^{n}\dfrac{||D_{ji}||}{||D_n||}\cdot\dfrac{a}{m} + \dfrac{a}{m}\sum_{i=1}^{n}\dfrac{||D_{ji}||}{||D_n||}\right)}{\displaystyle\sum_{k_1=1}^{N_1}\sum_{k_2=1}^{N_2}\cdots\sum_{k_n=1}^{N_n}\left(\prod_{i=1}^{n}A_{k_i}^i(x_i)\right)}$$
$$\leqslant \dfrac{2a}{m}\sum_{i=1}^{n}D_i(S).$$

此时, $\forall p \in \mathbb{N}$, 由 p-积分模定义可得

$$||T_m - S||_p = \left(\int_{\Delta(a)}|T_m(x_1, x_2, \cdots, x_n) - S(x_1, x_2, \cdots, x_n)|^p \mathrm{d}\mu\right)^{\frac{1}{p}}$$

7.3 非齐次线性 T-S 模糊系统逼近可积函数

$$\leqslant \left(\int_{[-a,a]^n} \left(\frac{2a}{m}\sum_{i=1}^n D_i(S)\right)^p \mathrm{d}\mu\right)^{\frac{1}{p}} = \frac{2a}{m}\sum_{i=1}^n D_i(S)(2a)^{\frac{n}{p}}.$$

故 $\forall \varepsilon > 0$,若使 $\|T_m - S\|_p \leqslant \frac{2a}{m}(2a)^{\frac{n}{p}}\sum_{i=1}^n D_i(S) < \frac{\varepsilon}{2}$. 解之得

$$m > \frac{2(2a)^{\frac{n}{p}+1}}{\varepsilon}\cdot\sum_{i=1}^n D_i(S).$$

令 $m_0 = \left[\frac{2(2a)^{\frac{n}{p}+1}}{\varepsilon}\sum_{i=1}^n D_i(S)\right] \in \mathbb{N}$,则当 $m > m_0$,必有 $\|T_m - S\|_p < \frac{\varepsilon}{2}$.

事实上,求剖分数 m_0 并不是最终目的,因分片线性函数 S 在证明逼近性过程中只起到一个桥梁作用,而非齐次线性 T-S 模糊系统对 p-可积函数是否具有逼近性才是关键问题.

定理 7.4 设 $(\mathbb{R}^n, \Im, \mu)$ 是 Lebesgue 测度空间,f 是 p-可积函数,$p \in \mathbb{N}$. 则 $\forall \varepsilon > 0$,存在 $m_0 \in \mathbb{N}$ 和形如式 (7.21) 的非齐次线性 T-S 模糊系统 T_m,当 $m > m_0$ 时,$\|T_m - f\|_p < \varepsilon$,亦即,$T_m$ 可按任意精度逼近 f.

证明 取诱导算子 $K(x) = x$,作为特例,定理 6.6 在 Lebesgue 测度空间上仍成立,即 $\forall \varepsilon > 0$ 及 p-可积函数 f,存在分片线性函数 S 使 $\|f - S\|_p < \frac{\varepsilon}{2}$.

再由定理 7.3,$\forall p \in \mathbb{N}$,存在 $m_0 \in \mathbb{N}$,当 $m > m_0$,也有 $\|T_m - S\|_p < \frac{\varepsilon}{2}$. 因 p-积分模 $\|f\|_p$ 满足三角不等式. 当 $m > m_0$ 时,更有

$$\|T_m - f\|_p \leqslant \|T_m - S\|_p + \|S - f\|_p < \frac{\varepsilon}{2} + \frac{\varepsilon}{2} = \varepsilon.$$

因此,非齐次线性 T-S 模糊系统 T_m 可按任意精度逼近 f.

注 7.5 定理 7.4 虽从理论上证明了形如式 (7.21) 的非齐次线性 T-S 模糊系统 T_m 对 p-可积函数具有逼近性,但定理 7.3 所确定剖分数 m_0 中含有与 PLF 相关的和式项 $\sum_{i=1}^n D_i(S)$. 实际上,计算该 "和式" 的值并非易事. 因此,直接利用 p-可积函数或通过适当放大来确定最小 m_0 值至关重要. 为此,可在加强条件下给出如下改进的定理.

定理 7.5 设 $f: \mathbb{R}^n \to \mathbb{R}$ 是 Riemann 可积函数,$p \in \mathbb{N}$,若记

$$D_H(f) = \max_{1 \leqslant i \leqslant n} \sup_{x_1,\cdots,x_i+h,\cdots,x_n \in [-a,a]} \left|\frac{f(x_1,\cdots,x_i+h,\cdots,x_n) - f(x_1,\cdots,x_i,\cdots,x_n)}{h}\right|,$$

其中 $a > 0$, $h > 0$. 则 $\forall \varepsilon > 0$,$\exists m_0 = \left[\frac{2nD_H(f)}{\varepsilon}(2a)^{\frac{n}{p}+1}\right] \in \mathbb{N}$,当 $m > m_0$,且有 $\|T_m - f\|_p < \varepsilon$.

证明 根据引理 6.1, $D_H(f)$ 可表为 $D_H(f) = \max\limits_{1\leqslant i\leqslant n} D_i(f)$, 且满足 $D_i(S) = D_i(f)$, $i = 1, 2, \cdots, n$. 因此, $D_H(f) = \max\limits_{1\leqslant i\leqslant n} D_i(f) = \max\limits_{1\leqslant i\leqslant n} D_i(S) \geqslant D_i(S)$, 更有

$$\sum_{i=1}^{n} D_i(S) \leqslant n D_H(f).$$

此时, $\forall \varepsilon > 0$, 按照定理 7.3 证明过程, 若使

$$\|T_m - S\|_p \leqslant \left(\frac{2a}{m}\sum_{i=1}^{n} D_i(S)\right)(2a)^{\frac{n}{p}} \leqslant \left(\frac{2a}{m}n D_H(f)\right)(2a)^{\frac{n}{p}} < \frac{\varepsilon}{2}.$$

解之得 $m > \dfrac{2n D_H(f)}{\varepsilon}(2a)^{\frac{n}{p}+1}$. 令 $m_0 = \left[\dfrac{2n D_H(f)}{\varepsilon}(2a)^{\frac{n}{p}+1}\right] \in \mathbb{N}$.

因此, $\forall \varepsilon > 0$, $\exists m_0 \in \mathbb{N}$, 当 $m > m_0$, 恒有 $\|T_m - S\|_p < \dfrac{\varepsilon}{2}$, 更有 $\|T_m - f\|_p < \dfrac{\varepsilon}{2} + \dfrac{\varepsilon}{2} = \varepsilon$. 故非齐次线性 T-S 模糊系统 T_m 可按任意精度逼近 p-可积函数 f.

下面, 用一个实例来说明非齐次线性 T-S 模糊系统对 p-可积函数具有逼近性, 并在二维输入中通过选取样本点分析其逼近性能.

例 7.4 设参数 $a = 1$, $n = p = 2$, $c_0 = 2$, 若在 $\Delta(1)$ 上选取二元函数

$$f(x, y) = \begin{cases} 0.1\cos^2(x+y) + 0.2, & -1 \leqslant x \leqslant 1, -1 \leqslant y \leqslant 0, \\ 0.1\sin^2(x+y), & -1 \leqslant x \leqslant 1, 0 < y \leqslant 1. \end{cases}$$

解 显然, 所给 $f(x, y)$ 在 $y = 0$ 平面上不连续, 但在 $\Delta(1)$ 上不难验证 $f \in L^2(\mu)$. 另外, 依定理 7.5 和多元函数极值法容易计算

$$D_1(f) = \bigvee_{(x,y) \in \Delta(1)} \left|\frac{\partial f}{\partial x}\right| = \left|\frac{\partial f}{\partial x}\right|_{x+y=\pm\pi/4} = 0.1,$$

$$D_2(f) = \bigvee_{(x,y) \in \Delta(1)} \left|\frac{\partial f}{\partial y}\right| = \left|\frac{\partial f}{\partial y}\right|_{x+y=\pm\pi/4} = 0.1.$$

故 $D_H(f) = D_1(f) \vee D_2(f) = 0.1$.

若给定误差 $\varepsilon = 0.1 > 0$. 依定理 7.5 计算出 $m_0 = \left[\dfrac{2 \times 2 \times 0.1}{0.1}(2 \times 1)^{\frac{2}{2}+1}\right] = 8$. 不妨选取 $m_0 = 8$, 为简单起见, 我们仅在 x 轴 $[0,1]$ 上实施 8-等距剖分, 以中心 0 为峰值点构造三角形模糊数 A, 以 1 为峰值点构造半三角形模糊数 A_8^1, 其隶属函数如下:

$$A(x) = \begin{cases} 1 - 8x, & 0 \leqslant x \leqslant \dfrac{1}{8}, \\ 1 + 8x, & -\dfrac{1}{8} \leqslant x < 0, \\ 0, & 其他, \end{cases} \qquad A_8^1(x) = \begin{cases} 8x - 7, & \dfrac{7}{8} \leqslant x \leqslant 1, \\ 0, & 其他. \end{cases}$$

7.3 非齐次线性 T-S 模糊系统逼近可积函数

再将 $A(x)$ 在 $[0,1]$ 上依次向右平移 $\dfrac{1}{8}$ 个单位长度,即,

$$A^1_{k_i}(x) = A\left(x - \frac{k_i}{8}\right), \quad k_i = 0, 1, 2, \cdots, 7.$$

则获得一致完备的标准模糊集族 $\{A^1_{k_i}\}$. 同理,在 y 轴 $[0,1]$ 上,若令 $A^2_{k_i}(y) = A^1_{k_i}(y), j = 0, 1, 2, \cdots, 8$,也可在 y 轴 $[0,1]$ 上获得一致完备标准模糊集族 $\{A^2_{k_i}\}$,参见图 7.10.

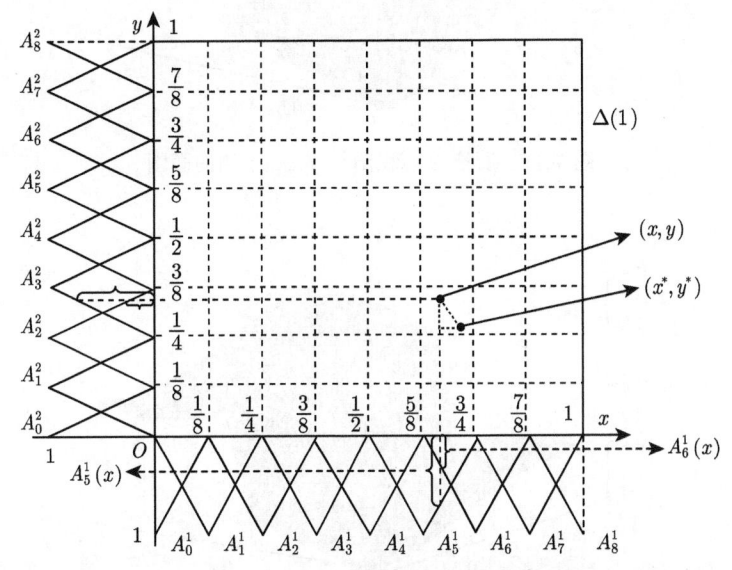

图 7.10 $[0,1] \times [0,1]$ 上 8-网格剖分和前件模糊集分布图

仿照例 7.3 计算方法得 $\|D_2\| = \dfrac{1}{64}$. $\forall (x,y) \in [0,1] \times [0,1]$,依据式 (7.21) 可得非齐次线性 T-S 模糊系统的输出表达式为

$$T_8(x,y) = \frac{\displaystyle\sum_{k_1=1}^{8}\sum_{k_2=1}^{8} A^1_{k_1}(x) A^2_{k_2}(y)\left(f\left(\frac{k_1}{8}, \frac{k_2}{8}\right) + 64\left(|D_{j1}| \cdot |x-x^*| + |D_{j2}| \cdot |y-y^*|\right)\right)}{\displaystyle\sum_{k_1=1}^{8}\sum_{k_2=1}^{8} A^1_{k_1}(x) A^2_{k_2}(y)},$$

其中峰值点 (x^*, y^*) 随着动点 (x,y) 所属三角形区域 Δ_{jl} 的重心坐标而被确定,$|D_{j1}|$ 和 $|D_{j2}|$ 取值与剖分顶点 $\left(\dfrac{k_1}{8}, \dfrac{k_2}{8}\right)$ 有关,可按 6.1 节步骤 4 计算. 此时,可按例 7.3 方法在第一卦限 $[0,1] \times [0,1]$ 内计算系统 $T_8(x,y)$ 的样本点输出值.

下面,通过 MATLAB 软件可画出所给 2-可积函数 $f(x,y)$ 及非齐次线性 T-S 模糊系统 $T_8(x,y)$ 在 $[-1,1] \times [-1,1]$ 上的曲面图,如图 7.11 和图 7.12 所示.

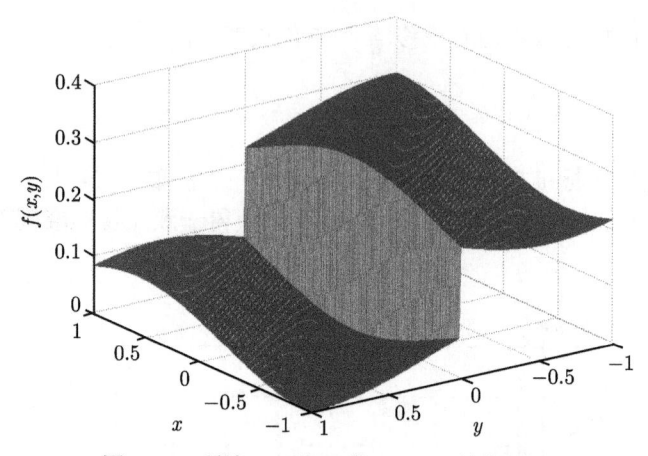

图 7.11　所给 2-可积函数 $f(x,y)$ 的曲面图

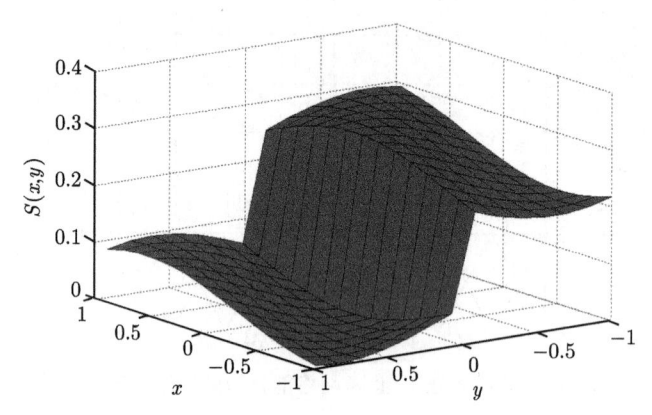

图 7.12　$m=8$ 时 T-S 模糊系统 $T_8(x,y)$ 的曲面图

通过图 7.11 和图 7.12 不难看出，所给非齐次线性 T-S 模糊系统不仅对连续函数具有逼近性，而且对 p-可积函数也具有逼近性能. 这说明非齐次线性 T-S 模糊系统在实际中具有更广泛的应用价值. 然而，在具体实施过程中影响系统逼近性能的因素有很多，例如，剖分数 m、最大交互数 c_0、峰值点 x^* 及分量半径 σ_i 等. 因此，合理优化选取这些调节参数是不容忽略的.

参 考 文 献

[1] Takagi T, Sugeno M. Fuzzy identification of system and its applications to modeling and control. IEEE Transactions on Systems, Man, Cybern, 1985, 15 (1): 116–132.

[2] Zeng X J, Singh M G. Approximation theory of fuzzy system-SISO case. IEEE Transaction on Fuzzy Systems, 1994, 2(2): 162–176.

[3] Zeng X J, Singh M G. Approximation theory of fuzzy system-MIMO case. IEEE Transaction on Fuzzy System, 1995, 3(2): 219–235.

[4] Ying H. General SISO Takagi-Sugeno fuzzy systems with linear rule consequents are universal approximators. IEEE Transactions on Fuzzy Systems, 1998, 6(4): 582–587.

[5] Ying H. Sufficient conditions on uniform approximation of multivariate functions by general Takagi-Sugeno fuzzy systems with linear rule consequent. IEEE Transactions on Systems, Man, and Cybernetics, 1998, 28: 515–520.

[6] Ying H. General Takagi-Sugeno fuzzy systems with simplified linear rule consequents are universal controllers, models and filters. Journal of Information Science, 1998, 108: 91–107.

[7] Zeng K, Zhang N R, Xu W L. A comparative study on sufficient conditions for Takagi-Sugeno fuzzy systems as universal approximators. IEEE Transactions on Fuzzy Systems, 2000, 8(6): 773–780.

[8] Liu P Y, Li H X. Approximation of stochastic process by T-S fuzzy systems. Fuzzy Sets and Systems, 2005, 155 (2): 215–235.

[9] 李洪兴. 模糊控制的插值机理. 中国科学 (E 辑), 1998, 28(3): 259–267.

[10] 刘普寅, 李洪兴. 广义模糊系统对于可积函数的逼近性. 中国科学 (E 辑), 2000, 30 (5): 413–423.

[11] 刘普寅, 李洪兴. 广义 Takagi-Sugeno 模糊系统的等价性及其分层表示. 北京师范大学学报 (自然科学版), 2000, 36 (5): 612–618.

[12] 曾珂, 张乃尧, 徐文立. 线性 T-S 模糊系统作为通用逼近器的充分条件. 自动化学报, 2001, 27 (5): 606–612.

[13] 刘福才, 马丽叶, 邵静, 等. 一类非线性 T-S 模糊系统的通用逼近性. 自动化与仪器仪表, 2007, 129(1): 8–15.

[14] 肖小石, 毛志忠, 袁平. T-S 模糊系统的构造及其逼近能力的充分条件. 控制理论与应用, 2009, 26(8): 903–906.

[15] 刘晓华, 冯恩民, 陈卫田, 等. 一类模糊系统的逼近问题. 控制与决策, 2002, 17(4): 415–418.

[16] 陈刚. 关于具有不同基函数的标准模糊系统逼近问题的研究. 自动化学报, 2008, 34 (7): 823–827.

[17] 袁学海, 李洪兴, 孙凯彪. 基于参数单点模糊化方法的模糊系统及逼近能力. 电子学报, 2011, 39 (10): 2372–2377.

[18] Li Y M, Shi Z K, Li Z H. Approximation theory of fuzzy systems based upon genuine many valued implications-SISO cases. Fuzzy Sets and Systems, 2002, 130: 147–157.

[19] Wang D G, Song W Y, Shi P, Li H X. Approximation to a class of non-autonomous systems by dynamic fuzzy inference marginal linearization method. Information Sciences, 2013, 245: 197–217.

[20] Wang D G, Song W Y, Li H X. Approximation properties of ELM-Fuzzy systems for smooth functions and their derivatives. Neurocomputing, 2015, 149: 265–274.

[21] Long Z Q, Liang X M, Yang L R. Some approximation properties of adaptive fuzzy systems with variable universe of discourse. Information Sciences, 2010, 180: 2991–3005.

[22] 彭维玲. 基于剖分模糊系统输入空间的多维分片线性函数的构造及逼近. 系统科学与数学, 2014, 34 (3): 340–351.

[23] 李玉, 王贵君. 一类正则蕴涵算子诱导的 DISO 模糊系统的构造. 山东大学学报 (理学版), 2014, 49(6): 57–63.

[24] 索春凤, 王贵君. 最大交互数对非齐次 T-S 模糊系统的潜在影响. 山东大学学报 (理学版), 2015, 50(8): 14–19.

[25] 张国英, 王贵君. 基于三角形模糊化的非线性 T-S 模糊系统对 p-可积函数的逼近性. 浙江大学学报 (理学版), 2015, 42(5): 537–541.

[26] 王宏志, 陶玉杰, 王贵君. 基于网格分片线性函数构造的非齐次线性 T-S 模糊系统的逼近性分析. 系统科学与数学, 2015, 35(11): 1276–1290.

[27] 王宏志, 陶玉杰, 王贵君. 基于三角形模糊数的非线性 T-S 模糊系统的峰值点和分量半径优化. 浙江大学学报 (理学版), 2016, 43(3): 264–270.

[28] 张国英, 王贵君. 基于高斯隶属函数的非线性 T-S 模糊系统的逼近性. 天津师范大学学报, 2016, 36(1): 1–3.

[29] Wang G J, Sui X L, Li X P. Approximation and its implementation process of the stochastic hybrid fuzzy system. International Journal of Machine Learning and Cybernetics, 2017, 8(5): 1423-1437.

[30] 刘普寅. 模糊神经网络理论及应用研究. 北京: 北京师范大学, 2002.

[31] 王立新. 模糊系统与模糊控制教程. 北京: 清华大学出版社, 2003.

[32] 李永明. 模糊系统分析. 北京: 科学出版社, 2005.

第 8 章　分层混合模糊系统及其逼近性能

随着模糊系统输入变量个数的增加, 其推理规则总数往往呈指数规律增长. 这一事实难免引起复杂的系统内部发生变化, 从而导致计算时间延长, 甚至使计算机记忆出现溢出或引起规则爆炸现象. 为此, 人们对多变量 (高维) 输入采取分层方法来缓解或避免这种规则爆炸现象, 例如, 叠加串联型分层、二叉树型分层和后件直联型分层等方法, 并且从理论上获得了高维模糊系统分层后的输入输出表达式和推理规则数计算公式. 这些分层方法无疑是有效的. 此外, 基于 Mamdani 模糊系统和 T-S 模糊系统的共同优点建立广义混合模糊系统也是一个重要尝试. 实际上, 混合模糊系统不仅是原有两种模糊系统的自然推广, 而且它更能兼容发挥两种系统的各自优势. 然而, 由于混合模糊系统本身结构更为复杂, 系统内部涉及诸多调节参数. 因此, 对混合模糊系统实施分层来降低推理规则数, 以便提高逼近精度更具有重要的理论意义.

8.1　叠加串联分层混合模糊系统及逼近性

通常情况下, 模糊规则库覆盖了前件模糊集 $A_{i,j}(i=1,2,\cdots,d; j=\pm 1, \pm 2, \cdots, \pm m)$ 在每个坐标轴上所有可能的组合 (d 是输入维数, m 是剖分数), 且模糊规则数关于输入变量按指数函数 $(2m+1)^d$ 急剧增加. 例如, 若维数 $d > 5$, 规则库里很容易产生成千上万甚至几十万个规则, 故实现 d 维模糊系统将变得十分困难. 为了避免这种情况发生, 人们试图将一个高维模糊系统分解成若干个低维模糊系统的叠加形式, 但必须保证分层后系统最后输出仍具有逼近性. 假如分层过程破坏了逼近性能, 则认为该分层是失败或无意义的.

8.1.1　叠加串联分层混合模糊系统及其表示

简单来说叠加串联分层就是将输入分量依次分成几个步骤实施输入, 并且每步输出作为下一层输入的一个分量. 具体可描述为: 设总体输入变量为 $(x_1, x_2, \cdots, x_d)$, 若第一层输入 d_1 个分量, 系统输出记为 y_1, 再把 y_1 作为第二层系统输入得输出 y_2, 继续把 y_2 作为第三层输入. 以此类推, 逐层进行下去直至输入完毕, 即可得到系统的最终输出 y_L, 从而可将原系统分成 L 个低维输入输出子系统, 其中 $y_1, y_2, \cdots, y_{L-1}$ 为分层后子系统的中间变量, 且它们各自具有独立的输入输出解析表达式, 其几何直观分层参见图 8.1 和图 8.2.

通过引入参数 $\lambda \in [0,1]$, 可将 Mamdani 模糊系统和 T-S 模糊系统合并起来建立一种新的模糊系统, 称之为混合模糊系统. 当然, 混合模糊系统需要混合模糊规则来构造.

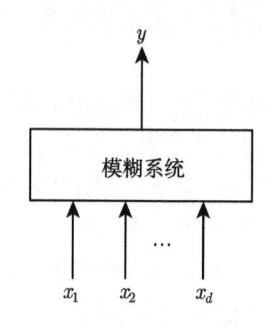

图 8.1　模糊系统的整体输入示意图

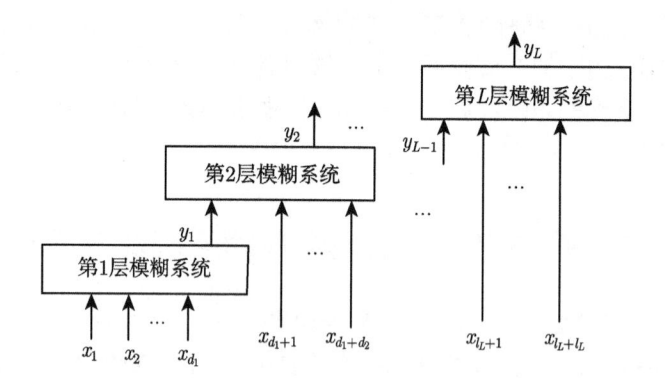

图 8.2　模糊系统的叠加串联分层输入示意图

然而, 通常 Mamdani 模糊系统中规则输出是一个模糊集, 而 T-S 模糊系统规则输出是关于输入变量的一个线性函数, 它们未能协调一致. 故需要将二者的输出统一起来至关重要. 为此, 利用第 6 章单点模糊化方法可将 T-S 模糊系统中规则输出的线性函数转化为形如 V_x 的一个单点模糊集. 下面, 通过引入调节参数 $\lambda \in [0,1]$, 给出混合模糊推理规则为

$$R_{p_1 p_2 \cdots p_d} : \text{IF } x_1 \text{ is } A_{p_1}^1, x_2 \text{ is } A_{p_2}^2, \cdots, x_d \text{ is } A_{p_d}^d,$$
$$\text{THEN } y \text{ 是} \lambda V_{t(p_1 p_2 \cdots p_d; x_1, x_2, \cdots, x_d)} + (1-\lambda) B_{p_1 p_2 \cdots p_d},$$

其中 $t(p_1 p_2 \cdots p_d; x_1, x_2, \cdots, x_d) = b_{p_1 p_2 \cdots p_d}^0 + \sum_{j=1}^{d} b_{p_1 p_2 \cdots p_d}^j x_j$, 且 $p_1 = 1, 2, \cdots, N_1; p_2 = 1, 2, \cdots, N_2; \cdots; p_d = 1, 2, \cdots, N_d$; $b_{p_1 p_2 \cdots p_d}^0$ 和 $b_{p_1 p_2 \cdots p_d}^j$ 均为调节参数, $(x_1, x_2, \cdots, x_d)$ 是输入变量.

8.1 叠加串联分层混合模糊系统及逼近性

根据上述混合推理规则, $\forall \lambda \in [0,1]$, 基于单点模糊化、乘积推理机和中心平均解模糊化可获得混合模糊系统的输入输出表达式为

$$y = \sum_{p_1=1}^{N_1} \sum_{p_2=1}^{N_2} \cdots \sum_{p_d=1}^{N_d} \left(\prod_{i=1}^{d} A_{p_i}^i(x_i) \right)$$

$$\cdot \left((1-\lambda)\bar{y}_{p_1 p_2 \cdots p_d} + \lambda \left(b_{p_1 p_2 \cdots p_d}^0 + \sum_{j=1}^{d} b_{p_1 p_2 \cdots p_d}^j x_j \right) \right)$$

$$\bigg/ \sum_{p_1=1}^{N_1} \sum_{p_2=1}^{N_2} \cdots \sum_{p_d=1}^{N_d} \left(\prod_{i=1}^{d} A_{p_i}^i(x_i) \right), \tag{8.1}$$

其中 $\bar{y}_{p_1 p_2 \cdots p_d}$ 为规则后件 (输出) 模糊集 $B_{p_1 p_2 \cdots p_d}$ 的中心, 其他符号同前.

下面, 对调节参数 $\lambda \in [0,1]$, 依叠加串联法给出分层混合模糊推理规则如下:

第 1 层 IF x_1 is $A_{p_1}^1$, x_2 is $A_{p_2}^2$, $\cdots$, x_{d_1} is $A_{p_{d_1}}^{d_1}$, THEN y_1 是 $\lambda V_{t_1} + (1-\lambda)B_{s_1}$,

第 2 层 IF x_{d_1+1} is $A_{p_{d_1+1}}^{d_1+1}$, $\cdots$, $x_{d_1+d_2}$ is $A_{p_{d_1+d_2}}^{d_1+d_2}$, y_1 is C_{q_1}, THEN y_2 是 $\lambda V_{t_2} + (1-\lambda)B_{s_2}$,

$\cdots\cdots$

第 j 层 IF $x_{d_{j-1}+1}$ is $A_{p_{d_{j-1}+1}}^{d_{j-1}+1}$, $\cdots$, $x_{d_{j-1}+d_j}$ is $A_{p_{d_{j-1}+d_j}}^{d_{j-1}+d_j}$, y_{j-1} is $C_{q_{j-1}}$,

THEN y_j 是 $\lambda V_{t_j} + (1-\lambda)B_{s_j}$, $j = 1, 2, \cdots, L-1$.

在这里 C_{q_j} 是第 $j-1$ 层的输出模糊集, B_{s_j} 为 Mamdani 推理规则的后件模糊集, V_t 为单点模糊集, 且满足 $\sum_{j=1}^{L} d_j = d$, 而线性函数 t_j 的一般形式为

$$t_j = b_{p_1 p_2 \cdots p_{d_j}}^j + \left(c_q^j y_{j-1} + \sum_{i=1}^{d_j} b_{p_1 p_2 \cdots p_{d_j}}^j x_{d_{j-1}+i} \right), \quad j = 1, 2, \cdots, L. \tag{8.2}$$

若用 $\bar{y}_{p_1 p_2 \cdots p_d}$ 表示后件模糊集 B_{s_j} 的中心, 则依乘积推理机、单点模糊化和中心平均解模糊化不难获得叠加串联分层后混合模糊系统的输出为

$$y_1 = \sum_{p_1=1}^{N_1} \sum_{p_2=1}^{N_2} \cdots \sum_{p_{d_1}=1}^{N_{d_1}} \left(\prod_{i=1}^{d_1} A_{p_i}^i(x_i) \right)$$

$$\cdot \left((1-\lambda)\bar{y}_{p_1 p_2 \cdots p_{d_1}} + \lambda \left(b_{p_1 p_2 \cdots p_{d_1}}^0 + \sum_{j=1}^{d_1} b_{p_1 p_2 \cdots p_{d_1}}^j x_j \right) \right)$$

$$\bigg/ \sum_{p_1=1}^{N_1} \sum_{p_2=1}^{N_2} \cdots \sum_{p_{d_1}=1}^{N_{d_1}} \left(\prod_{i=1}^{d_1} A_{p_i}^i(x_i) \right),$$

$\cdots\cdots$

$$y_j = \sum_{p_{l_j+1}=1}^{N_1} \cdots \sum_{p_{l_j+d_j}=1}^{N_2} \sum_{q_{j-1}=1}^{N_{d_1}} \left(H_{(p_{l_j+1}\cdots p_{l_j+d_j})}(x_{l_j+1},\cdots,x_{l_j+d_j}) \cdot C_{q_{j-1}}(y_{j-1}) \right)$$

$$\cdot \left((1-\lambda)\bar{y}_{p_{l_j+1}\cdots p_{l_j+d_j}} + \lambda t_j \right)$$

$$\Big/ \sum_{p_{l_j+1}=1}^{N_1} \cdots \sum_{p_{l_j+d_j}=1}^{N_2} \sum_{q_{j-1}=1}^{N_{d_1}} \left(H_{(p_{l_j+1}\cdots p_{l_j+d_j})}(x_{l_j+1},\cdots,x_{l_j+d_j}) \right.$$

$$\left. \cdot C_{q_{j-1}}(y_{j-1}) \right), \tag{8.3}$$

其中线性函数 t_j 为式 (8.2) 所示, $j = 2, 3, \cdots, L$; $l_j = \sum_{k=1}^{j-1} d_k$, 并且

$$H_{(p_{l_j+1}\cdots p_{l_j+d_j})}(x_{l_j+1},\cdots,x_{l_j+d_j}) = A_{p_{l_j+1}}^{l_j+1}(x_{l_j+1})\cdots A_{p_{l_j+d_j}}^{l_j+d_j}(x_{l_j+d_j}).$$

显然, 当 $\lambda = 1$ 时, 分层混合模糊系统 (8.3) 退化为分层 T-S 模糊系统; 当 $\lambda = 0$ 时, 分层混合模糊系统退化为分层 Mamdani 模糊系统. 因此, 分层混合模糊系统可将二者统一起来进行推广, 并随参数 λ 的适当调节而成为许多模糊系统的特例.

定理 8.1 设每个坐标轴上剖分数 $N_1 = N_2 = \cdots = m$, 参数 $\lambda \in [0,1]$, $\forall X = (x_1, x_2, \cdots, x_d) \in \mathbb{R}^d$, $y_1, y_2, \cdots, y_L$ 如式 (8.3) 所定义. 则 $\forall j = 2, 3, \cdots, L$, 存在调节参数 $\varphi_0(P_j)$ 与 $\varphi_i(P_j)$, 使第 j 层混合模糊系统输出表为

$$y_j = \sum_{p_1,\cdots,p_{l_j+d_j};q_1,\cdots,q_{j-1}=-m}^{m} \left(H_{(p_1\cdots p_{l_j+d_j})}(X_j) \cdot J(y_{j-1}) \right)$$

$$\cdot \left((1-\lambda)O_1(P_j) + \lambda O_2(X_j) \right)$$

$$\Big/ \sum_{p_1,\cdots,p_{l_j+d_j};q_1,\cdots,q_{j-1}=-m}^{m} \left(H_{(p_1\cdots p_{l_j+d_j})}(X_j) \cdot J(y_{j-1}) \right), \tag{8.4}$$

其中 $X_j = (x_1, \cdots, x_{l_j+d_j})$, $P_j = (p_1, \cdots, p_{l_j+d_j})$, $j = 2, 3, \cdots, L$, 且满足

$$\begin{cases} H_{(p_1\cdots p_{l_j+d_j})}(x_1,\cdots,x_{l_j+d_j}) = A_{p_1}^1(x_1)\cdots A_{p_{l_j+d_j}}^{l_j+d_j}(x_{l_j+d_j}), \\ J(y_{j-1}) = C_{q_1}(y_1)C_{q_2}(y_2)\cdots C_{q_{j-1}}(y_{j-1}), \\ O_1(P_j) = \bar{y}_{p_{l_j+1}\cdots p_{l_j+d_j}} + \lambda c_{q_{j-1}}^j O_1(P_{j-1}), \\ O_2(X_j) = \varphi_0(P_j) + \sum_{i=1}^{l_j+d_j} \varphi_i(P_j)x_i. \end{cases}$$

此外, 调节系数满足

$$\varphi_0(P_j) = b_0^j + \lambda c_{q_{j-1}}^j b_0^{j-1}, \quad \varphi_i(P_j) = \begin{cases} \lambda c_{q_{j-1}}^j \varphi_i(P_{j-1}), & 1 \leqslant i \leqslant p_{l_j}, \\ b_i^j, & p_{l_j+1} \leqslant i \leqslant p_{l_j+d_j}, \end{cases}$$

8.1 叠加串联分层混合模糊系统及逼近性

证明 采用数学归纳法证明.

(1) 当 $L=2$, 此时 $l_2 = d_1$, $\forall \lambda \in [0,1]$, 由式 (8.3) 得

$$y_2 = \sum_{p_{d_1+1},\cdots,p_{d_1+d_2};q_1=-m}^{m} \left(H_{(p_{d_1+1},\cdots,p_{d_1+d_2})}(x_{l_2+1},\cdots,x_{l_2+d_2}) \cdot C_{q_1}(y_1) \right)$$
$$\cdot \varphi_{p_{d_1}\cdots p_{d_1+d_2}}(\lambda)$$
$$\bigg/ \sum_{p_{d_1+1},\cdots,p_{d_1+d_2};q_1=-m}^{m} \left(H_{(p_{d_1+1},\cdots,p_{d_1+d_2})}(x_{l_2+1},\cdots,x_{l_2+d_2}) \cdot C_{q_1}(y_1) \right),$$

其中 $\varphi_{p_{d_1}\cdots p_{d_1+d_2}}(\lambda) = (1-\lambda)\bar{y}_{p_{d_1+1}\cdots p_{d_1+d_2}} + \lambda \left(b_0^2 + c_{q_1}^2 y_1 + \sum_{i=d_1+1}^{d_1+d_2} b_i^2 x_i \right)$. 将 y_1 代入 y_2 得

$$y_2 = (1-\lambda) \sum_{p_1,\cdots,p_{d_1+d_2};q_1=-m}^{m} \left(H_{(p_1,\cdots,p_{d_1+d_2})}(x_1,\cdots,x_{l_2+d_2}) \cdot C_{q_1}(y_1) \right)$$
$$\cdot \left(\bar{y}_{p_{d_1+1}\cdots p_{d_1+d_2}} + \lambda c_{q_1}^2 \bar{y}_{p_1 p_2 \cdots p_{d_1}} \right)$$
$$\bigg/ \sum_{p_1,\cdots,p_{d_1+d_2};q_1=-m}^{m} \left(H_{(p_1,\cdots,p_{d_1+d_2})}(x_1,\cdots,x_{l_2+d_2}) \cdot C_{q_1}(y_1) \right)$$
$$+ \lambda \sum_{p_1,\cdots,p_{d_1+d_2};q_1=-m}^{m} \left(H_{(p_1,\cdots,p_{d_1+d_2})}(x_1,\cdots,x_{l_2+d_2}) \cdot C_{q_1}(y_1) \right)$$
$$\cdot \left(b_0^2 + \lambda c_{q_1}^2 b_0^1 + \sum_{i=d_1+1}^{d_1+d_2} b_i^2 x_i + \lambda c_{q_1}^2 \sum_{i=1}^{d_1} b_i^1 x_i \right)$$
$$\bigg/ \sum_{p_1,\cdots,p_{d_1+d_2};q_1=-m}^{m} \left(H_{(p_1,\cdots,p_{d_1+d_2})}(x_1,\cdots,x_{l_2+d_2}) \cdot C_{q_1}(y_1) \right).$$

因 $X_2 = (x_1, x_2, \cdots, x_{l_2+d_2})$, $P_2 = (p_1, p_2, \cdots, p_{d_1+d_2})$, 若令

$$\begin{cases} O_1(P_2) = \bar{y}_{p_{d_1+1}\cdots p_{d_1+d_2}} + \lambda c_{q_1}^2 \bar{y}_{p_1 p_2 \cdots p_{d_1}}, \\ O_2(X_2) = \varphi_0(P_2) + \sum_{i=1}^{d_1+d_2} \varphi_i(P_2) x_i. \end{cases}$$

其中 $\varphi_0(P_2) = b_0^2 + \lambda c_{q_1}^2 b_0^1$, $\varphi_i(P_2) = \begin{cases} \lambda c_{q_1}^2 b_i^1, & 1 \leqslant i \leqslant p_{d_1}, \\ b_i^2, & p_{d_1+1} \leqslant i \leqslant p_{d_1+d_2}. \end{cases}$ 经整理 y_2 为

$$y_2 = \frac{\sum_{p_1,\cdots,p_{d_1+d_2};q_1=-m}^{m}\Big(H_{(p_1,\cdots,p_{d_1+d_2})}(X_2)\cdot C_{q_1}(y_1)\Big)\Big((1-\lambda)O_1(P_2)+\lambda O_2(X_2)\Big)}{\sum_{p_1,\cdots,p_{d_1+d_2};q_1=-m}^{m}\Big(H_{(p_1,\cdots,p_{d_1+d_2})}(X_2)\cdot C_{q_1}(y_1)\Big)}.$$

(2) 假设 $j = L-1$ 时, 式 (8.4) 成立, 往证 $j = L$ 时, 式 (8.4) 也成立. 由于 $l_{L-1} + d_{L-1} = l_L$, 故有

$$y_{L-1} = \sum_{p_1,\cdots,p_{l_L};q_1,\cdots,q_{L-2}=-m}^{m}\Big(H_{(p_1,\cdots,p_{l_L})}(X_{L-1})\cdot J(y_{L-1})\Big)$$
$$\cdot\Big((1-\lambda)O_1(P_{L-1})+\lambda O_2(X_{L-1})\Big)$$
$$\Big/\sum_{p_1,\cdots,p_{l_L};q_1,\cdots,q_{L-2}=-m}^{m}\Big(H_{(p_1,\cdots,p_{l_L})}(X_{L-1})\cdot J(y_{L-1})\Big), \qquad (8.5)$$

其中调节参数满足

$$\begin{cases} J(y_{L-1}) = C_{q_1}(y_1)C_{q_2}(y_2)\cdots C_{q_{L-2}}(y_{L-2}), \\ O_2(X_{L-1}) = \varphi_0(P_{L-1}) + \sum_{i=1}^{l_L}\varphi_i(P_{L-1})x_i, \\ O_1(P_{L-1}) = \bar{y}_{p_{(l_{L-1}+1)}p_{l_L}} + \lambda c_{q_{L-2}}^{L-1}O_1(P_{L-2}), \end{cases}$$

依式 (8.3), 令 $j = L$, 且满足 $l_L + d_L = d$, 则有

$$y_L = \frac{\sum_{p_{l_L+1},\cdots,p_{l_L+d_L};q_{L-1}=-m}^{m}\Big(H_{(p_{l_L+1}\cdots p_{l_L+d_L})}(X_L)\cdot C_{q_{L-1}}(y_{L-1})\Big)\varphi_{p_{l_{L-1}}p_{l_L}}(\lambda)}{\sum_{p_{l_L+1},\cdots,p_{l_L+d_L};q_{L-1}=-m}^{m}\Big(H_{(p_{l_L+1}\cdots p_{l_L+d_L})}(X_L)\cdot C_{q_{L-1}}(y_{L-1})\Big)},$$

其中 $\varphi_{p_{l_{L-1}}p_{l_L}}(\lambda) = (1-\lambda)\bar{y}_{p_{(l_{L-1}+1)}p_{l_L}} + \lambda\Big(b_0^L + c_{q_{L-1}}^L y_{L-1} + \sum_{i=l_L+1}^{d}b_i^L x_i\Big)$, $\lambda \in [0,1]$. 再将式 (8.5) 中 y_{L-1} 代入 $\varphi_{p_{l_{L-1}}p_{l_L}}(\lambda)$ 及 y_L 中, 立刻获得

$$y_L = \frac{\sum_{p_1,\cdots,p_d;q_1,\cdots,q_{L-1}=-m}^{m}\Big(H_{(p_1,\cdots,p_d)}(X_L)\cdot J(y_L)\Big)\Big((1-\lambda)O_1(P_L)+\lambda O_2(X_L)\Big)}{\sum_{p_1,\cdots,p_d;q_1,\cdots,q_{L-1}=-m}^{m}\Big(H_{(p_1,\cdots,p_d)}(X_L)\cdot J(y_L)\Big)},$$

(8.6)

8.1 叠加串联分层混合模糊系统及逼近性

其中 $O_1(P_L) = \bar{y}_{p_{l_L}} + \lambda c_{q_{L-1}}^L O_1(P_{L-1})$, $O_2(X_L) = \varphi_0(P_L) + \sum_{i=1}^{d} \varphi_i(P_L) x_i$, 且调节参数满足

$$\varphi_0(P_L) = b_0^L + \lambda c_{q_{L-1}}^L b_0^{L-1}, \varphi_i(P_L) = \begin{cases} \lambda c_{q_{L-1}}^L \varphi_i(P_{L-1}), & 1 \leqslant i \leqslant p_{l_L}, \\ b_i^L, & p_{l_j+1} \leqslant i \leqslant p_d. \end{cases}$$

由数学归纳法, 该定理得证.

定理 8.2 设形如式 (8.3) 分层混合模糊系统存在 L 层子系统, 其中第 1 层有 c 个输入变量, 中间变量为 y_{j-1}, 且满足 $d_j + 1 = c(c > 1)$, $j = 2, 3, \cdots, L$, 亦即, 从第 2 层开始每层输入 $c - 1$ 个变量, 则分层混合模糊系统的规则总数是 $(2m+1)^c(d-1)/(c-1)$.

证明 不妨设输入空间论域形如 $[-a, a]^d (a > 0)$, d 为输入维数或分量个数, m 为剖分数. 于是, 若在第 1 层输入 c 个变量, 则所有可能的规则数为 $(2m+1)^c$. 类似地, 可计算第二层所有可能的规则数仍是 $(2m+1)^c$. 以此类推, 若设 S 为该分层混合模糊系统的规则总数, 则

$$S = (2m+1)^c + \sum_{j=2}^{L} (2m+1)^c = L(2m+1)^c.$$

由于总维数 d 满足

$$d = d_1 + \sum_{j=2}^{L} d_j = c + \sum_{j=2}^{L}(c-1) = c + (L-1)(c-1).$$

解得 $L = \dfrac{d-1}{c-1}$, 故 $S = \dfrac{(d-1)(2m+1)^c}{c-1}$.

从所得规则总数计算公式不难看出, 形如式 (8.3) 的分层混合模糊系统可将规则总数由指数函数 $(2m+1)^d$ 形式转化为关于 d 的线性函数形式, 从而可缓解规则总数的急剧增加. 因此, 通过叠加串联分层来减少模糊规则总数具有重要理论意义, 该问题在后面还将进一步阐述.

8.1.2 叠加串联分层混合模糊系统的逼近性

8.1.1 节给出叠加串联分层混合模糊系统一般表示, 但分层后混合模糊系统对连续或可积函数是否具有逼近性还尚未确定. 实际上, 具有逼近性能的模糊系统才有价值. 下面, 以分片线性函数 (PLF) 为工具继续研究叠加串联分层混合模糊系统对 p-可积函数的逼近性问题.

定理 8.3 设 μ 是 $\mathbb{R}^d$ 上 Lebesgue 测度, 紧集 $\Omega = [-1, 1]^d$, $\forall f \in L^p(\mu)$. 若 $y_1, y_2, \cdots, y_L$ 是按式 (8.2) 叠加分层的输出, 则 $\forall \varepsilon > 0$, $\exists m_0 \in \mathbb{N}$, 当 $m > m_0$, 最后输出 y_L 满足 $\|y_L - f\|_p < \varepsilon$.

证明 对 p-可积函数 f, 依定理 6.6 (取 $K(x)=x$) 存在 PLF S 使

$$\|f-S\|_p < \frac{\varepsilon}{2}(p \geqslant 1). \tag{8.7}$$

不妨设 m 是输入空间 $[-1,1]^d$ 的剖分数, 按照定理 8.1, 特取一组参数为

$$\begin{cases} b_i^j = 0, \quad c_{q_{L-1}}^L = 0, \quad i=1,2,\cdots,d; \quad j=1,2,\cdots,L, \\ b_0^L = \bar{y}_{p_{l_L}} = S\left(\frac{p_1}{m},\frac{p_2}{m},\cdots,\frac{p_d}{m}\right), \end{cases} \tag{8.8}$$

则有 $\varphi_0(P_L) = S\left(\frac{p_1}{m},\frac{p_2}{m},\cdots,\frac{p_d}{m}\right)$, 且 $\varphi_i(P_L)=0, i=1,2,\cdots,d$. 从而有

$$\begin{cases} O_1(P_L) = \bar{y}_{p_{l_L}} + \lambda c_{q_{L-1}}^L O_1(P_{L-1}) = S\left(\frac{p_1}{m},\frac{p_2}{m},\cdots,\frac{p_d}{m}\right), \\ O_2(X_L) = \varphi_0(P_L) + \sum_{i=1}^d \varphi_i(P_L)x_i = S\left(\frac{p_1}{m},\frac{p_2}{m},\cdots,\frac{p_d}{m}\right), \end{cases}$$

其中所有涉及符号和表示同定理 8.1 所示.

此时, $\forall (x_1,x_2,\cdots,x_d) \in [-1,1]^d, \forall \lambda \in [0,1]$, 依定理 8.1 及 p-积分模定义得

$$\|y_L - S\|_p^p = \int_\Omega \left| \sum_{p_1,\cdots,p_d;q_1,\cdots,q_{L-1}=-m}^m \left(H_{(p_1\cdots p_d)}(X_L) \cdot J(y_{L-1})\right) \right. $$
$$\left. \cdot \left((1-\lambda)O_1(P_L) + \lambda O_2(X_L) - S(x_1,x_2,\cdots,x_d)\right) \right.$$
$$\left. \bigg/ \sum_{p_1,\cdots,p_d;q_1,\cdots,q_{L-1}=-m}^m \left(H_{(p_1\cdots p_d)}(X_L) \cdot J(y_{L-1})\right) \right|^p \mathrm{d}\mu$$
$$\leqslant \int_\Omega \sum_{p_1,\cdots,p_d;q_1,\cdots,q_{L-1}=-m}^m \left(H_{(p_1\cdots p_d)}(X_L) \cdot J(y_{L-1})\right)$$
$$\cdot \left| S\left(\frac{p_1}{m},\frac{p_2}{m},\cdots,\frac{p_d}{m}\right) - S(x_1,x_2,\cdots,x_d)\right|^p$$
$$\bigg/ \left(\sum_{p_1,\cdots,p_d;q_1,\cdots,q_{L-1}=-m}^m \left(H_{(p_1\cdots p_d)}(X_L) \cdot J(y_{L-1})\right)\right)^p \mathrm{d}\mu$$
$$\leqslant \left(\frac{1}{m}\sum_{i=1}^d D_i(S)\right)^p \cdot \mu([-1,1]^d) = 2^d\left(\frac{1}{m}\sum_{i=1}^d D_i(S)\right)^p.$$

将上式两边开 p 次方. $\forall \varepsilon > 0$, 若使

$$\|y_L - S\|_p \leqslant 2^{\frac{d}{p}} \frac{1}{m}\sum_{i=1}^d D_i(S) < \frac{\varepsilon}{2}.$$

8.1 叠加串联分层混合模糊系统及逼近性

解之得 $m > \dfrac{2^{1+\frac{d}{p}} \sum\limits_{i=1}^{d} D_i(S)}{\varepsilon}$. 若令 $m_0 = \left\lceil \dfrac{2^{(p+d)/p} \sum\limits_{i=1}^{d} D_i(S)}{\varepsilon} \right\rceil \in \mathbb{N}$, 则 $m > m_0$ 时, 必有

$$\|y_L - S\|_p < \frac{\varepsilon}{2}.$$

于是, 当 $m > m_0$ 时, 结合式 (8.7) 更有

$$\|y_L - f\|_p \leqslant \|y_L - S\|_p + \|S - f\|_p \leqslant \frac{\varepsilon}{2} + \frac{\varepsilon}{2} = \varepsilon.$$

因此, 叠加分层混合模糊系统对 p-可积函数仍具有逼近性能.

例 8.1 设 $\lambda = 1/3$, $d_1 = 2, d_2 = 1, p = L = 2$, 亦即, 该混合模糊系统共有三个输入变量, 分为两层, 给定三元函数如下:

$$f(x_1, x_2, x_3) = \begin{cases} \mathrm{e}^{\frac{-|x_1^3| - x_2^3 - |x_3|^3}{6}}, & x_2 \geqslant 0, \\ -\mathrm{e}^{\frac{-|x_1^3| + x_2^3 - |x_3|^3}{6}}, & x_2 < 0, \end{cases} \quad \forall x_1, x_2, x_3 \in [-1, 1]^3.$$

试说明采用叠加串联分层混合模糊系统对所给函数具有逼近性.

解 显然, 三元函数 $f(x_1, x_2, x_3)$ 在 $x_1 O x_3$ 平面上 ($x_2 = 0$) 不连续, 易证

$$\int_{\mathbb{R}^3} |f(x_1, x_2, x_3)|^2 \mathrm{d}\mu = 8 \left(\int_0^1 \mathrm{e}^{-x^3/3} \mathrm{d}x \right)^3 < +\infty.$$

故 f 在 $\mathbb{R}^3$ 上平方可积, 亦即 $f \in L^2(\mu)$.

取误差 $\varepsilon = 0.05$, 按定理 7.5 计算 f 偏导数 $D_H(f) = 0.5$. 再依定理 8.3, 若使

$$\|y_2 - S\|_p \leqslant 2^{\frac{d}{p}} \frac{1}{m} \sum_{i=1}^{d} D_i(S) \leqslant 2^{\frac{d}{p}} \frac{1}{m} d D_H(f) < \frac{\varepsilon}{2}$$

解之得

$$m > \frac{2^{(p+d)/p} d D_H(f)}{\varepsilon} = \frac{2^{5/2} \times 3 \times 0.5}{0.05} = 120\sqrt{2} \approx 169.68.$$

不妨取 $m = 170$, 故可在 x_1 轴上定义三角模糊数 A 的隶属函数为

$$A(x_1) = \begin{cases} 1 - 170 x_1, & 0 \leqslant x_1 \leqslant 1/170, \\ 1 + 170 x_1, & -1/170 \leqslant x_1 < 0, \\ 0, & \text{其他}. \end{cases}$$

若在 x_1 轴上 $[-1, 1]$ 将隶属函数 $A(x_1)$ 依次左右平移 $\dfrac{1}{170}$ 个长度单位 (两端点模糊集除外), 亦即,

$$A_{p_1}^1(x_1) = A\left(x_1 - \frac{p_1}{170}\right), \quad p_1 = 0, \pm 1, \pm 2, \cdots, \pm 169,$$

同理, 在 x_2, x_3 轴作相同平移, 即, $A_{p_3}^3 = A_{p_2}^2 = A_{p_1}^1, p_1, p_2, p_3 = 0, \pm 1, \cdots \pm 170$, 也可分别在 x_1, x_2 和 x_3 轴上获得一致完备的前件模糊集 $\{A_{p_1}^1\}, \{A_{p_2}^2\}$ 和 $\{A_{p_3}^3\}$.

依式 (8.8) 选取参数, 即可获得分层混合模糊系统的输出为

$$y_2 = \frac{\sum\limits_{p_1,p_2,p_3,q=-170}^{170} A_{p_1}^1(x_1) A_{p_2}^2(x_2) A_{p_3}^3(x_3) C_q(y_1) \cdot f\left(\frac{p_1}{170}, \frac{p_2}{170}, \frac{p_3}{170}\right)}{\sum\limits_{p_1,p_2,p_3,q=-170}^{170} A_{p_1}^1(x_1) A_{p_2}^2(x_2) A_{p_3}^3(x_3) C_q(y_1)},$$

其中当 $\lambda = \frac{1}{3}$ 时, 第一层输出模糊集 $C_q = \frac{1}{3} V_{t(p_1,p_2;x_1,x_2)} + \frac{2}{3} B_{p_1 p_2}$ 为给定.

下面, 通过随机选取 8 个样本点考证该混合模糊系统的第二层输出值 y_2 及误差, 详见表 8.1.

表 8.1　混合模糊系统在 8 个样本点输出值及误差

编号	随机取点	$f(x_1, x_2, x_3)$	y_2	误差
1	(−0.9,−0.9,−0.8)	−0.72012293	−0.72012295	2.0×10^{-8}
2	(−0.8,−0.7,0.6)	−0.83652405	−0.83652406	1.0×10^{-8}
3	(0.5,0.4,−0.5)	0.94901247	0.94901244	3.0×10^{-8}
4	(0.2,−0.3,0.3)	−0.98971987	−0.98971993	6.0×10^{-8}
5	(−0.3,0.5,−0.2)	0.97368574	0.97368573	1.0×10^{-8}
6	(0,0.6,0.4)	0.95440547	0.95440552	5.0×10^{-8}
7	(−0.7,0.6,0.7)	0.86042112	0.86042123	11.0×10^{-8}
8	(−0.5,−0.5,0.5)	−0.93941306	−0.93941304	2.0×10^{-8}

为了能在三维空间中描绘分层混合模糊系统的曲面图, 令 $x_3 = 0$, 则在 $\mathbb{R}^3$ 中获得所给 2-可积函数和第二层输出 y_2 的曲面图 8.3 和图 8.4.

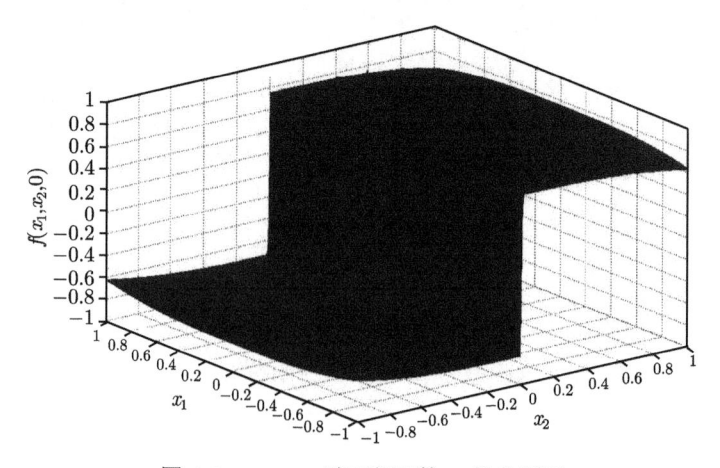

图 8.3　$x_3 = 0$ 时可积函数 f 的曲面图

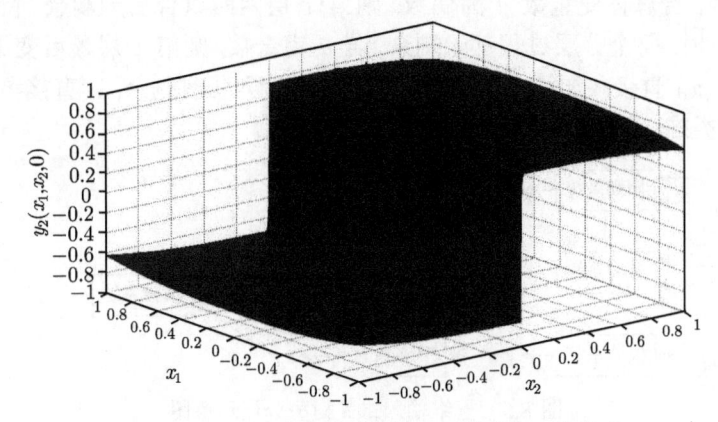

图 8.4　$x_3 = 0$ 时混合系统第二层输出 y_2 的曲面

图 8.3 和图 8.4 描述了 $x_3 = 0$ 时可积函数 f 和分层模糊系统输出 y_2 的仿真情况. 不难直观看出, 分层后混合模糊系统仍然具有逼近性.

此外, 按定理 8.2 可计算分层混合模糊系统的规则总数为 $(2m+1)^2(d-1) = (2 \times 170 + 1)^2 \times 2 = 232562$. 当然, 若不采取叠加分层, 则所有可能规则总数为 $(2m+1)^3 = (2 \times 170 + 1)^3 = 39651821$. 二者相差悬殊, 故分层后规则数被显著降低, 从而可大大缓解 "规则爆炸" 现象.

8.2　二叉树型分层混合模糊系统及逼近性

叠加串联分层虽然可局部缓解规则爆炸现象, 但缩减规则数的幅度并不是很大, 这是因叠加串联分层第一层输入维数 c 不宜选择接近总体维数 d. 实际上, 系统内部推理规则总数越少, 执行运算速度就越快, 耗费资源也就越少. 此外, 规则总数急剧增加除了和输入变量个数有密切关系外, 也和输入变量的形式和过程有关, 分层的思想就是避免一次性过多输入, 而采取分组分批式的输入. 由于通常模糊系统内部存在大量不起作用的虚规则, 如何把这些虚规则排除或过滤掉是关键! 因此, 进一步探索其他分层方法来大幅度缩减规则数是十分必要的.

8.2.1　二叉树型分层及混合推理规则

首先引入二叉树型分层的具体方法: 假设一个模糊系统 (记为 System) 的输入变量为 $x_1, x_2, \cdots, x_d$. 若将 d 个输入变量依次两两组合作为第 1 层输出, 将此若干输出重新作为输入变量再依次两两组合作为第 2 层输出, 依次类推, 进行有限次重复, 即可形成所谓二叉树型分层.

特别地, 若总体变量数 d 为偶数, 则第 1 层两两组合后无剩余, 特别当 $d = 2, 4, \cdots, 2^L$ 时, 每个分层过程都无剩余; 若 d 为奇数, 则第 1 层最后变量 x_d 必为剩余, 此时, x_d 直接参加第 2 层输入. 若第 2 层输入仍有剩余, 则直接参加第 3 层输入, 以此类推, 直至无剩余为止, 参图 8.5—图 8.7.

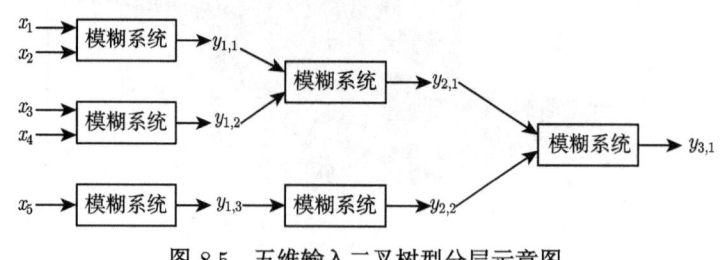

图 8.5 五维输入二叉树型分层示意图

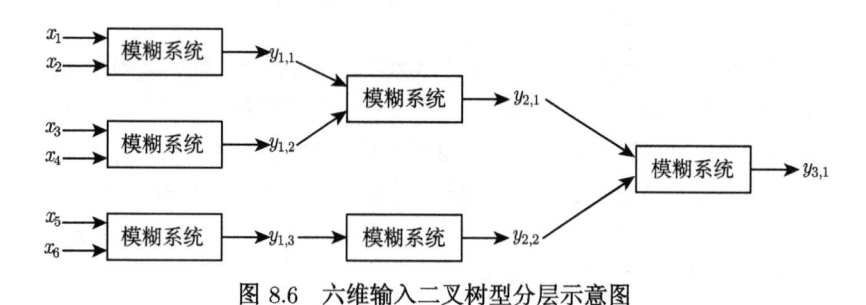

图 8.6 六维输入二叉树型分层示意图

对于一般高维输入可按如下格式实施二叉树型分层:

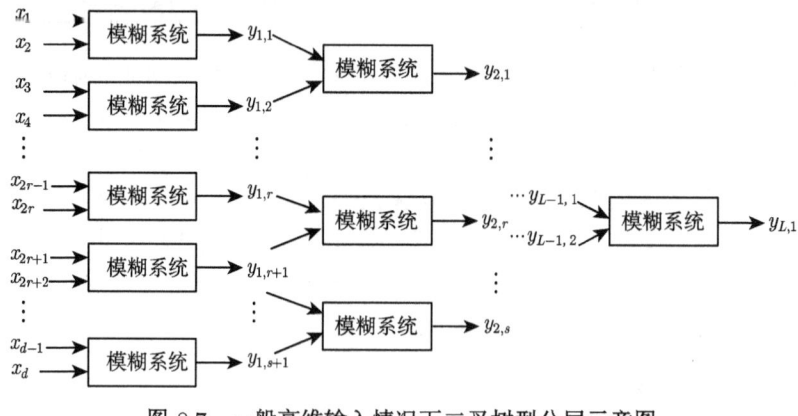

图 8.7 一般高维输入情况下二叉树型分层示意图

下面, 给出二叉树型分层方法步骤.

第一步 x_1 和 x_2 为第 1 层第 1 组输入, 输出为 $y_{1,1}$; x_3 和 x_4 为第 1 层第 2 组输入, 输出为 $y_{1,2}$, 依次类推, x_{d-3} 和 x_{d-2} 为第 1 层第 $s_1 - 1$ 组输入, 输出为

8.2 二叉树型分层混合模糊系统及逼近性

y_{1,s_1-1}; x_{d-1} 和 x_d 为第 1 层第 s_1 组输入, 输出为 y_{1,s_1}, 亦即, 第 1 层有 s_1 个输出量 $y_{1,1}, y_{1,2}, \cdots, y_{1,s_1}$;

第二步 将 $y_{1,1}$ 与 $y_{1,2}$ 作为第 2 层第 1 组输入, 输出为 $y_{2,1}, \cdots$, 依次类推, 将 y_{1,s_2-1} 与 y_{1,s_2} 作为第 2 层第 s_2 组输入, 输出为 y_{2,s_2}, 故第 2 层有 s_2 个输出量 $y_{2,1}, y_{2,2}, \cdots, y_{2,s_2}$.

按此方法, 进行第 k 步第 k 层时, 有 s_k 个输出量 $y_{k,1}, \cdots, y_{k,s_k}$. 最后 $y_{L-1,1}$ 与 $y_{L-1,2}$ 作为第 L 层两个输入变量输出 $y_{L,1}$, 其中每层输出量个数 s_k 取值为

$$s_1 = \begin{cases} [d/2], & d\text{为偶数}, \\ [d/2]+1, & d\text{为奇数}, \end{cases}$$

$$s_2 = \begin{cases} [s_1/2], & s_1\text{为偶数}, \\ [s_1/2]+1, & s_1\text{为奇数}, \end{cases} \cdots, s_k = \begin{cases} [s_{k-1}/2], & s_{k-1}\text{为偶数} \\ [s_{k-1}/2]+1, & s_{k-1}\text{为奇数}. \end{cases} \tag{8.9}$$

实际上, y_{1,r_1} 表示第 1 层第 r_1 个输出, $1 \leqslant r_1 \leqslant s_1$; y_{2,r_2} 表示第 2 层第 r_2 个输出, $1 \leqslant r_2 \leqslant s_2$. 依此类推, $y_{k-1,r_{k-1}}$ 表示第 k 层第 r_{k-1} 个输入变量, $1 \leqslant r_k \leqslant s_k$, 这里 $r_1, r_2, \cdots, r_s$ 表示不同分层输入输出变量的序号. 若 $\forall \lambda \in [0,1]$, 混合推理规则分层表示如下:

第一层 若 x_{2i-1} 是 $A_{p_i}^{2i-1}$, x_{2i} 是 $A_{p_{i+1}}^{2i}$, 则 $y_{1,i}$ 是 $\lambda V_{t(p_i p_{i+1}; x_{2i-1}, x_{2i})} + (1-\lambda) B_{p_i p_{i+1}}$, $1 \leqslant i \leqslant s_1$.

第二层 若 y_{1,r_1} 是 $B_{(q_1,r_1)}$, y_{1,r_1+1} 是 $B_{(q_1,r_1+1)}$, 则 y_{2,r_2} 是

$$\lambda V_{t(q(1,r_1)q(1,r_1+1); y_{1,r_1}, y_{1,r_1+1})} + (1-\lambda) B_{(q_1,r_1)(q_1,r_1+1)}.$$

......

第 k 层 若 $y_{k-1,r_{k-1}}$ 是 $B_{(q_{k-1},r_{k-1})}$, $y_{k-1,r_{k-1}+1}$ 是 $B_{(q_{k-1},r_{k-1}+1)}$, 则 y_{k,r_k} 是

$$\lambda V_{t(q(k-1,r_{k-1})q(k-1,r_{k-1}+1); y_{k-1,r_{k-1}}, y_{k-1,r_{k-1}+1})} + (1-\lambda) B_{(q_{k-1},r_{k-1})(q_{k-1},r_{k-1}+1)},$$

其中 $r_k = 1, 2, \cdots, s_k$; $k = 2, 3, \cdots, L$; $\lambda \in [0,1]$, $V_{t(\cdot)}$ 表示单点模糊化, 其下标 $t(\cdot)$ 表示对应二元线性函数, 例如,

$$t(p_i p_{i+1}; x_{2i-1}, x_{2i}) = b_{p_i p_{i+1}}^0 + b_{p_i p_{i+1}}^{2i-1} x_{2i-1} + b_{p_i p_{i+1}}^{2i} x_{2i}, \quad i = 1, 2, \cdots, s_1,$$

$$t(q_{(1,r_1)} q_{(1,r_1+1)}; y_{1,r_1}, y_{1,r_1+1})$$
$$= b_{q_{(1,r_1)} q_{(1,r_1+1)}}^0 + b_{q_{(1,r_1)} q_{(1,r_1+1)}}^1 y_{1,r_1} + b_{q_{(1,r_1)} q_{(1,r_1+1)}}^2 y_{1,r_1+1};$$

$B_{(\cdot)}$ 表示每层相应输出的 (后件) 模糊集, 例如, $B_{p_ip_{i+1}}$ 为第一层输出模糊集, $B_{(q_1,r_1)(q_1,r_1+1)}$ 为第二层输出模糊集. 若选取乘积推理机, 其隶属度函数可表为

$$B_{p_ip_{i+1}}(x_{2i-1}, x_{2i}) = A_{p_i}^{2i-1}(x_{2i-1})A_{p_{i+1}}^{2i}(x_{2i}),$$

$$B_{(q_1,r_1)(q_1,r_1+1)}(y_{1,r_1}, y_{1,r_1+1}) = B_{(q_1,r_1)}(y_{1,r_1})B_{(q_1,r_1+1)}(y_{1,r_1+1}).$$

其中 p_i 是第 1 层前件模糊集的指标, q_1 表示第 2 层前件模糊集指标, q_{k-1} 是第 k 层前件模糊集的指标. 除此以外, 其他若干符号及表示详见文献 [26],[27], [29].

8.2.2 混合模糊系统的分层表示及逼近性

本节将针对基于二叉树型分层方法及混合推理规则步骤给出高维混合模糊系统的分层表示, 并通过实例说明分层后混合模糊系统仍具有逼近性能. 首先, 给出如下定理.

定理 8.4 设混合模糊系统如式 (8.1) 所示, 若初始输入变量为 $x_1, x_2, \cdots, x_d$, 经二叉树型分层后中间输入输出变量为 $y_{1,r_1}, y_{2,r_2}, \cdots, y_{k,r_k}$ (图 8.7). 若记

$$\begin{cases} X_{k,r_k} = (x_{(r_k-1)2^k+1}, x_{(r_k-1)2^k+2}, \cdots, x_{r_k 2^k}), \\ Y_{k,r_k} = (y_{k-1,2r_k-1}, y_{k-1,2r_k}, \cdots, y_{1,(r_k-1)2^{k-1}+1}, \cdots, y_{1,r_k 2^{k-1}}). \end{cases}$$

则 $\forall \lambda \in [0,1]$, 二叉树型分层混合模糊系统的输入输出可表为

$$\begin{cases} y_{1,i} = \dfrac{\displaystyle\sum_{p_1=1}^{N_1}\sum_{p_{i+1}=1}^{N_2} A_{p_i}^{2i-1}(x_{2i-1})A_{p_{i+1}}^{2i}(x_{2i}) \cdot \Delta_1^{r_1}(\lambda)}{\displaystyle\sum_{p_i,p_{i+1}=-m}^{m} A_{p_i}^{2i-1}(x_{2i-1})A_{p_{i+1}}^{2i}(x_{2i})}, & i = 1, 2, \cdots, s_1, \\ y_{k,r_k} = \dfrac{\displaystyle\sum_{p_{(k,r_k)}=1}^{Np_k}\sum_{q_{(k,r_k)}=1}^{Nq_k} B_{p_{(k,r_k)}q_{(k,r_k)}}(X_{k,r_k}, Y_{k,r_k})\Delta_k^{r_k}(\lambda)}{\displaystyle\sum_{p_{(k,r_k)}=1}^{Np_k}\sum_{q_{(k,r_k)}=1}^{Nq_k} B_{p_{(k,r_k)}q_{(k,r_k)}}(X_{k,r_k}, Y_{k,r_k})}, & k = 2, 3, \cdots, L. \end{cases}$$

(8.10)

其中

$$\begin{cases} \Delta_1^{r_1}(\lambda) = \lambda(b_{p_ip_{i+1}}^0 + b_{p_ip_{i+1}}^1 x_{2i-1} + b_{p_ip_{i+1}}^2 x_{2i}) + (1-\lambda)\bar{y}_{p_ip_{i+1}}, \\ \Delta_k^{r_k}(\lambda) = \lambda(b_{k-1,\,r_{k-1}}^k \Delta_{k-1}^{r_{k-1}} + b_{k-1,\,r_{k-1}+1}^k \Delta_{k-1}^{r_{k-1}+1}) + (1-\lambda)\bar{y}_{p_{(k,\,r_k)}q_{(k,\,r_k)}}. \end{cases}$$

这里所有参数及符号参见文献 [26], [29], 例如, $b_{p_ip_{i+1}}^1$ 表示第 1 层第 $2i$ 个输入变量 x_{2i} 的可调参数, $b_{k-1,r_{k-1}}^k$ 表示第 k 层第 r_{k-1} 个输入变量 $y_{k-1,r_{k-1}}$ 的可调参数, N_{p_k} 和 N_{q_k} 分别表示第 k 层输入 X_{k,r_k} 和 Y_{k,r_k} 所对应前件模糊集的个数.

8.2 二叉树型分层混合模糊系统及逼近性

证明 采用定理 8.1 证明方法 (数学归纳法) 可类似获证, 故略.

下面, 继续探讨基于二叉树型分层的混合模糊系统是否保持逼近性能. 如果因系统实施分层而破坏了逼近性, 则该分层将无意义. 事实上, 若分层系统对 p-可积函数具有逼近性, 则无须再针对连续函数来讨论. 为简单起见, 特取 $p=1$, 并简记 $\|\cdot\|_{K,1}$ 为 $\|\cdot\|_K$.

定理 8.5 设 $(\mathbb{R}^d, \Im, \hat{\mu})$ 是 K-拟加测度空间, $\forall f \in L_1(K, \hat{\mu})$, 且论域为紧集 $U \subset \mathbb{R}^d$. 若二叉树型分层混合模糊系统形如式 (8.10). 则 $\forall \varepsilon > 0$, $\exists m_0 \in \mathbb{N}$, 当 $m > m_0$,

$$\|y_{L,1} - S\|_K = K^{-1}\left(\int_{\mathbb{R}^n} K(|y_{L,1} \ominus S(x)|)\,\mathrm{d}\mu\right) < \varepsilon.$$

证明 依文献 [33] 中 K-拟加测度定义, 存在诱导算子 K, 使 $\mu(\cdot) = K(\hat{\mu}(\cdot))$, 其中 μ 是 Lebesgue 测度, 且满足 $|K(x) - K(y)| \leqslant K(|x-y|), \forall x, y \in \mathbb{R}^+$.

对给定 $f \in L_1(K, \hat{\mu})$, 依定理 6.6, $\forall \varepsilon > 0$, 存在 $\Delta(a) \supset U$ 上 PLF S, 使

$$\|f - S\|_K < \varepsilon. \tag{8.11}$$

$\forall \lambda \in [0,1]$, 依定理 8.4 中二叉树型分层混合模糊系统表示, 第 L 层输出为

$$y_{L,1} = \sum_{q_{L-1,1}, q_{L-1,2}=-m}^{m} B_{q_{L-1,1}, q_{L-1,2}}(y_{L-1,1}, y_{L-1,2})$$

$$\cdot \left[\lambda(b_{L-1,0}^L + b_{L-1,1}^L y_{L-1,1} + b_{L-1,2}^L y_{L-1,2}) + (1-\lambda)\bar{y}_{L,1}\right]$$

$$\bigg/ \sum_{q_{L-1,1}, q_{L-1,2}=-m}^{m} B_{q_{L-1,1}, q_{L-1,2}}(y_{L-1,1}, y_{L-1,2}),$$

其中 $y_{L-1,1}, y_{L-1,2}$ 为第 L 层输入, $\bar{y}_{L,1}$ 为第 L 层输出模糊集的中心, $\bar{y}_{L,1}$ 值可由 PLF S 在顶点坐标确定, 即 $\bar{y}_{L,1} = S\left(\dfrac{ap_1}{m}, \dfrac{ap_2}{m}, \cdots, \dfrac{ap_d}{m}\right)$. 此时, 若令 $b_{L-1,0}^L + b_{L-1,1}^L y_{L-1,1} + b_{L-1,2}^L y_{L-1,2} = \bar{y}_{L,1}$, 则不难看出二元线性方程 $b_{L-1,0}^L + b_{L-1,1}^L y_{L-1,1} + b_{L-1,2}^L y_{L-1,2} = S\left(\dfrac{ap_1}{m}, \dfrac{ap_2}{m}, \cdots, \dfrac{ap_d}{m}\right)$ 存在一组特殊参数解:

$$b_{L-1,0}^L = S\left(\dfrac{ap_1}{m}, \dfrac{ap_2}{m}, \cdots, \dfrac{ap_d}{m}\right), \quad b_{L-1,1}^L = b_{L-1,2}^L = 0,$$

使得第 L 层输入变量 $y_{L-1,1}, y_{L-1,2}$ 和 $\forall \lambda \in [0,1]$, 总有

$$\lambda(b_{L-1,0}^L + b_{L-1,1}^L y_{L-1,1} + b_{L-1,2}^L y_{L-1,2}) + (1-\lambda)\bar{y}_{L,1} = S\left(\dfrac{ap_1}{m}, \dfrac{ap_2}{m}, \cdots, \dfrac{ap_d}{m}\right).$$

这里第 1 层参数选取

$$b^1_{p_ip_{i+1}} = b^2_{p_ip_{i+1}} = 0, \quad b^0_{p_ip_{i+1}} = S\left(0, \cdots, \frac{ap_i}{m}, \frac{ap_{i+1}}{m}, \cdots, 0\right), \quad i = 1, 2, \cdots, s_1.$$

再由 K-积分模 ($p=1$) 定义式 (6.17) 及诱导算子性质得

$$K(\|y_{L,1} - S\|_K) = \int_{\mathbb{R}^d} K(|y_{L,1} \ominus S|)\mathrm{d}\mu = \int_{\Delta(a)} \left|K(y_{L,1}) - K(S(x_1, x_2, \cdots, x_d))\right|\mathrm{d}\mu$$

$$\leqslant \int_{\Delta(a)} K\left(\left|y_{L,1} - S(x_1, x_2, \cdots, x_d)\right|\right) \mathrm{d}\mu$$

$$\leqslant \int_{[-a,a]^d} K\bigg(\bigg(\sum_{q_{L-1,1}, q_{L-1,2}=-m}^{m} B_{q_{L-1,1}, q_{L-1,2}}(y_{L-1,1}, y_{L-1,2})$$

$$\left|S\left(\frac{ap_1}{m}, \frac{ap_2}{m}, \cdots, \frac{ap_d}{m}\right) - S(x_1, x_2, \cdots, x_d)\right|\bigg)$$

$$\bigg/\sum_{q_{L-1,1}, q_{L-1,2}=-m}^{m} B_{q_{L-1,1}, q_{L-1,2}}(y_{L-1,1}, y_{L-1,2})\bigg)\mathrm{d}\mu$$

$$\leqslant K\left(\frac{a\sum_{i=1}^{d} D_i(S)}{m}\right)\mu([-a,a]^d) = (2a)^d K\left(\frac{a\sum_{i=1}^{d} D_i(S)}{m}\right),$$

或改写为

$$\|y_{L,1} - S\|_K \leqslant K^{-1}\left((2a)^d K\left(\frac{a\sum_{i=1}^{d} D_i(S)}{m}\right)\right).$$

故 $\forall \varepsilon > 0$, 若使 $K^{-1}\left((2a)^d K\left(\frac{a\sum_{i=1}^{d} D_i(S)}{m}\right)\right) < \varepsilon$, 解之得

$$m > a\sum_{i=1}^{d} D_i(S) \bigg/ K^{-1}\left(K(\varepsilon)/(2a)^d\right).$$

令 $m_0 = \left[\dfrac{a\sum_{i=1}^{d} D_i(S)}{K^{-1}\left(K(\varepsilon)/(2a)^d\right)}\right] \in \mathbb{N}$. 故当 $m > m_0$, 总有 $\|y_{L,1} - S\|_K < \varepsilon$. 再结合式 (8.11) 立刻获得

$$\|y_{L,1} - f\|_K \leqslant \|y_{L,1} - S\|_K \oplus \|S - f\|_K < \varepsilon \oplus \varepsilon = K^{-1}(2K(\varepsilon)).$$

由 ε 任意性和诱导算子 K 的单调性, 表达式 $K^{-1}(2K(\varepsilon))$ 仍可任意小, 从而 $\|y_{L,1} - f\|_K$ 任意小. 于是, 二叉树型分层的混合模糊系统的最后输出 $y_{L,1}$ 确实可逼近可积函数 f.

8.2 二叉树型分层混合模糊系统及逼近性

注 8.1 定理 8.5 所求最小剖分数 m_0 表达式中没有显示与 f 相关, 而是和分片线性函数 S 有关, 这给计算带来诸多不便. 因此, 为找出依赖 f 的剖分数 m_0 的一个下界. 不妨仍按定理 7.5 约定记号 $D_H(f)$ 可类似获得最小剖分数 m_0 为

$$m_0 = \left\lceil \frac{daD_H(f)}{K^{-1}\left(K(\varepsilon)/(2a)^d\right)} \right\rceil + 1 \in \mathbb{N}.$$

依此表达式不难确定分层混合模糊系统输入空间的最小剖分数 m_0. 实际上, 若被逼近函数 f 在对应空间上偏导数存在, 则容易计算 $D_H(f)$ 值. 若 f 偏导数不存在, 则计算 $D_H(f)$ 值也相对困难, 实际问题中还要具体问题具体分析.

下面, 通过两个实例给出基于二叉树型分层的混合模糊系统的具体表示, 并利用 MATLAB 软件画图来直观验证该分层系统仍保持逼近性. 为简单起见, 分别以三维和六维输入为例.

例 8.2 设 $d = 3$, $a = 1$, $\lambda = 1/3$, $\varepsilon = 0.05$, 诱导算子 $K(x) = x^{5/6}$, 若

$$f(x,y,z) = \begin{cases} \dfrac{1}{3}\exp\left(-\dfrac{3}{4}(|x|^3 + y^3 + |z|^3)\right), & y \geqslant 0, \\ -\dfrac{3}{16}|\cos(2x - y + z)|, & y < 0. \end{cases}$$

试按二叉树型分层给出其对应混合模糊系统的表达式.

解 显然, $f \in L^1(K, \hat{\mu})$, 三维输入按如图 8.8 格式进行, 分两层, $L = 2$.

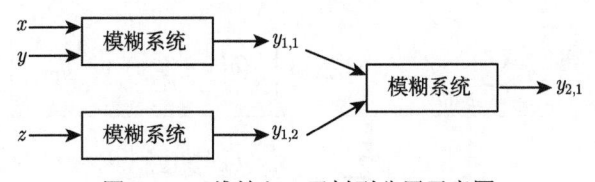

图 8.8 三维输入二叉树型分层示意图

按定理 7.5 容易计算 $D_H(f) = \dfrac{3}{4}$, 且 $K^{-1}(x) = x^{6/5}$, 进而得

$$K^{-1}\left(K(\varepsilon)/(2a)^3\right) = \left(0.05^{5/6}/8\right)^{6/5} = 0.05 / 8\sqrt[5]{8}.$$

依注 8.1 确定最小剖分数 $m_0 = \left\lceil \dfrac{3 \times 1 \times 3/4}{0.05/8\sqrt[5]{8}} \right\rceil + 1 = 546$.

现以 $[-1,1]$ 中心 0 为峰值点定义三角形模糊数 A, 其隶属度函数为

$$A(x) = \begin{cases} 1 - 546x, & 0 \leqslant x \leqslant \dfrac{1}{546}, \\ 1 + 546x, & -\dfrac{1}{546} \leqslant x < 0, \\ 0, & \text{其他}. \end{cases}$$

再将隶属函数 $A(x)$ 在 x 轴 $[-1,1]$ 上依次左右平移 $\dfrac{1}{546}$ 个单位长度, 可获得 1090 个相似模糊集, 即

$$A_j^1(x) = A\left(x - \frac{j}{546}\right), \quad j = 0, \pm 1 \pm 2, \cdots, \pm 545,$$

其中两端点处模糊集 A_{-546}^1 和 A_{546}^1 也易确定 (略), 即可获得一致完备标准的三角形模糊数族 $\{A_j^1\}$.

同理, 在 y 轴和 z 轴 $[-1,1]$ 上, 若令

$$A_j^2(y) = A_j^1(y), \quad A_j^3(z) = A_j^1(z), \quad j = 0, \pm 1, \pm 2, \cdots, \pm 546.$$

也可分别在 y 轴和 z 轴 $[-1,1]$ 上获得一致完备标准三角形模糊数族 $\{A_j^2\}$ 和 $\{A_j^3\}$. 若选取每条规则后件 (输出) 模糊集隶属函数为

$$B_q(y) = \exp\left(-\frac{1}{2}\left(y - \frac{q}{546}\right)\right), q = 0, \pm 1, \pm 2, \cdots, \pm 545$$

则当 $\lambda = \dfrac{1}{3}$ 时, 根据定理 8.4, 可获得二叉树型分层混合模糊系统的分层输出表示为

$$y_{1,1} = \frac{\displaystyle\sum_{p_1, p_2 = -546}^{546} A_{p_1}^1(x) A_{p_2}^2(y) \left[\frac{1}{3}(b_1^1 x + b_2^1 y) + \frac{2}{3}\bar{y}_{p_1 p_2}\right]}{\displaystyle\sum_{p_1, p_2 = -546}^{546} A_{p_1}^1(x) A_{p_2}^2(y)},$$

$$y_{2,1} = \frac{\displaystyle\sum_{p_3, q = -546}^{546} A_{p_3}^3(z) B_q(y_{1,1}) \left[\frac{1}{3}(b_1^2 z + b_2^2 y_{1,1}) + \frac{2}{3}\bar{y}_{p_3 q}\right]}{\displaystyle\sum_{p_3, q = -546}^{546} A_{p_3}^3(z) B_q(y_{1,1})},$$

其中 $\bar{y}_{p_1 p_2}$ 和 $\bar{y}_{p_3 q}$ 分别表示对应输出模糊集的中心, 且满足

$$f\left(\frac{p_1}{546}, \frac{p_2}{546}, \frac{p_3}{546}\right) = \frac{2}{3}(\bar{y}_{p_1 p_2} + \bar{y}_{p_3}).$$

下面, 令 $z = 0$, 可通过 MATLAB 软件画出可积函数 f 及其二叉树型分层混合模糊系统 $y_{2,1}$ 在 $\mathbb{R}^3$ 上的曲面图形如图 8.9 和图 8.10 所示.

8.2 二叉树型分层混合模糊系统及逼近性

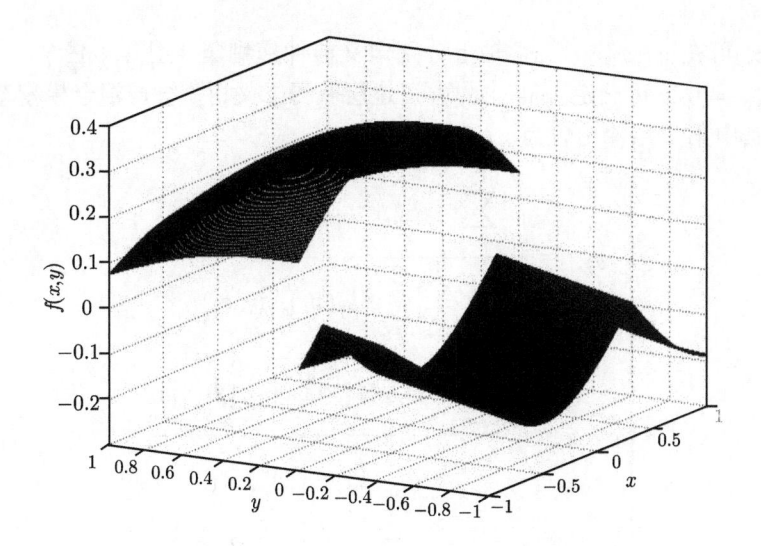

图 8.9 $z = 0$ 时可积函数 f 的空间曲面图

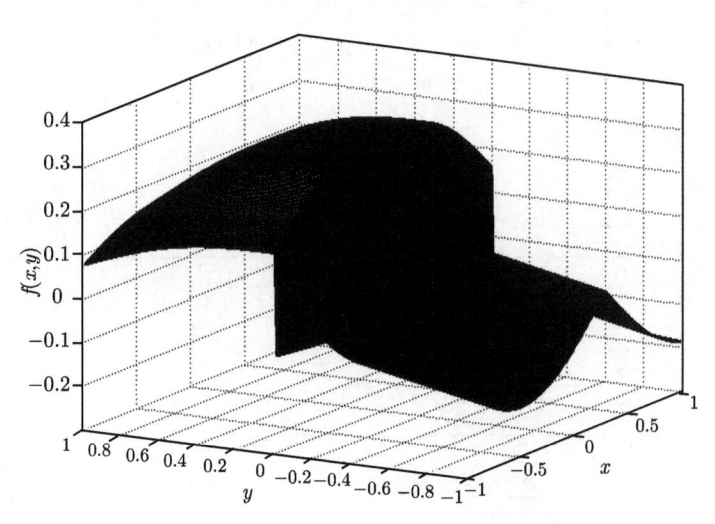

图 8.10 $z = 0$ 时分层系统 $y_{2,1}$ 的空间曲面图

显然, 分层系统 $y_{2,1}$ 是连续系统, 且直观来看分层系统 $y_{2,1}$ 对可积函数 f 具有逼近性. 其他情况及分析详见文献 [29].

例 8.3 设 $a = 1, d = 6, \lambda = 1/3$, 所给高维函数为

$$f(x_1, x_2, \cdots, x_6)$$
$$= \begin{cases} \cos\sqrt{x_1^2 + x_2^2 + x_3^2} + \sin(x_4 x_5 + x_6), & x_1, x_2, \cdots, x_6 \in [-1, 1], x_1^2 + x_2^2 \neq 0, \\ 0, & x_1, x_2, \cdots, x_6 \in [-1, 1], x_1^2 + x_2^2 = 0. \end{cases}$$

类似方法, 可在 $x_1, x_2, \cdots, x_6$ 轴上分别定义前件模糊集 $\{A_{p_1}^1\}, \{A_{p_2}^2\}, \cdots, \{A_{p_6}^6\}$. 若取精度 $\varepsilon = 0.1$, 可确定 $m_0 = 15$, 并可逐层获得二叉树型分层混合模糊系统的解析表示, 其中第 1 层输出表为

$$\begin{cases} y_{1,1} = \dfrac{\sum\limits_{p_1,p_2=-15}^{15} A_{p_1}^1(x_1) A_{p_2}^2(x_2) \dfrac{2}{3}\bar{y}_{1,p_1p_2}}{\sum\limits_{p_1,p_2=-15}^{15} A_{p_1}^1(x_1) A_{p_2}^2(x_2)}, \\ y_{1,2} = \dfrac{\sum\limits_{p_3,p_4=-15}^{15} A_{p_3}^3(x_3) A_{p_4}^4(x_4) \dfrac{2}{3}\bar{y}_{1,p_3p_4}}{\sum\limits_{p_1,p_2=-15}^{15} A_{p_3}^3(x_3) A_{p_4}^4(x_4)}, \\ y_{1,3} = \dfrac{\sum\limits_{p_5,p_6=-15}^{15} A_{p_5}^5(x_5) A_{p_6}^6(x_6) \dfrac{2}{3}\bar{y}_{1,p_5p_6}}{\sum\limits_{p_5,p_6=-15}^{15} A_{p_5}^5(x_5) A_{p_6}^6(x_6)}; \end{cases}$$

第 2 层输出表为

$$\begin{cases} y_{2,1} = \dfrac{\sum\limits_{j_1,j_2=-15}^{15} B_{1,j_1}(y_{1,1}) B_{1,j_2}(y_{1,2}) \left[\dfrac{1}{3}(b_{j_1}^2 y_{1,1} + b_{j_2}^2 y_{1,2}) + \dfrac{2}{3}\bar{y}_{2,j_1j_2}\right]}{\sum\limits_{j_1,j_2=-15}^{15} B_{1,j_1}(y_{1,1}) B_{1,j_2}(y_{1,2})}, \\ y_{2,2} = \dfrac{\sum\limits_{j_3=-15}^{15} B_{1,j_3}(y_{1,3}) \left[\dfrac{1}{3} b_{j_3}^2 y_{1,3} + \dfrac{2}{3}\bar{y}_{2,j_3}\right]}{\sum\limits_{j_3=-15}^{15} B_{1,j_3}(y_{1,3})}; \end{cases}$$

第 3 层输出表示为

$$y_{3,1} = \dfrac{\sum\limits_{j_3,j_4=-15}^{15} B_{2,j_3}(y_{2,1}) B_{2,j_4}(y_{2,2}) \left[\dfrac{1}{3}(b_{j_3}^3 y_{2,1} + b_{j_4}^3 y_{2,2}) + \dfrac{2}{3}\bar{y}_{3,j_3j_4}\right]}{\sum\limits_{j_3,j_4=-15}^{15} B_{2,j_3}(y_{2,1}) B_{2,j_4}(y_{2,2})}.$$

这里 $y_{3,1}$ 为最终输出值, 其他调节参数详见文献 [29].

8.2.3 推理规则数的缩减与分析

在一般多输入单输出规则库中,规则总数 $(2m+1)^d$ 对输入变量 d 呈指数形式急剧增长,极易导致规则爆炸. 故人们试图对输入变量施行分组分批输入,以此来减少规则数. 上节已将 Mamdani 模糊系统和 T-S 模糊系统统一,并采用叠加分层方法得到规则数计算公式,参见定理 8.2. 但该公式中规则数的缩减程度并不令人满意. 本节将采用二叉树型分层方法对高维混合模糊系统实施重新分层,此时规则数降低情况如何? 其降低幅度又是否好于叠加串联分层是下边将要关注的问题.

定理 8.6 设高维混合模糊系统的输入变量为 $x_1, x_2, \cdots, x_d$,若按二叉树型分层方法分为 L 层输入,第 k 层有 s_k 个输出量,参见图 8.7. 给定剖分数 $m \in \mathbb{N}$. 则该混合模糊系统所对应的规则总数为 $e = (2m+1)^2 \sum_{k=1}^{L} s_k$.

证明 设第 1 至第 L 层推理规则总数分别为 $e_1, e_2, \cdots, e_{L-1}, e_L$. 依图 8.8 及 s_k 的取值,显然

$$e_1 = s_1(2m+1)^2, e_2 = s_2(2m+1)^2, \cdots, e_{L-1} = s_{L-1}(2m+1)^2, e_L = s_L(2m+1)^2.$$

其中输出量个数 s_k 按式 (8.9) 计算. 故混合系统模糊规则总数为

$$\begin{aligned} e &= s_1(2m+1)^2 + s_2(2m+1)^2 + \cdots + s_{L-1}(2m+1)^2 + s_L(2m+1)^2 \\ &= (2m+1)^2 \sum_{k=1}^{L} s_k. \end{aligned}$$

推论 8.1 若条件同定理 8.6,特别当 $d = 2, 4, \cdots, 2^k$ 时,推理规则总数为 $e = (2m+1)^2(2^k - 1)$.

证明 显然,当 $n = 2, 4, \cdots, 2^k$ 时,输入变量经二叉树型分层后分为 $L = k$ 层,其中每层输入变量两两组合后恰好无剩余. 依式 (8.9) 可获得

$$s_1 = 2^{k-1}, s_2 = 2^{k-2}, \cdots, s_i = 2^{k-i}, \cdots, s_k = 2^{k-k} = 2^0 = 1.$$

再由定理 8.6,该系统的推理规则总数为

$$e = (2m+1)^2 (2^{k-1} + 2^{k-2} + \cdots + 2^0) = (2m+1)^2(2^k - 1).$$

另一方面,由定理 8.6 和推论 8.1 不难看出分层后混合模糊系统的规则总数由指数函数形式 $(2m+1)^d$ 降为 $(2m+1)^2 \sum_{i=1}^{L} s_i$ 或 $(2m+1)^2(2^k - 1)$,这里 L 和 k 是分层的层数.

下面,针对高维混合模糊系统通过采用二叉树型分层与否的推理规则总数进行比较,获得规则总数计算公式见表 8.2.

表 8.2 分层和不分层模糊规则总数对比

输入变量	二叉树型分层层数	分层后推理规则总数	未分层规则总数
$n=3,4$	$L=2$	$3(2m+1)^2$	$(2m+1)^3$ 或 $(2m+1)^4$
$n=5,6$	$L=3$	$6(2m+1)^2$	$(2m+1)^5$ 或 $(2m+1)^6$
$n=7,8$	$L=3$	$7(2m+1)^2$	$(2m+1)^7$ 或 $(2m+1)^8$
$n=9,10$	$L=4$	$15(2m+1)^2$	$(2m+1)^9$ 或 $(2m+1)^{10}$

从表 8.2 容易看出, 若采用二叉树型分层, 随着输入变量 d 逐渐增大, 所分层数和对应推理规则总数将保持缓慢平稳增长, 这不仅大大缩减了规则总数, 从而也缓解或避免出现规则爆炸现象. 例如, $d=5$, 取 $m=10$. 若按二叉树型分层方法可分 3 层, 参见图 8.5, 其规则总数为 $6(2 \cdot 10+1)^2 = 2646$; 若按文献 [6] 分层方法, 其推理规则总数为 $2(2 \cdot 10+1)^3 = 18522$. 若不分层, 推理规则数关于 d 呈指数函数急剧增加, 其规则总数将达到 $(2 \cdot 10+1)^5 = 4084101$, 一跃猛翻到 220.5 倍或 1543.5 倍. 因此, 二叉树型分层对规则总数缩减幅度是非常巨大的.

另外, 从定理 8.6 不难发现, 规则总数不仅与分层有关, 而且还与等距剖分数 m 取值有关. 下面, 随机选取 m 值来比较和分析分层与否其规则总数变化规律, 参见图 8.11—图 8.14.

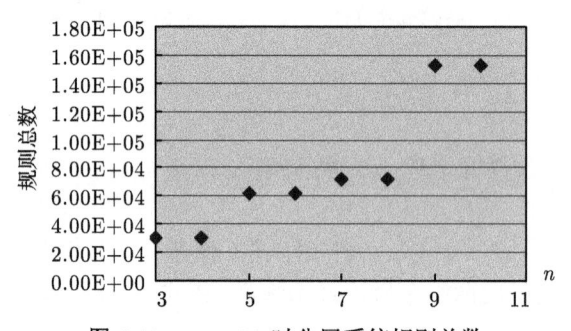

图 8.11 $m=50$ 时分层系统规则总数

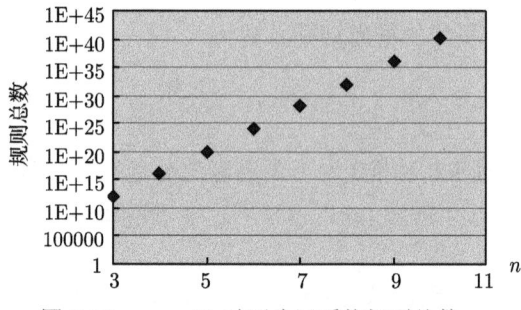

图 8.12 $m=50$ 时不分层系统规则总数

8.3 后件直联型分层混合模糊系统及逼近

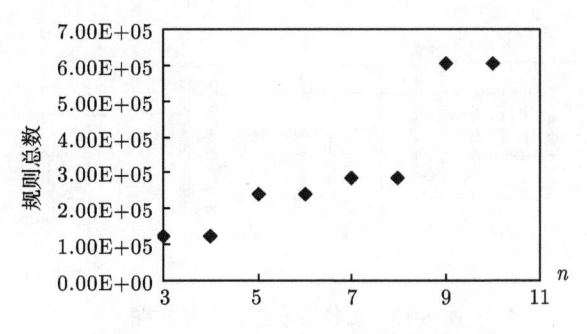

图 8.13 $m = 100$ 时分层系统规则总数

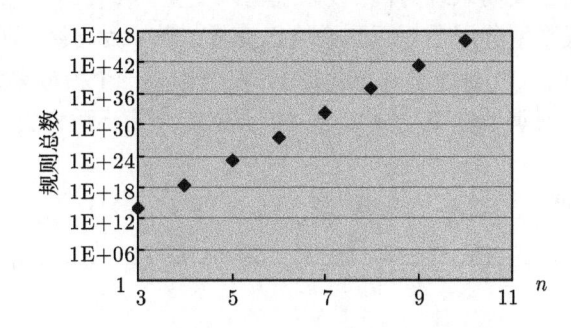

图 8.14 $m = 100$ 时不分层系统规则总数

图 8.11—图 8.14 中纵坐标单位 E 表示科学计数法, 例如, $1.2E + 05 = 1.2 \times 10^{-5}$, $1.4E + 40 = 1.4 \times 10^{-40}$. 从图 8.11 明显看出, 当 $m = 50$ 时, 若采用二叉树型分层其规则总数变化呈散点形式缓慢平稳增长, 而从图 8.12 知, 若不分层, 规则总数按散点形式急剧增长, 其增长速度远大于分层后增长速度. 另外, 从图 8.13 和图 8.14 可见当 $m = 100$ 时分层与不分层的规则总数变化情况亦如此. 实际上, $m = 50$, 分层后总数较之前增长了五倍左右, 而不分层规则总数增长了十万倍. 故二叉树型分层的混合模糊系统可大幅度缩减规则总数, 更能有效地避免规则爆炸.

8.3 后件直联型分层混合模糊系统及逼近

8.3.1 后件直联型分层混合模糊系统

目前, 一般模糊系统的分层及其逼近性研究已有诸多成果, 所给方法各具优势, 但也存在一些缺陷或不足. 2013 年, 文献 [23] 对多输入单输出 T-S 模糊系统提出了一种所谓后件直联型分层方法, 该方法主要是依据二输入单输出模糊单元规则串联而成, 其输入输出结构如图 8.15 所示, 其中 $H_1, H_2, \cdots, H_{L-1}$ 分别表示对输入变量实施分层后的每层模糊单元, 具体如图 8.15 所示.

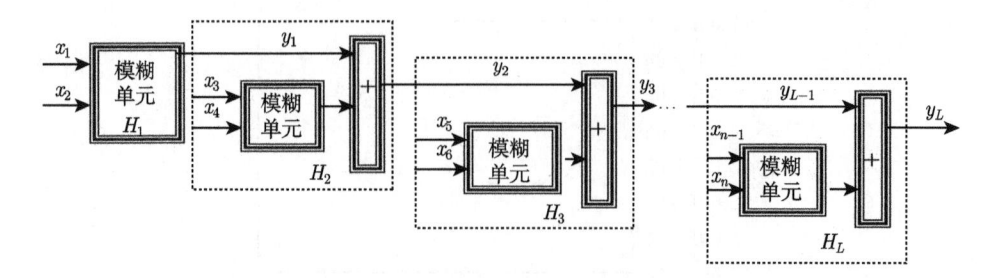

图 8.15 后件直联型分层示意图

不妨仍按混合模糊系统为例, 设系统输入变量为 $x_1, x_2, \cdots, x_d$. 若 d 为偶数, 则按上述后件直联型分层最后无剩余输入变量; 若 d 为奇数, 则最后一个变量 x_d 被剩余, 此时添加一个 0 值输入与此搭配, 以便构成一个模糊单元. 不妨统一约定 d 为偶数. 首先, 对调节参数 $\lambda \in [0,1]$, 结合图 8.15 给出后件直联型分层的混合模糊推理规则如下.

第 1 层 若 x_1 是 $A_{p_1}^1$, x_2 是 $A_{p_2}^2$, 则 y_1 是 $(1-\lambda)B_{p_1 p_2} + \lambda V_{t(x_1,x_2,p_1,p_2)}$;

第 2 层 若 x_3 是 $A_{p_3}^3$, x_4 是 $A_{p_4}^4$, 则 y_2 是 $(1-\lambda)B_{p_3 p_4} + \lambda V_{t(x_3,x_4,p_3,p_4)} + V_{b_2 y_1}$;

……

第 k 层 若 x_{2k-1} 是 $A_{p_{2k-1}}^{2k-1}$, x_{2k} 是 $A_{p_{2k}}^{2k}$, 则 y_k 是 $(1-\lambda)B_{p_{2k-1} p_{2k}} + \lambda V_{t(x_{2k-1},x_{2k};p_{2k-1}p_{2k})} + V_{b_k y_{k-1}}$,

其中 $k = 2, 3, 4, \cdots, L$, $A_{p_{2k-1}}^{2k-1}$ 和 $A_{p_{2k}}^{2k}$ 分别表示第 k 层模糊单元对应的前件模糊集, $V_{t(\cdot)}$ 表示单点模糊化, $B_{p_{2k-1} p_{2k}}$ 表示第 k 层模糊单元后件输出模糊集, b_k 表示上一层输出 y_{k-1} 系数, 指标变量 $p_1, p_2, \cdots, p_{2L} \in \{-m, -m+1, \cdots, 0, \cdots, m-1, m\}$, m 表示剖分数, 二元线性函数

$$t(p_{2k-1}p_{2k}; x_{2k-1}, x_{2k}) = b_{p_{2k-1}p_{2k}}^0 + b_{p_{2k-1}p_{2k}}^1 x_{2k-1} + b_{p_{2k-1}p_{2k}}^2 x_{2k}.$$

注 8.2 后件直联型分层推理规则与二叉树型推理规则有着本质的不同. 这主要表现在后件直联型分层混合推理规则的中间变量 $y_2, y_3, \cdots, y_{L-1}$ 既不出现在规则前件中, 也不作为规则后件部分, 而是直接作用于模糊单元的输出结果, 换言之, $y_2, y_3, \cdots, y_{L-1}$ 只作为中间项, 而不作为输入项. 除此之外, 两种分层所对应规则数降幅的程度还有待于进一步研究.

下面, $\forall \lambda \in [0,1]$, 假设输入变量 $x_1, x_2, \cdots, x_d$ 为偶数个, $d = 2L$, 则输入变量分为 L 层. 若按后件直联型分层对混合模糊系统 (8.1) 实施输入, 不难写出第一层混合模糊系统输出表达式为

8.3 后件直联型分层混合模糊系统及逼近

$$y_1 = \frac{\sum_{p_1,p_2=-m}^{m} \prod_{j=1}^{2} A_{p_j}^j(x_j)\Big((1-\lambda)\bar{y}_{p_1p_2} + \lambda\big(b_{p_1p_2}^0 + b_{p_1p_2}^1 x_1 + b_{p_1p_2}^2 x_2\big)\Big)}{\sum_{p_1,p_2=-m}^{m} \prod_{j=1}^{2} A_{p_j}^j(x_j)},$$

第 k 层模糊单元输出为

$$\begin{aligned}y_k = & \sum_{p_{2k-1},p_{2k}=-m}^{m} \prod_{j=2k-1}^{2k} A_{p_j}^j(x_j)\Big((1-\lambda)\bar{y}_{p_{2k-1},p_{2k}} \\ & + \lambda\big(b_{p_{2k-1}p_{2k}}^0 + b_{p_{2k-1}p_{2k}}^1 x_{2k-1} + b_{p_{2k-1}p_{2k}}^2 x_{2k}\big)\Big) \\ & \Big/ \Big(\sum_{p_{2k-1},p_{2k}=-m}^{m} \prod_{j=2k-1}^{2k} A_{p_j}^j(x_j)\Big) + b_k y_{k-1},\end{aligned} \qquad (8.12)$$

其中 $k = 2,3,\cdots,L$,且上一层输出 y_{k-1} 系数 $b_k \neq 0$. 此外, $\bar{y}_{p_{2k-1},p_{2k}}$ 表示第 k 层模糊单元输出模糊集 $B_{p_{2k-1}p_{2k}}$ 的中心, $b_k y_{k-1}$ 为独立中间项.

为了导出基于后件直联型分层的混合模糊系统第 L 项输出表达式, 首先给出一个引理.

引理 8.1[6] 设输入变量为 x_1, x_2, x_3, x_4, 其他符号同上, 则有下式成立:

$$\Bigg(\sum_{p_1,p_2=-m}^{m}\prod_{j=1}^{2}A_{p_j}^j(x_j)\Bigg)\Bigg(\sum_{p_3,p_4=-m}^{m}\prod_{j=3}^{4}A_{p_j}^j(x_j)\Bigg) = \sum_{p_1,p_2,p_3,p_4=-m}^{m}\prod_{j=1}^{4}A_{p_j}^j(x_j).$$

定理 8.7 设输入变量为 $x_1, x_2, \cdots, x_d, d = 2L, \forall \lambda \in [0,1]$. 若对混合模糊系统按后件直联型分层进行输入, 则该系统第 L 层最后输出解析表达式为

$$\begin{aligned}y_L = & \sum_{p_1,p_2,\cdots,p_{2L}=-m}^{m} \prod_{j=1}^{2L} A_{p_j}^j(x_j) \\ & \cdot \Bigg((1-\lambda)\sum_{i=1}^{L}\prod_{k=i+1}^{L}b_k\bar{y}_{p_{2i-1}p_{2i}} + \lambda\sum_{i=1}^{L}\prod_{k=i+1}^{L}b_k t(p_{2k-1}p_{2k};x_{2k-1},x_{2k})\Bigg) \\ & \Bigg/ \sum_{p_1,p_2,\cdots,p_{2L}=-m}^{m} \prod_{j=1}^{2L} A_{p_j}^j(x_j),\end{aligned}$$

其中 $t(p_{2k-1}p_{2k}; x_{2k-1}, x_{2k}) = b_{p_{2k-1}p_{2k}}^0 + b_{p_{2k-1}p_{2k}}^1 x_{2k-1} + b_{p_{2k-1}p_{2k}}^2 x_{2k}$ 为输入变量 x_{2k-1} 和 x_{2k} 的线性函数, 这里系数 $b_{p_{2k-1}p_{2k}}^0, b_{p_{2k-1}p_{2k}}^1$ 和 $b_{p_{2k-1}p_{2k}}^2 x_{2k}$ 均与指标 p_{2k-1}, p_{2k} 相关.

证明 根据第 k 层模糊单元输出公式 (8.12),依次对 $k = 2, 3, \cdots, L$ 倒退取值,则有

$$y_L = \sum_{p_{2L-1}, p_{2L}=-m} \prod_{j=2L-1}^{2L} A_{p_j}^j(x_j)\Big((1-\lambda)\bar{y}_{p_{2L-1}p_{2L}} + \lambda t(p_{2L-1}p_{2L}; x_{2L-1}, x_{2L})\Big)$$

$$\Big/\Big(\sum_{p_{2L-1}, p_{2L}=-m}^{m} \prod_{j=2L-1}^{2L} A_{p_j}^j(x_j)\Big) + b_L y_{L-1},$$

$$y_{L-1} = \sum_{p_{2L-3}, p_{2L-2}=-m}^{m} \prod_{j=2L-3}^{2L-2} A_{p_j}^j(x_j)$$

$$\cdot \Big((1-\lambda)\bar{y}_{p_{2L-3}p_{2L-2}} + \lambda t(p_{2L-3}p_{2L-2}; x_{2L-3}, x_{2L-2})\Big)$$

$$\Big/\Big(\sum_{p_{2L-3}, p_{2L-2}=-m}^{m} \prod_{j=2L-3}^{2L-2} A_{p_j}^j(x_j)\Big) + b_{L-1} y_{L-2},$$

$$\cdots\cdots$$

$$y_2 = \sum_{p_3, p_4=-m}^{m} \prod_{j=3}^{4} A_{p_j}^j(x_j)\Big((1-\lambda)\bar{y}_{p_3p_4} + \lambda t(p_3p_4; x_3, x_4)\Big)$$

$$\Big/\Big(\sum_{p_3, p_4=-m}^{m} \prod_{j=3}^{4} A_{p_j}^j(x_j)\Big) + b_2 y_1,$$

$$y_1 = \frac{\sum_{p_1, p_2=-m}^{m} \prod_{j=1}^{2} A_{p_j}^j(x_j)\Big((1-\lambda)\bar{y}_{p_1p_2} + \lambda t(p_1p_2; x_1, x_2)\Big)}{\sum_{p_1, p_2=-m}^{m} \prod_{j=1}^{2} A_{p_j}^j(x_j)}.$$

依次将 $y_{L-1}, y_{L-2}, \cdots, y_2, y_1$ 两边分别乘以系数 $b_L, b_L b_{L-1}, \cdots, b_L b_{L-1} \cdots b_3, b_L b_{L-1} \cdots b_3 b_2$,再将这 L 个式子依次相加,并反复应用引理 8.1,则有

$$y_L = \sum_{p_1, p_2, \cdots, p_{2L}=-m}^{m} \prod_{j=1}^{2L} A_{p_j}^j(x_j)$$

$$\cdot \Big((1-\lambda)W(p_1p_2\cdots p_{2L}) + \lambda M(p_1p_2\cdots p_{2L})\Big)$$

$$\Big/ \sum_{p_1, p_2, \cdots, p_{2L}=-m}^{m} \prod_{j=1}^{2L} A_{p_j}^j(x_j), \qquad (8.13)$$

8.3 后件直联型分层混合模糊系统及逼近

其中

$$W(p_1p_2\cdots p_{2L}) = b_Lb_{L-1}\cdots b_3b_2\bar{y}_{p_1p_2} + b_Lb_{L-1}\cdots b_3\bar{y}_{p_3p_4}$$
$$+ \cdots + b_L\bar{y}_{p_{2L-3}p_{2L-2}} + \bar{y}_{p_{2L-1}p_{2L}}$$
$$= \sum_{i=1}^{L}\prod_{k=i+1}^{L} b_k\bar{y}_{p_{2i-1}p_{2i}},$$

$$M(p_1p_2\cdots p_{2L}) = b_Lb_{L-1}\cdots b_3b_2 t(p_1p_2;x_1,x_2) + b_Lb_{L-1}\cdots b_3 t(p_3p_4;x_3,x_4) + \cdots$$
$$+ b_L t(p_{2L-3}p_{2L-2};x_{2L-3},x_{2L-2}) + t(p_{2L-1}p_{2L};x_{2L-1},x_{2L})$$
$$= \sum_{i=1}^{L}\prod_{k=i+1}^{L} b_k t(p_{2i-1}p_{2i};x_{2i-1},x_{2i}).$$

将 $W(p_1p_2\cdots p_{2L})$ 和 $M(p_1p_2\cdots p_{2L})$ 代入式 (8.13) 立即获得结论成立.

特别地, 若取参数 $b^1_{p_{2k-1}p_{2k}} = b^2_{p_{2k-1}p_{2k}} = 0$, 亦即, 线性函数部分退化成常数, 则该分层混合模糊系统称为简单混合分层模糊系统. 这种特殊情况通常为证明逼近性提供了方便.

定理 8.8 设输入变量维数 $d = 2L$, 若按后件直联型分层输入变量, 则混合模糊系统的推理规则总数为 $L(2m+1)^2$, 其中 L 是分层数, m 是输入空间剖分数.

证明 因维数 $d = 2L$, 故输入变量正好被分成 L 层, 且每一层中两个前件模糊集分别至多有 $2m+1$ 种选择, 亦即, 在对称区间 $[-a,a]$ 插入 $2m$ 个等距分点, 再以每个分点为峰值点可定义 $2m+1$ 个前件模糊集. 此外, 由于每一层均是二维输入, 在后件直联型分层过程中中间变量 $y_2, y_3, \cdots, y_{L-1}$ 只作为中间项, 而不作为下一层的输入项. 因此, 每一层推理规则数为 $(2m+1)^2$. 进而将 L 层直接累加即可获得规则总数为

$$S = (2m+1)^2 + (2m+1)^2 + \cdots + (2m+1)^2 = L(2m+1)^2.$$

注 8.3 后件直联型分层只是将中间变量作为模糊单元输出的一个调整项, 而不作为输入项, 故这种分层不仅可避免对中间变量的处理, 而且也可大幅度降低规则数和辨识参数, 亦即, 系统推理规则总数仅为 $S_1 = L(2m+1)^2$. 相反, 若不实施任何分层而直接输入, 则模糊系统的推理规则总数将达到 $S_2 = (2m+1)^d$. 显然 S_2 关于维数 d 呈指数函数形式急剧增长, 从而极易引起规则爆炸. 事实上, 当输入维数 d 较大时, 通常 S_1 远远小于 S_2, 即 $L(2m+1)^2 \prec (2m+1)^d$. 故对模糊系统实施后件直联型分层可较大幅度降低规则总数, 从而在一定程度上更能避免规则爆炸发生. 另一方面, 若与二叉树型分层所得规则总数公式相比, 明显有 $L(2m+1)^2 \leqslant (2m+1)^2 \sum_{k=1}^{L} s_k$, 亦即, 后件直联型分层方法优于二叉树型分层方法. 这个事实可通过下面一组数据得到证实.

例如, 取 $d = 5$, $m = 10$, 若不分层, 则所有可能规则数将达到 $(2 \times 10 + 1)^5 = 4084101$ 条, 这个庞大数字不能不让人望而生畏! 若采用叠加串联分层输入 ($c = 3$), 规则总数减为 $(2 \times 10 + 1)^3 \cdot 4/2 = 18522$; 若采用二叉树型分层输入, 规则总数减为 $6(2 \times 10 + 1)^2 = 2646$; 若采用后件直联型分层输入, 规则总数缩减为 $3(2 \times 10 + 1)^2 = 1323$ 条. 显然, 后件直联型分层法降幅程度最大. 这个事实说明对模糊系统实施分层是必要的, 且后件直联型分层法相对最优.

8.3.2 分层系统的逼近性

按照惯例仍需讨论基于后件直联型分层的混合模糊系统的最后输出是否还保持逼近性能. 为应用广泛起见, 本节仍在 $(\mathbb{R}^d, \Im, \hat{\mu})$ 空间上以可积函数空间 $L_1(K, \hat{\mu})$ 为逼近对象 ($p = 1$), 并借助分片线性函数 S 来研究分层模糊系统对可积函数 $f \in L^1(K, \hat{\mu})$ 的逼近性.

定理 8.9 设 $(\mathbb{R}^d, \Im, \hat{\mu})$ 是 K-拟加测度空间, K 为诱导算子, $\forall f \in L^1(K, \hat{\mu})$. 若将混合模糊系统输入变量 $x_1, x_2, \cdots, x_d$ 按后件直联型分层, $d = 2L$, 且第 L 层输出按定理 8.7 给出. 则 $\forall \varepsilon > 0$, $\exists m_0 \in \mathbb{N}$ 及中间变量 $y_1, y_2, \cdots, y_{L-1}$, 当 $m > m_0$, 总有 $\|f - y_L\|_K < \varepsilon$.

证明 首先, 对可积函数 $f \in L^1(K, \hat{\mu})$, 根据定理 6.6, $\forall \varepsilon > 0$, 存在紧集 $\Delta(a) \subset \mathbb{R}^d$ 上分片线性函数 S, 使得 $\|f - S\|_K < \varepsilon$.

此外, 由第 L 层输出式 (8.13) 知, $W(p_1 p_2 \cdots p_{2L})$ 为每层输出模糊集中心的线性组合, 且仅与指标 $p_1, p_2, \cdots, p_{2L}$ 相关; 而 $M(p_1 p_2 \cdots p_{2L})$ 不仅与指标 $p_1, p_2, \cdots, p_{2L}$ 相关, 而且是输入变量 $x_1, x_2, \cdots, x_{2L}$ 的线性函数, 故可抽象设为

$$M(p_1 p_2 \cdots p_{2L}) = c^0_{p_1 p_2 \cdots p_{2L}} + c^1_{p_1 p_2 \cdots p_{2L}} x_1 + c^2_{p_1 p_2 \cdots p_{2L}} x_2 + \cdots + c^{2L}_{p_1 p_2 \cdots p_{2L}} x_{2L}.$$

若令 $M(p_1 p_2 \cdots p_{2L}) = W(p_1 p_2 \cdots p_{2L}) = S\left(\dfrac{ap_1}{m}, \dfrac{ap_2}{m}, \cdots, \dfrac{ap_{2L}}{m}\right)$, 则有

$$c^0_{p_1 p_2 \cdots p_{2L}} + c^1_{p_1 p_2 \cdots p_{2L}} x_1 + c^2_{p_1 p_2 \cdots p_{2L}} x_2 + \cdots + c^{2L}_{p_1 p_2 \cdots p_{2L}} x_{2L}$$
$$= S\left(\frac{ap_1}{m}, \frac{ap_2}{m}, \cdots, \frac{ap_{2L}}{m}\right)$$

必存在一组特殊参数解:

$$c^0_{p_1 p_2 \cdots p_{2L}} = S\left(\frac{ap_1}{m}, \frac{ap_2}{m}, \cdots, \frac{ap_{2L}}{m}\right), c^1_{p_1 p_2 \cdots p_{2L}} = c^2_{p_1 p_2 \cdots p_{2L}} = \cdots = c^{2L}_{p_1 p_2 \cdots p_{2L}} = 0,$$

且对任意输入变量 $x_1, x_2, \cdots, x_{2L}$ 和 $\forall \lambda \in [0, 1]$, 均有

$$(1 - \lambda) W(p_1 p_2 \cdots p_{2L}) + \lambda M(p_1 p_2 \cdots p_{2L}) = S\left(\frac{ap_1}{m}, \frac{ap_2}{m}, \cdots, \frac{ap_{2L}}{m}\right).$$

故 $\forall (x_1, x_2, \cdots, x_{2L}) \in \Delta(a)$, 依式 (6.17)、(8.13) 及第 L 层输出 y_L 来说, 必有

$$K(\|S - y_L\|_K) = \int_{\Delta(a)} \Big| K(S(x_1, x_2, \cdots, x_{2L})) - K(y_L(x_1, x_2, \cdots, x_{2L})) \Big| d\mu$$

$$\leqslant \int_{\Delta(a)} K\Big(\Big| y_L(x_1, x_2, \cdots, x_{2L}) - S(x_1, x_2, \cdots, x_{2L}) \Big| \Big) d\mu$$

$$\leqslant \int_{\Delta(a)} K\Bigg(\Bigg(\sum_{p_1, p_2, \cdots, p_{2L} = -m}^{m} \prod_{j=1}^{2L} A_{p_j}^j(x_j) \cdot \Big| S\Big(\frac{ap_1}{m}, \frac{ap_2}{m}, \cdots, \frac{ap_{2L}}{m}\Big) - S(x_1, x_2, \cdots, x_{2L}) \Big| \Bigg) \Bigg/ \Bigg(\sum_{p_1, p_2, \cdots, p_{2L} = -m}^{m} \prod_{j=1}^{2L} A_{p_j}^j(x_j) \Bigg) \Bigg) d\mu$$

$$\leqslant \int_{[-a,a]^{2L}} K\Bigg(\frac{a}{m} \sum_{i=1}^{2L} D_i(S) \Bigg) d\mu = K\Bigg(\frac{a}{m} \sum_{i=1}^{2L} D_i(S) \Bigg) (2a)^{2L}.$$

若对上式两边用算子 K^{-1} 作用, $\forall \varepsilon > 0$, 若使

$$\|S - y_L\|_K < K^{-1}\Bigg(K\Bigg(\frac{a}{m} \sum_{i=1}^{2L} D_i(S) \Bigg)(2a)^{2L} \Bigg) < \varepsilon.$$

解之得 $m > \dfrac{a \sum_{i=1}^{2L} D_i(S)}{K^{-1}\left(K(\varepsilon)/(2a)^{2L}\right)}$. 令 $m_0 = \left[\dfrac{a \sum_{i=1}^{2L} D_i(S)}{K^{-1}\left(K(\varepsilon)/(2a)^{2L}\right)}\right] \in \mathbb{N}$. 于是, $\forall \varepsilon > 0, \exists m_0 \in \mathbb{N}$, 当 $m > m_0$ 时, $\|S - y_L\|_K < \varepsilon$.

最后, 依定理 6.5 得

$$\|f - y_L\|_K \leqslant \|f - S\|_K \oplus \|S - y_L\|_K < \varepsilon \oplus \varepsilon = K^{-1}(2K(\varepsilon)).$$

由 ε 的任意性, 表达式 $K^{-1}(2K(\varepsilon))$ 仍为任意小. 因此, 混合模糊系统经后件直联型分层后第 L 层输出 y_L 对可积函数 $f \in L^1(K, \hat{\mu})$ 仍具有逼近性.

同理, 若按定理 7.5 约定符号 $D_H(f)$ 仍可获得实用的最小剖分数 m_0 为

$$m_0 = \left[\frac{2LaD_H(f)}{K^{-1}\left(K(\varepsilon)/(2a)^{2L}\right)}\right] + 1 \in \mathbb{N}. \tag{8.14}$$

下面, 通过一个实例来说明后件直联型分层的混合模糊系统的逼近性.

例 8.4 在后件直联型分层混合模糊系统中, 若 $a = 1$, $\lambda = \dfrac{1}{3}$, $d = 2L = 4$, 取诱导算子 $K(x) = x^{\frac{7}{8}}$. 定义四元可积函数 f 为

$$f(x_1,x_2,x_3,x_4) = \begin{cases} e^{-\frac{1}{15}(|x_1|^3+x_2^3+|x_3|^3+|x_4|^3)}, & x_2 \geqslant 0, \\ -e^{-\frac{1}{15}(|x_1|^3-x_2^3+|x_3|^3+|x_4|^3)}, & x_2 < 0, \end{cases} (x_1,x_2,x_3,x_4) \in [-1,1]^4.$$

试按后件直联型分层给出混合模糊系统的最后输出, 并分析逼近性及规则数.

解 按后件直联型分层可将四个输入变量分为 2 层, $L=2$, 记 $\Delta(1)=[-1,1]^4$.

显然, 函数 $f(x_1,x_2,x_3,x_4)$ 在 $\Delta(1) \subset \mathbb{R}^4$ 的超平面 $x_2=0$ 上不连续 (出现断面), 但易证

$$\int_{\mathbb{R}^4} K(|f(x_1,x_2,x_3,x_4)|)\mathrm{d}\mu = \int_{\Delta(1)} |f(x_1,x_2,x_3,x_4)|^{\frac{7}{8}}\mathrm{d}x_1\mathrm{d}x_2\mathrm{d}x_3\mathrm{d}x_4$$
$$= 16\left(\int_0^1 e^{-7x^3/120}\mathrm{d}x\right)^4 < +\infty.$$

故 f 在 $\mathbb{R}^4$ 上 $\hat{\mu}$-可积, 且满足 $0 \leqslant |f(x_1,x_2,x_3,x_4)| \leqslant 1$. 此外, 若令

$$\beta_1(x_1,x_2,x_3,x_4) = e^{-\frac{1}{15}(|x_1|^3+x_2^3+|x_3|^3+|x_4|^3)},$$
$$\beta_2(x_1,x_2,x_3,x_4) = e^{-\frac{1}{15}(|x_1|^3-x_2^3+|x_3|^3+|x_4|^3)},$$

且 $|x_1|^3 \pm x_2^3+|x_3|^3+|x_4|^3 \geqslant \pm x_2^3 \geqslant -1$. 则不难验证函数 β_1, β_2 分别在点 $(0,-1,0,0)$ 和 $(0,1,0,0)$ 取得最大值, 且满足

$$0 < \beta_i(x_1,x_2,x_3,x_4) \leqslant e^{\frac{1}{15}}, \quad i=1,2.$$

按照定理 7.5 和例 7.4 计算偏导数得

$$\frac{\partial f}{\partial x_i} = \begin{cases} -\frac{1}{5}x_i^2 \beta_1(x_1,x_2,x_3,x_4) \cdot \mathrm{sgn}(x_i), x_2 \geqslant 0, \\ \frac{1}{5}x_i^2 \beta_2(x_1,x_2,x_3,x_4) \cdot \mathrm{sgn}(x_i), x_2 < 0, \end{cases} i=1,3,4,$$

其中 $\mathrm{sgn}(x_i)$ 为关于分变量 x_i 的符号函数. 特别地, 关于分量 x_2 偏导数为

$$\frac{\partial f}{\partial x_2} = \begin{cases} -\frac{1}{5}x_2^2 \beta_1(x_1,x_2,x_3,x_4), x_2 > 0, \\ -\frac{1}{5}x_2^2 \beta_2(x_1,x_2,x_3,x_4), x_2 < 0. \end{cases}$$

显然, 除超平面 $x_2=0$ 外, 均有 $\left|\dfrac{\partial f}{\partial x_i}\right| \leqslant \dfrac{1}{5}e^{1/15}, i=1,2,3,4$. 故 $D_H(f) \leqslant \dfrac{1}{5}e^{1/15}$, 不妨选取 $D_H(f) = \dfrac{1}{5}e^{1/15}$, 给定精度 $\varepsilon=0.2$, 按式 (8.14) 立即获得

$$m_0 = \left[\frac{1 \times 2 \times 4}{5\left(0.2^{7/8}/2^4\right)^{8/7}} e^{\frac{1}{15}}\right] + 1 = 163.$$

8.3 后件直联型分层混合模糊系统及逼近

应用例 8.2 类似的方法可在 $[-1,1]$ 上依次构造模糊剖分 $\{A_{p_j}^j\}, i=1,2,3,4; j=0,\pm 1,\cdots,\pm 162.$ $\forall \lambda \in [0,1]$, 基于式 (8.13) 即可获得后件直联型分层混合模糊系统的最后输出为

$$y_2 = \frac{\sum_{p_1,p_2,p_3,p_4,q=-163}^{163} \prod_{j=1}^{4} A_{p_j}^j(x_j) B_q(y_1) \left(\frac{1}{3} f\left(\frac{p_1}{163}, \frac{p_2}{163}, \frac{p_3}{163}, \frac{p_4}{163}\right) + \frac{2}{3} M(p_1 p_2 p_3 p_4)\right)}{\sum_{p_1,p_2,p_3,p_4,q=-163}^{163} \prod_{j=1}^{4} A_{p_j}^j(x_j) B_q(y_1)},$$

不妨取 $B_q(y) = \exp\left(-\frac{1}{2}\left(y - \frac{q}{163}\right)\right)$, $M(p_1 p_2 p_3 p_4) = f\left(\frac{p_1}{163}, \frac{p_2}{163}, \frac{p_3}{163}, \frac{p_4}{163}\right)$.

为直观起见不妨取定 x_3 和 x_4 两组数, 依 MATLAB 软件可在 $\mathbb{R}^3$ 上获得 f 的曲面图和后件直联型分层后混合模糊系统的曲面如图 8.16 和图 8.17 所示.

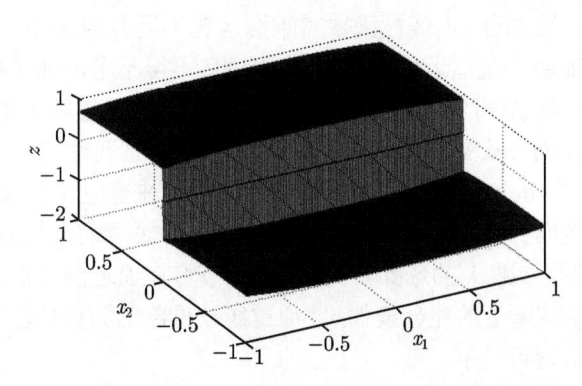

图 8.16 $x_3 = \frac{1}{2}, x_4 = \frac{1}{3}$ 时 f 的曲面图

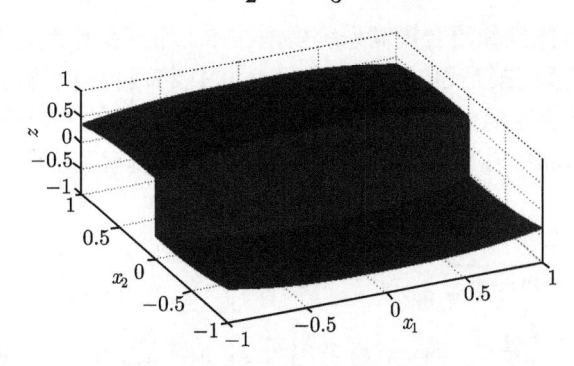

图 8.17 $x_3 = \frac{1}{2}, x_4 = \frac{1}{3}$ 时 y_2 的曲面图

例如, $x_3 = \frac{1}{2}, x_4 = \frac{1}{3}$ 时 f 的四维解析式退化为

$$f(x_1,x_2) = \begin{cases} \mathrm{e}^{-\frac{35}{216}}\mathrm{e}^{-\frac{1}{15}(|x_1|^3+x_2^3)}, & x_2 \geqslant 0, \\ -\mathrm{e}^{-\frac{35}{216}}\mathrm{e}^{-\frac{1}{15}(|x_1|^3-x_2^3)}, & x_2 < 0. \end{cases}$$

通过两组图片不难看出, 分层后的系统与原函数比较接近, 亦即, 混合模糊系统经后件直联型分层后仍保持逼近性能. 此外, 若按 $m = 163$, 易知后件直联型分层后的规则总数为 $L(2m+1)^2 = 2(2 \times 163+1)^2 = 213858$, 这与不分层规则总数 $(2 \times 163+1)^4 = 11433811041$ 相比降了 53464.5 倍. 故后件直联型分层能较大幅度地降低规则总数.

8.4 混合模糊系统的逼近性

8.1 节—8.3 节都是在选取一组特殊参数 (系数) 前提下证明各类分层混合模糊系统的逼近性, 其结果并不具有一般性. 究其原因是混合模糊系统中参与了 T-S 模糊系统的线性函数部分, 而线性函数对乘法运算不具有封闭性, 故依传统 Stone-Weierstrass 定理证明系统逼近性可能失效. 因此, 不得不考虑通过提高逼近函数的条件来实现混合模糊系统的逼近性, 例如, 可积函数加强为连续可微或高阶可微, 进而采用多元函数泰勒公式来证明混合模糊系统的一阶逼近性或二阶逼近性. 此外, 既然调控参数可将 Mamdani 和 T-S 模糊系统统一起来建立混合模糊系统, 那么如何使混合模糊系统发挥各自优势乃是问题的关键, 例如, 混合模糊系统的众多参数的优化, 尤其是调控参数 λ 的选择更为重要. 本节将在逼近函数满足连续可微条件下给出混合模糊系统逼近的充分条件, 并通过统计推断的假设检验中的 t-检验来讨论混合模糊系统的逼近性能.

8.4.1 混合模糊系统的简化表示

混合模糊推理规则和混合模糊系统模型在 8.1 节开头已经给出, 参见式 (8.1). 事实上, 混合推理规则就是通过调控参数 $\lambda \in [0,1]$ 将两种模糊系统的 THEN 部分直接统一, 而 λ 是决定混合模糊系统的一个关键参数. 若按混合推理规则、单点模糊化、乘积推理机和中心平均解模糊化重新给出混合模糊系统模型如下:

$$F_\lambda(x) = \sum_{p_1=1}^{N_1} \sum_{p_2=1}^{N_2} \cdots \sum_{p_d=1}^{N_d} \left(\prod_{j=1}^{d} A_{p_j}^j(x_j) \right)$$

$$\left((1-\lambda)\bar{y}_{p_1p_2\cdots p_d} + \lambda \left(b_{p_1p_2\cdots p_d}^0 + \sum_{j=1}^{d} b_{p_1p_2\cdots p_d}^j x_j \right) \right)$$

$$\bigg/ \sum_{p_1=1}^{N_1} \sum_{p_2=1}^{N_2} \cdots \sum_{p_d=1}^{N_d} \left(\prod_{j=1}^{d} A_{p_j}^j(x_j) \right), \tag{8.15}$$

8.4 混合模糊系统的逼近性

其中 $x = (x_1, x_2, \cdots, x_d) \in U_1 \times U_2 \times \cdots \times U_d \subset \mathbb{R}^d$ 为输入变量, $\forall \lambda \in [0,1]$, $\bar{y}_{p_1p_2\cdots p_d}$ 为 Mamdani 模糊系统中第 p_j 个规则输出后件模糊集 $B_{p_1p_2\cdots p_d}$ 的中心, $b^j_{p_1p_2\cdots p_d}$ 为 T-S 模糊系统线性输出的一组参数系数. 为简单起见, 若令

$$D_{p_1p_2\cdots p_d}(x) = \frac{\prod_{j=1}^{d} A^j_{p_j}(x_j)}{\sum_{p_1=1}^{N_1} \sum_{p_2=1}^{N_2} \cdots \sum_{p_d=1}^{N_d} \left(\prod_{i=1}^{d} A^j_{p_j}(x_j) \right)},$$

则有 $\sum_{p_1=1}^{N_1} \sum_{p_2=1}^{N_2} \cdots \sum_{p_d=1}^{N_d} D_{p_1p_2\cdots p_d}(x) = 1$. 此时, 式 (8.15) 可简记为

$$F_\lambda(x) = \sum_{p_1=1}^{N_1} \sum_{p_2=1}^{N_2} \cdots \sum_{p_d=1}^{N_d} D_{p_1p_2\cdots p_d}(x)$$
$$\cdot \left((1-\lambda)\bar{y}_{p_1p_2\cdots p_d} + \lambda \left(b^0_{p_1p_2\cdots p_d} + \sum_{j=1}^{d} b^j_{p_1p_2\cdots p_d} x_j \right) \right), \quad (8.16)$$

其中 $\{D_{p_1p_2\cdots p_d}(x)\}$ 称为混合模糊系统的基函数.

特别地, 若选取交互数恒为 2 的一致完备标准的三角形或梯形模糊数 (二相性三角波或梯形波, 参见图 7.5) 为混合模糊系统的前件模糊集, 则对任意输入变量 $x = (x_1, x_2, \cdots, x_d)$ 及每个 x_i 轴来说均满足 $A^j_{p_j}(x_j) + A^{j+1}_{p_{j+1}}(x_j) = 1$, 参见图 8.19. 此时, 混合模糊系统的分母部分

$$\sum_{p_1=1}^{N_1} \sum_{p_2=1}^{N_2} \cdots \sum_{p_d=1}^{N_d} \left(\prod_{j=1}^{d} A^j_{p_j}(x_j) \right) = \sum_{p_1=1}^{N_1} A^1_{p_1}(x_1) \sum_{p_2=1}^{N_2} A^2_{p_2}(x_2) \cdots \sum_{p_d=1}^{N_d} A^d_{p_d}(x_d) = 1.$$

因此, $\forall \lambda \in [0,1]$, 混合模糊系统 (8.15) 还可简化为

$$F_\lambda(x) = \sum_{p_1=1}^{N_1} \sum_{p_2=1}^{N_2} \cdots \sum_{p_d=1}^{N_d} \left(\prod_{j=1}^{d} A^j_{p_j}(x_j) \right)$$
$$\cdot \left((1-\lambda)\bar{y}_{p_1p_2\cdots p_d} + \lambda \left(b^0_{p_1p_2\cdots p_d} + \sum_{j=1}^{d} b^j_{p_1p_2\cdots p_d} x_j \right) \right). \quad (8.17)$$

式 (8.17) 在后面证明混合模糊系统的逼近性提供了较大方便. 从混合模糊系统式 (8.15) 也不难看出调控参数 λ 的变化会对该系统 F_λ 产生一定影响.

8.4.2 混合模糊系统的二阶逼近性

本节首先利用多元函数带佩亚诺余项的泰勒展式证明混合模糊系统在无穷范数下对连续可微函数具有逼近性, 进而借助拉格朗日型余项的 Hessian 矩阵证明混合模糊系统还具有二阶逼近精度. 最后, 通过样本点分析说明混合模糊系统的逼近效果优于单独 Mamdani 或 T-S 模糊系统.

定理 8.10 设调控参数 $\lambda \in (0,1)$, g 是紧集 $U \subset \mathbb{R}^d$ 上连续可微函数. 则 $\forall \varepsilon > 0$, 存在剖分数 $m_\lambda^0 \in \mathbb{N}$ 及形如式 (8.16) 混合模糊系统 F_λ, 使 $m > m_\lambda^0$ 时, 恒有 $\|F_\lambda - g\|_\infty < \varepsilon$.

证明 因 U 为 $\mathbb{R}^d$ 中紧集, 故 U 为有界闭集, $\exists a > 0$ 使 $U \subset [-a,a]^d = \Delta(a)$.

若在广义正方体 $\Delta(a)$ 上实施 $2m$-网格剖分 (m 待定), 设小正多面体 Δ_{ij} 直角边长为 $\dfrac{a}{m}$, 进而可在每个 p_j 轴以分点为峰值点定义前件模糊集族 $\{C_{p_j}^j\}$, $p_j = 1, 2, \cdots, N_j; j = 1, 2, \cdots, d$.

$\forall x = (x_1, x_2, \cdots, x_d) \in U$, 输入变量 x 必落于某个小多面体 $\Delta_{i_0 j_0}$ 内, 不妨设 $x^* = (x_1^*, x_2^*, \cdots, x_d^*)$ 为多面体 $\Delta_{i_0 j_0}$ 内某顶点坐标, 依前件模糊集的构造必满足 $C_{p_j}^j(x_j^*) = 1$. 此时, 按式 (6.6) 多面体 $\Delta_{i_0 j_0}$ 内每个动点分量 x_j 与所属顶点分量 x_j^* 必满足 $|x_j - x_j^*| \leqslant \dfrac{a}{m}, j = 1, 2, \cdots, d$.

又因 g 在紧集 U 上连续可微, 故 $\forall x = (x_1, x_2, \cdots, x_d) \in U$, 函数 g 在顶点 $x^* = (x_1^*, x_2^*, \cdots, x_d^*)$ 处可展成带佩亚诺型余项的泰勒公式为

$$\begin{aligned} g(x) =& g(x^*) + \sum_{j=1}^d \left.\frac{\partial g}{\partial x_j}\right|_{x=x^*} (x_j - x_j^*) + o(\|x - x^*\|) \\ =& \left(g(x^*) - \sum_{j=1}^d \left.\frac{\partial g}{\partial x_j}\right|_{x=x^*} x_j^*\right) + \sum_{j=1}^d \left.\frac{\partial g}{\partial x_j}\right|_{x=x^*} x_j + o(\|x - x^*\|). \end{aligned} \quad (8.18)$$

下面, $\forall \lambda \in (0,1)$, 通过适当选取式 (8.17) 中待定系数确定混合模糊系统 F_λ. 实际上, 式 (8.17) 中调节参数 $\bar{y}_{p_1 p_2 \cdots p_d}, b_{p_1 p_2 \cdots p_d}^0$ 和 $b_{p_1 p_2 \cdots p_d}^j (j = 1, 2, \cdots, d)$ 发生任何变化都会引起整个系统 F_λ 的变化. 若令 $b_{p_1 p_2 \cdots p_d}^0 = \bar{y}_{p_1 p_2 \cdots p_d}$, 则有

$$(1-\lambda)\bar{y}_{p_1 p_2 \cdots p_d} + \lambda \left(b_{p_1 p_2 \cdots p_d}^0 + \sum_{j=1}^d b_{p_1 p_2 \cdots p_d}^j x_j\right) = \bar{y}_{p_1 p_2 \cdots p_d} + \lambda \sum_{j=1}^d b_{p_1 p_2 \cdots p_d}^j x_j. \quad (8.19)$$

按式 (8.18) 和 (8.19) 对混合模糊系统 (8.17) 选取一组系数如下:

8.4 混合模糊系统的逼近性

$$\begin{cases} b^j_{p_1p_2\cdots p_d} = \left.\dfrac{\partial g}{\partial x_j}\right|_{x=x^*}, \quad j=1,2,\cdots,n, \\ b^0_{p_1p_2\cdots p_d} = \bar{y}_{p_1p_2\cdots p_d} = g(x^*) - \lambda \sum\limits_{j=1}^{d}\left.\dfrac{\partial g}{\partial x_j}\right|_{x=x^*} x_j^*, \end{cases} \quad (8.20)$$

其中参数 $b^1_{p_1p_2\cdots p_d}$ 表示函数 g 关于第一分量 x_1 在顶点 x^* 处的偏导数值, $b^2_{p_1p_2\cdots p_d}$ 表示 g 关于第二分量 x_2 的偏导数值, 以此类推, 式 (8.20) 中每个偏导数 $\left.\dfrac{\partial g}{\partial x_j}\right|_{x=x^*}$ 均与指标 $p_1,p_2,\cdots,p_d$ 相关, 而参数 $b^0_{p_1p_2\cdots p_d}$ 还与 λ 取值有关.

若 $\forall \lambda \in (0,1)$, $\forall x = (x_1,x_2,\cdots,x_d) \in \Delta(a)$, 将式 (8.20) 代入式 (8.17) 得混合模糊系统 F_λ 为

$$F_\lambda(x) = \sum_{p_1=1}^{N_1}\sum_{p_2=1}^{N_2}\cdots\sum_{p_d=1}^{N_d} D_{p_1p_2\cdots p_d}(x)\left(g(x^*) + \lambda \sum_{j=1}^{d}\left.\frac{\partial g}{\partial x_j}\right|_{x=x^*}(x_j - x_j^*)\right). \quad (8.21)$$

又因 $g(x)$ 可表成

$$g(x) = g(x) \cdot \sum_{p_1=1}^{N_1}\sum_{p_2=1}^{N_2}\cdots\sum_{p_d=1}^{N_d} D_{p_1p_2\cdots p_d}(x).$$

将此代入式 (8.21) 得

$$\left|F_\lambda(x) - g(x)\right| = \left|\sum_{p_1=1}^{N_1}\sum_{p_2=1}^{N_2}\cdots\sum_{p_d=1}^{N_d} D_{p_1p_2\cdots p_d}(x) \right.$$
$$\left. \cdot \left((1-\lambda)\sum_{j=1}^{d}\left.\frac{\partial g}{\partial x_j}\right|_{x=x^*}(x_j - x_j^*) + o\left(\|x - x^*\|\right)\right)\right|$$
$$\leqslant \sum_{p_1=1}^{N_1}\sum_{p_2=1}^{N_2}\cdots\sum_{p_d=1}^{N_d} D_{p_1p_2\cdots p_d}(x)$$
$$\cdot \left((1-\lambda)\sum_{j=1}^{d}\left|\left.\frac{\partial g}{\partial x_j}\right|_{x=x^*}\right| \cdot |x_j - x_j^*| + o(\|x-x^*\|)\right). \quad (8.22)$$

依无穷范数定义,

$$\left\|\frac{\partial g}{\partial x_j}\right\|_\infty = \sup_{x\in\Delta(a)}\left|\left.\frac{\partial g}{\partial x_j}\right|_{x\in\Delta(a)}\right| \geqslant \left|\left.\frac{\partial g}{\partial x_j}\right|_{x=x^*}\right|,$$

依 $|x_j - x_j^*| \leqslant \dfrac{a}{m}$, $j=1,2,\cdots,d$. 故当 $m \to +\infty$ 时, 必有 $x_j \to x_j^*$, 亦即,

$$\lim_{m\to+\infty} o(\|x - x^*\|) = 0.$$

此时, $\forall \varepsilon > 0, \forall \lambda \in (0,1)$, 若使

$$(1-\lambda)\sum_{j=1}^{d}\left|\frac{\partial g}{\partial x_j}\right|_{x=x^*}\cdot |x_j - x_j^*| < \frac{(1-\lambda)a}{m}\sum_{j=1}^{d}\left\|\frac{\partial g}{\partial x_j}\right\|_{\infty} < \varepsilon.$$

解之得 $m > \frac{(1-\lambda)a}{\varepsilon}\sum_{j=1}^{d}\left\|\frac{\partial g}{\partial x_j}\right\|_{\infty}$. 若令 $m_\lambda^0 = \left[\frac{(1-\lambda)a}{\varepsilon}\sum_{j=1}^{d}\left\|\frac{\partial g}{\partial x_j}\right\|_{\infty}\right] \in \mathbb{N}$, 则 $\forall \varepsilon > 0$, 当 $m > m_\lambda^0, m \to +\infty$, 依据式 (8.22) 必有

$$|F_\lambda(x) - g(x)| < \sum_{p_1=1}^{N_1}\sum_{p_2=1}^{N_2}\cdots\sum_{p_d=1}^{N_d} D_{p_1 p_2 \cdots p_d}(x) \cdot (\varepsilon + 0) = \varepsilon \cdot 1 = \varepsilon.$$

因此, $\forall \lambda \in [0,1]$, 形如式 (8.16) 的混合模糊系统在无穷范数意义下对连续可微函数具有逼近性.

事实上, 在证明定理 8.10 过程中对给定 $g(x)$ 应用了带有佩亚诺型余项的泰勒展开式, 而佩亚诺余项 $o(\|x - x_0\|)$ 并不能定量刻画余项, 只能粗略描述无穷小量, 且剖分数 m_λ^0 是在忽略佩亚诺余项所选取. 因此, 我们还必须通过提高条件来继续讨论混合系统的二阶逼近性.

定理 8.11 设调控参数 $\lambda \in (0,1)$, g 是紧集 $U \subset \mathbb{R}^d$ 上二阶连续可微函数, 则 $\forall \varepsilon > 0$, 存在剖分数 $m_\lambda^0 \in \mathbb{N}$ 及形如式 (8.16) 混合模糊系统 F_λ, 当 $m > m_\lambda^0$, 恒有 $\|F_\lambda - g\|_\infty < \varepsilon$.

证明 因多元函数 g 二阶连续可微, 故 g 在剖分顶点 $x^* = (x_1^*, x_2^*, \cdots, x_d^*)$ 处可展成带拉格朗日余项的泰勒公式为

$$g(x) = g(x^*) + \sum_{j=1}^{d}\frac{\partial g}{\partial x_j}\bigg|_{x=x^*}(x_j - x_j^*) + \frac{1}{2!}(x - x^*)\nabla^2 g\bigg|_{x=h}(x - x^*)^{\mathrm{T}}, \quad (8.23)$$

其中 $\nabla^2 g$ 是函数 g 的黑赛 (Hessian) 矩阵, T 为向量转置, 而 $h = (\eta_1, \eta_2, \cdots, \eta_d)$ 介于动点 x 与顶点 x^* 之间闭球内, 亦即, 满足 $\|x - h\| < \|x - x^*\|$.

此时, $\forall \lambda \in (0,1), \forall x = (x_1, x_2, \cdots, x_d) \in \Delta(a)$, 依二次型矩阵乘法简化计算拉格朗日余项得

$$(x - x^*)\nabla^2 g\big|_{x=h}(x - x^*)^{\mathrm{T}}$$

$$= \begin{pmatrix} x_1 - x_1^* \\ x_2 - x_2^* \\ \vdots \\ \vdots \\ x_d - x_d^* \end{pmatrix}^{\mathrm{T}} \begin{pmatrix} \frac{\partial^2 g}{\partial x_1^2}\big|_{x=h} & \frac{\partial^2 g}{\partial x_1 \partial x_2}\big|_{x=h} & \cdots & \frac{\partial^2 g}{\partial x_1 \partial x_d}\big|_{x=h} \\ \frac{\partial^2 g}{\partial x_2 \partial x_1}\big|_{x=h} & \frac{\partial^2 g}{\partial x_2^2}\big|_{x=h} & \cdots & \frac{\partial^2 g}{\partial x_2 \partial x_d}\big|_{x=h} \\ \vdots & \vdots & & \vdots \\ \frac{\partial^2 g}{\partial x_d \partial x_1}\big|_{x=h} & \frac{\partial^2 g}{\partial x_d \partial x_2}\big|_{x=h} & \cdots & \frac{\partial^2 g}{\partial x_d^2}\big|_{x=h} \end{pmatrix}$$

8.4 混合模糊系统的逼近性

$$\begin{pmatrix} x_1 - x_1^* \\ x_2 - x_2^* \\ \vdots \\ x_d - x_d^* \end{pmatrix}$$

$$= \begin{pmatrix} \sum_{j=1}^{d} \dfrac{\partial^2 g}{\partial x_1 \partial x_j}\bigg|_{x=h} (x_j - x_j^*) \\ \sum_{j=1}^{d} \dfrac{\partial^2 g}{\partial x_2 \partial x_j}\bigg|_{x=h} (x_j - x_j^*) \\ \vdots \\ \sum_{j=1}^{d} \dfrac{\partial^2 g}{\partial x_d \partial x_j}\bigg|_{x=h} (x_j - x_j^*) \end{pmatrix}^{\mathrm{T}} \begin{pmatrix} x_1 - x_1^* \\ x_2 - x_2^* \\ \vdots \\ x_d - x_d^* \end{pmatrix}$$

$$= \sum_{i=1}^{d} \sum_{j=1}^{d} \dfrac{\partial^2 g}{\partial x_i \partial x_j}\bigg|_{x=h} (x_j - x_j^*)(x_i - x_i^*).$$

现仍按式 (8.20) 选取系数, 并结合式 (8.21) 和 (8.23) 得

$$|F_\lambda(x) - g(x)|$$
$$= \left| \sum_{p_1=1}^{N_1} \sum_{p_2=1}^{N_2} \cdots \sum_{p_d=1}^{N_d} D_{p_1 p_2 \cdots p_d}(x) \right.$$
$$\left. \cdot \left((1-\lambda) \sum_{j=1}^{n} \dfrac{\partial g}{\partial x_j}\bigg|_{x=x^*} (x_j - x_j^*) + \dfrac{1}{2}(x - x^*)\nabla^2 g\bigg|_{x=h} (x - x^*)^{\mathrm{T}} \right) \right|$$
$$\leqslant \sum_{p_1=1}^{N_1} \sum_{p_2=1}^{N_2} \cdots \sum_{p_d=1}^{N_d} D_{p_1 p_2 \cdots p_d}(x)$$
$$\cdot \left((1-\lambda) \sum_{j=1}^{d} \left| \dfrac{\partial g}{\partial x_j}\bigg|_{x=x^*} \right| \cdot |x_j - x_j^*| + \dfrac{1}{2}\sum_{i=1}^{d}\sum_{j=1}^{d} \left| \dfrac{\partial^2 g}{\partial x_i \partial x_j}\bigg|_{x=h} \right| \cdot |x_j - x_j^*||x_i - x_i^*| \right)$$
$$\leqslant \sum_{p_1=1}^{N_1} \sum_{p_2=1}^{N_2} \cdots \sum_{p_d=1}^{N_d} D_{p_1 p_2 \cdots p_d}(x) \left(\dfrac{(1-\lambda)a}{m} \sum_{j=1}^{d} \left\| \dfrac{\partial g}{\partial x_j} \right\|_{\infty} + \dfrac{a^2}{2m^2} \sum_{i=1}^{d}\sum_{j=1}^{d} \left\| \dfrac{\partial^2 g}{\partial x_i \partial x_j} \right\|_{\infty} \right)$$
$$\leqslant \dfrac{a}{m} \left((1-\lambda) \sum_{j=1}^{d} \left\| \dfrac{\partial g}{\partial x_j} \right\|_{\infty} + \dfrac{a}{2}\sum_{i=1}^{d}\sum_{j=1}^{d} \left\| \dfrac{\partial^2 g}{\partial x_i \partial x_j} \right\|_{\infty} \right) \cdot 1.$$

故 $\forall \varepsilon > 0$, 对取定 $\lambda \in (0,1)$, 若令

$$m_\lambda^0 = \left[\dfrac{a}{\varepsilon}\left((1-\lambda)\sum_{j=1}^{d} \left\| \dfrac{\partial g}{\partial x_j} \right\|_{\infty} + \dfrac{a}{2}\sum_{i=1}^{d}\sum_{j=1}^{d} \left\| \dfrac{\partial^2 g}{\partial x_i \partial x_j} \right\|_{\infty} \right) \right] + 1 \in \mathbb{N},$$

亦即,存在 $m_\lambda^0 \in \mathbb{N}$,当 $m > m_\lambda^0$ 时,恒有 $\|F_\lambda - g\|_\infty = \sup\limits_{x \in \Delta(a)} |F_\lambda(x) - g(x)| < \varepsilon$.

至此,在逼近函数 $g(x)$ 满足二阶连续可微条件下,利用带有拉格朗日余项的泰勒公式获得混合模糊系统逼近的充分条件. 实际上,定理 8.11 给出剖分数 m_λ^0 选取范围恰好比定理 8.10 多出一项,这是由在证明中拉格朗日余项参与了运算所致. 而定理 8.10 中佩亚诺余项无法定量参与运算,只能忽略. 定理 8.11 条件虽强,但可能具有更好的逼近精度.

下面,通过一个实例分析定理 8.11 中混合模糊系统的逼近性能. 为简单起见,仅在二维空间讨论,并通过随机选取样本点来检验混合模糊系统的逼近精度.

例 8.5 设 $a = 2, d = 2, \lambda = 0.3, \varepsilon = 0.4$,逼近函数 $g(x,y) = \dfrac{1}{4}\sin^2(x+y)$, $\forall (x,y) \in \Delta(2)$. 试给出混合模糊系统的解析表示,并分析该系统的逼近性能.

解 显然,$g(x,y)$ 二阶连续可微,且 $\dfrac{\partial g}{\partial x} = \dfrac{\partial g}{\partial y} = \dfrac{1}{4}\sin(2x+2y)$,并有

$$\left\|\frac{\partial g}{\partial x}\right\|_\infty = \left\|\frac{\partial g}{\partial y}\right\|_\infty = \frac{1}{4}, \quad \left\|\frac{\partial^2 g}{\partial x^2}\right\|_\infty = \left\|\frac{\partial^2 g}{\partial x \partial y}\right\|_\infty = \left\|\frac{\partial^2 g}{\partial y \partial x}\right\|_\infty = \left\|\frac{\partial^2 g}{\partial y^2}\right\|_\infty = \frac{1}{2}.$$

对精度 $\varepsilon = 0.4 > 0, \lambda = 0.3$,依定理 8.11 知最小剖分数 $m_{0.3}^0$ 需满足

$$m_{0.3}^0 > \frac{a}{\varepsilon}\left((1-0.3)\sum_{j=1}^{2}\left\|\frac{\partial g}{\partial x_j}\right\|_\infty + \frac{a}{2}\sum_{i=1}^{2}\sum_{j=1}^{2}\left\|\frac{\partial^2 g}{\partial x_i \partial x_j}\right\|_\infty\right)$$

$$= \frac{2}{0.4}\left(0.7 \times \frac{1}{2} + \frac{2}{2} \times 2\right) = 11.75.$$

不妨选取 $m_{0.3}^0 = 12$. 若在 x 轴 $[-2,2]$ 上实施 24-等距剖分,先以 $[-2,2]$ 中心和两端点为峰值点分别构造三角形前件模糊数 C, C_1^{-12} 和 C_1^{12},其隶属函数依次为

$$C(x) = \begin{cases} 1 + 6x, & -\dfrac{1}{6} \leqslant x < 0, \\ 1 - 6x, & 0 \leqslant x < \dfrac{1}{6}, \\ 0, & \text{其他}, \end{cases}$$

$$C_1^{-12}(x) = \begin{cases} -6x - 11, & -2 \leqslant x < -\dfrac{11}{6}, \\ 0, & \text{其他}, \end{cases} \qquad C_1^{12}(x) = \begin{cases} 6x - 11, & \dfrac{11}{6} \leqslant x < 2, \\ 0, & \text{其他}. \end{cases}$$

再将 $C(x)$ 在 $[-2,2]$ 上逐次左右平移 $\dfrac{1}{6}$ 个单位长度,可获得其他 22 个前件模糊集,亦即,令

8.4 混合模糊系统的逼近性

$$C_1^j(x) = C\left(x - \frac{j}{6}\right), \quad j = \pm 1, \pm 2, \cdots, \pm 11.$$

同理, 在 y 轴 $[-2,2]$ 上若令 $C_2^j = C_1^j (j = 0, \pm 1, \pm 2, \cdots, \pm 11)$, 也可获得 y 轴上一串前件模糊集. 为简单直观, 我们仅以第一卦限 $[0,2] \times [0,2]$ 上给出剖分图及前件模糊集, 参见图 8.18.

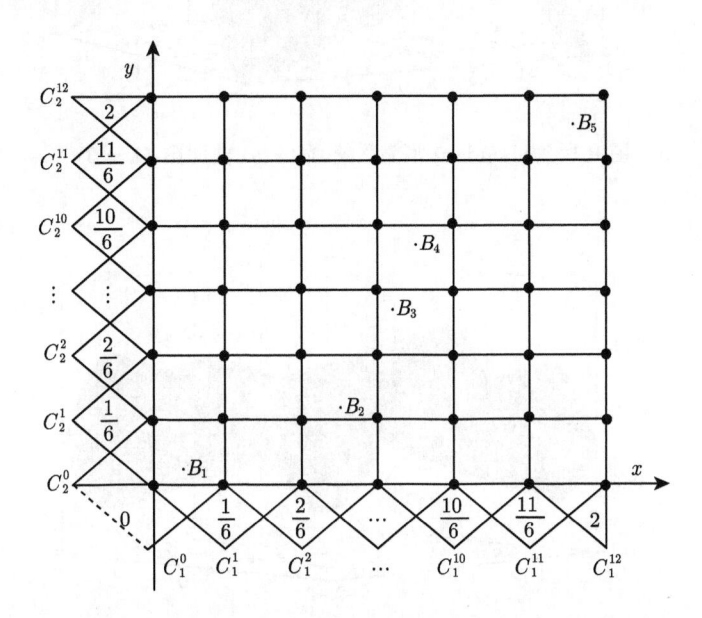

图 8.18 $[0,2] \times [0,2]$ 上网格剖分图与前件模糊集

图 8.18 中黑点表示剖分图顶点坐标, 记为 $z_{p_1 p_2} = (x^{p_1}, y^{p_2})$, $p_1, p_2 = 0, 1, 2, \cdots$, 12. 故 $\forall \lambda \in [0,1]$, 依式 (8.15), 在整体论域 $[-2,2] \times [-2,2]$ 上可得混合模糊系统的解析表达式为

$$F_\lambda(x,y) = \sum_{p_1=-12}^{12} \sum_{p_2=-12}^{12} C_1^{p_1}(x) C_2^{p_2}(y)$$
$$\cdot \left[g(z_{p_1 p_2}) + \lambda \left(\left.\frac{\partial g}{\partial x}\right|_{z_{p_1 p_2}} (x - x^{p_1}) + \left.\frac{\partial g}{\partial y}\right|_{z_{p_1 p_2}} (y - y^{p_2}) \right) \right]$$
$$\bigg/ \sum_{p_1=-12}^{12} \sum_{p_2=-12}^{12} C_1^{p_1}(x) C_2^{p_2}(y).$$

应用 MATLAB 软件编程, 分别对参数 $\lambda = 0, 1, 0.3$ 在整体论域 $[-2,2] \times [-2,2]$ 上获三类模糊系统的曲面图和误差图如图 8.19—图 8.24 所示.

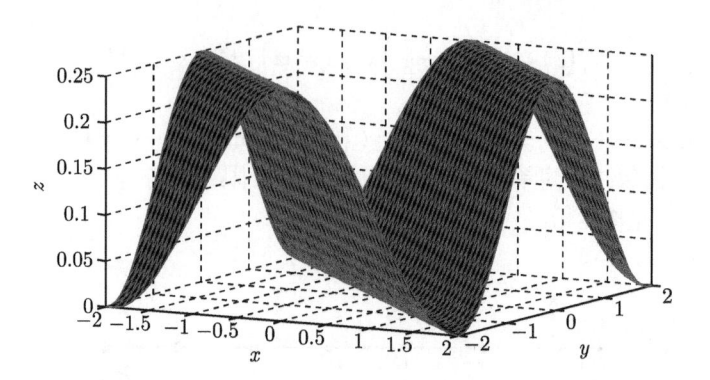

图 8.19 Mamdani 模糊系统 $M(x,y)$ 曲面图 ($\lambda = 0$)

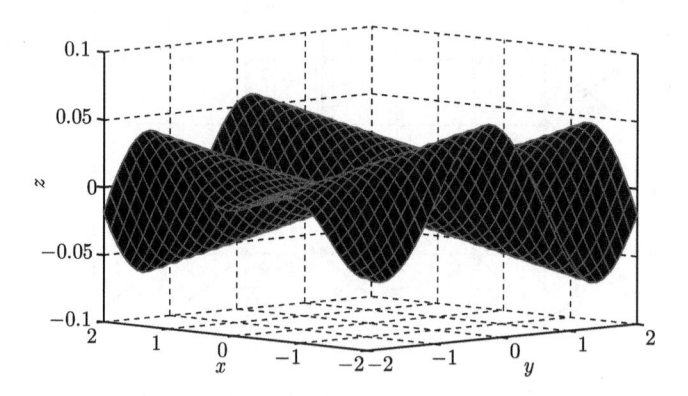

图 8.20 $R(x,y)$ 与 $g(x,y)$ 误差曲面图

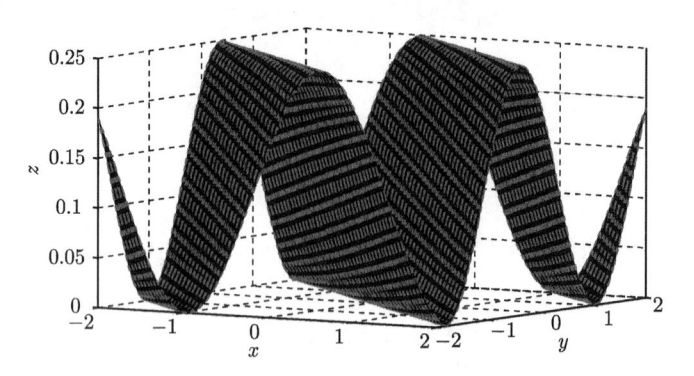

图 8.21 T-S 模糊系统 $T(x,y)$ 曲面图 ($\lambda = 1$)

8.4 混合模糊系统的逼近性

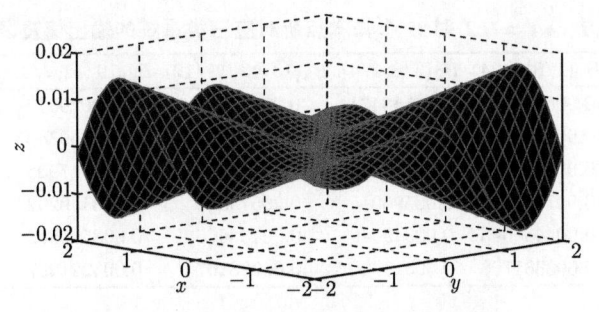

图 8.22　$T(x,y)$ 与 $g(x,y)$ 误差曲面图

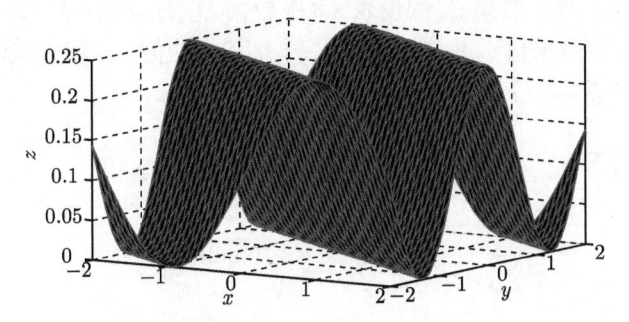

图 8.23　混合模糊系统 $F_\lambda(x,y)$ 曲面图 ($\lambda = 0.3$)

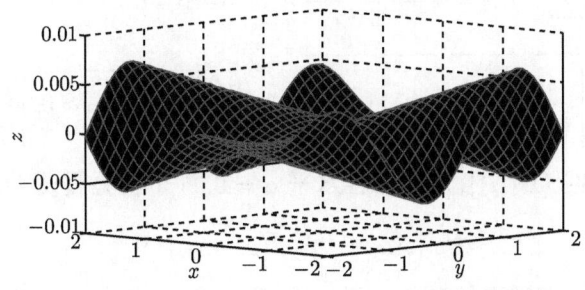

图 8.24　$F_\lambda(x,y)$ 与 $g(x,y)$ 误差曲面图

从图 8.20、图 8.22 和图 8.24 不难看出 Mamdani 模糊系统的逼近误差仅在刻度 -0.05 到 0.05 上下浮动, T-S 系统和混合系统的逼近误差分别在刻度 -0.01 到 0.01 和 -0.005 到 0.005 上下浮动.

下面, 通过选取样本点来检验三个模糊系统的逼近效果. 不妨仅在 $[0,2] \times [0,2]$ 上随机选取五个样本点:$B_1(1/8, 1/24)$, $B_2(3/8, 1/4)$, $B_3(13/12, 11/12)$, $B_4(19/12, 7/4)$ 和 $B_5(23/12, 47/24)$, 将这五个样本点分别就 $\lambda = 0, \lambda = 1, \lambda = 0.3$ 代入 $F_\lambda(x,y)$, 可计算出对应 Mamdani 模糊系统、T-S 模糊系统和混合模糊系统的输出值和误差值如表 8.3 所示.

表 8.3　$m=12$ 时 5 个样本点所对应三类系统的输出值及误差值

样本点	$B_1(1/8,1/24)$	$B_2(3/8,1/4)$	$B_3(13/12,11/12)$	$B_4(19/12,7/4)$	$B_5(23/12,47/24)$
$g(x,y)$	0.006880382	0.08558471	0.20670540	0.009079040	0.112025702
$M(x,y)=X_i$	0.003418506	0.07646666	0.20145682	0.004269360	0.107408927
$T(x,y)=Y_i$	0.004487494	0.08078495	0.20351241	0.004947905	0.108579874
$F_\lambda(x,y)=Z_i$	0.007869202	0.08596215	0.20579348	0.008169202	0.112160205
$D_1(i)=Z_i-X_i$	0.004450696	0.00949549	0.00433666	0.003599842	0.004751278
$D_2(i)=Z_i-Y_i$	0.003381708	0.00517720	0.00228107	0.003221297	0.003580331

下面, 将利用统计推断的 t-检验来验证混合模糊系统均比 Mamdani 模糊系统和 T-S 模糊系统的逼近效果好. 假设表 8.3 中数据 $D_1(i)=Z_i-X_i$ 和 $D_2(i)=Z_i-Y_i$ ($i=1,2,3,4,5$) 均是来自正态总体 $N(\mu_D,\sigma_D^2)$, 其中均值 μ_D 和方差 σ_D^2 均未知, 则平均值 $\overline{D}_j$ 和方差 $s_{D_j}(j=1,2)$ 可分别计算如下:

$$\begin{cases} \overline{D}_1 = \dfrac{1}{5}\sum_{i=1}^{5} D_1(i) = \dfrac{0.026633966}{5} \approx 0.0053267932, \\ s_{D_1} = \sqrt{\dfrac{1}{5-1}\sum_{i=1}^{5}(D_1(i)-\overline{D}_1)^2} = \sqrt{\dfrac{0.0000224395}{4}} \approx 0.0023685227, \end{cases}$$

$$\begin{cases} \overline{D}_2 = \dfrac{1}{5}\sum_{i=1}^{5} D_2(i) = \dfrac{0.017641606}{5} \approx 0.0044104015, \\ s_{D_2} = \sqrt{\dfrac{1}{5-1}\sum_{i=1}^{5}(D_2(i)-\overline{D}_2)^2} = \sqrt{\dfrac{0.0000082833}{4}} \approx 0.0014390274. \end{cases}$$

根据表 8.3 的数据 $\{D_1(i)\}$, 在显著性水平 $\alpha=0.05$ 下检验假设 $\{H_0,H_1\}$, 其中

$$H_0:\mu_{D_1}\leqslant 0,\quad H_1:\mu_{D_1}>0.$$

采用 t-检验, 并选取检验统计量 t 如下. 若 $n=5$, 经查表得 $t_\alpha(n-1)=t_{0.05}(4)=2.1318$, 故有

$$t = \dfrac{\overline{D}_1-0}{s_{D_1}/\sqrt{5}} = \dfrac{0.0053267932}{0.0023685227/\sqrt{5}} \approx 5.0289 > 2.1318.$$

由于统计量 t 的观察值落在拒绝域 H_1 内, 故在显著性水平 $\alpha=0.05$ 下拒绝 H_0. 因此, 依据 t-假设检验及数据 $\{D_1(i)\}$ 含义知混合模糊系统 F_λ 比 Mamdani 模糊系统逼近性能好.

同理, 针对数据 $\{D_2(i)\}$ 也可获得

$$t = \dfrac{\overline{D}_2-0}{s_{D_2}/\sqrt{5}} = \dfrac{0.0044104015}{0.0014390274/\sqrt{5}} \approx 6.8532 > 2.1318.$$

因而, 混合模糊系统 F_λ 也比 T-S 模糊系统逼近性能好. 综合上述两种情况及统计学 t-假设检验即可认为混合模糊系统 F_λ 均比 Mamdani 和 T-S 模糊系统的逼近性能好.

事实上, 本节所提出的混合模糊系统是综合 Mamdani 模糊系统和 T-S 模糊系统的共同优点, 故参数 λ 取值及变化对混合模糊系统逼近性具有重要影响. 从定理 8.10 和定理 8.11 结果明显看出 λ 值越大, 剖分数 m_λ^0 值就越小, 从而导致模糊规则数和前件模糊集个数减少, 固然混合模糊系统结构就越简单, 但其逼近性能就越差; 相反, 当 λ 变小时, 剖分数 m_λ^0 值增大, 规则数和前件模糊集个数也增大, 相应的模糊系统就变得越复杂, 但其逼近效果就越好. 特别地, 当 $\lambda \to 0^+$ 和 $\lambda \to 1^-$ 时, 混合模糊系统分别趋于独立的 Mamdani 模糊系统和 T-S 模糊系统. 然而, 为使混合模糊系统达到最佳逼近效果优化 λ 取值是重要的, 例如, 当 $\lambda = 0.5$ 是最佳选择吗? 若在 0.5 附近取值会怎样? 诸如此类问题有待于进一步探讨.

参 考 文 献

[1] Raju G V S, Zhou J, Kisner R A. Hierarchical fuzzy control. Inter. J. Control, 1991, 54(5): 1201–1216.

[2] Wang L X. Universal approximation by hierarchical fuzzy systems. Fuzzy Set and Systems, 1998, 93(1): 223–230.

[3] Wang L X. Analysis and design of hierarchical fuzzy systems. IEEE Transactions on Fuzzy Systems, 1999, 7(5): 617–624.

[4] Wang G J, Li X P. On the convergence of the fuzzy valued functional defined by μ-integrable fuzzy valued functions. Fuzzy Sets and Systems, 1999, 107(2): 219–226.

[5] Chen W, Wang L X. A note on universal approximation by hierarchical fuzzy systems. Information Sciences, 2000, 123: 241–248.

[6] Liu P Y, Li H X. Hierarchical T-S fuzzy system and its universal approximation. Information Sciences, 2005, 169(3): 279–303.

[7] Zeng X J, John A, Keane. Approximation capabilities of hierarchical fuzzy systems. IEEE Transaction on Fuzzy Systems, 2005, 13 (5) : 659–672.

[8] Ricardo J, Campello G B, Wagner C. Hierarchical fuzzy relational models: linguistic interpretation and universal approximation. IEEE Transaction on Fuzzy Systems, 2006, 14 (3): 446–453.

[9] Santiago A F, Carlos A L. Matrix modeling of hierarchical fuzzy systems. IEEE Transactions on Fuzzy Systems, 2008, 16 (3): 585–599.

[10] Moon G J, Thomas S. A method of converting a fuzzy system to a two-layered hierarchical fuzzy system and its run-time efficiency. IEEE Transactions on Fuzzy Systems, 2009, 17 (1): 93–103.

[11] Vassilis S K, Yannis A P. On the monotonicity of hierarchical sum-product fuzzy systems. Fuzzy Sets and Systems, 2009, 160 (24): 3530–3538.

[12] Luo M N, Sun F C, Liu H P. Hierarchical structured sparse representation for T-S fuzzy systems identification. IEEE Transactions on Fuzzy Systems, 2013, 21(6): 1032–1043.

[13] 毛志宏, 张雪枫, 李衍达. 模糊系统作为通用逼近器的研究. 中国科学 (E 辑), 1997, 27(4): 362–371.

[14] 李洪兴. 变论域自适应模糊控制器. 中国科学 (E 辑), 1999, 29(1): 32–42.

[15] 李洪兴, 苗志宏, 王加银. 非线性系统的变论域稳定自适应模糊控制. 中国科学 (E 辑), 2002, 32(2): 211–213.

[16] 刘普寅, 李洪兴. 广义模糊系统对于可积函数的逼近性. 中国科学 (E 辑), 2000, 30(5): 413–423.

[17] 贺勇, 诸克军. 一种基于精简的模糊规则库的分类算法. 计算机应用研究, 2007, 24(2): 24–26.

[18] 陈铁明, 龚荣盛. 一种新的快速模糊规则提取方法. 控制与决策, 2008, 23(9): 1015–1020.

[19] 胡丹, 李洪兴, 余先川. 规则与规则库信息量的度量及其应用. 中国科学·信息科学, 2009, 39(2): 218–233.

[20] 龙祖强, 梁昔明, 游开明, 等. 双输入单输出潜遗传变论域模糊控制算法及其收敛性. 控制理论与应用, 2008, 25(4): 683–687.

[21] 杜新宇, 张乃尧. 二叉树型分层模糊系统的等效性分析. 清华大学学报 (自然科学版), 2004, 44 (7): 33–36.

[22] 张香燕, 张乃尧. 一般二叉树型分层模糊系统的通用逼近性. 清华大学学报 (自然科学版), 2007, 47(1): 37–41.

[23] 朱晓东, 王杰. 一种新型分层模糊系统及其逼近性能. 控制与决策, 2013, 28(10): 1559–1563.

[24] 王贵君, 段晨霞. 广义分层混合模糊系统及其泛逼近性. 控制理论与应用, 2012, 29(5): 673–680.

[25] 王贵君, 宋巍巍, 韩权杰. 基于后件直联型分层的广义混合模糊系统及其积分模逼近. 控制与决策, 2015, 30(10): 1742–1750.

[26] 杨阳, 王贵君, 杨永强. 基于二叉树型分层的广义混合模糊系统推理规则数的缩减. 控制理论与应用, 2013, 30(6): 765–772.

[27] 杨阳, 杨永强, 王贵君. 二叉树型分层广义混合模糊系统的规则数分析. 天津师范大学学报, 2014, 34(1): 11–15.

[28] Wang G J, Li Y, Li X P. Approximation performance of the nonlinear hybrid fuzzy system based on variable univers. Granular Computing, 2017, 2(2): 73–84.

[29] Wang G J, Yang Y, Li X P. Rule number and approximation of the hybrid fuzzy system based on binary tree hierarchy. International Journal of Machine Learning and Cybernetics, DOI: 10.1007/s13042-016-0622-z.

参考文献

[30] 董文强, 王贵君. 基于调控参数建模的混合模糊系统的逼近分析. 电子学报, 2017, 45(5): 1158–1164.

[31] 王贵君, 段晨霞, 张德利. 高维分层混合模糊系统的规则缩减及逼近性假设检验. 浙江大学学报 (理学版), 2017, 44(4): 397–402.

[32] 王贵君, 李晓萍. K-拟加模糊数值积分及其收敛性. 数学进展, 2006, 35(1): 109–119.

[33] 蒋兴忠. tK-积分和 Kt-积分. 四川师范大学学报 (自然科学版), 1993, 16(2): 31–39.

[34] 刘普寅. 模糊神经网络理论及应用研究. 北京: 北京师范大学, 2002.

[35] 王立新. 模糊系统与模糊控制教程. 北京: 清华大学出版社, 2003: 91–96.

[36] 李永明. 模糊系统分析. 北京: 科学出版社, 2005.